Russland im 21. Jahrhundert. Reif für eine multipolare Welt?

SICHERHEIT IN DER MULTIPOLAREN WELT

Herausgegeben von Michael Staack

BAND 3

Norbert Eitelhuber

Russland im 21. Jahrhundert. Reif für eine multipolare Welt?

Eine Analyse der strategischen Kultur Russlands und das daraus abgeleitete Erfordernis einer konfliktsensiblen Außen- und Sicherheitspolitik gegenüber Russland

Bibliografische Information der Deutschen Nationalbibliothek
Die Deutsche Nationalbibliothek verzeichnet diese Publikation
in der Deutschen Nationalbibliografie; detaillierte bibliografische
Daten sind im Internet über http://dnb.d-nb.de abrufbar.

Zugl.: Hamburg, HSU HH, Diss., 2015

Gedruckt auf alterungsbeständigem,
säurefreiem Papier.

D 705
ISSN 1869-540X
ISBN 978-3-631-66946-4 (Print)
E-ISBN 978-3-653-06045-4 (E-Book)
DOI 10.3726/978-3-653-06045-4

© Peter Lang GmbH
Internationaler Verlag der Wissenschaften
Frankfurt am Main 2015
Alle Rechte vorbehalten.
Peter Lang Edition ist ein Imprint der Peter Lang GmbH.

Peter Lang – Frankfurt am Main · Bern · Bruxelles ·
New York · Oxford · Warszawa · Wien

Das Werk einschließlich aller seiner Teile ist urheberrechtlich
geschützt. Jede Verwertung außerhalb der engen Grenzen des
Urheberrechtsgesetzes ist ohne Zustimmung des Verlages
unzulässig und strafbar. Das gilt insbesondere für
Vervielfältigungen, Übersetzungen, Mikroverfilmungen und die
Einspeicherung und Verarbeitung in elektronischen Systemen.

Diese Publikation wurde begutachtet.

www.peterlang.com

Vorwort des Herausgebers

Das künftige Verhältnis zwischen Russland und dem Westen, die Einschätzung der Motive und Zielsetzungen russischer Außen- und Sicherheitspolitik sowie die sich daraus ergebenden Konsequenzen für die künftige Außen- und Sicherheitspolitik der westlichen Staaten stehen seit einem guten Jahr ganz oben auf der Tagesordnung der europäischen, aber auch der internationalen Politik. Die Konkurrenz zwischen der NATO und nachfolgend auch der Europäischen Union mit Russland über Einflusssphären im europäischen Raum hat anlässlich der politischen Umbrüche in der Ukraine zur größten Krise der Europäischen Sicherheitsordnung seit dem Ende des Ost-West-Konflikts geführt. Mit seiner völkerrechtswidrigen Annexion der Krim-Halbinsel sowie der Destabilisierung von Teilen der Ostukraine verstößt Russland nachhaltig gegen Grundlagen dieser Sicherheitsordnung. Die westlichen Staaten können und wollen das nicht hinnehmen; gleichwohl zielt die große Mehrheit des kontinentalen Europas darauf ab, Russland nicht dauerhaft auszugrenzen, sondern perspektivisch als Partner zurückzugewinnen. Sicherheit in Europa, so ein unverändert gültiger Grundsatz der deutschen Außenpolitik, lasse sich nicht gegen und auch nicht ohne die Russische Föderation, sondern nur mit Russland verwirklichen.

Es bleibt daher richtig: Ohne Russland kann es auch keine dauerhafte Europäische Sicherheitsordnung geben. Ohne die Mitwirkung Russlands lassen sich zudem zahlreiche Probleme der Internationalen Politik wie der Konflikt über das iranische Nuklearprogramm, eine Einhegung des Bürgerkriegs in Syrien oder die zukunftsfähige Gestaltung der nuklearen Ordnung nicht erreichen. Als ständiges Mitglied des Sicherheitsrates der Vereinten Nationen und als Nuklearwaffenbesitzer muss die Russische Föderation als weltpolitischer Akteur erster Ordnung betrachtet werden. Russland ist keine Regionalmacht. Die derzeitige tiefe Krise im westlich-russischen Verhältnis kam nicht von ungefähr. Die Ursachen sind über Jahre hinweg gewachsen, wenngleich die Eskalation seit dem Winter 2013/14 in ihrer ganzen Tragweite nicht vorhersehbar war. Dem Konflikt zugrunde liegt der gescheiterte Versuch, Russland als gleichberechtigten Partner in eine gesamteuropäische Friedens- und Sicherheitsordnung zu integrieren. Statt diesen Weg einzuschlagen, bestimmt seit Ende der 1990er Jahre eine Integrationskonkurrenz zwischen NATO und Europäischer Union auf der einen Seite und Russland auf der anderen Seite das beiderseitige Verhältnis. Jeder Ausweg aus diesem Konflikt muss eine neue Antwort auf diese Integrationskonkurrenz und das daraus resultierende Integrations- und Sicherheitsdilemma anbieten. Es ist höchste Zeit, die dominierende Logik des Nullsummenspiels durch eine Rationalität zu ersetzen, die für alle beteiligten Seiten politische und wirtschaftliche Gewinne verspricht.

Die Arbeit von Oberst i.G. Norbert Eitelhuber greift ein Thema auf, das ganz dringend der konzeptionellen Reflektion bedarf, um auf dieser Grundlage politische Schlussfolgerungen ziehen zu können. Norbert Eitelhuber geht es um die Frage nach den Triebkräften russischer Außen- und Sicherheitspolitik in der Gegenwart, aber auch in den zurückliegenden Jahren und Jahrzehnten. Mit seiner Studie geht er anhand des Konzepts der strategischen Kultur der Frage nach, ob Russland überhaupt ein verantwortungsvoller Akteur in einer multipolaren Welt des 21. Jahrhunderts sein kann und ob eine vertiefte multilaterale Einbindung Russlands erfolgversprechend ist. Er will zudem die Frage beantworten, wie ein konfliktsensibler Umgang des Westens gestaltet sein müsste, um Russland selbst auf seinem Weg zu kooperativem Handeln zu unterstützen. Als verantwortungsvoller Akteur in einem multipolaren System wird in der vorliegenden Studie ein Staat verstanden, der vorwiegend durch Attraktivität (Soft Power) ein von den Nachbarn akzeptierter Bezugspunkt zu sein versteht und gleichzeitig durch den wohlmeinenden Einsatz seiner ökonomischen und militärischen Macht in der Lage ist, sowohl Stabilität in seiner Region zu erzeugen, als auch konstruktiv zur Bewältigung der Herausforderungen in einer globalisierten Welt beizutragen.

Grundlage jeder vorausschauenden Sicherheitspolitik ist Empathie, d.h. das Bemühen, die Motive der jeweils anderen Seite zu verstehen und in das eigene Kalkül einzubeziehen. Zu diesem sicherheitspolitischen Erfordernis auch gegenüber der Russischen Föderation liefert die vorliegende Arbeit einen beachtlichen Beitrag. Die zur Diskussion gestellten Überlegungen für einen konfliktsensiblen Umgang des Westens mit Russland weisen in die Richtung, mit der die gegenwärtigen Spannungen überwunden werden können. Deshalb ist zu wünschen, dass das vorliegende Buch zum Nachdenken über tatsächliche und mögliche Fehler westlicher Politik, aber auch – und vor allem – über die künftige Gestaltung der Beziehungen zwischen dem Westen und Russland anregt.

Hamburg, im Juni 2015   Professor Dr. Michael Staack

Meinen Eltern, die mich lehrten, frei zu denken.
Meiner Frau, die mich lehrte, frei zu sprechen.

Inhaltsverzeichnis

Abbildungsverzeichnis XIII

Tabellenverzeichnis XV

Abkürzungsverzeichnis XVII

Russischsprachige Begriffe XIX

1. Einleitung 1
   1.1 Fragestellung der Studie 8
   1.2 Aktueller Forschungsstand 10
      1.2.1 Der neorealistische Erklärungsansatz und seine Grenzen 10
      1.2.2 Die strategische Kultur Russlands als Erklärungsansatz 15
   1.3 Methodisches Vorgehen 18
   1.4 Quellenauswertung 24
   1.5 Gang der Untersuchung 26

2. Die Theorie der strategischen Kultur 31
   2.1 Das Konzept der politischen Kultur 31
   2.2 Anwendung des Konzepts der politischen
       Kultur auf das der Strategie 35
   2.3 Strategische Kultur als Bestandteil des Konstruktivismus 40
   2.4 Strategische Kultur im Verständnis dieser Studie 46
   2.5 Träger der strategischen Kultur 52
      2.5.1 Eliten 53
      2.5.2 Nationale Institutionen und politischer
           Entscheidungsprozess 56

2.6 Wandel der strategischen Kultur 59
  2.6.1 Kontinuierliche kulturelle Anpassungsprozesse......................... 59
  2.6.2 Brüche in der strategischen Kultur.. 62
  2.6.3 Kulturelle Dilemmata... 64
  2.6.4 Gesteuerte Transformationsprozesse 65
2.7 Abgeleitete Hypothesen 67

3. Wurzeln der strategischen Kultur Russlands 69
3.1 Prägende Rahmenfaktoren..69
  3.1.1 Das geografische Faktum.. 69
  3.1.2 Ethnische Faktoren... 73
  3.1.3 Das Erbe Byzanz'... 76
3.2 Vom Kiever Reich bis zum Ende des Zarentums Russland 81
  3.2.1 Wesentliche gesellschaftliche und
        außenpolitische Ereignisse 83
  3.2.2 Zusammenführung der Zwischenergebnisse 96
3.3 Russisches Kaiserreich (1721-1917) 102
  3.3.1 Wesentliche gesellschaftliche und
        außenpolitische Ereignisse 102
  3.3.2 Zusammenführung der Zwischenergebnisse 132
3.4 Sowjetunion (1920-1991) 138
  3.4.1 Wesentliche gesellschaftliche und
        außenpolitische Ereignisse 138
  3.4.2 Zusammenführung der Zwischenergebnisse 163

4. Russlands strategische Kultur heute – Kontinuität oder Bruch?... 173
4.1 Russlands Eliten: tief verankert im Realismus 173
4.2 Umzingelt vom Gegner – Russlands
    Bedrohungswahrnehmung heute 179
  4.2.1 U.S. Doktrin „Verhinderung des
        Aufstiegs eines neuen Rivalen" 179

4.2.2 Russlands außenpolitische Bedrohungswahrnehmung
im Lichte der Ereignisse.. 182
4.2.3 Russlands innenpolitische Bedrohungswahrnehmung
im Lichte der Ereignisse.. 190
4.2.4 Die Bedrohungswahrnehmung im Spiegel der
Grundlagendokumente und Reden... 197
4.2.5 NATO als Hauptbedrohung?... 217

4.3 Russlands innenpolitischer Entwicklungspfad....................................... 227
4.3.1 Die Suche nach der Russischen Idee... 227
4.3.2 Adjektive der Macht.. 234
4.3.3 Artikel 14 der Verfassung – „Die Rußländische
Föderation ist ein weltlicher Staat".. 241

4.4 Russlands außenpolitischer Entwicklungspfad...................................... 244
4.4.1 Modell Europa?.. 244
4.4.2 Russland als ein Pol in einer multipolaren Welt....................... 250
4.4.3 Wirtschaft, die wahre Legitimation... 259
4.4.4 Eine nicht-imperiale Großmacht.. 272
4.4.5 Der Krieg in Georgien – Ein Beweis für Russlands
neoimperiale Bestrebungen?... 286
4.4.6 Die Ukrainekrise – Beginn einer neuen Kälteperiode?............ 297

4.5 Zusammenführung der Ergebnisse.. 321

5. Erfordernis einer konfliktsensiblen Außen- und Sicherheitspolitik gegenüber der Russischen Föderation.. 337

5.1 Die Bedeutung der Handlungsmotive... 338

5.2 Das Konzept der kooperativen Sicherheit
als Schlüssel zum Erfolg... 343

5.3 Beachtung der Prinzipien der Souveränität
und Nichteinmischung 359

5.4 Pluralismus im internationalen System.. 366

5.5 „Regional Governance"... 375

6. Zusammenführung der Ergebnisse 391

    6.1 Zur Theorie 391

    6.2 Erkenntnisse aus der Untersuchung der Epochen 393

    6.3 Probleme im gemeinsamen Umgang 404

    6.4 Erfordernisse im Umgang 415

Zeittafel 423

Literatur und Quellenverzeichnis 437

Zusammenfassung 479

Summary 481

Заключение 483

Abbildungsverzeichnis

Abbildung 1: Parameter der strategischen Kultur nach Johnston 48
Abbildung 2: Parameter der russischen strategischen Kultur 50
Abbildung 3: Das „system of symbols" prägende Einflussfaktoren 52
Abbildung 4: Parameter der strategischen Kultur in der Epoche des Großfürstentums Moskau / Zarentum Russland 102
Abbildung 5: Parameter der strategischen Kultur während der Epoche des Russischen Kaiserreichs 137
Abbildung 6: Parameter der strategischen Kultur während der Epoche der Sowjetunion 170
Abbildung 7: Bevölkerungsanteil unterhalb des Existenzminimums 177
Abbildung 8: Militärausgaben 1988-2011, Russland und USA im Vergleich 225
Abbildung 9: Militärausgaben 1988-2010 in Prozent vom BIP, Russland und USA im Vergleich 226
Abbildung 10: Popularitätswerte Putins und Medvedevs 265
Abbildung 11: Entwicklung des realen Einkommenszuwachses 266
Abbildung 12: Entwicklung des realen BIP 267
Abbildung 13: Ziele von Großmachtstreben 274
Abbildung 14: Ausprägung der Parameter der strategischen Kultur 336
Abbildung 15: Instrumentenmix aus „hard" und „soft power" 383

Tabellenverzeichnis

Tabelle 1:	Die USA sind	174
Tabelle 2:	Probleme der Gesellschaft	177
Tabelle 3:	Angemessene Strafe für „Pussy Riot"?	196
Tabelle 4:	Haben wir Feinde?	197
Tabelle 5:	Außen- und sicherheitspolitische Grundlagendokumente	198
Tabelle 6:	Konventionelle Balance in Europa	217
Tabelle 7:	Was für ein Staat soll Russland in der Zukunft sein?	246
Tabelle 8:	Passt das westliche Gesellschaftsmodell zu Russland?	247
Tabelle 9:	Bedauern Sie den Zusammenbruch der UdSSR?	262
Tabelle 10:	Hauptgrund, warum der Zusammenbruch der UdSSR bedauert wird	263
Tabelle 11:	Was sollte Russland vor allem sein?	276
Tabelle 12:	Ist Russland gegenwärtig eine Großmacht?	276
Tabelle 13:	Soll Russland wieder Supermacht werden?	277
Tabelle 14:	Internationale Position Russlands	277
Tabelle 15:	Welche Aussage über die Beziehungen Russlands zu anderen Staaten teilen Sie?	280
Tabelle 16:	Welche Politik sollte Russland gegenüber der GUS verfolgen?	281
Tabelle 17:	Welche Form der Beziehungen zwischen den früheren Republiken der UdSSR unterstützen Sie?	282
Tabelle 18:	Welche EU-Werte sind wichtig für die Bevölkerung?	300
Tabelle 19:	Beziehungen zum Westen	413

Abkürzungsverzeichnis

ABM-Vertrag	Anti-Ballistic Missile Vertrag
AD	Air Defense
ALTBMD	Active Layered Theatre Ballistic Missile Defence
BIP	Bruttoinlandsprodukt
BM	Ballistic Missile
BMD	Ballistic Missile Defense
ENP	Europäische Nachbarschaftspolitik
CIS	Commonwealth of Independent States (deutsch: GUS)
CFE Treaty	Treaty on Conventional Armed Forces in Europe
DPG	Defense Planning Guidance
EU	Europäische Union
EurAsEC	Eurasian Economic Community
GPV	gosprogramma vooruženija (Staatliches Rüstungsprogramm)
GUS	Gemeinschaft Unabhängiger Staaten (englisch: CIS)
ICBM	Intercontinental Ballistic Missile
INF	Intermediate Range Nuclear Forces
Jh.	Jahrhundert
KSE-Vertrag	Vertrag über Konventionelle Streitkräfte in Europa
KSZE	Konferenz über Sicherheit und Zusammenarbeit in Europa
MAP	Membership Action Plan
MGIMO	Moskovskij gosudarstvennyj institut meždunarodnych otnošenii MID Rossii (Moskauer Staatliches Institut für Internationale Beziehungen des russischen Außenministeriums)
MKV	Multiple Kill Vehicle
Mrd.	Milliarden
NATO	North Atlantic Treaty Organization
NGO	Non-Governmental Organization
OSZE	Organisation für Sicherheit und Zusammenarbeit in Europa
OVKS	Organisation des Vertrages über kollektive Sicherheit
PfP	Partnership for Peace
PNSD	Presidential National Security Directive
RSFSR	Russische Sozialistische Föderative Sowjetrepublik
SALT	Strategic Arms Limitation Talks
SDI	Strategic Defense Initiative

SOZ	Shanghaier Organisation für Zusammenarbeit
UdSSR	Union der Sozialistischen Sowjetrepubliken
USAID	United States Agency for International Development (Behörde der Vereinigten Staaten für internationale Entwicklung)
U.S.S.R.	Union of Soviet Socialist Republics
VN	Vereinte Nationen
WTO	World Trade Organization

Russischsprachige Begriffe

Zur gewählten Schreibweise siehe u.a. Anmerkung.

Duma	Eine der beiden Kammern der russischen Föderalen Versammlung und gleichzeitig Parlament
gosprogramma vooruženija	Staatliches Rüstungsprogramm
kontrakniki	Zeit- und Berufssoldaten
korenizacija	Indigenisierung
landšaftnoe soznanie	Durch die Landschaft geprägtes Bewusstsein
narodnost'	Umschreibung für „Einheit des Volkes über die Grenzen der Ethnien hinweg"
opričnina	1. Staatsterror zu Zeiten Ivan IV. zur Niederhaltung der Bojaren und Fürsten 2. Speziell verwaltetes Gebiet, direkt Ivan IV. unterstellt
pomest'e	Land, das der Adel aufgrund seiner Dienste besaß
raskol	Kirchenspaltung
raskol'niki	Abtrünnige der religiösen Gemeinschaft (hier: Altgläubige)
semskij sobor	Ständeversammlung im 16./17. Jahrhundert
smuta	Zeit der Wirren
Svjataja Rus'	„Heiliges Russland"
simfonija	Enges Zusammenspiel von Kirche und Staat
symphonia	Siehe: simfonija
votčina	Land, das der Adel vererben konnte
veče	Volksversammlung im mittelalterlichen Russland

Anmerkung: Die Transliteration erfolgt nach den Regeln für die alphabetische Katalogisierung in wissenschaftlichen Bibliotheken RAK-WB.[1] Die eine Ausnahme bilden Namen sehr prominenter Persönlichkeiten, deren Schreibweise in deutschsprachigen Texten tradiert ist. Hier wird die Schreibweise verwendet, welche den Usus darstellt. Die andere bilden Namen von Autoren, deren Texte auf Deutsch oder Englisch vorlagen. Diese wurden in der Regel in der Schreibweise des jeweiligen Herausgebers belassen. In Zitaten ist die jeweilige Schreibweise beibehalten worden.

---

1 Deutsche Nationalbibliothek (2007): Regeln für die alphabetische Katalogisierung in wissenschaftlichen Bibliotheken RAK-WB, 2. überarbeitete und erweiterte Auflage (einschließlich der Aktualisierungen nach der 4. Ergänzungslieferung), Stand des Regelwerkstextes: April 2006, Leipzig, Frankfurt am Main, Berlin, S. 427.

1. Einleitung

„Alle fünf Jahre ändert sich in Russland alles, aber in 200 Jahren ändert sich nichts."
Russisches Sprichwort

„No matter what Russia may be – imperial, communist or democratic – they see us with the same eyes as they did in the previous centuries.»
Rogosin, Dmitrij Olegovič, ehem. russischer NATO-Botschafter[2]

Ist das Denken, Fühlen und Handeln Russlands[3] tatsächlich so tief in seiner wechselvollen Geschichte verwurzelt, dass Änderungen nur an der Oberfläche stattfinden? Wird Russland deshalb auch stets durch die gleiche alte Brille betrachtet? Ist eine Anpassung Russlands hin zu einem verantwortungsvollen und berechenbaren Akteur in einer multipolaren Welt möglich oder ist das Land gefangen in seiner Geschichte?

Es stellen sich viele Fragen, die vor dem Hintergrund unterschiedlichster Wahrnehmungen Russlands betrachtet werden wollen und auf die in dieser Arbeit mit Hilfe des Konzepts der strategischen Kultur eine Antwort gesucht wird.

Das Bild Russlands wird derzeit fast ausschließlich durch die Annexion der Krim im März 2014 sowie die fortdauernde Krise in der Ostukraine geprägt. Vielfach wird die Gefahr eines Wiederaufflammens des Kalten Krieges gesehen. Analogien zu den Interventionen der Sowjetunion werden gezogen. In den Jahren zuvor war die Wahrnehmung Russlands vielfach bestimmt durch die massive russische Intervention in Georgien im August 2008 bei der die strategische Konkurrenz mit den USA offene Formen annahm, die vehemente Ablehnung eines Raketenabwehrsystems in Europa und die russischen Vetos im Sicherheitsrat der Vereinten Nationen gegen Resolutionen, die die Gewalt des Assad-Regimes in Syrien deutlich verurteilen sollten. Die Stimmen, die den von U.S. Vizepräsident Biden bei der Münchner Sicherheitskonferenz 2009 ausgerufenen „reset"[4]

---

2   TV Novosti (2011): NATO fears resurgent Germany, Russia, – Rogosin, in: RT Question More, 26. Dezember, unter: http://rt.com/politics/nato-germany-russia-rogozin-693/print/ (Zugriff 04.02.2012).
3   Im Russischen lautet der Staatenname „Russländische (Rossijskaja) Föderation". Mit dieser Sprachwahl werden bewusst die nicht-russischen Ethnien in den Staatsgedanken mit einbezogen. Die fälschliche deutsche Übersetzung „Russische (Russkaja) Föderation" schließt diesen Aspekt aus.
4   U.S. Vizepräsident Biden hatte bei der 45. Münchner Sicherheitskonferenz gesagt: „The United States rejects the notion that NATO's gain is Russia's loss, or that Russia's

bereits vor den Ereignissen in der Ukraine spöttisch zu „regret"⁵ abwandelten, mehrten sich. Das Bild eines großen ungezügelten Bären, der mit seinen Klauen die Nachbarstaaten greift, setzte sich fest.

Auch die innenpolitische Entwicklung Russlands deutet für viele Beobachter auf eine dauerhafte Abkehr des Landes vom Westen hin. Meist wird nicht diskutiert, ob diese Abkehr stattgefunden hat, sondern nur, wann. Das heißt, ob sie mit der Verhaftung von Michail Chodorkovskij im Jahr 2003 begann, mit Präsident Putins Brandrede bei der Münchner Sicherheitskonferenz 2007 oder mit der Unterdrückung der Oppositionsbewegung nach den Wahlen zur Duma im Jahr 2011. So gar nicht zu den liberalen Werten säkularer westlicher Demokratien schienen zu passen: Der von Putin vorangetriebene Aufbau einer „Vertikale der Macht", der einherging mit einer weitgehenden Kontrolle beziehungsweise Überwachung der wichtigsten Massenmedien zur besseren Lenkung der Gesellschaft; der ungeschriebene Gesellschaftsvertrag, welcher der Bevölkerung Stabilität, Wohlstand und ein Gefühl neuer russischer Größe im Tausch gegen einen Politikverzicht der breiten Masse geben sollte; die Politik der festen Hand seitens des Kremls sowie die Stigmatisierung Andersdenkender, um die autoritäre Macht einer kleinen, von der Russisch-Orthodoxen Kirche unterstützen, Elite abzusichern.

Aber zeigte sich in dieser Phase nicht auch noch ein anderes Russland? Ein Russland, das sich im April 2009 gemeinsam mit den Vereinigten Staaten von Amerika dazu verpflichtete, eine nuklearwaffenfreie Welt anzustreben?⁶ Ein Russland, dem es gelang, nach zähen und schwierigen Verhandlungen am 8. April 2010 in Prag ein Nachfolgeabkommen zum am 5. Dezember 2009 ausgelaufenen

---

strength is NATO's weakness. The last few years have seen a dangerous drift in relations between Russia and the members of our Alliance." „It is time to press the reset button and to revisit the many areas where we can and should work together." Biden, Joseph. R. (2009): Speech at the 45th Munich Security Conference, München, 7. Februar, unter: http://www.securityconference.de/veranstaltungen/munich-security-conference/msc-2009/reden/joseph-r-biden/ (Zugriff 18.02.2013).

5 Besonders deutlich beispielsweise am Titel „Reset Regret" einer Reihe von WebMemos veröffentlicht von Cohen, Ariel (2011): Reset Regret, WebMemo Nr. 3294 vom 15.06.2011, 3296 vom 20.06.2011, 3306 vom 30.06.2011, 3321 vom 21.07.2011 und weitere, Hrsg. Heritage Foundation, Washington, D.C.

6 "We committed our two countries to achieving a nuclear free world, while recognizing that this long-term goal will require a new emphasis on arms control and conflict resolution measures, and their full implementation by all concerned nations." Medvedev, Dmitrij / Obama, Barack (2009): Joint Statement, London, 1. April, unter: http://archive.kremlin.ru/eng/text/docs/2009/04/214839.shtml (Zugriff 04.03.2012).

START I-Vertrag zu unterzeichnen und dieses im Januar 2011 zu ratifizieren? Ein Russland, dessen damaliger Verteidigungsminister Serdjukov gemeinsam mit seinem amerikanischen Amtskollegen Gates während eines Treffens in Washington (14./15. September 2010) ein Memorandum of Understanding unterschrieb, in dem es darum geht, die Sicherheits- und Verteidigungskooperation auf das Niveau der Zusammenarbeit in anderen Bereichen zu bringen?[7] Ein Russland, das in der Lage war, sich mit den USA auf ein „Framework for Elimination of Syrian Chemical Weapons" zu einigen?[8] Und wie kooperations- und integrationsfähig ist „der Westen"[9] überhaupt gegenüber Russland? Nahezu völlig in Vergessenheit geriet die Kernfrage, wie eine dauerhafte gesamteuropäische Friedensordnung unter Einbeziehung Russlands geschaffen werden kann. Galt Anfang der 1990er Jahre die von Bundesaußenminister Genscher formulierte Prämisse, dass die deutsche Einheit nicht ohne die europäische Einigung vollendet sei, deutsche Einheit und europäische Einigung somit zwei Seiten einer Medaille seien[10], so konzentrierte sich seit dem Zerfall der Sowjetunion die Diskussion mehr und mehr auf Probleme der Tagespolitik. Die im Rahmen der 2+4 Verhandlungen unausgesprochene Zusage an die Sowjetunion, das Land in Europa zu integrieren, wurde nicht erfüllt. Kein Wunder, waren den Realpolitikern doch nach und nach ihre Instrumente zur Erreichung des Ziels eines einigen Europas, das über die Grenzen der Europäischen Union hinausgeht, weggebrochen.

In Folge des Zerfalls der Sowjetunion nahm die Organisation für Sicherheit und Zusammenarbeit in Europa (OSZE) nicht nur die ehemaligen mittel- und osteuropäischen Satellitenstaaten der Sowjetunion auf, sondern auch noch die Nachfolgestaaten des früheren sowjetischen Imperiums. All diese Staaten waren zunächst darum bemüht, ihre wiedergewonnene Souveränität auszugestalten

---

7 Vgl. Baron, Kevin (2010): Russian defense chief visits Pentagon to seek Gates' advice on reform, in: Stars & Stripes, 15. September, unter: http://www.stripes.com/news/russian-defense-chief-visits-pentagon-to-seek-gates-advice-on-reform-1.118346 (Zugriff 04.03.2012).
8 Siehe U.S. Department of State (2013): Framework for Elimination of Syrian Chemical Weapons, 14. September, unter: http://www.state.gov/r/pa/prs/ps/2013/09/214247.htm (Zugriff 25.03.2014).
9 Unter „der Westen" werden in dieser Arbeit die freiheitlichen Demokratien mit einer funktionierenden Marktwirtschaft im euro-atlantischen Raum verstanden. Dies schließt mitnichten eine Interessengemeinschaft mit ein.
10 Vgl. Staack, Michael (2010): Gesamteuropäische Friedensordnung und deutsche Einheit, in Gesamteuropäische Friedensordnung 1989-2009, Schriftenreihe des Wissenschaftlichen Forums für Internationale Sicherheit e.V. (WIFIS), Bd. 29, Hrsg. Staack, Michael, Edition Temmen, Bremen, S. 11-14, 22.

und eine eigenständige Außenpolitik zu formulieren. Der Gedanke an eine neue, ihren ehemaligen „Unterdrücker" integrierende Sicherheitsordnung war ihnen meist völlig fremd. Sie orientierten sich vorwiegend transatlantisch. Den von Russland wiederholt vorgebrachten Wunsch, eine neue europäische Sicherheitsarchitektur zu erarbeiten, lehnten sie ab. Von den westlichen Staaten wurde diese Thematik in die OSZE „abgedrängt" und dümpelt seit dem Scheitern des OSZE-Gipfels in Astana (1./2. Dezember 2010)[11] vor sich hin. Die zukünftigen Vorsitzen auferlegte Erarbeitung eines konkreten Aktionsplanes zur Verwirklichung einer umfassenden, kooperativen und unteilbaren Sicherheitsgemeinschaft im OSZE-Raum kommt nur schwer voran. Laut waren bereits im Vorfeld die Vorwürfe aus den USA und den osteuropäischen Staaten, es ginge Russland nur um die Schwächung der NATO und die Sicherung seines Herrschaftsanspruchs im postsowjetischen Raum. Auch andere Vorschläge Russlands zur Änderung des Institutionengefüges wurden zurückgewiesen, wie beispielweise jener zur Reform des Internationalen Währungsfonds, mit dem Vorwurf, Russland beabsichtige nur, die eigene Rolle auf der Weltbühne aufzuwerten.[12]

Gab es in den 1990ern zunächst noch widerstreitende Lager, die mal die NATO, mal die Europäische Union (EU) als Kern der europäischen Integration sahen, war doch beiden Ansätzen gemein die Unterschätzung der Aversion, ja teilweise des Hasses der neuen mittel- und osteuropäischen Mitgliedstaaten gegenüber der Sowjetunion beziehungsweise deren Nachfolgestaat – der Russischen Föderation. Die ablehnende Haltung der neuen Mitgliedstaaten verhinderte jeglichen Konsens in den Bündnissen über eine Integration Russlands in Europa, machte nahezu jede konstruktive Annäherung zunichte. Nicht nur aufgrund der Auflösung der bipolaren Weltordnung, sondern auch aufgrund dieses Verhaltens wurde der Zusammenbruch der Sowjetunion ein bedeutsames Ereignis für die strukturelle Stabilität des internationalen Systems. Bis in die Gegenwart wirkt die gemeinsame Geschichte der neuen souveränen Nachbarstaaten mit der Sowjetunion nach und wurde 2008 durch den Krieg in Georgien nochmals vertieft.

---

11 Trotz der eindeutigen Erklärung: „Wir sind entschlossen, gemeinsam an der vollen Verwirklichung der Vision einer umfassenden, kooperativen und unteilbaren Sicherheitsgemeinschaft in unserem gesamten OSZE-Raum zu arbeiten." konnten sich die Teilnehmerstaaten nicht auf einen konkreten Aktionsplan einigen. OSZE (2010): Gedenkerklärung von Astana, Auf dem Weg zu einer Sicherheitsgemeinschaft, SUM.DOC/1/10/Corr.1*, Astana, 3. Dezember, unter: http://www.osce.org/de/cio/74988?download=true (Zugriff 15.12.2013), Ziff. 11 und 12.
12 Vgl. Lukjanow, Fjodor (2009): Russische Zwischenbilanz nach zwei Krisen, in: Zeitschrift für Internationale Politik und Gesellschaft (IPG), Nr. 1, S. 154.

Geradezu reflexhaft stellten sich viele mittel- und osteuropäischen Mitgliedstaaten auf die Seite Georgiens. Und obgleich man spätestens eineinhalb Jahre nach dem Konflikt mit den Erkenntnissen der Independent International Fact-Finding Mission on the Conflict in Georgia[13] zweifelsfrei wusste, dass Georgien der Aggressor war, der die ersten Artilleriesalven gegen die südossetische Bevölkerung und die russischen Friedenstruppen abgegeben hat und damit zugleich gegen seine mit dem Sotchi-Agreement eingegangene völkerrechtlich verbindliche Verpflichtung zur friedlichen Streitbeilegung verstoßen hat, änderte sich an der Haltung der neuen NATO-Mitgliedstaaten nichts. Sie rekurrieren weiterhin auf die aus westlicher Sicht unverhältnismäßige Reaktion Russlands. Deshalb konnte 2010 nur mühsam und auf massiven Druck Deutschlands hin auf dem Gipfel in Lissabon das neue strategische Konzept der NATO verabschiedet werden, das die Russische Föderation als strategischen Partner bezeichnet.[14] Der Weg nach Lissabon wurde durch die klar formulierten „10 Punkte für ein strategisches Konzept" von Bundesverteidigungsminister Jung geebnet.[15] Doch der in Lissabon demonstrierte Konsens basierte auf einem Kompromiss, abgetrotzt von den mittel- und osteuropäischen Mitgliedstaaten. Insbesondere die baltischen Staaten drangen auf NATO-Eventualfallplanungen, die ihre Staaten umfassen sollten. Obgleich diese gegen Russland gerichteten Planungen geheim sein sollten, gelangten sie an die Öffentlichkeit.[16] Diese Maßnahmen und Erklärungen sandten eine deutliche Nachricht nach Moskau. Wir trauen Euch nicht! Kurz nach dem Gipfel in Lissabon begannen zudem einige mittel- und osteuropäische Staaten, den verhandelten Konsens klammheimlich auszuhöhlen. Mal wurden technische Bedenken beim Informationsaustausch der Allianz mit Russland vorgebracht, mal wurden möglichst große Volltruppenübungen der NATO an den

---

13 Vgl. Tagliavini, Heidi / u. a. (2009): Independent International Fact-Finding Mission on the Conflict in Georgia – Report, erstellt im Auftrag des Rats der Europäischen Union, unter: http://www.ceiig.ch/Report.html (Zugriff 31.03.2012).
14 Vgl. NATO Public Diplomacy Division, Hrsg. (2010): Active Engagement, Modern Defence. Strategic Concept for the Defence and Security of the Members of the North Atlantic Treaty Organization, adopted by Heads of State and Government at the NATO Summit in Lisbon, 19.-20. November, Ziff. 33 und 34, unter: http://www.nato.int/strategic-concept/pdf/Strat_Concept_web_en.pdf (Zugriff 31.03.2012).
15 Siehe Jung, Franz-Josef (2009): Rede des Bundesministers der Verteidigung bei der 45. Münchner Sicherheitskonferenz, 8. Februar, Pkt. 7, unter: http://www.securityconference.de/Dr-Franz-Josef-Jung.222+M52087573ab0.0.html (Zugriff 31.03.2012).
16 Vgl. Demmer, Ulrike / Neukirch, Ralf (2010): Fear of Russia: NATO Developed Secret Contingency Plans for Baltic States, Spiegel Online International, 12. Juli, unter: http://www.spiegel.de/international/europe/0,1518,733361,00.html (Zugriff 14.04.2012).

Grenzen der Russischen Föderation gefordert[17]; Nadelstiche, die russische Reaktionen provozieren sollten – und dies auch taten. Das neben der Ukrainekrise offensichtlichste Hindernis bei der Kooperation zwischen NATO und Russischer Föderation stellt der Aufbau eines NATO-Raketenabwehrsystems dar. Russland sieht durch dieses System langfristig seine nukleare Zweitschlagkapazität und damit die ultimative Garantie seiner Souveränität gefährdet. Es misstraut Äußerungen der NATO-Mitglieder, dass das Raketenabwehrsystem nicht gegen Russland gerichtet sei.

In der Europäischen Union ist bislang kein substantielles Vorankommen bei der Neuverhandlung des 2007 ausgelaufenen und seitdem nur auf jährlicher Basis verlängertem Partnerschafts- und Kooperationsabkommen von 1997 oder dem für die Integration Russlands so wichtigen Schritt einer Abschaffung der Visapflicht zu erkennen. Russland hat sich wiederholt bereit erklärt, umgehend alle Visabeschränkungen abzuschaffen, sollte die EU bereit sein, den gleichen Schritt zu gehen. Noch behindern nicht zeitgemäße Visaregelungen den wirtschaftlichen und kulturellen Austausch sowie das Kennenlernen der Menschen. Gerade Letzteres galt bei der Annäherung der Erbfeinde Deutschland und Frankreich nach der Katastrophe des Zweiten Weltkrieges als eines der wirksamsten Mittel zur Überwindung der tiefen Kluft zwischen den Völkern.

Russlands Rolle in den Vereinten Nationen wird von den einen als Blockademacht beschrieben[18], von den anderen als unabhängig, ziemlich aktiv bei der Formulierung der Positionen des Sicherheitsrates und der Unterstützung regionaler zwischenstaatlicher Organisationen, die in Übereinstimmung mit der Strategie der Vereinten Nationen regionale Sicherheit fördern.[19] Größte Hindernisse bei der Kooperation im Sicherheitsrat der Vereinten Nationen sind derzeit die unterschiedlichen Perzeptionen der Intervention in Libyen und – eng damit verbunden – die abweichenden Vorstellungen zum weiteren Vorgehen im Falle Syriens.

---

17 Vgl. RIA Novosti (2010): NATO plans military exercises near Russian border, 4. März, unter: http://en.rian.ru/world/20100304/158089565.html (Zugriff 14.04.2012).
18 So sieht beispielsweise Michael Staack, ohne sich speziell auf die Vereinten Nationen zu beziehen, Russland „mehr als Veto- denn als Gestaltungsmacht". Staack, Michael (2013a): Multipolarität und Multilateralismus als Strukturen der neuen Weltordnung, in: Schriftenreihe des Wissenschaftlichen Forums für Internationale Sicherheit e.V. (WIFIS), Bd. 30, Hrsg. Staack, Michael, Opladen/Berlin/Toronto, S. 19.
19 Vgl. Nikitin, Alexander (2012): Russia as a Permanent Member of the UN Security Council, International Policy Analysis, Friedrich Ebert Stiftung, November, Berlin.

Unversöhnlich stehen sich zwei Sichtweisen auf Russland gegenüber. Während beispielsweise der damalige georgische Präsident Miheil Saakašvili die Furcht vor der Rückkehr eines imperialistischen Russlands, „[that would] rebuild its empire, seize greater control of Europe's energy supplies and punish those who believed democracy could flourish"[20], nährte und auch die damalige amerikanische Außenministerin Clinton die russischen Anstrengungen, eine größere wirtschaftliche Integration in Eurasien zu erreichen, als „move to re-Sovietize the region" bezeichnete,[21] weisen andere darauf hin: „it is more likely that Russia's strategic aims are modest, largely confined to its own neighbourhood, and typical for a major power"[22]. Moskaus Handeln wird eher als eine Reaktion auf das Agieren des Westens im postsowjetischen Raum wahrgenommen. Je nachdem, welche der beiden Sichtweisen zutreffend ist, ergeben sich aus neorealistischer Sicht für die Interaktion mit Russland unterschiedliche Antworten.

Im ersten Fall wäre eine harte Haltung gegenüber weiteren russischen Vorstößen, verbunden mit nicht verhandelbaren Forderungen nach einer Transformation des russischen politischen Systems, angebracht. Eine außen- und sicherheitspolitische Annäherung an Russland könnte frühestens dann erzielt werden, wenn Russland eine nach westlichem Verständnis freiheitliche Demokratie geworden ist. Dieser Ansatz birgt allerdings die Gefahr eines Zirkelschlusses. Lukjanow weist darauf hin, dass die Transformation eines Landes erschwert wird, wenn es Objekt der globalen Konkurrenz wird. „Die Einmischung von außen kann die internen Prozesse unterschiedlich beeinflussen, sie kann den Regimewechsel beschleunigen, aber auch das alte Regime konservieren und Wandel verhindern. In beiden Fällen hat das für die Modernisierung verheerende Folgen."[23]

Aus Sicht derjenigen, die das Wiederaufleben eines imperialen Russlands nicht befürchten, böten dagegen ernsthafte Verhandlungen für eine mittel- und

---

20 Saakashvili, Mikheil (2008): Moscow's plan is to redraw the map of Europe, Financial Times, 27. August, unter: http://www.ft.com/cms/s/0/fa0035f0-7459-11dd-bc91-0000779fd18c.html?nclick_check=1 (Zugriff 04.03.2012).
21 Zitiert nach Klapper, Bradley (2012): Clinton fears efforts to 're-Sovietize' in Europe, Associated Press, 6. Dezember, unter: http://bigstory.ap.org/article/clinton-fears-efforts-re-sovietize-europe (Zugriff 29.05.2014).
22 Carpenter, Ted Galen (2008): What Russia Wants, in: The American Conservative, Nr. 22, unter: http://www.amconmag.com/article/2008/sep/22/00006/ (Zugriff 04.03.2012).
23 Lukjanow, Fjodor (2009): Russische Zwischenbilanz nach zwei Krisen, in: Zeitschrift für Internationale Politik und Gesellschaft (IPG), Nr. 1, S. 153.

langfristige Integration Russlands in euroatlantische Strukturen einen konstruktiven Ansatz. Für eine Phase des Übergangs müsste mit einem Staat kooperiert werden, der von manchem westlichen Staat als faktische Autokratie eingestuft wird. Langfristig könnte so aber eine tiefgreifende Transformation Russlands und ganz Europas erreicht werden, Russland sich als verantwortungsvoller Akteur auf der internationalen Bühne etablieren. Voraussetzung ist eine konfliktsensible Kooperation, die russische Interessen berücksichtigt und – behutsam – eine demokratische Entwicklung der Gesellschaft unterstützt.

Zudem entsteht der Eindruck, die Akteure des täglichen politischen Geschäfts bekommen heutzutage die minutenaktuellen Soundbites der internationalen Politik per Twitter und Liveticker, aber kaum einer hört noch die Melodie. Diese Arbeit soll einen Beitrag leisten, das übergeordnete Ganze und die es bestimmenden Grundströmungen klarer zu erkennen, damit politische Entscheidungen losgelöst von tagespolitischen Ereignissen getroffen werden können. Nur so kann eine handlungsleitende Strategie entwickelt werden.

1.1 Fragestellung der Studie

Die beschriebenen meist neorealistisch geprägten Erklärungsansätze russischen Handelns scheinen nicht in der Lage zu sein, die Verhaltensweisen Russlands hinreichend zu erfassen. Zu häufig herrscht entweder Unverständnis über außen- und sicherheitspolitische Reaktionen Russlands oder werden diese unterschiedlich, teils sogar gegensätzlich interpretiert. Daher werden manchmal auch Begriffe aus der Psychologie verwendet, um russisches Verhalten zu erklären. Von „kindlicher Rebellion", „Hysterie", „verletztem Ego", „paranoiden, aggressiven Impulsen", „Borderline-Persönlichkeit" oder „Paranoia" ist die Rede.[24] Der Übertragung von bei Individuen beobachtbaren klinischen Krankheitsbildern auf Staaten als Akteure im internationalen System wird in dieser Arbeit nicht weiter gefolgt. Die Nutzung psychologischer Begriffe wird eher als attributive Beschreibung beobachteten Verhaltens gewertet.

---

24 Ein guter Überblick über diese unterschiedlichen Betrachtungsweisen findet sich beispielsweise bei Kropatcheva, Elena (2012): Russian foreign policy in the realm of European security through the lens of neoclassical realism, in: Journal of Eurasian Studies, Vol. 3, Hrsg. Hanyang University, S. 30-31 und Shleifer, Andrei / Treisman, Daniel (2011): Why Moscow Says No, A Question of Russian Interests, Not Psychology, in: Foreign Affairs, Vol. 90, Nr. 1, S. 123-125.

Diese Studie nutzt das Konzept der strategischen Kultur[25], um der Frage nachzugehen, ob Russland überhaupt ein verantwortungsvoller Akteur in einer multipolaren Welt des 21. Jahrhundert sein kann und ob eine vertiefte multilaterale Einbindung Russlands erfolgversprechend ist. Es wird die Frage beantwortet, wie ein konfliktsensibler Umgang des Westens aussehen sollte, um Russland auf seinem Weg zu verantwortungsvollem Handeln zu unterstützen. Als ein verantwortungsvoller Akteur in einem multipolaren System wird hier ein Staat verstanden, der vorwiegend durch Attraktivität (soft power) ein von seinen Nachbarn akzeptierter Bezugspunkt zu sein versteht und gleichzeitig durch den wohlmeinenden Einsatz seiner ökonomischen und militärischen Macht in der Lage ist, sowohl Stabilität in seiner Region zu erzeugen, als auch konstruktiv zur Bewältigung der Herausforderungen in einer globalisierten Welt beizutragen.

Dieser Studie liegt die Annahme zu Grunde, dass die Träger der strategischen Kultur durch spezifische geschichtliche Erfahrungen – teils bewusst, teils unbewusst – geprägt sind und diese Prägung ihre Präferenzen für das Auftreten des Staates auf der internationalen Bühne wesentlich bestimmt. Dabei ist zu beachten, dass selbst bei ähnlichen Erfahrungen in unterschiedlichen Gesellschaften die gezogenen Lehren sehr verschieden sein können.[26] Es wird zu prüfen sein, welche Spuren Geografie, Religion, Ideologien, äußere und innere Bedrohungen, Fremdherrschaften, Ressourcenreichtum und Ressourcenabhängigkeiten, etc. in der Kultur hinterließen. Welche Präferenz hinsichtlich der Anwendung von Gewalt, welches Verständnis von Konflikt und Kooperation hat sich herausgebildet? Das Wissen, bei welchen Herausforderungen und Risiken sich kulturell bestimmte Vorbehalte oder gar „rote Linien" erkennen lassen, ist hier ebenso bedeutsam. Wo wird strategische Kultur zum Entwicklungs- und Kooperationshemmnis? Nur mit fundiertem Wissen hierüber kann eine verantwortungsvolle Politik gegenüber Russland gestaltet werden.

Es soll aufgezeigt werden, wie die strategische Kultur des Landes sich auf die Entscheidungsfindung auswirkt. Warum werden Entscheidungen genau so getroffen, wie sie getroffen werden? Um diese Frage zu beantworten, müssen zunächst die Träger der strategischen Kultur identifiziert werden. Ist es entscheidend, wie die russische Bevölkerung die Welt sieht, und/oder kommt es auf spezifische Subkulturen an, die außen- und sicherheitspolitisches Handeln prägen?

---

25 Das Konzept der strategischen Kultur sowie das dieser Arbeit zugrunde gelegte Verständnis strategischer Kultur werden ausführlich unter Kapitel 2 „Die Theorie der strategischen Kultur" erläutert.
26 Vgl. Gray, Colin S. (1984): Comparative Strategic Culture, in: Parameters, Journal of the US Army War College, Vol. XIV, Nr. 4, S. 30.

Auch die Frage, ob die strategische Kultur Russlands Brüche aufweist und wie diese sich gegebenenfalls auswirken, ist von Interesse. Oder genauer: Besitzt ein in der Vergangenheit wirksames Charakteristikum strategischer Kultur auch in der heutigen Zeit noch seinen bestimmenden Einfluss?

Zusammenfassend kann gesagt werden: Die vorliegende Studie

- untersucht mit einem empirisch-analytischen Ansatz umfassend die kulturellen Bestimmungsgrößen russischer Außen- und Sicherheitspolitik im 21. Jahrhundert,
- bewertet deren Einfluss auf das Auftreten der Russischen Föderation als internationaler Akteur und
- zieht Folgerungen für einen konfliktsensiblen Umgang des Westens mit Moskau.

1.2 Aktueller Forschungsstand

1.2.1 Der neorealistische Erklärungsansatz und seine Grenzen

Gemeinsam ist den verschiedenen Erklärungsversuchen russischer Außen- und Sicherheitspolitik oftmals ein neorealistischer Ansatz. Deshalb wird dieser in dieser Untersuchung auch gesondert betrachtet. Der neorealistische Ansatz geht davon aus, dass es im internationalen System keine übergeordnete Ordnungsmacht und kein Gewaltmonopol gibt, die Welt also anarchisch und am Eigennutz ausgerichtet ist. Die Handlungen der Staaten werden allerdings nicht durch diese Struktur bestimmt. Die Struktur bekräftigt Staaten lediglich, das Eine zu tun und das Andere zu lassen.[27] Alle Staaten sind in einem anarchischen System gezwungen, sich selbst um ihre Sicherheitsvorsorge zu kümmern, wenn sie überleben wollen. Macht hat folglich eine der Sicherheit dienende Funktion und ist nicht Selbstzweck.[28] Zugleich unterscheiden sich Staaten in ihren Machtpotenzialen. „Macht- und Gegenmachtbildung, im Idealfall ein Machtgleichgewicht, sind zwangsläufig, ja fast automatisch zentrale Instrumente der Überlebenssicherung und gleichzeitig der Stabilisierung der Staatenbeziehungen."[29]

---

27 Vgl. Waltz, Kenneth N. (1997): Evaluating Theories, American Political Science Review, Vol. 91, Nr. 4, Dezember, S. 915.

28 Da das Machtstreben nicht in der Natur des Menschen, sondern in der anarchischen Struktur des internationalen Systems begründet liegt, wird der Neorealismus auch struktureller Realismus genannt.

29 Krell, Gert (2012): Theorien in den Internationalen Beziehungen, in: Einführung in die Internationale Politik, Studienbuch, Hrsg. Staack, Michael, 5., vollständig überarbeitete Auflage, Oldenbourg Verlag, München.

Kenneth Waltz, Begründer des Neorealismus, reiht Großmächte danach, „how they score on a combination of the following items: size of population and territory, resource endowment, economic capability, military strength, political stability and competence."[30] Diese Machtfaktoren bestimmen in Folge auch die Ausgestaltung nationaler Sicherheitsstrategien, außen- und sicherheitspolitischer Konzepte sowie Militärdoktrinen eines Landes.

Waltz weist darauf hin, dass es den Staaten beim Ausbau ihrer Machtbasis im Wesentlichen um die Erzielung relativer Gewinne geht. Im Nuklearzeitalter könnten kleine Volkswirtschaften eher zur Großmacht werden, da sie aufgrund der abschreckenden Wirkung der Nuklearwaffen nicht mehr so viele Ressourcen in Aufbau und Unterhalt konventioneller Streitkräfte stecken müssten. Nuklearwaffen machten aber weder das Ausbalancieren von Macht, noch die Anwendung von Gewalt überflüssig. Die eine bipolare Welt bestimmende Symmetrie und Einfachheit mit ihrer geringen Konfliktneigung, sei in einer multipolaren Welt nicht gegeben. Erst Nuklearwaffen brächten diese beiden Charakteristika auch in einer multipolaren Welt wieder zur Geltung.[31] John Mearsheimer folgt zwar der grundsätzlichen Argumentation von Waltz, dass ein bipolares System friedlicher als ein multipolares ist, differenziert aber zusätzlich zwischen balancierter und nicht-balancierter Multipolarität. Dabei erachtet er ein multipolares System mit einem extrem starken Staat, der die anderen dominieren kann, als besonders gefährlich. Die Bewertung der Machtverteilung in einem System wird seines Erachtens folglich nicht alleine durch die Anzahl der Pole bestimmt.[32]

In einer früheren Arbeit kam Mearsheimer zu dem Ergebnis, dass die Verteilung und der Charakter der militärischen Macht die bestimmenden Faktoren für Krieg und Frieden sind. Der Kalte Krieg blieb seines Erachtens vor allem kalt aufgrund der bipolaren Verteilung der militärischen Macht, der ungefähren Gleichverteilung der Macht zwischen den beiden Polen sowie dem großen abschreckenden Nukleararsenal. Inländische Faktoren, wie die

---

30 Waltz, Kenneth N. (1993): The Emerging Structure of International Politics, in: International Security, Vol. 18, Nr. 2, Herbst, Massachusetts Institute of Technology, S. 50.
31 Vgl. Waltz, Kenneth N. (1993): The Emerging Structure of International Politics, in: International Security, Vol. 18, Nr. 2, Herbst, Massachusetts Institute of Technology, S. 60-62, 74.
32 Vgl. Mearsheimer, John J. (2006b): Conversations in International Relations: Interview, Teil II, in: International Relations, Vol. 20, Nr. 2, London/Thousand Oaks/New Delhi, S. 241.

geringere Ausprägung des Nationalismus, senkten die Kriegswahrscheinlichkeit zusätzlich.[33]

Ein multipolares System weist nicht nur zwei Großmächte auf, die in eine Konfliktsituation geraten können, sondern mehrere. Während in einer bipolaren Welt das Risiko eines Angriffs großer gegen kleiner Mächte oder kleiner Mächte gegeneinander gering ist, kann sich in einem multipolaren System eine Vielzahl von möglichen Konflikten ergeben, zumal ein Konflikt zwischen kleinen Mächten beziehungsweise ein Konflikt zwischen einer Großmacht und einer kleinen Macht nicht so katastrophale Auswirkungen haben dürfte wie ein Waffengang der Großmächte in einem bipolaren System. Machtungleichgewichte in einer multipolaren Welt zu balancieren erfordert zudem einen wesentlich höheren Koordinationsaufwand. Die Wahrscheinlichkeit, dass es zu Fehleinschätzungen der Macht kommt, ist höher.[34]

Mearsheimer gelangt, da er ein bipolares System als die für einen dauerhaften Frieden eindeutig bessere Mächtekonstellation erkennt, zu dem Ergebnis: „The West has an interest in maintaining peace in Europe. It therefore has an interest in maintaining the Cold War order, and hence has an interest in the continuation of the Cold War confrontation; developments that threaten to end it are dangerous."[35]

Nicht-ausbalancierte Macht, also eine unipolare Welt, ist nach Auffassung von Waltz eine potentielle Gefahr für die anderen Staaten. „The powerful state may (...) think of itself as acting for the sake of peace, justice, and well-being in the world. These terms, however, will be defined to the liking of the powerful, which may conflict with the preferences and interest of others. (...) Some of the weaker states in the system will therefore act to restore a balance and thus move the system back to bi- or multipolarity."[36] Zudem bereitet schwächeren Staaten aufgrund fehlender gegenseitiger Kontrollmechanismen die Unsicherheit über das künftige Verhalten eines gütigen Hegemons Sorge. Des Weiteren tendieren vorherrschende Staaten dazu, sich langfristig durch die Übernahme zu vieler

---

33 Vgl. Mearsheimer, John J. (1990): Back to the Future, Instability in Europe After the Cold War, in: International Security, Vol. 15, Nr. 1, Sommer, S. 6-7, 11-12.
34 Vgl. Mearsheimer, John J. (1990): Back to the Future, Instability in Europe After the Cold War, in: International Security, Vol. 15, Nr. 1, Sommer, S. 14-16.
35 Mearsheimer, John J. (1990): Back to the Future, Instability in Europe After the Cold War, in: International Security, Vol. 15, Nr. 1, Sommer, S. 52.
36 Waltz, Kenneth N. (1997): Evaluating Theories, American Political Science Review, Vol. 91, Nr. 4, Dezember, S. 915-916.

Aufgaben selbst zu schwächen.[37] Eine unipolare Welt ist daher aus klassisch neorealistischer Sicht die instabilste Mächtekonstellation. Neorealisten, die die Rolle und Bedeutung eines Hegemons positiver betonen, kommen hingegen zu der Erkenntnis, dass ein unipolares System recht stabil und damit lang andauernd ist.[38]

Während stärkere Staaten grundsätzlich wählen können, ob sie sich einem starken Staat anschließen oder diesen ausbalancieren wollen, bleibt sehr schwachen Staaten nichts anderes übrig, als sich einem starken Staat anzuschließen, um ihre Sicherheit zu gewährleisten.[39] Macht- und Gegenmachtbildung kann aber auch dazu führen, dass Staaten sich der schwachen Seite anschließen, wenn die stärkere Seite ihnen ihre bevorzugte Politik aufdrängt. Dieser Effekt kann selbst dann eintreten, wenn der stärkere Staat keine schlechten Absichten hegt. Ursache hierfür ist die unterschiedliche Interpretation von Ereignissen aufgrund der spezifischen geschichtlichen Erfahrungen, der geografischen Lage und der wirtschaftlichen Interessen der schwächeren Staaten.[40] An dieser Stelle greift Waltz also auf eine kulturalistische Argumentation zurück, um Kritik an seinem Modell zu begegnen. Er geht jedoch nicht so weit, die von ihm postulierten Grundannahmen in Frage zu stellen. Letztlich geht es aber auch nicht, wie Colin Gray 2006 formulierte, um einen Gegensatz kulturalistischer Theorien gegenüber (neo)realistischen Ansätzen, denn alle (Neo)realisten sind „'cultural creatures', whether they like it or not."[41]

Neorealistische Ansätze bieten keine Erklärung für suboptimales oder scheinbar irrationales Verhalten eines Staates. Dieses kann sich beispielsweise aus missionarischen Einstellungen, Fehleinschätzungen der Machtbalance beziehungsweise der Absichten anderer Staaten, einem übersteigerten Glauben an offensive/defensive Strategien oder durch innenpolitische Faktoren ergeben.[42]

---

37 Vgl. Waltz, Kenneth N. (2000): Structural Realism after the Cold War, in: International Security, Vol. 25, Nr. 1, Sommer, Massachusetts Institute of Technology, S. 27-28.
38 Vgl. Wohlforth William C. (1999): The Stability of a Unipolar World, in: International Security, Vol. 24, Nr. 1, MIT Press, S. 5-41.
39 Vgl. Waltz, Kenneth N. (1997): Evaluating Theories, American Political Science Review, Vol. 91, Nr. 4, Dezember, S. 915.
40 Vgl. Waltz, Kenneth N. (1993): The Emerging Structure of International Politics, in: International Security, Vol. 18, Nr. 2, Herbst, Massachusetts Institute of Technology, S. 74.
41 Gray, Colin S. (2006): Out of the Wilderness: Prime-time for Strategic Culture, Studie erstellt für: Defense Threat Reduction Agency, S. ii.
42 Vgl. Heikka Henrikki (2002): Strategic Culture and the English School: Conceptualising Strategic Adjustments in the Nordic Region, Finish Institute of International Affairs, Working Papers 33, Oslo, S. 5.

Hinzu kommt, dass „before the realist calculation was made, culture had structured its outcome by giving context to what was valued and providing a lens for the interpretation"[43].

Eines der bekanntesten Beispiele hierfür ist das unvorhergesehene Verhalten Deutschlands nach der Wiedervereinigung. Die neue Größe Deutschlands, seine zentrale Lage in Mitteleuropa, eine starke Wirtschaft sowie die Auflösung des Warschauer Paktes verschoben die relative Macht des Landes und damit seine Position im internationalen System. Dies hätte nach Auffassung der Neorealisten zu einer merklichen Veränderung deutscher Außen- und Sicherheitspolitik führen müssen – hin zu unilateralem Handeln einer klassischen Großmacht. Stattdessen wies deutsches außen- und sicherheitspolitisches Handeln ein großes Maß an Kontinuität und Mäßigung auf. John Duffield identifiziert zwei wesentliche Gründe hierfür: Erstens das dichte Netz europäischer Organisationen, in das Deutschland eingebunden war und ist. In Teilbereichen, zum Beispiel der Streitkräftestruktur, brachte dies starke Beschränkungen mit sich. Es bot Deutschland aber auch eine Möglichkeit, seine Sicherheitsbelange innerhalb des Netzes zu artikulieren. Deutschland hatte aus der institutionalisierten Kooperation mehr Vorteile als es aus einer fordernden unilateralen Politik hätte ziehen können. Zweitens teilten die Gesellschaft und die politische Elite die gleichen Werte und Einstellungen hinsichtlich eines zurückhaltenden Einsatzes von Gewalt, eine Präferenz für multilaterales Agieren und das Bedürfnis, als verlässlicher Partner wahrgenommen zu werden. Sowohl die politische Kultur als auch die internationale Einbindung sind sehr stabil. Rasche Änderungen sind nicht zu erwarten.[44]

An diesem Beispiel lässt sich gut erkennen, wie zwei verschieden hergeleitete Argumentationsstränge zusammen kommen, auf der einen Seite eine Kosten-Nutzen-orientierte Entscheidung für Multilateralismus und auf der anderen Seite eine kulturalistisch determinierte Entscheidung für Multilateralismus. Es kann davon ausgegangen werden, dass sich diese beiden Vektoren gegenseitig verstärkt haben und letztlich ein Ergebnis zeitigten, das sich von neorealistischen Erwartungen klar unterscheidet. An diesem Beispiel zeigt sich auch, dass Strategie nicht als reine Technik verstanden werden darf, sondern stets in Abhängigkeit von Gesellschaft und Kultur betrachtet werden muss.

---

43 Legro, Jeffrey W. (1995): Cooperation under Fire: Anglo-German Restraint during World War II, Reihe Cornell Studies in Security Affairs, Hrsg. Art, Robert J. / Jervis, Robert / Walt, Stephen M., Cornell University Press, Ithaca/London, S. 201.

44 Vgl. Duffield, John S. (1998): World Power Forsaken: Political Culture, International Institutions, and German Security Policy After Unification, Stanford University Press, Stanford, S. 3-6.

Inzwischen werden Kulturtheorien selbst von Skeptikern als eine mögliche Ergänzung zum Neorealismus gesehen. Michael Desch beispielsweise identifiziert drei Bereiche, in denen sie ergänzende Erklärungsansätze bieten: (1) Kulturelle Variablen können den Zeitverzug zwischen strukturellem Wandel und Veränderungen des Verhaltens von Staaten mit erklären. (2) Sie können erklären, warum Staaten sich nicht, wie es eigentlich rational wäre, dem internationalen System anpassen, sondern stattdessen die Nachteile ihres Verhaltens tragen. (3) In strukturell unbestimmten Situationen kann die Variable Kultur zudem einen eigenständigeren Effekt haben.[45] Kulturtheorien sind also schon lange nicht mehr nur eine „explanation of last resort".[46]

1.2.2 Die strategische Kultur Russlands als Erklärungsansatz

Was wissen wir wirklich von Russland? Wer kennt seine Bevölkerung, seine Kultur? Während des Kalten Krieges und der allgegenwärtigen Furcht vor der nuklearen Katastrophe für die gesamte Menschheit befassten sich ab den 70er Jahren des 20. Jahrhunderts immer mehr Analysten mit der strategischen Kultur der Sowjetunion. Sie versuchten in der Regel, wie Jack Snyder, der als erster das Konzept der strategischen Kultur anwandte, besser zu verstehen, wie ihr Gegenüber im Fall eines drohenden nuklearen Holocausts reagieren würde, um vielleicht doch noch das Schlimmste abwenden zu können.

Mit dem vielfach ausgerufenen Ende des Kalten Krieges erlosch die Suche nach (weitergehenden) Erklärungsansätzen russischen Verhaltens zunächst nahezu. Erst in den letzten Jahren, als die Angst vor einem wiedererwachenden Russland zunehmend die Diskussionen beherrschte, wurde auch die strategische Kultur Russlands wieder Forschungsgegenstand. Studien befassten sich mit den aus Sicht der westlichen Welt drängenden Fragen, wie Energie und Raketenabwehr[47]. Doch diese Studien blieben sehr abstrakt. Allgemein gehaltene Verweise auf die spezifische russische Geschichte, die Geografie des Landes und weitere

---

45 Vgl. Desch, Michael C. (1998): Culture Clash: Assessing the Importance of Ideas in Security Studies, in: International Security, Vol. 23, Nr. 1, Sommer, S. 166-170.
46 Vgl. Lantis, Jeffrey S. (2002a): Strategic Culture and National Security Policy, in: The International Studies Review, Vol. 4, Nr. 3, Malden, S. 103.
47 Beispielsweise Phillips, William M.C. (2007): Russian Oil and Natural Gas: Strategic Culture and Security Implications of European Dependence, Thesis, Naval Postgraduate School, Monterey sowie Ziegler, Jonathan G. (2008): Bombs Bursting In Air – Ballistic Missile Defense and American, Russian and European strategic culture, policy and perspectives, in: European Politics, Brno, unter: http://is.muni.cz/th/132362/fss_m/Everything.pdf (Zugriff 15.04.2012).

nur grob umrissene Faktoren wurden als Argumentationsgrundlage genutzt. Die Anwendung des Konzepts strategischer Kultur blieb teils sogar hinter der analytischen Präzision der Untersuchungen der ersten Generation zurück.

Daher verwundert es auf den ersten Blick nicht, wenn Geschichtswissenschaftler sich gegen das Konzept der strategischen Kultur wenden, mit dem Argument es könne keine einheitliche strategische Kultur eines Landes geben. Ausnahmen, Widersprüchlichkeiten und widerstreitende Traditionen seien Kennzeichen der Geschichte eines jeden Volkes. Hinsichtlich der fehlenden Durchgängigkeit der Geschichte haben die Kritiker des Konzeptes auch sicherlich Recht. Jedoch berücksichtigen, wie im Kapitel „Die Theorie der strategischen Kultur" gezeigt wird, neuere konzeptionelle Ansätze genau diese Lebendigkeit der Geschichte. Das analytische Bemühen, Parameter dafür aufzuzeigen, wie Geschichte auf die Herausbildung einer strategischen Kultur gewirkt hat, widerspricht per se nicht der Erkenntnis, dass Geschichte wechselhaft ist. Haltloser erscheint Kritik wie sie beispielsweise der Historiker William Fuller äußert: „The function of strategic culture analysis is also at odds with the enterprise of history, for it is supposed to be an instrument with predictive power."[48] Implizit kommt bei dieser Aussage zum Ausdruck, dass Geschichtswissenschaft sich nicht als bloßes Instrument einer anderen Wissenschaft verstanden wissen will.

Während auf der theoretischen Ebene anthropologische Ansätze weiterentwickelt und Erkenntnisse aus dem Bereich der politischen Kultur genutzt wurden, fehlte in der Anwendung des Konzeptes auf Russland das tiefere Verständnis, was strategische Kultur ausmacht, wie sie entsteht, beeinflusst wird und welche Wechselwirkungen zwischen den verschiedenen Variablen bestehen. Das sich erst in den 1990er Jahren auf Grundlage der Ansätze des Konstruktivismus entwickelnde Verständnis für das Konzept der strategischen Kultur (siehe Kapitel „Strategische Kultur als Bestandteil des Konstruktivismus", S. 40) wurde vorzugsweise auf aufstrebende Mächte wie Indien, China und Brasilien[49], zur Erklärung des japanischen und deutschen Verhaltens nach dem Ende des

---

48 Fuller, William C. Jr. (2010): Strategy and Power in Russia 1600-1914, The Free Press, New York/Toronto/Oxford/u. a. O., S. xiii-xiv.
49 Beispielsweise Twomey, Christopher P. (2006): Chinese Strategic Cultures: Survey and Critique sowie Jones, Rodney W. (2006): India's Strategic Culture, beide Studien erstellt für: Defense Threat Reduction Agency Advanced Systems and Concepts Office; McCoy, Terry L. (2009): Brazil's Political Economy and Strategic Culture, Studie für den "Brazil Strategic Culture Workshop", Florida International University, Applied Research Center, unter: http://strategicculture.fiu.edu/LinkClick.aspx?fileticket=s0co uPYNogw%3D&tabid=76 (Zugriff 14.04.2012).

Kalten Krieges[50] oder zur Einschätzung von Gegnern der USA wie den Iran[51] angewandt. Nur zögerlich wurde die Frage gestellt, welche Auswirkungen die durch den Zusammenbruch der Sowjetunion ausgelösten tiefen sozialen und geopolitischen Umwälzungen auf die strategische Kultur des Landes gehabt haben könnten. Die im Rahmen der Suche nach einer neuen russischen Identität wiederbelebte Erinnerung an die Zarenzeit verleitete Beobachter zu der Folgerung, Russland knüpfe jetzt an die strategische Kultur jener Zeit an, die Ära der Sowjetunion sei nur eine Wirrung gewesen. Die Frage, ob es nicht mit dem Zusammenbruch der Sowjetunion doch eher zu einem Bruch der strategischen Kultur gekommen sei, wurde nur vereinzelt gestellt.

Diese Studie untersucht in einem ersten Schritt die Elemente der strategischen Kultur Russlands genauer und belegt, dass es in den 1990er Jahren zu einem Bruch der strategischen Kultur gekommen ist. In einem zweiten Schritt wird die gewonnene Erkenntnis auf die vielfach unterschätzte offene Frage der Gestaltung eines konfliktsensiblen Umgangs mit Russland angewandt; einer langfristigen Fragestellung, die zunehmend durch wechselnde, die aktuelle politische Agenda bestimmende Themen wie Gaskrisen, Georgienkrieg, Aufbau eines Raketenabwehrsystems oder Ukrainekrise verdrängt wird. Es ist, wie Colin Gray 1988 formulierte, ein Fehler geschichtsvergessener Analysten, nur auf Einzelereignisse zu blicken, wenn man die Ursachen einer politischen Gegnerschaft identifizieren möchte. Das Einzelereignis kann bedeutsam für die Bewertung des politischen Tagesgeschäfts sein. Um ein Gesamtverständnis zu gewinnen, müssen hingegen Faktoren, die die strategische Kultur bestimmen, mit einbezogen werden.[52] Wendet man diese Blickweise an, wird deutlich, dass

---

50 Beispielsweise Duffield, John S. (1998): World Power Forsaken: Political Culture, International Institutions, and German Security Policy After Unification, Stanford University Press, Stanford; Duffield, John S. (1999): Political Culture and State Behavior: Why Germany Confounds Neorealism, in: International Organization, Vol. 53, Nr. 4, S. 765-803 sowie Lantis, Jeffrey S. (2002b): The Moral Imperative of Force: The Evolution of German Strategic Culture in Kosovo, in: Comparative Strategy, Vol. 1, Nr. 1, S. 21-46.
51 Beispielsweise Stanley, Willis (2006): The Strategic Culture of the Islamic Republic of Iran, Studie erstellt für: Defense Threat Reduction Agency Advanced Systems and Concepts Office oder Cain, Anthony C. (2002): Iran's Strategic Culture and Weapons of Mass Destruction: Implications of US Policy, The Maxwell Papers, Nr. 26, Air War College.
52 Vgl. Gray, Colin S. (1988): The Geopolitics of Superpower, University Press of Kentucky, Lexington, S. 96.

aus russischer Sicht der Ausgleich mit dem Westen als strategische Aufgabe gesehen wird. Nur mit ihm lässt sich Russlands Sicherheit dauerhaft gewährleisten. Der politische Westen sollte dieses Anliegen entsprechend einordnen und die Fähigkeit entwickeln, darauf angemessen eingehen zu können. Dennoch wurde diese Fragestellung bislang nicht unter dem Aspekt strategischer Kultur betrachtet.[53] Von dem von Elizabeth Kier formulierten Grundsatz ausgehend: „To argue that culture matters is not to argue that interests do not. Culture and interests are not distinct, discrete, competing factors. Actors' definitions of their interests are often a function of their culture."[54] schließt die vorliegende Studie diese Forschungslücke.

1.3 Methodisches Vorgehen

Angelehnt an John Duffield[55] wird in dieser Studie als zu erklärender Faktor (abhängige Variable) das Verhalten Russlands als außen- und sicherheitspolitischer Akteur in einer multipolaren Welt verstanden. Als dieses Verhalten erklärende Faktoren (unabhängige Variablen) kommen grundsätzlich in Betracht:

(1) auf der internationalen Ebene verortete Faktoren, wie internationale Strukturen und internationale Institutionen (beispielsweise das Völkerrecht, Verträge und internationale Organisationen),

---

53 Bisherige Forschungsansätze waren bislang stark neorealistisch geprägt, zum Beispiel verschiedene Beiträge in Staack, Michael, Hrsg. (2010): Gesamteuropäische Friedensordnung 1989-2009, in: Schriftenreihe des Wissenschaftlichen Forums für Internationale Sicherheit e.V. (WIFIS), Bd. 29, Edition Temmen, Bremen sowie IFSH, Hrsg. in Kooperation mit Dunay, Pál / Rotfeld, Daniel Adam / Zagorski, Andrej / u. a. (2011): OSZE-Jahrbuch 2010, Jahrbuch zur Organisation für Sicherheit und Zusammenarbeit in Europa (OSZE), Bd. 16, 1. Auflage, Nomos, Baden-Baden. Insbesondere frühere Untersuchungen aus dem Jahr 2009 scheinen teilweise deutlich durch den damals noch frischen Eindruck des Georgienkrieges geprägt.
54 Kier, Elizabeth (1995): Culture and Military Doctrine: France between the Wars, in: International Security, Vol. 19, Nr. 4, S. 83.
55 Vgl. Duffield, John S. (1998): World Power Forsaken: Political Culture, International Institutions, and German Security Policy After Unification, Stanford University Press, Stanford, S. 13-39.

(2) auf innerstaatlicher Ebene nationale Fähigkeiten, nationale Institutionen[56], politische Prozesse und im Gemeinwesen[57] breit geteilte Einstellungen mit Einfluss auf Sicherheitsfragen.

In dieser Studie liegt der Schwerpunkt der Analyse auf den im Gemeinwesen verbreiteten Einstellungen mit Auswirkung auf die Sicherheitspolitik, also der politischen, beziehungsweise strategischen Kultur. Da im Fortgang verschiedentlich auf die anderen unabhängigen Variablen rekurriert wird, werden diese hier zuerst kurz erläutert.

Mit den Auswirkungen von (relativen) Machtverschiebungen auf der internationalen Ebene befasst sich die (neo-)realistische Schule, auf die bereits im Kapitel „Der neorealistische Erklärungsansatz und seine Grenzen" eingegangen worden ist. Aber selbst wenn die Verteilung von Macht konstant ist, können internationale Institutionen sich auf verschiedene Weisen auf die Außen- und Sicherheitspolitik eines Staates auswirken. Erstens können sie durch Abkommen, die Normen und Regeln enthalten, zügelnd wirkend, obgleich diese Institutionen im Allgemeinen keine Möglichkeiten besitzen, die Durchsetzung der Normen und Regeln zu erzwingen. Der Bruch der Regeln ist aber dennoch nicht frei von Kosten. Diese entstehen beispielsweise durch entgangene Vorteile, dem Verlust an Glaubwürdigkeit, die Feindseligkeit anderer Staaten oder Sanktionen. Zweitens bieten aber auch die Vorteile aus der Einhaltung der Regeln einen Anreiz. Internationale Institutionen bieten einen Raum, um die eigenen Sicherheitsbelange anzusprechen und somit durch Engagement in den Institutionen die nationalen Interessen zu verfolgen. Staaten können bereit sein, deutliche Einschränkungen hinzunehmen, um die genannten Vorteile zu erlangen. Drittens können internationale Institutionen Druck darauf ausüben, dass bestimmte Richtlinien angenommen werden.[58] Wie Thomas Berger allerdings anhand eines Vergleichs der

---

56 Hierunter werden allgemein anerkannt verstanden: „formal rules, compliance procedures, and standard operating practices that structure the relationship between individuals in various units of the polity and economy". Hall, Peter (1986): Governing the Economy: The Politics of State Intervention in Britain and France, in der Reihe: Europe and the International Order, Hrsg. Krieger, Joel, Oxford University Press, Oxford/New York, S. 19.

57 Als Gemeinwesen werden hier alle Organisationsformen des menschlichen Zusammenlebens (Clan, Staat, Kirche, etc.) verstanden, die einen Raum für politisches Handeln bilden und über den Familienverband hinausgehen.

58 Vgl. Duffield, John S. (1998): World Power Forsaken: Political Culture, International Institutions, and German Security Policy After Unification, Stanford University Press, Stanford, S. 18-19.

strategischen Kulturen Deutschlands und Japans nachweist, darf die Bedeutung internationaler Organisationen nicht überbetont werden. Während beide Staaten in den Jahren nach dem Zweiten Weltkrieg eine antimilitaristische Kultur entwickelt haben, war Deutschland intensiv in internationale Organisationen wie die NATO, die Europäische Wirtschaftsgemeinschaft sowie durch seine Teilnahme an der Konferenz über Sicherheit und Zusammenarbeit in Europa (KSZE) eingebunden, Japan hingegen pflegte nur eine einzige Sicherheitsbeziehung, nämlich die zu den USA.[59]

Die auf innerstaatlicher Ebene wirkenden Faktoren bestimmen, selbst bei ansonsten ähnlicher Verteilung von Macht auf internationaler Ebene, die Fähigkeit eines Staates, bestimmte Politiken zu verfolgen. Auch wirken sich diese Faktoren darauf aus, welche Politiken überhaupt als wünschenswert erachtet werden.[60]

Die nationalen Fähigkeiten sind mitbestimmend dafür, welche Außen- und Sicherheitspolitik ein Staat verfolgen kann. Erstens geht es um den reinen Umfang an Ressourcen, der generiert werden kann. Dieser wird nicht nur durch beispielsweise demografische und technologische Bedingungen beeinflusst, sondern auch durch das verhaltensbestimmte Maß an ökonomischer Aktivität. Zweitens wirkt sich die durch die Verfassung sowie durch politische, ökonomische und administrative Strukturen bestimmte Fähigkeit des Staates, Ressourcen zu mobilisieren, auf die nationalen Fähigkeiten aus. Drittens werden die für Außen- und Sicherheitspolitik zur Verfügung stehenden Ressourcen durch den Wettstreit mit anderen Politikfeldern bestimmt. Während die erstgenannten Faktoren eher konstant sind, können sich beim letztgenannten Faktor auch kurzfristige Veränderungen ergeben.[61]

Im Gemeinwesen verbreitete Einstellungen mit Auswirkung auf die Sicherheitspolitik stellen, wie zuvor aufgezeigt, nur eine von mehreren Determinanten

---

59 Vgl. Berger, Thomas U. (1998): Cultures of Antimilitarism, National Security in Germany and Japan, The John Hopkins University Press, Baltimore/London, S. 202-205.

60 Vgl. Duffield, John S. (1998): World Power Forsaken: Political Culture, International Institutions, and German Security Policy After Unification, Stanford University Press, Stanford, S. 19-21. Andere Autoren weisen darauf hin, dass bei Studien zur strategischen Kultur den auf innerstaatlicher Ebene wirkenden Kräften künftig mehr Beachtung geschenkt werden sollte, zum Beispiel Berger, Thomas U. (1998): Cultures of Antimilitarism, National Security in Germany and Japan, The John Hopkins University Press, Baltimore/London, S. 201-205.

61 Vgl. Duffield, John S. (1998): World Power Forsaken: Political Culture, International Institutions, and German Security Policy After Unification, Stanford University Press, Stanford, S. 21-22.

nationaler Sicherheitspolitik dar, weisen aber deutliche Wechselwirkungen zu den anderen Faktoren auf. Es geht in dieser Studie also insbesondere darum zu erkennen, welche tief verwurzelten und damit andauernden Einstellungen besonderen Einfluss auf Sicherheitsfragen haben und woher diese Einstellungen rühren.

Grundsätzlich gibt es zwei Ansätze zur Analyse kultureller Faktoren. Sie unterscheiden sich bezüglich des Verständnisses, wodurch Kultur entsteht und wie Kultur in die Gesellschaft eingebunden ist.

Der anthropologische Ansatz erachtet Kultur „as rooted in the deeper structures of a given society, such as its personality, religion, language, and primary socialization"[62]. Bei diesem Ansatz wird politische Kultur nur dann als veränderlich betrachtet, wenn sich auf diesen tiefliegenden strukturellen Ebenen ein Wandel vollzieht. Angewandt bedeutet dies, dass sich beispielsweise zur Herausbildung einer demokratischen Struktur zunächst ein Wandel auf der Ebene der Familie, des Arbeitsplatzes oder in der täglichen Interaktion der Menschen ergeben muss.[63]

Beim historisch-kulturellen Ansatz entwickeln sich politische Orientierungen aus den historischen Erfahrungen und der Interpretation, mittels der diesen Erfahrungen eine Bedeutung gegeben wird. Diese Orientierungen werden somit durch externe Ereignisse beeinflusst und beeinflussen gleichzeitig selbst, sowohl wie diese Ereignisse wahrgenommen werden als auch wie eine Gesellschaft auf diese Ereignisse reagiert. Orientierungen werden durch Sozialisation weitergegeben und dienen als Filter, mittels dem zukünftig Ereignisse bewertet werden. Bei diesem Ansatz ist Wandel das Ergebnis neuer Ereignisse und der Bemühungen, diese zu interpretieren. Allerdings kann es auch vorkommen, dass neue Orientierungen institutionalisiert werden, eine Eigendynamik entfalten und dann nur noch schwerlich veränderbar sind.[64]

Die aufgezeigten Ansätze werden in dieser Studie als komplementär erachtet. Jeder Ansatz betrachtet eine unterschiedliche Ebene von Kultur. Der anthropologische Ansatz ist geeignet, „patterns of political communication, relations among political leaders, and the ties that form between leaders and their followers" zu untersuchen. Der historisch-kulturelle Ansatz bietet „useful insights

---

62 Berger, Thomas U. (1998): Cultures of Antimilitarism, National Security in Germany and Japan, The John Hopkins University Press, Baltimore/London, S. 9-10.
63 Vgl. Berger, Thomas U. (1998): Cultures of Antimilitarism, National Security in Germany and Japan, The John Hopkins University Press, Baltimore/London, S. 11.
64 Vgl. Berger, Thomas U. (1998): Cultures of Antimilitarism, National Security in Germany and Japan, The John Hopkins University Press, Baltimore/London, S. 10-11.

into institutionelle dynamics (...), the formation of group identities and (...) to the evolution of policy preferences such as defense and national security."[65]

Um die Orientierungen innerhalb einer Gesellschaft identifizieren zu können, werden im Kapitel 2.5 „Träger der strategischen Kultur" Eliten sowie nationale Institutionen und politische Entscheidungsfindungsprozesse näher untersucht. Laut Duffield ist es für die Analyse des Einflusses der das politische Verhalten bestimmenden Faktoren unerheblich, die Natur und Stärke der Wechselwirkungen zu bestimmen.[66]

Bei der Bewertung, welche relative Bedeutung die verschiedenen Erklärungsfaktoren haben, muss berücksichtigt werden, dass dokumentierte Aussagen nicht zwingend widerspiegeln, was tatsächlich gedacht wird. Strategische Kultur kann von einzelnen Gruppen instrumentalisiert werden. Verhalten spiegelt insofern dann nicht die strategische Kultur, sondern die Interessen der Gruppen wider. Gelebte und instrumentalisierte strategische Kultur kann kaum unterschieden werden. Für diese Studie stellt dies jedoch kein Problem dar, da einzig entscheidend ist, wie die betrachtete Gruppe sich verhält.

In dieser Untersuchung wird der Ansatz verfolgt, dass in der Regel historisch-kulturell begründete Faktoren die Wahl strategischer Optionen von Eliten beeinflussen. Dies erfordert es, kulturelle Einflüsse auf das Verhalten von den Wirkungen anderer Variablen zu unterscheiden, d.h. strategische Kultur eindeutig mit beobachtetem Verhalten zu verknüpfen. So kann strategische Kultur beispielsweise die Wirkungen anderer Variablen herbeiführen, verstärken oder abschwächen indem sie den institutionellen Rahmen des politischen Entscheidungsfindungsprozesses bestimmt. Auch ist denkbar, dass strategische Kultur eine Palette verschiedener Entscheidungsoptionen zulässt, aber andere Variablen bestimmen, welche Option tatsächlich zum Zug kommt. Die Schwäche des gewählten breiten Verständnisses von strategischer Kultur, also des Ansatzes, der eine Vielzahl strategische Kultur beeinflussender Variablen betrachtet, liegt darin, dass all diese Variablen für sich alleine stehend betrachtet werden können. Jede kann für sich als Erklärungsansatz genutzt werden. Wenn strategische Kultur als das Ergebnis nahezu aller erklärenden Variablen verstanden wird, führt dies allerdings dazu, dass es wenig Spielraum für nicht-kulturelle Erklärungsansätze gibt. Zudem erschwert dies, die Wirkung einzelner Variablen zu

---

65 Berger, Thomas U. (1998): Cultures of Antimilitarism, National Security in Germany and Japan, The John Hopkins University Press, Baltimore/London, S. 11.
66 Vgl. Duffield, John S. (1998): World Power Forsaken: Political Culture, International Institutions, and German Security Policy After Unification, Stanford University Press, Stanford, S. 25-26.

validieren. Trotz dieser methodischen Einschränkungen bietet das Konzept der strategischen Kultur eine Alternative zu neorealistischen Erklärungsansätzen.[67] Während bei Forschungsansätzen, die einzelne Themen aus der Agenda der internationalen Politik herausgreifen, üblicherweise der Blick auf die zu Grunde liegenden Strukturen und Verhaltensmuster verstellt bleibt, sie also eher Tagespolitik beschreiben und diese in einen engen zeitlichen Rahmen einordnen, weitet das Konzept der strategischen Kultur den Blick. Die immer wieder anzutreffende länderübergreifende Analyse der unabhängigen und abhängigen Variablen (cross-case comparison) wird in dieser Studie nicht angewandt, da sich die nicht eindeutig beantwortbare Frage stellen würde, mit welcher anderen Kultur der Vergleich erfolgen sollte – der amerikanischen strategischen Kultur, weil die USA die führende Nation im politischen Westen sind, der Europäischen Union, weil diese am unmittelbarsten betroffen ist von der Suche nach einer Friedensordnung, oder der ost- mit der westeuropäischen strategischen Kultur, da sie sich vermutlich deutlich unterscheiden? Im Rahmen dieser Studie wird vielmehr, vor dem Hintergrund der Ausprägungen der unabhängigen Variable „strategische Kultur", untersucht, ob abhängige Variable (beobachtbares Verhalten Russlands) und erwartbares Verhalten korrespondieren (congruence procedure).

Für eine Untersuchung der strategischen Kultur Russlands ist es nicht erforderlich, selbst die Tiefen und Details der Herrschaftsabfolgen, Kriege etc. in den Zeiten des Kiever Reiches oder des Großfürstentums Moskau zu erforschen. Wichtig ist es, einen guten Überblick über die wissenschaftlichen Erkenntnisse derjenigen zu gewinnen, die dies getan haben. Der in der deutschen Geschichtswissenschaft vorherrschenden idiographischen Tradition folgend, gilt es, sich auf einzelne Parameter zu konzentrieren, diese durch die verschiedenen Epochen der russischen Geschichte zu verfolgen, die langen Linien, das Charakteristische zu erkennen und die Kernpunkte herauszuheben, welche sich in der strategischen Kultur wiederfinden. Diesem Ansatz inhärent ist die Kritik, dass die Auswahl der betrachteten Ereignisse subjektiv ist. Auch ein Mehr an Fakten kann darüber nicht hinwegtäuschen. Gleichzeitig erzwingt die Lesbarkeit der Studie eine Begrenzung des Autors auf die von Historikern besonders hervorgehobenen Geschehnisse und Bestimmungsfaktoren.

---

67 Vgl. Johnston, Alastair Iain (1995): Thinking about Strategic Culture, in: International Security, Vol. 19, Nr. 4, S. 37, 43, 53-54.

1.4 Quellenauswertung

Die vorliegende Studie bezieht sich sowohl auf Sekundärliteratur, als auch auf Primärquellen. Interviews mit Vertretern der russischen Eliten wurden aufgrund des fehlenden Zugangs nicht geführt. Sekundärliteratur liegt zu vielen aktuellen Fragen russischer Außen- und Sicherheitspolitik vor, basiert aber meist auf neorealistischen Theorieansätzen oder ist vielfach vorrangig deskriptiv. Aus diesem Grund wird auch der Analyse von Primärquellen, insbesondere den strategischen Grundlagendokumenten der Russischen Föderation, Raum gegeben.

Wenn, wie bei interaktiven außen- und sicherheitspolitischen Entscheidungsprozessen üblich, verlässliche Daten fehlen, kommt es darauf an, die wirkenden Indikatoren zu bestimmen und entsprechend zu analysieren.[68] Die Auswertung strategischer Grundlagendokumente, Grundsatzreden der politischen und militärischen Führung eines Staates sowie außen- und sicherheitspolitischer Studien in Fachzeitungen bietet hierbei einen wesentlichen Zugang zu den Denk- und Sichtweisen der Elite. Kritiker eines solchen Herangehens wenden ein, solche Dokumente und Reden dienten nur der Vermittlung eines gewünschten Bildes nach außen. Dies sei eine Charakteristik jeder modernen Regierung. Doch bereits frühe Studien, unter andrem von Thomas Wolfe und Herbert Dinerstein, zeigen auf, dass selbst in totalitären Staaten eine Notwendigkeit besteht, die Kommunikation innerhalb der Eliten durch Veröffentlichungen zu fördern.[69] Ein Beispiel: Um 1960, Chruschtschow hatte seine Position gerade gefestigt und beabsichtigte die Streitkräfte um ein Drittel zu reduzieren, teilte die politische Führung das Gefühl der strategischen Unterlegenheit nicht. In der Folge konzentrierte sich die militärische Literatur darauf, eine mögliche Niederlage in den Mittelpunkt ihrer Aussagen zu stellen, um ein größeres Budget zu erhalten. In diesem Fall

---

68 Wenn Entscheidungsträger mit einem Mitbewerber konkurrieren, der ebenfalls Einschätzung des Gegenübers in seine Entscheidungen einfließen lässt, kann eine Entscheidung nicht mehr ausschließlich mit Hilfe der Wahrscheinlichkeitsrechnung abgebildet werden. Auch bei einem generischen strategischen Akteur will berücksichtigt werden, dass dieser nicht rein rational, sondern durch seine strategische Kultur geprägt, handelt. Das Präferenzsystem der handelnden Akteure sowie die darauf einwirkenden Faktoren müssen Eingang in die Analyse finden.
69 Vgl. Wolfe, Thomas W. (1964): Soviet Strategy at the Crossroads, Harvard University Press, Cambridge, Massachusetts, S. 26-27 und: Dinerstein, Herbert (1959): War and the Soviet Union: Nuclear Weapons and the Revolution in Soviet Military and Political Thinking, Frederic A. Praeger, Inc., New York, S. 170-173 beide zitiert nach Snyder, Jack L. (1977): The Soviet Strategic Culture: Implications for Nuclear Options, RAND Corporation, Santa Monica, S. 7.

argumentierten die Autoren nicht zum Selbstzweck, sondern vor dem Hintergrund der tatsächlichen Schwäche der russischen Abschreckungsfähigkeiten.[70] Schwieriger, und vermutlich nur im konkreten Einzelfall zu beantworten, ist die Frage, ob strategische Grundlagendokumente durch die Lernerfahrung aus vergangenen Krisen beeinflusst sind, oder – anders herum – das Krisenverhalten durch die strategischen Grundlagendokumente.[71] Eine Möglichkeit, die Instrumentalisierung von Dokumenten zu erkennen, besteht in der Analyse von Quellen, die eine gewisse Breite der politischen Ausrichtungen der Akteure widerspiegeln. Einen anderen Ansatz bietet der Vergleich von Aussagen der Eliten mit Analysen von eher als objektiv eingestuften Quellen. Dabei ist zu berücksichtigen, dass die Medienfreiheit in Russland eingeschränkt ist. Der Kreml übt starken Einfluss auf die Medien aus, um seine Vorstellungen und Ideen in der Bevölkerung zu verankern. Die Nichtregierungsorganisation Reporter ohne Grenzen stufte Russland 2013 in ihrer Rangliste der Pressefreiheit auf Platz 148 von 179 ein (im Vergleich Türkei als NATO-Partner auf Platz 154).[72] Allerdings scheinen nicht alle Medien gleich stark kontrolliert zu sein. Während das Fernsehen vom Staat kontrolliert wird und auch beim Hörfunk staatliche Sender die offizielle Linie vermitteln, gibt es auch viele private kremlkritische Radiosender, wie beispielsweise „Echo Moskwy". In den Printmedien wird ein breites Meinungsspektrum vertreten, so war es sogar Michail Chodorkovskij möglich, aus der Haft heraus seine Vorstellungen für die Entwicklung des Landes in der führenden Wirtschaftszeitung Vedomosti zu veröffentlichen.[73] Dennoch muss konstatiert werden, dass auch die Printmedien deutlichen Einflussversuchen ausgesetzt sind. Das Internet ist weitgehend frei und weist hohe Wachstumsraten auf. Bislang erfolgt im Wesentlichen ein Monitoring von Extremismus.

---

70 Vgl. Snyder, Jack L. (1977): The Soviet Strategic Culture: Implications for Nuclear Options, RAND Corporation, Santa Monica, S. 26. Thomas Wolfe benennt ein Beispiel, bei dem es Anhaltspunkte gab, dass Publikationen bewusst von der politischen Führung eingesetzt worden waren, um den Argumenten der militärischen Führung gegen die sowjetische SALT Politik der Jahre 1973/74 entgegenzutreten. Vgl. Wolfe, Thomas W. (1975): The SALT Experience: Its Impact on U.S. and Soviet Strategic Policy and Decisionmaking, The RAND Corporation, R-1686-PR, S. 154-155.
71 Vgl. Snyder, Jack L. (1977): The Soviet Strategic Culture: Implications for Nuclear Options, RAND Corporation, Santa Monica, S. 15-16.
72 Vgl. Reporter ohne Grenzen (2014): Rangliste der Pressefreiheit 2013, unter: https://www.reporter-ohne-grenzen.de/fileadmin/rte/docs/2013/130128_Rangliste_Deutsch.pdf (Zugriff 31.03.2014).
73 Vgl. Krumm, Reinhard (2011): Moskau lässt abstimmen. Der »Neue Bürger Russlands« vor den Wahlen, Friedrich Ebert Stiftung, Perspektive FES Moskau, S. 5.

Aufgrund der unbestimmten Begriffsdefinitionen im entsprechenden Gesetz wird allerdings einer möglichen missbräuchlichen Anwendung Tür und Tor geöffnet. Herauszustellen ist die verbreitete Gewalt gegen kritische Journalisten. Inhaftierungen hingegen finden kaum statt. So weist das Committee to Protect Journalists mit Stand Dezember 2013 für Russland lediglich zwei Fälle aus. Die weltweit meisten Journalisten sitzen in Gefängnissen des NATO-Mitgliedstaats Türkei (40).[74] Eingedenk gewisser Einschränkungen können die öffentlichen Medien bei sorgfältiger Auswahl durchaus als Quelle im Rahmen dieser Studie genutzt werden.

Die Nutzung von Primärquellen weist allerdings insbesondere in einem autoritär ausgerichteten Staatswesen wie dem der Russischen Föderation eine weitere nur schwer zu schließende Lücke auf. Schriftliche Sachverhaltsdarstellungen und Kommentierungen ad personam durch Entscheidungsträger sind zwar vorhanden, aber nur schwer verifizierbar, solange kein wirksames Informationsfreiheitsgesetz, wie beispielsweise der die Bürgerrechte stärkende Freedom of Information Act in den Vereinigten Staaten oder das Gesetz zur Regelung des Zugangs zu Informationen des Bundes[75] in Deutschland, existiert.

1.5 Gang der Untersuchung

In Kapitel 1 der Studie wird die Fragestellung der Arbeit entwickelt. Davon ausgehend, dass neorealistische Erklärungsansätze nicht für alle Entwicklungen im internationalen System eine eindeutige Antwort haben, geschweige denn sich mitunter einer Kosten-Nutzen-Logik entziehende Verhaltensweisen Russlands erklären können, wird in dieser Arbeit die strategische Kultur Russlands als ein komplementärer Erklärungsansatz genutzt. Mit Hilfe des Konzepts der strategischen Kultur wird der Frage nachgegangen, ob Russland vor dem Hintergrund seiner spezifischen strategischen Kultur überhaupt ein verantwortungsvoller Akteur in einer multipolaren Welt des 21. Jahrhundert sein kann. Zahlreiche Veröffentlichungen mit Analysen zu Einzelfragen der politischen Kultur, beispielsweise zu deren Prägung durch den autokratischen Staat, oder mehr oder

---

74 Vgl. Committee to Protect Journalists (2013): Second worst year on record for jailed journalists, Sonderbericht von Beiser, Elena, 18. Dezember, unter: http://cpj.org/reports/2013/12/second-worst-year-on-record-for-jailed-journalists.php (Zugriff 31.03.2014).

75 Bundesministerium der Justiz (2005): Gesetz zur Regelung des Zugangs zu Informationen des Bundes, unter: http://www.gesetze-im-internet.de/ifg (Zugriff 23.03.2012).

weniger romanhafte Beschreibungen der russischen Geschichte, versuchen analytisch zu eng angelegt oder ungenügend konzipiert den dafür erforderlichen Analyserahmen zu spannen. Bislang gibt es kein Werk, das eine umfassende Gesamtanalyse der strategischen Kultur Russlands bietet.[76]

Die Entwicklung der Theorie der strategischen Kultur wird in Kapitel 2 dargestellt. Der Schwerpunkt liegt dabei auf den neueren Forschungsansätzen. Es erfolgt ebenfalls eine Auseinandersetzung mit der Kritik an dieser Theorie. Ein Kritikpunkt ist, dass es keine allgemeingültige Definition strategischer Kultur gibt. Aus diesem Grund wird auch das dieser Arbeit zugrunde gelegte Verständnis strategischer Kultur ausführlich erläutert und das Spektrum der zu untersuchenden Parameter festgelegt. Es wird eine Darstellungsform entwickelt, die es zulässt, relative Vergleiche verschiedener Epochen sowie Brüche in der strategischen Kultur zu visualisieren. Der gewählte Ansatz kann auch von anderen, komparativ angelegten Studien genutzt werden. Es wird aus dem dieser Studie zugrunde liegenden Verständnis der strategischen Kultur die arbeitsleitende Hypothese hergeleitet, dass es eine spezifische russische strategische Kultur gibt und deren Verständnis essentiell ist, um seitens des politischen Westens fruchtbare kooperative Beziehungen zur Russischen Föderation entwickeln zu können.

In Kapitel 3 wird den Wurzeln der strategischen Kultur Russlands nachgegangen. Dem Konzept der strategischen Kultur folgend, beginnen die Betrachtungen am frühesten belegbaren Zeitpunkt der Geschichte, denn je länger die Zeiträume sind, über die hinweg die untersuchten Präferenzen (siehe Kapitel 2.4 „Strategische Kultur im Verständnis dieser Studie", S. 46) fortdauern, desto stärker ist die strategische Kultur ausgeprägt. Dieser Analyse vorgeschaltet werden geografische und ethnische Faktoren mit Einfluss auf die Kultur angesprochen. Dabei wird der Theorie des geographischen Possibilismus gefolgt. Geografische Gegebenheiten werden dabei betrachtet „als eine Basis, die den Geschichtsprozess nicht nur in eine einzige, scheinbar vorgegebene Richtung trieb, sondern ihm alternative Entwicklungsmöglichkeiten bereitstellte – allerdings in einer begrenzen Auswahl."[77] In einem zweiten Schritt werden die wesentlichen gesellschaftlichen und außenpolitischen Ereignisse in den verschiedenen Epochen

---

76 Ein erster rudimentärer in diese Richtung zielender Ansatz findet sich bei Eitelhuber, Norbert (2009): The Russian Bear: Russian Strategic Culture and What it Implies for the West, in: Connections, The Quarterly Journal, Vol. 9, Nr. 1, Hrsg. Partnership for Peace Consortium of Defense Academies and Security Studies Institutes, Garmisch-Partenkirchen, S. 1-28.
77 Goehrke, Carsten (2010): Russland – Eine Strukturgeschichte, Verlag Ferdinand Schöningh GmbH & Co. KG, Paderborn, München/Wien/Zürich, S. 29.

russischer Geschichte betrachtet. Für die Epoche des Kiever Reiches werden beispielsweise die Entwicklung der Staatlichkeit, die internationale Einbindung des Kiever Reiches, fehlende Machtteilung und Machtkontrolle, frühe Formen der Selbstbestimmung und Beteiligung, die mongolische Oberherrschaft, die Rolle der Kirche zu jener Zeit sowie die katholische Missionierung mit Feuer und Schwert näher beleuchtet und Folgerungen hinsichtlich der Ausprägung der ausgewählten Parameter (Präferenzen) der strategischen Kultur während der Epoche des Kiever Reichs gezogen. Diese grundsätzliche Herangehensweise wird auch auf die anderen Epochen der russischen Geschichte übertragen. Besondere Beachtung wird dabei der Russisch-Orthodoxen Kirche geschenkt. Die russisch-orthodoxe Religion (Christianisierung ab 988) ist die traditionelle Religion Russlands und trug wesentlich zur Formierung der Staatlichkeit sowie der geistigen Normen beziehungsweise Mentalität bei, was einen der Schlüssel zum Verständnis der strategischen Kultur Russlands liefert. Die aus der Untersuchung der formativen Phase der strategischen Kultur gewonnenen Erkenntnisse können mit den Ausprägungen der Präferenzen in den anschließend betrachteten Perioden verglichen werden. Hierdurch wird beispielsweise deutlich, wann gegebenenfalls Brüche der strategischen Kultur auftraten.

Dies bedeutet, dass in Kapitel 4 insbesondere die strategische Kultur der heutigen Zeit vor der Fragestellung Kontinuität oder Bruch betrachtet werden kann. Ein für die heutige Außen- und Sicherheitspolitik prägender Bruch der strategischen Kultur kann in den 1990er Jahren verortet werden. Die über alle Epochen hinweg stark ausgeprägte Präferenz, Gewalt als Mittel in der Außenpolitik einzusetzen, schwächt sich aufgrund der schockartigen Ereignisse (Zerfall der Sowjetunion, Anstrengung wenigstens die Einheit der Russischen Föderation zu wahren, quasi Staatsbankrott im Rahmen der Rubelkrise) deutlich ab. Wirtschaftliche Macht übernahm die bislang unangefochtene Bedeutung, welche zuvor militärischer Macht zukam. Anders als in früheren Epochen, als immer wieder wirtschaftliche Reformen von oben angestoßen worden sind, um das Militär finanzieren und qualitativ hochwertig ausstatten zu können, nahm nun erstmals die Wohlfahrt des Volkes einen mindestens gleichrangigen Stellenwert ein – der wohl bedeutsamste Bruch in der strategischen Kultur Russlands. Um die Wohlfahrt zu mehren, öffnete sich Russland in den Folgejahren in einem bis dahin kaum gekannten Maß. Andere Präferenzen blieben von diesen epochalen Änderungen weitgehend unberührt. Dennoch ergibt sich ein großes Potenzial für eine konstruktive Kooperation des politischen Westens mit der Russischen Föderation. Bedingt durch ein in der strategischen Kultur gründendes besonders ausgeprägtes Großmachtstreben Russlands, verbunden mit einem starken Streben nach Anerkennung, bedarf es hierbei einer besonderen Sensitivität. Die

Absicht des Westens, seine Vorstellung einer liberalen Demokratie auf Russland zu übertragen, birgt dabei besonderes Eskalationspotenzial wie eine ausführliche Analyse der heutigen Bedrohungswahrnehmung zeigt. Ausgeprägte Präferenzen für eine autoritäre Herrschaft sowie das Streben nach Sicherheit kollidieren massiv mit den vom Westen gewählten Politikansätzen.

Das unter den skizzierten Umständen realisierbare Kooperationspotenzial wird in Kapitel 5 näher betrachtet, bevor anschließend die Ergebnisse zusammengeführt werden. Eine wesentliche Erkenntnis dabei ist, dass das Ziehen von trennenden Gräben zwischen dem politischen Westen und Russland in vielen Fällen vermieden werden kann, wenn eine die strategische Kultur Russlands berücksichtigende konfliktsensible Außen- und Sicherheitspolitik zur Anwendung gebracht wird. Mehr noch: Ein auf das Verständnis seiner strategischen Kultur abgestellter Umgang mit Russland bietet in spannungsgeladenen Situationen einen – wenn nicht gar den – Schlüssel zu ihrer Entschärfung.

2. Die Theorie der strategischen Kultur

2.1 Das Konzept der politischen Kultur

Die Erkenntnis, dass Kultur die Sicherheitspolitik eines Staates beeinflusst, lässt sich bis in die Werke Thukydides und Sun Tzus[78] zurückverfolgen. Seit den 1940ern begann man in den Sozialwissenschaften mit Studien zum nationalen Charakter die Verbindung zwischen der Kultur eines Volkes und dem Verhalten eines Staates zu erforschen. Dabei kamen vorwiegend anthropologische Modelle zur Anwendung. Sprache, Religion, Sitten und Sozialisation wurden als Wurzel eines nationalen Charakters gesehen. Bereits zu jener Zeit wurde aber auch die Interpretation kollektiver Erinnerungen einer Gesellschaft als weiteres bestimmendes Merkmal erkannt.[79]

Anfang der 1960er befassten sich Gabriel Almond und Sidney Verba mit der politischen Kultur der Demokratie sowie den sozialen Strukturen und Prozessen, die diese tragen. Sie lehnten die psychologischen und anthropologischen Theorien nicht ab, sahen aber die Notwendigkeit, mit dem Begriff der politischen Kultur eine sprachlich klarere Trennung von politischen und nicht-politischen Einstellungen und Entwicklungsmustern vorzunehmen. Der Begriff politische Kultur beschreibt also sowohl die Einstellungen gegenüber dem politischen System und seinen Komponenten, als auch die Einstellungen gegenüber der Rolle des Individuums innerhalb des Systems (i.e. „psychological orientation toward social objects"). Mit diesem Ansatz vermeiden Almond und Verba allgemeine anthropologische Begriffe wie kulturellen Ethos beziehungsweise die solchen Konzepten innewohnende Annahme der Homogenität. Mit ihrem Konzept der politischen Sozialisation gehen sie über die psychokulturelle Schule, die Verbindungen zwischen kindlicher Entwicklung und politischen Einstellungen

---

78 Bei Sun Tzu, alternative Transkription Sunzi, findet sich beispielsweise als fünfte wesentliche Voraussetzung für den Sieg: „Wenn du den Feind und dich selbst kennst, brauchst du den Ausgang von hundert Schlachten nicht zu fürchten." „Kennen" bezieht sich in diesem Kontext auf weit mehr als nur die wirtschaftliche und militärische Stärke des Feindes, nämlich die ihm eigenen durch Kultur geprägten Verhaltensweisen. Sunzi (ca. 2500 v. Chr., Druck 2001): Die Kunst des Krieges, Hrsg. Cavell, James, München, S. 34-35.
79 Vgl. Lantis, Jeffrey S. (2005): Strategic Culture: From Clausewitz to Constructivism, in: Strategic Insights, Vol. IV, Nr. 10, S. 1-2.

als Erwachsener herstellt, hinaus.[80] Sie klassifizieren, angelehnt an Talcott Parsons und Edward Shils[81], drei Typen politischer Orientierung: (1) die kognitive Orientierung, also das Wissen über und den Glauben an das politische System, seine Rolle, die Inhaber dieser Rollen sowie der Leistung des Systems, (2) die affektive Orientierung gegenüber den genannten Faktoren und (3) die evaluative Orientierung, also die Einschätzung des politischen Systems auf der Grundlage von Wertmaßstäben und Kriterien wie Informationen und Gefühlen.

Die Untersuchungen von Gabriel Almond und Sidney Verba fanden vor dem Hintergrund einer sich nach dem Zweiten Weltkrieg rasch wandelnden Welt statt, die durch die Staatsbildungen in Afrika und Asien sowie das Streben zuvor unterworfener Völker nach Zugang zur modernen Welt geprägt war. Während die Entwicklungen im technologischen und organisatorischen Bereich nahezu weltweit in die gleiche Richtung verliefen, war die Entwicklung der politischen Kultur weniger eindeutig. Zwar gab es überall den lauten Ruf nach politischer Partizipation, aber die Art und Weise wie diese umgesetzt werden konnte war verschieden. Den sich entwickelnden Staaten stand sowohl der demokratische als auch der totalitäre Weg offen. Im demokratischen Staat können die Menschen am politischen Entscheidungsprozess als „influential citizen" teilhaben, im totalitären Staat wird ihnen die Rolle eines „participant subject" zugewiesen. Damit eine demokratische Teilhabe am politischen Prozess möglich ist, bedarf es einer politischen Kultur, die damit übereinstimmend ist. Laut Almond und Verba stellt die Natur der demokratischen Kultur in sich ein wesentliches Hemmnis dar, die politische Kultur der westlichen Staaten auf die entstehenden Staaten zu übertragen. Freiheit, die Würde des Einzelnen, das Prinzip der Konsensentscheidung werden als inspirierende Ideen gesehen, aber die Wirkprinzipien eines politischen Gemeinwesens, „the ways in which political elites make decisions, their norms and attitudes, as well as the norms and attitudes of the ordinary citizen, his relation to government and to his fellow citizens",[82] sind subtile Elemente der ihm zugrundeliegenden Kultur. Es ist also nicht damit getan, politische Parteien, Interessengruppen und Medien aufzubauen sowie Rechtsnormen zu setzen.

---

80 Vgl. Almond, Gabriel A. / Verba, Sidney (1963): The Civic Culture – Political Attitudes and Democracy in Five Nations, Princeton University Press, Princeton, S. 12-14.
81 Siehe Parsons, Talcott / Shils, Edward A. (1951): Toward a General Theory of Action, Harvard University Press, Cambridge, Massachusetts, S. 53-56.
82 Almond, Gabriel A. / Verba, Sidney (1963): The Civic Culture – Political Attitudes and Democracy in Five Nations, Princeton University Press, Princeton, S. 5.

Deren innere Wirkprinzipien und Normen sowie deren gesellschaftliche Grundlagen müssen verstanden werden.[83]

Ein Modell, wie Kultur die Interpretation der Umwelt beeinflusst und zu darauf abgestimmtem Verhalten führt, stammt von Clifford Geertz. Bei seinen Ausführungen zu Religion als kulturellem System benennt er das von ihm verwendete Kulturkonzept: „it denotes an historically transmitted pattern of meanings embodied in symbols, a system of inherited conceptions expressed in symbolic forms by means of which men communicate, perpetuate, and develop their knowledge about and attitudes toward life."[84]

David Elkins und Richard Simeon weisen darauf hin, dass politische Kultur aus Annahmen über die politische Welt besteht. Diese Annahmen „focus attention on certain features of events, institutions, and behavior, define the realm of the possible, identify the problems deemed pertinent, and set the range of alternatives among which members of the population make decisions."[85] Politische Kultur ist demnach eine Geisteshaltung, die den Effekt hat, die Aufmerksamkeit der Individuen auf nur ein Teilspektrum möglicher Verhaltensweisen zu beschränken. Dennoch wird inzwischen, Elkins und Simeon folgend, überwiegend das Gemeinwesen und nicht die Individuen, die das Gemeinwesen ausmachen, als Träger strategischer Kultur identifiziert.[86]

Wenn Kultur als Erklärung für ein bestimmtes Verhalten verwendet werden soll, ist zu prüfen, was zu einer bestimmten Geisteshaltung beiträgt. Beispielsweise ist zu klären, ob für eine Nation deren kollektive Erfahrungen von Bedeutung sind, oder ob sich die Unterschiede der politischen Kultur aus den abweichenden Proportionen bestimmter Gruppen ergeben. Nationale Kulturen spielen nur dann eine Rolle, wenn Menschen der gleichen sozialen Gruppe, aber in verschiedenen Nationen, unterschiedliche Annahmen haben. Dies bedeutet, dass Auswirkungen von Strukturen, also der unterschiedliche Anteil

---

83 Vgl. Almond, Gabriel A. / Verba, Sidney (1963): The Civic Culture – Political Attitudes and Democracy in Five Nations, Princeton University Press, Princeton, S. 3-5.
84 Geertz, Clifford (1973): The Interpretation of Cultures, Selected Essays, Basic Books, New York, S. 89.
85 Elkins, David J. / Simeon, Richard E.B. (1979): A Cause in Search of Its Effects, or What Does Political Culture Explain?, in: Comparative Politics, Vol. 11, Nr. 2., S. 128.
86 Vgl. u. a. auch Duffield, der als wesentliches Charakteristikum politischer Kulturen sieht: "they are a property of collectivities rather than simply of the individuals that constitute them." Duffield, John S. (1998): World Power Forsaken: Political Culture, International Institutions, and German Security Policy After Unification, Stanford University Press, Stanford, S. 23.

von Menschen in einer sozialen beziehungsweise demografischen Kategorie, wie beispielsweise Religion, ethnische Zugehörigkeit, wirtschaftliche Stellung, ..., ausgeschlossen werden müssen.[87]

Das Augenmerk der Analyse muss auf der abhängigen Variable „was soll erklärt werden" liegen. Kultur erklärt auch nicht die jeweilige Entscheidung für ein bestimmtes Verhalten, sondern steckt nur den Rahmen ab, innerhalb dessen eine Entscheidung getroffen wird. Andere Faktoren, wie zum Beispiel Persönlichkeit, Eigeninteressen, die relative Stärke organisierter Gruppen, bestimmen die Wahl einer bestimmten Handlungsoption.[88]

Elkins und Simeon weisen darauf hin, dass sich die Abgrenzung zu institutionellen Erklärungsansätzen schwierig gestaltet, da diese kaum zu messen und zu quantifizieren sind und zudem zwischen institutionellen und kulturellen Einflüssen komplexe Interaktionen stattfinden.[89] Thomas Berger hingegen wendet sich gegen den weit verbreiteten Ansatz, Kultur und Institutionen als sich gegenseitig ausschließende Untersuchungsgegenstände zu betrachten. Dabei versteht er Institutionen entsprechend der allgemein anerkannten Definition von Peter Hall als „formal rules, compliance procedures, and standard operating practices that structure the relationship between individuals in various units of the polity and economy". Die Diskussion, „whether it is formal institutions that create culture or culture that shapes institutions", erachtet er als irrelevant, da Kultur und Institutionen in einer gegenseitigen Abhängigkeit stehen. Formale Institutionen spielen eine zentrale Rolle „in anchoring broader societal beliefs and values and provide continuity and permanency to them." Kulturelle Kräfte hingegen „influence the shapes institutions take and provide them with legitimacy and meaning."[90] Dies bedeutet, dass politische Kultur nicht, wie von Elkins und

---

87 Als Beispiel führen Elkins und Simeon an, dass Almond und Verba bei ihrem Vergleich von fünf Nationen sehr große Unterschiede in der politischen Kompetenz identifiziert haben. Diese Unterschiede können sowohl von einer nationalen Kultur herrühren oder sich auf einen unterschiedlich großen Anteil gebildeter Menschen zurückführen lassen. Letzteres war übrigens der Fall. Vgl. Elkins, David J. / Simeon, Richard E.B. (1979): A Cause in Search of Its Effects, or What Does Political Culture Explain?, in: Comparative Politics, Vol. 11, Nr. 2., S. 135-136.
88 Vgl. Elkins, David J. / Simeon, Richard E.B. (1979): A Cause in Search of Its Effects, or What Does Political Culture Explain?, in: Comparative Politics, Vol. 11, Nr. 2., S. 127-131.
89 Vgl. Elkins, David J. / Simeon, Richard E.B. (1979): A Cause in Search of Its Effects, or What Does Political Culture Explain?, in: Comparative Politics, Vol. 11, Nr. 2., S. 136.
90 Berger, Thomas U. (1998): Cultures of Antimilitarism, National Security in Germany and Japan, The John Hopkins University Press, Baltimore/London, S. 12.

Simeon erachtet, nur ein Erklärungsansatz zweiter Ordnung ist, der nur angewandt werden könne, nachdem strukturelle und institutionelle Erklärungsansätze ausgeschlossen worden sind.[91]

2.2 Anwendung des Konzepts der politischen Kultur auf das der Strategie

Im Kalten Krieg stieg das Forschungsinteresse stark an, Wege zu finden, um Entscheidungsfindungsprozesse der hochgerüsteten nuklearen Supermächte transparenter und nachvollziehbarer zu machen. 1977 wandte Jack Snyder erstmals das Konzept der politischen Kultur in einer Studie zu einer aktuellen Frage der Sicherheitspolitik an. Er untersuchte die Auswirkungen der sowjetischen politischen Kultur auf die Entwicklung der Nukleardoktrin. Ausgehend von einer Sozialisierung der Akteure im sowjetischen System hatten sich allgemeingültige Auffassungen und Einstellungen sowie Verhaltensmuster mit Blick auf die Entwicklung einer Nukleardoktrin entwickelt. Diese Muster sind semi-permanent. Einerseits ändern sie sich, wenn sich die objektiven Rahmenbedingungen verschieben, andererseits ergeben sich aufgrund der langwierigen Sozialisierungsprozesse der Akteure nur marginale Veränderungen in einem langen Zeitraum. Snyder verortet diese Muster daher auf der Ebene der Kultur und nicht der Politik.[92]

Neue Probleme werden daher nicht objektiv betrachtet, sondern durch die Linse der strategischen Kultur[93]. Snyder folgert hieraus, dass es gefährlich ist, anzunehmen, „that Soviet crisis decisionmakers will tailor their behavior to American notions of strategic rationality"[94]. Während der amerikanische Ansatz der „intrawar deterrence" kooperativ sei und auf gegenseitige Zurückhaltung bei der Wahl der Ziele und Waffen aufbaue[95], sei der sowjetische Ansatz unilateral

---

91 Vgl. Elkins, David J. / Simeon, Richard E.B. (1979): A Cause in Search of Its Effects, or What Does Political Culture Explain?, in: Comparative Politics, Vol. 11, Nr. 2., S. 139.
92 Vgl. Snyder, Jack L. (1977): The Soviet Strategic Culture: Implications for Nuclear Options, RAND Corporation, Santa Monica, S. V und 8.
93 Wenn Autoren den Begriff politische Kultur nutzen, obgleich sie ihn so belegen, dass er dem hier zugrunde gelegten Verständnis strategischer Kultur sehr nahe kommt, wird dennoch beim Zitieren weiterhin deren Begriffswahl genutzt.
94 Snyder, Jack L. (1977): The Soviet Strategic Culture: Implications for Nuclear Options, RAND Corporation, Santa Monica, S. V.
95 Dies entspricht der von 1967 bis zum Ende des Kalten Krieges gültigen NATO-Verteidigungsstrategie MC 14/3, „Flexible Response".

mit einer Präferenz zur Schadensbegrenzung durch massiven Gegenschlag.[96] Die Bewertung von Handlungsoptionen in einer spezifischen Situation reflektiert somit kulturelle Prädispositionen.

Snyder definiert strategische Kultur „as the sum total of ideas, conditioned emotional responses, and patterns of habitual behavior that members of a national strategic community have acquired through instruction or imitation and share with each other"[97]. Kultur wird folglich nicht nur durch Individuen, sondern auch durch Organisationen weitergegeben. Die strategische Gemeinschaft unterteilt Snyder folglich in Subkulturen, zum Beispiel das Militär, die eigenständig hergeleitete Einstellungen zu strategischen Fragen haben. Die damit verbundene wichtige Frage ist: Wessen Meinung zählt?[98]

Auch warnt Snyder vor rein quantitativen Analysen historischer Fälle zur Bewertung des Verhaltens. Ordnet man diesen beispielsweise Reaktionsmuster wie „rücksichtslos" beziehungsweise „vorsichtig" zu, so wird der Komplexität des Risikobegriffs zu wenig Rechnung getragen. So könnte beispielweise ein präventiver Angriff sehr wohl risikominimierend sein. Quantitative Analysen berücksichtigen auch nicht die relative Bedeutung des Streitgegenstandes, das Prestige, das die beiden Seiten damit verbunden haben, die lokale und strategische Machtbalance, die Einschätzung der Absichten des Konkurrenten, ...[99]

Leitet man die strategische Kultur nicht aus der langen Linie der Geschichte, sondern, wie Snyder es tut, aus den von den lebenden Generationen gemachten Lehren ab, so setzt man sich stärker dem Argument des Gegenbeispiels aus. Zwei Personen können die gleichen Erfahrungen gemacht, aber gegensätzliche Lehren gezogen haben.[100]

Snyder erkennt, ähnlich wie Elkins und Simeon, dass historische Lehren aus diesem Grund nie sich selbstgenügende Erklärungsmuster bieten. Sie müssen

---

96 Vgl. Snyder, Jack L. (1977): The Soviet Strategic Culture: Implications for Nuclear Options, RAND Corporation, Santa Monica, S. V.
97 Snyder, Jack L. (1977): The Soviet Strategic Culture: Implications for Nuclear Options, RAND Corporation, Santa Monica, S. 8. Auch wenn Snyder diese Definition in Bezug auf seinen Untersuchungsgegenstand 'Nuklearstrategien' wählt, so ist er in dieser Form allgemein übertragbar.
98 Vgl. Snyder, Jack L. (1977): The Soviet Strategic Culture: Implications for Nuclear Options, RAND Corporation, Santa Monica, S. 9-12.
99 Vgl. Snyder, Jack L. (1977): The Soviet Strategic Culture: Implications for Nuclear Options, RAND Corporation, Santa Monica, S. 14-15.
100 Vgl. Snyder, Jack L. (1977): The Soviet Strategic Culture: Implications for Nuclear Options, RAND Corporation, Santa Monica, S. 28-29.

von der Mehrheit der Akteure (und/oder den bestimmenden Eliten) gezogen worden sein. Ob sie dann zur Wirkung gelangen, hängt von weiteren Faktoren ab.[101] Morton Halperin und Priscilla Clapp stellen die Bedeutung von „shared images", also von miteinander geteilten Wahrnehmungen innerhalb einer auf Konsens ausgerichteten Bürokratie, heraus. Diese haben einen größeren Einfluss auf die Entscheidungsfindung als Verfahrensabläufe. Das Infragestellen allgemein anerkannter Einstellungen innerhalb einer Organisation erschwert den Konsensfindungsprozess. Umgekehrt macht deren Verinnerlichung einen Akteur effektiver in seinem Handeln. Dies führt auch dazu, dass Akteure innerhalb eines Systems dazu tendieren, sich aus den verschiedensten Motiven heraus dem gemeinsamen Denken anzupassen. Im schlechten Fall kann diese Wirkweise dazu führen, dass eine richtige aber von der geteilten Wahrnehmung abweichende Empfehlung, ignoriert wird. Mitunter werden miteinander geteilte Wahrnehmungen auch bewusst manipuliert. Dies geschieht meist behutsam und über einen längeren Zeitraum hinweg durch einen Teil der Elite. Halperin und Clapp führen als Beispiel an, wie in den Jahren 1949/50 die Bedrohung durch die Sowjetunion übertrieben dargestellt wurde, damit selbst Skeptiker noch hinreichend besorgt waren und der angestrebten Erhöhung des Verteidigungsetats zustimmten – entgegen der bislang geteilten Wahrnehmung, die USA könnten nicht mehr als 15 Milliarden Dollar pro Jahr für ihre Streitkräfte vorsehen.[102]

Historische Erfahrungen als Einflussgröße auf den Strategiebildungsprozess eines Staates wurden bereits von Colin Gray unterstrichen. Er definierte strategische Kultur als „referring to modes of thought and action with respect to force, [which] derives from perception of the national historical experience, from aspirations for responsible behavior in national terms"[103]. Ganz anders der Neorealismus, der das „angesammelte Gewicht der Vergangenheit" in Abrede stellt und stattdessen eine nach vorne gewandte Kosten-Nutzen-Kalkulation präferiert.[104]

Nach Gray aber wird Verhalten, das in der Vergangenheit zum Erfolg geführt hat, reproduziert. Folglich sind vor dem Hintergrund der wahrgenommenen historischen Erfahrungen viele Facetten einer strategischen Kultur streng rational

---

101 Vgl. Snyder, Jack L. (1977): The Soviet Strategic Culture: Implications for Nuclear Options, RAND Corporation, Santa Monica, S. 28-29.
102 Vgl. Halperin, Morton / Clapp, Priscilla A. (2006): Bureaucratic Politics and Foreign Policy, 2. Ausgabe, Brookings Institution Press, Washington, D.C., S. 106, 156-163.
103 Gray, Colin S. (1986): Nuclear Strategy and National Style, Hamilton Press, Lanham, S. 36.
104 Vgl. Johnston, Alastair Iain (1995): Thinking about Strategic Culture, in: International Security, Vol. 19, Nr. 4, S. 35.

im Sinne von Realpolitik. Dennoch erfasst man mit der Analyse strategischer Kultur, ähnlich wie mit geopolitischen Analysen, nur Einflussfaktoren. Eine klare Vorausbestimmungen künftigen Verhaltens lässt sich nicht ableiten. Gray weist ferner darauf hin, dass einige Facetten einer strategischen Kultur durchaus gemein sein können mit denen einer anderen Kultur.[105] Beispielsweise verweist Alastair Johnston darauf, dass eine ähnliche strategische Kultur der Realpolitik als Gemeinsamkeit einer Vielzahl unterschiedlicher Gesellschaften gelten darf.[106]

Weitere Einflussfaktoren, die Gray anführt, sind die spezifischen Erfahrungen eines Volkes, wie sie sich aus der Geografie, politischen Philosophie, der gelebten staatsbürgerlichen Kultur und Lebensweise ergeben. Innerhalb des von der strategischen Kultur bestimmten Umfeldes werden die strategischen Ideen diskutiert und die strategischen Entscheidungen getroffen.[107] Strategische Kultur ist somit eine unabhängige Variable der Art und Weise wie diese Entscheidungen getroffen werden. Wie Snyder argumentiert Gray, dass strategische Kultur semipermanent ist, weil „strategic culture and national style have very deep roots within a particular stream of historical experience"[108].

Den Zusammenhang von Geopolitik und strategischer Kultur untersuchte Gray 1988 am Beispiel der beiden Supermächte. Das amerikanische Volk beispielsweise bewertet Handlungsoptionen auf eine in der strategischen Kultur liegenden Art und Weise, welche sich von anderen Sicherheitsgemeinschaften (Völkern, Staaten, Allianzen, ...) unterscheidet. „American people are geopolitically conditioned as Americans."[109] Da sich die politischen Umstände, die relativen Fähigkeiten eines Staates und die Einstellung der Öffentlichkeit kontinuierlich ändern, bietet die geostrategische Analyse allerdings keine Gewähr

---

105 Vgl. Gray, Colin S. (1984): Comparative Strategic Culture, in: Parameters, Journal of the US Army War College, Vol. XIV, Nr. 4, S. 27-29.

106 Vgl. Johnston, Alastair Iain (1995): Thinking about Strategic Culture, in: International Security, Vol. 19, Nr. 4, S. 33.

107 Vgl. Gray, Colin S. (1986): Nuclear Strategy and National Style, Hamilton Press, Lanham, S. 36.

108 Gray, Colin S. (1984): Comparative Strategic Culture, in: Parameters, Journal of the US Army War College, Vol. XIV, Nr. 4, S. 28.

109 Gray, Colin S. (1988): The Geopolitics of Superpower, University Press of Kentucky, Lexington, S. 43. Die Wurzeln der strategischen Kultur des amerikanischen Volkes liegen nach Gray in (1) der Erfahrung einer „frontier tradition" (2) der Erfahrung und Erwartung von Erfolg bei nationalen Anstrengungen (3) dem Überfluss an Ressourcen für die Verteidigung (4) einer beherrschenden politischen Philosophie des freiheitlichen Liberalismus sowie (5) dem Gefühl, moralisch und geostrategisch von dem Bösen der Alten Welt getrennt zu sein.

dafür, dass durch sie identifizierte vitale Interessen tatsächlich verteidigt werden.[110] Auch erwächst die strategische Bedeutung der Geografie nur in Bezug auf Zeit, Technologie, relative nationale Kraftanstrengungen und Handlungsoptionen, die von Taktik und Strategie beeinflusst werden.[111]

Gray weist ausführlich auf die Schwächen von Studien zu Charakter und Kultur hin: (1) Die Geschichte eines Landes verläuft entlang verschiedener Linien. Wie kann bestimmt werden, welche wann prägend ist und welche nicht? (2) Nennenswerte Einwanderung kann eine neue Kultur hervorbringen. Wo liegen die intellektuellen Wurzeln der Eliten? (3) Unter Druck verhalten sich Menschen oftmals ähnlich. Deshalb ist seines Erachtens in solche Situationen außenpolitisches Verhalten oftmals kulturneutral. (4) Alle Staaten weisen auch von ihrer Kultur abweichendes Verhalten auf. (5) Verhaltensmuster werden aufgrund gemeinsamer Wurzeln und Umstände in Teilen mit anderen Gemeinwesen geteilt. (6) Wissenschaftler sind in der Lage, zu finden was sie suchen. (7) Kultur ist genauso veränderbar wie die Auswirkungen geografischer Rahmenbedingungen. Letztere können sich durch neue Technologien ändern (zum Beispiel verschob das Aufkommen der Eisenbahn die Gewichte zwischen Land- und Seemächten), erstere unter dem Druck neuer Umstände. Gray fasst seine Kritik wie folgt zusammen: „Social science has developed no exact methodology for identifying distinctive national cultures and styles."[112] Trotz der so deutlich geäußerten Kritik legten Studien zur strategischer Kultur die Grundlage für das Verständnis der Reagan-Regierung über die Natur der sowjetischen Bedrohung.[113]

Auch Ken Booth, auf den Gray sich stark bezieht, sieht die „cultural thoughtways" eines Volkes als in hohem Maße abhängig von der Geografie.[114] Die geografischen Rahmenbedingungen bestimmen (1), welche ökonomischen Aktivitäten rentabel sind (2), in welchem Maße ein Volk offen ist für fremde Einflüsse und verwundbar durch feindliche Invasionen (3), die Identität, den Charakter, die Nähe zu Nachbarn und sogar die Regierungsform, die mit den

---

110 Vgl. Gray, Colin S. (1988): The Geopolitics of Superpower, University Press of Kentucky, Lexington, S. 40.

111 Vgl. Gray, Colin S. (1988): The Geopolitics of Superpower, University Press of Kentucky, Lexington, S. 45.

112 Gray, Colin S. (1988): The Geopolitics of Superpower, University Press of Kentucky, Lexington, S. 42-43.

113 Vgl. Johnston, Alastair Iain (1995): Thinking about Strategic Culture, in: International Security, Vol. 19, Nr. 4, S. 32.

114 Im Russischen wird dies mit einem eigenen Begriff „Landšaftnoe soznanie" (durch die Landschaft geprägtes Bewusstsein) beschrieben.

nationalen Präferenzen übereinstimmt.[115] Dies bedeutet, dass historische Erfahrungen, die Gray als Einflussgröße auf den Strategiebildungsprozess identifiziert hatte, somit wesentlich auch durch die geografischen Rahmenbedingungen geprägt werden. Die von der Geografie bestimmten ökonomischen Aktivitäten bestimmen die soziale Geografie, die wiederum einen wesentlichen Einfluss auf das politische System hat.[116]

Die vielfältigen Einflüsse auf die strategische Kultur eines Landes lassen es jedoch zweifelhaft erscheinen, dass strategische Kultur über die Zeitachse hinweg homogen ist. Jeder der Einflüsse könnte genauso eine andere, sogar gegensätzliche strategische Kultur hervorbringen.[117] Gleichartige Ereignisse können in verschiedenen Kontexten unterschiedliche Prägungen bewirken.

Mit dem Ende des Kalten Krieges schwand Russlands Bedeutung auf der politischen Weltbühne und das Interesse am Konzept der strategischen Kultur, das vornehmlich zur Analyse des Antagonismus zwischen den beiden Supermächten genutzt worden war, erlosch vorübergehend. Vielen galt Kultur nur als „the explanation of last resort" und alles was durch die klassischen Theorien nicht erklärbar war, wurde kulturellen Unterschieden zugeschrieben.[118]

2.3 Strategische Kultur als Bestandteil des Konstruktivismus

Aber auch der Neorealismus war nicht in der Lage, wesentliche Ereignisse wie den raschen Systemwandel Ende der 1980er / Anfang der 1990er Jahre vorher zu sagen oder Grundmuster nationaler Sicherheitspolitik in dem dynamischen neuen internationalen System angemessen zu beschreiben. Die Forschung befand sich in einer Phase der theoretischen Krise. Bestehende Theorien waren nicht befriedigend, neue waren nicht in der Lage, eine Alternative zu bieten. Diese Lücke versuchte man mit Modellen kulturgebundenen Verhaltens von Staaten zu schließen.[119]

---

115 Zitiert nach Gray, Colin S. (1988): The Geopolitics of Superpower, University Press of Kentucky, Lexington, S. 43.
116 Vgl. Gray, Colin S. (1988): The Geopolitics of Superpower, University Press of Kentucky, Lexington, S. 43-44.
117 Vgl. Johnston, Alastair Iain (1995): Thinking about Strategic Culture, in: International Security, Vol. 19, Nr. 4, S. 38.
118 Vgl. Pye, Lucian W. (1991): Political Culture Revisited, in: Political Psychology, Vol. 12, Nr. 3, S. 504.
119 Vgl. Lantis, Jeffrey S. (2002a): Strategic Culture and National Security Policy, in: The International Studies Review, Vol. 4, Nr. 3, Malden, S. 89-90, 96.

Die zentralen Fragen sind: Zu welchem Anteil ist staatliches Handeln beeinflusst durch Struktur (Anarchie im internationalen System sowie die Verteilung von Macht) gegenüber Prozessen (Interaktion und Lernen) und Institutionen? Was ist an der dem Realismus zu Grunde liegenden Anarchie vorgegeben und unumstößlich, was ist offen für Wandel? Beide, Neorealisten und Neoliberale, legen bei ihren Analysen dem Handeln der Akteure rationales Handeln zu Grunde. Politische Identitäten und Interessen werden als vorgegeben betrachtet. Der am Eigennutz orientierte Staat bildet den Ausgangspunkt der Theorien. Untersucht wird, wie das Verhalten der Akteure das Ergebnis beeinflusst. Während sowohl Neorealisten als auch Liberale von einer anarchischen Struktur des internationalen Systems ausgehen, ergänzen die Liberalen die Annahme, dass Prozesse kooperative Verhaltensweisen hervorbringen können. Während Neoliberale keine konsistente Theorie haben, wie solche Verhaltensänderungen entstehen, versuchen Gesellschaftstheorien, die Existenz von politischen Identitäten und Interessen zu erklären. Konstruktivisten bedienen sich dieser Theorien bei den Erklärungsversuchen der sozialen Konstruktion von Subjektivität.[120] Yosef Lapid schreibt, mit Bezug auf Somers: „Embracing the idea that cultures and identities are emergent and constructed (rather than fixed and natural), contested and polymorphic (rather than unitary and singular), and interactive and processlike (rather than static and essence-like), can lead to pathbreaking theoretical advances."[121]

Sanjoy Banerjee beschreibt mit Bezug auf Geertz das Kulturverständnis der Konstruktivisten als ein „evolving system of shared meanings that governs perceptions, communications, and action (…). Culture shapes practice in both the short and long term. At the moment of action, culture provides the elements and grammar that define the situation, that reveal motives, and that set forth a strategy for success."[122]

Alexander Wendt versucht, eine Brücke zwischen Konstruktivisten und Liberalen zu bauen, indem er gegen die Annahme argumentiert, dass Eigennutz

---

120 Vgl. Wendt, Alexander (1992): Anarchy is what States Make of it: The Social Construction of Power Politics, in: International Organization, Vol. 46, Nr. 2, The MIT Press, S. 391-393.
121 Lapid, Yosef (1996): Culture's Ship: Returns and Departures in International Relations Theory, in: The Return of Culture and Identity in IR Theory, Hrsg. Lapid, Yosef / Kratochwil, Friedrich, Lynne Rienner Publishers, Boulder/London, S. 8.
122 Banerjee, Sanjoy (1997): The Cultural Logic of National Identity Formation: Contending Discourses in Late Colonial India, in: Culture & Foreign Policy, Hrsg. Hudson, Valerie M., Lynne Rienner Publishers, Boulder/London, S. 29.

durch die anarchische Struktur des internationalen Systems vorgegeben sei. Weder Eigennutz noch Machtpolitik lassen sich logisch oder kausal aus der anarchischen Struktur ableiten. Wenn wir uns in einer auf Eigennutz ausgerichteten Welt befinden, so ist dies auf Prozesse und nicht Strukturen zurückzuführen. Wendt identifiziert drei Ansätze, wie politische Identitäten und Interessen in einer anarchischen Welt verändert werden: „by the institution of sovereignty, by an evolution of cooperation, and by intentional efforts to transform egoistic identities into collective identities."[123]

Mit der Bedeutungszunahme des Konstruktivismus in der Theoriediskussion stieg auch das Interesse an der Forschung zur strategischen Kultur. Zahlreiche Studien zum Zusammenhang zwischen Kultur und nationaler Sicherheitspolitik entstanden. Insbesondere Untersuchungen zu Deutschland und Japan, die beide nach dem Ende des Kalten Krieges das wirtschaftliche und technologische Potenzial hatten, zu wirtschaftlichen und militärischen Großmächten zu werden, erbrachten neue konzeptionelle Ansätze.[124] Hierauf wird im Kapitel 2.6 „Wandel der strategischen Kultur" näher eingegangen.

1993 veröffentlichte Samuel Huntington seine Thesen eines bevorstehenden „Clash of Civilizations".[125] Nicht mehr eingedämmt durch eine rigide bipolare Weltordnung sah er den Ausbruch fortwährender Kriege kultureller[126] Blöcke voraus. Seine Hypothese ging von kulturellen und nicht ideologischen oder vorrangig wirtschaftlichen Konfliktursachen aus. Als Zivilisation definierte er eine kulturelle Einheit „[which] is thus the highest cultural grouping of people and the broadest level of cultural identity people have short of what distinguishes humans from other species. It is defined both by common objective elements,

---

123 Wendt, Alexander (1992): Anarchy is what States Make of it: The Social Construction of Power Politics, in: International Organization, Vol. 46, Nr. 2, The MIT Press, S. 394-395.
124 Siehe u. a. Duffield, John S. (1998): World Power Forsaken: Political Culture, International Institutions, and German Security Policy After Unification, Stanford University Press, Stanford oder Berger, Thomas U. (1998): Cultures of Antimilitarism, National Security in Germany and Japan, The John Hopkins University Press, Baltimore/London.
125 Huntington, Samuel P. (1993): The Clash of Civilizations?, in: Foreign Affairs, Vol. 72, Nr. 3, S. 22-49. Seine Thesen vertiefte er später, allerdings ohne Fragezeichen im Titel, in: Huntington, Samuel P. (1996): The Clash of Civilizations and the Remaking of World Order, New York.
126 Hier weicht die Terminologie von der Huntingtons ab, da die Unterscheidung der Begriffe Kultur und Zivilisation im Deutschen von der englischen abweicht; so lautet die deutsche Übersetzung des Buchtitels auch „Kampf der Kulturen".

such as language, history, religion, customs, institutions, and by the subjective self-identification of people."[127] Als prägendstes Unterscheidungsmerkmal sieht Huntington dabei Religion, die in einer Zeit, in der der Nationalstaat als identitätsstiftendes Element an Bedeutung verliert, diese Lücke ausfüllt. Unterschiedliche Kulturen bewerten beispielsweise das Verhältnis zwischen Individuum und Gruppe, die relative Bedeutung von Rechten und Pflichten, Freiheit und Autorität, Gleichheit und Hierarchie unterschiedlich. Diese Unterschiede wurden über Jahrhunderte hinweg geprägt und sind quasi semi-permanent. Dennoch geht Huntington davon aus, dass Kulturen dynamisch sind, sich vermischen, überlappen, teilen und verschmelzen, auch können Sub-Kulturen bestehen. Kulturelle Charakteristika erachtet er stabiler als ideologische und wirtschaftliche. Zudem schärften unter anderem Globalisierung und die damit verbundene Interaktion der Kulturen sowie die Herausbildung regionaler Wirtschaftsblöcke das jeweilige kulturelle Selbstverständnis. Eng verbunden mit Huntingtons These ist in logischer Konsequenz die Verneinung einer universellen westlichen Kultur und ihrer Werte.[128] Zivilisatorische Bruchlinien ersetzen nach Auffassung Huntingtons politische und ideologische Grenzen des Kalten Krieges. Die wichtigste Bruchlinie verläuft seines Erachtens entlang der Grenze zwischen westlicher Christenheit einerseits und orthodoxer Christenheit und Islam andererseits, so wie sie sich bereits um 1500 herausgebildet hatte.[129]

Obgleich Huntington zahlreiche Beispiele für seine These benennt, nimmt er keine systematische empirische Analyse vor. Auch vernachlässigt die Zuspitzung seiner Argumentation auf religiöse Unterschiede zur Identifizierung zivilisatorischer Bruchlinien die hoch komplexen Prozesse bei der Herausbildung einer Kultur. Gleichzeitig lässt Religion als bestimmendes Element der Kultur nur wenig Erklärungsspielraum für kulturellen Wandel, da dieser an einen Wandel der Religion gebunden wäre.[130] Während insbesondere nach den Anschlägen vom 11. September 2001 Huntingtons These oftmals benutzt wurde,

---

127 Huntington, Samuel P. (1993): The Clash of Civilizations?, in: Foreign Affairs, Vol. 72, Nr. 3, S. 24.
128 Vgl. Huntington, Samuel P. (1993): The Clash of Civilizations?, in: Foreign Affairs, Vol. 72, Nr. 3, S. 25-27.
129 Vgl. Huntington, Samuel P. (1993): The Clash of Civilizations?, in: Foreign Affairs, Vol. 72, Nr. 3, S. 29-30.
130 Vgl. Wilson, Richard W. (2000): The Many Voices of Political Culture: Assessing Different Approaches, in: World Politics 52, Januar, Cambridge University Press, S. 255-257.

um die Unvereinbarkeit von Christentum und Islam zu belegen,[131] konnten andere Studien seine These nicht bestätigen, ja, kamen sogar zu gegensätzlichen Ergebnissen.[132]

Analytisch tiefgehend setzte sich 1995 Johnston mit dem Konzept der strategischen Kultur auseinander. Er weist darauf hin, dass der Ansatz der strategischen Kultur nicht grundsätzlich Rationalität ausschließt, sondern vereinbar ist (1) mit der Vorstellung begrenzter Rationalität, bei der strategische Kultur die Wirklichkeit vereinfacht darstellt, (2) mit Prozessrationalität, bei der strategische Kultur priorisierte Präferenzen beschreibt beziehungsweise Handlungsmöglichkeiten begrenzt sowie (3) mit adaptiver Rationalität, bei der historische Erfahrungen wachgerufen werden und die Auswahl der Handlungsoption leiten. Zudem begrenzten historische Erfahrungen die Reaktionsfähigkeit der Entscheidungsfindungsprozesse.[133] Dennoch sieht Johnston keine a priori Gründe dafür, dass Vorhersagen über die Auswahl strategischer Handlungsmöglichkeiten auf der Grundlage von Ansätzen der strategischen Kultur anders oder gleich sein müssen zu Vorhersagen, die auf der Grundlage ahistorischer struktureller Ansätze getroffen werden.

Aus Sicht Johnstons müsse, wenn es innerhalb einer Gesellschaft widerstreitende strategische Kulturen (i.e. Subkulturen) gibt, dies auch in anderen Staaten der Fall sein. Damit gibt es eine große Bandbreite strategischer Wahlmöglichkeiten, die zu einer entsprechenden Überlappung der Kulturen führen kann.[134]

---

131 Unter anderem Harris, Sam (2005): The End of Faith, Religion, Terror and the Future of Reason, New York.

132 „In fact, our findings indicate that where civilization membership is associated with the onset of war, the relationship is basically opposite that which Huntington's CoC thesis suggests." Henderson, Errol A. / Tucker, Richard (2001): Clear and Present Strangers: The Clash of Civilizations and International Conflict, in: International Studies Quarterly, Nr. 45, S. 334. „[The] preponderance of the evidence examined here contradicts Huntington's 'clash of civilisations' theory." Fox, Jonathan (2003): State Failure and the Clash of Civilisations: An Examination of the Magnitude and Extent of Domestic Civilisational Conflict, in: Australian Journal of Political Science, Vol. 38, Nr. 2, Juli, S. 209.

133 Vgl. Johnston, Alastair Iain (1995): Thinking about Strategic Culture, in: International Security, Vol. 19, Nr. 4, S. 34-35. Als Beispiel für verzögerte Reaktionsfähigkeit benennt Johnston die Nicht-Übernahme des amerikanischen Ansatzes der gesicherten gegenseitigen Zerstörung durch die Sowjetunion, da deren strategische Kultur das Präferenzsystem vor der nuklearen Revolution geprägt hatte.

134 Vgl. Johnston, Alastair Iain (1995): Thinking about Strategic Culture, in: International Security, Vol. 19, Nr. 4, S. 38. Diese Einschätzung wird beispielsweise auch von

Johnston weist darauf hin, dass auch die in den 1990er Jahren entwickelten Ansätze zur Identifizierung strategischer Kultur weiterhin sehr ähnliche Definitionen strategischer Kultur verwenden wie frühere Ansätze. Diese Definitionen unterscheiden sich in der Regel nicht wesentlich von denen, die bei der Erörterung politischer Kultur beziehungsweise Organisationskultur verwendet werden, schließen allerdings in ihren Definitionen den Faktor Verhalten aus, um die tautologischen Probleme der ersten Ansätze zu vermeiden. Auch wird in dieser Generation von Arbeiten die Bedeutung von Erfahrungen aus der jüngeren Zeit stärker gegenüber historisch lange zurückliegenden gewichtet.[135] Auf die Schwäche dieser Herangehensweise wird unter 2.4 Strategische Kultur im Verständnis dieser Studie eingegangen.

Der Logik Wendts folgend, dass Anarchie in einer realpolitischen Welt nicht gegeben, sondern konstruiert ist, argumentiert Johnston, dass, eng verbunden mit ausgeprägten „in-group" Identifikationen, ein möglicher Grund realpolitischen Verhaltens eine realpolitische strategische Kultur sein kann. Da Realpolitik inhärent ist für die Art und Weise, wie Identitäten von Staaten konstruiert werden, ist es naheliegend, dass es für Staaten nicht leicht ist, sich von den Begrenzungen einer realpolitischen strategischen Kultur zu lösen.[136]

Richard Wilson hob darauf ab, dass die bei Studien getroffenen Annahmen unterschiedliche Faktoren betonen, wie zum Beispiel „how individuals and/or groups are socialized, how different individuals organize their thinking about rules and norms, how discourse affects the legitimacy of political institutions, how and why individuals orient their thinking and communication in terms of salient myths, rituals, and symbols, and how moral criteria are apprehended and

---

Thompson/Ellis/Wildavsky geteilt, die ebenfalls davon ausgehen, dass Nationen eine Vielfalt von Lebensstilen aufweisen. Vgl. Thompson, Michael / Ellis, Richard / Wildavsky, Aaron (1990): Cultural Theory, Boulder, San Francisco, Oxford, Westview Press, S. 219-220.

135 Vgl. Johnston, Alastair Iain (1995): Thinking about Strategic Culture, in: International Security, Vol. 19, Nr. 4, S. 41-42. Diese Sicht wird beispielsweise gestützt von Legro, Jeffrey W. (1995): Cooperation under Fire: Anglo-German Restraint during World War II, Reihe Cornell Studies in Security Affairs, Hrsg. Art, Robert J. / Jervis, Robert / Walt, Stephen M., Cornell University Press, Ithaca/London sowie von Kier, Elizabeth (1999): Imagining War: French and British Military Doctrine Between the Wars, Princeton University Press, Princeton.

136 Vgl. Johnston, Alastair Iain (1995): Thinking about Strategic Culture, in: International Security, Vol. 19, Nr. 4, S. 60-63.

with what consequences for political behavior."[137] Da diese Faktoren in Untersuchungen aber jeweils unterschiedlich gewichtet werden, könne nicht von dem einen Ansatz zur Analyse politischer Kultur gesprochen werden.[138]

Verallgemeinernd versteht Wilson unter politischer Kultur ein sozial konstruiertes normatives System, das sowohl das Ergebnis sozialer als auch psychologischer Einflüsse ist. Ein solches System beschreibt nicht nur angestrebte Zielzustände, sondern auch die Wege zu deren Erreichung. Die Zielzustände, also die Präferenzen der Individuen, können dabei aufgrund der persönlichen Erfahrungen stark unterschiedlich sein. Normen- und Präferenzebene beeinflussen sich wechselseitig, lassen sich aber weder auf die eine noch die andere Ebene alleine reduzieren. Das dynamische Wechselspiel der beiden Ebenen bestimmt den Grad der Stabilität eines politischen Systems. So verstanden ist politische Kultur „not simply the sum of individual preferences, nor do preferences, especially those of any given individual, necessarily correspond with normative prescriptions."[139]

Wilson vergleicht verschiedene Ansätze zur Analyse politischer Kultur. Dabei erkennt er, dass in der Regel das dynamische Wechselspiel zwischen politischer Kultur und Präferenzen nicht berücksichtigt wird.In Folge ist eine Theorie der politischen Kultur, die Präferenzen ignoriert, nur eine Beschreibung kultureller Normen; eine Theorie, die die normative Ebene ausblendet, nur eine Beschreibung individueller Werte. Die Normen der politischen Kultur mussten mit den Präferenzen verknüpft werden. Wenn dies möglich ist, bestehe eine wechselseitige Beziehung zwischen ihnen und es lasse sich festlegen, welche Änderungen auf der einen Ebene Änderungen auf der anderen Ebene fördern.[140]

2.4 Strategische Kultur im Verständnis dieser Studie

Die in den verschiedenen Definitionen von Kultur enthaltenen Elemente variieren in der Terminologie sowie in der Betonung der Elemente. Dennoch finden sich folgende Gemeinsamkeiten: „culture consists of shared assumptions and

---

137 Wilson, Richard W. (2000): The Many Voices of Political Culture: Assessing Different Approaches, in: World Politics 52, Januar, Cambridge University Press, S. 247.
138 Vgl. Wilson, Richard W. (2000): The Many Voices of Political Culture: Assessing Different Approaches, in: World Politics 52, Januar, Cambridge University Press, S. 247.
139 Wilson, Richard W. (2000): The Many Voices of Political Culture: Assessing Different Approaches, in: World Politics 52, Januar, Cambridge University Press, S. 264.
140 Vgl. Wilson, Richard W. (2000): The Many Voices of Political Culture: Assessing Different Approaches, in: World Politics 52, Januar, Cambridge University Press, S. 268.

decision rules that impose a degree of order on individual and group conceptions of their relationship to their social, organizational or political environment."[141] Mehrere Subkulturen können bestehen. Es gibt aber stets eine vorherrschende Kultur. Dies bedeutet, dass selbst wenn verschiedene politische Kulturen innerhalb Russlands identifiziert werden, im Rahmen dieser Studie von einer nationalen Kultur, im Sinne der vorherrschenden Kultur, gesprochen werden kann. Dem steht selbst die Aussage Thompson, Ellis und Wildavsky nicht entgegen, „that variations in political attitudes and values within countries are often greater than those between countries."[142]

Eine Definition strategischer Kultur muss unterscheidbar von nicht-strategischen kulturellen Variablen sein. Dies ist sie dann, wenn sie Entscheidungsträgern spezifische Wahlmöglichkeiten für strategische Entscheidungen an die Hand gibt und so dem Betrachter ermöglicht, Vorhersagen über künftiges Verhalten zu treffen. Die Vermittlung dieser strategischen Kultur muss über die Zeitachse verfolgbar sein.[143] In diesem Sinne kann strategische Kultur als ein *„system of symbols"*[144], vergleichbar der Definition von Geertz, verstanden werden, „which acts to establish pervasive and long-lasting strategic preferences by formulating concepts of the role and efficacy of military forces in interstate political affairs, and by clothing these conceptions with such an aura of factuality that the strategic preferences seem uniquely realistic and efficacious."[145]

Im Weiteren wird das dieser Studie zu Grunde gelegte Verständnis strategischer Kultur aus dem Ansatz von Alastair Iain Johnston, der das Konzept der strategischen Kultur in der jüngeren Zeit wohl am stärksten beeinflusst hat, entwickelt.

---

141 Johnston, Alastair Iain (1995): Thinking about Strategic Culture, in: International Security, Vol. 19, Nr. 4, S. 45.
142 Vgl. Thompson, Michael / Ellis, Richard J. / Wildavsky, Aaron (1990): Cultural Theory, Westview Press, Boulder/San Francisco/Oxford, S. 219.
143 Vgl. Johnston, Alastair Iain (1995): Thinking about Strategic Culture, in: International Security, Vol. 19, Nr. 4, S. 45.
144 „A symbol is any object used by human beings to index meanings that are not inherent in, nor discernible from, the object itself. Literally anything can be a symbol: A word or a phrase, a gesture or an event, a person, a place, or a thing. An object becomes a symbol when people endow it with meaning, value or significance." Elder, Charles D. / Cobb, Roger W. (1983): The political uses of symbols, Indiana University, S. 28. Bei der Analyse von Symbolen muss allerdings auch bedacht werden, dass sich deren Bedeutung über die Zeitachse verändern kann.
145 Johnston, Alastair Iain (1995): Thinking about Strategic Culture, in: International Security, Vol. 19, Nr. 4, S. 46.

Um strategische Kultur verhaltensbestimmten Wahlentscheidungen zuordnen zu können, bedarf es beobachtbarer Indikatoren für die Existenz strategischer Kultur. Es sind Grundannahmen über die Ordnung des strategischen Umfelds zu treffen und darüber, welche strategischen Optionen als am geeignetsten erachtet werden, um sich in diesem Umfeld zu bewegen. Johnston geht davon aus, dass das strategische Umfeld (siehe Abbildung 1) bestimmt wird durch die Wahrnehmung von (1) Krieg als Unausweichlichkeit oder Anomalie, (2) Konflikt als Nullsummenspiel oder Ergebnis mit variablen Summen, (3) der Bewertung von Gewalt als wirksamem Mittel.[146]

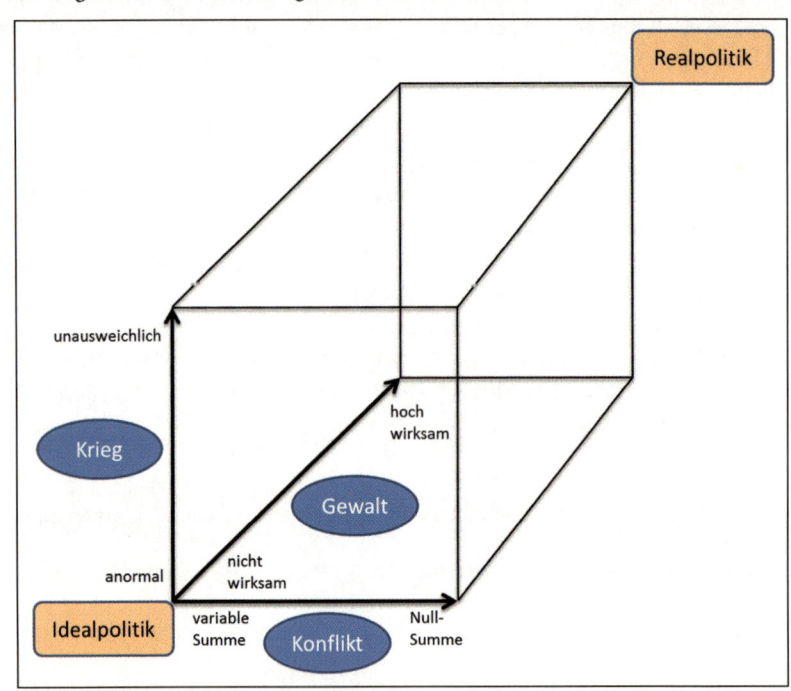

Abbildung 1: Parameter der strategischen Kultur nach Johnston

Die Ausprägung der Parameter bestimmt die Wahl der strategischen Optionen (Präferenzen). Wenn alle drei Parameter stark ausgeprägt sind (Realpolitik), dann werden Entscheidungsträger eher auf offensive strategische Handlungsoptionen

---

146 Vgl. Johnston, Alastair Iain (1995): Thinking about Strategic Culture, in: International Security, Vol. 19, Nr. 4, S. 46-49 incl. Adaption der Abbildung 1.

setzen. Wenn die Parameter schwach ausgeprägt sind (Idealpolitik) werden beschwichtigende diplomatische Ansätze zum Tragen kommen. Da alle drei Parameter semi-permanent in ihrem Charakter sind, werden sie stärker von historischen Erfahrungen als von Eindrücken der Gegenwart bestimmt.

Vergleicht man Präferenzen in verschiedenen historischen Zeitfenstern und stellt fest, dass diese übereinstimmen, so kann davon ausgegangen werden, dass eine strategische Kultur besteht. Ein Indikator für die Anwendbarkeit des Konzepts der strategischen Kultur ist eine hohe Übereinstimmung zwischen strategischen Präferenzen und tatsächlich beobachtbarem strategischen Verhalten.[147]

In dieser Studie wird davon ausgegangen: Je länger die Zeiträume sind, über die hinweg die Präferenzen fortdauern, desto stärker ist die strategische Kultur ausgeprägt. Aus diesem Grund ist es sinnvoll, die Betrachtung am frühesten belegbaren Zeitpunkt der Geschichte zu beginnen. Bei der Entscheidung für dieses Vorgehen wird der Begründung von Johnston gefolgt, der darauf hinweist, dass auf diese Weise auch festgestellt werden kann, ob eine beobachtete strategische Kultur nur eine Rückkehr zu einer früheren bestimmenden Kultur ist, einen Bruch darstellt oder eventuell Ausdruck einer Subkultur ist. Auch kann so erkannt werden, ob eine spätere strategische Kultur eine direkte Folge eines früheren prägenden Ereignisses ist. Oder anders ausgedrückt, ob zu verschiedenen Zeiten beobachtbare gleiche Präferenzen die gleichen Wurzeln haben.[148] Hierin unterscheidet sich dieser Ansatz markant von dem Analyserahmen von Historikern. Diese erachten in der Regel die jüngste Geschichte als prägender für heutige Verhaltensweisen.

Der von Geertz und Johnston genutzte Rahmen strategischer Kultur fokussiert stark auf die Rolle und Effizienz von Militär und das grundsätzlich zu Grunde liegende Konfliktverständnis. Dies mag hilfreich sein, um das Verhalten eines potentiellen militärischen Gegners vorherzusagen, ist aber zu eng angelegt, um die Außen- und Sicherheitspolitik eines Staates in Gänze vor dem Hintergrund der strategischen Kultur des Landes zu analysieren.

Russlands strategische Kultur ist nicht nur durch seine militärische Kultur bestimmt, auch wenn diese während der gesamten russischen Geschichte eine bedeutende Rolle spielte. Innen- und außenpolitische Kultur, die wiederum einen starken Einfluss auf die wirtschaftliche Kultur haben, spielen eine ebenso

---

147 Vgl. Johnston, Alastair Iain (1998): Cultural Realism, Strategic Culture and Grand Strategy in Chinese History, Princeton University Press, Princeton, S. 48-49.
148 Vgl. Johnston, Alastair Iain (1998): Cultural Realism, Strategic Culture and Grand Strategy in Chinese History, Princeton University Press, Princeton, S. 49-50.

bedeutende Rolle.[149] Dies bedeutet, dass ein breiteres Spektrum an Parametern zu untersuchen ist. Zudem scheint es ratsam, Parameter zu identifizieren, die analytisch greifbarer/beobachtbarer sind, als die von Johnston genutzten.

Um ein besseres Verständnis der russischen strategischen Kultur zu gewinnen, werden in dieser Studie folgende Parameter untersucht, die auf die außen- und sicherheitspolitische Politikausrichtung (Ideal- oder Realpolitik) eines Landes Einfluss haben: (1) Ausprägungsgrad autoritärer Herrschaftsformen, (2) Streben nach Sicherheit, (3) die Bereitschaft, Gewalt als Mittel einzusetzen, (4) Streben nach Anerkennung, (5) Streben nach Zugehörigkeit, (6) Großmachtstreben, (7) der Wert, der dem Individuum beigemessen wird. Dabei beschreiben (2), (4) und (6) die Zielebene der Politik, (1) und (3) die Mittelebene, mit der diese Politik umgesetzt werden soll. (5) und (7) sind weitere die Politik begünstigende/hemmende Faktoren. Diese Präferenzen lassen sich wie folgt grafisch darstellen:

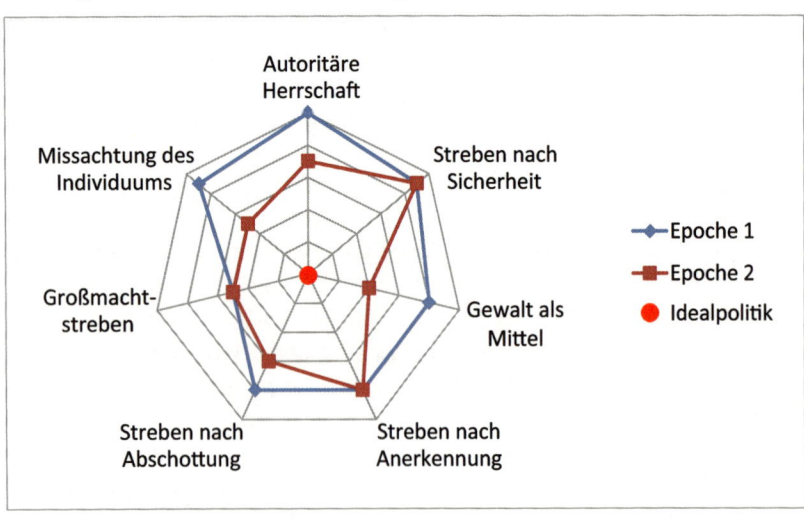

Abbildung 2: Parameter der russischen strategischen Kultur

Je stärker die Ausprägung eines Parameters (am äußeren Rand des Netzes verortet), desto eher ist eine realpolitische Handlungsorientierung zu erwarten. Je

---

149   Vgl. Ermarth, Fritz W. (2006): Russian Strategic Culture: Past, Present, and… in Transition?, Studie erstellt für: Defense Threat Reduction Agency Advanced Systems and Concepts Office, S. 3.

geringer die Ausprägung eines Parameters (zum Zentrum des Netzes hin verortet), desto eher ist eine idealpolitische Handlungsorientierung zu erwarten. Um diese einheitliche Darstellung zu ermöglichen, wurden die Präferenzen „Wert des Individuums" und „Streben nach Zugehörigkeit" negativ formuliert als „Missachtung des Individuums" und „Streben nach Abschottung".

Der Vorteil der hier entwickelten Darstellungsform der eine strategische Kultur bestimmenden Parameter liegt darin, dass relative Vergleiche verschiedener Epochen sowie Brüche in der strategischen Kultur visualisiert werden können. Auch können andere Studien dieses Modell für länderübergreifende Vergleiche strategischer Kultur nutzen. Gegebenenfalls muss bei der Analyse eines kleineren Staates der Parameter „Großmachtstreben" ersetzt werden durch „Gestaltungswille".

Die Wurzeln der russischen strategischen Kultur liegen in einer Vielzahl geografischer und geopolitischer Faktoren sowie historischer und religiöser Entwicklungen, die einen prägenden Einfluss auf Bedrohungswahrnehmung, Streben nach Sicherheit, Großmachtstreben, Herrschaftsform, das Menschenbild, den Drang nach Anerkennung und die Bereitschaft zur Opferung, die Frage der Zugehörigkeit oder die Angst vor Isolation gehabt haben.

Ein spezifisches *„system of symbols"*, das die gemeinsamen Annahmen und Entscheidungsregeln der russischen Kultur bestimmt, entwickelt sich aus dieser Vielzahl prägender Einflussfaktoren, die, insbesondere in ihren Wechselbeziehungen, in Abbildung 3 skizziert werden.

Geografie, wie Stephan Smith schreibt, legt das Fundament für die Kultur, aber es ist die Geschichte, die ihr ihre Form gibt. Mit der Zeit bilden sich spezifische Verhaltensmuster heraus, die einen größtmöglichen Erfolg versprechen. Zunächst erfolgt Handeln rein gewohnheitsmäßig, mit der Zeit ist es zunehmend kulturell bestimmt. Obgleich Gemeinwesen ähnliche Geografien haben, entwickeln sich unterschiedliche strategische Kulturen, da stets der menschliche Faktor in der Geschichte mitschwingt.[150] Oder anders ausgedrückt, was wir über uns und unsere Umwelt und darüber, wie wir uns ihr nähern gelernt haben, ist stets unterschiedlich.

---

150 Vgl. Smith, Stephen B. (2012): The Geographic Origins of Strategic Culture, in: Khazar Journal of Humanities and Social Sciences, Vol. 14, Ausgabe 4, Khazar University, Baku, S. 52-53.

Abbildung 3: Das „system of symbols" prägende Einflussfaktoren

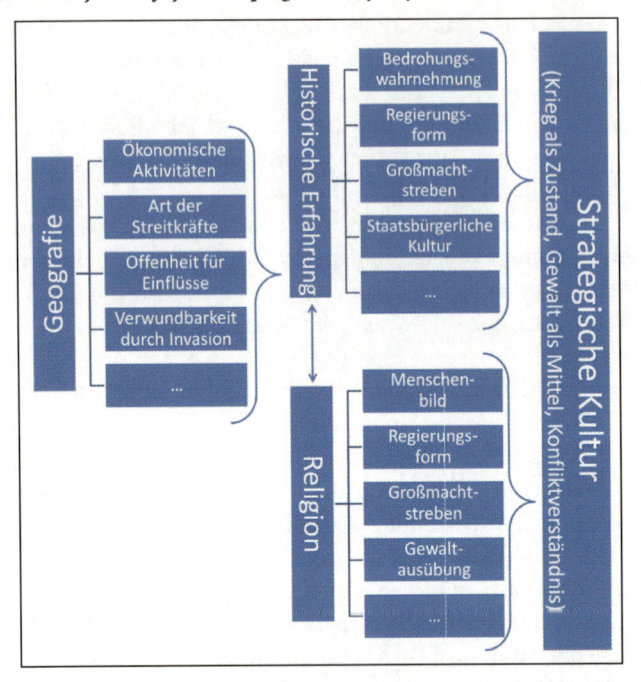

Stets unterschiedlich ist auch die Darstellung und Interpretation historischer Ereignisse. Diese Studie zeichnet nicht jede Historikerdiskussion nach. Dies würde ihren Rahmen deutlich sprengen. In der Regel wird auf die unter Historikern herrschende Meinung abgestellt. Dort, wo mehrere Denkschulen gleichwertig nebeneinander stehen, beispielsweise bei der Interpretation der Motive für die russische Expansion nach Osten, werden diese kurz skizziert und vor dem Hintergrund der strategischen Kultur bewertet.

2.5 Träger der strategischen Kultur

Eine zentrale Frage ist, wodurch eine spezifische strategische Kultur „am Leben gehalten" und weitergegeben wird, wer oder was also die Träger strategischer Kultur sind.

Versteht man politische und im Sinne dieser Arbeit strategische Kultur als sozial konstruiertes normatives System, das sowohl das Ergebnis sozialer als auch psychologischer Einflüsse ist, aber weder auf das eine noch das andere alleine zurückgeführt werden kann, so ist diese Kultur *nicht* die Summe individueller

Präferenzen. Die individuellen Präferenzen müssen auch nicht notwendigerweise mit den normativen Vorgaben übereinstimmen. Dies bedeutet, dass politische/strategische Kultur, obwohl Individuen die grundlegenden Elemente einer Gesellschaft sind, nie Individuen oder Gesellschaften alleine betrachtet.[151]

Mit Blick auf die Analyse außen- und sicherheitspolitischen Verhaltens, sind insbesondere drei Faktoren näher zu betrachten: (1) Subkulturen, mit besonderem Einfluss auf außen- und sicherheitspolitische Prozesse, (2) institutionelle Einflüsse auf nationale Präferenzen und (3) der politische Entscheidungsfindungsprozess.

2.5.1 Eliten

Außen- und Sicherheitspolitik wird im Allgemeinen von einer kleinen politischen und/oder auch wirtschaftlichen, administrativen sowie militärischen Elite (Subkultur) bestimmt. Ohne die Notwendigkeit, für diese Studie tiefer in die Elitenforschung einzusteigen, werden als Elite, entsprechend der sehr allgemeinen Definition von Robert Putnam, „those who in any society rank toward the top of the (presumably closely intercorrelated) dimensions of interest, involvement, and influence in politics"[152] verstanden. Mitunter kann eine solche Elite sogar auf identifizierbare Einzelpersonen heruntergebrochen werden.

Die Einstellungen und Werte einer kleinen Elite zu untersuchen, hat – gegenüber der Betrachtung der gesamten Bevölkerung – mehrere Vorteile: (1) Die politische Kultur einer Elite ist einfacher zu beschreiben, zumal in der Regel mehr Informationen über sie verfügbar sind. (2) Die Einstellungen einer Elite sind detaillierter, kohärenter und logisch konsistenter als von durchschnittlichen Individuen. Folglich sind in der politischen Kultur einer Elite auch eher die für Außen- und Sicherheitspolitik bestimmenden Elemente vorhanden und breit ausgeprägt. (3) Die Elemente einer politischen Kultur der Elite haben unmittelbarere Auswirkungen auf die betrachteten Politikfelder, zumal es die Elite ist, die für die Gestaltung der Politik verantwortlich ist.[153]

---

151 Wilson, Richard W. (2000): The Many Voices of Political Culture: Assessing Different Approaches, in: World Politics 52, Januar, Cambridge University Press, S. 247.
152 Putnam, Robert D. (1971): Studying Elite Political Culture: The Case of "Ideology", in: The American Political Science Review, Vol. 65, Nr. 3, September), S. 651.
153 Vgl. Duffield, John S. (1998): World Power Forsaken: Political Culture, International Institutions, and German Security Policy After Unification, Stanford University Press, Stanford, S. 33-34.

Einschränkend muss bedacht werden, dass, falls eine Elite nicht repräsentativ für die strategische Kultur ihres Landes ist, dies die Aussagekraft von Kultur als unabhängiger Variable reduziert.[154] Es ist auch die Möglichkeit einer Trennung zwischen strategischer Kultur und Verhalten zu berücksichtigen, die sich aus einer möglichen Instrumentalisierung der strategischen Kultur ergeben kann. Johnston benennt als möglichen Grund eine bewusste Manipulation der strategischen Kultur durch die Entscheidungsträger.[155] Um die eigene Stellung zu unterstreichen, wird „in-group solidarity" gefördert[156], Kritik desavouiert oder der Zugang zu den politischen Entscheidungsprozessen begrenzt. Vor diesem Hintergrund reflektiert beobachtbares Verhalten die Interessen einer Elite. Wahlmöglichkeiten bei strategischen Entscheidungen werden somit eher durch deren Interessen als durch strategische Kultur begrenzt. Insbesondere die Literatur in der zweiten Hälfte der 1980er Jahre sieht strategische Kultur als ein Instrument im Bereich der strategischen Entscheidungsfindung. Dieser Argumentation folgend sollten sich die in Betracht kommenden Wahlmöglichkeiten bei Entscheidungen von Staat zu Staat unterscheiden.[157] Geht man allerdings davon aus, dass der strategische Diskurs sich in der Regel um die Betonung von „us-them"-Unterschieden dreht und damit zu ähnlichen Wahrnehmungen einer für den Staat

---

154 Vgl. Johnston, Alastair Iain (1995): Thinking about Strategic Culture, in: International Security, Vol. 19, Nr. 4, S. 43.
155 Obgleich die öffentliche Meinung grundsätzlich den Rahmen für akzeptiertes Verhalten setzt, kommt Lantis zu dem Schluss, dass in dem von ihm untersuchten Fall, dem Verhalten Deutschlands während der Kosovokrise, die öffentliche Meinung nur begrenzt Art und Weise der außenpolitischen Antworten bestimmte. Seines Erachtens mag die Ursache darin liegen, dass die Eliten die öffentliche Meinung als eine manipulierbare Größe erachtet haben. Vgl. Lantis, Jeffrey S. (2002b): The Moral Imperative of Force: The Evolution of German Strategic Culture in Kosovo, in: Comparative Strategy, Vol. 1, Nr. 1, S. 38.
156 Eine starke Ausprägung der "in-group solidarity" korreliert gemäß der sozial-psychologischen Literatur positiv mit aggressivem Verhalten gegenüber „out-groups". Dies legt nahe, dass Staaten mit einer starken „in-group solidarity" sich über alle drei Parameter strategischer Kultur hinweg im oberen Bereich (Realpolitik) bewegen. Im Umkehrschluss orientieren sich Staaten, die von anderen annehmen, dass sie gemeinsame Werte der „in-group" teilen, im unteren Bereich (Idealpolitik). Dies kann als Erklärungsansatz dienen, warum liberale Demokratien in der Regel nicht gegeneinander kämpfen, sehr wohl aber bereit sind, Autokratien zu bekämpfen. Vgl. Johnston, Alastair Iain (1995): Thinking about Strategic Culture, in: International Security, Vol. 19, Nr. 4, S. 60-61.
157 Vgl. Johnston, Alastair Iain (1995): Thinking about Strategic Culture, in: International Security, Vol. 19, Nr. 4, S. 38-40, 58-59.

bedrohlichen Umwelt führt, werden die Wahlmöglichkeiten sich nicht so sehr von Staat zu Staat unterscheiden. Verstärkt wird dieser Effekt durch die Korrelation der Wahrnehmung von Konflikten als Nullsummenspiel und den Glauben an die Effizienz von Gewalt.[158] Auch muss davon ausgegangen werden, dass eine dialektische Beziehung zwischen strategischer Kultur und Verhalten besteht. Die Eliten selbst werden in der Kultur, die sie beziehungsweise frühere Generationen kreiert haben, sozialisiert. Dies spricht dafür, dass Unterschiede im Verhalten von Staaten in dem Maße bestehen, wie sich die Sozialisierungsprozesse der Eliten unterscheiden.[159]

In einem repräsentativen politischen System spiegeln, zumindest langfristig, die Einstellungen der Eliten die Einstellungen der Allgemeinheit wider, wobei die öffentliche Meinung die Grenzen für akzeptiertes Verhalten des Staates festlegt. Bei Wahlen werden diejenigen belohnt, die die größten Gemeinsamkeiten mit der Allgemeinheit aufweisen oder dies zumindest vorgeben.[160] Neuere Studien legen aber nahe, dass Eliten, zumindest bei einem sich ändernden Umfeld, nicht an bestehenden Grundeinstellungen festhalten. Sie zeigen Führung und folgen nicht langsamen Anpassungsprozessen. Die öffentliche Meinung wird von ihnen als ein Faktor betrachtet, der durch politisches Handeln manipuliert werden kann.[161]

Der Einfluss der militärischen Elite auf die militärische Doktrin eines Landes soll an dieser Stelle besonders erwähnt werden. Elizabeth Kier widmet dem Zusammenhang von Kultur und militärischer Doktrin große Aufmerksamkeit, da sie, mit Verweis auf zahlreiche weitere Publikationen, davon ausgeht, dass offensiv ausgerichtete militärische Doktrinen eine Bedrohung der internationalen

---

158 Vgl. Johnston, Alastair Iain (1995): Thinking about Strategic Culture, in: International Security, Vol. 19, Nr. 4, S. 41. Laut Bradley S. Klein begründet strategische Kultur Orientierungen hinsichtlich dem Einsatz und der Legitimierung von Gewalt durch den Staat gegenüber vermeintlichen Gegnern. Vgl. Klein, Bradley S. (1988): Hegemony and Strategic Culture: American Power Projection and Alliance Defence Politics, in: Review of International Studies, Vol. 14, Nr. 2, April, S. 136, zitiert nach Johnston, Alastair Iain (1995): Thinking about Strategic Culture, in: International Security, Vol. 19, Nr. 4, S. 39.
159 Vgl. Johnston, Alastair Iain (1995): Thinking about Strategic Culture, in: International Security, Vol. 19, Nr. 4, S. 40.
160 Vgl. Duffield, John S. (1998): World Power Forsaken: Political Culture, International Institutions, and German Security Policy After Unification, Stanford University Press, Stanford, S. 34.
161 Vgl. Lantis, Jeffrey S. (2002b): The Moral Imperative of Force: The Evolution of German Strategic Culture in Kosovo, in: Comparative Strategy, Vol. 1, Nr. 1, S. 36-38.

Stabilität darstellen. Ihres Erachtens ist das internationale System selbst während Phasen erhöhter internationaler Spannungen unbestimmt hinsichtlich der Wahl offensiver oder defensiver Doktrinen. Da militärische Doktrinen selten eine sorgfältig kalkulierte Antwort auf externe Bedrohungen sind, können sie am besten aus kultureller Sicht verstanden werden. Präferenzen der militärischen und der zivilen Elite werden stärker durch kulturelle als durch strukturelle oder funktionale Charakteristiken bestimmt. Militärische Organisationen bevorzugen nicht aus sich heraus offensive Doktrinen. Die Doktrin ergibt sich vielmehr aus innenpolitischen und organisatorischen Aspekten. Sie argumentiert: „Civilian elites hold beliefs about the nature of military force and the military's role in society. (...) Domestic politics set constraints; the military's culture interprets these constraints; the organizational culture is the intervening variable between civilian decisions and military doctrine."[162]

Militärische Doktrinen befassen sich mit dem Überleben des Staates – aber sie beeinflussen auch die Machtverteilung innerhalb eines Staates, also zwischen den verschiedenen Eliten. Die Frage der Machtverteilung prägt den Blick der Entscheidungsträger und reflektiert die geschichtlichen Erfahrungen eines Staates mit seinen Streitkräften.[163]

2.5.2 Nationale Institutionen und politischer Entscheidungsprozess

Insbesondere nationale Institutionen und Gremien können als Träger einer strategischen Kultur in Frage kommen. Häufig finden sich bislang vorherrschende politische Ideen, die Elemente der politischen Kultur einer Gesellschaft enthalten können, sowohl in den Regeln und Verfahren verankert, die beschreiben, wie Politik gemacht wird, als auch in administrativen Strukturen, die mit der Formulierung und Umsetzung politischer Strategien befasst sind. Auf diese Weise können Einstellungen und Werte die Bandbreite möglicher Handlungsoptionen begrenzen und heutige Entscheidungen beeinflussen, und zwar selbst lange nachdem sie in der Gesellschaft durch neuere ersetzt worden sind.[164] Man hat es also mit einem weiteren Faktor zu tun, der den Wandel strategischer Kultur

---

162 Kier, Elizabeth (1995): Culture and Military Doctrine: France between the Wars, in: International Security, Vol. 19, Nr. 4, S. 67-68.
163 Vgl. Kier, Elizabeth (1995): Culture and Military Doctrine: France between the Wars, in: International Security, Vol. 19, Nr. 4, S. 68.
164 Vgl. Duffield, John S. (1998): World Power Forsaken: Political Culture, International Institutions, and German Security Policy After Unification, Stanford University Press, Stanford, S. 29.

verzögern und gleichzeitig auch zu erhöhten Spannungen gegenüber der Gesellschaft führen kann. Zudem muss bei der Analyse von Grundlagendokumenten der Einfluss einer möglicherweise retardierenden administrativen Struktur mitgedacht werden.

Die Beeinflussung der Politik geschieht vorrangig auf folgende drei Weisen: (1) „organizational processes, routines, and standard operating procedures may constrain the types of information to which decision makers are exposed". (2) „national institutions delineate the specific repertoire of policy instruments and actions that are available at any given time" (3) „national predispositions may derive from the preferences of the bureaucracies and organizations (…) as determined by their roles, missions, and functions."[165] Zu beachten ist, dass Organisationen nicht in jedem Fall einen starken Einfluss ausüben, der Einfluss einer spezifischen Organisation, zum Beispiel des Militärs, je nach Themenfeld unterschiedlich ausfallen kann, Organisationen Entscheidungen befürworten, die in ihrem Interesse liegen, oder schlicht zwischen verschiedenen Organisationen und Bereichen unterschiedliche Präferenzen bestehen können. Es ist, wie zuvor bereits aufgezeigt, auch denkbar, dass die Präferenz einer Organisation in scharfem Kontrast zu den Präferenzen der Bevölkerungsmehrheit oder der politischen Elite steht.[166]

---

165 Duffield, John S. (1998): World Power Forsaken: Political Culture, International Institutions, and German Security Policy After Unification, Stanford University Press, Stanford, S. 29-30.

166 Vgl. Duffield, John S. (1998): World Power Forsaken: Political Culture, International Institutions, and German Security Policy After Unification, Stanford University Press, Stanford, S. 30-31. Die eigenen mehrjährigen Arbeitserfahrungen des Autors im politiknahen Bereich zweier deutscher Ministerien bestätigen die von Duffield beschriebenen Wirkmechanismen nachdrücklich. Insbesondere die Mitzeichnung von Grundlagendokumenten durch eine Vielzahl verschiedener Referate in verschiedenen Ministerien hat weitreichende Konsequenzen: (1) erfolgt eine Einigung meist auf dem kleinsten gemeinsamen Nenner, nicht zuletzt weil Ministerien oftmals von Koalitionspartnern mit unterschiedlichen Weltbildern besetzt werden, (2) werden die spezifischen Interessen der einzelnen Ministerien in den Vordergrund gestellt, (3) wird das Verlassen eingeübter Verfahren und bereits gemeinsam verabschiedeter Grundpositionen behindert und macht so nahezu jegliche konzeptionelle Weiterentwicklung unmöglich. Diese Wirkmechanismen werden in der Regel nur bei drastischen Ereignissen mit sehr hohem Handlungsdruck oder durch Entscheidungen in kleinen Zirkeln durchbrochen.

Selbst internationale Institutionen können durch die Übernahme dort vorgegebener Regeln in die nationale Rechtsetzung beziehungsweise durch die Beeinflussung politischer Prozesse indirekt Einfluss auf die nationale Entscheidungsfindung ausüben.[167] Ergänzend weist Berger darauf hin, dass kulturelle Bedingungsfaktoren die Ausgestaltung von Institutionen beeinflussen und diese gleichzeitig mit Legitimität und Bedeutung versehen.[168] Auf den ersten Blick erstaunlich, belegen jüngere Studien einen nur geringen Einfluss der öffentlichen Meinung auf sicherheitspolitisches Verhalten.[169] Auf den zweiten Blick verwundert dies nicht so sehr, wenn man berücksichtigt, wer der dominierende Träger der strategischen Kultur ist – die Eliten.

Grundsätzlich ist es jedoch nicht möglich, generalisierte Aussagen über Entscheidungsprozesse zu treffen. Zu sehr können sich diese von Staat zu Staat unterscheiden. Während in der Bundesrepublik Deutschland das Grundgesetz den Ressorts umfängliche Kompetenzen zubilligt, konzentriert sich beispielsweise in klassischen präsidentiellen Systemen wie Frankreich, den Vereinigten Staaten von Amerika oder der Russischen Föderation Macht und Verantwortung an der Spitze des politischen Systems. Unabhängig von der Unterschiedlichkeit politischer Systeme kann jedoch stets versucht werden, die hauptsächlichen Akteure im politischen System, also die Träger der strategischen Kultur, sowie deren Verantwortlichkeiten und Kompetenzen zu identifizieren. Wer die entscheidenden Positionen im System besetzt, und damit bestimmt, welche Präferenzen vorherrschend sind, entscheidet sich in liberalen Demokratien durch Parteistrukturen und Wahlbestimmungen.[170] In autoritären Systemen fällt es umso schwerer, eine Analyse nationaler Institutionen und Gremien vorzunehmen, je abgeschotteter

---

167 Vgl. Duffield, John S. (1998): World Power Forsaken: Political Culture, International Institutions, and German Security Policy After Unification, Stanford University Press, Stanford, S. 29.

168 Vgl. Berger, Thomas U. (1998): Cultures of Antimilitarism, National Security in Germany and Japan, The John Hopkins University Press, Baltimore/London, S. 12. Beispiele hierfür mögen die im Grundgesetz der Bundesrepublik Deutschland verankerte starke Position der Länder gegenüber dem Bund sein, beziehungsweise die gemäß Art 65 dem Bundeskanzler zugewiesene relativ schwache Richtlinienkompetenz bei einer gleichzeitig relativ starken Ressortkompetenz der einzelnen Ministerien.

169 Vgl. Lantis, Jeffrey S. (2002a): Strategic Culture and National Security Policy, in: The International Studies Review, Vol. 4, Nr. 3, Malden, S. 109.

170 Vgl. Duffield, John S. (1998): World Power Forsaken: Political Culture, International Institutions, and German Security Policy After Unification, Stanford University Press, Stanford, S. 31-32.

die Entscheidungsgremien sind. Hier müssen verstärkt Sekundärquellen genutzt werden.

2.6 Wandel der strategischen Kultur

Mit dem Konzept der strategischen Kultur ist die Erwartung von Kontinuität so eng verbunden, dass Kritiker Wandel an sich bereits als Gegenbeweis erachten. Sie fragen: „But if preferences and perceptions are socially constructed in such a way as to justify particular patterns of social relations, how does change ever occur?"[171] Die dem Konzept der strategischen Kultur zu Grunde liegenden Annahmen legen selbst bei einem sich verändernden Kontext bestenfalls einen langsamen, kontinuierlichen kulturellen und damit politisch-strategischen Wandel nahe.[172] Wie aber verlaufen kulturelle Änderungsprozesse? Kann es Brüche in der strategischen Kultur eines Landes geben und wenn ja, wie begründen sich diese?

Die Beantwortung dieser Fragen ist von herausragender Bedeutung. Sollten die Verhaltensweisen außen- und sicherheitspolitischer Akteure nicht nur kulturell beeinflusst, sondern unveränderlich sein, so hätte dies weitreichende Konsequenzen für politisches Handeln. Konfliktmuster würden sich, bei ansonsten gleichen Rahmenbedingungen, in einem Teufelskreis perpetuieren. Neue Situationen würden mit stets den gleichen alten stereotypen Reaktionsmustern beantwortet. Beide Konfliktseiten wären quasi gefangen in ihrer Kultur.

2.6.1 Kontinuierliche kulturelle Anpassungsprozesse

Harry Eckstein setzte sich in seinem Werk „A Culturalist Theory of Political Change"[173] intensiv mit diesen Fragen auseinander. Ausgehend von den Gedanken der kulturalistischen Theorie versteht er die Reaktion von Akteuren auf

---

171 Thompson, Michael / Ellis, Richard / Wildavsky, Aaron (1990): Cultural Theory, Boulder, San Francisco, Oxford, Westview Press, S 69.
172 „If historical memory, political institutions, and multilateral commitments shape strategic culture, then, recent studies argue, it would seem logical to accept that foreign policies (…) are undergoing 'enduring transformations'." Lantis, Jeffrey S. (2002a): Strategic Culture and National Security Policy, in: The International Studies Review, Vol. 4, Nr. 3, Malden, S. 110.
173 Eckstein, Harry (1988): A Culturalist Theory of Political Change, in: American Political Science Review 82, September, S. 789-804.

eine „Situation" als einen indirekten, durch vermittelnde „Orientierungen"[174] bestimmten Prozess. Handlungsorientierung wird dabei als „general disposition of actors to act in certain ways in sets of situations"[175] verstanden. Handlungsorientierung folgt dabei einem psychologischen Reiz-Reaktions-Modell, bei dem Reaktionen sowohl durch Erfahrungen objektiver Situationen als auch durch subjektive Verarbeitung von Erfahrungen bestimmt werden. Die Prozessverarbeitung erfolgt mittels Orientierungen. Sind bestimmte Orientierungen in einem Gemeinwesen verbreitet, so kann von einem kulturellen Thema gesprochen werden.[176] Orientierungen haben drei Komponenten: „cognitive elements that, so to speak, decode experience (give it meaning); affective elements that invest cognition with feelings that "move" actors to act; and evaluative elements that provide goals towards which actors are moved to act."[177]

Orientierungen sind variabel, das heißt ihre Verarbeitung ist nicht zum Beispiel biologistisch oder durch stets gleiche Kosten-Nutzen-Kalkulation bestimmt. Wenn Orientierungen aber variabel sind, dann müssen auch die sie beeinflussenden variablen Bedingungen selbst durch Kultur bestimmt werden. Orientierungen sind also nicht erworben, sondern erlernt. Der Lernprozess kann entweder durch Erfahrungen oder durch kulturelle Akteure beeinflusst werden. Während Modelle des Rationalismus durchaus den Faktor der politischen Sozialisierung anerkennen, unterscheidet sich der kulturalistische Ansatz bei dem Aspekt der Resozialisierung. Kulturalisten gehen von einer kumulativen Sozialisierung aus. Dies bedeutet, dass frühes Lernen als ein Filter für späteres Lernen verstanden wird. Auf diese Weise werden die Grundbedürfnisse der Akteure befriedigt: „the need for economy of action and the need for

---

174 „Orientierungen" sind allgemeine Wesensarten; abgegrenzt hiervon sind „Einstellungen", die spezifische Wesensarten beschreiben.
175 Eckstein, Harry (1988): A Culturalist Theory of Political Change, in: American Political Science Review 82, September, S. 790.
176 Wilson weist auf die Problematik hin, dass das Verständnis eines Wandels auf der Makroebene als Konsequenz aus Veränderungen auf der Mikroebene bislang konzeptionell nur unzureichend abgedeckt wird. Vgl. Wilson, Richard W. (2000): The Many Voices of Political Culture: Assessing Different Approaches, in: World Politics 52, Januar, Cambridge University Press, S. 255.
177 Eckstein, Harry (1988): A Culturalist Theory of Political Change, in: American Political Science Review 82, September, S. 791. Hier lehnt sich Eckstein, wie viele andere Autoren auch, an Pye, Lucian W. / Verba, Sidney (1965): Political Culture and Political Development, Princeton University Press, Princeton beziehungsweise Parsons, Talcott / Shils, Edward A. (1951): Toward a General Theory of Action, Harvard University Press, Cambridge, Massachusetts, an.

predictability in interaction."[178] Orientierungsschemata sparen somit Entscheidungskosten. Im Gegensatz zum kulturalistischen Modell wird bei einem rationalistischen Modell „economy of action" durch Ideologien oder die bewusste Delegierung von Entscheidungskompetenzen erreicht. Vorhersehbarkeit ergibt sich aus der Grundannahme, dass rationale Entscheidungen als vorbestimmt gesehen werden.[179]

Die Möglichkeit des späteren Lernens lässt grundsätzlich die Option einer Resozialisierung zu. Da Akteure aber dazu tendieren, einen harmonischen Gleichklang ihrer Orientierungen anzustreben, ist eher nicht zu erwarten, dass bereits geringfügige Änderungen der Orientierungen Eingang finden, denn sie könnten zu einer Dissonanz führen. Dennoch müssen sich Akteure mit neuen Situationen befassen, auf die ihre vorhandenen Reaktionsmuster nicht passen. Laut Eckstein können solche neuen Situationen aus sozialen Umbrüchen[180] oder aus von außen aufgezwungenen Veränderungen entstehen.[181] Ein Wandel der Kultur erfolgt dann als Anpassungsprozess, der kulturelle Muster wieder in Gleichklang mit der neuen Situation bringt. Eine weitere Möglichkeit der Reaktion ist die willkürliche Interpretation der Umbruchsituation, um kognitiven oder normativen Wandel zu verhindern. Da jeder Wandel störend ist, wird angenommen, dass in modernen, sich rascher wandelnden Gesellschaften, die Elemente der Kultur allgemeiner sind und daher nicht zu häufig angepasst werden müssen.[182] Anpassungen als solches sind aber gemäß Thompson, Ellis und Wildavsky auf alle Fälle essentiell für die Stabilität einer bestimmten Lebensweise, oder pointierter: „Stability without change is like trying to balance oneself on a bicycle without turning the pedals."[183]

---

178 Eckstein, Harry (1988): A Culturalist Theory of Political Change, in: American Political Science Review 82, September, S. 791.
179 Vgl. Eckstein, Harry (1988): A Culturalist Theory of Political Change, in: American Political Science Review 82, September, S. 792.
180 Zu den sozialen Umbruchsituationen zählt Eckstein beispielsweise wirtschaftliche Krisen, Instabilität/Zusammenbruch von Regierungen, oder Veränderungen, die sich durch Protestbewegungen ergeben.
181 Siehe auch beispielsweise Gray, Colin S. (1984): Comparative Strategic Culture, in: Parameters, Journal of the US Army War College, Vol. XIV, Nr. 4, S. 28-29.
182 Vgl. Eckstein, Harry (1988): A Culturalist Theory of Political Change, in: American Political Science Review 82, September, S. 793-795.
183 Thompson, Michael / Ellis, Richard / Wildavsky, Aaron (1990): Cultural Theory, Boulder, San Francisco, Oxford, Westview Press, S. 80.

2.6.2 Brüche in der strategischen Kultur

Veränderungen des sozialen Kontextes können so bedeutsam und/oder schnell sein, dass übliche Anpassungsprozesse kultureller Muster nicht möglich sind. Die rasch voran schreitende Industrialisierung mag genauso als Beispiel hierfür dienen wie Wandel aufgrund von Kriegen oder wirtschaftlicher Traumata (beispielsweise die Hyperinflation des Jahres 1923 in Deutschland).[184] Zu beachten ist, dass solche traumatischen Ereignisse nicht zwingend die gesamte Gesellschaft, sondern nur Teile davon berühren können. Dies kann auch zu einer Verschiebung des relativen Einflusses rivalisierender Subkulturen führen.[185] Traumatische soziale Umbrüche haben eine schnelle kulturelle Neuorientierung zur Folge.

Eckstein nimmt an, dass die Akteure in den Zustand kollektiver „früher Kindheit" versetzt werden, in dem Erkenntnisvermögen und normative Ausrichtung neu erlernt werden müssen. Kultur verliert ihre Struktur und einen Großteil ihres Informationsgehalts.[186] Doch dieser Prozess ist nie vollständig. Einzelne soziale Einheiten können die bedeutsamsten Umbrüche überstehen. Das gleiche gilt für Strukturen wie beispielsweise Bürokratien, die gegebenenfalls sogar in dem Maße einflussreicher werden, wie die internalisierten Wesensarten das Handeln nicht regeln können. Es ist auch von Bedeutung, wie tief verwurzelt manche Orientierungen sind und wie sehr sie mit den Herausforderungen des Lebens im Gleichklang sind. Die Übereinstimmung mit den Autoritäten wird rituell oder durch Eigennutz bestimmt sein, wobei rituelle Konformität Übereinstimmung ohne Bindungswirkung ist. Übereinstimmung dieser Art ist erwartbar vor al-

---

184 Dramatische Ereignisse und traumatische Erfahrungen werden auch von anderen Autoren als Auslöser für rasche drastische Änderungen der Kultur gesehen. Vgl. u. a. Duffield, John S. (1998): World Power Forsaken: Political Culture, International Institutions, and German Security Policy After Unification, Stanford University Press, Stanford, S. 23-24. Wilson, Richard W. (2000): The Many Voices of Political Culture: Assessing Different Approaches, in: World Politics 52, Januar, Cambridge University Press, S. 253-255.

185 Vgl. Wilson, Richard W. (2000): The Many Voices of Political Culture: Assessing Different Approaches, in: World Politics 52, Januar, Cambridge University Press, S. 254.

186 Es gibt keine stichhaltigen psychologischen Erklärungen, auch nicht bei Eckstein, warum Akteure im Rahmen eines Lernprozesses zu einem bestimmten Ergebnis gelangen und wie stark ihre emotionale Verbindung zu diesem ist. Vgl. Wilson, Richard W. (2000): The Many Voices of Political Culture: Assessing Different Approaches, in: World Politics 52, Januar, Cambridge University Press, S. 254.

lem, wenn das vorherige politische System eine hohe Übereinstimmung gefordert hat. Wahrscheinlicher aber als eine geforderte Übereinstimmung wird der Rückzug der Akteure von der fremden großen Gesellschaft in die kleinere Welt der Familie oder Nachbarschaft sein.[187]

Während Eckstein die Anpassung an einen Bruch in der strategischen Kultur als einen Prozess des „*neu Lernens*" versteht, sieht Berger die Anpassung als einen Prozess des „*neu Verhandelns*". Jedes die Geschichte eines Landes prägende Ereignis, insofern gelten die Aussagen auch für kontinuierliche Anpassungsprozesse, kann unterschiedlich interpretiert werden; wobei die Interpretation bestimmt, wie prägend das Ereignis tatsächlich wahrgenommen wird und welche Lehren gezogen werden. Die Interpretation erfolgt durch verschiedene Gruppen beziehungsweise Subkulturen. Eine Gruppe kann für eine gewisse Zeit die Realität negieren, wird aber, um politisch nicht marginalisiert zu werden, Kompromisse schließen müssen. Auch im politischen Prozess dominante Gruppen haben ein Interesse daran, Kompromisse zu schließen, um sich eine noch breitere Unterstützung zu sichern. Kompromisse müssen sowohl innerhalb der Gruppe als auch gegenüber der Umwelt legitimiert werden, wobei aus rein taktischen Gründen eingegangene Kompromisse eher instabil sind. Wenn aber ein Kompromiss erarbeitet und durch den Erarbeitungsprozess legitimiert wurde, dann wird die Gruppe versuchen, ihn durch Bezugnahme auf grundlegende Prinzipien zu rechtfertigen. Ein Abrücken von dieser Art des Kompromisses – beispielsweise aufgrund der Interpretation eines traumatischen historischen Umbruches – ist eher unwahrscheinlich. Künftige Generationen politischer Führer, die nicht an dem Verhandlungsprozess teilgenommen haben, sind sich weniger bewusst, dass die von ihnen vorgefundene Interpretation das Ergebnis eines Verhandlungsprozesses ist. Dies erhöht die Stabilität des Kompromisses zusätzlich. Nach und nach sammeln sich immer mehr solcher Interpretationen an und bilden ineinander übergreifend eine spezifische politische Kultur. Schule, Medien, Literatur, etc. bekräftigen diese weiterhin.[188] Jeffrey Lantis hingegen kommt in seiner Studie zur strategischen Kultur Deutschlands, abweichend zum wissenschaftlichen Konsens, zu dem Ergebnis: „strategic cultural change is much

---

187 Vgl. Eckstein, Harry (1988): A Culturalist Theory of Political Change, in: American Political Science Review 82, September, S. 796-797.
188 Vgl. Berger, Thomas U. (1998): Cultures of Antimilitarism, National Security in Germany and Japan, The John Hopkins University Press, Baltimore/London, S. 12-13.

more often a reflection of a negotiated reality, sedimented into relatively thin layers of collective memory."[189]

Angelehnt an Talcott Parson, geht Berger davon aus, dass sich nicht alle Elemente einer Kultur mit der gleichen Leichtigkeit beziehungsweise Geschwindigkeit verändern. Er sieht politische Kultur als einen Kern, der sich aus den interpretativen Kodes zusammensetzt. Zu den grundlegendsten Kodes, die bestimmen, wie die Wirklichkeit wahrgenommen und interpretiert wird, zählt er die Sprache, aber auch andere tief verankerte Einstellungen und Werte wie zum Beispiel den Glauben an die Wirksamkeit von Demokratie oder die Sinnlosigkeit von Krieg. Diese „core beliefs" behalten ihre Gültigkeit solange, wie sie Lösungen anbieten, um mit neuen Situationen umzugehen. Ihr Wandel wird im Allgemeinen von psychologischen Belastungen und Problemen begleitet. Insofern entsprechen die „core beliefs" dem, was Eckstein Orientierungen nennt.[190]

2.6.3 Kulturelle Dilemmata

Kulturelle Dilemmata können ein weitere Ursache für Veränderungen der strategischen Kultur sein. Was ist darunter zu verstehen? Bei der Bewertung einer neuen Situation werden zwei oder mehrere strategische kulturelle Grundannahmen angesprochen, die sich aber weitgehend widersprechen. Um dieses Dilemma aufzulösen, muss sich mindestens eine kulturelle Grundüberzeugung verändern. Lantis' Untersuchung zum deutschen Handeln im Kosovo-Konflikt analysiert eine Situation, in der es zu einem solchen kulturellen Dilemma gekommen ist.[191] Deutschland, mit seiner aufgrund der spezifischen historischen Erfahrung des Holocaust tief in der strategischen Kultur wurzelnden Verpflichtung, nie mehr Genozid und ethnische Säuberungen zu akzeptieren, sah sich auf dem Balkan einer besonderen Herausforderung gegenüber. Eine weitere tief in der deutschen Geschichte verankerte Grundüberzeugung sagte „nie wieder Krieg". Im Kosovo musste Deutschland erkennen, dass die bevorzugten friedlichen zivilen Instru-

---

189 Lantis, Jeffrey S. (2002b): The Moral Imperative of Force: The Evolution of German Strategic Culture in Kosovo, in: Comparative Strategy, Vol. 1, Nr. 1, S. 40.
190 Vgl. Berger, Thomas U. (1998): Cultures of Antimilitarism, National Security in Germany and Japan, The John Hopkins University Press, Baltimore/London, S. 13-15.
191 Japans Eingreifen zugunsten des Selbstbestimmungsrechts Ost-Timors stellt einen hierzu vergleichbaren Fall dar. Vgl. Lantis, Jeffrey S. (2002a): Strategic Culture and National Security Policy, in: The International Studies Review, Vol. 4, Nr. 3, Malden, S. 111.

mente zur Konfliktlösung, Diplomatie und wirtschaftliche Sanktionen, keinen Erfolg zeitigten. Entweder mussten also Genozid und ethnische Säuberung im Kosovo akzeptiert werden oder es musste von dem Grundsatz „nie wieder Krieg" abgewichen werden.[192]

Deutschland sah sich gezwungen, seine Außen- und Sicherheitspolitik in kürzester Zeit dem dynamischen sicherheitspolitischen Umfeld einer globalisierten Welt anzupassen. Die strategischen geschichtlichen Erfahrungen bedurften einer Neuinterpretation. Deutsche außen- und sicherheitspolitischen Grundsätze wurden zwar nicht neu gefasst, wohl aber die strategische Kultur der Zurückhaltung gegenüber dem Einsatz der Bundeswehr gelockert.[193] Die Grundüberzeugung „nie wieder Krieg" wandelte sich zu „kein unilateraler Einsatz erheblicher militärischer Gewalt".[194]

2.6.4 Gesteuerte Transformationsprozesse

Gesteuerte Transformationsprozesse, bei denen Ausgangs- und Zielpunkt gesetzt werden, können weitere Auslöser für einen Wandel der strategischen Kultur sein. Beispiele für solche gesteuerten Transformationsprozesse sind die Reformen Pëtr I. oder der Umgestaltungsprozess in Osteuropa nach dem Zusammenbruch der Sowjetunion.

Holm Sundhaussen identifiziert sechs Voraussetzungen für den Erfolg solcher Transformationsprozesse: (1) Das angestrebte Ziel muss definiert sein und ein Grundkonsens über das Ziel muss in der Gesellschaft oder zumindest bei den Eliten bestehen. (2) Es darf nicht zu einer „Entweder-Oder-Entscheidung" kommen, weil Mittel zur Zielerreichung im Widerspruch zu grundlegenden Bedürfnissen der Gesellschaft sind. Als Beispiel für einen solchen möglichen Widerspruch nennt Sundhaussen den Wunsch der Menschen in Osteuropa, mehr Wohlstand und mehr Freiheit zu erlangen. Beide Teilziele müssen jedoch gegeneinander gewichtet werden. Dies führt zu gesellschaftlichen und individuellen Kosten, die der Bevölkerung nicht bewusst waren. (3) „Das Tempo des nachholenden Lernprozesses darf die Aufnahmebereitschaft der Gesellschaft nicht

---

192 Vgl. Lantis, Jeffrey S. (2002b): The Moral Imperative of Force: The Evolution of German Strategic Culture in Kosovo, in: Comparative Strategy, Vol. 1, Nr. 1, S. 26, 36-40.
193 Vgl. Lantis, Jeffrey S. (2002a): Strategic Culture and National Security Policy, in: The International Studies Review, Vol. 4, Nr. 3, Malden, S. 111-112.
194 Vgl. Lantis, Jeffrey S. (2002b): The Moral Imperative of Force: The Evolution of German Strategic Culture in Kosovo, in: Comparative Strategy, Vol. 1, Nr. 1, S. 39-40.

überfordern." (4) Neue Institutionen entfalten ihre Wirkung nur, wenn sie entsprechend miteinander zusammenwirken können. (5) Es bedarf einer Schicht, die bereit ist, die Transformationsziele anzunehmen. Im Falle Osteuropas müsste dies eine breite Mittelschicht[195] sein, die eine Integration der Gesellschaft entlang der Ziele Demokratie, Marktwirtschaft und Rechtsstaat bewirkt. (6) Die Gesellschaft muss ein hohes Kompetenzniveau besitzen, um eine große Chance des Lernens zu haben.[196]

Bei den genannten Kriterien spielen kulturalistische Argumente eine bedeutsame Rolle. Entsprechend kommt Sundhaussen, der sich aus dem Blickwinkel des Historikers mit Transformationsprozessen befasst, zu dem Ergebnis, „daß Gesellschaften keine durch „importierte" Institutionen mehr oder minder beliebig formbaren Massen sind. Sie sind das Resultat langfristiger Strukturprozesse"[197]. Dies führt aber zu zwei Dilemmata: (1) Langfristige Strukturprozesse erfordern Politiken der kleinen Schritte. Politiker, insbesondere in Demokratien, benötigen zu ihrer Legitimation aber rasch vorzeigbare Ergebnisse. Dies verführt zu dem irrigen Ansatz, erfolgreiche gesellschaftliche Modelle zu importieren und Entwicklungsprozesse so deutlich verkürzen zu wollen. (2) Transformationsprozesse, insbesondere wenn sie Systemzusammenbrüchen folgen, erzeugen bei der Bevölkerung Unsicherheit. Um der Unsicherheit entgegenzuwirken wird auf identitätsstiftendes Vertrautes zurückgegriffen. Sofern dieses aber mit den Zielen der Transformation nicht in Einklang steht, bringt die Umbruchsituation die Widerstände hervor, die dem Erfolg der Transformation entgegenstehen. Nach Auffassung Sundhaussens ist dort, wo hinsichtlich kollektiver Selbstzuschreibungen sowie der Wert- und Normensysteme kein Konsens besteht, Ethnonationalismus

---

195 Als Mittelschicht versteht Sundhaussen nicht eine wie auch immer statistisch definierte Gruppe, sondern eine Gruppe im soziologischen Sinn, also eine Gruppe, die interagiert und ein integrierendes Gruppenbewusstsein besitzt.
196 Vgl. Sundhaussen, Holm (1995): Die „Transformation" Osteuropas in historischer Perspektive oder: Wie groß ist der Handlungsspielraum einer Gesellschaft?, in: Transformation sozialistischer Gesellschaft: am Ende des Anfangs, Serientitel Leviathan, Sonderheft Nr. 15, Hrsg. Wollmann, Hellmut / Wiesenthal, Helmut / Bönker, Frank, Westdeutscher Verlag, Wiesbaden, S. 86-88.
197 Sundhaussen, Holm (1995): Die „Transformation" Osteuropas in historischer Perspektive oder: Wie groß ist der Handlungsspielraum einer Gesellschaft?, in: Transformation sozialistischer Gesellschaft: am Ende des Anfangs, Serientitel Leviathan, Sonderheft Nr. 15, Hrsg. Wollmann, Hellmut / Wiesenthal, Helmut / Bönker, Frank, Westdeutscher Verlag, Wiesbaden, S. 89.

in der Regel das einzige Mittel, diesen wieder herzustellen. Dies sei gleichbedeutend mit dem Ende des Transformationsprozesses.[198]

2.7 Abgeleitete Hypothesen

Aus dem dieser Studie zugrunde liegenden Verständnis der strategischen Kultur, einschließlich der möglichen Erklärungsansätze für den Wandel der selbigen, lassen sich folgende Hypothesen ableiten:

(1) *Eine spezifische russische strategische Kultur ist identifizierbar.* Selbst wenn mehrerer Subkulturen bestehen, so kann doch stets von einer bestimmenden Kultur gesprochen werden. Die Wahrnehmung ihrer Beziehung zu ihrer Umwelt gründet auf gemeinsamen Annahmen über eben diese Umwelt sowie der anzuwendenden Entscheidungsregeln. Die Wurzeln dieser spezifischen Kultur liegen in einer Vielzahl von prägenden Faktoren, wie sie in Abbildung 3, S. 52 skizziert sind.

(2) *Russlands strategische Kultur war über Jahrhunderte hinweg* sowohl hinsichtlich der Zielebene (Streben nach Sicherheit und Anerkennung sowie dem Erlangen eines Großmachtstatus) als auch der Mittelebene (Ausprägungsgrad autoritärer Herrschaft sowie der Bereitschaft, Gewalt als Mittel einzusetzen) *stark realpolitisch ausgeprägt und ziemlich stabil.* Durch den Vergleich der Präferenzen in verschiedenen Zeitfenstern lässt sich die strategische Kultur als fortdauernder und lang anhaltender Präferenzrahmen im Sinne eines „*systems of symbols*" erkennen. Da die Zeiträume, über die hinweg die Präferenzen fortbestehen, sehr lang sind, kann von einer sehr deutlich ausgeprägten strategischen Kultur gesprochen werden. Diese wird sich im Regelfall allenfalls im Rahmen kontinuierlicher kultureller Anpassungsprozesse verändern.

(3) *In den 1990er Jahren erfuhr die russische strategische Kultur jedoch einen tiefen Bruch.* Wenn auch das russische Großmachtstreben weiterhin eine bestimmende Rolle einnimmt, so gehören doch imperiale Bestrebungen eher der Vergangenheit an. Die Bedeutung des Militärs als Stütze des Großmachtanspruchs schwindet zusehends, während die wirtschaftliche Entwicklung des Landes und die Wohlfahrt des Volkes als wesentliche die

---

198 Vgl. Sundhaussen, Holm (1995): Die „Transformation" Osteuropas in historischer Perspektive oder: Wie groß ist der Handlungsspielraum einer Gesellschaft?, in: Transformation sozialistischer Gesellschaft: am Ende des Anfangs, Serientitel Leviathan, Sonderheft Nr. 15, Hrsg. Wollmann, Hellmut / Wiesenthal, Helmut / Bönker, Frank, Westdeutscher Verlag, Wiesbaden, S. 86-90.

Politik begünstigende/hemmende Faktoren in den Vordergrund rücken. Die durch den Zusammenbruch der Sowjetunion ausgelöste Veränderung des sozialen Kontextes war so bedeutsam und rasant, dass kontinuierliche kulturelle Anpassungsprozesse nicht reichten, um die kulturellen Muster in Übereinstimmung mit der geänderten Situation zu bringen.

(4) Neorealistische Ansätze bieten keine Erklärung dafür, dass sich Staaten nicht – der neorealistischen Logik folgend – dem internationalen System anpassen, sondern, scheinbar irrational, die Nachteile ihres Verhaltens in Kauf nehmen. Neorealistische Ansätze berücksichtigen in der Regel nicht, dass realistische Erwägungen bereits durch kulturelle Faktoren beeinflusst worden sind.

Aufgrund der Unzulänglichkeiten der neorealistischen Ansätze ist das Verständnis der strategischen Kultur Russlands essentiell, um:

a. anhaltende Faktoren, die das außen- und sicherheitspolitische Verhalten Russlands beeinflussen, zu identifizieren,
b. mögliche Verhaltensweisen Russlands zu antizipieren,
c. die Kommunikation von Anliegen des Westens zu verbessern, indem deren Perzeption durch die russischen Eliten mit einbezogen werden kann, und
d. strategische Orientierung bezüglich der Frage *Containment* oder *Kooperation* zu bieten.

3. Wurzeln der strategischen Kultur Russlands

Die Wurzeln der russischen strategischen Kultur liegen in einer Vielzahl geografischer und ethnischer Faktoren sowie historischer und religiöser Entwicklungen, die einen prägenden Einfluss auf Bedrohungswahrnehmung, Streben nach Sicherheit, Großmachtstreben, Herrschaftsform, das Menschenbild, den Drang nach Anerkennung und die Bereitschaft zur Opferung, die Frage der Zugehörigkeit oder die Angst vor Isolation gehabt haben.

Im Folgenden werden zunächst, quasi als Rahmen für die weitere Untersuchung, geografische und ethnische Faktoren betrachtet. Dann werden die Rollen von Staat, Militär, Gesellschaft und Kirche sowie deren Bedeutung für die Ausprägung der Präferenzen der strategischen Kultur, gegliedert nach den Epochen russischer Geschichte, untersucht. Diese Darstellungsform wurde gewählt, weil sie dem geschichtswissenschaftlichen Vorgehen entspricht und weil eine Gliederung, die sukzessive die einzelnen Parameter der strategischer Kultur jeweils über alle Epochen hinweg getrennt untersuchen würde, zu häufig auf die gleichen prägenden geschichtlichen Ereignisse rekurrieren müsste. In Ausnahmefällen wird von der gewählten Systematik bewusst abgewichen, um spezifische Entwicklungsstränge, zum Beispiel das Fortbestehen des *„Novgoroder Mythos"* über die Epochen hinweg, stärker herauszuheben. Die Arbeit nimmt für sich nicht in Anspruch eine geschichtswissenschaftliche Analyse zu sein. Ihr Fokus liegt auf der politikwissenschaftlichen Betrachtung.

3.1 Prägende Rahmenfaktoren

3.1.1 Das geografische Faktum

„Es gibt einen Faktor, der wie ein roter Faden durch unsere ganze Geschichte läuft, der in sich sozusagen ihre ganze Philosophie enthält und der gleichzeitig wesentliches Element unserer politischen Größe und wahre Ursache unserer geistigen Ohnmacht ist – das ist das geografische Faktum", so der russische Philosoph Pëtr Čaadaev.[199] Dieser geografische Determinismus russischer Geschichte war insbesondere in der russischen Philosophie des 19. Jahrhunderts ausgeprägt. Auch westliche Analysten betonten diesen Faktor. So schrieb Sir Halford John Mackinder, einer der bekanntesten Geopolitiker, 1904 sogar: „Nor

---

199 Zitiert nach Kappeler, Andreas (2002): Russische Geschichte, 3. Auflage, Verlag C.H. Beck, München, S. 10-11.

is it likely that any possible social revolution will alter her [Russia's] essential relations to the great geographical limits of her existence."[200] Wenn auch vom Autor dieser Studie diese Sichtweisen in ihrer Absolutheit nicht geteilt werden, so bleibt außer Frage, dass die Geographie eines Landes beispielweise auf wirtschaftliche Verhältnisse und militärische Erfordernisse maßgeblichen Einfluss hat – beides Faktoren mit prägender Wirkung auf die Geschichte eines Landes. Der Lernprozess, die geografischen Faktoren bestmöglich zu nutzen, trug im Laufe der Jahrhunderte zur Herausbildung einer spezifischen strategischen Kultur bei.

Das weite osteuropäische Tafelland bildet ein natürliches Zentrum Osteuropas und ist ein wichtiger Schauplatz russischer Geschichte. Es besitzt keine natürlichen Grenzen. Der Ural ist leicht zu überqueren und lässt zum Kaspischen Meer eine breite Steppe frei, die traditionell von den Hirtenvölkern als Wanderroute genutzt wurde. Der Wald hingegen ist für rasches Vorankommen nicht geeignet. Nur die Flüsse bieten sich dort als Verkehrsweg an, insbesondere im Winter, wenn sie gefroren sind. Von den Karpaten bis zum Ob zieht sich ein breiter Streifen fruchtbarer Böden. Dieser liegt aber auch zu großen Teilen im Steppengürtel. Um ihn zu nutzen, bedarf es der militärischen Beherrschung der Steppe und der Verdrängung der Nomadenvölker – eine der dauerhaften Konfliktlinien des frühen Osteuropas.[201]

Das weitgehende Fehlen klarer geografischer Grenzen des frühen Russlands setzte das Land regelmäßigen Übergriffen seiner Nachbarn aus und prägte die russische Bedrohungswahrnehmung nachhaltig. Gleichzeitig aber ermöglichte die geografische Lage sowohl den Austausch mit den Nachbarn als auch die kontinentale Expansion des russischen Reiches. Maßgeblich dafür, ob sich die Geografie zum Nachteil oder Vorteil auswirkte, war also vielmehr die relative Stärke Russlands im Verhältnis zu seinen Nachbarn. Es wird kontrovers diskutiert, ob die Kontrolle des riesigen Reiches einer zentralistischen und autoritären Staatsform bedurfte. Grundsätzlich wäre eine Dezentralisierung ebenso als Lösungsansatz in Frage gekommen.[202] Das Argument der Dezentralisierung vermag allerdings nur im Rahmen theoretischer Erörterungen zu verfangen, lässt

---

200 Mackinder, Halford John (1904): The Geographical Pivot of History, in: The Geographical Journal, Vol. 23, Nr. 4, Blackwell Publishing, London, S. 436.
201 Vgl. Nolte, Hans-Heinrich (2008): Kleine Geschichte Rußlands, aktualisierte und bibliographisch ergänzte Ausgabe, Reclams Universal-Bibliothek Nr. 9696, Stuttgart, S. 15-18.
202 Vgl. Kappeler, Andreas (2002): Russische Geschichte, 3. Auflage, Verlag C.H. Beck, München, S. 12-13.

es doch die Wechselwirkung einer von inneren Unruhen und Abspaltungen geprägten Geschichte mit der Geografie außer Acht. Für Russland jedenfalls kann angenommen werden, dass gerade die teilweise große Distanz zwischen Zentrum und Peripherie des Reiches zu einer verstärkten Abstützung auf Zwangsmittel zur Sicherung der Herrschaft führte.

Russlands Kontinentalität und der erst späte Zugang zu eisfreien Meeren behinderten die Entwicklung des Außenhandels. Dieser Faktor wirkte sich zu allen Zeiten aus, wenn auch unterschiedlich stark. So war bereits das frühe Kiever Reich in die Handelsbeziehungen Europas als auch Asiens eingebunden. Wege in gutem Zustand verbanden das Reich mit Polen und Ungarn. Der Handel mit deutschen Landen und Städten war besonders ausgeprägt. Novgorod war das Zentrum des Überseehandels. Vom 9. bis zum beginnenden 13. Jahrhundert florierten Binnen- und Transithandel. Das Handelsvolumen war beträchtlich. Russische Handelsgüter waren auf allen europäischen und asiatischen Märkten anzutreffen.[203] Mit der beginnenden Neuzeit gewann der Transport über See allerdings mehr an Gewicht und die Wettbewerbsnachteile einer Landmacht wurden deutlicher. Mit Beginn des Eisenbahnzeitalters reduzierte sich dieser Nachteil jedoch wieder.

Vielfach wurde der *„Drang zu den Weltmeeren"* als die bestimmende Triebkraft russischer Expansion bezeichnet. Dies stellt jedoch eine Überbetonung dieses Faktors dar. Selbst zu Zeiten der Sowjetunion, als sich das Land eine starke Marine leistete, war stets offensichtlich, dass sich die verschiedenen Flotten aufgrund der Geografie nur bedingt gegenseitig unterstützen können. Es macht unter diesen Gegebenheiten keinen Sinn, so viele knappe Ressourcen in die Marinerüstung zu stecken, bis man die Seeherrschaft erlangen kann. Es ist völlig ausreichend, sich auf die Küstengewässer zu begrenzen und einer fremden Seemacht die ungehinderte Nutzung ihrer zentralen Verbindungswege zu verwehren. Für eine Landmacht ist Seemacht in gewissem Maße ein Luxus.[204] Die Expansion Russlands lässt sich daher eher erklären mit einem ganzen „Bündel von machtpolitischen, wirtschaftlichen und geistigen Faktoren in der jeweiligen historischen Situation."[205]

---

203 Vgl. Donnert, Erich (1983): Das Kiewer Russland – Kultur und Geistesleben vom 9. bis zum beginnenden 13. Jahrhundert, 1. Auflage, Urania-Verlag, Leipzig/Jena/Berlin, S. 144-155.
204 Vgl. Gray, Colin S. (1988): The Geopolitics of Superpower, University Press of Kentucky, Lexington, S. 48-49.
205 Kappeler, Andreas (2002): Russische Geschichte, 3. Auflage, Verlag C.H. Beck, München, S. 67.

Große Reserven an Land und Ressourcen, gepaart mit einer niedrigen Bevölkerungsdichte, begünstigten extensive Wirtschaftsweisen. Die Notwendigkeit zu Innovation und Intensivierung der Produktion ergab sich erst, als die ökonomischen Unterschiede zu Mittel- und Westeuropa immer deutlicher wurden. Dies galt sowohl für die Landwirtschaft als auch die Industrie. Als Beispiel sei die Produktion von Roheisen genannt. Im 18. Jahrhundert war Russland dank seiner enormen Ressourcen und der vielen leibeigenen Arbeiter zum weltweit größten Produzenten aufgestiegen. In England hingegen zwang ein Mangel an Holz zur Intensivierung. Technologische Fortschritte in der Metallurgie ließen die englische Produktion innerhalb von 50 Jahren auf das Zehnfache der russischen Produktion steigen. Zudem führte der Ressourcenreichtum schon früh zu einem Außenhandel, der geprägt war durch den Export von Rohstoffen und den Import von Fertigwaren.[206] Dies behinderte die industrielle Entwicklung zusätzlich. Ein weiteres Hemmnis der wirtschaftlichen Entwicklung war der Mangel an Kapital. Zu Zeiten der Sowjetunion gelang es dann zwar in einzelnen Bereichen, einschließlich der technologischen Entwicklung, Spitzenleistungen zu erzielen, doch auch dieses Wachstum war extensiv geprägt und stieß in den 1970er Jahren an seine Grenzen. Die heutigen Strukturen sind immer noch entsprechend geprägt.[207] Die geschilderten russischen Spezifika verursachten während aller Epochen, verstärkt mit Einsetzen der Industrialisierung, Phasen, die durch einen ausgeprägten Modernisierungsstau gekennzeichnet waren. Die immer wieder wahrgenommene Rückständigkeit beschädigte die Selbstachtung. Wiederholt wurden aufgrund militärischer Erfordernisse Aufholbemühungen von oben dekretiert, mal mehr, mal weniger erfolgreich, aber selten ohne innere Widerstände.

Selbst beim Zerfall des sowjetischen Imperiums 1991 machte sich das geografische Faktum bemerkbar. Anders als die zuvor zerfallenen Imperien Frankreich und Großbritannien hatte Russland sich nicht über das Meer, sondern über Land ausgedehnt. Daher befand sich das Kernland nach dem Zerfall nicht fern ab von den verlorenen Gebieten, sondern in deren unmittelbarer Nachbarschaft.

---

206 Exportiert wurden im Mittelalter Pelze und Honig, vor der Christianisierung auch Sklaven, im 16. Jh. Massengüter wie Hanf, Flachs, Pech und Teer, im 18. Jh. Roheisen, im 19. Jh. Getreide und im 20. Jh. fossile Brennstoffe. Importiert wurden Luxuswaren für den Adel, Waffen und feine Tuche, im 20. Jh. Investitionsgüter. Vgl. Nolte, Hans-Heinrich (2008): Kleine Geschichte Rußlands, aktualisierte und bibliographisch ergänzte Ausgabe, Reclams Universal-Bibliothek Nr. 9696, Stuttgart, S. 453-454.

207 Vgl. Kappeler, Andreas (2002): Russische Geschichte, 3. Auflage, Verlag C.H. Beck, München, S. 12, 78-82.

Russland konnte nicht einfach als Nationalstaat weiter existieren, ohne durch die Geografie dazu gezwungen zu sein, weiterhin in den abgefallenen Teilrepubliken eine bedeutsame Rolle zu übernehmen.[208]

3.1.2 Ethnische Faktoren

Das osteuropäische Tafelland wurde stets von zahlreichen völlig unterschiedlichen Ethnien bewohnt, die zudem verschiedenen Religionen angehörten. Die Loyalität der Menschen galt deshalb während der Entstehungszeit des Kiever Reiches in der Regel nicht der größeren slawischen Sprachgemeinschaft, sondern den Stämmen und Großfamilien. Die Entwicklung zur Ständenation, ohne Berücksichtigung der Muttersprache, wie sie sich im Westen in der frühen Neuzeit ergab, war in Osteuropa nur in Ansätzen zu beobachten. Eine politische Mitbestimmung, die Kirche, reiche Bürger und Adel umfasste, entwickelte sich zwar im moskowitischen Reich, fand aber nie eine feste Verankerung und wurde mit der absolutistischen Herrschaft Pëtr I. endgültig beendet. Die fehlende Möglichkeit zur politischen Mitbestimmung im russischen Imperium des 19. Jahrhunderts behinderte die Entwicklung einer Nation.[209] Doch im Laufe der Zeit hatte sich die Sprache zu einem Merkmal des russischen Ethnos entwickelt. So erreichte das französische Konzept des integrativen Nationalstaates „Osteuropa vor allem in seiner deutschen Verkehrung: Alle Menschen einer Sprache sollen eine Nation bilden."[210]

Als zentraler Faktor des russischen Ethnos kann der Staat gesehen werden, der sich mit dem Großfürstentum Moskau formierte. Der sich herausbildende Reichspatriotismus blieb als Integrationsideologie bis zur Revolution erhalten und überlagerte das seit dem 18. Jahrhundert von der Intelligenzija formulierte Nationalbewusstsein unter anderem aufgrund des Widerspruchs von ethnisch-nationaler Ideologie zu multinationaler Zusammensetzung des Reiches. In der Sowjetperiode entwickelte sich mit dem *Sowjetpatriotismus* eine neue Variante des Reichspatriotismus, ohne allerdings die Frage der Nation zu beantworten. Seit dem Zusammenbruch der Sowjetunion steht die nationale Frage wieder im

---

208 Vgl. Mandelbaum, Michael (1998): Russian Foreign Policy in Historical Perspective, in: The New Russian Foreign Policy, ein Buch des Council on Foreign Relations, Hrsg. Mandelbaum, Michael, Brookings Institution Press, New York, S. 2-3.

209 Vgl. Nolte, Hans-Heinrich (2008): Kleine Geschichte Rußlands, aktualisierte und bibliographisch ergänzte Ausgabe, Reclams Universal-Bibliothek Nr. 9696, Stuttgart, S. 19-21.

210 Nolte, Hans-Heinrich (2008): Kleine Geschichte Rußlands, aktualisierte und bibliographisch ergänzte Ausgabe, Reclams Universal-Bibliothek Nr. 9696, Stuttgart, S. 20.

Mittelpunkt.[211] Unter anderem als Folge der multiethnischen Zusammensetzung Russlands war stets der Staat das wichtigste Subjekt der Geschichte. Hierin unterscheidet sich Russland deutlich von Völkern ohne staatliche Kontinuität, die sich eher über die Ethnie definieren.[212] Die Forderung der Völker nach einem eigenen Nationalstaat stellte eine existenzielle Bedrohung für Russland dar, „denn sie bedeutete nicht, wie in West- und Mitteleuropa, Veränderungen am und im Staat, sondern Rebellion gegen den Staat, Ablösung und Sezession."[213]

Ein weiteres ethnisches Merkmal ist der orthodoxe Glaube, auf dessen Rolle und Bedeutung später noch ausführlich eingegangen wird.

Die Heterogenität der Sprachen und Religionen machen Osteuropa zu einer „Region der Unterschiede und der wandernden Grenzen. Dies gilt auch für die Grenze im Osten, zwischen Europa und Asien."[214] So verwundert es nicht, dass bereits zum Kiever Reich Vladimirs I. (980-1015) zahlreiche von nicht-slawischen Völkern bewohnte Gebiete gehörten.[215] Spätestens seit der Eroberung Kazans im Jahr 1552 kann Russland als Vielvölkerstaat bezeichnet werden. Erstmals kam ein eigenständiger Herrschaftsverband mit einer anderen Weltreligion, dem Islam, und einer eigenständigen Hochkultur unter russische Herrschaft.[216] Dennoch, und das mag auf den ersten Blick erstaunlich sein, stellt Ostrowski fest, dass es keine Belege für einen Anstieg der Fremdenfeindlichkeit im 17. Jahrhundert gegenüber dem 16. Jahrhundert gibt. Auch für das 18. Jahrhundert erachtet er Fremdenfeindlichkeit nicht als ein Problem – zumindest nicht mehr als in jedem anderen Land Europas jener Zeit.[217] Die Ursache hierfür mag in der

---

211 Vgl. Kappeler, Andreas (2002): Russische Geschichte, 3. Auflage, Verlag C.H. Beck, München, S. 13-15.

212 Vgl. Kappeler, Andreas (2002): Russische Geschichte, 3. Auflage, Verlag C.H. Beck, München, S. 9-10.

213 Schulze, Hagen (1999): Staat und Nation in der europäischen Geschichte, Beck'sche Reihe, Nr. 4024, Limitierte Sonderauflage, München, S. 219.

214 Nolte, Hans-Heinrich (2008): Kleine Geschichte Rußlands, aktualisierte und bibliographisch ergänzte Ausgabe, Reclams Universal-Bibliothek Nr. 9696, Stuttgart, S. 20.

215 Vgl. Donnert, Erich (1983): Das Kiewer Russland – Kultur und Geistesleben vom 9. bis zum beginnenden 13. Jahrhundert, 1. Auflage, Urania-Verlag, Leipzig/Jena/Berlin, S. 63.

216 Vgl. Kappeler, Andreas (2008): Rußland als Vielvölkerreich, Entstehung, Geschichte, Zerfall, 2. Auflage, Verlag C.H. Beck, München, S. 19.

217 Vgl. Ostrowski, Donald (o.J.): The Integration of Early Modern Russia into World History, Veröffentlichung vorgesehen in: The Russian Empire, Slavery, and Liberation: Integrating Multi-cultural Eurasia 1551-1800, Hrsg. Witzenrath, Christoph, Ashgate Publisher, unter: http://dnl.pdfsb.com/download.php?file=

vormodernen russischen „Nationalitätenpolitik" liegen. Wo immer die nichtrussische Elite einen dem russischen Adel ähnlichen Rang einnahm, wurde sie in den russischen Adel kooptiert, solange sie sich loyal verhielt. Der Status quo wurde weitgehend garantiert. Selbst der rechtliche Status der nichtrussischen Bauern wurde in der Regel nicht verändert. Diese pragmatische Herangehensweise blieb bis Ende des 17. Jahrhunderts bestehen. Erst der absolutistische Staat Pëtr I. forcierte die Integration der Ethnien; Rechte wurden beschnitten, Traditionen der Nichtrussen in Frage gestellt. Ekaterina II., die einen aufgeklärten Absolutismus verfolgte, ging nach 1775 wieder zur pragmatischen Kooperation über.[218]

1897 ergab die Volkszählung nur noch einen Anteil von 44 Prozent Russen an der Gesamtbevölkerung. Die Bolschewiki machten daher während der Revolution weitreichende Zugeständnisse an die nichtrussischen Völker. Stalin setzte ab 1920 auf eine weitreichende Indigenisierung (korenizacija), die sowohl Sowjet-, Wirtschafts- als auch Machtorgane umfasste. Ende der 1920er jedoch erkannte er, dass oftmals nicht nur nationales Selbstbewusstsein wuchs, sondern auch politische Ansprüche. Schon seit Beginn der 1930er wurden ganze Völker von den Bolschewiken als Feinde betrachtet und im Rahmen umfangreicher ethnischer Säuberungen deportiert. Zwischen 1936 und 1938 wurden dann die politischen Eliten aller nationalen Territorien in der „*Großen Säuberung*" ermordet. Russen wurden in allen Teilen des Landes Statthalter Moskaus. Die nationale Frage galt als gelöst. Während des *Großen Vaterländischen Krieges* kehrte der Patriotismus in der Form des *Sowjetpatriotismus* zurück. Vielen nichtrussischen Völkern mussten Zugeständnisse gemacht werden. Seit der Entstalinisierung bildeten sich die Nationen dann immer deutlicher heraus. Der Einfluss der russischen Eliten wurde zunehmend zurückgedrängt. Beides waren wesentliche Grundlagen für die Entstehung der postsowjetischen Nationalstaaten. Der Anteil der Russen an der Gesamtbevölkerung stieg zwar noch bis 1959 auf fast 55 Prozent, ging danach aber aufgrund höherer Geburtenraten der anderen Völker kontinuierlich zurück.[219]

Gegenwärtig, nach der Abspaltung zahlreicher größerer Völker Anfang der 1990er, leben in der Russischen Föderation (Daten der Volkszählung 2010) knapp über 80 Prozent Russen. Die verbleibenden 20 Prozent teilen sich auf

---

5956684866414639574856384333316b55513d3d&q=5547294 (Zugriff 20.01.2013), S. 9, 11.
218 Vgl. Kappeler, Andreas (2008): Rußland als Vielvölkerreich, Entstehung, Geschichte, Zerfall, 2. Auflage, Verlag C.H. Beck, München, S. 33-35.
219 Vgl. Simon, Gerhard (2013): Der Kommunismus und die nationale Frage. Die Sowjetunion als Vielvölkerimperium, in: Osteuropa, 63. Jg., Nr. 5-6, S. 108-118.

über 100 nichtrussische Völker auf, von denen nur vier mehr als eine Million Menschen umfassen. Dabei sind nach den Russen die Tataren mit einem Bevölkerungsanteil von rund 3,8 Prozent die größte Bevölkerungsgruppe.[220] Auch nach dem Zerfall der Sowjetunion ist Russland somit weiterhin ein wahrer Vielvölkerstaat. Allerdings kann aufgrund der geringen Bevölkerungsanteile keine andere Ethnie den Herrschaftsanspruch der Russen herausfordern. Auch sind die meisten Ethnien kaum in der Lage, ihren Wohlstand ohne Transferleistungen aus Moskau zu wahren. So geben sie sich, anders als Anfang der 1990er, mit einer erweiterten kulturellen Autonomie zufrieden. Ausgeprägte Separatismustendenzen sind nur noch in wenigen Landesteilen vorhanden, teils begründet in radikalislamistischen Forderungen zur Schaffung eines Kalifatstaates, teils bedingt dadurch, dass eine Ethnie große Rohstoffvorkommen auf ihrem Territorium weiß und diese für sich alleine ausbeuten möchte.

3.1.3 Das Erbe ,Byzanz'

988 nahm Vladimir I. das byzantinische Christentum an. Die Taufe des Fürsten zog die Taufe des Volkes nach sich. Seine Taufe gilt deshalb als die Geburtsstunde der Russisch-Orthodoxen Kirche.[221] Dieses Ereignis trennt die eigentliche Geschichte Russlands von ihrer Vorgeschichte. Zugleich schrieb Vladimir mit seinem Schritt Weltgeschichte – Kiev richtete sich auf Ostrom aus und verband sich auf diese Weise mit einem Kulturkreis, der eigenständige Wege ging.[222] Mit der Missionierung entstand eine Kirche mit fester Hierarchie. Deren Instanzen ersetzten nicht die fürstlichen Statthalter, sondern traten neben sie. Der byzantinischen *Symphonia-Lehre* folgend, sollen Herrscher (kümmert sich um das Menschliche) und Patriarch (kümmert sich um das Göttliche) in Harmonie und Übereinstimmung die Christenheit führen.[223]

---

220 Vgl. Goskomstat, Föderales Statistikamt (2010): Itogi vserossijskoj perepisi naselenija, nacional'ny sostav naselenija Rossjskoj Federacji; Ergebnisse der russländischen Volkszählung, Nationale Zusammensetzung der Bevölkerung in der Russischen Föderation, Anlage 5, unter: http://www.gks.ru/free_doc/new_site/perepis2010/croc/Documents/Materials/tab5.xls (Zugriff 09.09.2013).
221 Vgl. Nolte, Hans-Heinrich (2008): Kleine Geschichte Rußlands, aktualisierte und bibliographisch ergänzte Ausgabe, Reclams Universal-Bibliothek Nr. 9696, Stuttgart, S. 58-59.
222 Vgl. Hildermeier, Manfred (2013): Geschichte Russlands. Vom Mittelalter bis zur Oktoberrevolution, C.H. Beck Verlag, 2. Auflage, München, S. 48-52.
223 Vgl. Nolte, Hans-Heinrich (2008): Kleine Geschichte Rußlands, aktualisierte und bibliographisch ergänzte Ausgabe, Reclams Universal-Bibliothek Nr. 9696, Stuttgart, S. 29-31.

Mit dem Glauben fanden auch die byzantinischen Werte ihren Eingang. Die byzantinische Gesellschaft war militarisiert, die politischen Mitbestimmungsorgane weitgehend bedeutungslos und der Kaiser als oberster Befehlshaber deutlich gestärkt. Dieses Modell trug zur Stabilisierung des Oströmischen Reiches bei und galt nunmehr auch als Vorbild für die Rus.[224] Wobei Sergej Henke die Taufe Vladimir I. als Beleg dafür gilt, „daß eine nationale Kultur nur für solche Entlehnungen aus dem Ausland empfänglich ist, die die eigene Identität nicht gefährden"[225]. Dies wäre ein Indiz dafür, dass die sich formende russische strategische Kultur der byzantinischen bereits sehr ähnelte.

Die Loslösung vom byzantinischen Patriarchat wurde systematisch vorangetrieben. Während dieser Zeit des Ringens kam es 1054 zum Bruch zwischen Rom und Konstantinopel, dem sogenannten „*Morgenländischen Schisma*".[226] Die Kirchenspaltung trug dazu bei, dass „aus der Konfessionsgrenze eine Kultur- oder doch zumindest eine Binnengrenze innerhalb der europäischen Kultur" entstand.[227] Denn anders als die Westkirche, besaß die Ostkirche keine

---

224 Vgl. Nolte, Hans-Heinrich (2008): Kleine Geschichte Rußlands, aktualisierte und bibliographisch ergänzte Ausgabe, Reclams Universal-Bibliothek Nr. 9696, Stuttgart, S. 27-29.
225 Henke, Sergej (2003): Der russische Traum. Vormoderne Traditionen der politischen Kultur Russlands, Schriften zur politischen Theorie, Band 1, Verlag Dr. Kovač, Hamburg, S. 27.
226 Bereits mit der Teilung des Römischen Reiches im Jahr 395 hatte auch die zunehmende Spaltung der Kirche begonnen. Bei dogmatischen Fragen ging die westliche Kirche rational vor und dachte in quasi juristischen Begriffen wie Sünde, Strafe und Vergebung, während die östliche Kirche mystischere Begriffe verwendete. Formale theologische Fragen standen häufig im Mittelpunkt dieses jahrhundertelangen Prozesses der Entfremdung. 1054 ging es unter anderem um die Frage, ob beim Abendmahl gesäuertes oder ungesäuertes Brot verwendet werden sollte. Vgl. Ortag, Peter (2008): Christliche Kultur und Geschichte – Ein Überblick, Brandenburgische Landeszentrale für politische Bildung, Potsdam, S. 36-37, 95. Auch der Anspruch eines zentralistischen Primats (Rom) und einer synodal-episkopalen Struktur verschiedener gleichgeordneter Kirchen (Konstantinopel) standen sich gegenüber. Zur vollständigen Spaltung kam es als 1204 Konstantinopel von lateinischen Kreuzfahrern erobert wurde und einige Jahrzehnte später die katholische Missionierung mit Feuer und Schwert im Bereich der nördlichen orthodoxen Rus begann. Vgl. Werdt, Christophe von (2009): Religionsvielfalt in Osteuropa: ein Überblick, in G2W - Glaube in der 2. Welt, Zeitschrift für Religionsfreiheit und Menschenrecht, Nr. 7/8, S. 25.
227 Hildermeier, Manfred (2013): Geschichte Russlands. Vom Mittelalter bis zur Oktoberrevolution, C.H. Beck Verlag, 2. Auflage, München, S. 52.

unangefochtene kanonische Autorität, die im Falle eines theologischen Disputes abschließend entscheiden konnte. Nur das starre Festhalten an schriftlichen Überlieferungen konnte den Zusammenhalt der rivalisierenden Patriarchate sichern. Dieser Dogmatismus wirkte sich über Jahrhunderte auf die russische Geistesgeschichte aus.[228]

Ein das Menschenbild prägender Faktor waren die zur Westkirche unterschiedlichen Folgerungen aus dem Glauben an die Endlichkeit der Geschichte. Sergej Henke schreibt: „Die byzantinische Gnadenlehre war lediglich auf das individuelle Seelenheil gerichtet, sie ließ die Möglichkeit der Erlösung der Welt nicht zu."[229] Aus diesem Grund war es sinnlos zu kämpfen. Der Einsiedler, der Asket, galt ihr als der vollkommene Christ. Auch behielt in der Orthodoxie bis heute das auf Augustinus (354-430) zurückgehende Verständnis, es sei irrelevant, die irdische Geschichte zu gestalten, seinen prägenden Einfluss und manifestierte sich im Laufe der Geschichte in der Flucht der Altgläubigen vor Verfolgung, der Abwanderung der Bauern von den ihnen auferlegten Lasten, dem Rückzug der Intelligenzija aus dem Staat sowie der äußeren und inneren Emigration der Dissidenten in der Sowjetzeit. Sie alle zogen die Selbstentsagung der Selbstbehauptung vor und waren nicht bereit, für ihre Freiheit in der Heimat zu kämpfen.[230]

Da Byzanz als das „Zweite Rom" galt und Konstantinopel bereits 1453 an die Türken gefallen war, wurde ab 1510 vor allem seitens der Kirche der Anspruch abgeleitet, Moskau sei nun der Nachfolger des Römischen Reiches, also das „Dritte Rom". Moskau sei somit die letzte Bastion der Orthodoxie (griechisch: des Rechten Glaubens).[231] Obgleich es zu zahlreichen Facetten der Rom-Theorie noch eine kontroverse Forschungsdiskussion gibt, hat sich hinsichtlich ihrer

---

228 Vgl. Henke, Sergej (2003): Der russische Traum. Vormoderne Traditionen der politischen Kultur Russlands, Schriften zur politischen Theorie, Band 1, Verlag Dr. Kovač, Hamburg, S. 30-32.
229 Henke, Sergej (2003): Der russische Traum. Vormoderne Traditionen der politischen Kultur Russlands, Schriften zur politischen Theorie, Band 1, Verlag Dr. Kovač, Hamburg, S. 36.
230 Vgl. Henke, Sergej (2003): Der russische Traum. Vormoderne Traditionen der politischen Kultur Russlands, Schriften zur politischen Theorie, Band 1, Verlag Dr. Kovač, Hamburg, S. 35-39, 45, 54.
231 Vgl. Hösch, Edgar (1996): Geschichte Rußlands: Vom Kiever Reich bis zum Zerfall des Sowjetimperiums, Verlag W. Kohlhammer, Stuttgart/Berlin/Köln, S. 80-84 und Gustafson, Kristian C. (2010): Echo of Empires: Russia's inheritance of Byzantine Security Culture, in: Journal of Slavic Military Studies, Vol. 23, Taylor & Francis Group, LLC, S. 576-577.

inhaltlichen Deutung ein gewisser Konsens ergeben. Danach wird die Rom-Theorie als ein primär innerkirchliches Mahnschreiben und nicht als öffentliche Erklärung politischer Ziele und Absichten gewertet. Den russischen Fürsten lag von Anfang an das Konstrukt einer *translatio imperii*, zur Geltendmachung einer byzantinischen Erbschaft im politisch-territorialen Sinn, fern.[232] Im religiösen Sinne erfolgte hingegen eine *translatio imperii*. Diese Traditionslinie ging aber nicht nur bis nach Konstantinopel zurück, sondern bezog sich viel mehr auf Israel und Jerusalem.[233] Vor dem Hintergrund der heutigen Erkenntnisse kann die *Idee von Moskau als dem „Dritten Rom"* daher nicht mehr als stichhaltige Begründung für das russische Expansionsstreben gewertet werden.

Bezüglich der Übernahme byzantinischer Normen und politischer Gedanken ist besonders die Bestärkung des äußerst engen Zusammenspiels von Kirche und Staat (*simfonija*) hervorzuheben, bei dem der Herrscher sowohl die weltliche als auch, in seiner Eigenschaft als Vertreter Gottes auf Erden, die geistliche Macht innehat. Diese enge Verknüpfung führte zu einer Ausrichtung aller Instrumente des Staates auf die Sicherheit, die Sicherheit Gottes in der Person des Herrschers. Die Bekämpfung von tatsächlichen oder wahrgenommenen inneren und äußeren Bedrohungen wird zur Hauptaufgabe des Systems. Die Wohlfahrt der Bürger ist dabei nachrangig.[234] Die Gleichstellung des Herrschers mit Gott bedeutete auch, dass der Herrscher göttliche, also absolute Macht innehatte und über allen Gesetzen stand. Der Herrscher handelte aus eigener Machtvollkommenheit. Zwischen ihm und seinen Untertanen konnte naturgemäß kein Rechts- beziehungsweise Vertragsverhältnis bestehen. In der Westkirche setzte sich dagegen die auf Augustinus zurückgehende Lehre der gleichzeitigen Existenz eines himmlischen Gottesstaates und eines irdischen Menschenstaates durch.[235]

---

232 Vgl. Hösch, Edgar (2010): Die Idee der Translatio Imperii im Moskauer Russland, in: Europäische Geschichte (EGO), Hrsg. Institut für Europäische Geschichte, Mainz, unter: http://www.ieg-ego.eu/en/threads/models-and-stereotypes/model-classical-antiquity/edgar-hoesch-die-idee-der-translatio-imperii-im-moskauer-russland (Zugriff 26.01.2013), Abs. 2, 5, 10-11, 13.
233 Siehe beispielsweise Rowland, Daniel B. (1996): Moscow-The Third Rome or the New Israel?, in: The Russian Review, Vol. 55, Oktober, The Ohio State University Press, S. 591-614.
234 Vgl. Gustafson, Kristian C. (2010): Echo of Empires: Russia's inheritance of Byzantine Security Culture, in: Journal of Slavic Military Studies, Vol. 23, Taylor & Francis Group, LLC, S. 578-580, 585.
235 Vgl. Henke, Sergej (2003): Der russische Traum. Vormoderne Traditionen der politischen Kultur Russlands, Schriften zur politischen Theorie, Band 1, Verlag Dr. Kovač, Hamburg, S. 72-76.

Sowohl in Byzanz als auch im Kiever Reich und seinen Nachfolgern führte die Konzentration absoluter Macht in der Hand der Herrscher dazu, dass diese sich zur Bewahrung ihrer Macht in einem ständigen Kampf mit dem Adel und den großen Grundbesitzern befanden. Während in anderen christlichen Staaten zunehmend breitere gesellschaftliche Gruppen in den politischen Prozess eingebunden wurden, verhinderte dies in Russland die absolutistische Autokratie, die sich – wie die byzantinischen Herrscher – auf ein breites Instrumentarium an Zwangs- und Überwachungsmaßnahmen stützte.[236] Die so geprägte politische Kultur wurde wegbegleitend für alle politischen Systeme in Russland, denn sie überstrahlte die jeweilige politische Weltanschauung.

Schon früh wurde die Christianisierung Russlands zum direkten Willensakt Gottes stilisiert, Russland, oder genauer die enge Verbindung von Volk und Kirche, zum *„Heiligen Russland"* (Svjataja Rus') verklärt. Über Jahrhunderte hinweg wird diese Verklärung „zum prägenden Merkmal der russischen Historiographie ausgebaut". In der jüngeren Geschichte taten sich dabei vor allem die *Slawophilen* hervor, die Čaadaevs These von der Rückständigkeit Russlands widerlegen wollten. Das Gefühl der Marginalität, das sich bereits bei der Entstehung der Idee des *„Heiligen Russlands"* ausdrückte, führte zu einer metaphysischen Überhöhung der eigenen kulturellen Existenz. Durch das weitgehende Ausbleiben der Renaissance und die erst verspätet in Russland einsetzende Aufklärung behielt diese spezifisch russische Überhöhung, nur leicht abgeschwächt, ihre Relevanz.[237] Im 19. Jahrhundert fand sich zwar ein neuer Begriff, der der „Russischen Idee", Inhalte und Intentionen blieben allerdings gleich.

Durch das mit dem Fall Konstantinopels verbundene Ende des Byzantinischen Reichs setzte eine Verschiebung der Macht zwischen Kirche und Herrscher

---

236 Vgl. Gustafson, Kristian C. (2010): Echo of Empires: Russia's inheritance of Byzantine Security Culture, in: Journal of Slavic Military Studies, Vol. 23, Taylor & Francis Group, LLC, S. 578.

237 Vgl. Henke, Sergej (2003): Der russische Traum. Vormoderne Traditionen der politischen Kultur Russlands, Schriften zur politischen Theorie, Band 1, Verlag Dr. Kovač, Hamburg, S. 47-49, 56. Literarisch wurde diese Überhöhung Russlands am deutlichsten von Dostoevskij in seinem Roman „Die Dämonen" zum Ausdruck gebracht, als er seinen Helden Šatov sagen lässt: „Ein wahrhaft großes Volk kann sich nie mit einer Rolle zweiten Ranges in der Menschheit zufrieden geben, (…) es muß unbedingt und ausschließlich das erste unter den Völkern sein wollen. Ein Volk, das diesen Glauben verliert, ist es kein Volk mehr. (…) Das einzige Gottträgervolk aber – das sind wir, das ist das russische Volk." Zitiert nach Henke, a. a. O., S. 62-63.

ein.[238] Als schließlich im Jahr 1700 Pëtr I. die Funktion des Patriarchen abschaffte und 1721 den *Heiligen Synod* zur Verwaltung der Kirche schuf, kam dies der Unterwerfung der Kirche durch den Herrscher gleich.[239] Die Schaffung einer quasi weltlich-bürokratischen Behörde[240] sowie der Aufbau eines Staatsapparates, der dem Zar persönlich verpflichtet war, nicht dem Staat, ebneten den Weg zur absoluten Herrschaft Pëtrs. Der Zar, nicht der Staat, stellte die Beamten ein. Die Beamtenschaft stand zum Herrscher wie der Herrscher zu Gott.[241] Dennoch konnte nicht auf die Orthodoxie verzichtet werden, stellte sie doch ein tragendes, die Gesellschaft integrierendes Element dar.[242] Letztlich war es aber das Protektionsbedürfnis der Kirche, das sie in diese absolute Unterordnung gegenüber den staatlichen Instanzen (*Cäsaropapismus*) für die Zeit von Pëtr I. bis zum Ende des Zarenreiches im Jahr 1917 führte.

3.2 Vom Kiever Reich bis zum Ende des Zarentums Russland

Die Befassung mit der strategischen Kultur eines Landes ist ein interdisziplinäres Forschungsvorhaben. Entweder bedient sich der Politikwissenschaftler der Erkenntnisse der Historiker oder ein Historiker wagt sich vor in die Domäne des Politikwissenschaftlers. In dieser Studie wird insbesondere bei der die Frühphasen der russischen Geschichte behandelnden Literatur auf Analysen und Beschreibungen der darauf spezialisierten Historiker zurückgegriffen und

---

238 Vgl. Beljakowa, Jelena W. (2010): Der Begriff „symphonia" in der russischen Geschichte, Übersetzung Friedemann Kluge, in: Ost-West. Europäische Perspektiven 11, Heft 1, S. 18.

239 Vgl. Oschlies, Wolf (2007): Russische Orthodoxie. Patriarch und Putin überwinden die Kirchenspaltung nach über 60 Jahren, in: Eurasisches Magazin, Ausgabe 04-07, 30. April, unter: http://www.eurasischesmagazin.de/artikel/?artikelID=20070409 (Zugriff 20.05.2012).

240 Am deutlichsten kommt dies in der Einleitungsformel der Erlasse des *Heiligen Synods* zum Ausdruck, die lautete: „Auf Befehl seiner kaiserlichen Majestät". Zitiert nach Jockwig, Franz (1988): Die Situation der Russisch Orthodoxen Kirche am Ende des 19. Jahrhunderts, in: Tausend Jahre Christentum in Russland: Zum Millennium der Taufe der Kiever Rus', Hrsg. Felmy, Karl Christian / Kretschmar, Georg / u.a., Übersetzung Georg Kobro und Nadja Simon, Vandenhoeck & Ruprecht Verlag, Göttingen, S. 402.

241 Vgl. Henke, Sergej (2003): Der russische Traum. Vormoderne Traditionen der politischen Kultur Russlands, Schriften zur politischen Theorie, Band 1, Verlag Dr. Kovač, Hamburg, S. 80, 82.

242 Vgl. Kappeler, Andreas (2008): Rußland als Vielvölkerreich, Entstehung, Geschichte, Zerfall, 2. Auflage, Verlag C.H. Beck, München, S. 135.

diese dann mit den Augen des Politikwissenschaftlers bewertet. Dabei ist es für den Zweck, die strategische Kultur des Landes zu untersuchen, nachrangig, ob die heutigen Erkenntnisse tatsächlich in jedem Detail den historischen Gegebenheiten entsprechen. Manfred Hildermeier weist zudem explizit darauf hin, dass neue Quellen und Erkenntnisse sowie sich verändernde politisch-kulturelle Situationen jede Generation von Historikern die historischen Abhandlungen neu schreiben lassen.[243] Für diese Studie ist insbesondere bedeutsam, welches Narrativ eines Ereignisses – sei es bestimmt durch das tatsächliche Geschehen oder sei es kreiert beziehungsweise umgeschrieben durch nachfolgende Generationen – fortlebte und die strategische Kultur prägte. Dies bedeutet auch, dass es weitgehend unerheblich ist, wie präzise die Quellenlage eines Ereignisses ist. Oder, wie Daniel Rowland es fasste: „Societies – even badly documented societies like that of Muscovy – leave evidence about their image of themselves in a wide variety of sources"[244]. Hierin besteht ein wesentlicher Unterschied zur wissenschaftlichen Geschichtsschreibung, die ja gerade versucht, den Schleier weltanschaulicher Interpretationen der Vergangenheit zu durchdringen.

In dieser Studie werden die Ausprägungen der Parameter der strategischen Kultur über die verschiedenen Epochen hinweg verfolgt, um Veränderungen der Präferenzen zu identifizieren. Dabei ist sich der Autor stets bewusst, dass es viele unvorhersehbare Wendungen in der russischen Geschichte gab und Entwicklungen nicht immer linear erfolgten. Dem Konzept der strategischen Kultur im Sinne dieser Studie folgend, beginnen die Betrachtungen am frühesten belegbaren Zeitpunkt der Geschichte. Dies bedeutet aber nicht, dass im Umkehrschluss der vielfach zitierte „russische Sonderweg", so man überhaupt von einem Sonderweg sprechen kann, monokausal auf Geschehnisse während der Zeit des Kiever oder Moskauer Reiches zurückführbar ist.

Die im Folgenden überwiegend deskriptiv dargestellten gesellschaftlichen und außenpolitischen Ereignisse finden sich hoch aggregiert in den Zusammenführungen der Zwischenergebnisse, die im Grunde eine Bewertung vor dem Hintergrund der strategischen Kultur darstellen, wider. Dies mag dazu führen,

---

243 Vgl. Hildermeier, Manfred (2013): Geschichte Russlands. Vom Mittelalter bis zur Oktoberrevolution, C.H. Beck Verlag, 2. Auflage, München, S. 23. Der Mehrwert von Hildermeiers Gesamtdarstellung russischer Geschichte liegt darin, dass er zu vielen historischen Ereignissen und Personen den in den letzten Jahren unter Historikern geführten Diskurs nachskizziert und bewertet.
244 Rowland, Daniel B. (1996): Moscow-The Third Rome or the New Israel?, in: The Russian Review, Vol. 55, Oktober, The Ohio State University Press, S. 596.

dass eventuell für den Historiker bedeutsame Ereignisse – betrachtet durch die Brille der strategischen Kultur – dort nur einen geringen oder teils pointierten Niederschlag finden.

3.2.1 Wesentliche gesellschaftliche und außenpolitische Ereignisse

„Das erste Herrschaftsgebilde auf russischem Boden, dem man staatlichen Charakter attestieren kann, war das sog. Kiever Reich", so Manfred Hildermeier.[245] Den Beginn der Geschichte der Kiever Rus datiert er auf die Mitte des 9. Jahrhunderts, als Oleg, ein Fürst aus dem Geschlecht der Rurikiden, Kiev und Novgorod, die beiden wichtigsten Städte, 882 unter seine Herrschaft brachte.[246]

Das Reich, noch Mitte des 10. Jahrhunderts eher eine Konföderation von Fürstentümern ohne zentrale Regierungsgewalt, war eines der Großreiche des europäischen Mittelalters. Seine Staatsgrenzen nahmen in einem ständigen Kampf mit den Nachbarn Kontur an. Nachhaltige Rückwirkungen sollte der Zusammenbruch des Chazarenreichs aufgrund der Feldzüge (965–969) von Fürst Svjatoslav haben. Er erst öffnete den Völkern der südsibirisch-asiatischen Steppe den Weg für ihre ständigen Übergriffe auf die Rus. So galten beispielsweise die Pečenegen, ein nomadisches Steppenvolk, als Geißel der Rus. Der Sohn Svjatoslavs, Vladimir, musste zudem mit dem polnischen KönigBolesław Chrobry (992-1025) um die Rückeroberung der „tscherwenischen Burgen" ringen.[247] Dieses Gebiet war seit alters her von Ostslawen besiedelt. Polen hatte aber bereits zu Zeiten Svjatoslavs eine Gelegenheit genutzt, dieses Grenzland an sich zu reißen. In den folgenden Jahren sollte sich ein langwieriges Ringen um dieses Gebiet entwickeln, bei dem die Polen unablässig Rivalitäten unter den Rus

---

245 Hildermeier, Manfred (2013): Geschichte Russlands. Vom Mittelalter bis zur Oktoberrevolution, C.H. Beck Verlag, 2. Auflage, München, S. 39. Die unter Osteuropahistorikern und zunehmend von ukrainischen Politikern geführte Diskussion, inwieweit der Russlandbegriff auf das Kiever Reich übertragbar ist, soll an dieser Stelle nicht geführt werden. Für die Analyse der strategischen Kultur hat die Beantwortung dieser Frage kaum Relevanz. Entscheidender für die hier untersuchte Fragestellung ist die heutige russische Wahrnehmung, dass die historischen Wurzeln in dieser Periode gründen, und dass über diese Periode hinweg kulturelle Prägungen aus der byzantinischen Zeit transportiert worden sind.
246 Vgl. Hildermeier, Manfred (2013): Geschichte Russlands. Vom Mittelalter bis zur Oktoberrevolution, C.H. Beck Verlag, 2. Auflage, München, S. 39, 43.
247 Vgl. Hildermeier, Manfred (2013): Geschichte Russlands. Vom Mittelalter bis zur Oktoberrevolution, C.H. Beck Verlag, 2. Auflage, München, S. 43-49.

ausnutzten.[248] Das beschriebene Ringen zwischen Polen und dem Kiever Reich sei hier als symbolhafter Beleg angeführt für die spätere russische Wahrnehmung, dass wann immer das Reich durch Kriege oder inneren Zwist geschwächt war, und dies kam häufig vor, äußere Mächte diese Schwächen ohne jegliches Zögern zu ihren Gunsten auszunutzen suchten.

Das Kiever Reich unterhielt vielfältige politische und wirtschaftliche Beziehungen zu den Staaten Europas, Asiens sowie zur Papstkurie. Zu den europäischen Herrscherhäusern wurden dynastische Beziehungen geknüpft. Der Anbindung der Rurikiden an die europäischen Herrscherfamilien tat das *Schisma* zunächst keinen Abbruch, wie zahlreiche Heiraten zwischen den Häusern belegen. Es müssen also noch andere Faktoren hinzugekommen sein, die Russlands Trennung vom Westen begünstigten. Ein möglicher Faktor könnte die rasche Entwicklung der Siedlungen und Städte in dieser Zeit gewesen sein. Hans-Heinrich Nolte beschreibt für jene Zeit eine Neuausrichtung des Handels auf die Versorgung dieser Gemeinwesen und einen Rückgang des Fernhandels.[249]

Wesentliche Merkmale der Entwicklung westeuropäischer Staaten sind Machtteilung und Machtkontrolle. Entscheidend hierfür war die Trennung von Kirche und Staat, wie sie sich aus dem Investiturstreit (1076-1122) ergab.[250] Wenn Montesquieu in seiner Lehre von der Gewaltenteilung schreibt, dass, „alle Herrscher, die sich zu Despoten machen wollten, stets mit einer Vereinigung aller Ämter in ihrer Hand den Anfang gemacht"[251] haben, und sich darum für eine klare Trennung von Legislative, Exekutive und Judikative ausspricht, so beschreibt er laut Schulze „in systematisierter und schematisierter Form die Staatswirklichkeit, wie sie sich seit dem Mittelalter allenthalben in West- und

---

248 Vgl. Donnert, Erich (1983): Das Kiewer Russland – Kultur und Geistesleben vom 9. bis zum beginnenden 13. Jahrhundert, 1. Auflage, Urania-Verlag, Leipzig/Jena/Berlin, S. 52-53, 63-68.

249 Vgl. Nolte, Hans-Heinrich (2008): Kleine Geschichte Rußlands, aktualisierte und bibliographisch ergänzte Ausgabe, Reclams Universal-Bibliothek Nr. 9696, Stuttgart, S. 36-38.

250 Vgl. Schulze, Hagen (1999): Staat und Nation in der europäischen Geschichte, Beck'sche Reihe, Nr. 4024, Limitierte Sonderauflage, München, S. 35.

251 Montesquieu, Charles-Louis de Secondat, Baron de la Brède et de (1748): Vom Geist der Gesetze, zitiert nach Weigand, Kurt (1993): Auswahl, Übersetzung und Einleitung von Kurt Weigand, Stuttgart, S. 100-105 und 216-230, unter: http://agiw.fak1.tu-berlin.de/Auditorium/ModIdATr/SOKap4/CMontesq.htm (Zugriff 21.01.2012).

Mitteleuropa herausgebildet hat"[252]. Staatsbildungen am Rande Europas hatten diese Entwicklung hingegen nicht durchlaufen. Deren Herrscher bezogen ihre despotische Machtfülle daraus, dass Staat und Kirche hier eins waren.[253]

Bei den Rus stellte die politische Entwicklung Novgorods einen Sonderfall dar. Novgorod hatte unter den Fürstentümern der Kiever Rus aufgrund seines Reichtums und seiner militärischen Stärke eine herausgehobene Stellung. 1136 gab es sich eine Verfassung mit großer Eigenständigkeit von Kiev. Das Veče, eine Stadtversammlung der Novgoroder Bürgerschaft, nahm ähnliche Funktionen wie ein Parlament wahr. Die republikanische Tradition endete mit der Annektierung Novgorods durch das Großfürstentum Moskau 1478. Während des *Dekabristenaufstands* 1825 wurde der „Novgoroder Mythos" zu einem bestimmenden Thema. 1864, bei den Reformen Aleksandr II., war es Novgorod, das für die Ausweitung der lokalen Mitbestimmung auf die nationale Ebene plädierte. 1999 schlug Vladimir Ryžkov, damals Abgeordneter der Duma, sogar vor, die Hauptstadt nach Novgorod zu verlegen, da dies „der Geburtsort des russischen Republikanismus sei".[254]

Prägend für das Streben nach Anerkennung und Sicherheit war die jahrhundertelange Unterwerfung durch die Tataren (westliche mongolische Stämme, auch Goldene Horde genannt). Vor dem Hintergrund der Perzeption dieser Erfahrung wurden in den folgenden Jahrhunderten alle weiteren großen Bedrohungen von außen reflektiert. Die slawischen Fürsten hatten hohe Tributzahlungen zu leisten. Schmählicher jedoch war, dass sie sich ihre fürstliche Würde in der Residenz der Goldenen Horde, in Saraj, bestätigen lassen mussten. Erfolgten Tributzahlungen nicht wie gefordert, erfolgten umgehend härteste Strafaktionen.[255] Es sind diese Ausprägungen der Mongolenherrschaft sowie deren Dauer, der die die spätere russische Wahrnehmung dieser Phase bestimmten. Hildermeier weist darauf hin, dass zeitgenössische kirchliche Quellen den Un-

---

252 Schulze, Hagen (1999): Staat und Nation in der europäischen Geschichte, Beck'sche Reihe, Nr. 4024, Limitierte Sonderauflage, München, S. 35.
253 Vgl. Schulze, Hagen (1999): Staat und Nation in der europäischen Geschichte, Beck'sche Reihe, Nr. 4024, Limitierte Sonderauflage, München, S. 35-37.
254 Vgl. Petro, Nicolai N. (2009): The Novgorod Model: Creating a European Past in Russia, in: Cities after the Fall of Communism: Reshaping Cultural Landscapes and European Identity, Johns Hopkins University Press, Hrsg. John J. Czaplicka / u. a., Baltimore/London, S. 54-58.
255 Vgl. Stricker, Gerd (1993): Religion in Rußland, Darstellung und Daten zu Geschichte und Gegenwart, Gütersloher Taschenbücher Nr. 634, Reihe Religion in Europa, Gütersloh, S. 19-21.

tergang der Kiever Rus vergleichbar „einer Gottesstrafe für allzu viele Sünden" zu erklären suchten,[256] denn bereits vor der Tatarenherrschaft kam es in Folge des *Senioratsprinzips*[257] immer wieder zu kriegerischen Auseinandersetzungen zwischen den Fürstentümern.[258] Benachbarte nicht-christliche Steppennomaden fungierten als Verbündete in den inneren Bruderkämpfen, wie überhaupt die Bündnispolitik nicht religiösen oder kulturellen Linien folgte.[259] Indirekt kann die Interpretation als Gottesstrafe auch als Versuch verstanden werden, den Einfluss der Kirche noch weiter auszubauen. Aus dem Blickwinkel der strategischen Kultur werden somit aber auch die Präferenzstrukturen der Orthodoxie prägender.

Kiev war also bereits deutlich geschwächt, als 1223 (Schlacht an der Kalka) der Mongolensturm gegen die russischen Fürstentümer begann und 1240 Kiev erobert wurde. Zahlreiche blühende Städte des Kiever Fürstenbundes gingen rasch unter den Beute- und Vernichtungszügen der Tataren zu Grunde. Eine der wenigen Ausnahmen bildete Novgorod, das aufgrund hoher Tributzahlungen verschont blieb. Bald konkurrierten einige Fürstentümer darum, Tributeintreiber bei den Tataren zu sein, da dies auch für sie ein einträgliches Geschäft darstellte. Dem besonders erfolgreichen Vorgehen dabei, ist der beginnende Aufstieg des zuvor unbedeutenden Teilfürstentums Moskau zu verdanken.[260] Die durch den Tatareneinfall verstärkte Schwäche des Kiever Reichs wurde von den westlichen Mächten Polen und Litauen rigoros zur weiträumigen Expansion

---

256 Vgl. Hildermeier, Manfred (2013): Geschichte Russlands. Vom Mittelalter bis zur Oktoberrevolution, C.H. Beck Verlag, 2. Auflage, München, S. 762-73.
257 Beim Senioratsprinzip wird ein Herrschaftsgebiet unter den Erbberechtigten zwar grundsätzlich aufgeteilt aber nur auf Zeit. In der Regel erhält der älteste Sohn das größte Fürstentum. Damit übt er die Oberherrschaft über die anderen Gebiete aus. Verstirbt er, rücken die übrigen Erbberechtigten, die Fürstentümer wechselnd, auf. 1097 wurde zwar der Wechsel der Fürstentümer beendet, aber Kiev galt weiterhin als gemeinsamer Besitz der Fürstenfamilie.
258 Vgl. Stricker, Gerd (1993): Religion in Rußland, Darstellung und Daten zu Geschichte und Gegenwart, Gütersloher Taschenbücher Nr. 634, Reihe Religion in Europa, Gütersloh, S. 18-19.
259 Vgl. Neumann, Iver B. (2011): Entry into international society reconceptualised: the case of Russia, in: Review of International Studies, Vol. 37, British International Studies Association, S. 472, 477.
260 Vgl. Stricker, Gerd (1993): Religion in Rußland, Darstellung und Daten zu Geschichte und Gegenwart, Gütersloher Taschenbücher Nr. 634, Reihe Religion in Europa, Gütersloh, S. 18-21.

genutzt.[261] Dies bedeutet, dass auch in dieser Phase neben inneren wieder auch äußere Bedrohungen der Einheit prägend waren.

Dies alles geschah, während sich im übrigen Europa ab dem späten 14. Jahrhundert die Renaissance ausbreitete, eine Epoche, die nicht nur wirtschaftlichen Aufschwung und den Aufstieg eines gebildeten Bürgertums brachte, sondern auch zur Verbreitung des Gedankens an den Menschen als Einzelperson beitrug.

Eine besondere Position nahm in dieser Zeit die Kirche ein: „Die Tartaren erkannten sie rechtlich an; ihr Grundbesitz, Gebäude und kirchliches Gerät, aber auch die Integrität der Geistlichkeit wurden durch Schutzbriefe der Khane bestätigt; kirchliche Einrichtungen blieben von Steuern befreit, Bischöfe brauchten zur Bestätigung ihrer Würde nicht den lebensgefährlichen Gang nach Saraj anzutreten."[262] Unter diesen privilegierten Bedingungen wuchs die Kirche in eine „nationale" Rolle hinein. Sie beschwor den Zusammenhalt der Fürstentümer durch Betonung des gemeinsamen Glaubens und der gemeinsamen Geschichte, sie bewahrte das gemeinsame ostslawisch-orthodoxe kulturelle Erbe der Kiever Rus.[263] Die Kirche wurde unter diesen Bedingungen zur die strategische Kultur formenden und transportierenden Elite. Die bewusste Nutzung der Geschichte durch eine dem lateinischen Westen gegenüber ablehnend eingestellte Elite vertiefte auf geistiger Ebene die durch die Tatarenherrschaft auf physischer Ebene teilweise vollzogene Abgrenzung der Rus.

Während die Tataren die Freiheit der Religionsausübung gewährten, entwickelte sich eine von dem Novgoroder Fürsten Aleksandr Jaroslavič, genannt Nevskij (1220-1263), als gefährlicher als die mongolische Oberherrschaft eingestufte Bedrohung. Bereits 1186 begann die katholische Missionierung der baltischen Stämme, 1198 rief Papst Innozenz III. zum Kreuzzug in das Marienland (Baltikum) auf und ab 1237 wurde die Missionierung mit Feuer und Schwert vorangetrieben. Es kam zum militärischen Zusammenprall von Ost- und Westkirche.

---

261 Vgl. Stricker, Gerd (1993): Religion in Rußland, Darstellung und Daten zu Geschichte und Gegenwart, Gütersloher Taschenbücher Nr. 634, Reihe Religion in Europa, Gütersloh, S. 45-46. Auch Nolte, Hans-Heinrich (2008): Kleine Geschichte Rußlands, aktualisierte und bibliographisch ergänzte Ausgabe, Reclams Universal-Bibliothek Nr. 9696, Stuttgart, S. 45-46.

262 Stricker, Gerd (1993): Religion in Rußland, Darstellung und Daten zu Geschichte und Gegenwart, Gütersloher Taschenbücher Nr. 634, Reihe Religion in Europa, Gütersloh, S. 20.

263 Vgl. Stricker, Gerd (1993): Religion in Rußland, Darstellung und Daten zu Geschichte und Gegenwart, Gütersloher Taschenbücher Nr. 634, Reihe Religion in Europa, Gütersloh, S. 20.

Lateinische Kreuzritter fielen damit den Rus militärisch in den Rücken, während sie von den Tataren bedroht wurden. Nevskij sicherte 1240 mit der Schlacht an der Neva die Nordgrenze gegen Schweden und stoppte 1242 in der Schlacht auf dem zugefrorenen Peipussee gegen Ordensritter, Esten und Dänen die deutsche Ostexpansion. Diese Winterschlacht steht im russischen kollektiven Gedächtnis auf einer Stufe mit der Vertreibung Napoleons im Winter 1812/13 beziehungsweise dem Winterkampf 1941/42 gegen die deutsche Wehrmacht.[264]

Iver Neumann sieht die Hauptschuld für die abgebrochenen Verbindungen nach Westen bei führenden russischen Köpfen wie Aleksandr Jaroslavič. Einzig die kollektive Erinnerung weise die Schuld an diesem weitgehenden Kontaktabriss und dem daraus resultierenden Gefühl, die Russen wären sich bei ihrer Verteidigung selbst überlassen worden, der mongolischen Oberherrschaft zu.[265] Diese Interpretation erscheint durchaus plausibel, berücksichtigt man die zuvor bereits angesprochene ausgeprägte Ablehnung des lateinischen Westens durch die russischen Eliten.

Der Aufstieg Moskaus leitete das Ende der mongolischen Oberherrschaft ein. Moskau verband finanzielle und militärische Macht mit einem christlich begründeten Führungsanspruch. 1326 siedelte der „Metropolit von Kiev und ganz Russland" nach Moskau um. Zugleich zeigt sich aber „in dieser bewußten Verquickung von gezielt moskowitischer Realpolitik und christlich begründetem Anspruch (…) eine frühe Wurzel [des] `Heiligen Rußlands'"[266].

Ivan I. (1288-1341) gilt als derjenige, der mit der Politik des „*Sammelns der russischen Lande*" (also der Gebiete, die einst zum Kiever Reich gehörten) begann. Dies führte zu einer langen Phase der Auseinandersetzungen mit Litauen, das ebenfalls die Herrschaft über die Rus beanspruchte. 1380 gelang es in der Schlacht auf dem Schnepfenfeld (Kulikovo Pole) unter Führung des Moskauer Großfürsten Dmitrij Donskoj russischen Truppen erstmals, eine mit dem litauischen Großfürsten verbündete starke tatarische Streitmacht klar zu besiegen. Nach über 150 Jahren galten die Tataren nicht mehr als unbesiegbar. In

---

264 Vgl. Stricker, Gerd (1993): Religion in Rußland, Darstellung und Daten zu Geschichte und Gegenwart, Gütersloher Taschenbücher Nr. 634, Reihe Religion in Europa, Gütersloh, S. 21-22.

265 Vgl. Neumann, Iver B. (2011): Entry into international society reconceptualised: the case of Russia, in: Review of International Studies, Vol. 37, British International Studies Association, S. 478.

266 Stricker, Gerd (1993): Religion in Rußland, Darstellung und Daten zu Geschichte und Gegenwart, Gütersloher Taschenbücher Nr. 634, Reihe Religion in Europa, Gütersloh, S. 24.

russischen Aufzeichnungen jener Zeit lässt sich ein aufkommendes russisch-national und christlich geprägtes Selbstbewusstsein erkennen.[267] Dieses „Sammeln der russischen Lande" erfolgte allerdings nicht, wie vielfach dargestellt, aus irgendeiner Art offenkundiger Bestimmung heraus, sondern als Folge verschiedener innenpolitischer Entwicklungen.

Die Gesellschaft war durch den Adel geprägt. Ein Teil des Adels besaß Land, das er vererben konnte (votčina). Während der Expansion Moskaus bekam neu erobertes Land nicht mehr den Status votčina, sondern pomest'e (Land, das der Adel aufgrund seiner Dienste besaß). Die Möglichkeit der Herrscher, Land, Status und Lebensauskommen im Austausch für Gehorsam und Dienste zu gewähren, gab ihnen enorme Macht über den Adel.[268] Der sich herausbildende Zentralstaat bedurfte der politischen Selbstfindung. Diese Positionsbestimmung lag im Interesse des Großfürsten, galt es doch, die Autokratie zu legitimieren. Und tatsächlich finden sich Ende des 15. Jahrhunderts in der Literatur „erste Anzeichen einer ideologisch verinnerlichenden Umsetzung dieses neuen Selbstverständnisses von Reich, Großfürst und russisch-orthodoxem Klerus."[269] Nach Hildermeier verdankte die Autokratie „dem Gefolgschaftsethos des Kiever Adels viel; zugleich ist ihre Herausbildung aber ohne die tatarische Oberherrschaft und den Gewinn, den das kleine Moskauer Fürstentum aus der Kollaboration mit ihr zog, kaum denkbar."[270]

Ivan III. gilt als der Begründer der Moskauer Autokratie. Während seiner Herrschaft und der seines Sohnes Vasilij III. wuchs das Moskauer Staatsterritorium um das Sechsfache. Die „Sammlung der russischen Lande" wurde im nordöstlichen Russland weitgehend abgeschlossen.[271] Wo sich die soziopolitische Ordnung wesentlich von der Moskaus unterschied, beispielsweise in Novgorod mit dem Veče, wurde diese zerstört. Der Umgang mit anderen Ethnien, aber

---

267 Vgl. Stricker, Gerd (1993): Religion in Rußland, Darstellung und Daten zu Geschichte und Gegenwart, Gütersloher Taschenbücher Nr. 634, Reihe Religion in Europa, Gütersloh, S. 24-29.
268 Vgl. Stone, David R. (2006): A Military History of Russia. From Ivan the Terrible to the War in Chechnya, Praeger Security International, Westport, London, S. 7-8.
269 Jähne, Armin (1997): Moskau – das "Dritte Rom". Zu Rußlands politischem Selbstverständnis, in: Sitzungsberichte der Leibnitz-Sozietät, Vol. 18, Nr. 3, S. 98-99.
270 Hildermeier, Manfred (2013): Geschichte Russlands. Vom Mittelalter bis zur Oktoberrevolution, C.H. Beck Verlag, 2. Auflage, München, S. 124.
271 Vgl. Hösch, Edgar (1996): Geschichte Rußlands: Vom Kiever Reich bis zum Zerfall des Sowjetimperiums, Verlag W. Kohlhammer, Stuttgart/Berlin/Köln, S. 80-84.

auch viele andere Grundmuster der Expansionspolitik wurden in der Phase des „*Sammelns der russischen Lande*" erprobt.[272]

Bis Ende des 15. Jahrhunderts befand sich Moskau trotz seines enormen Aufstiegs in einer verwundbaren Position, drohte doch stets die Bildung einer feindlichen Koalition Polen-Litauens, die seit 1386 in Personalunion verbunden waren[273], mit der Großen Horde oder den Krimkhanaten. Solche Allianzen fanden sich immer wieder. So rückte 1480 Akhmat Khan von der Großen Horde auf Moskau zu. Als er an dem Fluss Ugra auf die Moskauer Truppen stieß hielt er inne, militärische Unterstützung Polen-Litauens erwartend. Diese traf jedoch niemals ein. Ivan III. griff allerdings ebenfalls nicht an. Es kam zum sogenannten „Großen Gegenüberstehen an der Ugra". Nach einigen Wochen zog die Große Horde wieder ab. Kirchenvertreter und Historiker stilisierten diesen Abzug zur „Abschüttelung des Tatarenjochs", obgleich sich an den Kräfteverhältnissen nichts geändert hatte.[274]

Mit der Abschüttelung der mongolischen Oberherrschaft hielt die Bedrohung aus der Steppe zwar an, verlagerte sich aber auf die Khanate von Kazan und Astrachan, die Nogai-Horde und das Khanat der Krim.[275] Noch zu Beginn der Herrschaft Ivan IV. sprach die Bevölkerung des Zarentums überwiegend russisch und war orthodox.[276] Vor diesem Hintergrund waren die Eroberungen der Khanate

---

272   Vgl. Kappeler, Andreas (2008): Rußland als Vielvölkerreich, Entstehung, Geschichte, Zerfall, 2. Auflage, Verlag C.H. Beck, München, S. 21-24. Zu den Grundmustern gehörten laut Kappeler: „Eine geschickte Diplomatie, die oft das Instrument des «divide-et-impera» einsetzte, fremde Eliten abwarb und in eigene Dienste nahm; ein schrittweises Vorgehen von einem durch einen Loyalitätserklärung besiegelten Protektorat bis zur später folgenden endgültigen Annexion; den Kauf kleinerer Territorien; die militärische Eroberung mit brutalen Repressionen; die Legitimation der Annexion mit politischen Argumenten, wie dem Vorwurf der Kollaboration mit ausländischen Feinden Moskaus, oder historische Begründungen, wie dem Anspruch, alle Gebiete des ehemaligen Großfürstentums Vladimir seien das «Vatererbe» (votčina) des Moskauer Herrschers." Kappeler, a. a. O., S. 23.

273   Mit der Lubliner Union 1569 bildeten Polen und Litauen sogar einen gemeinsamen Staat.

274   Vgl. Ostrowski, Donald (2006): The growth of Muscovy (1462-1533), in: The Cambridge History of Russia, From Early Rus' to 1689, Vol. 1, Hrsg. Perrie, Maureen, Cambridge University Press, Cambridge/New York/Melbourne/u. a. O., S. 235-239.

275   Vgl. Hösch, Edgar (1996): Geschichte Rußlands: Vom Kiever Reich bis zum Zerfall des Sowjetimperiums, Verlag W. Kohlhammer, Stuttgart/Berlin/Köln, S. 81-82.

276   Vgl. Bogatyrev, Sergei (2006): Ivan IV (1533-1584), in: The Cambridge History of Russia, From Early Rus' to 1689, Vol. 1, Hrsg. Perrie, Maureen, Cambridge University Press, Cambridge/New York/Melbourne/u. a. O., S. 252.

von Kazan (1552) und Astrachan (1556) „epochale Schlüsselereignisse". Die Annexion souveräner Staatswesen, die nicht zu den Rus gehörten, „sprengte" die traditionellen Rechtsvorstellungen. Erstmals gehörte eine dem dschingisidischen Staatensystem angehörende islamische Gemeinschaft zum Herrschaftsbereich. Der Vorstoß Ivans wurde auf verschiedenste Weise gerechtfertigt, unter anderem als Verteidigungsakt und als Vergeltung für Verrat.[277] Beide Begründungen dürften sich eines breiten Widerhalls in der bei Eliten und Bevölkerung inzwischen verankerten strategischen Kultur sicher gewesen sein.

Die Eroberungen wurden als Sieg der Orthodoxie über die Ungläubigen gewertet und trugen so zusätzlich zur Legitimation von Ivans Titel ‚Zar' bei. Der Sieg über Kazan markierte den beginnenden Wandel Russlands hin zu einem multiethnischen Imperium.[278] Das *„Sammeln der Länder der Goldenen Horde"*, das Russland im 17. Jahrhundert bis zum Pazifik erweitern sollte, hatte begonnen.

Bereits bei der Eingliederung Kazans und Astrachans kristallisierten sich die Muster für die spätere Nationalitätenpolitik heraus. Wo es zu Aufständen gegen Moskau kam, wurde mit Unterdrückung reagiert, wo nicht-russische Eliten loyal zusammenarbeiteten, wurde der Status quo weitegehend gewahrt. War die nicht-russische Elite dem russischen Adel sozial vergleichbar, wurde sie in den russischen Adel kooptiert.[279] Grundsätzlich galt die Formel, „den Nichtrussen «mit Wohlwollen, Freundlichkeit und Vorsicht» zu begegnen". Diese Haltung änderte sich erst zu Beginn des 18. Jahrhunderts, mit dem „aus Westeuropa übernommene[n] Ziel der Transformation Rußlands in einen systematisierten, regulierten und nivellierten absolutistischen Staat"[280].

Historiker bieten drei Erklärungsansätze für das Expansionsstreben Russlands: (1) Die Geografie bot sich für eine Expansion geradezu an. Das Großfürstentum Moskau war pragmatisch und nutzte schlicht die Chancen, die sich ergaben. (2) Die besondere Geografie Eurasiens führte dazu, das dynamische Gruppen ihre Herrschaft aus Sicherheitsgründen stets weiter ausbauten. (3) Ideologien, zunächst die von *Moskau als dem „Dritten Rom"* und dann der

---

277 Vgl. Kappeler, Andreas (2008): Rußland als Vielvölkerreich, Entstehung, Geschichte, Zerfall, 2. Auflage, Verlag C.H. Beck, München, S. 25.
278 Vgl. Bogatyrev, Sergei (2006): Ivan IV (1533-1584), in: The Cambridge History of Russia, From Early Rus' to 1689, Vol. 1, Hrsg. Perrie, Maureen, Cambridge University Press, Cambridge/New York/Melbourne/u. a. O., S. 252-256.
279 Vgl. Kappeler, Andreas (2008): Rußland als Vielvölkerreich, Entstehung, Geschichte, Zerfall, 2. Auflage, Verlag C.H. Beck, München, S. 32-35.
280 Kappeler, Andreas (2008): Rußland als Vielvölkerreich, Entstehung, Geschichte, Zerfall, 2. Auflage, Verlag C.H. Beck, München, S. 34.

Marxismus-Leninismus, förderten ein außergewöhnlich starkes imperiales Streben.[281] Je nachdem, welcher der drei Theorien sich ein Analyst anschließt, wird er die Frage, ob Russlands Expansion defensiven oder offensiven Charakter hat, unterschiedlich beantworten. Historiker wie beispielsweise Andreas Kappeler, die stärker auf die inneren Voraussetzungen des Staates und dessen äußere Möglichkeiten abstellen, tendieren inzwischen eher zu dem ersten Erklärungsansatz. In den USA und Osteuropa betonen insbesondere konservative Kreise den imperialen Charakter Russlands. Bei Historikern wie beispielsweise Geoffrey Hosking, die geografische Faktoren stärker gewichten, überwiegt, wie auch in der russischen Wahrnehmung, die aus der Unsicherheit geborene, quasi aufgezwungene Expansion, als Erklärungsmuster.[282] Aus dem Blickwinkel dieser Untersuchung ist bedeutsam, dass die stete Notwendigkeit, sich schützen zu müssen, in

---

281 Vgl. Åslund, Anders / Kuchins. Andrew (2009): The Russia Balance Sheet, Peterson Institute for International Economics, Center for Strategic and International Studies, Washington, D.C., S. 13.

282 Vgl. Hosking, Geoffrey (2003): Russland – Nation und Imperium 1552-1917, Übersetzung Kurt Baudisch, Taschenbuchverlag, Berlin, S. 43-44. Beredter Beleg für die russische Eigenwahrnehmung ist eine Zirkulardepesche des russischen Außenministers Aleksandr Gorčakov aus dem Jahr 1864, in der er die Mechanismen der Expansion beschreibt: „Die Lage Rußlands in Mittelasien ist die aller zivilisierten Staaten, die in Kontakt mit halbwilden, umherschweifenden Völkerschaften ohne feste gesellschaftliche Organisation kommen. In einem solchen Fall verlangt das Interesse an der Sicherheit der Grenzen und an Handelsbeziehungen immer, daß der zivilisierte Staat eine gewisse Autorität über seine Nachbarn hat, die infolge ihrer wilden und ungestümen Sitten sehr unbequem sind. Er beginnt zunächst mit der Bändigung ihrer Einfälle und Raubzüge. Um ihnen Einhalt zu gebieten, ist er gewöhnlich gezwungen, die benachbarten Völkerschaften in eine mehr oder weniger direkte Unterwerfung zu bringen. Ist dies erreicht, nehmen jene zwar ruhigere Sitten an, doch werden sie jetzt ihrerseits von Überfällen entfernterer Stämme heimgesucht. Der Staat ist verpflichtet, sie vor diesen Raubzügen zu schützen und jene dafür zu bestrafen. Daraus ergibt sich die Notwendigkeit weiter[er], langwieriger periodischer Expeditionen gegen einen Feind, der auf Grund seiner Gesellschaftsordnung nicht einzufangen ist. (…) So muß sich der Staat entscheiden: Entweder muß er diese unaufhörliche Arbeit aufgeben und seine Grenzen ständiger Unordnung preisgeben, (…) oder er muß immer tiefer in die wilden Länder vordringen." Zitiert nach Kappeler, Andreas (2008): Rußland als Vielvölkerreich, Entstehung, Geschichte, Zerfall, 2. Auflage, Verlag C.H. Beck, München, S. 163. Selbst wenn man davon ausgeht, dass es Gorčakovs Absicht gewesen sein sollte, bewusst ein erwünschtes Eigenbild zu zeichnen, so haben doch solche Argumentationen tiefen Eingang in die strategische Kultur gefunden.

der russischen strategischen Kultur vorrangig transportiert worden und damit auch leitend geworden ist.

Eine Konsequenz der Expansion, unabhängig wodurch sie angetrieben worden ist, war das Entstehen eines Gürtels unterworfener Gebiete mit oftmals zweifelhafter politischer Loyalität gegenüber dem Zentrum. Dies wiederum verstärkte das Gefühl ständiger Unsicherheit im Kernstaat.[283] Um die militärische Stärke gegen Bedrohungen von außen und von innen aufrecht zu erhalten, war das Zentrum gezwungen, der Bevölkerung enorme Lasten aufzubürden.[284][285] Die Unterhaltung des gewaltigen Militärapparates hatte Auswirkungen auf den Status der Leibeigenen. So schreibt Geoffrey Hosking: „Die Macht des Dienstadels über seine Leibeigenen wurde hauptsächlich mit der Notwendigkeit begründet, diese Verteidigungsanlagen [Festungen in der Steppe] ausreichend zu besetzen."[286] Für die Betroffenen bedeutete dies einen Wehrdienst von 25 Jahren. Dies kam einem Wehrdienst auf Lebenszeit gleich, denn nur zehn Prozent überlebten ihre Dienstzeit.

Anders als andere imperiale Mächte tat Russland wenig dafür, das Wohlergehen der eigenen Bevölkerung auf Kosten der eroberten Gebiete zu verbessern. Anders als die westliche Kolonialisierung, die gleichzeitig mit bürgerlichen Revolutionen voranschritt, stärkte in der russischen Wahrnehmung die Kolonialisierung den Absolutismus.[287] Dies mag darin begründet liegen, dass, wie Lukyanov schreibt, die eroberten Gebiete nie als Kolonien erachtet worden sind.

---

283 Vgl. Åslund, Anders / Kuchins. Andrew (2009): The Russia Balance Sheet, Peterson Institute for International Economics, Center for Strategic and International Studies, Washington, D.C., S. 12-13.

284 1734 flossen 71 Prozent der Staatsausgaben in Erhaltung und Ausbau von Heer und Marine, 1762 waren es 63 Prozent und 1796 bei einer inzwischen deutlich größeren besteuerbaren Bevölkerung immer noch 35 Prozent. Ab ca. 1750 unterhielt das Zarenreich durchgängig die größte stehende Armee seiner Zeit. Vgl. Fuller, William C. Jr. (2010): Strategy and Power in Russia 1600-1914, The Free Press, New York/Toronto/Oxford/u. a. O., S. 105.

285 Vgl. Zamoyski, Adam (2012): 1812. Napoleons Feldzug in Russland, aus dem Englischen Keen, Ruth / Stölting, Erhard, 7. Auflage, Verlag C. H. Beck oHG, München, S. 136-138.

286 Hosking, Geoffrey (2003): Russland – Nation und Imperium 1552-1917, Übersetzung Kurt Baudisch, Taschenbuchverlag, Berlin, S. 47.

287 Vgl. Kozyrev, Andrei (1992): Russia: A Chance for Survival, in: Foreign Affairs, Vol. 71, Nr. 2, S. 2.

Vielmehr wurden sie als "natural part of the country's historical and cultural core" gesehen.[288]

Beide Faktoren, sowohl die ständig gespürte Unsicherheit Russlands als auch die Notwendigkeit und (erzwungene) Bereitschaft, die finanziellen und menschlichen Lasten zu schultern, trugen vermutlich zu dem besonders ausgeprägten Gespür für die Bedeutung territorialer Sicherheit bei.

Die Kriege Ivan IV. (1530-1584) sowie der nach innen gerichtete Terror zur Sicherung seiner Macht (opričnina) hatten das Land, trotz des Aufbaus eines zunehmend zentralistischen Staatssystems mit komplexen Verwaltungsstrukturen, ausbluten lassen. 70-98% des nutzbaren Ackerlandes war von der ländlichen Bevölkerung aufgegeben worden. Dem versuchten die Behörden entgegenzuwirken, indem sie die Mobilität der Bauern stärker einschränkten. Später entwickelte sich hieraus die Leibeigenschaft.[289] Nach Ivans Tod 1584 beabsichtigte der polnische König, diese katastrophale Lage auszunutzen und in Russland einzumarschieren. In dieser Phase übernahm Boris Godunov die Herrschaft. Es gelang ihm durch diplomatisches Geschick, einen Waffengang mit Polen zu vermeiden. Sein größter Erfolg aber war die Festigung der russischen Kontrolle über Sibirien, das zu jener Zeit ein integraler Bestandteil des russischen Staates wurde. 1605 verstarb Godunov. Sein Nachfolger, Sohn Fedor, wurde nach nur zwei Monaten im Zuge eines Aufstands getötet. Die *Zeit der Wirren* (*smuta*) hatte begonnen.[290] Eine Zeit, die bis zur Gründung einer neuen Dynastie 1613 andauerte und während der das Zarentum beinahe durch Bürgerkrieg und Krieg mit ausländischen Mächten sowie durch Hunger und Krankheit, die diese begleiteten, ausgelöscht worden wäre.[291] So griffen beispielsweise die Polen zwischen 1605 und 1618 wiederholt das Reich an. Schließlich gelang es ihnen sogar, 1610 Moskau einzunehmen.[292] Als die polnische Garnison in Moskau Ende 1612 kapitulierte, war die

---

288 Lukyanov, Fyodor (2010): Russian Dilemmas in a Multipolar World, in: Journal of International Affairs, Vol. 63, Nr. 2, Frühling/Sommer, New York, S. 19.
289 Vgl. Bogatyrev, Sergei (2006): Ivan IV (1533-1584), in: The Cambridge History of Russia, From Early Rus' to 1689, Vol. 1, Hrsg. Perrie, Maureen, Cambridge University Press, Cambridge/New York/Melbourne/u. a. O., S. 261-262.
290 Vgl. Pavlov, A. P. (2006): Fedor Ivanovich and Boris Godunov, in: The Cambridge History of Russia, From Early Rus' to 1689, Vol. 1, Hrsg. Perrie, Maureen, Cambridge University Press, Cambridge/New York/Melbourne/u. a. O., S. 269-275, 283-285.
291 Vgl. Stone, David R. (2006): A Military History of Russia. From Ivan the Terrible to the War in Chechnya, Praeger Security International, Westport, London, S. 19.
292 Vgl. Neumann, Iver B. (2011): Entry into international society reconceptualised: the case of Russia, in: Review of International Studies, Vol. 37, British International

schlimmste Phase der *Smuta* überwunden.[293] Um die (Folge-)Kosten des Krieges bestreiten zu können, stieg die Abgabenlast und die Bauern wurden endgültig an die Scholle gebunden.[294]

Ostrowski weist darauf hin, dass die Annahmen einiger Historiker, Russland habe sich aufgrund der vom Westen ausgehenden Gefahr nach der *Zeit der Wirren* von diesem abgewandt und sich auf seine russische Vergangenheit besonnen, nicht den Tatsachen entsprechen. Vielmehr zeigte sich bereits der erste nach der *Zeit der Wirren* vom *semskij sobor* zum Zaren gewählte Michail Fedorovič Romanov offen gegenüber westlichen Einflüssen. Quasi alle Romanovs vor Pëtr I. luden europäische Händler und Offiziere nach Russland ein und nahmen europäische Neuerungen sowie Beratung an.[295] Die *Zeit der Wirren* führte auch zu einer stärkeren Betonung der Außenpolitik und zog Russland in die europäischen Konflikte hinein. Der Zar musste sich nunmehr zuvorderst um die Sicherheit nach außen kümmern. Als wesentliche Voraussetzung hierfür galt die Stabilität im Innern. Und da hatte es sich gezeigt, dass das Fehlen eines (starken) Zaren, dem es gelang, die Partikularinteressen in der Gesellschaft auszugleichen, einen Kollaps der politischen Ordnung herbeiführen konnte.[296]

In der russischen Geschichtsschreibung werden die Herausforderungen der *Zeit der Wirren* mit denen des „Tatarenjochs" gleichgesetzt. In der Erinnerungskultur gilt diese Zeit als der Schlussakkord des „Tatarenjochs".[297] Noch heute

---

Studies Association, S. 480-481. Diese Zeit gilt in Polen als das Goldene Zeitalter, die Phase, während der Polen das größte Königreich Europas war.

293 Vgl. Stone, David R. (2006): A Military History of Russia. From Ivan the Terrible to the War in Chechnya, Praeger Security International, Westport, London, S. 19-20, 27-29.

294 Vgl. Goehrke, Carsten (2010): Russland – Eine Strukturgeschichte, Verlag Ferdinand Schöningh GmbH & Co. KG, Paderborn, München/Wien/Zürich, S. 36.

295 Vgl. Ostrowski, Donald (o.J.): The Integration of Early Modern Russia into World History, Veröffentlichung vorgesehen in: The Russian Empire, Slavery, and Liberation: Integrating Multi-cultural Eurasia 1551-1800, Hrsg. Witzenrath, Christoph, Ashgate Publisher, unter: http://dnl.pdfsb.com/download.php?file=59566848664146395748563843333166555513d3d&q=5547294 (Zugriff 20.01.2013), S. 8-11.

296 Vgl. Schmidt, Christoph (2009): Russische Geschichte 1547-1917, Oldenbourg Grundriss der Geschichte, Bd. 33, 2. Auflage, Hrsg. Gall, Lothar / Hölkeskamp, Karl-Joachim / Jakobs, Hermann, R. Oldenbourg Verlag, München, S. 16-19.

297 Vgl. Neumann, Iver B. (2011): Entry into international society reconceptualised: the case of Russia, in: Review of International Studies, Vol. 37, British International Studies Association, S. 480-481.

wird das Bild der Überwindung der *Smuta* in einem Atemzug mit den Siegen 1812 und 1945 beschworen, um Russlands Stärke zu beschreiben und die Notwendigkeit des nationalen Zusammenhalts zu beschwören.[298] Seit 2005 erinnert der 4. November, der Tag der Einheit des Volkes, an den Volksaufstand gegen die polnischen Besatzer und das Ende der *Zeit der Wirren*.[299]

3.2.2 Zusammenführung der Zwischenergebnisse

Diese Studie geht, wie unter 2.4 Strategische Kultur im Verständnis dieser Studie erläutert, davon aus, dass eine Analyse am frühesten belegbaren Zeitpunkt der Geschichte beginnen sollte. So kann im weiteren Fortgang der Arbeit festgestellt werden, ob eine beobachtete strategische Kultur eine Rückkehr zu einer früheren bestimmenden Kultur ist, einen Bruch darstellt oder eventuell Ausdruck einer Subkultur ist. Da die frühesten halbwegs überprüfbaren Quellen aus der Zeit des Kiever Reiches stammen, kommt dieser Epoche genauso wie der Entstehung des Großfürstentums Moskau und den prägenden Rahmenfaktoren eine hohe Bedeutung bei der Ausformung der russischen strategischen Kultur zu. Prägungen in der Zeit des Aufstiegs Moskaus müssen bereits im Kontext der Prägungen während der Zeit des Kiever Reiches gesehen werden, da die Wirkung vieler Faktoren bereits fortgeschrieben und nicht neu war. Insgesamt geht es also darum, für die strategische Kultur prägende Ereignisse zu identifizieren und diese den untersuchten Präferenzen zuzuordnen. Es geht nicht um eine lückenlose historische Darstellung.

(1) Autoritäre Herrschaft: Seit Übernahme des byzantinischen Christentums gründete das Herrschaftssystem der Rus zunehmend auf dem Erbe Byzanz'. Die darauf zurückgehende Gleichstellung des Herrschers mit Gott begründete dessen Machtvollkommenheit. Dieser war lediglich durch seine Verpflichtung zur Bewahrung des orthodoxen Glaubens eingehegt, nicht durch irgendeine

---

298 So sagte beispielsweise Vladimir Putin bei einer Veranstaltung mit der Russisch-Orthodoxen Kirche: „Patriotism, faith and strength of spirit have always been at the foundation of Russia's every victory and achievement. These intrinsic national character traits helped our people to overcome the Time of Troubles in 1612 and gain victory in the Great Patriotic War of 1812, which was as great a victory for our people as was the 1941-1945 Great Patriotic War." Putin, Vladimir (2013a): Speech at meeting with delegates to the Russian Orthodox Church's Bishops' Council, 1. Februar, unter: http://eng.special.kremlin.ru/news/4926 (Zugriff 02.02.2013).
299 Seit 1649 wurde – bis zur Machtergreifung der Bolschewiki 1917 – nach julianischem Kalender der 22. Oktober 1612, der Tag als Dmitrij Michajlovič Požarskij als Anführer des Volksaufstandes in Moskau einmarschierte, gefeiert.

Verpflichtung gegenüber seinen Untertanen. Nach und nach befreiten sich die Herrscher auch noch von der kirchlichen Begrenzung ihres Machtanspruchs. Pëtr I. schließlich unterwarf sich die Kirche gänzlich (Cäsaropapismus). Das in der Gedankenlehre Augustinus verhaftete, sich nicht weiterentwickelnde Weltbild der orthodoxen Kirche stärkte insbesondere durch die Betonung der Selbstentsagung gegenüber der Selbstbehauptung autoritäre Herrschaftsformen. Die Abhängigkeit des Adels bei Status und Vermögen vom Herrscher trug ihren Teil bei.[300] Eine Sonderentwicklung nahm Novgorod, wo sich von 1136 bis 1478 mit dem Veče eine nahezu republikanische Form der Mitbestimmung entwickelte und erhielt. Insgesamt war im Kiever Reich die autoritäre Herrschaft zwar stark ausgeprägt, aber es gab, wie das Beispiel Novgorod belegt, auch alternative Entwicklungsmodelle. Diese verschwanden erst im Rahmen der Moskauer Eroberungen.

Das Wesen der Machtlegitimation der Herrscher, die sich hieraus ergebenden hierarchischen und autoritären Strukturen in Staat und Gesellschaft führten zu einer vom Etatismus geprägten politischen Kultur. Der Primat des Staates gegenüber der Gesellschaft, dem wirtschaftlichen und sozialen Leben, wurde konstitutiv für die weitere Geschichte Russlands. Oder wie Sergej Henke es ausdrückt: „Nicht die Gesellschaft (das Volk, die Nation), der Staat war und bleibt bis heute das wahre Subjekt der russischen Geschichte."[301]

Während unzweifelhaft eine klare Tendenz zu einer immer extremer ausgeprägten autoritären Herrschaft festzustellen ist, muss konzediert werden, dass diese Entwicklung in keiner Weise linear verlief. Das mit der *Smuta* verbundene vorübergehende Ende der Autokratie belegt diese wechselvolle Geschichte am eindrücklichsten. Die Wirren jener Zeit dienten aber späteren Eliten bis in die Gegenwart als ein Beleg für die Garantenstellung eines starken Herrschers für die innere Sicherheit des Landes.

---

300 Im 16. und 17. Jahrhundert stellte das autoritäre russische Herrschaftsmodell keine Besonderheit im System der europäischen Mächte dar. Zu diesem Zeitpunkt war eher die parlamentarische Machtbeschränkung Elisabeth I. die Ausnahme. Erst mit den Umbrüchen des 18. und 19. Jahrhunderts in Westeuropa wurde das russische System mehr und mehr zum Außenseiter und galt als Beleg für Russlands Rückständigkeit. Vgl. Kagarlitsky, Boris (2008): Empire of the Periphery. Russia and the World System, Übersetzung Renfrey Clarke, Pluto Press, London, S. 148.

301 Henke, Sergej (2003): Der russische Traum. Vormoderne Traditionen der politischen Kultur Russlands, Schriften zur politischen Theorie, Band 1, Verlag Dr. Kovač, Hamburg, S. 91-92.

(2) Streben nach Sicherheit: Bereits die Entstehungsgeschichte des Kiever Reiches war geprägt durch ständige Übergriffe der Nachbarn. Deren Raubzüge wurden durch das Fehlen geografischer Grenzen begünstigt. Eine völlig neue Qualität wies die Eroberung der „tscherwenischen Burgen" durch die Polen auf. Sie versuchten, unter massiver Einmischung in die inneren Angelegenheiten der Kiever Rus, dieses seit alters her von Ostslawen besiedelte Gebiet an sich zu reißen. Diese polnische Aggression markiert den Beginn einer langen und wechselvollen Auseinandersetzung dieser beiden Völker und festigte den russischen Willen, ostslawische Gebiete zusammenzuhalten. Auf die mit der jahrhundertelangen mongolischen Oberherrschaft verbundene Prägung des (Un-)Sicherheitsgefühls wurde bereits eingegangen. Die Erinnerung an Siege über die Tataren wurde in der Geschichte Russlands bei allen existenziellen Bedrohungen des Reiches wieder wachgerufen und zur Mobilisierung der Bevölkerung instrumentalisiert. In einem Atemzug mit den unmittelbaren Schrecken des „Tatarenjochs" wird die Ausnutzung der Schwäche der Rus durch Polen und Litauen beziehungsweise die katholische Missionierung durch Feuer und Schwert genannt. Die Erfahrung, dass wann immer Russland schwach ist, diese Schwäche von Nachbarn rücksichtslos ausgenutzt wird, verfestigte sich nachhaltig in der strategischen Kultur des Landes und sollte das Verhalten in den folgenden Jahrhunderten prägen.

Bereits während des Aufstiegs des Großfürstentums Moskau kam es zu regelmäßigen Interventionen seitens Polens, das die innere Zerstrittenheit ausnutzte und im Ergebnis zur Verlängerung der mongolischen Oberherrschaft beitrug. Auch Litauen beanspruchte die Herrschaft über die Rus was zu einer langen Konfliktphase führte. Bis Ende des 15. Jahrhunderts befand sich Moskau in einer verletzlichen Lage gegenüber seinen beiden Hauptkontrahenten, die ab 1386 in Personalunion verbunden waren. Auch das Ringen mit den Steppenvölkern war mit dem Ende der mongolischen Oberherrschaft nicht beendet. Die Expansion Moskaus / des Zarentums warf neue Sicherheitsfragen auf. Ständige Unruhen in den unterworfenen Gebieten schürten das Sicherheitsbedürfnis zusätzlich. Wie bereits angesprochen, spielte es für die Ausprägung der strategischen Kultur keine Rolle, welche Motive hinter der Expansion standen. Entscheidend ist, dass vorrangig das Sicherheitsbedürfnis als Motiv angeführt und in der kollektiven Wahrnehmung verankert worden ist.

Äußere und innere Gefahren verknüpften sich einmal mehr in der *Zeit der Wirren*. Dem Tag des Abzugs der polnischen Besatzer aus Moskau 1612 wird vierhundert Jahre später mit dem Tag der Einheit des Volkes gedacht. Kritiker mögen anmerken, dass es sich um eine Instrumentalisierung der Geschichte durch die heutigen Eliten handelt. Für eine Bewertung aus Sicht der strategischen Kultur spielt es jedoch keine Rolle, warum ein Ereignis prägend wurde.

(3) Gewalt als Mittel: Gewalt als Mittel, sowohl gegen innere Feinde als auch gegen äußere Feinde, wurde vor dem Hintergrund der allgegenwärtigen Bedrohungen bestimmend. Die Rus selbst waren einem hohen Maß an Gewalt ihrer Gegner ausgesetzt. Zugleich förderte die Nähe zur Gewalt aber auch die Expansion des Reiches. Bedeutsam für die hohe Ausprägung der Präferenz für Gewalt dürfte auch der Eingang byzantinischer Wertvorstellungen von einer militarisierten Gesellschaft sein. Die präferierten Mittel, Sicherheit zu schaffen, formten sich immer deutlicher heraus – eine autoritäre Herrschaft, gepaart mit Zwangs- und Kontrollmaßnahmen im Innern sowie der Aufbau eines enormen Militärapparates zur Abwehr äußerer Gefahren. Fritz Ermarth folgert in seiner im amerikanischen Regierungsauftrag erstellten Kurzstudie zur strategischen Kultur Russlands zu Recht, dass bereits in dieser frühen Epoche militärische Macht zur hauptsächlichen institutionellen Grundlage der russischen Staatlichkeit geworden ist.[302]

(4) Streben nach Anerkennung: Das Streben nach Anerkennung manifestierte sich unter anderem in der Übernahme des byzantinischen Christentums. Dieser Schritt erfolgte nicht nur aus innenpolitischen Erwägungen heraus, also zur Festigung des Staates, sondern gerade auch, um gegenüber der lateinisch-christlichen Welt aufgewertet zu werden. Genauso wurde später die Abkopplung von Byzanz betrieben, um den eigenen Stellenwert zu erhöhen. Prägend war ebenfalls die schmachvolle Unterwerfung der Fürsten unter die Willkür der Khane und die eigene Unfähigkeit, Einigkeit unter den Fürstentümern herzustellen und zu bewahren. Auch diese Erfahrung sollte das Verhalten in den kommenden Jahrhunderten prägen.

Die Kirche strebte ebenfalls nach Anerkennung gegenüber der übrigen christlichen Welt, als sie sich auf die Nachfolge Israels berief und die eigene Kultur durch die Idee des „*Heiligen Russlands*" überhöhte.

(5) Streben nach Abschottung: Bei der Bewertung der Abschottung/Öffnung des Reiches muss unterschieden werden zwischen willentlichem und erzwungenem Verhalten. Grundsätzlich begünstigte die Geografie den Austausch mit den Nachbarn – im positiven wie im negativen Sinne. Das frühe Kiever Reich war intensiv in die Handelsbeziehungen Europas und Asiens eingebunden und

---

302 Vgl. Ermarth, Fritz W. (2006): Russian Strategic Culture: Past, Present, and… in Transition?, Studie erstellt für: Defense Threat Reduction Agency Advanced Systems and Concepts Office, S. 4.

betrieb auswärtige Politik mit zahlreichen nichtslawischen Völkern. Sogar dynastische Beziehungen zu europäischen Herrscherhäusern wurden unterhalten. Auch wenn die Mongolenherrschaft zu einer politischen Abkopplung von Mittel-/ Westeuropa führte, kann dies nicht als Ausdruck einer Präferenz zur Abschottung gewertet werden. In Novgorod, wo der Einfluss der Goldenen Horde nicht so bestimmend war, wurden die Beziehungen zum Westen, wenn auch abgeschwächt, fortgeführt.

Die heutige Wahrnehmung, Russland sei aufgrund der mongolischen Oberherrschaft gegenüber Europa rückständig, geht auf die russische Intelligenzija des 19. Jahrhunderts zurück. Es gibt keine Belege dafür, dass irgendein Herrscher der damaligen Zeit Russland als wirtschaftlich und kulturell benachteiligt ansah.[303]

In der darauf folgenden Zeit gewann die orthodoxe Kirche ihre Eigenständigkeit von Konstantinopel. Einher ging eine zunehmende Abschottung vom lateinischen Westen. Dies führte auch zu einer gewissen Ausgrenzung des Herrscherhauses, da die religiöse Barriere dynastische Heiraten verhinderte. Die diplomatischen und wirtschaftlichen Beziehungen zu den europäischen Staaten wurden hingegen deutlich intensiviert.

Als eine Konsequenz des entstehenden Vielvölkerstaates kooptierte der Adel sogar nicht-russische Eliten. Aus Sicht der strategischen Kultur ein bedeutsames Ereignis, hätte es doch dazu führen können, dass sich ein zweiter Strang in der strategischen Kultur entwickelt. Bei der Untersuchung der verschiedenen Parameter der strategischen Kultur konnten jedoch keine auf die Kooptation zurückzuführenden unterschiedlichen Präferenzausprägungen verschiedener Eliten identifiziert werden.

(6) Großmachtstreben: Mitte des 10. Jahrhunderts galt das Kiever Reich als eines der Großreiche des europäischen Mittelalters. Es strebte nach Ansehen und Achtung, betrieb aber keine gesteuerte Expansionspolitik. Vielmehr waren es die einzelnen Fürsten, die ständig bestrebt waren, ihren Einfluss gegenüber den anderen Fürsten des Reiches zu mehren.

Das „*Sammeln der russischen Lande*" stand eher im Zusammenhang mit innenpolitischen Entwicklungen und entsprach keinem offenkundigen Großmachtstreben. Anders mag auf den ersten Blick die Annexion souveräner Staatswesen in der Phase des „*Sammelns der Länder der Goldenen Horde*" gewertet werden.

---

303 Vgl. Ostrowski, Donald (o.J.): The Integration of Early Modern Russia into World History, Veröffentlichung vorgesehen in: The Russian Empire, Slavery, and Liberation: Integrating Multi-cultural Eurasia 1551-1800, Hrsg. Witzenrath, Christoph, Ashgate Publisher, unter: http://dnl.pdfsb.com/download.php?file=59566848664146395748563843333 16b5 5513d3d&q=5547294 (Zugriff 20.01.2013), S. 35.

Doch folgt man Geoffrey Hosking, einem der namhaftesten Kenner der russischen Geschichte, spricht einiges dafür, dass die Expansion stark durch das Bedürfnis nach sicheren Grenzen beeinflusst war. Dies entspricht auch dem Narrativ, wie es sich in der strategischen Kultur verankert hat.

(7) Missachtung des Individuums: Die Missachtung des Individuums spiegelt sich sowohl in dem hohen Maß der Gewaltausübung wider als auch in der zunehmenden Verknechtung der freien Bauern. Innerhalb der Gesellschaft war ein Aufstieg in der Regel nicht über die eigene soziale Gruppe hinaus möglich. Mitbestimmungsmöglichkeiten waren unterschiedlich stark ausgeprägt. Das Novgoroder Modell bestand zwar auch in weiteren Teilen des Reiches abgeschwächt fort, setzte sich aber letztlich nicht durch. Die Orthodoxie verstärkte die Negierung des Individuums aufgrund der eschatologischen Tradition mit ihrer Vernachlässigung der Bedeutung des irdischen Lebens und verzögerte, teils sogar verhinderte im Zusammenspiel mit den Folgen der mongolischen Oberherrschaft gesellschaftliche Entwicklungsprozesse.

Die Anstrengungen zur Unterhaltung eines großen Militärapparates begründeten immer weitere Einschränkungen der Rechte der Bauernschaft und des Kleinadels. Die Verknechtung entwickelt sich weiter zur Leibeigenschaft. Selbst die Städter wurden an ihre Viertel gebunden.[304] Die Bedingungen unter denen Wehrdienst geleistet werden musste waren katastrophal, wie die Todesrate von 90 Prozent nach 25 Dienstjahren belegt. Die Lehre der Kirche (Selbstentsagung statt Selbstbehauptung) trug ihren Teil dazu bei, dass sich diese Situation perpetuierte.

Trotz der langen mongolischen Oberherrschaft setzte sich laut Manfred Hildermeier die russische Geschichte mit ihren „staatlichen, sozialen und kulturellen Traditionen fort, die aus der Spätzeit des Kiever Reiches weiterwirkten."[305] Aus Sicht der strategischen Kultur ist eine Findungsphase wie in der 1721 zu Ende gehenden Epoche formativ. Quasi alle in dieser Studie betrachteten Präferenzen wurden nachhaltig für künftige Generationen geprägt. Zum Ende

---

304 Die Wirtschaften des aufgeklärten 18. Jahrhunderts basierte allgemein auf Formen der Zwangsarbeit. Russland war in dieser Hinsicht Bestandteil der damaligen Staatenwelt. Während sich dies im übrigen Europa bald wandeln sollte, wurde die Leibeigenschaft in Russland als zentrales Element seiner „nachholenden" Modernisierungsbestrebungen gewertet. Vgl. Kagarlitsky, Boris (2008): Empire of the Periphery. Russia and the World System, Übersetzung Renfrey Clarke, Pluto Press, London, S. 148-149.
305 Hildermeier, Manfred (2013): Geschichte Russlands. Vom Mittelalter bis zur Oktoberrevolution, C.H. Beck Verlag, 2. Auflage, München, S. 76.

der Epoche stellte sich die strategische Kultur wie in Abbildung 4 dar. Betonte man die Rolle der Kirche stärker, wäre es gerechtfertigt, die Präferenz für eine Abschottung weiter von der Idealpolitik entfernt zu verorten als in Abbildung 4 dargestellt.

Abbildung 4: Parameter der strategischen Kultur in der Epoche des Großfürstentums Moskau / Zarentum Russland

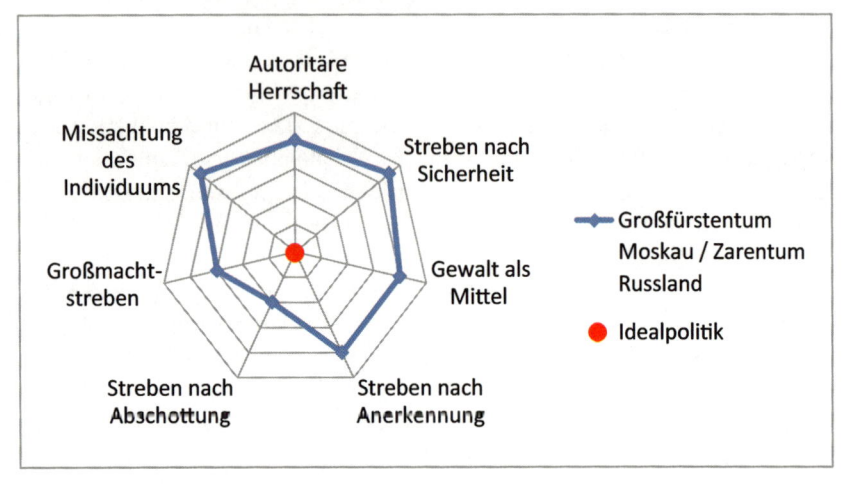

3.3 Russisches Kaiserreich (1721-1917)

In den bislang behandelten Epochen wurde detailliert auf die wesentlichen, die strategische Kultur Russlands prägenden Faktoren und Charakteristika eingegangen. Insofern werden in der Epoche des Russischen Kaiserreiches, das in Vielem eine Fortschreibung des Zarentum Russlands darstellt, Faktoren wie die Orthodoxie und die Bedeutung starker autokratischer Macht nicht mehr einzeln diskutiert. Hierdurch können Dopplungen weitgehend vermieden werden. In diesem Kapitel werden typische geschichtliche Ereignisse und Entwicklungen beschrieben und bei der Zusammenführung der Zwischenergebnisse hinsichtlich der verschiedenen Präferenzen der strategischen Kultur ausgewertet.

3.3.1 Wesentliche gesellschaftliche und außenpolitische Ereignisse

1721, nach dem Friedensschluss mit Schweden (Großer Nordischer Krieg), änderte Pëtr I. seinen Titel von Zar in Imperator (Kaiser), um das mit dem Sieg errungene neue außenpolitische Gewicht zu unterstreichen. Diesen Titel führten alle Russischen Herrscher bis 1917. Doch weder durch diesen Schritt noch durch die zahlreichen anderen Neuerungen, die Pëtr während seiner Amtszeit einführte, veränderte er die strategische Kultur Russlands maßgeblich. Donald Ostrowski beispielsweise legt deshalb das Ende der vorherigen Periode erst auf die Zeit um 1800. Zwischen 1450 und 1800 sieht er keine markanten Wendepunkte, sondern nur „mehr oder weniger kontinuierliche Entwicklungen".[306] Selbst die vielfach zitierte Öffnung Russlands zum Westen durch Pëtr erachtet er eher als Teil eines beständig wachsenden Kontakts zu Europa[307] und erst ab dem frühen 19. Jahrhundert handele es sich um interdependente Kontakte. Die territoriale Ausweitung Russlands unter Pëtr verlief sogar langsamer als in den Regierungsphasen vor und nach ihm. Die Machtverhältnisse am Hof sowie die Einstellungen der Eliten blieben weitgehend unverändert. Zwar ersetzte Pëtr den Bojarenrat durch den Senat, die Funktionsweisen blieben jedoch unverändert. Die Europäisierung des Militärs hatte bereits im frühen 17. Jahrhundert begonnen. Der wesentliche Entwicklungssprung fand zwischen 1651 und 1663 statt, als sich der Anteil neu formierter Regimenter von sieben auf 79 Prozent erhöhte. Dennoch kann erst ab der zweiten Hälfte des 18. Jahrhunderts von Russland als wesentlichem Akteur in der europäischen Politik gesprochen werden als beispielsweise 1760 russische Truppen Berlin besetzten oder 1799 bis in die Alpen vorstießen.[308] Begründet

---

306 Die Bewertung von Pëtr I. als einen Herrscher, der eher fortführte und den alten Eliten verbunden war, wird inzwischen vielfach geteilt. Siehe beispielsweise Hildermeier, Manfred (2013): Geschichte Russlands. Vom Mittelalter bis zur Oktoberrevolution, C.H. Beck Verlag, 2. Auflage, München, S. 408 und Vallotton, Henry (1996): Peter der Große: Rußlands Aufstieg zur Großmacht, Übersetzung Eleonore Seitz und Hermann Rinn, Eugen Diederichs Verlag, München, S 477.

307 Vallotton weist darauf hin, dass Pëtr keineswegs vorgehabt habe, aus Russland eine westliche Nation zu machen. Er wollte vom Westen das entlehnen, was Russland auf seinem Weg voranbringen konnte. Er verpflichtete Ausländer, um Russen auszubilden, nicht, um deren Aufgaben dauerhaft wahrzunehmen. Er hatte keine Ideologie, der er folgte, sondern nutzte Ideen des Liberalismus genauso wie die des Etatismus. Vallotton, Henry (1996): Peter der Große: Rußlands Aufstieg zur Großmacht, Übersetzung Eleonore Seitz und Hermann Rinn, Eugen Diederichs Verlag, München, S 476-480. Am deutlichsten wird diese rein am Nützlichkeitsprinzip orientierte Herangehensweise an der Aussage Pëtr gegenüber seinem Kanzler: „Wir brauchen Europa für einige Jahrzehnte; später können wir ihm die kalte Schulter zeigen." Zitiert nach Vallotton, a. a. O., S 478-479.

308 Vgl. Ostrowski, Donald (2010): The End of Muscovy: The Case for circa 1800, in: Slavic Review, Vol. 69, Nr. 2, S. 430-437.

ist dies durch die von Pëtr I. zum Ende seiner Regierungszeit eingeleitete und in den kommenden Jahren weiter verfolgte bündnispolitische Konsolidierung des Erreichten.[309]

Während im England des 17. Jahrhunderts Adel und Kaufleute den Staat im Wesentlichen als Instrument zur Absicherung ihrer Eigentumsrechte sahen und daher den absolutistischen Staat beschränkten, erfolgte in Russland die Formung von Nation und Gesellschaft durch den Staat. Rolle und Bedeutung des Staates wurde überhöht.[310] Der Vorrang des Adels behinderte sowohl die Entstehung eines selbstständigen Bürgertums als auch die Entwicklung der Wirtschaft. Dem Adel standen die Bauern und die Stadtbevölkerung entgegen, die über Jahrhunderte die von Pëtr I. eingeführte drückende Kopfsteuer leisten mussten. Bäuerliche Schollenpflicht und Leibeigenschaft stellten weitere extreme Belastungen dar.[311] Zwar wandte Pëtr sich nach Westen. Das deutlichste Symbol hierfür war die Gründung St. Petersburgs. Er veränderte die Welt des Adels und förderte das weltliche Bildungswesen. Aber er ließ die breite Unterschicht des Volkes in seiner misslichen Lage.[312] Schlimmer noch, wie William Fuller schrieb: „All of the Petrine reforms were of course accompanied if not actually driven home by acts of unspeakable cruelty, tyranny, and oppression."[313] Pëtr leitete auch den Wandel des erblichen Herrschaftssystems zu einem funktionalen beziehungsweise bürokratischen ein. Der Staat sollte „über Eigen- oder Gruppeninteressen, über ethnischen oder religiosen Differenzen, ja sogar über der Person des Monarchen stehen."[314] In der Einschränkung der Macht des Zaren durch *eigene* Gesetze und der Verschiebung der Macht vom Zaren als göttlicher Person zum autokratischen Staat liegen die wesentlichen Unterschiede zwischen dem moskowitischen

---

309 Vgl. Donnert, Erich (1999): Peter (I.) der Große, in: Die russischen Zaren 1547-1917, Hrsg. Torke, Hans-Joachim, 2. durchgesehene Auflage, Neuausgabe in der Beck'schen Reihe, Band 1305, München, S. 183-184.
310 Vgl. Henke, Sergej (2003): Der russische Traum. Vormoderne Traditionen der politischen Kultur Russlands, Schriften zur politischen Theorie, Band 1, Verlag Dr. Kovač, Hamburg, S. 15.
311 Vgl. Donnert, Erich (1999): Peter (I.) der Große, in: Die russischen Zaren 1547-1917, Hrsg. Torke, Hans-Joachim, 2. durchgesehene Auflage, Neuausgabe in der Beck'schen Reihe, Band 1305, München, S. 170.
312 Vgl. Kappeler, Andreas (2002): Russische Geschichte, 3. Auflage, Verlag C.H. Beck, München, S. 24-27.
313 Fuller, William C. Jr. (2010): Strategy and Power in Russia 1600-1914, The Free Press, New York/Toronto/Oxford/u. a. O., S. 36.
314 Hosking, Geoffrey (2003): Russland – Nation und Imperium 1552-1917, Übersetzung Kurt Baudisch, Taschenbuchverlag, Berlin, S. 114.

und dem petrinischen Modell von Autokratie.[315] Diese neue Rolle des Staates erforderte neue Verwaltungsstrukturen. Die von Pëtr geschaffenen sollten mit nur geringfügigen Veränderungen bis 1917 erhalten bleiben.[316] Eine wesentliche Änderung betraf 1862 die Schaffung eines Staatshaushaltes, bei dem erstmals zwischen dem persönlichen Vermögen des Zaren und den Staatsfinanzen unterschieden wurde und das Finanzministerium bevollmächtigt wurde, Ausgaben zu kontrollieren: Ein wesentlicher Einschnitt in die autokratische Macht des Zaren.[317] Bei konfessionellen Fragen zeigte Pëtr I. einerseits Toleranz, andererseits brachte er die Orthodoxe Kirche unter staatliche Kontrolle. An die Stelle des Patriarchen trat ein „geistliches Kollegium", der *Synod*.[318] Insofern verwundert es nicht, dass Pëtr bis in die heutige Zeit umstritten ist. Die Toleranz gegenüber anderen Religionen war nicht dauerhaft. Sie wurde von Pëtrs Nachfolgern und Nachfolgerinnen immer wieder in Frage gestellt.

Die defensive russische Politik in Ostmitteleuropa wurde durch den Polnischen Thronfolgekrieg (1733-1735) stark belastet, als sich Russland „massiver französischer Einflußpolitik" gegenüber sah. Der inneren Regeneration setzte dieser Krieg enge Grenzen.[319] Russische Außenpolitik war aber fast zu jeder Zeit des Kaiserreichs auf die Wahrung einer europäischen Großmachtstellung ausgerichtet. Unter Ekaterina II. (1762-1796) expandierte das Kaiserreich auch wieder massiv. Durch die Ausdehnung nach Westen wurden alle Ostslawen unter russische Herrschaft gebracht und die Grenzen gegen feindliche Einfälle gesichert. Zugleich zog dieser Schritt Russland stärker in die mitteleuropäische Politik was sich dauerhaft als kostspielig herausstellen sollte.[320]

---

315 Vgl. Figes, Orlando (2008): Die Tragödie eines Volkes. Die Epoche der russischen Revolution 1891 bis 1924, Übersetzung Barbara Conrad, Berlin Verlag, 2. Auflage, Berlin, S. 27. Spätestens mit Aleksandr III. wurde eine Rückkehr zum moskowitischen Verständnis der Autokratie eingeleitet. Ebd.
316 Vgl. Hosking, Geoffrey (2003): Russland – Nation und Imperium 1552-1917, Übersetzung Kurt Baudisch, Taschenbuchverlag, Berlin, S. 113.
317 Vgl. Hosking, Geoffrey (2003): Russland – Nation und Imperium 1552-1917, Übersetzung Kurt Baudisch, Taschenbuchverlag, Berlin, S. 164.
318 Vgl. Donnert, Erich (1999): Peter (I.) der Große, in: Die russischen Zaren 1547-1917, Hrsg. Torke, Hans-Joachim, 2. durchgesehene Auflage, Neuausgabe in der Beck'schen Reihe, Band 1305, München, S. 173-174.
319 Vgl. Fenster, Aristide (1999): Anna, 1730-1740, in: Die russischen Zaren 1547-1917, Hrsg. Torke, Hans-Joachim, 2. durchgesehene Auflage, Neuausgabe in der Beck'schen Reihe, Band 1305, München, S. 197-200.
320 Vgl. Raeff, Marc (1999): Katharina II., 1762-1796, in: Die russischen Zaren 1547-1917, Hrsg. Torke, Hans-Joachim, 2. durchgesehene Auflage, Neuausgabe in der Beck'schen Reihe, Band 1305, München, S. 239-240.

Das vormoderne russische Reich weist nicht die Eigenschaften eines Kolonialreiches auf. Es fehlte ein Einwicklungsvorsprung des Zentrums gegenüber den Randgebieten, teilweise waren Russen gegenüber anderen Ethnien sogar diskriminiert, auch lag die Priorität nicht auf der wirtschaftlichen Ausbeutung der Randgebiete, sondern eher auf politisch-strategischen Zielsetzungen.[321] Als zu Zeiten Ekaterina II. die Idee der Aufklärung Fuß fasste, sahen sich die Russen auf dem höchsten Stadium der sozialen Entwicklung. Andere Nationalitäten wollten sie nach und nach und möglichst freiwillig auf ihr Niveau anheben. Eine Russifizierung, so nahm Ekaterina an, würde sich in der Folge von alleine ergeben.[322] Erst im 19. Jahrhundert prägte sich das „europazentristische Superioritätsgefühl", teils auch als Kompensation der eigenen Rückständigkeit gegenüber Westeuropa, stärker aus.[323]

Ekaterina II. berief 1767 eine „gesetzgebende" Versammlung gewählter Vertreter ein.[324] Kurz vor Eröffnung der Versammlung veröffentlichte sie die „Große Instruktion", in der sie ihr Verständnis vom idealen Staat darlegte. In ihren Überlegungen bezog sie sich vor allem auf Montesquieu, setzte aber auch eigene Akzente. So ging sie wohlweislich nicht auf die Lehre der Gewaltenteilung ein, die wohl bedeutendste staatstheoretische Idee Montesquieus.[325] Dafür bekannte sie sich in Artikel 6 der Instruktionen eindeutig zu der unter ihren Vorgängern eingeleiteten Europäisierung: „Rußland ist eine Europäische Macht"[326]. Als sich die Versammlung heiklen Fragen wie der Leibeigenschaft annahm, setzte sie deren Arbeit dauerhaft aus. Für sie war in den Debatten deutlich geworden, wie zerrissen die russische Gesellschaft bei zentralen Fragen war und wie einhellig die Autokratie als die einzige Wahrerin des Gleichgewichts gesehen wurde.

---

321 Vgl. Kappeler, Andreas (2008): Rußland als Vielvölkerreich, Entstehung, Geschichte, Zerfall, 2. Auflage, Verlag C.H. Beck, München, S. 138.
322 Vgl. Raeff, Marc (1999): Katharina II., 1762-1796, in: Die russischen Zaren 1547-1917, Hrsg. Torke, Hans-Joachim, 2. durchgesehene Auflage, Neuausgabe in der Beck'schen Reihe, Band 1305, München, S. 242.
323 Vgl. Kappeler, Andreas (2008): Rußland als Vielvölkerreich, Entstehung, Geschichte, Zerfall, 2. Auflage, Verlag C.H. Beck, München, S. 174-176.
324 Hildermeier weist darauf hin, dass der Begriff „gesetzgebend" irreführend ist, da die Versammlung nichts mit Geltungskraft beschließen sollte. Er ist davon überzeugt, dass Katharina nie daran gedacht habe, auch nur Teile ihrer autokratischen Macht abzugeben. Vgl. Hildermeier, Manfred (2013): Geschichte Russlands. Vom Mittelalter bis zur Oktoberrevolution, C.H. Beck Verlag, 2. Auflage, München, S. 499.
325 Vgl. Hildermeier, Manfred (2013): Geschichte Russlands. Vom Mittelalter bis zur Oktoberrevolution, C.H. Beck Verlag, 2. Auflage, München, S. 500-501.
326 Zitiert nach Hildermeier, Manfred (2013): Geschichte Russlands. Vom Mittelalter bis zur Oktoberrevolution, C.H. Beck Verlag, 2. Auflage, München, S. 692.

Politische Stabilität und die Interessen des Adels waren ihr wichtiger als unspezifische Ansprüche, soziale Gerechtigkeit und Menschlichkeit zu verwirklichen.[327] So verwundert es nicht, dass Formen der lokalen Selbstverwaltung auf den Adel beschränkt blieben. Dieser zumindest durfte auf Kreis- und Gouvernementsebene Vertreter wählen, die sich um die einfache Rechtspflege sowie die Interessen ihrer Wählerklasse kümmern sollten.[328] Ekaterinas Absichten, eine bürgerliche Gesellschaft aus den adligen und städtischen Ständen zu entwickeln und durch Teilnahme und Eigeninitiative Kräfte freizusetzen für die Entwicklung des Landes, unterschieden sie von ihren Vorgängern. Mit Ausbruch der Französischen Revolution 1789 versuchte sie diese Entwicklung jedoch mittels Zensur und Repression wieder zurückzudrehen. Die Grundlage für den Konflikt zwischen einer gebildeten bürgerlichen Gesellschaft und der Autokratie war damit aber bereits gelegt.[329] Zusätzlich geprägt worden war ihre Einstellung und die der Elite durch die Erfahrung des *Pugačëv-Aufstandes*, der das Land in den Jahren 1773 bis 1775 erheben ließ. Die Furcht von inneren Unruhen bestimmte fortan die Diskussion über die Abschaffung der Leibeigenschaft.[330] Deren Fortbestehen stellte spätestens im 19. Jahrhundert eine schwere Hypothek dar und galt als „menschenverachtend-unmoralischer Anachronismus und sozioökonomischer Hemmschuh"[331]. Ekaterinas Nachfolger, Paul I., war ein bedingungsloser Anhänger der uneingeschränkten Autokratie und der politischen Zentralisierung. Diese seien erforderlich, um ein riesiges Reich wie Russland zu regieren. Gleichzeitig schottete er sein Land radikal ab, um das Eindringen der Ideen der Französischen Revolution zu vermeiden.[332] Aufgrund des Vorgehens von Ekaterina II.

---

327 Vgl. Raeff, Marc (1999): Katharina II., 1762-1796, in: Die russischen Zaren 1547-1917, Hrsg. Torke, Hans-Joachim, 2. durchgesehene Auflage, Neuausgabe in der Beck'schen Reihe, Band 1305, München, S. 235-237.

328 Vgl. Raeff, Marc (1999): Katharina II., 1762-1796, in: Die russischen Zaren 1547-1917, Hrsg. Torke, Hans-Joachim, 2. durchgesehene Auflage, Neuausgabe in der Beck'schen Reihe, Band 1305, München, S. 245.

329 Vgl. Raeff, Marc (1999): Katharina II., 1762-1796, in: Die russischen Zaren 1547-1917, Hrsg. Torke, Hans-Joachim, 2. durchgesehene Auflage, Neuausgabe in der Beck'schen Reihe, Band 1305, München, S. 252-260.

330 Vgl. Hosking, Geoffrey (2003): Russland – Nation und Imperium 1552-1917, Übersetzung Kurt Baudisch, Taschenbuchverlag, Berlin, S. 141-149.

331 Hildermeier, Manfred (2013): Geschichte Russlands. Vom Mittelalter bis zur Oktoberrevolution, C.H. Beck Verlag, 2. Auflage, München, S. 877.

332 Vgl. Fischer, Alexander (1999): Paul I., 1796-1801, in: Die russischen Zaren 1547-1917, Hrsg. Torke, Hans-Joachim, 2. durchgesehene Auflage, Neuausgabe in der Beck'schen Reihe, Band 1305, München, S. 264-269.

und Paul I. blieb die russische Adelskultur nahezu unverändert. Ein seine Rechte einforderndes starkes Bürgertum fehlte und so musste der Adel einzig Bauernaufstände, vergleichbar dem *Pugačëv-Aufstand*, fürchten.[333] Manfred Hildermeier kommt zu der Bewertung, dass die Autokratie am Ende des Jahrhunderts stärker als zu seinem Beginn war. Es gab einen „bürokratisierten" Absolutismus, der kein Gegengewicht durch politische Stände hatte.[334]

Die vier Teilungen Polens zwischen 1772 und 1815 stellten ein weiteres die russischen Beziehungen zu Europa formendes Element dar. Sie wurden als eine beispiellose Verletzung der rechtlichen Normen erachtet. Ein „seit Jahrhunderten bestehendes, souveränes, gleichberechtigtes Glied des europäischen Staatensystems [wurde] von seinen Nachbarn Preußen, Rußland und Österreich ausgelöscht und aufgeteilt."[335] Andreas Kappeler bezeichnete den am Ende des 15. Jahrhunderts begonnen Konflikt zwischen Russland und Polen-Litauen als die Fortsetzung des im 14. Jahrhundert begonnenen Ringens der Großfürsten von Moskau und Litauen um die Vorherrschaft über die Rus.[336] Diese Auseinandersetzung wurde von russischer Seite zudem „von Anfang an als Glaubenskrieg und Attacke des Lateinertums gedeutet."[337] Nicht zuletzt aufgrund der gegensätzlichen Herrschaftssysteme und der unterschiedlichen Religionen sollte Polen deshalb auch ein Hort steter Unruhen im russischen Reich werden.

1831 musste Nikolaj I. einen Aufstand in Polen niederschlagen. Die den Polen zugestandene großzügige Verfassung von 1815 wurde außer Kraft gesetzt und Polen verlor seine bis dahin geltende begrenzte Selbstständigkeit. Noch seinem Thronfolger schärfte Nikolaj ein: „Gewähre den Polen niemals Freiheit." Auch

---

333 Vgl. Katzer, Nikolaus (2011): Russland 1812 und 1825. Patriotismus – Religion – Revolution, in: Schlüsseljahre. Zentrale Konstellationen der mittel- und osteuropäischen Geschichte, Festschrift für Helmut Altrichter, Quellen und Studien zur Geschichte des östlichen Europa, Band 77, Hrsg. Stadelmann, Matthias / Antipow, Lilia, Stuttgart, S. 118.
334 Vgl. Hildermeier, Manfred (2013): Geschichte Russlands. Vom Mittelalter bis zur Oktoberrevolution, C.H. Beck Verlag, 2. Auflage, München, S. 693.
335 Kappeler, Andreas (2008): Rußland als Vielvölkerreich, Entstehung, Geschichte, Zerfall, 2. Auflage, Verlag C.H. Beck, München, S. 70-71.
336 Vgl. Kappeler, Andreas (2008): Rußland als Vielvölkerreich, Entstehung, Geschichte, Zerfall, 2. Auflage, Verlag C.H. Beck, München, S. 73.
337 Hildermeier, Manfred (2013): Geschichte Russlands. Vom Mittelalter bis zur Oktoberrevolution, C.H. Beck Verlag, 2. Auflage, München, S. 402.

solle er das begonnene Werk der Russifizierung fortsetzen.[338] Russland machte die Erfahrung, dass dort, wo es Freiheiten gewährte, die über die im Kernland vorhandenen hinausgingen, diese Freiheiten missbraucht wurden.

Als Aleksandr II. 1861 auf Demonstrationen in Polen dennoch mit Liberalisierungsmaßnahmen und Konzessionen reagierte, wurden diese in Polen als Zeichen der Schwäche verstanden. 1863 kam es zum offenen Aufstand, der aber rasch niedergeschlagen werden konnte.[339]

Das wohl prägendste Ereignis in der Epoche des Russischen Kaiserreiches war das Aufeinanderprallen von Frankreich und Russland zu Beginn des 19. Jahrhunderts. Der Gegensatz zwischen Russland und Frankreich war nicht nur geprägt durch die Ablehnung der Ideen der Französischen Revolution, sondern auch durch die machtpolitische Expansion Frankreichs. War Paul I., im Gegensatz zu Ekaterina II., zunächst um eine neutrale Position Russlands bemüht, so musste er diese aufgeben, als Frankreich ins östliche Mittelmeer vordrang und zudem begann, das europäische Gleichgewicht zu zerstören.[340]

Bereits seit 1792 wogte ein ideologischer Kampf um die zukünftige Ordnung in Europa, bei dem Frankreich auch den Export seiner Revolution als Waffe nutzte. Napoleon, der 1799 die Macht ergriffen hatte, versuchte in der Tradition Ludwig XIV. eine französische Hegemonie über Europa zu verwirklichen, um sein Land abzusichern. Seit dem Westfälischen Frieden 1648 war es Frankreich gelungen, einen Zusammenschluss deutscher Kräfte zu verhindern. Mit dem Aufstieg Preußens und dem Erscheinen von Russland als Akteure in Mitteleuropa war dies jedoch nicht länger möglich.[341] Zugleich löste Russlands neue Nähe in Europa große Sorgen vor der russischen Gefahr aus.[342]

---

338 Vgl. Katzer, Nikolaus (1999): Nikolaus I., 1825-1855, in: Die russischen Zaren 1547-1917, Hrsg. Torke, Hans-Joachim, 2. durchgesehene Auflage, Neuausgabe in der Beck'schen Reihe, Band 1305, München, S. 307.
339 Vgl. Löwe, Hans-Dietrich (1999): Alexander II., 1855-1881, in: Die russischen Zaren 1547-1917, Hrsg. Torke, Hans-Joachim, 2. durchgesehene Auflage, Neuausgabe in der Beck'schen Reihe, Band 1305, München, S. 329-331.
340 Vgl. Fischer, Alexander (1999): Paul I., 1796-1801, in: Die russischen Zaren 1547-1917, Hrsg. Torke, Hans-Joachim, 2. durchgesehene Auflage, Neuausgabe in der Beck'schen Reihe, Band 1305, München, S. 271.
341 Vgl. Zamoyski, Adam (2012): 1812. Napoleons Feldzug in Russland, aus dem Englischen Keen, Ruth / Stölting, Erhard, 7. Auflage, Verlag C. H. Beck oHG, München, S. 23-26.
342 Im frühen 19. Jahrhundert setzte in Europa eine Welle von Publikationen, die die russische Gefahr für den Kontinent beschrieben, ein. Das Stereotyp von Russland als „a savage power, aggressive and expansionist by nature, yet also sufficiently cunning

1807 musste Aleksandr I. im Frieden von Tilsit (Beendigung des Vierten Koalitionskrieges) jedoch zunächst die französische Vorherrschaft in Kontinentaleuropa anerkennen. Er musste zusagen, die russischen Häfen für den Handel mit Großbritannien zu sperren. 1811 jedoch öffnete er die Häfen wieder. Die Kontinentalsperre hatte Löcher bekommen. Dies konnte Napoleon nicht hinnehmen.[343] Er stellte die größte Armee zusammen, die die Welt bislang gesehen hatte. Die Polen stellten mit nahezu 100.000 Mann das größte nichtfranzösische Kontingent und warteten nur darauf, sich im Westen Russlands zu erheben. Aleksandr war sich sehr wohl bewusst, dass ein Einfall Napoleons eine neue *Zeit der Wirren* auslösen könnte.[344] Unter der Wucht von Napoleons Angriff mussten sich die russischen Truppen zurückziehen. Russland war gezwungen, seine letzten Reserven zu mobilisieren. Aleksandr verstand es geschickt, die Orthodoxe Kirche hierfür einzuspannen. Tatsächlich gelang es, den Nationalgeist

---

and deceptive to plot with 'unseen forces' against the West and infiltrate societies" fand weite Verbreitung. Figes, Orlando (2011): Crimea. The Last Crusade, Penguin Books, London, S. 70. Das „*Testament von Peter dem Großen*", eine von verschiedenen Polen, Ungarn und Ukrainern um 1760 erstellte Fälschung, bildete die argumentative Grundlage. Darin hatte Pëtr I. angeblich Russlands Ambition, die Welt zu beherrschen, niedergelegt. Das Dokument galt der französischen Außenpolitik während des 18. und des frühen 19. Jahrhunderts als Grundlage ihrer Russlandpolitik. Den größten Einfluss gewann es jedoch in Großbritannien. 1812 beginnend, wurde das Testament zu jedem Krieg, den Russland auf dem europäischen Kontinent führte, veröffentlicht. 1979, nach der sowjetischen Invasion in Afghanistan, galt es sogar im British House of Commons als Erklärung für Russlands expansionistische Politik. Vgl. Figes, a. a. O., S. 70-72. Die Gefahr eines riesigen Russlands, das die europäische Zivilisation hinwegfegen könnte, wurde ab den 1830er Jahren verstärkt durch die vermeintliche Gefahr der gewaltsamen Ausbreitung des orthodoxen Glaubens. Dieses Bild wurde vor allem im katholischen Frankreich sowohl durch zahlreiche polnische Veröffentlichungen als auch durch Erzählungen über gemarterte Nonnen in Minsk verbreitet. Letztere Geschichte fand durch die Veröffentlichung eines Artikels von Florence Nightingale durch Charles Dickens im Jahr 1854 weite Verbreitung in Großbritannien und hat die öffentliche Meinung vor dem Krimkrieg beeinflusst. Vgl. Figes, a. a. O., S. 84-86.

343 Vgl. Zamoyski, Adam (2012): 1812. Napoleons Feldzug in Russland, aus dem Englischen Keen, Ruth / Stölting, Erhard, 7. Auflage, Verlag C. H. Beck oHG, München, S. 49, 90.

344 Vgl. Zamoyski, Adam (2012): 1812. Napoleons Feldzug in Russland, aus dem Englischen Keen, Ruth / Stölting, Erhard, 7. Auflage, Verlag C. H. Beck oHG, München, S. 105-106, 125, 135.

zu wecken.[345] Dennoch musste im September 1812 Moskau an Napoleon übergeben werden. Zwischen dem 15. und 18. September wurden weite Teile der Stadt ein Opfer der Flammen.[346] Inzwischen wissen wir, dass der Brand von den russischen Verteidigern bewusst gelegt worden war.[347] Insofern verwundert es nicht, dass Aleksandr, das Volk hinter sich wissend, nicht bereit war, Frieden zu schließen.[348] Diese unnachgiebige Haltung des Herrschers war wesentlich für die Niederlage Napoleons. Weitere wichtige Faktoren waren die *Strategie der verbrannten Erde* während des Rückzugs, die Bewaffnung der Bevölkerung für den Partisanenkampf, vergleichbar zur Vertreibung der Polen im Jahr 1612, die Weite des russischen Raumes sowie die Unterstützung durch die orthodoxe Kirche.[349] Jedoch begannen sich, unter dem Druck der harten Winterkämpfe, Offiziere und einfache Soldaten, die häufig Leibeigene waren, zu solidarisieren. Hier wurde die Wurzel für eine Entwicklung gelegt, die Jahre später zum *Dekabristenaufstand* führen sollte.[350] Unter erheblichen eigenen Verlusten gelang es in harten und erbitterten Gefechten, Napoleon zurückzuschlagen und dessen Armee nahezu vollständig zu vernichten. Am 31. März 1814 kapitulierte Paris und Zar Aleksandr zog triumphal in die Stadt ein. Auf dem Weg nach Paris sahen die russischen Soldaten den Lebensstandard und die Freiheiten, die die Menschen außerhalb Russlands genossen. In Russland war jedoch die Auffassung vorherrschend, dass die Ereignisse „eine göttliche Bestätigung der bestehenden

---

345 Vgl. Zamoyski, Adam (2012): 1812. Napoleons Feldzug in Russland, aus dem Englischen Keen, Ruth / Stölting, Erhard, 7. Auflage, Verlag C. H. Beck oHG, München, S. 236, 242.
346 Vgl. Zamoyski, Adam (2012): 1812. Napoleons Feldzug in Russland, aus dem Englischen Keen, Ruth / Stölting, Erhard, 7. Auflage, Verlag C. H. Beck oHG, München, S. 335-344.
347 Vgl. Hildermeier, Manfred (2013): Geschichte Russlands. Vom Mittelalter bis zur Oktoberrevolution, C.H. Beck Verlag, 2. Auflage, München, S. 733.
348 Vgl. Zamoyski, Adam (2012): 1812. Napoleons Feldzug in Russland, aus dem Englischen Keen, Ruth / Stölting, Erhard, 7. Auflage, Verlag C. H. Beck oHG, München, S. 356, 375.
349 Vgl. Hildermeier, Manfred (2013): Geschichte Russlands. Vom Mittelalter bis zur Oktoberrevolution, C.H. Beck Verlag, 2. Auflage, München, S. 730-735.
350 Vgl. Zamoyski, Adam (2012): 1812. Napoleons Feldzug in Russland, aus dem Englischen Keen, Ruth / Stölting, Erhard, 7. Auflage, Verlag C. H. Beck oHG, München, S. 380-381.

Verhältnisse" seien.³⁵¹ Fortan feierten das Zarenhaus und das Volk jedes Jahr den Sieg über Napoleon.³⁵²

Mit dem Fall Napoleons wurde Aleksandr I. als Retter Europas gefeiert. Russland nahm 1815 am Wiener Kongress, bei dem die Grenzen in Europa neu geordnet wurden, als eine der führenden Mächte Europas teil. Es galt nun formal als Großmacht, also eine Macht „with system-wide interests as well as a say in matters pertaining to the management of the system."³⁵³ Wenige Monate nach dem Ende des Wiener Kongresses schlossen Österreich, Preußen und Russland die „Heilige Allianz", ein Bündnis auf Gegenseitigkeit. Diesem Bündnis traten nach und nach fast alle Monarchien Europas bei. Ihre Herrscher beriefen sich auf das Gottesgnadentum. Sie versuchten, Revolutionen und den Aufbau freiheitlicher Institutionen zu verhindern, da die großen Kriege der Zeit der Aufklärung angelastet wurden.³⁵⁴ Die auf Aleksandr zurückgehende Idee einer kriegsverhindernden *„Heiligen Allianz"*, entsprang dessen religiös-pazifistischen Einstellungen. Es war der österreichische Kanzler Metternich, der sie in eine „antiliberale und antifranzösische Koalition" umformte.³⁵⁵ Die *„Heilige Allianz"* ist ein Beispiel dafür, wie sich die russische Eigenwahrnehmung, ein defensiver Akteur zu sein, trotz der eigenen Expansionen, halten konnte. Eine kulturelle Modernisierung und damit nähere Hinwendung nach Europa blieb auf die Oberschicht begrenzt. Die breite Bevölkerung „stand gänzlich unter der ideologischen Verwaltung durch die orthodoxe Kirche, die sich in engster Abhängigkeit von der zarischen Herr-

---

351 Vgl. Zamoyski, Adam (2012): 1812. Napoleons Feldzug in Russland, aus dem Englischen Keen, Ruth / Stölting, Erhard, 7. Auflage, Verlag C. H. Beck oHG, München, S. 609, 613-614.
352 Vgl. Vogelsberger, Hartwig A. (1998): Die letzten Zaren. Rußland auf dem Weg zum Revolution, Bechtle Verlag, Esslingen/München, S. 214.
353 Neumann, Iver B. (2007): When did Russia become a Great Power? Realist, Constructivist and Post-Structuralist Answers, Paper presented at the annual meeting of the International Studies Association 48th Annual Convention, Chicago, 28. Februar, unter: http://www.allacademic.com/meta/p179679_index.html (Zugriff 15.09.2013), S. 2. Die Definition selbst geht zurück auf Kratochwil, Friedrich V. (1989): Rules, Norms, and Decisions: On the Conditions of Practical and Legal Reasoning in International Relations and Domestic Affairs, Cambridge University Press, New York, S. 83.
354 Vgl. Nolte, Hans-Heinrich (2008): Kleine Geschichte Rußlands, aktualisierte und bibliographisch ergänzte Ausgabe, Reclams Universal-Bibliothek Nr. 9696, Stuttgart, S. 125.
355 Vgl. Hildermeier, Manfred (2013): Geschichte Russlands. Vom Mittelalter bis zur Oktoberrevolution, C.H. Beck Verlag, 2. Auflage, München, S. 697.

schaft befand."³⁵⁶ Dies galt nicht für die verwestlichte Elite, für die Religion nur eine nachrangige Rolle spielte.³⁵⁷ Insgesamt führten die Entwicklungen zwischen 1812 und 1815 dazu, dass die von Aleksandr zuvor angestrebten innenpolitischen Veränderungen nicht mehr fortgeführt wurden. So wurde beispielsweise die Leibeigenschaft nur in den Baltischen Provinzen aufgehoben und eine Verfassung nur für Polen vorgesehen.³⁵⁸

1825, nach dem plötzlichen Tod Aleksandr I., entluden sich die gesellschaftlichen Spannungen im *Dekabristenaufstand*, einer Offiziersrevolte liberaler Adliger. Dies war umso beachtenswerter, als die Armee während des 18. und 19. Jahrhunderts fast durchgängig die Klammer war, die die Gesellschaft zusammenhielt.³⁵⁹ Die *Dekabristen* wollten die Ideale der Aufklärung einschließlich einer bürgerlichen Gesellschaft durchsetzen, konnten dabei aber nicht auf die Unterstützung des Volkes zählen. Die Kluft zwischen Oberschicht und Volk war zu groß. Ihr Scheitern war hierdurch mitbestimmt.³⁶⁰ Als Sinnbild für diese Kluft mag der russische Außenminister (1815-1856) Graf Nesselrode gelten, der noch nicht einmal die Sprache des Landes, das er repräsentierte, schreiben oder sprechen konnte.³⁶¹ Nikolaj I. sah in der Verschwörung eine Verletzung der absoluten Gehorsamspflicht gegenüber dem Staat und dem gottgewollten Zaren. Entsprechend hart ging er gegen die Verschwörer vor. Dies löste im Adel, der in den letzten Jahren einen zunehmenden Kontakt zu den Ideen der Freiheit und des Konstitutionalismus gehabt hatte, einen Schock aus und legte die Grundlage für einen fortdauernden Konflikt zwischen absoluter Zarenherrschaft und wesentlichen gesellschaftlichen Kräften. Der glorreiche militärische Sieg über Napoleon hatte nicht mehr ausge-

---

356 Krautheim, Jans-Jobst (1999): Alexander I., 1801-1825, in: Die russischen Zaren 1547-1917, Hrsg. Torke, Hans-Joachim, 2. durchgesehene Auflage, Neuausgabe in der Beck'schen Reihe, Band 1305, München, S. 277.

357 Vgl. Figes, Orlando (2003): Nataschas Tanz, Eine Kulturgeschichte Russlands, Übersetzer: Baumann, Sabine / Rullkötter, Bernd, Berlin Verlag, Berlin, S. 83.

358 Vgl. Katzer, Nikolaus (2011): Russland 1812 und 1825. Patriotismus – Religion – Revolution, in: Schlüsseljahre. Zentrale Konstellationen der mittel- und osteuropäischen Geschichte, Festschrift für Helmut Altrichter, Quellen und Studien zur Geschichte des östlichen Europa, Band 77, Hrsg. Stadelmann, Matthias / Antipow, Lilia, Stuttgart, S. 120-121.

359 Vgl. Hosking, Geoffrey (2003): Russland – Nation und Imperium 1552-1917, Übersetzung Kurt Baudisch, Taschenbuchverlag, Berlin, S. 528.

360 Vgl. Hosking, Geoffrey (2003): Russland – Nation und Imperium 1552-1917, Übersetzung Kurt Baudisch, Taschenbuchverlag, Berlin, S. 178-179.

361 Vgl. Figes, Orlando (2003): Nataschas Tanz, Eine Kulturgeschichte Russlands, Übersetzer: Baumann, Sabine / Rullkötter, Bernd, Berlin Verlag, Berlin, S. 81.

reicht, um die gesellschaftlichen Spannungen zu überdecken.[362] In der Bewertung von Nikolaus Katzer hatte jedoch keine „politische und soziale Revolution" stattgefunden, da die programmatischen Ansätze der *Dekabristen* sich immer noch in der Losung: „Für Glauben, Zar und Vaterland!" verdichteten.[363] Diese Revolutionen waren einer späteren Zeit vorbehalten. Doch bereits die unmittelbaren Reaktionen auf die Verschwörung sollten die Modernisierung Russlands erneut aufschieben. Die in der strategischen Kultur verankerten ausgeprägten Präferenzen für eine autoritäre Herrschaft wurden bestärkt, an der Lage der Menschen änderte sich wenig und die Tendenz zur Abschottung verstärkte sich wieder.

Die Politik Nikolaj I., „ein verspäteter Höhepunkt des »aufgeklärten Absolutismus«", kann als Reaktion auf den *Dekabristenaufstand* verstanden werden. Allerdings verstand Nikolaj den Aufstand nicht als Zeichen einer sich entwickelnden Bürgergesellschaft, sondern als Bestandteil einer europaweiten Verschwörung gegen die Monarchien und die mit ihnen verknüpften religiösen Grundprinzipien. Als Antwort ließ der Zar, als erster Monarch seit dem 16. Jahrhundert, eine neue Ideologie entwickeln – die Dreieinigkeit aus Autokratie, Rechtgläubigkeit und Volksverbundenheit. Einzig aber der Pfeiler der Autokratie, mit seinen Tugenden vor allem beim Militär verankert, war hinreichend entwickelt, um das System zu tragen.[364] Die nach 1812 einsetzende zunehmende Betonung des Nationalen hatte auch die Einstellung zur Religiosität verändert. Zwar war der Status der Russisch-Orthodoxen Kirche als Staatskirche weiterhin unbestritten, aber ihr Einfluss begann zu schwinden. Junge Adelige begannen am Gottesgnadentum des Monarchen zu zweifeln. Damit war der Herrscher nicht mehr unantastbar.[365] Kaisermord zur Durchsetzung gesellschaftlicher und sozialer Ziele war denkbar geworden.

---

362 Vgl. Katzer, Nikolaus (2011): Russland 1812 und 1825. Patriotismus – Religion – Revolution, in: Schlüsseljahre. Zentrale Konstellationen der mittel- und osteuropäischen Geschichte, Festschrift für Helmut Altrichter, Quellen und Studien zur Geschichte des östlichen Europa, Band 77, Hrsg. Stadelmann, Matthias / Antipow, Lilia, Stuttgart, S. 123-124.

363 Katzer, Nikolaus (2011): Russland 1812 und 1825. Patriotismus – Religion – Revolution, in: Schlüsseljahre. Zentrale Konstellationen der mittel- und osteuropäischen Geschichte, Festschrift für Helmut Altrichter, Quellen und Studien zur Geschichte des östlichen Europa, Band 77, Hrsg. Stadelmann, Matthias / Antipow, Lilia, Stuttgart, S. 139.

364 Vgl. Hosking, Geoffrey (2003): Russland – Nation und Imperium 1552-1917, Übersetzung Kurt Baudisch, Taschenbuchverlag, Berlin, S. 179-182.

365 Vgl. Katzer, Nikolaus (2011): Russland 1812 und 1825. Patriotismus – Religion – Revolution, in: Schlüsseljahre. Zentrale Konstellationen der mittel- und

1836 löste Pëtr Čaadaev mit seinem „Ersten philosophischen Brief"[366] die andauernde Spaltung der russischen Intellektuellen in *Westler* und *Slawophile* aus. Seine These, Russland gehöre weder dem Westen noch dem Osten an und der Abfall von der europäischen Kultur sei eine Katastrophe, war der zentrale Ausgangspunkt des Streits. Die *Slawophilen* sahen gerade in der Eigenständigkeit der russischen Kultur einen besonderen Wert. Ihnen galt Russland als das wahre Europa. Hätten sie die Zugehörigkeit Russlands zu Europa anerkannt, hätten sie – aufgrund der im Zuge des Zurückwerfens der napoleonischen Truppen gewonnenen Erkenntnisse über die politischen und sozialen Entwicklungen in Europa – die Rückständigkeit Russlands eingestehen müssen. Ihnen wurden die Gewaltexzesse im postrevolutionären Frankreich und die imperialen Feldzüge Napoleons zum Zeugnis für die eklatanten Schwächen der Aufklärung.[367] Eine Ablehnung durch den Westen konnte somit Abneigung als auch Überlegenheit auslösen. Und wenn Russland nicht Teil Europas sein konnte, so sollte es sich wenigstens auf seine Andersartigkeit besinnen.[368]

An dieser Stelle soll nicht die Diskussion über Russlands Identität geführt werden.[369] Es muss aber darauf hingewiesen werden, dass trotz der dynastischen Herrschaftsfolge, die sich seit Ivan III. etablierte hatte, von einem Nationalstaat erst ab dem 19. Jahrhundert gesprochen werden kann.[370] Katalysator für das Entstehen eines Nationalbewusstseins war die Reaktion auf die Verwestlichung in Folge der von Pëtr weiter vorangetriebenen Öffnung. Aus dem Adel begann sich eine Intelligenz herauszulösen, die die russische Identität nicht mehr allein in Staat und Religion, sondern im russischen Volk und seiner Kultur sah. Der polnische Aufstand 1863 ließ das Nationalbewusstsein zu einem extremen

---

osteuropäischen Geschichte, Festschrift für Helmut Altrichter, Quellen und Studien zur Geschichte des östlichen Europa, Band 77, Hrsg. Stadelmann, Matthias / Antipow, Lilia, Stuttgart, S. 129-132.

366 Čaadaev, Pëtr (1836): Filozofičeckija pis'ma, Erster philosophischer Brief, unter: http://www.runivers.ru/bookreader/book59280/#page/1/mode/1up (Zugriff 04.05.2014).
367 Vgl. Henke, Sergej (2003): Der russische Traum. Vormoderne Traditionen der politischen Kultur Russlands, Schriften zur politischen Theorie, Band 1, Verlag Dr. Kovač, Hamburg, S. 17-19.
368 Vgl. Figes, Orlando (2003): Nataschas Tanz, Eine Kulturgeschichte Russlands, Übersetzer: Baumann, Sabine / Rullkötter, Bernd, Berlin Verlag, Berlin, S. 92.
369 Siehe hierzu beispielsweise Billington, James H. (2004): Russia in Search of Itself, Woodrow Wilson Center Press, Washington, D.C.
370 Vgl. Ostrowski, Donald (2010): The End of Muscovy: The Case for circa 1800, in: Slavic Review, Vol. 69, Nr. 2, S. 430-437.

Nationalismus heranwachsen. Diese Nationalisten standen treu zum Staat. Die Loyalität der Bauern aber gründete nicht auf dem Nationalbewusstsein, sondern auf ihrem Glauben an die Autokratie und Orthodoxie.[371] Eine weitere Spaltung der Gesellschaft war dabei, sich zu entwickeln. Bedeutsam bei der von Čaadaev aufgeworfenen Frage ist jedoch, dass es um mehr als die Formung einer nationalen Identität geht. Die Gedankenkonstrukte „spielten eine entscheidende Rolle sowohl bei der Gestaltung der Ziele und Bündnisse der russischen Politik wie auch bei der Entwicklung des eigenen Selbstverständnisses."[372]

Aus dem Bewusstsein, einer besonderen Kultur anzugehören, nicht aus Furcht abgewiesen zu werden, lehnte die Mehrheit der russischen Intellektuellen jegliche Nachahmung des Westens und jegliches Bekenntnis zur eigenen europäischen Identität ab. Seit dieser Zeit bedarf das russische Selbstwertgefühl der ständigen Stärkung durch Betonung der Einzigartigkeit der russischen Kultur.[373] Dostojewski beispielsweise sah Russlands Bestimmung darin, den „gefallenen Westen zu retten".[374] Regierung und Elite sahen in Russland einen europäischen Staat. Der vom Staat angestoßene Modernisierungsprozess in der zweiten Hälfte des 19. Jahrhunderts sollte die Rückständigkeit gegenüber Westeuropa verringern. Dies kam einer weiteren Europäisierung gleich.[375] Zugleich aber wurde Europa nur als Gegenpol gesehen, dessen es bedurfte, um Russland als Idee zu definieren.[376] Europa war damit zentraler Referenzpunkt für die Bildung der russischen Identität.[377]

Die Revolutionen, die 1848 fast ganz Europa ergriffen, versetzten Nikolaj I. in Angst. Er reagierte mit den Mitteln Pauls I., mit Zensur, Abschottung und polizeistaatlichen Mitteln. Mit seiner autokratischen Herangehensweise fand er

---

371 Vgl. Kappeler, Andreas (2008): Rußland als Vielvölkerreich, Entstehung, Geschichte, Zerfall, 2. Auflage, Verlag C.H. Beck, München, S. 199-201.
372 Figes, Orlando (2003): Nataschas Tanz, Eine Kulturgeschichte Russlands, Übersetzer: Baumann, Sabine / Rullkötter, Bernd, Berlin Verlag, Berlin, S. 23.
373 Vgl. Henke, Sergej (2003): Der russische Traum. Vormoderne Traditionen der politischen Kultur Russlands, Schriften zur politischen Theorie, Band 1, Verlag Dr. Kovač, Hamburg, S. 20.
374 Vgl. Figes, Orlando (2003): Nataschas Tanz, Eine Kulturgeschichte Russlands, Übersetzer: Baumann, Sabine / Rullkötter, Bernd, Berlin Verlag, Berlin, S. 91.
375 Vgl. Kappeler, Andreas (2008): Rußland als Vielvölkerreich, Entstehung, Geschichte, Zerfall, 2. Auflage, Verlag C.H. Beck, München, S. 262.
376 Vgl. Figes, Orlando (2003): Nataschas Tanz, Eine Kulturgeschichte Russlands, Übersetzer: Baumann, Sabine / Rullkötter, Bernd, Berlin Verlag, Berlin, S. 91.
377 Vgl. Müller, Martin (2007): Zusammen aber doch getrennt? Vorstellungen von Russlands Platz in Europa an einer russischen Elitehochschule, in: Europa Regional, Vol. 15, Leibniz-Institut für Länderkunde, Leipzig, S. 199-208.

jedoch weder eine Antwort auf den in Europa immer stärker werdenden Nationalismus, noch auf die Kluft im eigenen Volk.[378] Während sich im Zuge der '48er-Revolutionen in Westeuropa bürgerliche Gesellschaften entwickelten, setzte Russland in dem Bemühen, seine autokratische Staatsform beizubehalten, seine langwierige Suche nach seinem speziellen Platz in der Welt fort.[379]

Die Herrschaft Nikolaj I. stellte den vorläufigen Höhepunkt „russischer imperialer Politik und imperialer Einflußnahme auf Europa"[380] dar. Als Nikolaj gegenüber dem Osmanischen Reich die Schirmherrschaft über alle Christen im Heiligen Land forderte und letztlich auch hoffte, eine Zugang zum Mittelmeer und zum Balkan zu erlangen, entspann sich der 10. Russisch-Türkische Krieg. In dessen Verlauf kamen Frankreich, Großbritannien und später auch das Königreich Sardinien dem Osmanischen Reich zur Hilfe. Wesentlicher Förderer dieser anti-russischen Allianz war Großbritannien.

Das britische Ziel, nicht nur den Zustand von vor dem Krieg wieder herzustellen, sondern Russland als Großmacht auszuschalten, war nahezu beispiellos, wurde hierdurch doch das Gleichgewicht der Kräfte nachhaltig verändert.[381] Auf diese Weise konnte aber die 1853 von Sir George Hamilton Seymoure, dem britischen Gesandten in Sankt Petersburg, geschilderte Bedrohung: „that the growth of Russia in power of all sorts (…) unless checked (…) will at no distant period weigh most onerously on the whole of Europe"[382] abgewandt werden. Seymoure hatte wiederholt insbesondere auf die *künftig* von der russischen Flottenrüstung ausgehenden Gefahren hingewiesen und forderte ab 1854, dem russischen

---

378 Vgl. Hosking, Geoffrey (2003): Russland – Nation und Imperium 1552-1917, Übersetzung Kurt Baudisch, Taschenbuchverlag, Berlin, S. 184.
379 Vgl. Kozyrev, Andrei (1992): Russia: A Chance for Survival, in: Foreign Affairs, Vol. 71, Nr. 2, S. 3.
380 Jähne, Armin (1997): Moskau – das "Dritte Rom". Zu Rußlands politischem Selbstverständnis, in: Sitzungsberichte der Leibnitz-Sozietät, Vol. 18, Nr. 3, S. 106.
381 Vgl. Wentker, Hermann (1993): Zerstörung der Großmacht Rußland? Die britischen Kriegsziele im Krimkrieg, Veröffentlichung des Deutschen Historischen Instituts London, Band 30, Hrsg. Adolf M. Birke, Göttingen/Zürich, S. 10-12.
382 Zitiert nach Wentker, Hermann (1993): Zerstörung der Großmacht Rußland? Die britischen Kriegsziele im Krimkrieg, Veröffentlichung des Deutschen Historischen Instituts London, Band 30, Hrsg. Adolf M. Birke, Göttingen/Zürich, S. 63.

Koloss eine Lehre zu erteilen. Er ging so weit, eine „general crusade against Russia" zu fordern.[383] Mit diesem Vorschlag stand er nicht alleine.[384]

Während des Krieges entsandte Großbritannien Emissäre in den Kaukasus, um die dortigen Völker zu einem Aufstand zu bewegen.[385] Letzteres ist ein weiterer Beleg für die Instrumentalisierung der instabilen inneren Lage Russlands durch externe Kräfte, die sich so nachhaltig im russischen Streben nach Sicherheit niedergeschlagen hat. Britische Politik des 19. Jahrhunderts war aber nicht nur durch Interessenpolitik bestimmt[386], sondern auch durch die politische Verfasstheit von Staaten. Henry John Temple, 3. Viscount Palmerston, der die britische Außenpolitik zwischen 1809 und 1865 als Staatssekretär im Verteidigungsministerium, als Innen- und Außenminister sowie als Premierminister maßgeblich geprägt hatte, erachtete „Staaten, die den Grundsatz konstitutioneller Freiheit verwirklichten, für die außenpolitisch friedfertigsten und erklärte diese zu den natürlichen Verbündeten Großbritanniens."[387] Von Russland hatte Pal-

---

383 Vgl. Wentker, Hermann (1993): Zerstörung der Großmacht Rußland? Die britischen Kriegsziele im Krimkrieg, Veröffentlichung des Deutschen Historischen Instituts London, Band 30, Hrsg. Adolf M. Birke, Göttingen/Zürich, S. 92-95. Die Überlegungen, „to inflict serious damage to Russia" und „to end the Russian threat to British interests in the Near East", spielten in Großbritannien eine entscheidende Rolle, den Krieg fortzusetzen, obgleich sich die russischen Truppen im Juni 1854 wie gefordert aus den Donaufürstentümern zurückgezogen hatten. Figes, Orlando (2011): Crimea. The Last Crusade, Penguin Books, London, S. 193.

384 Vgl. Figes, Orlando (2011): Crimea. The Last Crusade, Penguin Books, London, S. 73-78.

385 Vgl. Wentker, Hermann (1993): Zerstörung der Großmacht Rußland? Die britischen Kriegsziele im Krimkrieg, Veröffentlichung des Deutschen Historischen Instituts London, Band 30, Hrsg. Adolf M. Birke, Göttingen/Zürich, S. 21.

386 Aus jener Zeit stammt der bekannte Satz Palmerstons: „We have no eternal allies, and we have no perpetual enemies. Our interests are eternal and perpetual". Zitiert nach Wentker, Hermann (1993): Zerstörung der Großmacht Rußland? Die britischen Kriegsziele im Krimkrieg, Veröffentlichung des Deutschen Historischen Instituts London, Band 30, Hrsg. Adolf M. Birke, Göttingen/Zürich, S. 23.

387 Wentker, Hermann (1993): Zerstörung der Großmacht Rußland? Die britischen Kriegsziele im Krimkrieg, Veröffentlichung des Deutschen Historischen Instituts London, Band 30, Hrsg. Adolf M. Birke, Göttingen/Zürich, S. 23. Anders herum hatte Russlands Ablehnung liberaler Systeme dazu geführt, dass es seine Beziehungen nach dem Wiener Kongress stark auf Preußen und Österreich ausrichtete. Auch für Russland stellten somit andere Staaten nicht nur durch das, was sie taten, eine Bedrohung dar, sondern auch durch die jeweilige Natur des politischen Systems. Vgl. Legvold, Robert (1999): The Three Russias: Decline, Revolution, and Reconstruction,

merston das Bild eines absolutistischen und rückständigen Landes, dessen politische Strukturen Übergriffe auf seine Nachbarn nahezu zu einer notwendigen Bedingung seiner Existenz machten.[388] Folglich dürfte Russlands Verharren in einem vorkonstitutionellen System britische Erwägungen zum Krieg mit beeinflusst haben.

Der Krimkrieg (1853-1856), in dessen Verlauf es auch zu Kämpfen in der Ostsee, auf dem Balkan, dem Kaukasus und sogar im Pazifik kam, sollte eine nachhaltige Veränderung bewirken. „Die Konfrontation mit den westlichen Mächten, seine zeitweise politische Isolation, die fast an Treuebruch grenzende Haltung Preußens und Österreichs hatten Rußland verunsichert und sein Selbstbewußtsein schwer getroffen."[389] Russische Eliten befürchteten, dass eine weitere so gravierende Niederlage auch die letzte für den russischen Staat sein könnte. Dennoch sah man sich gezwungen, einen Angriff auf die Ehre und das Ansehen Russlands notfalls mit einem Krieg zu beantworten.[390] Konservative Kräfte und die Kirche sahen im Krimkrieg die Verteidigung der Orthodoxie und damit die Erfüllung einer göttlichen Mission. Intellektuelle liberale Kreise sahen in dem Krieg, in dem geschätzt zwischen 400.000 und 600.000 Russen ihr Leben verloren haben, ein Beispiel patriotischen Opfergeistes. Gleichzeitig wandelte sich in der russischen Wahrnehmung die Kapitulation Sevastopols, aufgrund des langen und heldenhaften Widerstandes gegen einen überlegenen Gegner, in einen moralischen Sieg. Sevastopol wurde auf eine Ebene mit den bedeutendsten Schlachten der russischen Geschichte gestellt und nahm im kollektiven Gedächtnis nahezu den Platz einer heiligen Stadt ein. Diese Wahrnehmung wirkt bis in die heutige Zeit nach. Der Verlust der Krim und Sevastopols im Zuge des Zusammenbruchs der Sowjetunion versetzte den Russen einen schweren Schlag.[391] Vor

---

in: A Century's Journey, How the Great Powers Shape the World, Hrsg. Pastor, Robert A., New York, S. 144-145, 176.
388 Vgl. Wentker, Hermann (1993): Zerstörung der Großmacht Rußland? Die britischen Kriegsziele im Krimkrieg, Veröffentlichung des Deutschen Historischen Instituts London, Band 30, Hrsg. Adolf M. Birke, Göttingen/Zürich, S. 28-30.
389 Ebd.
390 Vgl. Fuller, William C. Jr. (2010): Strategy and Power in Russia 1600-1914, The Free Press, New York/Toronto/Oxford/u. a. O., S. 456.
391 Vgl. Figes, Orlando (2011): Crimea. The Last Crusade, Penguin Books, London, S. 484-492. Eine ähnlich stark prägende Wirkung auf die „nationale Identität" hatte der Krimkrieg in England, wo er als „an example of England standing up against the Russian Bear to defend liberty" Eingang fand. Figes, a. a. O., S. 479.

diesem Hintergrund lässt sich auch die patriotische Mobilisierung erklären, als Russland im März 2014 die Krim annektierte.

Die russische Niederlage gefährdete Russlands Status als Großmacht. Sie verdeutlichte, dass sowohl das Transportsystem modernisiert und eine leistungsfähige Montanindustrie aufgebaut werden mussten als auch, dass das Land dringend Reformen nach westeuropäischem Vorbild bedurfte.[392] Dies belegt den spätestens seit Pëtr I. auf den meisten Gebieten empfundenen Nachholbedarf gegenüber Europa. Die drei Dimensionen russischer Rückständigkeit, die materielle, die verwaltungstechnische und die intellektuelle, hatten sich im späten 18. und frühen 19. Jahrhundert zwar abgeschwächt, dennoch blieb Russland gegenüber den Errungenschaften in West- und Mitteleuropa unterlegen. Mitte des 19. Jahrhunderts war vor allem die technologische Rückständigkeit bedeutsamer geworden.[393] Politische und wirtschaftliche Reformen wurden im Kaiserreich von oben erlassen. Ihre Wirkung war meist beschränkt. Aktive politische Mitwirkung ging mit ihnen nicht einher. Erst der katastrophale Ausgang des Krimkrieges führte zur Befreiung der Bauern im Jahr 1861. Dieser Schritt kam der Aufkündigung einer jahrhundertealten Koalition des Zaren mit dem Adel gleich und zerstörte eines der Fundamente der autokratischen Ordnung. Erst nach der Niederlage gegen Japan und der Revolution von 1905 wurden 1906 durch die Reichsgrundgesetze bürgerliche Rechte und Freiheiten garantiert.[394] Frühere Versuche, die westlichen Territorien als Experimentierfelder für sozio-politische Reformen zu nutzen, waren an dem Widerspruch gescheitert, diese Gebiete gleichzeitig in das autokratische System integrieren zu wollen.[395] Die moderne Nation „verlangte politische Partizipation, Selbstbestimmung und Autonomie"[396]. Obgleich Russland einen enormen Aufschwung erfuhr, erfolgte die Industrialisierung des Landes nicht schnell genug, um die ländliche Bevölkerung zu integrieren. Nach

---

392 Vgl. Nolte, Hans-Heinrich (2008): Kleine Geschichte Rußlands, aktualisierte und bibliographisch ergänzte Ausgabe, Reclams Universal-Bibliothek Nr. 9696, Stuttgart, S. 138-139, 150-152.
393 Vgl. Fuller, William C. Jr. (2010): Strategy and Power in Russia 1600-1914, The Free Press, New York/Toronto/Oxford/u. a. O., S. xvii-xviii.
394 Vgl. Kappeler, Andreas (2002): Russische Geschichte, 3. Auflage, Verlag C.H. Beck, München, S. 28-32.
395 Vgl. Kappeler, Andreas (2008): Rußland als Vielvölkerreich, Entstehung, Geschichte, Zerfall, 2. Auflage, Verlag C.H. Beck, München, S. 57.
396 Kappeler, Andreas (2008): Rußland als Vielvölkerreich, Entstehung, Geschichte, Zerfall, 2. Auflage, Verlag C.H. Beck, München, S. 177.

1861 nahm das städtische Proletariat rasch zu.[397] Die Folgen sollten sich zu Anfang des 20. Jahrhunderts zeigen. Als 1874, dreizehn Jahre nach der Abschaffung der Leibeigenschaft, die allgemeine Wehrpflicht eingeführt wurde, brachen sich die sozialen Spannungen ihren Weg in die Streitkräfte. Anders als zuvor, als der Militärdienst einen jungen Mann für Jahre von seiner Familie und seinem Dorf trennte und daher seine Loyalität ausschließlich seinen Kameraden galt, wurden bei den kurzen Dienstzeiten die sozialen Wurzeln nicht gekappt.[398]

Obwohl in der seit 1855 andauernden Herrschaft Aleksandr II. zahlreiche Reformen, einschließlich der Aufhebung der Leibeigenschaft und erster konstitutioneller Projekte, umgesetzt worden waren, kam es am 1. März 1881 zu einem tödlichen Attentat auf den Kaiser. Anders als von den Attentätern erhofft, erhob sich das Volk aber nicht über die Zarenherrschaft, sondern betrauerte Aleksandrs Tod. Die Thronbesteigung durch Aleksandr III. beendete jedoch die Phase der Reformen.[399] Die Berater des Zaren waren davon überzeugt, dass die liberalen Reformen nur noch mehr gewaltbereite Revolutionäre hervorbringen würden.[400] Hierin spiegelt sich durchaus die Permanenz der in der strategischen Kultur verankerten Präferenzen wider. Lösungen werden bevorzugt in den bislang als erfolgreich erachteten Politikansätzen gesehen. Aleksandr III. stellte in seinem ersten Manifest bewusst den Gottesbezug zur Zarenherrschaft her und betonte die Notwendigkeit, sich mittels autokratischer Macht für das Wohl des Volkes einzusetzen. Keine Minister und keine gewählten Volksvertreter sollten diese Macht begrenzen. Wieder einmal wurde die Entwicklung des Landes gebremst. Die Gesellschaft wurde nicht in die Politik des Staates integriert. Bald

---

397 Vgl. Nolte, Hans-Heinrich (2008): Kleine Geschichte Rußlands, aktualisierte und bibliographisch ergänzte Ausgabe, Reclams Universal-Bibliothek Nr. 9696, Stuttgart, S. 152-154.
398 Vgl. Fuller, William C. Jr. (2010): Strategy and Power in Russia 1600-1914, The Free Press, New York/Toronto/Oxford/u. a. O., S. 460.
399 Vgl. Stadelmann, Matthias (2011): „Die Einladung der Gesellschaft" und ihre Auslading. 1881 als Schicksalsjahr in Russlands politischer Geschichte, in: Schlüsseljahre. Zentrale Konstellationen der mittel- und osteuropäischen Geschichte, Festschrift für Helmut Altrichter, Quellen und Studien zur Geschichte des östlichen Europa, Band 77, Hrsg. Stadelmann, Matthias / Antipow, Lilia, Stuttgart, S. 185-187.
400 Vgl. Figes, Orlando (2008): Die Tragödie eines Volkes. Die Epoche der russischen Revolution 1891 bis 1924, Übersetzung Barbara Conrad, Berlin Verlag, 2. Auflage, Berlin, S. 59.

sollte Zarentreue allein „nicht mehr zur systemerhaltenden Identitätsstiftung" ausreichen.[401]

Russlands Imperialismus ist eng verbunden mit seinem Streben nach Sicherheit. Die Ausdehnung des Reiches nach Zentralasien provozierte jedoch überhaupt erst eine Konfliktspirale mit Großbritannien, nicht zuletzt, weil dieses seine Besitzungen in Indien gefährdet sah.[402] Nach 1856 sah Russland um sich herum nur noch Feinde. Bis 1870 fürchtete es eine Neuauflage der gegen sich gerichteten Allianz des Krimkrieges. Der Berliner Kongress 1878, bei dem sich Russland nicht gegen die anderen Mächte hatte durchsetzen können, überzeugte die Generalität, „that Russia would never again be able to wage a localized war in Europe. A war localized at the start would sooner or later be transformed into a general war"[403]. Das System der Militärdistrikte förderte die russische Bedrohungswahrnehmung noch zusätzlich, gab es doch zahlreiche Gründe für den jeweiligen Kommandeur, die Gefährdung seines Distriktes zu übertreiben. Das Reich sah sich gezwungen, eine der größten Streitmächte der bisherigen russischen Geschichte zu unterhalten.[404]

Zum Ende des 19. Jahrhunderts war die am häufigsten gebrauchte Begründung für den russischen Imperialismus – Angst. Angst, Chancen zu verpassen, die nie mehr wieder kämen, und Angst, dass die Folgen des Nicht-Handelns schlimmer sein würden, als die Folgen des Handelns.[405] Ein Machtvakuum musste gefüllt werden, bevor dies ein Gegner tat.[406] Dies zeigte sich insbesondere bei der Expansion nach Asien. Russland hatte einerseits nicht die Mittel, um die

---

401 Vgl. Stadelmann, Matthias (2011): „Die Einladung der Gesellschaft" und ihre Ausladung. 1881 als Schicksalsjahr in Russlands politischer Geschichte, in: Schlüsseljahre. Zentrale Konstellationen der mittel- und osteuropäischen Geschichte, Festschrift für Helmut Altrichter, Quellen und Studien zur Geschichte des östlichen Europa, Band 77, Hrsg. Stadelmann, Matthias / Antipow, Lilia, Stuttgart, S. 198-201.
402 Vgl. Fuller, William C. Jr. (2010): Strategy and Power in Russia 1600-1914, The Free Press, New York/Toronto/Oxford/u. a. O., S. 457.
403 Fuller, William C. Jr. (2010): Strategy and Power in Russia 1600-1914, The Free Press, New York/Toronto/Oxford/u. a. O., S. 457-458.
404 Vgl. Fuller, William C. Jr. (2010): Strategy and Power in Russia 1600-1914, The Free Press, New York/Toronto/Oxford/u. a. O., S. 458-459.
405 Vgl. Fuller, William C. Jr. (2010): Strategy and Power in Russia 1600-1914, The Free Press, New York/Toronto/Oxford/u. a. O., S. 370.
406 Vgl. Fuller, William C. Jr. (2010): Strategy and Power in Russia 1600-1914, The Free Press, New York/Toronto/Oxford/u. a. O., S. 456.

neuen Besitzungen halten zu können, andererseits glaubte es, sich nicht aus der Situation wieder herausziehen zu können, in die es sich gebracht hatte.[407]

Unter Nikolaj II. schickte sich Russland an, die westlichen Großmächte wirtschaftlich zu überholen. 1898 beabsichtigte der Zar, diese Entwicklung durch seinen Vorschlag zu einer internationalen Friedenkonferenz, die die Schrecken des Krieges für immer bannen sollte, abzusichern.[408] 1899 fand die erste Haager Friedenskonferenz statt, 1907 die zweite. Letztlich scheiterte der Konsens vor allem am Deutschen Reich.

Bereits von den 1890er Jahren bis 1917 (also selbst während Russland in einem Bündnis gegen Deutschland kämpfte) verfolgten die USA gegenüber Russland eine *Politik des Containments*, indem sie häufig Japan unterstützten. Die amerikanischen Befürchtungen entzündeten sich an den Entwicklungen in Nordchina und der Mandschurei. Russland schickte sich an, die Mandschurei zu kolonialisieren und die Märkte für Geschäftsleute, mit denen es nicht konkurrieren konnte, zu schließen. Die USA wiederum waren davon überzeugt, dass ihr Wohlstand eine offene Tür in diese Region verlangte. Ein deutlicher Systemgegensatz tat sich auf.[409] 1902 stellte Großbritannien für Russland die Zeichen auf Krieg, als es mit Japan eine Allianz einging. Nicht nur erhob es damit Japan indirekt in den Rang einer Weltmacht, sondern es stellte Japan damit einen Freibrief für eine Auseinandersetzung mit Russland aus. Durch den Pakt mit Großbritannien war Frankreich neutralisiert. Es würde nicht gegen Großbritannien in den Krieg eintreten, um Russland zu unterstützen.[410] Ein Krieg mit Japan schien nahezu unausweichlich, nur wollte ihn Russland nicht.[411] Wertvolle Ressourcen würden in den Osten abgezogen und fehlten dort, wo man sie eher benötigt hätte. Bereits 1900 hatte der Kriegsminister Kuropatkin für den Zaren eine Analyse über Russlands strategische Lage gefertigt. Darin sprach er sich eindeutig gegen

---

407 Vgl. Fuller, William C. Jr. (2010): Strategy and Power in Russia 1600-1914, The Free Press, New York/Toronto/Oxford/u. a. O., S. 374.
408 Vgl. Vogelsberger, Hartwig A. (1998): Die letzten Zaren. Rußland auf dem Weg zur Revolution, Bechtle Verlag, Esslingen/München, S. 14.
409 Vgl. LaFeber, Walter (1985): America, Russia, and the cold war, 1945-1984, 5., überarbeitete Auflage, Cornell University, New York, S. 1-3.
410 Vgl. Vogelsberger, Hartwig A. (1998): Die letzten Zaren. Rußland auf dem Weg zum Revolution, Bechtle Verlag, Esslingen/München, S. 102-103.
411 Vgl. Fuller, William C. Jr. (2010): Strategy and Power in Russia 1600-1914, The Free Press, New York/Toronto/Oxford/u. a. O., S. 375.

jeden Krieg mit anderen Großmächten aus. Russland solle auch Eroberungen in Asien meiden.[412]

Noch war Nikolaj davon überzeugt, dass es nicht zum Krieg mit Japan kommen würde, solange es nicht Russland war, das ihn vom Zaun brach. Doch auch andere Nationen hatten ein Interesse daran, dass Russland in Ostasien in einen Krieg gezogen wurde. Nikolajs eigener Cousin, Wilhelm II., wollte spätestens seit 1895 Russland auf diese Weise von Europa ablenken. Anfang 1904 griffen die Japaner an. Ein Krieg, blutiger als Russland ihn je erlebt hatte, begann. Zugleich nahmen aufgrund der Kriegsbelastungen Streiks und innere Unruhen ein erschreckendes Ausmaß an. Nikolaj machte sich Vorwürfe, nicht genug zur Verhinderung des Krieges getan zu haben.[413] Gleichzeitig schien er, nach Ansicht des deutschen Botschafters Alvensleben, zutiefst davon überzeugt zu sein, dass die Streiks durch Japan und Großbritannien finanziert worden seien.[414] Folglich ging die Elite auch in dieser für Russland kritischen Lage davon aus, dass wieder einmal die innere Sicherheit durch externe Akteure bedroht werde. Im Januar 1905 kam es in Petersburg zum sogenannten *Blutsonntag*. Auf unbewaffnete kaisertreue Arbeiter wurde vor dem Winterpalais – nicht auf Anweisung des Zaren – das Feuer eröffnet. Das „mythische Band der Einheit" zwischen Zar und Volk wurde hierdurch zerrissen. Das Ereignis „war ein echter Wendepunkt in der russischen Geschichte".[415] Es war einer der Hauptgründe für die Ermordung zahlreicher Angehöriger der Zarenfamilie im Jahr 1918. Im Mai 1905 kam es in der Meerenge von Tsushima zur entscheidenden Seeschlacht zwischen der japanischen und russischen Flotte, die in einem Desaster für Russland endete. Japan galt nunmehr endgültig als Weltmacht. Der japanische Oberbefehlshaber erhielt für seinen Sieg vom britischen König einen Verdienstorden. Unerwartet schaltete sich der amerikanische Präsident als Vermittler ein. Russland erhielt die Chance, mit Hilfe der geschickten Verhandlung von Sergej Vitte, einem der be-

---

412 Vgl. Fuller, William C. Jr. (2010): Strategy and Power in Russia 1600-1914, The Free Press, New York/Toronto/Oxford/u. a. O., S. 377-378.
413 Vgl. Vogelsberger, Hartwig A. (1998): Die letzten Zaren. Rußland auf dem Weg zum Revolution, Bechtle Verlag, Esslingen/München, S. 112-120.
414 Zitiert nach Kusber, Jan (2011): Das Jahr 1905 und das Zarenreich: Imperial und global, in: Schlüsseljahre. Zentrale Konstellationen der mittel- und osteuropäischen Geschichte, Festschrift für Helmut Altrichter, Quellen und Studien zur Geschichte des östlichen Europa, Band 77, Hrsg. Stadelmann, Matthias / Antipow, Lilia, Stuttgart, S. 205.
415 Vogelsberger, Hartwig A. (1998): Die letzten Zaren. Rußland auf dem Weg zum Revolution, Bechtle Verlag, Esslingen/München, S. 129-130.

gabtesten russischen Staatmänner, einen Kompromissfrieden auszuhandeln.[416] Russlands Niederlage wurde von den Nationalisten im Land gefeiert, hofften sie doch, dass der Zar stürzen und so für sie der Weg zur Autonomie frei würde. In den nicht-russischen Ländern, insbesondere in Polen, Finnland und Georgien, kam es zu nationalen Befreiungsbewegungen, die fast die gesamte Bevölkerung erfassten.[417] Hier zeichnete sich eine Entwicklung ab, die sich 1917 und 1991 wiederholen sollte. Aber auch innenpolitisch wurden die Weichen für die folgenden Ereignisse gestellt. Jan Kusber stellte die These auf, dass dieser Krieg die von den Schlachtfeldern zurückkehrenden Soldaten genauso intensiv geprägt hat wie jene, die der Feldzug 1812 nach Westeuropa geführt hatte. Auch sie forderten Reformen und politische Teilhabe ein. 1917 hätten die sich hierbei herausbildenden Formen des Protests leicht wiederbelebt werden können.[418]

Um die Unruhen im Land in den Griff zu bekommen, überzeugte Vitte 1905 den Zaren davon, das sogenannte *Oktobermanifest*, das Russland „in eine halbkonstitutionelle Monarchie verwandelte", zu unterzeichnen.[419] Das Manifest ordnete Wahlen zu einer gesetzgebenden Duma an und versprach „Unantastbarkeit der Person, Freiheit des Gewissens und des Wortes sowie Freiheit der Versammlungen und Vereinsbildung."[420] Vittes Entwurf des Manifests hatte im höfischen Intrigenspiel allerdings noch Änderungen erfahren, die das Papier „verstümmelten" und „ihm völlig neuen Sinn" gaben.[421] Auch hatte der Zar keine Absicht, die darin gegebenen Versprechungen einzuhalten. Von seinem „Gottesgnadentum" überzeugt, sah er das Manifest als ein Taktieren unter dem Zwang der Ereignisse. Er sah sich berufen, „die unantastbaren Rechte des Thrones zu verteidigen, um sie seinem Nachfolger in dem gleichen Umfange zu hinterlassen, wie er sie von

---

416 Vgl. Vogelsberger, Hartwig A. (1998): Die letzten Zaren. Rußland auf dem Weg zum Revolution, Bechtle Verlag, Esslingen/München, S. 137-139.
417 Vgl. Figes, Orlando (2008): Die Tragödie eines Volkes. Die Epoche der russischen Revolution 1891 bis 1924, Übersetzung Barbara Conrad, Berlin Verlag, 2. Auflage, Berlin, S. 200-201.
418 Vgl. Kusber, Jan (2011): Das Jahr 1905 und das Zarenreich: Imperial und global, in: Schlüsseljahre. Zentrale Konstellationen der mittel- und osteuropäischen Geschichte, Festschrift für Helmut Altrichter, Quellen und Studien zur Geschichte des östlichen Europa, Band 77, Hrsg. Stadelmann, Matthias / Antipow, Lilia, Stuttgart, S. 207-208.
419 Vogelsberger, Hartwig A. (1998): Die letzten Zaren. Rußland auf dem Weg zum Revolution, Bechtle Verlag, Esslingen/München, S. 150.
420 Ziegler, Gudrun (1995): Die Romanows. Geschichte der Zaren, München, S. 282.
421 Vgl. Korostowetz, Wladimir (1929): Graf Witte, der Steuermann in der Not, Übersetzung und Bearbeitung von Heinz Stratz, Berlin, S. 234.

seinem Vorgänger empfangen durfte."[422] Von den Sozialrevolutionären jedoch wurde das Manifest als Zeichen der Schwäche ausgelegt. Die Unruhen gingen weiter. Die 1906 eingerichtete gewählte gesetzgebende Duma wurde alsbald vom Zaren wieder in ihrer Macht beschnitten.[423] Außenpolitik und Militär blieben in der Zuständigkeit des Zaren, der sich auch weiterhin Selbstherrscher nannte.[424] Jedoch konnten die Institutionen, die die Revolution hervorbrachte, über die ihnen zugestandene Mitsprache bei Haushaltsfragen Einfluss auf die Außen- und Sicherheitspolitik ausüben.[425] Ein Zar, der der Zustimmung gewählter Vertreter bedurfte, war im russischen Verständnis kein Autokrat mehr.[426] Auch erfuhr die Herausbildung der Zivilgesellschaft einen „qualitativen und quantitativen Sprung".[427] Die strukturellen und mentalen Veränderungen, die 1905 in Gang gesetzt worden waren, führten dazu, dass sich das Russland von vor und nach diesem einschneidenden Jahr grundlegend unterschied.[428]

Die Romanovs jedoch orientierten sich an der Vergangenheit. Dies wurde besonders im Rahmen der Feierlichkeiten für das dreihundertjährige Bestehen der Romanov-Herrschaft im Jahr 1913 deutlich. Die Prinzipien des Zarentums aus der vorpetrinischen Zeit, Russland als Vatererbe des Zaren, der Zar als Verkörperung Gottes auf Erden und das „mythische Band der Einheit" von Zar und

---

422 Korostowetz, Wladimir (1929): Graf Witte, der Steuermann in der Not, Übersetzung und Bearbeitung von Heinz Stratz, Berlin, S. 233.
423 Vgl. Vogelsberger, Hartwig A. (1998): Die letzten Zaren. Rußland auf dem Weg zum Revolution, Bechtle Verlag, Esslingen/München, S. 148-158.
424 Vgl. Löwe, Hans-Dietrich (1999): Nikolaus II., 1894-1917, in: Die russischen Zaren 1547-1917, Hrsg. Torke, Hans-Joachim, 2. durchgesehene Auflage, Neuausgabe in der Beck'schen Reihe, Band 1305, München, S. 366-367.
425 Vgl. Fuller, William C. Jr. (2010): Strategy and Power in Russia 1600-1914, The Free Press, New York/Toronto/Oxford/u. a. O., S. 407.
426 Vgl. Hildermeier, Manfred (2013): Geschichte Russlands. Vom Mittelalter bis zur Oktoberrevolution, C.H. Beck Verlag, 2. Auflage, München, S. 1015.
427 Kusber, Jan (2011): Das Jahr 1905 und das Zarenreich: Imperial und global, in: Schlüsseljahre. Zentrale Konstellationen der mittel- und osteuropäischen Geschichte, Festschrift für Helmut Altrichter, Quellen und Studien zur Geschichte des östlichen Europa, Band 77, Hrsg. Stadelmann, Matthias / Antipow, Lilia, Stuttgart, S. 206.
428 Vgl. Rolf, Malte (2011): Revolution, Repression, und Reform: 1905 im Königreich Polen, in: Schlüsseljahre. Zentrale Konstellationen der mittel- und osteuropäischen Geschichte, Festschrift für Helmut Altrichter, Quellen und Studien zur Geschichte des östlichen Europa, Band 77, Hrsg. Stadelmann, Matthias / Antipow, Lilia, Stuttgart, S. 219.

Volk wurden betont.[429] Die Feierlichkeiten vermochten aber den tiefen sozialen und gesellschaftlichen Riss, der durch das Land ging, nur vorübergehend zu verdecken. Orlando Figes weist darauf hin, dass es selbst zwischen dem Militär, das lange von vielen Historikern als Stütze der Zarenherrschaft gesehen wurde, und dem Haus der Romanovs zunehmende Spannungen gab. Das Militär war durch die Niederlagen im Krimkrieg und im japanisch-russischen Krieg demoralisiert. Es hatte nicht mehr die oberste Priorität bei den Staatsausgaben, was dazu führte, dass das Kriegsministerium einen Bedeutungsverlust hinnehmen musste und die russischen Soldaten schlechter ausgebildet und ausgestattet waren. Die Armee, deren einfache Soldaten ja überwiegend Bauern waren, wurde immer häufiger zur Unterdrückung der Proteste im Land eingesetzt. Die Offiziere beklagten sich, die immer häufigere Übernahme von Polizeiaufgaben sei unter ihrer Würde.[430] So verwundert es nicht, dass es bereits bei der Niederschlagung der Revolution von 1905 zu zahlreichen Meutereien gekommen war.[431] Auch in der orthodoxen Kirche, die ja ein Instrument der gesellschaftlichen Kontrolle war, forderten liberale Geistliche eine Veränderung der Beziehungen der Kirche zum Staat. So sollte nach ihren Vorstellungen eine Kirchenversammlung den *Heiligen Synod* ablösen.[432] Hinzu kam, dass die Kirche es versäumt hatte, sich der neuen

---

429 Vgl. Figes, Orlando (2008): Die Tragödie eines Volkes. Die Epoche der russischen Revolution 1891 bis 1924, Übersetzung Barbara Conrad, Berlin Verlag, 2. Auflage, Berlin, S. 26-27.

430 Erforderlich wurde dies, weil der Staat nicht genug für die Ausstattung der Polizei ausgab. In den geringen Pro-Kopf-Ausgaben für die Polizei (weniger als die Hälfte der französischen oder italienischen Ausgaben), drückte sich auch die mangelnde staatliche Erfassung der lokalen Ebene aus. Vgl. Figes, Orlando (2008): Die Tragödie eines Volkes. Die Epoche der russischen Revolution 1891 bis 1924, Übersetzung Barbara Conrad, Berlin Verlag, 2. Auflage, Berlin, S. 63.

431 Vgl. Figes, Orlando (2008): Die Tragödie eines Volkes. Die Epoche der russischen Revolution 1891 bis 1924, Übersetzung Barbara Conrad, Berlin Verlag, 2. Auflage, Berlin, S. 73-74.

432 Ursache für diese Unzufriedenheit war der seit Aleksandr I ständig wachsende Einfluss des Oberprokurors. Der Oberprokuror war selbst kein Mitglied des *Heiligen Synods*, sondern eher eine Aufsichtsperson des Zaren, die ihren Einfluss über die Verwaltung der Kirche ausübte. Nikolaj I. versuchte, im Rahmen der von ihm angestrebten Erneuerung des Reiches, die Kirche noch stärker an den Staat zu binden. Der Oberprokuror erhielt deshalb noch eine nur ihm verantwortliche Synodalkanzlei und konnte missliebige Geistliche strafversetzen. Der Griff der Bürokratie um die Kirche wurde immer enger. Vgl. Jockwig, Franz (1988): Die Situation der Russisch Orthodoxen Kirche am Ende des 19. Jahrhunderts, in: Tausend Jahre Christentum in Russland: Zum Millennium der Taufe der Kiever Rus', Hrsg. Felmy, Karl

Probleme des Stadtlebens anzunehmen. Mit der Urbanisierung und dem schnellen Wachstum der Städte hielt der Bau neuer Kirchen nicht Schritt. Die Arbeiter aber, ohne Bezug zu der Kirche ihres Dorfes, waren zunehmend sozialistischen Ideologen ausgesetzt. Die Gesellschaft wurde säkularer. Dies war ein Faktor, der die soziale Revolution wesentlich begünstigte.[433] Die tragenden Säulen des Zarentums wurden brüchig. Ehrliche Reformen waren nicht in Sicht.

Die Ermordung des österreich-ungarischen Thronfolgers Franz Ferdinand am 28. Juni 1914 in Sarajevo löste eine Kette von Ereignissen aus, die in die *„Urkatastrophe des 20. Jahrhunderts"* mündeten.[434] Am 28. Juli 1914 begann der Erste Weltkrieg. Zar Nikolaj hatte, trotz gegenteiliger Beratung, bis zuletzt versucht, den Krieg für Russland als auch Serbien abzuwenden. Seine Versuche reichten von der Erwirkung einer Fristverlängerung des Ultimatums bis hin zur Überantwortung des österreichisch-serbischen Streits an das Internationale Schiedsgericht in Den Haag. Bis unmittelbar vor Kriegsausbruch wechselte er mit Wilhelm II. erklärende und beschwichtigende Depeschen.[435] Auch in der Regierung gab es niemanden, der den Krieg herbei sehnte. Frühere Spekulationen, Russland habe durch einen Krieg die sozialen Spannungen überbrücken wollen, gelten inzwischen als widerlegt. Selbstverständlich hatte man sich auf die Möglichkeit eines Krieges vorbereitet und den wirtschaftlichen Aufschwung genutzt, um wie die Mittelmachte aufzurüsten. Zwischen 1908 und 1913 waren die Ausgaben für die Streitkräfte um das 1,5-fache gewachsen. Die Kriegspläne hatte man angepasst. 1910 sah die Planung noch eine defensive Kriegsführung vor. 1912 schließlich beabsichtigten die Strategen, nach einem Angriff auf Russland schnellstmöglich zum Gegenangriff überzugehen, das Heil also in der Offensive zu suchen.[436] Trotz dieser offensiven Überlegungen der militärischen Führung wäre es aus dem Blickwinkel der strategischen Kultur falsch, Russland deshalb einen aggressiven Staat zu nennen. Diese Offensivplanungen stellten aus russi-

---

Christian / Kretschmar, Georg / u.a., Übersetzung Georg Kobro und Nadja Simon, Vandenhoeck & Ruprecht Verlag, Göttingen, S. 402-403.

433 Vgl. Figes, Orlando (2008): Die Tragödie eines Volkes. Die Epoche der russischen Revolution 1891 bis 1924, Übersetzung Barbara Conrad, Berlin Verlag, 2. Auflage, Berlin, S. 80-85.

434 Der Begriff der „Urkatastrophe des 20. Jahrhunderts" geht auf George F. Kennan zurück.

435 Vgl. Vogelsberger, Hartwig A. (1998): Die letzten Zaren. Rußland auf dem Weg zum Revolution, Bechtle Verlag, Esslingen/München, S. 236-245.

436 Vgl. Hildermeier, Manfred (2013): Geschichte Russlands. Vom Mittelalter bis zur Oktoberrevolution, C.H. Beck Verlag, 2. Auflage, München, S. 1120-1122.

scher Sicht nur eine Form der Abwehr eines Russland aufgezwungenen Kampfes dar. Erst nach langem Zögern stimmte Nikolaj Außenminister Sazonov zu: „Wir müssen uns gegen einen Angriff wappnen. Hiermit erteile ich den Befehl zur Generalmobilmachung!"[437] Dies war ein wesentlicher Schritt, der zur Kriegserklärung Deutschlands führte. Wieder einmal sah sich Russland als das Land, das angegriffen wurde. Die Kirche und das Volk stellten sich hinter den Zaren und taten alles zur Verteidigung des Landes in dem aufgezwungenen Krieg.

1914, zu Beginn des Krieges, erreichte das Zarenreich seinen größten Wohlstand. 1917, nach auszehrenden Kriegsjahren und mehreren verheerenden Niederlagen, herrschte Hungersnot und die Brennstoffe wurden knapp. Die Bevölkerung revoltierte und ein Regiment nach dem anderen meuterte. Der Zar sah sich gezwungen, im März 1917 abzudanken.[438] Bis zum Schluss hatte er gehofft, mit geringfügigen Konzessionen die Lage beruhigen zu können. Doch spätestens die Hinnahme des revolutionären Machtwechsels durch die Generäle hatte die Situation grundlegend verändert. Diese hatten um die Verteidigungsfähigkeit des Landes gefürchtet, wenn die Unruhen weitergegangen wären.[439] Russland war mit der Abdankung Nikolaj II. zur demokratischen Republik geworden. Doch Frieden war für das geschundene Land nicht in Sicht. Weil Russland nach der Februarrevolution weiterkämpfte, verbesserten sich die Lebensbedingungen der Menschen nicht. Der Hunger blieb allgegenwärtig. Der lang ersehnte Friede kam nicht. Freiheit blieb unter solchen Bedingungen ein abstraktes Wort.[440] Und weil Russland weiter kämpfte, unterstützte die deutsche Oberste Heeresleitung im April 1917 die Rückkehr Lenins und anderer Kommunisten nach Russland. Deren Agitation destabilisierte die Lage noch weiter. Dennoch, so Orlando Figes, könne man die Bolschewiki nicht, wie oftmals geschehen, als deutsche Agenten bezeichnen.[441] Vermutlich trifft am ehesten zu, dass sich beide Seiten, Deutsche und Bolschewiki, schlicht gegenseitig benutzt haben. Das Ende der Februarre-

---

437 Zitiert nach Vogelsberger, Hartwig A. (1998): Die letzten Zaren. Rußland auf dem Weg zum Revolution, Bechtle Verlag, Esslingen/München, S. 242.
438 Vgl. Vogelsberger, Hartwig A. (1998): Die letzten Zaren. Rußland auf dem Weg zum Revolution, Bechtle Verlag, Esslingen/München, S. 226, 311-318.
439 Vgl. Hildermeier, Manfred (2004): Russische Revolution, Fischer Taschenbuch Verlag, Frankfurt am Main, S. 14-16.
440 Vgl. Hildermeier, Manfred (2004): Russische Revolution, Fischer Taschenbuch Verlag, Frankfurt am Main, S. 16-17.
441 Vgl. Figes, Orlando (2008): Die Tragödie eines Volkes. Die Epoche der russischen Revolution 1891 bis 1924, Übersetzung Barbara Conrad, Berlin Verlag, 2. Auflage, Berlin, S. 410-411.

gierung wurde nach Auffassung Manfred Hildermeiers aber vor allem mit der fehlgeschlagenen Kerenskij-Offensive, benannt nach dem Kriegsminister Aleksandr Kerenskij, im Juni 1917 eingeleitet. Nach dieser auf Drängen Frankreichs durchgeführten Offensive, begann sich die Armee aufzulösen. Die Soldaten desertierten in großer Zahl. Die Regierung verlor ihr Ansehen.[442] Trotz dieser katastrophalen Lage wurde die Februarregierung mit Aleksandr Kerenskij, der seit Juli 1917 auch das Amt des Ministerpräsidenten innehatte, von den Westmächten massiv unter Druck gesetzt, den Krieg weiterzuführen. Elihu Root, Leiter einer amerikanischen Delegation, brachte die Forderungen auf den Punkt: „Kein Krieg mehr – keine Kredite mehr!"[443] Zugleich musste die Regierung sich mit fast überall aufkommenden nationalen separatistischen Bewegungen befassen. Die Zentralgewalt versagte. Ein Gesamtstaat existierte nicht mehr.[444] In der Oktoberrevolution schließlich stürzten die Bolschewiki, eine Kraft, die von Deutschland gestärkt worden war, die bürgerliche Regierung. Wieder einmal war in einer der größten Krisen des Landes eine Einmischung von außen erfolgreich. Eine legitime Regierung war mit militärischer Gewalt in einem Staatsstreich gestürzt worden. Erst „was danach kam, summierte sich zu einer Revolution."[445] Im Dezember 1917 nahmen sie dem Militär den letzten Halt, als sie die Wahl der Kommandeure durch die Soldaten verfügten, alle Dienstgrade aufhoben und es zuließen, dass hunderttausende Soldaten desertierten, um bei der Umverteilung des Bodens in ihrer jeweiligen Heimat zu sein. Die von ihnen aufgestellte revolutionäre Milizarmee war jedoch nicht kampfkräftig und so besannen sie sich Ende Februar 1918, unter dem Eindruck des militärischen Debakels gegen die regulären deutschen Verbände, auf die Prinzipien der Kaderarmee. Zehntausende ehemalige Offiziere wurden schon bei der Gründung der Roten Armee wieder angeworben und, überwacht durch Politkommissare, mit Führungsfunktionen betraut. In der Konsequenz wurde Ende März 1918 die Wahl der Kommandeure wieder abgeschafft. Im April trat die Wehrpflicht erneut an die Stelle

---

442 Vgl. Hildermeier, Manfred (2004): Russische Revolution, Fischer Taschenbuch Verlag, Frankfurt am Main, S. 20-21.
443 Zitiert nach Vogelsberger, Hartwig A. (1998): Die letzten Zaren. Rußland auf dem Weg zum Revolution, Bechtle Verlag, Esslingen/München, S. 324.
444 Vgl. Hildermeier, Manfred (2004): Russische Revolution, Fischer Taschenbuch Verlag, Frankfurt am Main, S. 22-23.
445 Hildermeier, Manfred (2004): Russische Revolution, Fischer Taschenbuch Verlag, Frankfurt am Main, S. 38.

der freiwilligen Meldung zur Armee.[446] Es hatte sich erwiesen, dass alte Strukturen nicht ohne weiteres ersetzt werden konnten. Auch dürfte die Übernahme des alten Offizierkaders dazu beigetragen haben, deren Denk- und Handlungsweisen sowie deren Präferenzsystem, zumindest in einem gewissen Umfang[447], über die Umbruchsituation hinweg getragen zu haben.

Im Januar 1918 weigerten sich die Bolschewiki, der frei gewählten *Konstituierenden Versammlung*, die zentrale Fragen wie den Landbesitz, die Arbeiterkontrolle sowie die Verfasstheit des Staates beantworten sollte, die Macht zu übergeben, obgleich sie bei den Wahlen im November/Dezember 1917 nur 24,5 Prozent der Stimmen erhalten hatten. Sie forderten, unterstützt von den Roten Garden, die Anerkennung der Rätemacht. Als die Abgeordneten sich weigerten, boykottierten sie zunächst die Versammlung und verkündeten am Folgetag die Auflösung der Versammlung. Die Abgeordneten, die vor einem Bürgerkrieg zurückschreckten, flohen aus Petersburg. In der Folgezeit zentralisierten die Bolschewiki die Macht und griffen auf Gewalt und Repression zurück, um gegen den wachsenden Widerstand vorzugehen.[448] Damit nutzten sie die gleichen Lösungsansätze, die auch bislang in der strategischen Kultur verankert waren. Im März 1918, nach dem schmählichen Frieden von Brest-Litovsk und dem Wegfall der Loyalität zum Zaren und seiner Dynastie, brach das Reich auseinander. Zahlreiche Territorien erklärten ihre Unabhängigkeit. Gegenrevolutionäre Kräfte, die Weißen, führten mit internationaler Unterstützung einen blutigen Bürgerkrieg gegen die Bolschewiki, die Roten. Nach Hildermeiers Auffassung nahm der Bürgerkrieg deshalb eine solche Dimension an, weil mehrere Faktoren zusammen kamen: (1) Der innere Kampf der Bolschewiki um die Herrschaft, (2) der äußere Kampf gegen die Intervention der Alliierten und (3) die

---

446 Vgl. Altrichter, Helmut (1981): Staat und Revolution in Sowjetrussland 1917-1922/23, Erträge der Forschung, Band 148, Wissenschaftliche Buchgesellschaft, Darmstadt, S. 165-176.

447 Der Anteil der alten Kader ging in der rasch wachsenden Roten Armee deutlich zurück. Besetzten sie im Oktober 1918 ca. 50 Prozent der Führungsposten, so war ihr Anteil Ende 1920 auf 34% gesunken. Vgl. Altrichter, Helmut (1981): Staat und Revolution in Sowjetrussland 1917-1922/23, Erträge der Forschung, Band 148, Wissenschaftliche Buchgesellschaft, Darmstadt, S. 179, 183.

448 Vgl. Hildermeier, Manfred / Schubin, Alexander (2014): „Roter Oktober". Die Machtübernahme durch die Bolschewiki, in: Deutschland – Russland. Band 3, Das 20. Jahrhundert, Hrsg. Altrichter, Helmut / Ischtschenko, Wiktor / u.a., Oldenburg Verlag, München, S. 30-32.

Sezessionsbewegungen.[449] 1920 hatten die Roten den Kampf für sich entschieden – nicht nur aufgrund der inzwischen gut organisierten Roten Armee, sondern auch weil sie Bauern und Nationalitäten Konzessionen gemacht hatten.[450] Im Dezember 1922 wurde die Sowjetunion gegründet.

3.3.2 Zusammenführung der Zwischenergebnisse

Die Öffnung Russlands zum Westen, die Europäisierung des Militärs und viele weitere bedeutsame Entwicklungen in der Epoche des Russischen Kaiserreichs nahmen ihren Anfang bereits in der vorangegangen Epoche. Dies legt nahe, dass zu Beginn des Kaiserreichs keine wesentlichen Umbrüche der strategischen Kultur zu erwarten sind.

(1) Autoritäre Herrschaft: Pëtr eröffnete mit der Annahme des Titels ‚Kaiser' eine neue Epoche. Er ließ jedoch die Machtverhältnisse am Hof unverändert. Die Einstellungen der Eliten blieben, trotz aller Neuerung in der Lebensführung, gleich. Die wohl wesentlichste Neuerung war die Überhöhung des Staates, die sich im Aufbau von Verwaltungsstrukturen widerspiegelte. Auch wenn der Staat sogar über der Person des Monarchen stehen sollte, blieb in praxi die autokratische Macht der Herrscher hiervon bis in die zweite Hälfte des 19. Jahrhunderts unberührt. Die Bürokratie wurde aber immer mehr zu einem eigenen Machtfaktor. Mit der Schaffung des *Synods* machte Pëtr sich die Kirche untertan. Sie war fortan quasi Teil des Verwaltungsapparates, verantwortlich für die ideologische Lenkung der breiten Bevölkerung. Die starke autoritäre Herrschaft behinderte die Entstehung eines Bürgertums und damit auch der Wirtschaft. Sie kann als wesentliche Ursache von Russlands Rückständigkeit erachtet werden. Dennoch wurde die Autokratie nahezu während der gesamten Epoche als die Garantin politischer Stabilität gesehen. Versuche, unter Ekaterina II. die Entwicklung eines Bürgertums nachzuholen, wurden aus Furcht vor ähnlichen Entwicklungen wie der Französischen Revolution wieder aufgegeben. Experimente, entwickelten Völkern wie den Polen mehr Freiheiten zu gewähren als im Kernland üblich, scheiterten wiederholt. Die Erhebungen, die aus ihnen hervorgingen, bremsten eine weitere Liberalisierung der Gesellschaft. Wendepunkt in der russischen Geschichte war der Blutsonntag 1905, bei dem das Band der Einheit zwischen Zar und Volk zerrissen wurde. Der über Jahrhunderte unerschütterliche Glaube an

---

449 Vgl. Hildermeier, Manfred (2004): Russische Revolution, Fischer Taschenbuch Verlag, Frankfurt am Main, S. 59.
450 Vgl. Kappeler, Andreas (2002): Russische Geschichte, 3. Auflage, Verlag C.H. Beck, München, S. 33-35.

die Autokratie ging bei den einfachen Menschen verloren. Nur wenige Monate später sah sich Nikolaj II. gezwungen, das Oktobermanifest zu unterschreiben, das Russland in eine halbkonstitutionelle Monarchie verwandelte. Die folgenden Jahre waren geprägt von einem ständigen Kampf des Zaren, Machtbefugnisse zurückzugewinnen. Unter den Belastungen des Ersten Weltkrieges brach die Herrschaft der Romanovs aber endgültig zusammen. Der Zar wurde 1917 zur Abdankung gezwungen. Die bisherigen jahrhundertealten Strukturen waren nicht mehr in der Lage, die Probleme der Zeit zu lösen. Damit ergab sich ein starkes Moment, das einen Wandel der strategischen Kultur hätte einleiten können. Die demokratische Republik lebte jedoch nur wenige Monate und wurde alsbald von den Bolschewiki blutig hinweggefegt. Die Entwicklungen insbesondere zwischen 1905 und dem Ende der demokratischen Republik waren zu begrenzt und zu kurzlebig, um die strategische Kultur des Landes nachhaltig zu beeinflussen.

(2) Streben nach Sicherheit: Das oberste Streben der Zaren galt der Sicherung von Stabilität nach innen wie nach außen. Die Sorge um die innere Stabilität verhinderte gesellschaftliche Entwicklungen. Bürgerliche Rechte, soziale Gerechtigkeit und Menschlichkeit wurden hintan gestellt, nicht erkennend, dass langfristig innere Stabilität dieser Faktoren bedarf. Die Furcht vor Revolutionen führte erst recht zu einem Festhalten an autoritären Herrschaftsstrukturen. Der *Pugačëv-Aufstand*, die Folgen der Französischen Revolution, der *Dekabristenaufstand*, die '48er-Revolutionen sowie die Unruhen in Polen dienten als nachdrücklicher Beleg für die Richtigkeit des eigenen Handelns. Oftmals sah man in den inneren Unruhen eine Verwicklung äußerer Feinde. Wenn Historiker beispielsweise den *Dekabristenaufstand* nicht wie Nikolaj I. als Bestandteil einer europaweiten Verschwörung werten, so war doch dessen Wahrnehmung durch die bereits vorhandene strategische Kultur geprägt und hat sie selbst weiterhin bestärkt. Bis in die heutige Zeit ist jedem Bürger Russlands die unselige Verquickung des Deutschen Reiches bei der Unterstützung der Revolution der Bolschewiki bekannt. Sie zwang nicht nur Russland zur Unterschrift unter den Diktatfrieden von Brest-Litovsk, sondern brachte die gesamte Entwicklung des Landes für 70 Jahre aus der Spur. Millionen Menschen zahlten mit ihrer Freiheit und ihrem Leben. Wenn Präsident Putin darauf hinweist, das Land habe genügend Revolutionen ertragen und könne sich keine weitere leisten, dann bezieht er sich bewusst nicht nur auf den Zusammenbruch der Sowjetunion, sondern hebt auch explizit auf die Revolution der Bolschewiki ab.

Instabile Grenzen waren stets ein Grund großer Besorgnis. Im 17. und 18. Jahrhundert, einer Zeit, in der die strategische Wahl nur zwischen erobern und erobert werden bestand, überwog in Russland eine überwiegend pessimistische

Wahrnehmung der eigenen Lage. Vor diesem Hintergrund beabsichtigte Russland, seine gefährlichsten Gegner, Schweden, Polen und die Türkei, zu neutralisieren und auf deren Kosten zu expandieren – „nothing less than a revolution in the status and political relations of all the countries of northern, eastern, and southern Europe."[451] Ein Vorgehen, das wiederum die Außenwahrnehmung Russlands als imperiale Macht nachhaltig prägen und Russland zugleich nur tiefer in die europäischen Konflikte ziehen sollte.

Napoleons Überfall im Jahr 1812, der nur unter Aufbringung sämtlicher Kräfte zurückgeschlagen werden konnte, sollte die russische Wahrnehmung seiner Außenwelt nachhaltig prägen. Während des Kaiserreiches wurde jährlich des Sieges über Napoleon gedacht. 2012 erinnerte sich das moderne Russland auf vielfältige Weise des Einfalls in das Land vor 200 Jahren. Eine besondere Note bekam Napoleons Überfall dadurch, dass das größte nichtrussische Truppenkontingent aus 100.000 Polen bestand und sich die Polen im Westen Russlands sogleich gegen Moskau erhoben. Dies bestätigte alle Erfahrungen, die Russland seit dem Versuch Polens, die Tscherwener Rus zu erobern, in den vergangenen Jahrhunderten mit den Polen gemacht hatte. Die Niederlage im Krimkrieg gegen die europäische Allianz hatte Russland nachhaltig geschwächt und verunsichert. Es war sich der anti-russischen Stimmung in weiten Teilen Europas bewusst und fürchtete über lange Zeit ein Wiederaufleben der gegnerischen Allianz zur erneuten Reduzierung des russischen Einflusses. Ein künftiger lokaler Krieg barg somit die große Wahrscheinlichkeit, sich wieder in einen großen Krieg auszuwachsen. Gleichzeitig sahen sich nach dem Krimkrieg weite Kreise in Russland als Verteidiger der Orthodoxie. Die Wahrnehmung war, dass sich Russland sowohl aufgrund religiöser als auch machtpolitischer Erwägungen seiner Gegner verteidigen musste. Russlands Expansion nach Zentralasien, in der eigenen Wahrnehmung zur Sicherung seiner dortigen Grenzen, brachte es in eine Konfliktspirale mit Großbritannien, das seine Besitzungen in Indien gefährdet sah. Die USA traten ihm in Asien mit einer *Politik des Containments* gegenüber. Für Russland erweckte dies den Eindruck, wohin es sich auch wandte, von Feinden umgeben zu sein. Selbst die Eskalation, die zum Ersten Weltkrieg führte, basierte auf der Grundlogik, Russland müsse sich gegen einen Angriff wappnen.

(3) Gewalt als Mittel: Aufgrund seines Bedrohungsempfindens sah sich Russland Ende des 19. Jahrhunderts gezwungen, die größte Militärmacht der russischen Geschichte zu unterhalten. In seinem empfundenen permanenten

---

451 Fuller, William C. Jr. (2010): Strategy and Power in Russia 1600-1914, The Free Press, New York/Toronto/Oxford/u. a. O., S. 453-454.

Überlebenskampf setzte das Land, wenn es bedroht war oder sich bedroht fühlte, in der Regel auf militärische Macht. Es war bereit, enorme Verluste hinzunehmen, wenn es keinen anderen Weg sah. Aber nicht immer setzte Russland von sich aus auf Krieg. Die Katastrophe des Krimkriegs verursachte zumindest in Teilen der militärischen und politischen Elite einen solchen Schock, dass diese kriegsmüde wurde. Ihnen war bewusst geworden, dass jeder auch noch so kleine Konflikt die Gefahr eines totalen Krieges mit sich brachte. Der Zar wollte den Krieg mit Japan vermeiden. Der Zar wollte den Ersten Weltkrieg vermeiden. Von ihm ging der Anstoß zur Haager Friedenskonferenz aus, die Krieg für immer bannen sollte. Er war in dieser Hinsicht seiner Zeit voraus. Seine Initiative war aufgrund der Interessen der anderen Mächte zum Scheitern verurteilt. Den wesentlichen Schritt zur Eskalation hin zum Ersten Weltkrieg machte der Zar mit der aus Angst veranlassten Mobilmachung. War auch das Streben nach Sicherheit ein bedeutsamer Faktor zu Beginn der sich zuspitzenden Krise, so wurden zunehmend Fragen der Würde und des Respekts, gemeinhin das Streben nach Anerkennung, zu einer eskalationsfördernden Kraft.

(4) Streben nach Anerkennung: Die Rückständigkeit des Landes gegenüber Europa reflektierte sich in einem ausgeprägten Streben nach Anerkennung. Es befeuerte die Diskussion über Russlands Rolle in der Welt und spielte eine bedeutsame Rolle bei der Herausformung der russischen Identität. Fragen der Würde und Ehre konnten ausschlaggebend sein bei der Entscheidung für Krieg oder Frieden.

(5) Streben nach Abschottung: Diese Präferenz war während der Epoche des Kaiserreiches sehr unterschiedlich ausgeprägt. Während Pëtr die Öffnung des Landes in vielen Bereichen von Militär, Gesellschaft und Kultur förderte, versuchten spätere Herrscher das Land von westlichen Entwicklungen mit allen Mitteln abzuschotten. Eine besondere Bedeutung kam in diesem Zusammenhang der Abwehr der Ideen der Französischen Revolution zu. Diese waren gegen die autokratische Grundüberzeugung der Eliten gewandt. Die rasche Machtexpansion Frankreichs – und damit seiner Ideen – machte ein Aufeinanderprallen unumgänglich. Nach der Niederwerfung Napoleons wurde Russland zu einer bestimmenden Macht bei europäischen Fragen. Die Entwicklung der russischen Idee war ebenfalls geprägt von der Frage, wie europäisch Russland tatsächlich sei beziehungsweise sein sollte. Die Revolutionen von 1848 führten zu einer erneuten Abschottung des Landes, um diese systemzerstörenden Gedanken fernzuhalten.

(6) Großmachtstreben: Die Grenzen der Großmacht Russland mussten selbst zu Friedenszeiten stark bewacht werden. Und wenn es dennoch zum Krieg kam, war Russland dem hohen Risiko ausgesetzt, gleichzeitig einen äußeren

Feind und eine Erhebung im Inneren bekämpfen zu müssen.[452] Russland war gezwungen, in einem außergewöhnlich hohen Maß Ressourcen zur Schaffung und Bewahrung seiner militärischen Fähigkeiten aufzuwenden. Die verzögerte Entwicklung der Gesellschaft stand jedoch der Gewinnung der erforderlichen Ressourcen zunehmend entgegen.

Auch wenn Russland formal erst nach der Befreiung Europas von Napoleon als Großmacht bezeichnet wurde, galt auch zuvor das Streben der Zaren stets der Wahrung einer Großmachtstellung. Nur aus dieser Position der Stärke heraus vermeinte man, das Streben nach Sicherheit befriedigen zu können. Die Russland als Retter Europas zufallende Rolle war jedoch nicht intendiert, sondern ergab sich in Folge der erfolgreichen Abwehr der französischen (westlichen) Aggression. Unter Nikolaj I. erreichte das Kaiserreich seinen größten Einfluss auf Europa – und verlor ihn kurze Zeit später in der verheerenden Niederlage, die ihm Großbritannien, Frankreich und Sardinien-Piemont im Krimkrieg beifügten. William Fuller sieht die katastrophale militärische Niederlage in der Mandschurei, die die Revolution von 1905 auslöste, als den eigentlichen Wendepunkt in der imperialen Geschichte Russlands.[453]

(7) Missachtung des Individuums: Die gesamten Anstrengungen des russischen Staates im 18. Jahrhundert galten dem Militär.[454] Russlands Rückständigkeit bestimmt dabei Strategie und Operationsführung.[455] Die Leibeigenschaft diente in diesem Rahmen dem Überleben des Staates. Sie ermöglichte es, aus dem Volk militärische Macht zu generieren. Die Eliten des Staates waren davon überzeugt, dass die Leibeigenschaft in Verbindung mit der Autokratie die Basis russischer Größe darstellte. Der Sieg über Napoleon 1812 bestätigte sie in ihrer Annahme.[456] Die Entwicklung der Gesellschaft wurde stets durch das Streben nach Sicherheit behindert. Die Stabilität der bestehenden Verhältnisse hatte Vorrang vor der Gewährung bürgerlicher Freiheiten. Zugleich gebaren die verkrusteten gesellschaftlichen Verhältnisse aber die Unzufriedenheit, die zu inneren

---

452 Vgl. Fuller, William C. Jr. (2010): Strategy and Power in Russia 1600-1914, The Free Press, New York/Toronto/Oxford/u. a. O., S. 452-453.
453 Vgl. Fuller, William C. Jr. (2010): Strategy and Power in Russia 1600-1914, The Free Press, New York/Toronto/Oxford/u. a. O., S. 394.
454 Vgl. Fuller, William C. Jr. (2010): Strategy and Power in Russia 1600-1914, The Free Press, New York/Toronto/Oxford/u. a. O., S. 454.
455 Vgl. Fuller, William C. Jr. (2010): Strategy and Power in Russia 1600-1914, The Free Press, New York/Toronto/Oxford/u. a. O., S. xix.
456 Vgl. Fuller, William C. Jr. (2010): Strategy and Power in Russia 1600-1914, The Free Press, New York/Toronto/Oxford/u. a. O., S. 455.

Unruhen führte. Als der Zar nach der Revolution von 1905 halbherzig auf die Forderungen seiner Bevölkerung reagierte, konnte dies das System nicht mehr stabilisieren. Insbesondere die Erfahrungen des ressourcenzehrenden Krimkriegs verdeutlichten aber die Notwendigkeit, zumindest die Lebensverhältnisse der Menschen zu verbessern. Der Zar, wenn auch nicht die gesamte Elite, wollte weder den Kraftakt eines Krieges mit Japan, noch den eines Krieges mit Deutschland eingehen, sah sich aber gezwungen, der Bevölkerung deren Lasten aufzuerlegen.

Zusammenfassend kann festgestellt werden, dass Pëtr I., trotz zahlreicher Neuerungen, die strategische Kultur des Landes nicht maßgeblich neu geprägt hat. Die meisten Präferenzen veränderten sich während der Zeit des Kaiserreiches bestenfalls in Nuancen. Ausnahmen hiervon sind lediglich die stark schwankende Bereitschaft, Russland nach außen zu öffnen, sowie die nach dem Krimkrieg zumindest in Teilen der Elite abnehmende Bereitschaft zum Einsatz von Gewalt in den äußeren Beziehungen.

Abbildung 5: Parameter der strategischen Kultur während der Epoche des Russischen Kaiserreichs

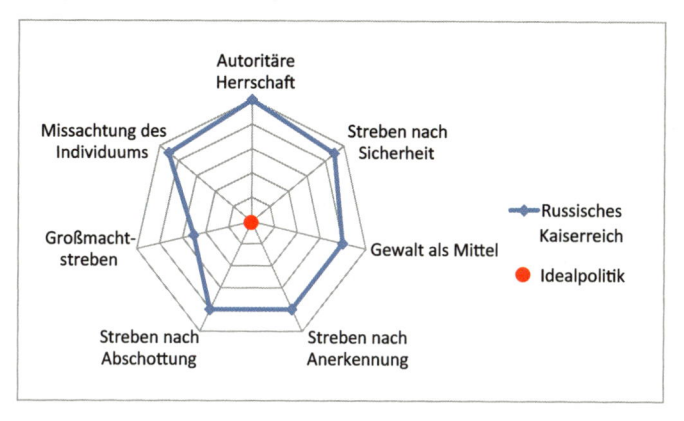

Markant ist, wie eng in der russischen Wahrnehmung der Imperialismus verbunden ist mit dem eigenen Streben nach Sicherheit. Wie überhaupt das Streben nach Sicherheit sich stark auf weitere Präferenzen auswirkte. So machte sich beispielsweise aufgrund der rasanten gesellschaftlichen Entwicklungen in den westlichen Großmächten Russlands Rückständigkeit immer stärker bemerkbar. Es entstand ein Teufelskreis: Gesellschaftliche Entwicklungen wurden aus Furcht vor Instabilität nur schleppend angegangen. Das unbefriedigte Verlangen der Menschen nach mehr Rechten verursachte wiederum Instabilität. Das Festhalten an dem autokratischen System wurde als probates Mittel zur Generierung der für die Wahrung äußerer Sicherheit erforderlichen Kräfte gesehen, zugleich aber verhindert es die Entwicklung einer produktiveren Gesellschaftsform – eine Erscheinung, die sich in der nächsten Epoche noch folgenschwerer bemerkbar machen sollte.

3.4 Sowjetunion (1920-1991)

Die Ereignisse der jüngeren sowjetischen Geschichte sind den meisten noch gegenwärtig. In diesem Kapitel werden aber nicht alle bekannten Schwingungen der Ära Stalins, des Kalten Krieges oder der *Perestroika* nachgezeichnet. Vielmehr geht es weiterhin darum, charakteristische, die strategische Kultur Russlands prägende Faktoren herauszuarbeiten. Aus diesem Grund wird auch dem Beginn des Kalten Krieges breiterer Raum eingeräumt als den mit ihm verbundenen Irrungen und Wirrungen.

3.4.1 Wesentliche gesellschaftliche und außenpolitische Ereignisse

„Die Revolution von 1917 führte, weil von außen so gewollt, abermals zu einer politisch weitreichenden Isolation Rußlands, d.h. Sowjetrußlands/der UdSSR."[457] Begleitet wurde die Geburt der Sowjetunion durch Interventionen externer Mächte. So standen unter anderem amerikanische, britische, französische und japanische Truppen auf russischem Boden. Zwischen 1918 und 1920 entsandte alleine die USA 10.000 Soldaten, um Lenins Sturz zu unterstützen. Die Weiße Armee erhielt massive materielle und finanzielle Unterstützung. In der sowjetischen Wahrnehmung war auch der Polnisch-Sowjetische Krieg (1919-1921) Bestandteil dieser Intervention. Polen beabsichtigte die Schaffung einer osteuropäischen Konföderation unter seiner Führung, um einem Wiedererstarken Russlands entgegenzuwirken. Den polnischen Truppen gelang es nach einem wechselvollen Kriegsverlauf, die Grenze um mehr als 150 Kilometer nach Osten, mitten durch Weißrussland und die Ukraine verlaufend, zu verschieben.[458] Heiko Haumann weist darauf hin, dass die „traumatische Erfahrung" der Intervention die Einstellung der Bolschewiki gegenüber dem Westen sowie ihre

---

457 Jähne, Armin (1997): Moskau – das "Dritte Rom". Zu Rußlands politischem Selbstverständnis, in: Sitzungsberichte der Leibnitz-Sozietät, Vol. 18, Nr. 3, S. 106.
458 Als Ende der 1980er Jahre Polen von der Sowjetunion Aufklärung über die auf Geheiß Stalins 1940 in Katyn Ermordeten haben wollte, erinnerte Valentin Falin, damals Kandidat des Zentralkomitees, daran, in diesem Zusammenhang von Polen „Aufklärung des Schicksals der 1920/21 in Polen verschollenen sowjetischen Kriegsgefangenen" zu erlangen. Zehntausende seien im Nirgendwo untergegangen.

gesamte außenpolitische Konzeption nachhaltig bestimmt hat. „Die Bolschewiki sahen sich in einer »belagerten Festung«, lebensgefährlich bedroht durch eine »kapitalistische Einkreisung«."[459] Dies führte dazu, dass sich gerade wegen der ausländischen Truppen viele Russen Lenin anschlossen. Die sowjetischen Führer sahen sich in ihrer Wahrnehmung einer kapitalistischen Einkreisung auch deshalb bestärkt, weil die Westmächte auf der Versailler Friedenskonferenz, zu der Russland trotz des Schulterns größter Kriegslasten nicht geladen war, versuchten, Russland in Europa zu isolieren. Die Westmächte schufen mittels eines Rings von Pufferstaaten einen militärischen cordon sanitaire. Wie John Dziak konstatiert, wurde für Lenins Partei der ständige Kampf bei allen innen- und außenpolitischen Fragen konstitutiv.[460] Seit dieser Zeit werden jegliche inneren Oppositionskräfte als ausländische Agenten bezeichnet. Stalin diente die Angst vor einer kapitalistischen Umkreisung dazu, den sofortigen Export des Sozialismus zu begründen: „Kann man annehmen, daß diese Gegensätze [zwischen dem Land des Sozialismus und den Ländern des Kapitalismus] durch ein Land völlig überwunden werden können? Nein, das kann man nicht. Denn die Anstrengungen eines Landes, selbst wenn dieses Land das Land der proletarischen Diktatur ist, genügen nicht, um es gegen die Gefahr einer Intervention völlig zu sichern. Eine volle Garantie (…) ist (…) nur im internationalen Maßstab (…) möglich."[461] Der Erfolg des eigenen Systems wird von ihm nicht als stabilisierend, sondern als konfliktverschärfend gesehen: „aus all dem ergibt sich, daß in dem Maße, wie wir vorwärtsschreiten, der Widerstand der kapitalistischen Elemente wachsen, daß der Klassenkampf sich verschärfen wird"[462].

Während der Wirren der Revolution waren viele Gebiete von Russland abgefallen. Aber bereits 1922 waren die meisten Territorien wieder zurückgewonnen. Dabei war das Vorgehen vorrangig bestimmt durch Machtpolitik und weltrevolutionärem Expansionismus und nicht vom Selbstbestimmungsrecht der Völker.

Falin, Valentin (1993): Politische Erinnerungen, Übersetzung Heddy Pross-Weerth, München, S. 446.
459 Haumann, Heiko (1996): Geschichte Russlands, Piper Verlag, München, S. 476-477.
460 Vgl. Dziak, John J. (1981): Soviet Perceptions of Military Power: The Interaction of Theory and Practice, National Strategy Information Center, Inc., New York, S. 18.
461 Zitiert nach Hoffmann, Martin / Osburg, Florian / Schützler, Horst (1994): Aufstieg und Zerfall einer Weltmacht, Die Sowjetunion von 1917 bis 1991, Buchners Edition Geschichte, Heft 3, 1. Auflage, Bamberg, S. 55-56.
462 Zitiert nach Hoffmann, Martin / Osburg, Florian / Schützler, Horst (1994): Aufstieg und Zerfall einer Weltmacht, Die Sowjetunion von 1917 bis 1991, Buchners Edition Geschichte, Heft 3, 1. Auflage, Bamberg, S. 57.

Dies verwundert nicht, da „der typische russische Bürokrat (…) vom Zarismus übernommen und nur ganz leicht mit Sowjetöl gesalbt"[463] sei, wie Lenin es nannte. In den Folgejahren verfolgte Russland konsequent eine Politik des „Sammelns der Länder des Zarenreiches". Im Westen geschah dies durch Vereinbarungen wie dem deutsch-sowjetischen Nichtangriffspakt, der die Interessensphären zwischen den Vertragspartnern aufteilte, genauso wie später mit Forderungen Stalins gegenüber Roosevelt und Churchill, dass Teile Polens, Finnlands und Rumäniens, die zum zaristischen Russland gehört hatten, in einer Nachkriegsordnung wieder Russland zufallen sollten.[464]

Die 1922 kontrollierten Gebiete wurden in einer föderativen Struktur zur Union der Sozialistischen Sowjetrepubliken (UdSSR) zusammengefasst. Die nationalen Gebietseinheiten erhielten zunächst weitgehende kulturelle Freiheiten. Die Neue Ökonomische Politik, die in begrenztem Maße Privatbesitz und Marktwirtschaft erlaubte, trug wesentlich zum Wiederaufbau bei und versöhnte die Bauern mit dem sowjetischen System.[465] 1928 führte Stalin jedoch eine zentralisierte Planwirtschaft ein, um den baldigen Durchbruch zum Sozialismus mittels einer forcierten Industrialisierung sowie der Kollektivierung der Landwirtschaft zu erreichen. Diese „Revolution von oben" sollte die wirtschaftliche, soziale und politische Struktur des Landes nachhaltig verändern. Zwar wurde die Sowjetunion von einem Agrar- zu einem Industriestaat verwandelt, aber bereits jetzt zeichnete sich ab, dass die Konsumgüterindustrie in ihrer Entwicklung zurückblieb. Die Zwangskollektivierung führte zu Hungersnöten, denen Millionen Menschen zum Opfer fielen. In dieser Zeit entwickelte sich das Herrschaftssystem hin zu einer faktischen Alleinherrschaft Stalins. Der Aufbau einer Diktatur in Partei und Staat wurde begleitet durch Massenterror, der bis Mitte der 1950er Jahre anhielt und dem ebenfalls Millionen von Unschuldigen zum

---

463 Zitiert nach Kappeler, Andreas (2008): Rußland als Vielvölkerreich, Entstehung, Geschichte, Zerfall, 2. Auflage, Verlag C.H. Beck, München, S. 301.
464 Vgl. LaFeber, Walter (1985): America, Russia, and the cold war, 1945-1984, 5., überarbeitete Auflage, Cornell University, New York, S. 8-9.
465 Die Not im Land war groß. Erreichte die Großindustrie 1917 noch 77 Prozent ihrer Vorkriegsproduktion, war der Wert 1920 auf nur mehr 18 Prozent gefallen. Das für die Verteilung der Lebensmittel und Waren existenziell wichtige Transportsystem lag am Boden. 1920 waren über 60 Prozent der Lokomotiven ausgefallen. Vgl. Altrichter, Helmut (2001): Kleine Geschichte der Sowjetunion: 1917-1991, 2., durchgesehene und erweiterte Auflage, München, S. 48.

Opfer fielen.[466] Obgleich die Herrschaft bei der Kommunistischen Partei zentralisiert war, personifizierte sich in Iosif Stalin der Führerkult in einer Art und Weise, wie er selbst aus der Zarenzeit nicht bekannt war. Die Bürokratie, die sich inzwischen völlig anders als zur Zarenzeit rekrutierte – aber offensichtlich in die gleichen Fußstapfen der strategischen Kultur getreten war – stellte dabei die elementare Stütze des politischen Systems.[467] Wobei nicht übersehen werden darf, dass es auch im sowjetischen Apparat zu Rivalitäten innerhalb der Bürokratie kam.[468] Der Bereich der Außenpolitik war, wie Tatyana Romanova mit Verweis auf eine Studie von Dmitri Trenin und Bobo Lo feststellt, traditionell der Bürokratie entzogen und fiel in den Kompetenzbereich des jeweiligen Herrschers.[469] Dies bedeutete vor allem, dass die Präferenzen einer kleinen Subkultur die außen- und sicherheitspolitischen Orientierungen des Landes deutlich prägten.

Das Bedürfnis, ein autokratisches Herrschaftssystem zu etablieren war zum einen in der strategischen Kultur verankert. Zum anderen erklärt sich dieses Bedürfnis laut George Kennan, einem amerikanischen Diplomaten und intimen Kenner der frühen Sowjetunion, wie folgt: „The circumstances of the immediate post-revolution period – the existence in Russia of civil war and foreign intervention, together with the obvious fact that the Communists represented only a tiny minority of the Russian people – made the establishment of dictatorial power a necessity." Später, als die Überbleibsel des Kapitalismus in Russland beseitigt waren, wurde es dann notwendig, „to justify the retention of the dictatorship by stressing the menace of capitalism abroad."[470] Der Sieg dieses Systems im *Großen Vaterländischen Krieg* trug wesentlich zu seiner Legitimierung bei.[471] Andrei Kozyrev, der erste Außenminister der Russischen Föderation, bewertete

---

466 Vgl. Kappeler, Andreas (2002): Russische Geschichte, 3. Auflage, Verlag C.H. Beck, München, S. 36-41.
467 Vgl. Plaggenborg, Stefan (2010): Das Erbe: Von der Sowjetunion zum neuen Russland, in: Länderbericht Russland, Hrsg. Pleines, Heiko / Schröder, Hans-Henning, Bonn, S. 33.
468 Vgl. Dziak, John J. (1981): Soviet Perceptions of Military Power: The Interaction of Theory and Practice, National Strategy Information Center, Inc., New York, S. 39.
469 Vgl. Romanova, Tatyana (2012): Neoclassical Realism and Today's Russia, in: Russia in Global Affairs, 7. Oktober, unter: http://eng.globalaffairs.ru/number/Neoclassical-Realism-and-Todays-Russia-15681 (Zugriff 09.02.2013).
470 Kennan, George F. (X) (1947): The Sources of Soviet Conduct, in: Foreign Affairs, Juli, unter: http://www.foreignaffairs.com/articles/23331/x/the-sources-of-soviet-conduct (Zugriff 20.03.2014).
471 Vgl. Kappeler, Andreas (2002): Russische Geschichte, 3. Auflage, Verlag C.H. Beck, München, S. 40.

dieses System hingegen abfällig: „However the totalitarian ideology of the Russian Bolsheviks (...) came to supplant totalitarian attitudes of the Russian tsars (...) Not only was the erstwhile empire reinstated under new ideological colors, it became more despotic and repressive, trampling upon freedom and the very existence of human beings."[472] Denn eng verbunden mit dem diktatorischen System war der Versuch, einen sowjetischen „neuen Menschen" zu schaffen – und dies bedeutete im Umkehrschluss, einen „alten Menschen" abzuschaffen.

Auch für die Russisch-Orthodoxe Kirche brachte das Ende des Kaiserreiches dramatische Veränderungen mit sich. Als Zar Nikolaj II. 1917 abdankte, verlor die Kirche zugleich ihr Oberhaupt. Eine Säule ihres Selbstverständnisses war weggebrochen. Von nun an sah sich die orthodoxe Kirche mit einem extrem kirchenfeindlichen Regime konfrontiert, einem Regime, das sie zunächst als nicht überlebensfähig einschätzte. So war es auch nicht verwunderlich, dass sie die Chance nutzte, nach rund 200 Jahren erstmals wieder einen Patriarchen zu wählen und auf das „Dekret über die Gewissensfreiheit" (1918), das sie ihres gesamten Besitzes beraubte, mit der Verdammung der Bolschewiken und dem Aufruf zum Widerstand reagierte. Sobald sich jedoch das Regime festigte, ging es verstärkt gegen die Kirche vor. 1927 war Metropolit Sergej gezwungen, eine Unterwerfungserklärung im Namen der gesamten Kirche abzugeben. Obgleich damit die Kirche zum Instrument der Bolschewiken wurde, sah sie sich dennoch schlimmster Verfolgung ausgesetzt. Hunderttausende Geistliche wurden in die Straflager verbracht. Nichtsdestotrotz sahen sich 1937 immer noch 56,7 Prozent der Sowjetbürger als „gläubige Christen". Eine Wende zugunsten der Institution der Kirche schien sich durch den Überfall Hitlers auf die Sowjetunion abzuzeichnen. Bereits am ersten Tag des deutschen Einmarsches rief der Metropolit zur Verteidigung des Vaterlandes auf. 1943 wurde die Kirche, um Spenden ihrer Anhänger sammeln zu können, als juristische Person anerkannt.[473] Bis Kriegsende leistete sie einen beachtlichen Beitrag zur Verteidigung des Vaterlandes. 1945 erreichte die Kirche ihre rechtliche Anerkennung. In den Nachkriegsjahren wurde sie somit zur einzigen legalen Opposition, war hierdurch aber einer intensiven

---

472 Zitiert nach Kozyrev, Andrei (1992): Russia: A Chance for Survival, in: Foreign Affairs, Vol. 71, Nr. 2, S. 3.
473 Zu diesem Zeitpunkt waren bereits alle Klöster und Ausbildungseinrichtungen geschlossen. Von den vormals 50.000 Kirchen waren nur noch 500 in Nutzung. Die Orthodoxe Kirche stand kurz vor ihrem Verschwinden. Vgl. Bremer, Thomas (2007): Kreuz und Kreml. Kleine Geschichte der orthodoxen Kirche in Russland, Verlag Herder, Freiburg im Breisgau/Basel/Wien, S. 54.

Infiltrierung durch den Geheimdienst ausgesetzt.[474] Diese Darstellung beschreibt jedoch nur die offizielle Geschichte der Russisch-Orthodoxen Kirche als Institution. Viel bedeutsamer ist das Hineintreten der bolschewikischen Ideologie in die spirituellen Fußstapfen der orthodoxen Kirche. Sie erklärte den Kommunismus zur unfehlbaren Staatsreligion und überzog das Land mit ihrer eigenen Art der Inquisition.[475] Der Zusammenhalt der Gesellschaft, den zuvor der orthodoxe Glaube über Jahrhunderte gewährleistete, sollte nun durch die Staatsideologie erreicht werden. Die im orthodoxen Glauben angelegte Weltflucht und das damit verbundene Sehnen nach einer besseren jenseitigen Welt fand ihren Widerklang im Zukunftsversprechen des Kommunismus. Und wie im Glauben wurde das Allgemeinwohl vor das Wohl des Individuums gestellt. So wie der Glaube verbreitet werden sollte, so sollte es mit der kommunistischen Ideologie geschehen. So wie der Glaube absolut war und die Zugehörigkeit des Menschen zum Zarenreich definierte, so war die Ideologie absolut und definierte die Zugehörigkeit der Menschen zum Sowjetstaat. Sergej Henke verweist darauf, dass so wie das „*Heilige Russland*" sich durch die Verwirklichung des Heilsplans Gottes legitimierte, so legitimierte sich die Sowjetunion durch die Verwirklichung des Kommunismus.[476] Das Phänomen Religion und Ideologie fasst Kristian Gustafson in dem Satz zusammen: „Religion and political ideology fulfill the same role when the state is founded upon them."[477]

Außenpolitisch begann die Isolation der Sowjetunion seit dem Abschluss des Vertrages von Rapallo zwischen dem Deutschen Reich und der Russischen Sozialistischen Föderativen Sowjetrepublik langsam zu bröckeln. Die Sowjetunion demonstrierte mit ihrer Teilnahme an den Abrüstungsverhandlungen des Völkerbundes (1927) und dem Beitritt zum Briand-Kellogg-Pakt (1928), der Krieg als Mittel der Politik verurteilte, Friedenswillen. Auch schloss sie mit zahlreichen

---

474 Vgl. Oschlies, Wolf (2007): Russische Orthodoxie. Patriarch und Putin überwinden die Kirchenspaltung nach über 60 Jahren, in: Eurasisches Magazin, Ausgabe 04-07, 30. April, unter: http://www.eurasischesmagazin.de/artikel/?artikelID=20070409 (Zugriff 20.05.2012).
475 Die Inquisition war ein Instrument der römisch-katholischen Kirche und als solches auf deren Einflussbereich beschränkt.
476 Vgl. Henke, Sergej (2003): Der russische Traum. Vormoderne Traditionen der politischen Kultur Russlands, Schriften zur politischen Theorie, Band 1, Verlag Dr. Kovač, Hamburg, S. 79.
477 Vgl. Gustafson, Kristian C. (2010): Echo of Empires: Russia's inheritance of Byzantine Security Culture, in: Journal of Slavic Military Studies, Vol. 23, Taylor & Francis Group, LLC, S. 577.

Nachbarstaaten Nichtangriffspakte und trat 1934 dem Völkerbund bei.[478] Dennoch verweigerten die USA diplomatische Beziehungen bis Ende 1933, also bis nach der Machtergreifung Hitlers. Zwischen 1934 und 1937 wiesen sie zwei Mal russische Aufforderungen, eine gemeinsame Politik gegen Japan und das Dritte Reich zu entwickeln, zurück. Spätestens die *Appeasement-Politik* der Westmächte gegenüber Hitler in München 1938 weckte bei Stalin schlimmste Befürchtungen. Beim 8. Parteitag der Kommunistischen Partei 1939 erklärte er, der Westen wolle Hitler gegen die Sowjetunion lenken. Im August 1939 unterzeichnete er mit Deutschland einen Nichtangriffspakt. Kurz nach dem deutschen Einmarsch in Polen besetzte Russland, wie in dem geheimen Zusatzprotokoll zum Nichtangriffspakt vereinbart, ab dem 17. September Ostpolen. Im November 1939 fiel Stalin in Finnland ein, um sich – so die russische Lesart – einen strategischen Puffer zu sichern. Aus amerikanischer Sicht war dies jedoch nur eine brutale Gewaltanwendung gegenüber einem kleinen Nachbarstaat. Als die Deutsche Wehrmacht im Juni 1941 in Russland einmarschierte, entschieden sich die USA dennoch, die Sowjetunion zu unterstützen.[479] Harry Truman, damals noch U.S. Senator, brachte die Position zahlreicher amerikanischer Politiker öffentlich auf den Punkt: „If we see that Germany is winning we should help Russia and if Russia is winning we ought to help Germany and that way let them kill as many as possible".[480]

Für die Sowjetunion ging es um die Existenz des Staates und seiner Bevölkerung, denn Hitler strebte nicht weniger an als die Vernichtung des Bolschewismus, die Beherrschung der „östlichen Untermenschen" und die Gewinnung von „Lebensraum".[481] Die Rote Armee geriet ins Wanken, konnte sich aber nach und nach stabilisieren. Stalin drängte die USA und Großbritannien, eine zweite Front in Westeuropa zu eröffnen. Die Westmächte unterstützten die Sowjetunion zwar massiv mit Material, verschoben aber den Zeitpunkt für die versprochene zweite Front immer wieder. Als im Juni 1944 die Landung in der Normandie begann, war sie für den Ausgang des Krieges nicht mehr entscheidend. In Stalins Wahrnehmung hatten die Alliierten die Sowjetunion bewusst die Hauptlast des

---

478 Vgl. Altrichter, Helmut (2001): Kleine Geschichte der Sowjetunion: 1917-1991, 2., durchgesehene und erweiterte Auflage, München, S. 93-94.

479 Vgl. LaFeber, Walter (1985): America, Russia, and the cold war, 1945-1984, 5., überarbeitete Auflage, Cornell University, New York, S. 3-6.

480 Zitiert nach LaFeber, Walter (1985): America, Russia, and the cold war, 1945-1984, 5,. überarbeitete Auflage, Cornell University, New York, S. 6.

481 Vgl. Altrichter, Helmut (2001): Kleine Geschichte der Sowjetunion: 1917-1991, 2., durchgesehene und erweiterte Auflage, München, S. 99.

Krieges tragen lassen.[482] Der Zweite Weltkrieg hatte für Russland die schwersten Verluste mit sich gebracht, die es je in einem Krieg zu tragen hatte. Zugleich war es aus dem Krieg als stärkste Macht auf dem Kontinent hervorgegangen und schickte sich an, die Rolle einer globalen Macht[483] einzunehmen. Dennoch prägten die Erfahrungen der 1930er und des Zweiten Weltkrieges Stalins Obsession, Sicherheit durch die Kontrolle von Raum zu erreichen.[484]

Bereits kurz nach Kriegsende kam es zu gravierenden Differenzen der Bündnispartner über die Nachkriegsordnung in Osteuropa. Aus Stalins Sicht stellten seine Partner in Frage, was sie ihm zuvor bereits gewährt hatten. Wenn die Westalliierten „von der mangelnden demokratischen Legitimierung der Regierungen in Osteuropa sprachen, hielt er ihnen entgegen, daß auch die italienische und die französische Regierung nicht aus Wahlen hervorgegangen waren; (…) und wenn die Partner Mitsprache in Osteuropa verlangten, stand aus seiner Sicht der Sowjetunion gleiches Recht in Westeuropa, im Mittelmeer oder in Nordafrika zu"[485]. Aus amerikanischer Sicht gab es neben dem politischen Faktor noch einen wirtschaftlichen Faktor, der zu Spannungen mit der Sowjetunion führte. Das kapitalistische System ist in seinem Kern ein internationales System. Kann es nicht entsprechend funktionieren, könnte es kollabieren. Es erfordert einen offenen Weltmarkt. Zudem besteht die Gefahr, dass geschlossene Wirtschaftsblöcke nicht nur den Handel behindern, sondern sich auch rasch zu politischen Blöcken entwickeln können. Bereits 1944 hatten die USA in Bretton Woods die Weltbank und den Internationalen Währungsfond geschaffen. Mit deren Hilfe brachen sie die britischen und französischen Wirtschaftsräume auf. Die beiden wirtschaftlich ruinierten Staaten hatten keine andere Wahl, als den amerikanischen Forderungen nachzukommen. In Europa forderten die USA einerseits offene Märkte, hatten aber andererseits Stalin zugestanden, weite Teile Osteuropas kontrollieren zu dürfen. Ein nicht auflösbarer Widerspruch. Und tatsächlich

---

482 Vgl. Altrichter, Helmut (2001): Kleine Geschichte der Sowjetunion: 1917-1991, 2., durchgesehene und erweiterte Auflage, München, S. 111-112.

483 In diesem Papier wird unter einer globalen Macht eine Macht verstanden, die präsent und beherrschend in großen Teilen der Welt ist. Davon unterschieden wird eine Großmacht mit globalen Interessen, also eine Macht, die ein Mitspracherecht in internationalen Angelegenheiten einfordert.

484 Vgl. Åslund, Anders / Kuchins. Andrew (2009): The Russia Balance Sheet, Peterson Institute for International Economics, Center for Strategic and International Studies, Washington, D.C., S. 17.

485 Altrichter, Helmut (2001): Kleine Geschichte der Sowjetunion: 1917-1991, 2., durchgesehene und erweiterte Auflage, München, S. 115.

verweigerten die Sowjets im Sommer 1946 eine Mitgliedschaft in der Weltbank und beim Internationalen Währungsfonds. Ihnen war die Kontrolle Osteuropas mehr wert als Kredite für den Wiederaufbau ihres zerstörten Landes.[486]

Truman, der nach dem Tod Roosevelts im April 1945 zum Präsidenten aufrückte, war außenpolitisch unerfahren und wollte auf alle Fälle den Eindruck einer *Appeasement-Politik* vermeiden. Auch Churchill sah Appeasement nicht als Antwort auf die Herausforderung durch die Sowjets, denen er in seiner berühmten Fulton-Rede im März 1946 unterstellte, eine unbegrenzte Expansion ihrer Macht und Doktrin anzustreben. Er ging so weit, davon zu sprechen: „From Stettin in the Baltic to Trieste in the Adriatic an iron curtain has descended across the Continent." Russland habe vor nichts weniger Respekt als vor Schwäche. Aus diesem Grund sei eine Politik des Gleichgewichts, die immer wieder Verlockungen böte, seine Stärke zu beweisen, ebenfalls nicht angemessen. Die westlichen Demokratien müssten unverrückbar zusammenstehen.[487] Kurz zuvor hatte bereits Stalin in einer Rede die ungleiche Entwicklung kapitalistischer Länder als Ursache für starke Verwerfungen innerhalb der kapitalistischen Welt bezeichnet, die letztlich zu Krieg führen würde. Dies sei bei beiden Weltkriegen der Fall gewesen. Der Sieg der Sowjetunion sei allein auf die sowjetische Gesellschaftsordnung, den sowjetischen Staat, die Rote Armee sowie die Vorbereitung des gesamten Landes auf eine aktive Verteidigung zurückzuführen.[100] Stalin konstatiert also bereits kurz nach dem Zweiten Weltkrieg, dass es nur eine Frage der Zeit sei, bis aufgrund der Systemgegensätze erneut ein Krieg ausbrechen werde, auf den man sich vorbereiten müsse. Eindrucksvoll verweist er in seiner Rede auf die „kolossale" Entwicklung des Landes in der Zeit von 1913 bis 1940. Daran gelte es bei den Vorbereitungen anzuknüpfen.

---

486 Vgl. LaFeber, Walter (1985): America, Russia, and the cold war, 1945-1984, 5., überarbeitete Auflage, Cornell University, New York, S. 9-12, 39.
487 Vgl. Churchill, Winston (1946): Speech – Iron Curtain, 5. März, Fulton, Missouri, unter: http://www.foia.cia.gov/sites/default/files/document_conversions/16/1946-03-05.pdf (Zugriff 05.04.2014).
488 Vgl. Stalin, Iosif V. (1946): Speech at a meeting of voters of the Stalin electoral district, („Origin and Character of the Second World War"), 9. Februar, Moskau, Pamphlet Collection, Foreign Languages Publishing House, 1950, unter: http://digitalarchive.wilsoncenter.org/assets/media_files/000/006/629/6629.pdf (Zugriff 05.04.2014), S. 22-33.

Tatsächlich war Europa zu dieser Zeit weniger durch die Streitkräfte der Sowjetunion gefährdet[489] als durch einen internen Kollaps. George Kennan nannte als Kernproblem nicht kommunistische Aktivitäten, sondern „the disruptive effects of the war on the economic, political, and social structure of Europe."[490] Für Reinhold Niebuhr, einen der einflussreichsten amerikanischen Denker der damaligen Zeit, machte dies keinen Unterschied. Er schrieb: „Russia hopes to conquer the whole of Europe strategically or ideologically."[491] Dieser Entwicklung galt es aus amerikanischer Sicht entgegenzutreten.

Am 12. März 1947 stellte Präsident Truman im U.S.-Kongress seinen Ansatz, wie mit totalitären Systemen umzugehen sei, vor: „One of the primary objectives of the foreign policy of the United States is the creation of conditions in which we and other nations will be able to work out a way of life free from coercion. (…) We shall not realize our objectives (…) unless we are willing to help free peoples (…) The seeds of totalitarian regimes are nurtured by misery and want. (…) If we falter in our leadership, we may endanger the peace of the world–and we shall surely endanger the welfare of this Nation."[492] Die sogenannte *Truman-Doktrin* markierte den Beginn des Kalten Krieges. Vorrangiges Ziel war die wirtschaftliche Stabilisierung Europas, denn die zerstörten europäischen Staaten besaßen kaum noch Geld, um dringend benötigte amerikanische Waren zu importieren. Amerika drohte, seinen äußerst bedeutsamen europäischen Markt zu verlieren. Um die Freigabe der Gelder für den *Marshall-Plan*[493] zu erhalten, spitzte Truman

---

489   Stalin hatte die Rote Armee von 12 Millionen Mann im Jahr 1945 auf 3-4 Millionen im Jahr 1947 reduziert. Zudem besaßen die USA das Monopol auf die Atomwaffe. Vgl. LaFeber, Walter (1985): America, Russia, and the cold war, 1945-1984, 5., überarbeitete Auflage, Cornell University, New York, S. 50.
490   Zitiert nach LaFeber, Walter (1985): America, Russia, and the cold war, 1945-1984, 5., überarbeitete Auflage, Cornell University, New York, S. 61.
491   Zitiert nach LaFeber, Walter (1985): America, Russia, and the cold war, 1945-1984, 5., überarbeitete Auflage, Cornell University, New York, S. 47.
492   Truman, Harry, S. (1947): Special Message to the Congress on Greece and Turkey („The Truman Doctrine"), Public Papers of the Presidents, 1947. Washington, D.C., United States Government Printing Office, 1963, unter: http://voicesofdemocracy.umd.edu/truman-special-message-speech-text/ (Zugriff 04.05.2014), S. 176-180.
493   Offiziell wurde die Sowjetunion ebenfalls zum *Marshall-Plan* eingeladen. Die amerikanische Seite hatte jedoch an eine Teilnahme Bedingungen geknüpft, von denen sie sicher ausgehen konnte, dass sie für die sowjetische Seite nicht akzeptabel sind. Vgl. LaFeber, Walter (1985): America, Russia, and the cold war, 1945-1984, 5., überarbeitete Auflage, Cornell University, New York, S. 59. Dies ist ein Ansatz, den amerikanische Politik auch bei anderen wichtigen Weichenstellungen verfolgte.

seine Politik zu auf den Kampf zwischen Freiheit und Diktatur. „The President „scared hell" out of the American people."[494] Und bald wurde wirtschaftliche Hilfe durch militärische Unterstützung begleitet – ohne geografische Einschränkungen. Am Ende dieser Entwicklung standen nicht mehr die wirtschaftlichen Instrumente im Vordergrund der Politik, sondern die Gründung militärischer Allianzen. Auch konnten sämtliche Bedrohungen des westlichen Systems fortan als durch den Kommunismus verursacht bezeichnet werden. Nicht ein Problem musste mehr auf Ursachen innerhalb des Systems zurückgeführt werden.[495]

Auf russischer Seite wurde der *Marshall-Plan* als Instrument verstanden, die deutsche und japanische Wirtschaft auf alter Grundlage aufzubauen, solange diese sich den Interessen des amerikanischen Kapitals unterordneten. Als Reaktion hierauf verstärkte die Sowjetunion die Kontrolle über ihren Block. Der Begriff des „sozialistischen Lagers" wurde von Andrej Ždanov auf der Gründungskonferenz der Kominform im September 1947 geprägt. Er sprach von der Aufteilung der politischen Kräfte auf der internationalen Ebene in das Lager der Imperialisten und Anti-Demokraten sowie das Lager der Anti-Imperialisten und Demokraten. Das Hauptziel des imperialistischen Lagers sei es, den Imperialismus zu stärken und einen neuen imperialistischen Krieg vorzubereiten. Die expansionistischen Ziele der USA fänden ihren konkreten Ausdruck in der *Truman-Doktrin* und im *Marshall-Plan*.[496]

Bereits im Juli 1947 hatte George Kennan unter dem Pseudonym „Mr. X" in der Foreign Affairs die Sicht der amerikanischen Regierung auf den Kommunismus zum Ausdruck gebracht: „Its [the Kremlin's] political action is a fluid stream which moves constantly, wherever it is permitted to move, toward a given goal."

George Shultz, amerikanischer Außenminister von 1982-1989, nennt solche Zusätze „killer amendments". So versuchten beispielsweise Gegner des ausgehandelten INF-Vertrages (INF ~ Intermediate Range Nuclear Forces) diesen mit dem Abzug sowjetischer Truppen aus Afghanistan beziehungsweise der Angleichung konventioneller Streitkräfte zu verknüpfen. Vgl. Shultz, George P. (1993): Turmoil and Triumph, My Years as Secretary of State, New York/Toronto, S. 1081. Wie eine polnische Diplomatin gegenüber dem Autor bestätigte, wurden auch die amerikanischen Kooperationsangebote im Bereich Raketenabwehr „vergiftet".

494 LaFeber, Walter (1985): America, Russia, and the cold war, 1945-1984, 5., überarbeitete Auflage, Cornell University, New York, S. 53.
495 Vgl. LaFeber, Walter (1985): America, Russia, and the cold war, 1945-1984, 5., überarbeitete Auflage, Cornell University, New York, S. 58, 62.
496 Vgl. Zhdanov, Andrei (1947): Speech by (member of the Soviet Politburo) at the founding of the Cominform, September 1947, unter: http://educ.jmu.edu/~vannorwc/assets/ghist%20102-150/pages/readings/zhdanovspeech.html (Zugriff 05.04.2014)

Hieraus folgerte er: „And the patient persistence by which it is animated means that it can be effectively countered (...) only by intelligent long-range policies on the part of Russia's adversaries. (...) it is a sine qua non of successful dealing with Russia that (...) demands on Russian policy should be put forward in such a manner as to leave the way open for a compliance not to detrimental to Russian prestige." Während er einerseits das russische Streben nach Anerkennung in seine Überlegungen miteinbezog, forderte er andererseits eine harte Linie der USA, an deren Ende der Zusammenbruch des sowjetischen Systems stehen würde: „But the United States has it in its power to increase enormously the strains under which Soviet policy must operate, to force upon the Kremlin a far greater degree of moderation and circumspection than it has had to observe in recent years, and in this way to promote tendencies which must eventually find their outlet in either the breakup or the gradual mellowing of Soviet power."[497]

Andrew Kuchin fasst die Folgen dieser Zuspitzung hin zum Kalten Krieg zusammen: „each country viewed its adversary as the principal "other" around which much of each country's identity and foreign policy revolved."[498] Obgleich die Position der Sowjetunion stärker als jemals zuvor war, empfand Stalin Schwäche. 1949 testete die Sowjetunion ihre erste Atombombe. Stalin wertschätzte aber weiterhin die Kontrolle über Territorien sowie die Entwicklung der Schwerindustrie und militärischer Macht. Die sowjetische Wirtschaft zeigte sich erfolgreich in der Mobilisierung der Ressourcen für den Militärsektor sowie für die Kontrolle der Gesellschaft, war aber zugleich nicht in der Lage, die Konsumbedürfnisse der Menschen zu befriedigen.[499]

Erst Chruschtschow sollte nach Stalins Tod im März 1953 ernsthafter versuchen, Abhilfe zu schaffen. Wie auch seinen Nachfolgern sollte es ihm nicht gelingen, den Anteil der Konsumgüterindustrie nennenswert zu steigern. Chruschtschow stellte nicht das sozio-politische System als Ganzes in Frage, beendete aber den Massenterror. 1956, auf dem ersten Parteitag nach Stalins Tod, äußerte er sich, in klarer Abkehr von Stalin, zur friedlichen Koexistenz der Systeme: „Es

---

497 Kennan, George F. (X) (1947): The Sources of Soviet Conduct, in: Foreign Affairs, Juli, unter: http://www.foreignaffairs.com/articles/23331/x/the-sources-of-soviet-conduct (Zugriff 20.03.2014).
498 Kuchins, Andrew C. (2011): Reset Expectations, Russian Assessment of U.S. Power, in: Capacity and Resolve: Foreign Assessments of U.S. Power, Center for Strategic International Studies Report, 17. Juni, Hrsg. Cohen, Craig S., S. 114.
499 Vgl. Åslund, Anders / Kuchins. Andrew (2009): The Russia Balance Sheet, Peterson Institute for International Economics, Center for Strategic and International Studies, Washington, D.C., S. 18.

ist (…) bekannt, daß wir uns (…) seit den ersten Jahren der Sowjetmacht, für die friedliche Koexistenz eingesetzt haben. (…) Bis auf den heutigen Tag möchten die Feinde des Friedens der Welt weismachen, die Sowjetunion habe die Absicht, den Kapitalismus in den anderen Ländern durch den „Export der Revolution" zu stürzen."[500] Bei seiner historischen Bewertung schien Chruschtschow ein erstaunlich kurzes Gedächtnis zu haben. Dafür führten sein Versuch der Entstalinisierung sowie sein Versuch, mit dem Westen zu einem Ausgleich zu gelangen, zu Unruhe im sozialistischen Lager. Aufstände in der DDR (1953), Ungarn (1956) und der Tschechoslowakei (1968) waren die Folge. Sowjetische Panzer mussten rollen. Wieder einmal machte Russland die Erfahrung, dass es, sobald es größere Freiheiten gewährte, zu Problemen im eigenen Machbereich kam.

Auch kollidierte Chruschtschows Absicht, die nach dem Krieg eingetretene Lage zu verstetigen, mit der Absicht des Westens, Osteuropa „befreien" zu wollen.[501] Unter U.S. Außenminister John Foster Dulles entwickelte sich die sogenannte *Rollback-Politik*, die in den 1980er Jahren eine Neuauflage in der sogenannten *Reagan-Doktrin* finden sollte. Zwar kam es aufgrund der Nuklearwaffen zu keiner unmittelbaren Konfrontation, dafür aber zu Stellvertreterkriegen in der Dritten Welt.

Im April 1961 kam es kurz nach Präsident Kennedys Amtsantritt zu dem Versuch der USA, mittels kubanischer Exilanten Fidel Castro zu stürzen. Deren Invasion in der Schweinebucht scheiterte. Dieses Versagen weckte Zweifel an Kennedys Entschlossenheit just in einer Zeit, in der Chruschtschow sich selbst Sorgen machte wegen einer möglichen nuklearen Bewaffnung Westdeutschlands und eines zunehmend aggressiveren Chinas. Zugleich liefen der DDR in Scharen ihre Bürger weg. Chruschtschow reagierte. Im August 1961 stimmte er dem Bau der Berliner Mauer zu. Anfang 1962 versuchte er den außenpolitischen Befreiungsschlag. 1970 schrieb er selbst über seine damaligen Absichten: „I had the idea of installing missiles with nuclear warheads in Cuba without letting the United States find out they were there until it was too late to do anything about them…. In addition to protecting Cuba, our missiles would have equalized what the West likes to call the 'balance of power.'… Now they would learn just what it feels like to have enemy missiles pointing at you; we'd be doing nothing more

---

500 Zitiert nach Hoffmann, Martin / Osburg, Florian / Schützler, Horst (1994): Aufstieg und Zerfall einer Weltmacht, Die Sowjetunion von 1917 bis 1991, Buchners Edition Geschichte, Heft 3, 1. Auflage, Bamberg, S. 103.
501 Vgl. Torke, Hans-Joachim (1997): Einführung in die Geschichte Rußlands, Beck, München, S. 229.

than giving them a little of their own medicine."[502] Chruschtschow verfolgte nach eigener Darstellung primär defensive Ziele. Im Westen wurde sein Schritt jedoch als Aggression verstanden. Kennedy reagierte mit der Blockade Kubas. Chruschtschow sah sich gezwungen, die Raketen wieder abzuziehen. Unter anderem wegen dieser Erniedrigung und seiner Pläne, die Wirtschaft weiter zu liberalisieren, wurde er zwei Jahre später von Breschnew gestürzt.[503]

Im Nachgang zur sowjetischen Intervention in der Tschechoslowakei 1968 verkündete Breschnew, dass ein Land, das einmal im *Sozialistischen Lager* war, dieses nicht verlassen dürfe. Auf diese Weise sollten dauerhaft Interventionen, wie sie zuvor bereits in der DDR und in Ungarn stattgefunden hatten, gerechtfertigt werden. Doch selbst Mao fühlte sich durch die Ereignisse in der Tschechoslowakei und die anschließende Verkündung der *Breschnew-Doktrin* herausgefordert. Im März 1969 wollte er vor dem Hintergrund einer empfundenen sowjetischen Bedrohung mit einem begrenzten Angriff auf die sowjetischen Grenztruppen auf der Zhenbao Dao Insel, einer der zwischen China und der Sowjetunion umstrittenen Inseln im Ussuri, Chinas Entschlossenheit und Stärke demonstrieren. Während Mao also eine zukünftige sowjetische Aggression abschrecken wollte, wurde seine Handlung in Moskau als die eines aggressiven, zunehmend revisionistischen und antagonistischen Akteurs gewertet. In der Folge eskalierte der Konflikt bis an den Rand einer nuklearen Konfrontation.[504] Dieser Konflikt ist ein weiteres Beispiel für die sowjetische Bedrohungsperzeption, die sich wie so oft von der der Nachbarn grundlegend unterschied. Aus Sicht des späteren amerikanischen Außenministers Shultz vermittelt die *Breschnew-Doktrin* der übrigen Welt: „What's mine is mine; what's yours is up for grabs."[505] Innenpolitisch brachte die Niederschlagung des Prager Frühlings die Entstalinisierung in der

---

502 Zitiert nach Donaldson, Robert H. / Nogee, Joseph L. (1998): The Foreign Policy of Russia. Changing Systems, Enduring Interest, M. E. Sharpe, Inc., Armonk/London, S. 75.
503 Vgl. Donaldson, Robert H. / Nogee, Joseph L. (1998): The Foreign Policy of Russia. Changing Systems, Enduring Interest, M. E. Sharpe, Inc., Armonk/London, S. 75.
504 Vgl. Gerson, Michael S. (2010): The Sino-Soviet Border Conflict: Deterrence, Escalation, and the Threat of Nuclear War in 1969, Center for Naval Analyses, Alexandria, Virginia, S. iii.
505 Shultz, George P. (1993): Turmoil and Triumph, My Years as Secretary of State, New York/Toronto, S. 1086.

Sowjetunion zum Stillstand und verlängerte die damit verbundenen Probleme um zwei Jahrzehnte bis in die Regierungszeit von Gorbatschow.[506]

Die USA unter den Präsidenten Carter und Reagan nahmen den in der *Breschnew-Doktrin* formulierten Anspruch nicht hin, sondern intervenierten in zahlreichen Ländern, die direkt oder indirekt durch die Sowjetunion beherrscht wurden.[507] Präsident Carter unterzeichnete am 3. Juli 1979 eine Direktive zur heimlichen Unterstützung der afghanischen Opposition. Brzezinski sagte ihm voraus, dass dies zu einer sowjetischen Intervention führen werde. Tatsächlich marschierten die Streitkräfte der Sowjetunion ein halbes Jahr später ein. Die USA hatten bewusst die Wahrscheinlichkeit einer sowjetischen Intervention erhöht. Ihre Maßnahmen hatten den Kreml in die „afghanische Falle" tappen lassen. Am Tag des Einmarsches schrieb Brzezinski an den Präsidenten, man habe jetzt die Möglichkeit, den Sowjets ihr Vietnam zu bereiten. Letztendlich war das Ziel der Sturz des sowjetischen Imperiums.[508] In den folgenden Jahren fokussierten sich die Ereignisse in Afghanistan. Sollte die Sowjetunion das Land verlassen, wäre das Diktum der *Breschnew-Doktrin*, einen Staat niemals mehr ziehen zu lassen, durchbrochen. 1989 zogen die sowjetischen Truppen dann tatsächlich endgültig aus Afghanistan ab. Aus amerikanischer Sicht hatte die *Reagan-Doktrin* gegen die *Breschnew-Doktrin* gewonnen.[509] Dies sollte auch für die deutsche Wiedervereinigung Folgen haben. Gorbatschow machte klar, dass es nicht, wie 1953, ein Eingreifen sowjetischer Truppen geben werde. „Aus den Verpflichtungen zu gegenseitiger Hilfe war »der innere Feind« herausgefallen."[510]

In der Ära Breschnew verschlechterte sich die wirtschaftliche Lage in der Sowjetunion zusehends, nicht zuletzt wegen steigender Rüstungsausgaben. Das politische System reagierte mit einer Verhärtung auf die zunehmende Kritik. Namhafte Oppositionelle wie der Schriftsteller Sinjavskij wurden zur

---

506 Vgl. Falin, Valentin (1993): Politische Erinnerungen, Übersetzung Heddy Pross-Weerth, München, S. 383.
507 Vgl. Shultz, George P. (1993): Turmoil and Triumph, My Years as Secretary of State, New York/Toronto, S. 1086.
508 Vgl. Brzezinski, Zbigniew (1989): Oui, la CIA est entrée en Afghanistan avant les Russes …, Interview in: Le Nouvel Observateur, 15-21 Januar, Original unter: http://www.voltairenet.org/article165889.html, englische Übersetzung Jean Martineau, unter: http://zbigbrzezinski.livejournal.com/ (Zugriff 18.04.2014).
509 Vgl. Shultz, George P. (1993): Turmoil and Triumph, My Years as Secretary of State, New York/Toronto, S. 1086, 1094.
510 Falin, Valentin (1993): Politische Erinnerungen, Übersetzung Heddy Pross-Weerth, München, S. 469, 483.

Zwangsarbeit verurteilt wegen „Diffamierung des Sowjetsystems" – einer neuen Urteilsbegründung. Der Atomphysiker und Friedens-Nobelpreisträger Saharov wurde nach Gor'kij verbannt.[511] Breschnew versuchte, dem steigenden Druck zu entgehen, indem er Möglichkeiten zur Entspannung mit dem Westen nutzte, so die bundesdeutsche Ostpolitik, Begrenzungen der strategischen Nuklearwaffen (SALT I) oder auch die Unterzeichnung der Schlussakte von Helsinki. In Helsinki erreichte Breschnew sogar das lang gesteckte Ziel, den Status quo in Europa festzuschreiben, musste dafür aber Zugeständnisse im Bereich Menschenrechte machen.[512] Dies wiederum gab der Opposition Auftrieb, da sie sich auf die Schlussakte berufen konnte.

Kritiker der Entspannungspolitik wie Colin Gray wenden ein, dass bereits die Natur der Sowjetmacht, wie sie durch Lenin und seine Nachfolger gelebt wurde, eindeutig gegen diesen Politikansatz spräche. Eine Sowjetunion, die, trotz aller ideologischen Gegensätze, einen Pakt mit dem Dritten Reich begründen konnte, sei in der Lage, jegliche temporär geeignet erscheinende Zusammenarbeit mit den USA zu begründen.[513] Mit Bezug auf Richard Pipes argumentiert er weiter, dass nicht alleine die sozialistische Idee das totalitäre sowjetische System geboren habe. Erst die Kombination mit der Grundlage, auf die die Idee gefallen sei, habe dieses Ergebnis hervorgebracht. Dabei seien vor allem die byzantinischen Traditionen prägend.[514] Auch sei die sowjetische Bedrohung von andauerndem Charakter, da sie ihre Wurzeln in den spezifischen historischen Erfahrungen habe. Er folgert: „It would be difficult to design two countries more likely to misunderstand each other than the United States and the Soviet Union (…) Both countries have an unusual degree of insularity in their worldviews. (…) Also, both countries have messianic ideologies"[515].

Die außenpolitische Entspannungsphase fand mit dem Einmarsch in Afghanistan ein jähes Ende. Hans-Joachim Torke sieht die wesentlichen Motive für die Intervention in dem sowjetischen Bemühen, einen Sicherheitsgürtel vergleichbar

---

511 Vgl. Torke, Hans-Joachim (1997): Einführung in die Geschichte Rußlands, Beck, München, S. 234-238.
512 Vgl. Donaldson, Robert H. / Nogee, Joseph L. (1998): The Foreign Policy of Russia. Changing Systems, Enduring Interest, M. E. Sharpe, Inc., Armonk/London, S. 83.
513 Vgl. Gray, Colin S. (1988): The Geopolitics of Superpower, University Press of Kentucky, Lexington, S. 94-97.
514 Vgl. Gray, Colin S. (1988): The Geopolitics of Superpower, University Press of Kentucky, Lexington, S. 103-104.
515 Gray, Colin S. (1986): Nuclear Strategy and National Style, Hamilton Press, Lanham, S. 311-312.

dem im Westen und der Mongolei zu erhalten. Auch der Einfluss des Islams auf Zentralasien sollte begrenzt werden.[516] Das Bedürfnis, seine Einflusssphäre zu bewahren, war es dem Kreml wert, eine scharfe internationale Konfrontation auf sich zu nehmen. Zu einer Entspannung um jeden Preis war man nicht bereit – und dies zu einer Zeit, als Breschnew auf dem 26. Parteitag am 26. Februar 1981 überdeutlich zum Ausdruck brachte, wie schlecht es um die soziale und wirtschaftliche Lage im Land stand. Er erwähnte die Lebensmittelknappheit, den oftmals entwürdigenden Zustand der Wohnungen, das unzureichende Konsumgüterniveau, …[517] Einerseits ruht die Legitimität der sowjetischen Herrschaft und die gesellschaftliche Akzeptanz der dadurch verursachten Opfer, wesentlich auf dem nationalen Stolz auf die außenpolitischen (und militärischen) Erfolge des Staates. Andererseits wird eine autoritäre Herrschaft nur akzeptiert, solange sie in der Lage ist, die Grundelemente eines jeden politischen Systems, Wohlfahrt und Sicherheit, zu gewährleisten.[518] Diese Erkenntnis sollte sich in der Ära Gorbatschow auswirken, als die Diskrepanzen innerhalb des Systems zu groß geworden waren.

Doch zunächst soll an dieser Stelle auf die Bedeutung geopolitischen Denkens in der Zeit nach dem Zweiten Weltkrieg eingegangen werden. Auf amerikanischer Seite folgerte George Kennan bereits 1946 in seinem Langen Telegramm, es könne aus Sicht der Sowjetunion keinen Ausgleich mit den USA geben. Gleichzeitig habe es die USA mit einer politischen Kraft zu tun, die die Kontrolle über eines der bedeutsamsten Völker und das an Ressourcen reichste Gebiet der Welt besitze.[519] 1951, in einer Anhörung des Senats, brachte er die Sorge zum Ausdruck, es könne zu einer gegen die USA gerichteten Zusammenarbeit Mitteleuropas und des russischen militärisch-industriellen Potenzials kommen. Dies erachtete er als die größte Gefahr für die Sicherheit der USA, da die Macht, die hieraus entstünde, sogar die der USA überflügeln könne.[520] Diese Sichtweise

---

516 Vgl. Torke, Hans-Joachim (1997): Einführung in die Geschichte Rußlands, Beck, München, S. 238-239.
517 Vgl. Haumann, Heiko (1996): Geschichte Russlands, Piper Verlag, München, S. 606-609.
518 Vgl. Gray, Colin S. (1988): The Geopolitics of Superpower, University Press of Kentucky, Lexington, S. 41.
519 Vgl. Kennan George F. (1946): Telegram to George Marshall („Long Telegram"), 22. Februar, Faksimile, unter: https://www.trumanlibrary.org/whistlestop/study_collections/coldwar/documents/pdf/6-6.pdf (Zugriff 05.04.2014).
520 Vgl. LaFeber, Walter (1985): America, Russia, and the cold war, 1945-1984, 5., überarbeitete Auflage, Cornell University, New York, S. 58-59.

wurde in weiten Teilen der amerikanischen außen- und sicherheitspolitischen Elite geteilt. Selbst zum Ende des Kalten Krieges sah man ein sowjetisches Sicherheitssystem, das formell oder informell Europa und Asien umfasste, als große Gefahr. Die USA könnten sich hiergegen auch mit Druck nicht durchsetzen. Um das Ziel eines solchen Sicherheitssystems zu erreichen, genüge der Sowjetunion eine effektive wohlwollende Neutralisierung dieser Regionen. Deren Besetzung oder Bindung durch vertragliche Verpflichtungen sei dafür nicht von Nöten.[521] Eine besondere Note bekam die geopolitische Rivalität durch das gegenseitige Bestreben, eine Großmacht zu eliminieren, nachdem die multipolare Machbalance in Europa durch die beiden Weltkriege zerstört worden war.[522] Colin Gray unterstellte der Sowjetunion: „The Soviet security position in Eurasia is imperiled by a resistance around the periphery that is organized, underwritten, and even substantially provided by an effectively insular superpower of continental proportions. (…) In the long run there can be no purely Eurasian solution to the Soviet problems of insecure empire. So powerful are the U.S. and Japanese economies that the Soviet Union cannot feel really secure until its hegemony is effectively global."[523] Gray geht sogar weiter und weist auf die Gemeinsamkeiten des Dritten Reiches und der UdSSR hin, den unabdingbaren Wunsch, ihren Einfluss auf Kosten anderer zu vergrößern, sowie die globale Dimension des angestrebten Herrschaftsbereichs.[524] Für die USA als maritime Macht, die in geostrategischer Sicht eine Belagerung des sowjetischen Kernlandes betreibe, sei es folglich umsichtig, sowohl ihren Zugang zur Peripherie Eurasiens zu sichern, als auch der Sowjetunion die „Ausbruchsmöglichkeiten" aus dieser Lage zu verwehren.[525]

Die Rivalität zwischen den USA, die die Beherrschung Europas durch eine einzige Macht nicht akzeptieren kann, und Russland lassen sich aus den

---

521 Vgl. Gray, Colin S. (1988): The Geopolitics of Superpower, University Press of Kentucky, Lexington, S. 109.
522 Vgl. Gray, Colin S. (1984): Comparative Strategic Culture, in: Parameters, Journal of the US Army War College, Vol. XIV, Nr. 4, S. 30-31.
523 Gray, Colin S. (1988): The Geopolitics of Superpower, University Press of Kentucky, Lexington, S. 95.
524 Vgl. Gray, Colin S. (1988): The Geopolitics of Superpower, University Press of Kentucky, Lexington, S 94-95.
525 Vgl. Gray, Colin S. (1988): The Geopolitics of Superpower, University Press of Kentucky, Lexington, S. 37.

geopolitischen Denkansätzen von Halford John Mackinder[526] und Nicholas John Spykman[527] herleiten. Beide sahen die Beherrschung des russischen Territoriums (Eurasien) als Schlüssel, um das Schicksal der Welt zu bestimmen. Sie legten damit die theoretische Grundlage für die *Containment-Strategie* gegenüber Russland, einer Strategie, die die russische Bedrohungswahrnehmung nachhaltig prägte.

Im Folgenden soll der Schatten der Geschichte und der Geopolitik auf die politische Strategie und Militärdoktrin der Sowjetunion untersucht werden. Vor dem Hintergrund ihrer Bedrohungswahrnehmung richtete sich die sowjetische Militärstrategie entsprechend auf langwierige Kriege, die mit Massenarmeen von mehreren Millionen Mann geführt werden und sich auf riesige Gebiete erstrecken, ein. In den Dienstvorschriften wurde betont, dass ein Gegner nur durch den Angriff besiegt werden kann. Dennoch wurde auch auf Verteidigung großen Wert gelegt, denn Kriege, die mit einem ununterbrochenen Angriff geführt werden, würden die Ausnahme darstellen. Zur Verteidigung sollte aber nur übergegangen werden, wenn die Kräfte für einen Angriff zu schwach wären.[528]

Sowohl die Streitkräfte als auch die Partei gaben zahlreiche offene und eingestufte Papiere heraus, um dem Offizierskorps der Roten Armee ihre Vorstellungen von politischer Absicht und militärischer Doktrin zu vermitteln.[529] Dies ist ein Beispiel für die Aussage von Wolfe und Dinerstein, dass selbst in totalitären Staaten Eliten ein Erfordernis zur Kommunikation über die Führungsebenen hinweg haben. Zugleich kann dies als Indiz dafür gesehen werden, dass solche Publikationen nahe an der tatsächlichen Denkweise der Eliten orientiert sind, wenn sie nicht der Propaganda gegenüber externen Akteuren dienen.

Deutlich wird aus diesen Publikationen, dass die sowjetische Militärdoktrin recht stabil war. Dies verwundert nicht, da sie zum einen das Produkt einer politischen Elite war, die selbst höchsten Wert auf Kontinuität legte, und zum anderen eine einmal verabschiedete Doktrin nicht diskutiert wurde, solange nicht höchste Parteigremien dazu anhielten. Hier spiegelt sich die sowjetische

---

526 Vgl. Mackinder, Halford John (1904): The Geographical Pivot of History, in: The Geographical Journal, Vol. 23, Nr. 4, Blackwell Publishing, London, S. 421-437.
527 Vgl. Spykman, Nicolas John / Nicholl, Helen R. (1944): The Geography of the Peace, New York.
528 Vgl. Korabljow, J. I. / Anfilow, W. A. / Mazulenko, W. A. (1976): Kurzer Abriß der Geschichte der Streitkräfte der UdSSR von 1917 bis 1972, Militärverlag der Deutschen Demokratischen Republik, Übersetzung Fischer, G., Berlin, S. 146, 175-187.
529 Vgl. Dziak, John J. (1981): Soviet Perceptions of Military Power: The Interaction of Theory and Practice, National Strategy Information Center, Inc., New York, S. 2.

Auffassung wider, dass eine zentralisierte Kontrolle sowohl langfristige Planungen als auch deren effektive Steuerung ermöglicht.[530]

Die Erfahrungen des Zweiten Weltkrieges bestimmten nachhaltig den politisch-militärischen Entscheidungsprozess. Die politisch-militärischen Eliten setzten alles daran, die Fehler bei der Abstimmung zwischen Doktrin, Rüstungsbeschaffung und Wirkung auf dem Gefechtsfeld nicht zu wiederholen. Grundsätzliche rüstungspolitische Entscheidungen wurden losgelöst von tagespolitischen Ereignissen getroffen.[531] Die Formulierung der außenpolitischen Strategie erfolgte stärker in der Abteilung für internationale Angelegenheiten des Zentralkomitees als im Außenministerium; selbst der Generalstab hatte bei einigen Themen mehr Gewicht.[532] Während im Westen einige den Strategiebildungsprozess in der Sowjetunion als rhetorische Übung ansahen, mit deren Hilfe die strategische Unterlegenheit kaschiert werden sollte, verweist John Dziak darauf: „The very nature of the Soviet structure, however, demands that capabilities will follow theory."[533] Die Sowjetunion sei charakterisiert durch ein politisches System, das nach der Logik eines Beinahe-Kriegszustandes funktioniere. Dieses militärzentrierte System trug aus Sicht der sowjetischen Führung auch Früchte, da es sie mit den notwendigen Mitteln versah, den internationalen Status quo zu verändern.[534] Das System eines militarisierten Staates galt in russischen Augen ohnehin als Erfolgsmodell, hatte es doch sowohl in den Napoleonischen Kriegen als auch im Zweiten Weltkrieg die russischen Streitkräfte bis tief nach Europa geführt sowie Sieg und enormes politisches Gewicht über Jahrzehnte gesichert.[535] Vor dem Hintergrund der Bedrohungswahrnehmung des Kalten Krieges konnte man militärisch gar nicht zu stark sein. Es gab auch kein Verständnis dafür, dass die eigene militärische Stärke Sicherheit und Stabilität gefährden könnte.[536]

---

530 Vgl. Dziak, John J. (1981): Soviet Perceptions of Military Power: The Interaction of Theory and Practice, National Strategy Information Center, Inc., New York, S. 21-23, 39.
531 Vgl. Dziak, John J. (1981): Soviet Perceptions of Military Power: The Interaction of Theory and Practice, National Strategy Information Center, Inc., New York, S. 12-15.
532 Vgl. Dziak, John J. (1981): Soviet Perceptions of Military Power: The Interaction of Theory and Practice, National Strategy Information Center, Inc., New York, S. 40-41.
533 Dziak, John J. (1981): Soviet Perceptions of Military Power: The Interaction of Theory and Practice, National Strategy Information Center, Inc., New York, S. 61.
534 Vgl. Dziak, John J. (1981): Soviet Perceptions of Military Power: The Interaction of Theory and Practice, National Strategy Information Center, Inc., New York, S. 62-63.
535 Vgl. Graham, Thomas (2010): The Sources of Russia's Insecurity, Survival: Global Politics and Strategy, Vol. 52, Nr. 1, Februar/März, S. 59-60.
536 Vgl. Gray, Colin S. (1984): Comparative Strategic Culture, in: Parameters, Journal of the US Army War College, Vol. XIV, Nr. 4, S. 31.

Die Kontrolle des Militärapparates erfolgte mit Hilfe einer eigenen Partei-Behörde (Politische Hauptverwaltung der sowjetischen Armee und Marine), die bis auf die unteren Ebenen der Streitkräfte vertreten war, und zugleich über die ihr unterstehende Militärpolitische Akademie Einfluss auf die Strategieentwicklung nahm.[537] Erst mit dem nahenden Ende der Sowjetunion reduzierte sich der Einfluss von Partei und Militär zusehends.[538]

Die Philosophie der sowjetischen Streitkräfte basierte auf den Grundgedanken Clausewitz', dass Politik die Ziele benennt, die Ziele wiederum die Mittel bestimmen. Nuklearwaffen standen dieser Logik nicht entgegen, sondern bestätigten sie. Und tatsächlich brachten Nuklearwaffen politische Vorteile, ohne je genutzt worden zu sein.[539] Immer noch kommt dem russischen Nuklearpotenzial eine hohe politische Bedeutung zu. Neben dem Ständigen Sitz im Sicherheitsrat der Vereinten Nationen trägt es wesentlich dazu bei, von den USA als Großmacht auf globaler Ebene gesehen und auf bilateraler Ebene als Verhandlungspartner, beispielsweise bei den New Start-Verhandlungen, diplomatisch aufgewertet zu werden.

Nuklearwaffen spielten zu Sowjetzeiten eine konkrete Rolle in den militärstrategischen Planungen. Abschreckung als Konzept fand hingegen keine große Anhängerschaft bei den militärpolitischen Entscheidungsträgern. Einem sich selbst erhaltenden System nuklearer Abschreckung, wie es vom Westen verstanden wurde, misstraute man. Generalmajor Nikolaj Talenskij, ein führender sowjetischer Militärtheoretiker, betonte, man sei in der Logik des Systems abhängig vom guten Willen der anderen Seite sowie deren Wahrnehmung der Welt. Dies seien sehr subjektive und unbestimmte Faktoren.[540] Wie verwundbar sich die Sowjetunion in den 1950ern und frühen 1960ern fühlte und wie das Gefühl strategischer Unterlegenheit die Aussagen sowjetischer Militärtheoretiker beeinflusste, beschreibt Jack Snyder. Die Strategen behaupteten, ein nuklearer Krieg sei wahrscheinlich, Überraschung sei ausschlaggebend, ein nuklearer

---

537 Vgl. Dziak, John J. (1981): Soviet Perceptions of Military Power: The Interaction of Theory and Practice, National Strategy Information Center, Inc., New York, S. 9, 41.
538 Siehe Reppert, John (1991): Emerging Civil-Military Relations: The Role of the Main Political Administration in the New Soviet Union, Strategic Studies Institute, U.S. Army War College, Special Report sowie Zamascikov, Segei (1990): Changes in the Soviet Military Leadership Since 1987, RAND N3188-USDP, Santa Monica.
539 Vgl. Dziak, John J. (1981): Soviet Perceptions of Military Power: The Interaction of Theory and Practice, National Strategy Information Center, Inc., New York, S. 17-19.
540 Zitiert nach Snyder, Jack L. (1977): The Soviet Strategic Culture: Implications for Nuclear Options, RAND Corporation, Santa Monica, S. 28.

Krieg könne gewonnen werden – eine vermeintlich sehr aggressive Position. Tatsächlich bedeutete dies, dass ein nuklearer Krieg verloren werden konnte, die sowjetische Abschreckung verwundbar gegenüber einem Präventivschlag war und diese Lage die Kriegswahrscheinlichkeit erhöhte.[541] In sowjetischen Augen war ein Nuklearkrieg zwar unwahrscheinlich, aber nicht auszuschließen. Sowjetische Analysten sahen nach einem nuklearen Schlagabtausch nicht die Beendigung eines Krieges durch Verhandlungen zur Wiederherstellung des „status quo ante" als Ziel. Verhandlungen zu Beginn eines Krieges kamen nicht einmal in Frage. Pure Vergeltung nach einem Nuklearschlag des Gegners galt nicht als nützlich, solange sie nicht in offensive Operationen eingebunden war. Nur durch offensive Operationen konnte der Sieg, nach sowjetischer Auffassung das politische Ziel eines jeden Krieges, erreicht werden. Damit war auch ein Nuklearkrieg die Fortsetzung der Politik.[542] Einschränkend muss darauf hingewiesen werden, dass Breschnew bereits 1977 in einer Rede in Tula einen Nuklearkrieg als nicht führbar bezeichnet hatte.[543] Dies entsprach dem Geist der SALT-Verträge (SALT ~ Strategic Arms Limitation Talks).

Gorbatschow entwickelte die russische Position zu Nuklearwaffen am weitesten fort, als er am 15. Januar 1986 die schrittweise Entnuklearisierung der Welt forderte. Beim Gipfeltreffen zwischen Reagan und Gorbatschow in Reykjavik im Oktober 1986 scheiterte diese Idee – vordergründig wegen der Widersprüche um das amerikanische Raketenabwehrprogramm SDI (SDI ~ Strategic Defense Initiative), nach Auffassung Valentin Falins jedoch an der fehlenden Partnerschaft in Sicherheitsfragen. Die Sowjetunion und die USA lebten immer noch im Kriegszustand.[544]

Nach den sowjetischen strategischen Überlegungen ließ sich die Offensive zur endgültigen Niederwerfung des Gegners nur aus einer möglichst guten defensiven Position erfolgreich führen. Damit gewann in den militärstrategischen Überlegungen der an sich defensive, schadensbegrenzende Aufbau einer Raketenabwehr offensive Bedeutung. Diese strategische Überlegung wirkt sich, wie bei der Analyse der heutigen russischen Bedrohungswahrnehmung gezeigt

---

541 Vgl. Snyder, Jack L. (1977): The Soviet Strategic Culture: Implications for Nuclear Options, RAND Corporation, Santa Monica, S. 25.
542 Vgl. Dziak, John J. (1981): Soviet Perceptions of Military Power: The Interaction of Theory and Practice, National Strategy Information Center, Inc., New York, S. 25-28.
543 Vgl. FitzGerald, Mary C. (1987): The Soviet Leadership On Nuclear War, Professional Paper 451, Center for Naval Analyses, April, Alexandria, Virginia, S. 5.
544 Vgl. Falin, Valentin (1993): Politische Erinnerungen, Übersetzung Heddy Pross-Weerth, München, S. 469, 474-475.

wird (siehe Kapitel 4.2 „Umzingelt vom Gegner – Russlands Bedrohungswahrnehmung heute", S. 179), bis in die Gegenwart nachteilig auf die sicherheitspolitischen Beziehungen Russlands mit der USA und der NATO aus. Ihnen innenwohnend ist eine nahezu unüberbrückbare, in der strategischen Kultur begründete Wahrnehmung der Handlungen des jeweils anderen als offensiv beziehungsweise defensiv.

Es war Gorbatschow, der noch zu Zeiten der Sowjetunion mit dem „Neuen Denken" die erste nicht-kommunistische Außenpolitik entwickelte. Galt seit Lenin der internationale Klassenkampf als das bestimmende Merkmal der internationalen Politik, so ersetzte Gorbatschow dieses Denken durch das Verständnis, dass alle Völker durch gemeinsame Interessen, allen voran dem Interesse, den Frieden zu bewahren, verbunden sind. Während zuvor aufgrund der *Breschnew-Doktrin* der Abfall eines Staates vom *sozialistischen Lager* häufig eine militärische Intervention nach sich zog, stellte Gorbatschow dem das Recht aller Staaten entgegen, selbst über ihre außenpolitische Ausrichtung sowie ihr politisches System zu entscheiden. Mit diesem Schritt delegitimierte er die kommunistische Herrschaft in Mittel- und Osteuropa und letztlich auch in den sozialistischen Sowjetrepubliken. Beginnend 1987 setzte Gorbatschow auf „cooperation with, and integration into, the West". Diese Politik sollte von Jelzin bis Ende 1993 fortgesetzt werden.[545]

Teil von Gorbatschows „*Neuem Denken*" war die Idee eines „*Gemeinsamen Hauses Europa*", von dem er erstmals am 18. Dezember 1984 in London gesprochen hatte. Zunächst wurde die Idee als Instrument sowjetischer Propaganda verstanden; als der alte Versuch, Westeuropa von den USA abzuspalten. So wie sich das Konzept entwickelte, wurde aber deutlich, dass es sich um mehr als nur Propaganda handelte. Das Konzept basierte auf den Grundideen, dass die Angst vor einem Atomkrieg von allen Völkern geteilt werde, die internationalen Beziehungen entideologisiert werden müssten und der Klassenkampf als Prinzip der Außenpolitik sein Ende finden müsse. Hieraus folgerten drei praktische Ideen: (1) friedliche Koexistenz muss kooperativ sein, (2) wahre Sicherheit muss auf Gegenseitigkeit beruhen und (3) die beiden Supermächte müssen in ihrem strategischen Denken das Konzept der hinreichenden Menge und Qualität an Rüstungsgütern verankern. Dies bedeutete eine Abkehr von der Wahrnehmung der Sowjetunion als belagerter Festung, ein Ende imperialer Vorstellungen und der

---

545 Vgl. Mandelbaum, Michael (1998): Russian Foreign Policy in Historical Perspective, in: The New Russian Foreign Policy, ein Buch des Council on Foreign Relations, Hrsg. Mandelbaum, Michael, Brookings Institution Press, New York, S. 4-5.

Expansion. Das erste Stockwerk des Hauses sollte auf der Grundlage kollektiver Sicherheit und weitreichender Abrüstung gebaut werden. Langfristig sollten sich auch die militärischen Bündnisse auflösen. Das zweite Stockwerk bezog sich auf die friedliche Konfliktbeilegung. Das dritte Stockwerk betraf eine gesamteuropäische Wirtschafts- und Handelsabmachung und als viertes Stockwerk sollte sich einen gemeinsame europäische Kultur entwickeln.[546] Mit diesen Überlegungen Gorbatschows beginnt der Bruch der strategischen Kultur. Das alte, seit Stalin verfolgte aber nie kohärent umgesetzte Ziel, mehr für die Wohlfahrt des Volkes zu tun, sollte nun mit neuen Wegen und Mitteln erreicht werden. Gorbatschow sah nicht voraus, was der aufgestaute Hass gegen Russland, den einige osteuropäische Mitbewohner in das Haus trugen, anrichten konnte. Er sah auch nicht voraus, welch' heftiger Widerstand, nicht zuletzt auch wegen der in der strategischen Kultur verankerten Präferenzen, seinem Vorhaben im eigenen Land entgegenschlagen sollte.

Begleitet wurde das „*Neue Denken*" durch die *Perestrojka*, der Absicht, das Land gesellschaftlich, politisch und wirtschaftlich grundlegend zu verändern. Doch basierte dieser Prozess nicht auf einem gesellschaftlichen Aufbruch, sondern war und blieb ein Vorhaben der herrschenden Elite und der Bürokratie. *Glasnost*, die Rede- und Informationsfreiheit, musste vom Staat initiiert werden. Weite Teile der Bevölkerung nahmen die Veränderungen passiv hin und waren aufgrund der zunehmenden Verfallserscheinungen des Systems schockiert. Dort, wo die Gesellschaft aktiv wurde, entwickelten sich alsbald separatistische Bestrebungen.[547] Dies betraf auch die Russische Sozialistische Föderative Sowjetrepublik (RSFSR). Boris Jelzin, am 29. Mai 1990 vom Russischen Obersten Sowjet zum Vorsitzenden und am 12. Juni in öffentlicher Wahl zum Präsidenten der RSFSR gewählt, ging sofort daran, die Beziehungen zur Union neu zu regeln. Im Januar 1991 vereinbarte er sogar mit den baltischen Republiken „gegenseitigen Beistand bei jeglicher Aggression gegen die Souveränität der vier Republiken"[548]. Im Herbst 1990 sprach sich die Zentralmacht selbst für einen neuen Unionsvertrag aus. Doch die baltischen Republiken führten ihrerseits im

---

546 Vgl. Rey, Marie-Pierre (2004): 'Europe is our Common Home': A Study of Gorbachev's Diplomatic Concept, in: Cold War History, Vol. 4, Nr. 2, Januar, Frank Cass & Company Ltd, London, S. 33-39.
547 Vgl. Plaggenborg, Stefan (2010): Das Erbe: Von der Sowjetunion zum neuen Russland, in: Länderbericht Russland, Hrsg. Pleines, Heiko / Schröder, Hans-Henning, Bonn, S. 34-35.
548 Altrichter, Helmut (2009): Russland 1989. Der Untergang des sowjetischen Imperiums, Verlag C.H. Beck, München, S. 397.

Februar und März 1991 Volksabstimmungen über ihre Unabhängigkeit durch. Bei sehr hoher Wahlbeteiligung stimmten über 90 Prozent dafür. Bei dem Referendum im März 1991 über eine erneuerte Föderation nahmen sie, ebenso wie Moldawien, Armenien und Georgien, nicht mehr teil.[549] Die verbliebenen neun Republiken nahmen die Verhandlungen über einen neuen Unionsvertrag, der die Sowjetunion in eine Union Souveräner Sowjetrepubliken wandeln sollte, auf. Tatsächlich gelang es, bis Anfang August 1991 einen unterschriftsreifen Vertrag zu entwerfen. Der Unterzeichnung kam jedoch am 19. August ein Staatsstreich, an dem nahezu die komplette politische Führung der Union teilnahm, zuvor. Gorbatschow wurde festgesetzt. Ein Notstandskomitee übernahm die Macht. In ihrem Appell an das Volk behaupteten die Putschisten, das Land sei unregierbar geworden, Hungersnot und Armut seien zu befürchten. Doch bereits nach drei Tagen brach der Putsch zusammen, nachdem es den Putschisten noch nicht einmal gelungen war, mit einer Panzerkolonne zum Sitz der russischen Regierung vorzustoßen. Das Notstandskomitee wurde verhaftet. Jelzin verbot der Kommunistischen Partei jede weitere Tätigkeit.[550] Gorbatschow war im eigenen Land politisch schwer beschädigt, war er es doch, der die meisten Putschisten in ihre Ämter gehoben hatte, war er es doch, der weiterhin Generalsekretär der Kommunistischen Partei war. Über den August-Entwurf des Unionsvertrages waren die Ereignisse hinweggegangen. Am 8. Dezember 1991 erklärten Russland, Weißrussland und die Ukraine die Verhandlungen für einen neuen Unionsvertrag für gescheitert und die UdSSR für nicht mehr existent. Stattdessen gründeten sie die Gemeinschaft Unabhängiger Staaten. Am 25. Dezember 1991 schließlich trat Gorbatschow als Präsident der UdSSR zurück.[551] Die Ereignisse zeigten deutlich, dass es auch während der Herrschaft der Sowjets nicht zur Entwicklung eines Nationalstaates gekommen war. Weiterhin war Russland ein im Kern imperialer Staat, der durch den supranationalen *Sowjetpatriotismus* zusammengehalten werden sollte.

Durch die Entmilitarisierung ihrer Außenpolitik entsagte die Sowjetunion ihrer Rolle als globaler Supermacht. Gleichzeitig verzichtete sie auf ihre hegemoniale Rolle in Osteuropa, die militärische Augenhöhe mit den USA und ihre diplomatischen Erfolge in der Dritten Welt, also alle militärpolitischen Erfolge

---

549 Vgl. Altrichter, Helmut (2009): Russland 1989. Der Untergang des sowjetischen Imperiums, Verlag C.H. Beck, München, S. 396-398.
550 Vgl. Altrichter, Helmut (2009): Russland 1989. Der Untergang des sowjetischen Imperiums, Verlag C.H. Beck, München, S. 398-402.
551 Vgl. Altrichter, Helmut (2009): Russland 1989. Der Untergang des sowjetischen Imperiums, Verlag C.H. Beck, München, S. 402-404.

seit dem Zweiten Weltkrieg. Die geostrategischen Verluste sollten durch die erhofft segensreiche Integration in die Weltwirtschaft wettgemacht werden. Jedoch stellten sich die für eine Integration in die Weltwirtschaft erforderlichen Reformen als schwieriger und langfristiger dar als erwartet. Die Gegenleistung für das von Russland eingeläutete Ende des Kalten Krieges blieb aus.[552] Die USA wurden zur einzigen Supermacht. Die Welt war unipolar geworden.

Der innere Zerfall der Sowjetunion ging rasch von statten. Lebten im Jahr 1990 etwa 76 bis 78 Millionen Sowjetbürger nicht in der Republik ihres ethnischen Namens, so fanden sich viele von ihnen nach dem Zerfall als Fremde ohne bürgerliche und politische Rechte in neuen Staaten wieder.[553]

Zwischen 1992 und 1995 setzte die Russische Föderation alle Verpflichtungen, die Gorbatschow eingegangen war, um. Im September 1995 waren die letzten Soldaten aus Mittel-Osteuropa abgezogen. Regionen, die seit Jahrhunderten zu Russland gehört hatten, nie als Kolonien, sondern als natürliche Teile des kulturellen und historischen Kerns erachtet worden waren, wurden ihren jeweiligen Nationen überlassen. Russland zog sich auf die Grenzen des 17. Jahrhunderts zurück. Zum ersten Mal in seiner Geschichte wurde das russische Volk eine geteilte Nation.[554]

3.4.2 Zusammenführung der Zwischenergebnisse

Während die Sowjetunion in den Jahren nach den Wirren der Revolution bis zum Zweiten Weltkrieg vorrangig darum bemüht war, ihre außenpolitische Isolation zu überwinden, war die Zeit nach dem Zweiten Weltkrieg von einem globalen Systemgegensatz geprägt. Phasen der Entspannung wechselten sich mit Phasen eines möglichen Umschlagens zu einem heißen Krieg ab. Trotz der auf den ersten Blick heterogenen „tagespolitischen" Erscheinungen lassen sich die der strategischen Kultur zugrundeliegenden Präferenzen sowie die daraus abgeleiteten Handlungsmuster identifizieren.

---

552 Vgl. Åslund, Anders / Kuchins. Andrew (2009): The Russia Balance Sheet, Peterson Institute for International Economics, Center for Strategic and International Studies, Washington, D.C., S. 20.
553 Vgl. Falin, Valentin (1993): Politische Erinnerungen, Übersetzung Heddy Pross-Weerth, München, S. 460.
554 Vgl. Aron, Leon (1998): Russia's New Foreign Policy, American Enterprise Institute for Public Policy Research, Russian Outlook, Frühling, Washington, S. 1-2 sowie Lukyanov, Fyodor (2010): Russian Dilemmas in a Multipolar World, in: Journal of International Affairs, Vol. 63, Nr. 2, Frühling/Sommer, New York, S. 19.

(1) Autoritäre Herrschaft: Schon kurz nach Zusammenbruch der Zarenherrschaft begann sich eine Herrschaft der Partei und ihrer Führer zu etablieren. Unter Stalin entwickelte sich diese rasch zu einer Diktatur mit Führerkult und Terrorherrschaft. Die Machtvollkommenheit Stalins übertraf sogar diejenige der Zaren. Stalin kontrollierte die Entwicklung der Gesellschaft und die Außenpolitik. Den Weg hin zu Stalins absoluter Herrschaft ebnete der rasche Aufbau der zentralistischen Parteienherrschaft unter Lenin. Dieser war vor allem darin begründet, dass die zunächst nur eine Minderheit darstellende Partei sich anders nicht hätte durchsetzen können. Zentralisierte Kontrolle, langfristige Planung und Steuerung waren Instrumente ihrer Machtausübung. Vermeintliche und tatsächliche Erfolge des Systems trugen zu seiner Legitimierung bei. Auch das Hineintreten der bolschewikischen Ideologie in die spirituellen Fußstapfen der orthodoxen Kirche war ein wesentlicher Faktor der Legitimierung. Der unbegrenzte Zugriff des Führers und der Partei auf die Gesellschaft lockerte sich in der Zeit nach Stalin, blieb aber charakteristisch für das System. Die Präferenz für eine autoritäre Herrschaft bestand weitgehend fort und wurde mit nahezu unveränderten Erklärungsmustern übernommen. Demokratischere Ansätze vor allem in der Transitionsphase konnten sich nicht durchsetzen. Selbst die Lockerungen in der Ära Gorbatschow waren weniger auf einen gesellschaftlichen Aufbruch als auf eine von der Spitze des Staates angestoßene „Revolution" zurückzuführen. Dass dieser gesellschaftliche Wandlungsprozess letztlich zur Auflösung der Sowjetunion führte, war nicht der Einsicht geschuldet, es bedürfe keines autoritären Führers, sondern Ergebnis der Nichtkontrollierbarkeit der von Gorbatschow angestoßenen Entwicklungen. Letztlich hat der Zerfall der Sowjetunion diejenigen bestätigt, die die jahrhundertealten Herrschaftspraktiken begründet hatten.

(2) Streben nach Sicherheit: Die Geburt der Sowjetunion war geprägt durch den Krieg gegen äußere und innere Feinde. Durch die „kapitalistische Einkreisung" sah man sich in einer „belagerten Festung", in der man ständig für das Überleben des Systems kämpfen musste. Der Kampf gegen innere Feinde führte schließlich bis hin zu den gewalttätigen Exzessen der Stalin-Herrschaft. Die *Appeasement-Politik* der Westmächte gegenüber Hitler sowie der Einmarsch der Wehrmacht bestätigten die schlimmsten Befürchtungen bezüglich der kapitalistischen äußeren Feinde. Handelte es sich bei dem Krieg mit dem Deutschen Reich doch nicht um einen traditionellen Krieg um ein bestimmtes Interesse, sondern um einen Vernichtungskrieg gegenüber den „östlichen Untermenschen". Der Westen unterstützte die Sowjetunion zwar materiell, doch ließ er nach Auffassung Stalins das Land bewusst die Hauptlast des Krieges tragen. Um sich selbst in dem Abwehrkampf gegen die kapitalistische Welt zu stärken, sollte unter Stalin der Sozialismus sofort exportiert werden. Somit definierte Stalin das

Niederringen der kapitalistischen Staaten als eine defensive Maßnahme, die der langfristigen Friedenssicherung dienen sollte. Denn in seinen Augen führten die dem kapitalistischen System inhärenten Unzulänglichkeiten über kurz oder lang immer wieder zu Krieg. Der Ausbruch des Ersten und des Zeiten Weltkrieges galten ihm hierfür als Beweis. Aus der Sicht, dass Krieg jederzeit möglich war, konnte das Land nach sowjetischer Logik militärisch gar nicht zu stark sein. Der Gedanke, dass der Aufbau übermäßiger militärischer Macht eine Bedrohung für Sicherheit und Stabilität sein könnte, kam nicht auf.

Aus westlicher Sicht geradezu aberwitzig wurde Stalins Furcht, als er die Stärke des sozialistischen Systems als konfliktverschärfend verstand, weil sie die kapitalistische Welt noch stärker zu seiner Vernichtung motivieren würde. Selbst als Russland die Atombombe besaß, verstanden die Führer der Sowjetunion die Kontrolle über Territorien als wesentliche Sicherheitsgarantie. Auch hier spiegelt sich die traditionelle russische Präferenz für Sicherheit und wie sie erlangt werden soll wider. In der Entstehungsphase des Systems sollten die abgefallenen Territorien so schnell wie möglich wieder unter Kontrolle gebracht, nach dem Zweiten Weltkrieg von Moskau kontrollierte Pufferstaaten in Europa etabliert und gehalten werden. Deutlicher Ausdruck dieses Denkens war die *Breschnew-Doktrin*. Aber gerade diese Politik trug wesentlich zur Zhenbao Dao Krise 1969 bei, die die sowjetische Bedrohungsperzeption weiter nährte. Selbst der verhängnisvolle Schritt nach Afghanistan war stark motiviert durch die Präferenz für Sicherheit.

Amerikanisches geopolitisches Denken und das damit verbundene Bestreben, sich einen Zugang zur Peripherie Eurasien zu sichern, beziehungsweise der Sowjetunion das Verlassen dieses Raumes zu verwehren, prägte die amerikanische Elite und war eine intellektuelle Grundlage der *Containment-Politik*. Die unter Truman entwickelte Eindämmungspolitik sowie die *Politik des Rollbacks* insbesondere unter den Präsidenten Eisenhower und später Reagan bestärkten die sowjetischen Führer in ihrer Sicht der Welt und ihrer extrem ausgeprägten Präferenz für Sicherheit. Diese Doktrinen und die damit verbundenen Konzepte wie der *Marshall-Plan*, der Aufbau militärischer Allianzen oder die Unterwanderung sozialistischer Staaten in der Dritten Welt galten als Beleg für die expansionistische Strategie der kapitalistischen Staaten unter Führerschaft der USA. Zudem machten die USA als Hüter der internationalen Ordnung und Förderer universeller Werte keinen Hehl daraus, dass am Ende des Ringens der Systeme der Zusammenbruch der sowjetischen Macht stehen sollte.

Entspannungsphasen während des Kalten Krieges wurden von sowjetischer Seite nicht eingeleitet, weil man den Systemgegensatz für überwunden sah, sondern weil Freiräume geschaffen werden sollten, um die Konsumgüterindustrie zu stärken und so die Wohlfahrt des unzufriedener werdenden Volkes fördern zu können. Wenn es jedoch zu Beeinträchtigungen des Sicherheitsempfindens kam, waren die sowjetischen Führer umgehend bereit, diesen Weg wieder zu verlassen. Dies belegt insbesondere die Intervention in Afghanistan eindrücklich. Ein grundlegend anderes Verständnis von Entspannung, eines das verbunden war mit der Abkehr, die Sowjetunion als belagerte Festung zu sehen, entwickelte sich erst in der Ära Gorbatschow. Die Sowjetunion war mit ihrem Abzug aus Afghanistan bereit, sich offiziell von der *Breschnew-Doktrin* und damit der traditionellen Herrschaftssicherung durch die Kontrolle von Territorien zu lösen. Diese Entwicklung kann als ein bei einem Teil der Elite eingeleiteter Wandel der strategischen Kultur verstanden werden – verursacht durch das kontinuierliche Versagen tradierter Problemlösungsmechanismen.

(3) Gewalt als Mittel: Von Beginn der Sowjetunion an war der Kampf gegen innere und äußere Feinde und damit die Anwendung von Gewalt konstitutiv. Gewalt und Druck galten als die erforderlichen Mittel, um die Sicherheit des Landes zu gewährleisten. Unter Stalin rechtfertigte dies sogar den Massenterror gegen die eigene Bevölkerung. Der Sieg im *Großen Vaterländischen Krieg* trug wesentlich zur Legitimierung dieser Mittel bei. Sie waren es, die die Sowjetunion vor ihrer Vernichtung bewahrt hatten. Selbst der Besitz der Atombombe führte nicht zu einer geringeren Ressourcenallokation im militärischen Bereich. Die Militärdoktrin und die ihr zugrunde liegenden, in der strategischen Kultur verankerten Denkansätze erforderten weiterhin den Unterhalt einer Massenarmee, die auch im Falle eines Atomkrieges durch der Verteidigung dienende Offensivoperationen den Gegner niederringen sollte. Lange galt ein Atomkrieg als Fortsetzung der Politik. In den Augen vieler militärischer Führer versprach der Gedanke der Abschreckung keine hinreichende Sicherheit. War man doch bei diesem Konzept abhängig von der subjektiven Einschätzung des Gegners. In der Logik einer stringent auf Offensive ausgerichteten Militärstrategie setzte sich auch die Sichtweise durch, eine auf Schadensbegrenzung ausgerichtete Raketenabwehr sei ein offensives Instrument. Sie ermögliche erst eine hinreichend gute defensive Position, aus der die zum Sieg führenden offensiven Operationen geführt werden konnten.

Das politische System der Sowjetunion befand sich in einem permanenten Beinahe-Kriegszustand. Die sowjetische Bereitschaft zu Abrüstungsverhandlungen Ende der 1920er Jahre sowie zu Rüstungskontroll- und Abrüstungsverhandlungen vor allem seit den 1970er Jahren erscheinen weniger durch einen ausgeprägten Friedenswillen motiviert, als vielmehr durch die schiere Notwendigkeit, eine Schwerpunktverlagerung hin zur Versorgung der Bevölkerung vornehmen zu können.

Die traumatischen Erfahrungen in Afghanistan mit enormen menschlichen, finanziellen und politischen Kosten sowie der schmachvolle Rückzug der sowjetischen Streitkräfte diskreditierte die bisherige militaristische und expansionistische Politik. Mit Gorbatschow fand schließlich der Klassenkampf als Prinzip der Außenpolitik sein Ende. Die Sowjetunion verzichtete freiwillig auf ihre Rolle als globale Supermacht. Die Außenpolitik wurde entmilitarisiert. Der weit über eine erzwungene friedliche Koexistenz hinausgehende Gedanke einer kooperativen, auf Gegenseitigkeit beruhenden Sicherheit setzte sich durch. Waffensysteme waren nur noch in deutlich niedrigerer Menge erforderlich. 1990 kam es bei dem KSZE-Gipfeltreffen in Paris zur Unterzeichnung des Vertrages über Konventionelle Streitkräfte in Europa. Mehr als 50.000 Waffensysteme in fünf Hauptwaffenkategorien sollten in den folgenden Jahren vernichtet werden.

(4) Streben nach Anerkennung: In den 1920er Jahren war die Sowjetunion bestrebt, die außenpolitische Isolation zu durchbrechen und bemühte sich um diplomatische Anerkennung. Mitte der 1930er Jahre hatte sie dieses Ziel weitgehend erreicht. Nach dem Zweiten Weltkrieg bestand das Bedürfnis, als gleichwertig zu den westlichen Partnern anerkannt zu werden, zumal man daraus als stärkste Macht in Europa hervorgegangen war. Eine unterschiedliche Wertung der sowjetischen Handlungen gegenüber als gleichartig empfundenen Handlungen der Westmächte führte zu Irritationen, insbesondere als sich dies in der *Truman-Doktrin* manifestierte. Außenpolitische Erniedrigungen wie der erzwungene Abzug der Raketen von Kuba konnten sich innenpolitisch auswirken. Die Achtung, die man als Supermacht einforderte, entsprach dem selbst wahrgenommenen Status. Insgesamt unterschied sich das sowjetische Streben nach Anerkennung aber nicht grundsätzlich von dem des Kaiserreiches.

In den letzten Jahren der Sowjetunion, als sich der Niedergang immer mehr im Alltag zeigte, ging im Inneren wie im Äußeren zunehmend die Achtung gegenüber der Sowjetunion verloren. Ein Untergang in Agonie zeichnete sich ab. Bereits 1981 hatte Caspar Weinberger, Verteidigungsminister in der Regierung von Präsident Ronald Reagan, seine Wunschvorstellung für das Ende der Sowjetunion geäußert: „Wir müssen sicherstellen, daß dieses sowjetische Imperium, wenn es denn aufgrund seiner eigenen Widersprüche zusammenbricht, das mit einem Winseln tut und nicht mit einem großen Knall."[555] Zehn Jahre später sollte sein Wunsch in Erfüllung gehen. Doch für die entstehende Russische Föderation

---

555 Zitiert nach Augstein, Rudolf (1981): Also sprach Caspar Weinberger, in: Spiegel, Nr. 41, unter: http://magazin.spiegel.de/EpubDelivery/spiegel/pdf/14334886 (Zugriff 18.03.2014), S. 20.

bedeutete dieser „Zusammenbruch mit einem Winseln" eine schwere Hypothek. Stets sollten die Eliten, stets sollten die Bürger der gedemütigten Supermacht ihre Suche nach einem gerechten Platz in der neuen Welt als handlungsleitendes Motiv ihrer Außen- und Sicherheitspolitik verfolgen. 2014 sollte dieses nie erfüllte Streben in der Ukrainekrise kulminieren und die Ängste eines neuen Kalten Krieges aufkommen lassen.

(5) Streben nach Abschottung: Von Anbeginn an wollte die Sowjetunion trotz der Systemgegensätze Teil der internationalen Gemeinschaft sein. Die Isolation der Gründungsjahre war ihr von außen aufgezwungen. Deutliches Zeichen hierfür war der Ausschluss von der Versailler Friedenskonferenz durch die Westmächte. Die junge Sowjetunion besaß ihrerseits eine expansionistische Ideologie. Diskutiert wurde nur der Meinungsunterschied, ob sich diese Ideologie von alleine nach und nach ausbreiten würde oder sofort aktiv in die Welt getragen werden solle. Die Präferenzen hierzu schwankten im Zeitverlauf. *Truman-Doktrin* und *Rollback* führten erneut zu einer gewissen von außen aufgezwungenen Abschottung der Sowjetunion, der sie aber durch verstärktes Engagement außerhalb des sozialistischen Lagers zu begegnen suchte. Stets war der Drang nach außen entweder wirtschaftlich oder ideologisch motiviert. Dies sollte sich erst mit Gorbatschows *„Neuem Denken"* ändern. Die Sowjetunion sollte gleichberechtigter Partner werden und alle Bewohner des *„Gemeinsamen Hauses Europa"* langfristig eine europäische Kultur auf einer gemeinsamen Wertebasis entwickeln.

(6) Großmachtstreben: Großmachtstreben im Sinne der Kontrolle von Territorien war der Sowjetunion bereits in die Wiege gelegt und sollte über ihre gesamte Existenz hinweg bestimmend sein. Zur Erlangung von Großmachtzielen wie der Kontrolle Osteuropas war die Sowjetunion bereit, einen hohen Preis zu zahlen. Ihre Ideologie beinhaltete ein weltumspannendes Großmachtstreben, das die Eliminierung der zweiten großen Macht als Ziel beinhaltete. Insofern verwundert es nicht, dass die USA mittels der *Truman-Doktrin* und der *Politik des Rollbacks* versuchten, dem etwas entgegenzusetzen. Phasen der Entspannung stellten keine grundsätzliche Abkehr vom Streben nach einem Status als Großmacht dar. Behindert wurde das Großmachtstreben durch die geopolitischen Interessen der USA. Diese verfolgten eine Beschränkung der Sowjetunion auf ihr eigenes Staatsgebiet.

Auch bei dieser Präferenz zeichnet sich erst unter Gorbatschow ein erster leichter Wandel bei Teilen der Elite ab. Doch diese Elite umfasste die für außen- und sicherheitspolitische Entscheidungen verantwortlichen Akteure. So war es möglich, die Rolle der Sowjetunion als Supermacht aufzugeben, obgleich dies gegen jahrhundertealte Präferenzen der strategischen Kultur verstieß. Langfristig sollten die Ergebnisse dieses Alleingangs nicht überzeugen. Der von einer kleinen Elite angestoßene Wandel konnte sich nicht in der strategischen Kultur des Landes verankern. Vielmehr verursachte der Verlust der Großmachtstellung allen Ortens Phantomschmerzen, die bis in die heutige Zeit kooperative Sicherheitsansätze zunichtemachen.

(7) Missachtung des Individuums: Die Missachtung der Individuen setzte sich nahtlos aus den vorherigen Epochen fort. Obgleich die Ideologie eine für die Menschen perfekte Welt anstrebte, stellte der Weg dorthin oftmals das krasse Gegenteil dar und fand seine Höhepunkt in der Kollektivierung und dem Terror Stalins. Unzählige Unschuldige hatten schwer zu leiden oder verloren gar ihr Leben. Freiheit, Gleichheit, Brüderlichkeit konnten eben nicht zur klassenlosen Gesellschaft führen, da Freiheit vom Unterschied lebt. Die Möglichkeit, seine Interessen als oppositionelle Kraft zu vertreten, war sowohl in der Russisch-Orthodoxen Kirche als auch in den Menschenrechtsgruppen der 1970er- und 1980er-Jahre beschränkt.

Das System stellte wie in früheren Epochen den militarisierten Staat beziehungsweise das Streben nach einem Großmachtstatus vor das Allgemeinwohl. Sämtliche Versuche, dies zu ändern, beginnend bei Lenins *Neuer Ökonomischer Politik* bis hin zu Breschnew, blieben in ihren Ansätzen stecken. Wenngleich sie durchaus zu einer Verbesserung der Lebensbedingungen beitrugen, gelang es nur geringfügig, die in der strategischen Kultur verankerte Präferenz für das Militärische zurückzudrängen. Das Modell der Massenarmee hatte zudem eine Militarisierung der gesamten Gesellschaft zur Folge. Da eine wesentliche Funktion der Armee die einer Sozialisationsinstanz ist, werden durch sie die Prinzipien einer streng hierarchischen Gesellschaft reproduziert. Lev Gudkov geht davon aus, dass fast die Hälfte der heutigen russischen Bevölkerung in diesen Streitkräften sozialisiert wurde und eine antimoderne Werthaltung angenommen hat.[556] Eine Zivilgesellschaft konnte sich unter diesen Bedingungen kaum entwickeln. Während der *Perestrojka* mussten, wie so oft in der russischen Geschichte, die gesellschaftlichen Wandlungsprozesse von oben angestoßen werden.

Da in der Sowjetunion der Kreis derjenigen, die über außen- und sicherheitspolitische Fragen entschieden, sehr klein war und zugleich eine für moderne Gesellschaften übliche breite Zivilgesellschaft fehlte, kam vor allem der Prägung dieser kleinen Elite Bedeutung bei. Es reichte aus, deren Sicht der Dinge zu transportieren. Solange diese Sicht nicht der strategischen Kultur der Bevölkerung grundsätzlich widersprach, war mit keinem nennenswerten Widerstand zu

---

556 Vgl. Gudkov, Lev (2013): Fatale Kontinuitäten. Vom sowjetischen Totalitarismus zu Putins Autoritarismus, in: Osteuropa, 63. Jg., Nr. 5-6, S. 289.

rechnen. Eine Politik, die die Bedürfnisse der Bevölkerung nachhaltig aufgegriffen hätte, konnte sich unter diesen Bedingungen nicht entwickeln. Die Präferenz zur Achtung des Individuums blieb weiterhin sehr gering ausgeprägt, was einher ging mit einer traditionell verankerten sehr deutlichen Präferenz für eine autoritäre Herrschaft, jetzt ausgeübt durch die Partei und ihre Führer. Unter Stalin nahmen beide Ausprägungen extreme Formen an, waren aber in ihrer Tendenz auch für die Zeit bis zum Ende der Ära Breschnew charakterisierend. Beide Präferenzen waren bestimmt durch das extrem ausgeprägte Sicherheitsbedürfnis von Partei und Staat. Eine autoritäre Herrschaft, das Streben nach einem Großmachtstatus sowie das Vertrauen auf militärische Macht und Gewalt galten als Garanten der Sicherheit. Den Preis bezahlte die Bevölkerung, sei es, weil Jagd auf innere Feinde gemacht wurde, sei es, weil sie die übermäßigen Militärlasten zu tragen hatte. Da die amerikanischen Strategien zum Umgang mit Russland mit dessen Präferenz für einen Großmachtstatus kollidierten und so zu einer in dieser Ausprägung nicht gewünschten Abschottung des Landes führten sowie das sowjetische Streben nach Anerkennung verletzten, wurden die Präferenzen bestärkt, mittels derer man den USA meinte erfolgreich begegnen zu können. Insgesamt entsprachen somit die Ausprägungen der Präferenzen, wie sie in Abbildung 6 dargestellt sind, denen der vorherigen Epoche. Insofern verwundert es nicht, wenn Colin Gray schrieb: „the Soviet Union today is the Great Russian Empire of yesterday with the overlay of an ideology with global pretentions."[557]

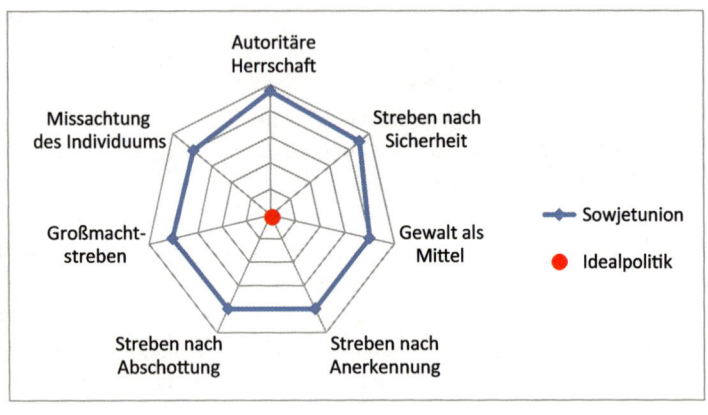

Abbildung 6: Parameter der strategischen Kultur während der Epoche der Sowjetunion

---

557 Gray, Colin S. (1984): Comparative Strategic Culture, in: Parameters, Journal of the US Army War College, Vol. XIV, Nr. 4, S. 31.

Auch wenn die Revolution von 1917 alle Zeichen eines traumatischen Schocks im Sinne der strategischen Kultur hatte, war doch der durch die turbulenten Ereignisse ausgelöste Wandel gering. Edward Carr, Mitbegründer des Realismus, fasste in einer Untersuchung über die Jahre 1924-1926 diese Beobachtung wie folgt zusammen: „But, broadly speaking, the greater the distance in time from the initial impact of the revolution, the more decisively does the principle of continuity reassert itself against the principle of change."[558] Auch der Schock des Zweiten Weltkrieges führte eher zu einer Bestätigung der strategischen Kultur, war man doch als großer Sieger hervorgegangen.

Erst in der Ära Gorbatschow zeigen sich erste Brüche in der strategischen Kultur (nicht in der Abbildung dargestellt). Der Systemgegensatz hatte die Sowjetunion gezwungen, über Jahrzehnte überproportional viele Ressourcen für den Militärsektor aufzuwenden. Hierdurch hatten sich die innergesellschaftlichen Probleme nahezu unauflöslich verschärft. Teile der Elite reagieren auf das kontinuierliche Versagen traditioneller Problemlösungsstrategien. Ihre neuen Ansätze, ausgehend von einem veränderten Sicherheitsverständnis und der freiwilligen Abkehr von der Rolle einer globalen Supermacht, ermöglichten eine Reduzierung des Militärischen, eine von oben angestoßene stärkere Achtung des Individuums sowie eine Öffnung der Gesellschaft für eine liberale Marktwirtschaft. Die angestoßenen tiefgreifenden Veränderungsprozesse waren ab einem bestimmten Punkt nicht mehr mittels einer autoritären Herrschaft, an der Gorbatschow durchaus festhielt, zu lenken. Sie liefen aus der Kontrolle. In der strategischen Kultur waren keine Präferenzen und damit auch keine Problemlösungswege angelegt, die mit einer solchen Situation hätten umgehen können. Neue Freiheiten, die die Entspannungspolitik als auch Gorbatschows neue Politik brachten, führten in Verbindung mit den gesellschaftlichen Spannungen zum Zusammenbruch der Sowjetunion.

Da die Erfolge des von Gorbatschow eingeleiteten Wandels ausblieben, sollte es in der Folgezeit durch das nicht befriedigte Streben nach Anerkennung zu einer erneuten Betonung des Strebens nach einem Großmachtstatus kommen. Die außen- und sicherheitspolitische Achtung, die die Sowjetunion als Supermacht erhielt, hatte wesentlich zum Zusammenhalt des sowjetischen Systems beigetragen. Die Ideologie war der Fokus gewesen, durch den sowohl Eliten als auch Bevölkerung die Welt und ihren Platz darin definiert hatten. Russland hatte seine Idee verloren.

---

558 Carr, Edward Hallet (1958): A History of Soviet Russia, Socialism in One Country, 1924-1926, Vol. I, The Macmillan Company, New York, S. 4.

4. Russlands strategische Kultur heute – Kontinuität oder Bruch?

4.1 Russlands Eliten: tief verankert im Realismus

In den Jahren 1987 bis 1993 schien sich die strategische Kultur Russlands grundlegend zu verändern. Während Russlands Geschichte reich an Erfahrungen eines von oben angeordneten Lernens vom Westen ist, sollte sich Russland nun, und dies war völlig neu, sogar in den Westen integrieren und seine Werte wie freiheitliche Demokratie und liberale Marktwirtschaft übernehmen. Diese Integration aber sollte geschehen, während Russland gleichzeitig weiterhin Ansprüche als globaler Akteur formulierte. Russlands Forderungen basierten auf dem mit einem Vetorecht versehenen Ständigen Sitz in den Vereinten Nationen, seinen weiterhin beachtlichen nuklearen Streitkräften, den enormen natürlichen Ressourcen, seiner vermeintlichen Fähigkeit, Eurasien zu stabilisieren und gleichzeitig als Brücke zwischen Europa und Asien zu dienen.[559]

Doch das „*Neue Denken*" mit seinen Schwerpunkten Kooperation und Integration mit dem Westen war eine den Notwendigkeiten einer überlasteten Sowjetunion geschuldete Neuausrichtung der Außen- und Sicherheitspolitik. Sie entsprach nicht im Geringsten der strategischen Kultur des Landes. Bis weite Teile der etablierten Eliten und der Bevölkerung überhaupt die Erkenntnis akzeptierten, dass die Sowjetunion abgewirtschaftet hatte, bis der Schock des raschen Zerfalls der Sowjetunion langsam verarbeitet wurde, war das „*Neue Denken*" bereits wieder diskreditiert. Veränderungen der langfristigen Präferenzen erfolgen offensichtlich auch bei schockartigen Ereignissen nicht in zwei, drei Jahren. Es scheint selbst unter solchen Umständen mindestens ein bis zwei Jahrzehnte zu dauern, bis sich eine neue strategische Kultur etablieren kann.

Mandelbaum nennt zwei wesentliche Gründe, warum der von Gorbatschow eingeleitete Richtungswechsel nicht dauerhaft war. (1) Russland musste mit dem wirtschaftlichen Kollaps sowie dem gesellschaftlichen und politischen Umbruch zurechtkommen – alles Hinterlassenschaften von 70 Jahren kommunistischer Herrschaft. Doch die Schuld an dieser Misere wurde dem System der liberalen

---

559 Vgl. Eitelhuber, Norbert (2009): The Russian Bear: Russian Strategic Culture and What it Implies for the West, in: Connections, The Quarterly Journal, Vol. 9, Nr. 1, Hrsg. Partnership for Peace Consortium of Defense Academies and Security Studies Institutes, Garmisch-Partenkirchen, S. 12.

Marktwirtschaft sowie nicht eingehaltenen Hilfszusagen des Westens gegeben. (2) Die Lage entlang der neuen Grenzen der Russischen Föderation stellte eine Überforderung dar. Moskau reagierte mit Interventionen in seiner instabilen Nachbarschaft und führte einen blutigen Krieg in Tschetschenien. Dies waren Ansätze, die aus westlicher Sicht nicht mit dem proklamierten neuen außen- und sicherheitspolitischen Denken in Einklang standen.[560] Tatsächlich entsprach das russische Vorgehen den über Jahrhunderte eingeübten Reflexen im Umgang mit Instabilität. In Zeiten der Krise dominierten Verhaltensweisen, die tief in der strategischen Kultur verankert waren.

Insofern ist es nicht verwunderlich, wenn spätestens ab 1993 die Außenpolitik von Realisten in der Bürokratie bestimmt wurde, die das Denken in Großmachtkategorien in den Mittelpunkt stellten. Sie legten eine stärkere Betonung auf die Elemente von „hard power" (vgl. Abbildung 15 Instrumentenmix aus „hard" und „soft power", S. 383). Amerikanische Bestrebungen, Demokratie und liberale Marktwirtschaft global zu verankern, galten ihnen nur als Verschleierung des eigentlichen Ziels, der Festigung globaler amerikanischer Hegemonie. Diese Einschätzung wird auch von der Bevölkerung geteilt (siehe Tabelle 1 „Die USA sind ...").

Tabelle 1: Die USA sind ...[561]

Die USA sind für Sie ...	2003 Februar	2007 Februar	2010 Februar	2011 Februar
Verfechter von Frieden, Demokratie und Ordnung auf der gesamten Welt	9	9	9	11
Aggressor, der versucht, Kontrolle über alle Staaten der Welt zu gewinnen	75	76	73	65
schwer zu beantworten	16	17	19	24

Viele von den Reformen und vom Westen enttäuschte Liberale schlossen sich den Realisten an. Evgenij Primakov, damals Leiter des russischen Auslandsnachrichtendienstes, ab Januar 1996 Außenminister und von September 1998 bis zu seiner Absetzung im Mai 1999 kurzzeitig sogar Ministerpräsident, galt als deren

---

560 Vgl. Mandelbaum, Michael (1998): Russian Foreign Policy in Historical Perspective, in: The New Russian Foreign Policy, ein Buch des Council on Foreign Relations, Hrsg. Mandelbaum, Michael, Brookings Institution Press, New York, S. 5-6.
561 Vgl. Levada (2012a): Russian Public Opinion 2010-2011, From Opinion toward Understanding, Moskau, S. 293, Tabelle 18.66.

Führungsfigur.[562] Das Denken der Realisten entsprach ganz klar den Präferenzen, wie sie sich aus der strategischen Kultur des Landes ergaben. Entsprechend war Zwang und nicht Attraktivität das bestimmende Merkmal der Außen- und Sicherheitspolitik. Realismus war also deshalb in der Bürokratie so erfolgreich, weil er das Handeln mit den altbekannten Präferenzen in Einklang brachte. Hergebrachte Machtstrukturen einer starken Zentralmacht in Moskau förderten die Umsetzung dieser interessengeleiteten Politik – einer Politik, die sich aufgrund des Gleichklangs mit der strategischen Kultur fast automatisch der Gunst der Wähler sicher sein konnte.

In der russischen akademischen Welt können verschiedene methodologische Ansätze der realistischen Schule identifiziert werden. Geopolitiker, deren Analysen sich stark an westlichen geopolitischen Studien, beispielsweise an Brzezinski, orientierten, konnten sich aber bislang nicht als eigenständige Schule etablieren. Dies verwundert etwas, da Geopolitiker stets zwei im Diskurs wohlbekannte Töne zum Klingen bringen. Dies ist zum einen die stark geopolitisch geprägte, für die russische Kultur so typische Suche nach einer nationalen Identität, und zum anderen die argumentative Verknüpfung globaler Entwicklungen mit dem amerikanischen Interesse, die territoriale Integrität Russlands zu zerstören. Die Ansätze der anderen Realisten unterscheiden sich vor allem in der Frage, wie eine angemessene russische Außen- und Sicherheitspolitik gestaltet sein sollte: (1) sich auf das Gebiet der ehemaligen Sowjetunion beschränkend, (2) eine Achse mit China gegen die USA eingehend oder zumindest sich wirtschaftlich auf Asien ausrichtend, oder (3) eine Allianz mit den Staaten des Westens eingehend. Die Uneinigkeit ist vor allem auf das unterschiedliche Verständnis der äußeren Bedrohung zurückzuführen – ob das globale Hegemoniestreben der USA die Hauptbedrohung darstellt, oder Proliferation, Terrorismus, Drogenhandel etc. Durchgesetzt haben sich diejenigen, die eine unipolare Welt als „problematisch und schädlich" ablehnen und der russischen Außen- und Sicherheitspolitik einen pragmatischen Ansatz empfehlen.[563] Die russische Strategie zur Erreichung eines Gleichgewichts im internationalen System zielt daher auf die Schaffung einer multipolaren Weltordnung (siehe Kapitel 4.4.2 „Russland als ein Pol in einer multipolaren Welt", S. 250). Mit dieser neuen Ordnung glaubt man, am ehesten das höchste Gut, die

---

562 Vgl. Kuchins, Andrew C. (2011): Reset Expectations, Russian Assessment of U.S. Power, in: Capacity and Resolve: Foreign Assessments of U.S. Power, Center for Strategic International Studies Report, 17. Juni, Hrsg. Cohen, Craig S., S. 114-115.
563 Vgl. Shakleyina, Tatyana A. / Bogaturov, Aleksei D. (2004): The Russian Realist school of international relations, in: Communist and Post-Communist Studies, Nr. 37, S. 37-42, 48.

Souveränität des Landes, schützen zu können. Und obwohl man wie Lukyanov den Eindruck gewinnen kann, dass Russland dazu tendierte, die internationale Politik als einen ständigen Wettbewerb um Einfluss, Ressourcen und Märkte zu sehen,[564] hat sich doch etwas Entscheidendes verändert – die Eliten selbst.

Die neue russische Elite setzt sich zunehmend aus den Gewinnern der Umbruchphase der 1990er Jahre zusammen. Es handelt sich dabei um einen neuen Typ von Elite, der sich deutlich von den Eliten der Sowjetzeit unterscheidet. Während die alte Elite bürokratisch, risikoavers und kompetent in außen- und sicherheitspolitischen Angelegenheiten war, ist die neue Elite selbstbewusst, risikofreudig und unglaublich wohlhabend. Darin unterscheidet sie sich auch von den europäischen Eliten, die durch Kompromisssuche und Konfliktvermeidung sozialisiert worden sind. Ein Unterschied, der durchaus zu Missverständnissen führen kann.[565] Ende der 1990er Jahren begann eine Konsolidierung der russischen politischen Elite. Sie kann inzwischen als eine homogene gesellschaftliche Klasse gesehen werden. Neben denjenigen, die unmittelbar in der Regierung und den Behörden verankert sind, prägt eine Vielzahl weiterer Akteure den politischen Kurs des Landes. Nach dem Präsidenten wird der wirtschaftlichen Elite der größte Einfluss auf die russische Außenpolitik beigemessen.[566] Daher dürfte insbesondere das Interesse, den neu gewonnenen Wohlstand zu erhalten, zu der pragmatischen Linie der Außen- und Sicherheitspolitik beigetragen haben. Auch nach innen will der neue Wohlstand der Elite abgesichert sein. Dies ist er vor allem dann, wenn sich nach den harten Entbehrungen der Umbruchzeit die materielle Situation der Bevölkerung kontinuierlich verbessert. Wie in Abbildung 7 „Bevölkerungsanteil unterhalb des Existenzminimums" gezeigt, konnte dieses Ziel während der beiden ersten Regierungsperioden Putins auch erreicht werden. Erst mit der globalen Wirtschaftskrise im Jahr 2008 brach dieser Trend ab.

---

564 Lukyanov unterstreicht seine Feststellung mit einer Auswertung von Putins Aussagen zu den internationalen Beziehungen in den jährlichen Ansprachen an die Föderalversammlung der Jahre 2000 bis 2008. Das Wort „Wettbewerb" war das meistgebrauchte. Abhängig von der politischen und wirtschaftlichen Gesamtlage wurde Wettbewerb mal als Bedrohung, mal als Chance verstanden. Vgl. Lukyanov, Fyodor (2010): Russian Dilemmas in a Multipolar World, in: Journal of International Affairs, Vol. 63, Nr. 2, Frühling/Sommer, New York, S. 20, 31.

565 Vgl. Krastev, Ivan (2007): Russia vs Europe: the sovereignty wars, 5. September, unter: http://www.opendemocracy.net/globalization-institutions_government/sovereign_democracy_4104.jsp (Zugriff 23.07.2012).

566 Vgl. Valdai Club, Hrsg. (2013): Russian Elite – 2020, ein Valdai Discussion Club Grantees Analytical Report, Moskau, unter: http://vid-1.rian.ru/ig/valdai/Russian_elite_2020_eng.pdf (Zugriff 22.12.2013), S. 11-14 sowie Grafik auf S. 20.

Abbildung 7: Bevölkerungsanteil unterhalb des Existenzminimums[567]

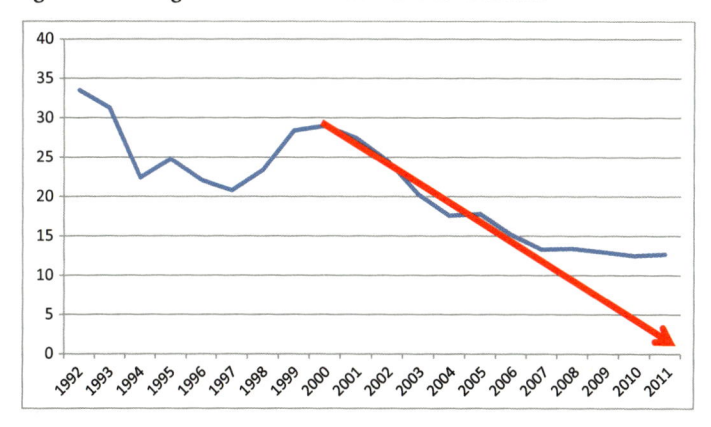

Bürgerrechte werden von der Bevölkerung hingegen kaum eingefordert. Noch dominieren soziale Themen die Bedürfnisse, siehe Tabelle 2 „Probleme der Gesellschaft".

Tabelle 2: Probleme der Gesellschaft[568]

Pos.	Welche der folgenden Probleme unserer Gesellschaft beunruhigen Sie am meisten, und halten Sie für die drängendsten?	2012 (Angaben in %)
1.	Anstieg der Preise	67
2.	Armut, Verarmung der Mehrheit der Bevölkerung	48
3.	Korruption und Bestechung	35
4.	Anstieg der Arbeitslosigkeit	33
5.	Die Wirtschaftskrise, der schlechte Zustand von Industrie und Landwirtschaft	32
...		
20	Die Beschränkung der Bürgerrechte, der demokratischen Freiheiten	4

---

567 Goskomstat, Föderales Statistikamt (2012): Čislennosť naselenija s denežnymi dohodami niže veličiny prožitočnogo minimuma, i deficit denežnogo dohoda, Bevölkerungsanteil mit Geldeinkünften unterhalb des Existenzminimums sowie Defizit der Geldeinkünfte, 28. Dezember, unter: http://www.gks.ru/free_doc/new_site/population/urov/urov_51g.htm (Zugriff 09.03.2013).
568 Levada (2012b): Rost cen i bednosť – glavnye trevogi Rossijan, Preisanstieg und Armut – Die größten Sorgen der Russen, 22. August, unter: http://www.levada.ru/22-08-2012/rost-tsen-i-bednost-glavnye-trevogi-rossiyan (Zugriff 09.03.2013), Auszug.

Die Wirtschaftskrise hinterließ aber nicht nur bei der Bevölkerung, sondern auch bei den wirtschaftlichen und politischen Eliten Russlands einen ernüchternden Effekt, der eine erneute Hinwendung zum Westen bewirkte.[569] Mussten die Eliten doch erkennen, dass die vermeintliche Stärke des Landes, notwendige Voraussetzung für eine glaubwürdige Großmachtpolitik, äußerst fragil war. Im georgisch-russischen Krieg 2008 hatten sich zudem die bis dahin etablierten politischen und wirtschaftlichen Verbindungen zum Westen als zerbrechlich erwiesen. Für über ein halbes Jahr lag die Kooperation mit der NATO und der EU brach. Nur langsam wurden die Bande neu geknüpft. Russische Firmen in der EU mussten erkennen, wie abhängig sie von Krediten westlicher Banken waren. Bereits kurz nach Beginn der Kampfhandlungen erhielten beispielsweise russische Großunternehmen in Deutschland von den Großbanken keine Kredite mehr:[570] Eine fatale Lage für die im Besitz der Elite befindlichen Unternehmen.

Insgesamt kann festgehalten werden, dass einerseits die strategische Kultur machtpolitisches Denken beförderte, andererseits aber der Elitenwandel, der seine Wurzeln in der Umbruchsituation der 1990er Jahre hatte, zu pragmatischem Handeln führte. Das Verständnis, internationale Politik sei ein ständiges Ringen um Macht, führte zu einem kaum zu befriedigenden Streben nach territorialer Sicherheit und innerer Stabilität. Auch wurde Kooperation in den Augen der Realisten, wie Sabine Fischer belegt, in den 1990ern „nicht Ziel staatlicher Politik, sondern lediglich Mittel zum Zweck der Durchsetzung eigener Interessen und damit jederzeit widerrufbar."[571] Diese Sichtweise steht ebenfalls in langer Tradition der strategischen Kultur, in der Bündnisse meist nur dem kurzfristigen Interesse des Herrschers dienten und jederzeit gebrochen werden konnten. Inzwischen jedoch darf westliche Politik davon ausgehen, dass insbesondere die seit Putin streng pragmatisch ausgerichtete Außenpolitik kein Hintergehen des Kooperationspartners erwarten lässt, solange nicht wie im Falle der Ukraine vermeintlich vitale Interessen der Russischen Föderation betroffen sind. Zunehmend scheint

---

569 Vgl. Kuchins, Andrew C. (2011): Reset Expectations, Russian Assessment of U.S. Power, in: Capacity and Resolve: Foreign Assessments of U.S. Power, Center for Strategic International Studies Report, 17. Juni, Hrsg. Cohen, Craig S., S. 122.
570 Aussage eines Mitarbeiters in der Geschäftsführung eines großen russischen Unternehmens in Deutschland gegenüber dem Autor ca. Ende August 2008. Ob hinter dem Verhalten der Großbanken eine konzertierte Aktion oder einfach eine geänderte Risikoabschätzung lag, kann nicht beurteilt werden.
571 Fischer, Sabine (2003): Russlands Westpolitik in der Krise 1992-2000. Eine konstruktivistische Untersuchung, Studien der Hessischen Stiftung Friedens- und Konfliktforschung, Bd. 43, Campus Verlag, Frankfurt/New York, S. 320.

den russischen Eliten bewusst, wie teuer erkauft kurzfristige taktische Gewinne eines solchen Verhaltens sind. Die als zwingend erkannte langfristige wirtschaftliche Transformation des Landes erfordert Konstanz im Handeln – nicht zuletzt aus Eigennutz der Eliten, müssen sie doch, wie noch gezeigt wird, ihr Handeln gegenüber dem Volk durch Wohlfahrtsgewinne legitimieren.

4.2 Umzingelt vom Gegner – Russlands Bedrohungswahrnehmung heute

4.2.1 U.S. Doktrin „Verhinderung des Aufstiegs eines neuen Rivalen"

Das stark im Realismus verankerte Denken der russischen Eliten trug folglich auch zu einer intensiven Auseinandersetzung mit amerikanischen (neo-)realistischen Denkansätzen bei. Insbesondere die in den USA weiterhin wirkmächtigen geopolitischen Theorien von Halford John Mackinder[572] und Nicholas John Spykman, die bereits zu Zeiten des Kalten Kriegs die Strategie der Eindämmung mit hervorgebracht hatten, stießen auf große Aufmerksamkeit – stimmten doch das beobachtbare Vorgehen der USA sowie die Erweiterungen von NATO und EU genau mit deren geopolitischen Überlegungen überein.

Bereits Anfang 1992 wurde in dem der New York Times zugespielten geheimen Entwurf der Defense Planning Guidance (DPG) des Pentagons, auch bekannt als *Wolfowitz-Doktrin*, die Verhinderung des Aufstiegs eines neuen Rivalen auf dem Gebiet der früheren Sowjetunion oder anderswo als vorrangige strategische Zielsetzung benannt.[573] Dies erfordere, „that we endeavor to prevent any hostile power from dominating a region whose resources would, under consolidated control, be sufficient to generate global power. These regions include Western Europe, East Asia, the territory of the former Soviet Union, and Southwest Asia."[574] Um dieses strategische Ziel zu erreichen, heißt es in dem

---

572 Auch Colin Gray weist darauf hin, dass von Präsident Truman bis Präsident Bush die amerikanische Sicherheitsstrategie eindeutig geopolitisch und unmittelbar auf die Herzland-Theorie Mackinders zurückzuführen war. Vgl. Gray, Colin S. (1996): The continued primacy of geography. (A Debate on Geopolitics), in: Orbis, A Journal of World Affairs, Nr. 40, 22. März, S. 258.

573 Vgl. Tyler, Patrick E. (1992): U.S. Strategy Plan Calls for Insuring No Rivals Develop, in: The New York Times, 8. März, unter: http://www.nytimes.com/1992/03/08/world/us-strategy-plan-calls-for-insuring-no-rivals-develop.html?pagewanted=all&src=pm (Zugriff 02.03.2013).

574 Pentagon (1992): Excerpts From Pentagon's Plan: 'Prevent the Re-Emergence of a New Rival, in: The New York Times, 8. März, unter: http://www.nytimes.com/1992/03/08/

Entwurf der DPG weiter: „we must maintain the mechanisms for deterring potential competitors from even aspiring to a larger regional or global role. (…) The former Soviet state achieved global reach and power by consolidating control over the resources in the territory of the former U.S.S.R. The best means of assuring that no hostile power is able to consolidate control over the resources within the former Soviet Union is to support its successor states (…) in their efforts to become peaceful democracies with market-based economies. (…) At the same time, we must also hedge against the possibility that democracy will fail (…) Therefore, it is of fundamental importance to preserve NATO as the primary instrument of Western defense and security (…) The most promising avenues for anchoring the east-central Europeans into the West and for stabilizing their democratic institutions is their participation in Western political and economic organizations."[575] Bereits 1992 war also im Entwurf der DPG die grundlegende strategische Ausrichtung der USA gegenüber der Russischen Föderation dargelegt. Sie nahm reichlich und unverhohlen bei den Gedankenkategorien der Geopolitik Anleihe. Russland wurde zum Objekt amerikanischer Geostrategie. Nachdem die unautorisierte Veröffentlichung des Entwurfs der DPG heftige öffentliche Reaktionen auslöste, wurde das Papier sprachlich deutlich entschärft – die Gedankenwelt amerikanischer Strategen aber war offengelegt und bestätigte nachdrücklich das tief in der strategischen Kultur Russlands verankerte Bedürfnis nach Sicherheit zu streben.

Der Entwurf der DPG bewertete übrigens die Gefahr eines rasch wieder erstarkenden und konkurrierenden Russlands als gering: „It is improbable that a global conventional challenge to U.S. and Western security will re-emerge from the Eurasian heartland for many years to come. Even in the highly unlikely event that some future leadership in the former Soviet Union adopted strategic aims of recovering the lost empire or otherwise threatened global interests, (…) which in turn could only happen after a lengthy political realignment and re-orientation to authoritarian and aggressive political and economic control."[576] Das heutige politisch und wirtschaftlich erstarkte Russland Putins stellt, da die USA ihm das

---

world/excerpts-from-pentagon-s-plan-prevent-the-re-emergence-of-a-new-rival. html?pagewanted=print&src=pm (Zugriff 02.03.2013).
575 Pentagon (1992): Excerpts From Pentagon's Plan: 'Prevent the Re-Emergence of a New Rival, in: The New York Times, 8. März, unter: http://www.nytimes.com/1992/03/08/ world/excerpts-from-pentagon-s-plan-prevent-the-re-emergence-of-a-new-rival. html?pagewanted=print&src=pm (Zugriff 02.03.2013).
576 Pentagon (1992): Excerpts From Pentagon's Plan: 'Prevent the Re-Emergence of a New Rival, in: The New York Times, 8. März, unter: http://www.nytimes.com/1992/03/08/

Label „demokratisch" absprechen, aber genau die Herausforderung für amerikanische Außen- und Sicherheitspolitik dar, gegen die sie sich stets wappnen sollte. Einem Millionenpublikum zugänglich gemacht wurden die geostrategischen Überlegungen der USA durch namhafte und einflussreiche Vordenker amerikanischer Außen- und Sicherheitspolitik wie Zbigniew Brzezinski. Brzezinski schreibt, dass die Geltendmachung der globalen Vormachtstellung der USA davon abhängig ist, ob es in Eurasien das Aufkommen einer anderen beherrschenden Macht unterbinden kann. Er nennt Eurasien „das Schachbrett, auf dem sich auch in Zukunft der Kampf um die globale Vorherrschaft abspielen wird." Zentrale Aufgabe sei es daher, „keinen eurasischen Herausforderer aufkommen zu lassen"[577]. Keine einzelne Macht dürfe die Kontrolle in der Region gewinnen. Der finanzielle und wirtschaftliche Zugang zur Region müsse ungehindert möglich sein.[578] Die globale Vorherrschaft der USA würde „durch ein ausgetüfteltes System von Bündnissen und Koalitionen untermauert, das buchstäblich die ganze Welt umspannt."[579] Brzezinski begründet seine Postulate mit Überlegungen ähnlich denen Mackinders und Spykmans. Wie präsent die Gedanken Brzezinskis noch bei der russischen außen- und sicherheitspolitischen Elite sind, belegt folgende Gegebenheit: 2011, während einer Podiumsdiskussion zum Neuen Strategischen Konzept der NATO in der Botschaft der Russischen Föderation in Berlin stellte der damalige stellvertretende Außenminister und spätere NATO-Botschafter der Russischen Föderation, Alexandr Gruško, die Frage, ob das für die Präsentation des Konzepts verwendete Logo eines Schachbrettes zufällig gewählt worden sei. Doch eine Antwort auf seine rhetorisch gemeinte Frage erwartete er nicht.[580] Brzezinski spricht auch noch einen weiteren Russland ins Mark treffenden Aspekt an. Er erachtet die Ukraine, die Wiege der russischen Kultur und

---

world/excerpts-from-pentagon-s-plan-prevent-the-re-emergence-of-a-new-rival.html?pagewanted=print&src=pm (Zugriff 02.03.2013).
577 Brzezinski, Zbigniew (2004): Die einzige Weltmacht, Amerikas Strategie der Vorherrschaft, 8. Auflage, Fischer Taschenbuchverlag, aus dem Amerikanischen von Angelika Beck, Frankfurt am Main, S. 16.
578 Vgl. Brzezinski, Zbigniew (2004): Die einzige Weltmacht, Amerikas Strategie der Vorherrschaft, 8. Auflage, Fischer Taschenbuchverlag, aus dem Amerikanischen von Angelika Beck, Frankfurt am Main, S. 215.
579 Brzezinski, Zbigniew (2004): Die einzige Weltmacht, Amerikas Strategie der Vorherrschaft, 8. Auflage, Fischer Taschenbuchverlag, aus dem Amerikanischen von Angelika Beck, Frankfurt am Main, S. 48.
580 Eigene Notizen des Autors bei einer Veranstaltung in der Botschaft der Russischen Föderation (2011): Neue NATO-Strategie – Startschuss für eine strategische Partnerschaft mit Russland?, 22. März, Berlin.

den Ausgangspunkt der russischen Geschichte, als geopolitischen Dreh- und Angelpunkt, dem die USA besondere Aufmerksamkeit widmen müssten. Eine souveräne Ukraine trage zum Wandel Russlands bei. Akzeptiere Russland die von den USA angestrebte Bindung der Ukraine an NATO und EU, entscheide es gleichzeitig, selbst Teil Europas zu werden. Andernfalls würde es seine Identität stärker eurasisch definieren und sich von Europa wegbewegen. Erlange Russland wieder die Kontrolle über die Ukraine, könne es sogar wieder ein mächtiges, Eurasien umspannendes Reich werden.[581]

Auf russischer Seite werden die amerikanischen strategischen Überlegungen sehr wohl wahrgenommen und als gegen sich gerichtet in die eigenen Überlegungen einbezogen. So verwies beispielsweise Armeegeneral Machmut Garejew, Präsident der Akademie der Militärwissenschaften Russlands, in einem Vortrag über Russland als Großmacht explizit auf Aussagen von Brzezinski und Wolfowitz. Vor diesem Hintergrund folgert Garejew, dass die „Konkurrenten und Feinde" Russlands aufgrund der Nuklearwaffen keine offene Konfrontation suchen, sondern „hinter den Kulissen" bleiben und nach außen Partnerschaft vortäuschen würden. Dies schaffe viele Unwägbarkeiten.[582] Die Angst, nur das Objekt amerikanischer geopolitischer Ambitionen zu sein, wurde insbesondere durch den Georgisch-Russischen Krieg 2008 bei weiten Teilen der Bevölkerung erneut geschürt (siehe hierzu Kapitel 4.4.5 „Der Krieg in Georgien – Ein Beweis für Russlands neoimperiale Bestrebungen?", S. 286).

4.2.2 Russlands außenpolitische Bedrohungswahrnehmung im Lichte der Ereignisse

Wenn führende Sicherheitspolitiker sich in Russland Gedanken zur nationalen Sicherheit des Landes machen, rekurrieren sie in ihrer Einleitung häufig auf ein historisches Narrativ, das Russland als Opfer von Aggression darstellt. Dies spannt den Rahmen, innerhalb dessen sie ihre nachfolgenden Ausführungen verstanden wissen wollen.

---

581 Vgl. Brzezinski, Zbigniew (2004): Die einzige Weltmacht, Amerikas Strategie der Vorherrschaft, 8. Auflage, Fischer Taschenbuchverlag, aus dem Amerikanischen von Angelika Beck, Frankfurt am Main, S. 74-75, 176.
582 Vgl. Garejew, Machmut Achmetowitsch (2008): Russland muss erneut eine Großmacht werden, Die Einführung einer langfristigen strategischen Planung ist notwendig, Referat zur Tagung der Akademie der Militärwissenschaften, 19. Januar, in: Militär-Industrie-Kurier (VPK), Nr. 2 (218), Ausgabe 16.-22. Januar, Moskau, Übersetzung Lemcke, Egbert / Preiß, Frank, unter: http://www.sicherheitspolitik-dss.de/autoren/preisz/elfp0802.pdf (Zugriff 02.03.2013).

Ein gutes Beispiel hierfür ist die kompakte Darstellung, die Armeegeneral Garejew bei einer Tagung der Akademie der Militärwissenschaften präsentierte: „Allen bekannt sind die Feldzüge des Deutschen Ritterordens gegen die Rus, beginnend bereits zu Zeiten Aleksandr Nevskijs. Der Feldzug des Mamaj[583] auf Moskau im 14. Jahrhundert geschah nicht ohne die aktive Unterstützung des Vatikans. Fortgesetzt wurde die Expansion nach Osten durch schwedische und polnische Begehrlichkeiten auf russischen Boden im 15. bis 17. Jahrhundert, die Unterstützung einer Reihe westlicher Staaten gegenüber der Türkei in den Kriegen gegen Russland im 18. Jahrhundert, den Feldzug Napoleons von 1812, den Krimkrieg, die Intervention von 14 Staaten während der Zeit des Bürgerkriegs, die Handlungen von Staaten des Westens, um Hitler zu einer Aggression nach Osten zu drängen. (…) Das feindliche Verhältnis des Westens zog sich somit durch die Jahrhunderte. Und nach dem 2. Weltkrieg kämpften die westlichen Staaten mit dem ‚Imperium des Bösen'."[584]

Vor dem Hintergrund einer solchen stark in der strategischen Kultur verankerten historischen Wahrnehmung verwundert es nicht, dass die Träume einer tief verwurzelten Partnerschaft mit dem Westen Anfang der 1990er nicht von allen Gruppen der Elite geteilt wurden. So meinte der russische Botschafter in den USA, Vladimir Lukin, statt eines freundlichen internationalen Umfeldes ein Geflecht von Sicherheitsbedrohungen für das erheblich geschwächte Russland zu erkennen – „a new encirclement."[585] Außenminister Andrej Kozyrev (10/1991-01/1996) wurde vielfach als „too idealistic and naïve" kritisiert.[586] Kozyrev setzte dem entgegen: „The fact is that Russia today is not placed in a hostile environment (…) and this objectively deprives the advocates of a "strong arm" of the possibility of invoking "the external threat" to force the country to once

---

583 Mamaj war Befehlshaber der Goldenen Horde, Gegner von Dmitrij Donskoj in der Schlacht auf dem Schnepfenfeld 1380.
584 Garejew, Machmut Achmetowitsch (2008): Russland muss erneut eine Großmacht werden, Die Einführung einer langfristigen strategischen Planung ist notwendig, Referat zur Tagung der Akademie der Militärwissenschaften, 19. Januar, in: Militär-Industrie-Kurier (VPK), Nr. 2 (218), Ausgabe 16.-22. Januar, Moskau, Übersetzung Lemcke, Egbert / Preiß, Frank, unter: http://www.sicherheitspolitik-dss.de/autoren/preisz/elfp0802.pdf (Zugriff 02.03.2013).
585 Vgl. Lukin, Vladimir P. (1992): Our Security Predicament, in: Foreign Policy, Nr. 88, Herbst, S. 60-65.
586 Vgl. Åslund, Anders / Kuchins. Andrew (2009): The Russia Balance Sheet, Peterson Institute for International Economics, Center for Strategic and International Studies, Washington, D.C., S. 23

again adopt the old power structures."[587] Kozyrev unterstellt also Teilen der Elite eine Instrumentalisierung der strategischen Kultur, ein Spiel auf dem Klavier der Präferenz für Sicherheit.

Doch wie wurde die Situation in den 1990er Jahren unter russischen Intellektuellen gesehen? Peter Schulze spricht von einer anti-westliche Stimmung in dieser für die Prägung der Außen- und Sicherheitspolitik wichtigen Gruppe. Deren Unmut rührt aus dem Zaudern des Westens, Russland schnell in seine wesentlichen Organisationen aufzunehmen. Statt rasch integriert zu werden, sah man sich durch die Erweiterung von NATO und EU nach Osten noch deutlicher ausgegrenzt.[588] Die Osterweiterung der NATO untergrub weiterhin das Vertrauen durch den vermeintlichen Bruch des „Gentleman Agreement" zwischen Gorbatschow und seinen westlichen Verhandlungspartnern, das einen solchen Schritt ausgeschlossen habe.[589] Es scheinen also nicht die Beharrungskräfte der sowjetischen Zeit, die das Land als Antagonisten zum Westen positioniert gesehen hatten, am Werk zu sein. Russland war vom Prinzip her bereit, wieder zu seiner durchaus offeneren strategischen Kultur früherer Perioden zurückzukehren. Denn wie gezeigt wurde, versucht Russland stets eine souveräne Politik zu gestalten, war aber selten so abgeschottet gegenüber der Außenwelt, wie es der Kalte Krieg den Westen glauben machte – und wie in dieser Phase der Systemauseinandersetzung die frühere Geschichte Russlands gelesen wurde. Ein wesentlicher Faktor bei dieser Betrachtung mag die Überhöhung Pëtr I. als Öffner gegenüber dem Westen sein, die erst in neuerer Zeit relativiert wurde. Zunehmend wurde dabei ein Russland offenbar, das die meiste Zeit seiner Geschichte einen Austausch mit seinen Nachbarn, nicht zwangsläufig nur dem Westen, suchte.

Peter Schulze weist aber auch darauf hin, dass der Referenzpunkt des Denkens außen- und sicherheitspolitischer Kreise die USA und nicht die Europäische Union war. Nur durch eine „geostrategische Partnerschaft" mit den USA könne sich die Nuklearmacht Russland wieder als Großmacht etablieren. Die EU

---

587 Kozyrev, Andrei (1992): Russia: A Chance for Survival, in: Foreign Affairs, Vol. 71, Nr. 2, S. 8.
588 Vgl. Schulze, Peter (2003): Russland: Juniorpartner Amerikas oder Mitgestalter einer multipolaren Weltordnung?, in: Internationale Politik und Gesellschaft, Nr. 4, S. 58-59.
589 Vgl. Polikanov, Dmitry (2002): Europäische Sicherheitspolitik als Herausforderung für Russland, in: Sicherheit für das größere Europa. Politische Optionen im globalen Spannungsfeld, Hrsg. Arnold, Hans / Krämer, Raimund, EINE Welt, Texte der Stiftung Entwicklung und Frieden, Bd. 14, Übersetzung Marco Overhaus, Bonn, S. 184.

wurde lediglich unter ökonomischen Aspekten als Partner gesehen.[590] Russland unterstellte, dass die NATO ein wesentlicher Teil der amerikanischen Strategie zur Beherrschung des Euro-Atlantischen Raumes sei.[591] Mit entsprechender Skepsis betrachtete man nicht nur den Fortbestand der NATO über die Zeit des Kalten Krieges hinaus, sondern auch ihre Erweiterungsbemühungen. Diese Entwicklung, der Russland nichts entgegensetzen konnte, wurde als Herabsetzung des Status der Russischen Föderation im internationalen System gewertet.[592] Beschwichtigungen des Westens, die Erweiterung richte sich nicht gegen Russland, wurden als wenig überzeugend erachtet, strebten die Staaten Mittel- und Osteuropas doch gerade aufgrund ihrer Furcht vor Russland in die NATO.[593] Auch westliche Analysten wie beispielsweise Michael Stürmer teilen die russische Sichtweise auf die NATO-Osterweiterung: „The game is nothing but a modernized version of spheres of influence which, of course, need to be defended, whether they are defined in territorial or in value terms, or both."[594]

Vor dem Hintergrund der strategischen Kultur mit ihrem ausgeprägten Streben nach Anerkennung und Macht war eine heftige Reaktion – im Rahmen der begrenzten Möglichkeiten des Landes – zu erwarten. Und tatsächlich bestand ein Grundkonsens, sowohl in der Bevölkerung als auch den Eliten, hinsichtlich der Ablehnung der NATO.

---

590 Vgl. Schulze, Peter (2003): Russland: Juniorpartner Amerikas oder Mitgestalter einer multipolaren Weltordnung?, in: Internationale Politik und Gesellschaft, Nr. 4, S. 59.
591 In der nicht-autorisierten Veröffentlichung der DPG ist unverhohlen die Rede davon, dass die NATO ein amerikanisches Instrument zur Teilhabe und zur Einflussnahme auf europäische Sicherheitsfragen sei. Aus diesem Grund gehen die USA, obgleich sie vorgeben, die europäische Integration zu unterstützen, sogar so weit, die Entwicklung einer rein europäischen Sicherheitsarchitektur verhindern zu wollen. Vgl. Pentagon (1992): Excerpts From Pentagon's Plan: 'Prevent the Re-Emergence of a New Rival, in: The New York Times, 8. März, unter: http://www.nytimes.com/1992/03/08/world/excerpts-from-pentagon-s-plan-prevent-the-re-emergence-of-a-new-rival.html?pagewanted=print&src=pm (Zugriff 02.03.2013).
592 Vgl. Kononenko, Vadim (2003): From Yugoslavia to Iraq: Russia's Foreign Policy and the Effects of Multipolarity, The Finnish Institute of International Affairs (FIIA), upi Working Paper Nr. 42, Helsinki, S. 11.
593 Vgl. Mandelbaum, Michael (1998): Russian Foreign Policy in Historical Perspective, in: The New Russian Foreign Policy, ein Buch des Council on Foreign Relations, Hrsg. Mandelbaum, Michael, Brookings Institution Press, New York, S. 6.
594 Stürmer, Michael (2009): Putin and the Rise of Russia, Taschenbuchausgabe, ein Phoenix Abdruck von Orion Books Ltd, London, S. 191.

Und obgleich die NATO auch Russland die Teilnahme am Partnership for Peace (PfP) Programm anbot, Russland diesem 1994 sogar beitrat, änderte sich nichts an der ablehnenden Grundhaltung. PfP wurde vielfach als ein gegen Russland gerichtetes Programm gesehen, das von einer weiterhin auf Eindämmung Russlands gerichteten NATO ausging. Fälschlicherweise machten sich die russischen Befürworter des Programms Hoffnungen, PfP könnte eine tatsächliche Erweiterung der NATO verhindern.[595] Die NATO selbst hatte ihre Position gegenüber Russland negativ formuliert. Es galt was Strobe Talbott als die „five no's" benannt hatte: „No Russian expectation of a delay in the process of enlargement itself; no Russian veto either over NATO enlargement decisions or over NATO internal matters; no exclusion of any state over the longer term from the process of enlargement; no second-class membership for the new members; and no interference in NATO decision making, which encompassed no subordination of NATO to the UN Security Council or any other forum."[596] Ein wenig kooperativer Ansatz. Heftig fielen daher auch die Reaktion auf Boris Jelzin Unterschrift unter die NATO-Russland-Grundakte im Mai 1997 aus, denn diese erfüllte weitgehend die NATO-Bedingungen. Der Führer der national-patriotischen Opposition und Vorsitzender der Kommunistischen Partei, Gennadij Sjuganov, bezeichneten Jelzins Schritt als bedingungslose Kapitulation und einen Verrat an Russlands Interessen.[597] Mit Sjuganov äußerte sich jemand, der noch bei den Präsidentschaftswahlen 1996 im ersten Wahldurchgang mit 32% der Stimmen nur knapp hinter Jelzin (35%) gelegen hatte. Erst in der Stichwahl am 3. Juli konnte sich Jelzin mit 53,8% klar durchsetzen. Doch dieses Beispiel zeigt, wie sehr die Eliten und die Bevölkerung bei dieser Thematik zerrissen sind. Alte Reaktionsmuster, tief verwurzelt in der strategischen Kultur, brechen immer wieder hervor. Doch wie war es dann möglich, dass es vor diesem Hintergrund überhaupt zur Unterzeichnung der NATO-Russland-Grundakte kam?

Auch hier, so widersprüchlich das klingen mag, wirkte die strategische Kultur mit, denn es war die Präferenz für eine starke autoritäre Herrschaft, die es

---

595 Vgl. Kononenko, Vadim (2003): From Yugoslavia to Iraq: Russia's Foreign Policy and the Effects of Multipolarity, The Finnish Institute of International Affairs (FIIA), upi Working Paper Nr. 42, Helsinki, S. 12.
596 Dannreuther, Roland (1997): Russian Perceptions of the Atlantic Alliance, Politics Department Edinburgh University, Final Report for the NATO Fellowship – 1995-1997, unter: http://www.nato.int/acad/fellow/95-97/dannreut.pdf (Zugriff 31.03.2014), S. 22-23.
597 Vgl. Aron, Leon (1998): Russia's New Foreign Policy, American Enterprise Institute for Public Policy Research, Russian Outlook, Frühling, Washington, D.C., S. 1.

Präsident Jelzin überhaupt ermöglichte, seine Vorstellung einer wünschenswerten Zukunft auch gegen massive Widerstände in den Eliten und in der eigenen Bürokratie durchzusetzen. Obwohl Jelzin, wie Leon Aron feststellt, ein auf Innenpolitisches fokussierter Führer war, hielt er bei zwei außenpolitischen Themen die Zügel fest in der Hand – dem Verhältnis zu den USA sowie den Abmachungen mit der Ukraine.[598]

Während führende Köpfe der Opposition, wie der damals populärste potentielle Präsidentschaftsherausforderer Aleksandr Lebed', politische und militärische Risiken, auch für die Unverletzlichkeit der Grenzen, sahen, argumentierte Jelzin in einer Ansprache an das russische Volk, dass der Vertrag wesentlich sei, um die negativen Folgen einer NATO-Erweiterung abzuwenden und einen neuen Bruch in Europa zu vermeiden.[599] Und blickt man in den Vertrag, so hat Jelzin für die Sicherheit Russlands, unabhängig von der Diskussion, ob diese Bestimmungen völkerrechtlich bindend oder nur politisch verpflichtend sind, unmissverständliche und weitreichende Zusagen der NATO sowohl in Nuklearfragen als auch bezüglich konventioneller Rüstungskontrolle erhalten: „The member States of NATO reiterate that they have no intention, no plan and no reason to deploy nuclear weapons on the territory of new members, nor any need to change any aspect of NATO's nuclear posture or nuclear policy – and do not foresee any future need to do so. (…) Russia and the member States of NATO will work together (…) to adapt the CFE Treaty to enhance its viability and effectiveness (…) Russia and the member States of NATO commit themselves to exercise restraint during the period of negotiations (…) in relation to the current postures and capabilities of their conventional armed forces – in particular with respect to their levels of forces and deployments – in the Treaty's area of application, in order to avoid developments in the security situation in Europe diminishing the security of any State Party."[600] Insbesondere das Scheitern der Verhandlungen zur Anpassung des KSE-Vertrages sollte vor diesem Hintergrund zu erheblicher Irritation und Verärgerung auf russischer Seite führen.

---

598 Vgl. Aron, Leon (1998): Russia's New Foreign Policy, American Enterprise Institute for Public Policy Research, Russian Outlook, Frühling, Washington, D.C., S. 7.
599 Vgl. Mendelsohn, Jack (1997): The NATO Russian Founding Act, in: Arms Control Today, Vol. 27, Mai, veröffentlicht durch Arms Control Association, unter: http://www.armscontrol.org/act/1997_05/jm (Zugriff 23.02.2013).
600 NATO (1997): Founding Act on Mutual Relations, Cooperation and Security between the Russian Federation and the North Atlantic Treaty Organization, 27. Mai, Paris, unter: http://www.fas.org/man/nato/natodocs/founding_act.htm (Zugriff 23.02.2013).

Obgleich Russland für seine kooperative Haltung mit der Mitgliedschaft in der G7, der vollen Mitgliedschaft im Pariser Club sowie der Aussicht auf eine baldige Mitgliedschaft in der World Trade Organization (WTO) „belohnt" wurde,[601] veränderte sich die ablehnende Haltung gegenüber der NATO nicht. Der Krieg der NATO gegen Jugoslawien führte Moskau erneut vor Augen, wie gering sein Gewicht in der europäischen Sicherheitsarchitektur war und wie wenig es in die Entscheidungsprozesse eingebunden war. Die NATO-Russlandbeziehungen, mühsam gegen innenpolitischen Widerstand aufgebaut, hatten daran nichts geändert.[602] Außenpolitisch sah sich Russland in dieser Zeit immer stärkerem Druck durch das unilaterale Vorgehen der USA beziehungsweise der NATO ausgesetzt. Dabei empfand sich Russland, wie Lukyanov schreibt: „nicht als Verlierer des Kalten Krieges, war es doch Moskau selbst, das die entscheidenden Schritte getan hat, um das kommunistische System zu beseitigen."[603] Von den USA wurde es aber dennoch wie ein Verlierer behandelt.

Lukyanov beschreibt, wie die Kriterien für den Einsatz von Gewalt in den internationalen Beziehungen mittels des vom Westen vorangetriebenen Konzepts der humanitären Intervention immer unschärfer wurden. Der Beginn des Krieges gegen Jugoslawien im Jahr 1999 – ohne Resolution des Sicherheitsrates der Vereinten Nationen – wirft in diesem Zusammenhang bedeutsame rechtliche Fragen auf. Ähnlich sei der Krieg der USA gegen den Irak im Jahr 2003 zu sehen. Seit diesen Kriegen sei das Vertrauen in das Völkerrecht stark beschädigt. Zahlreiche Staaten folgerten daraus, dass es klug sei, die eigenen Fähigkeiten zu stärken. Ein weiteres Beispiel, das Lukyanov anführt, ist die unilaterale Kündigung des ABM-Vertrages, eines Eckpfeilers der strategischen Stabilität, durch die USA im Jahr 2001.[604] Das unilaterale amerikanische Vorgehen musste vor dem Hintergrund der strategischen Kultur Russlands geradezu eine heftige ablehnende Reaktion auslösen. Wurde doch Russland, das sich immer noch als Großmacht fühlte und nach seinem Absturz vielleicht mehr als zuvor nach Anerkennung

---

601   Vgl. Kononenko, Vadim (2003): From Yugoslavia to Iraq: Russia's Foreign Policy and the Effects of Multipolarity, The Finnish Institute of International Affairs (FIIA), upi Working Paper Nr. 42, Helsinki, S. 13.
602   Vgl. Kononenko, Vadim (2003): From Yugoslavia to Iraq: Russia's Foreign Policy and the Effects of Multipolarity, The Finnish Institute of International Affairs (FIIA), upi Working Paper Nr. 42, Helsinki, S. 13.
603   Lukyanov, Fyodor (2010): Russian Dilemmas in a Multipolar World, in: Journal of International Affairs, Vol. 63, Nr. 2, Frühling/Sommer, New York, S. 20.
604   Lukyanov, Fyodor (2010): Russian Dilemmas in a Multipolar World, in: Journal of International Affairs, Vol. 63, Nr. 2, Frühling/Sommer, New York, S. 21.

strebte, kaum gehört, beziehungsweise seine Einwände schlicht übergangen. Aus westlicher Sicht mögen diese Entwicklungen gänzlich anders wahrgenommen werden. So scheint die Intervention im Kosovo, nach dem tatenlosen Zusehen beim Völkermord in Ruanda im Jahr 1994, eine begrüßenswerte Weiterentwicklung des Völkerrechts – doch wie bereits mehrfach herausgearbeitet, kommt es im Falle der Analyse strategischen Kultur eines Landes auf dessen Prägung und Sicht an.

Das nachdrückliche Votum der USA für eine Aufnahme der Ukraine und Georgiens in die NATO schürte in Russland erneut Ängste. Die Ukraine, die in der Geschichtswahrnehmung der russischen Bevölkerung die Wurzeln der eigenen Kultur und des eigenen Staates verkörperte, sollte in ein Bündnis aufgenommen werden, das viele seit der Auflösung des Warschauer Paktes als überflüssig und seit dem Kosovokrieg auch als aggressiv empfanden. Diese Absicht der Regierung Bush rüttelte an den Festen der Eigenidentifikation. Aber sogar in der Ukraine selbst findet sich keine Mehrheit für einen NATO-Beitritt. Der Riss in dieser Frage verläuft quer durch das Land entlang der historischen Grenze bis wohin sich während des Goldenen Zeitalters die polnische Herrschaft hat festigen können. U.S. Präsident Obama tat vor diesem Hintergrund bei seinem Besuch in Moskau im Juli 2009 das Richtige, als er sagte, eine NATO-Erweiterung müsse von der Bevölkerung getragen werden.[605] Er signalisierte damit dem Kreml, dass er von einem Beitritt der Ukraine zur NATO Abstand genommen hatte und öffnete die Tür weit zu dem von seinem Stellvertreter bei der

---

605 „America will never impose a security arrangement on another country. For any country to become a member of an organization like NATO, for example, a majority of its people must choose to; they must undertake reforms; they must be able to contribute to the Alliance's mission." Obama, Barack (2009): Remarks by the President at the New Economic School Graduation, Moskau, 7. Juli, unter: http://www.whitehouse.gov/the-press-office/remarks-president-new-economic-school-graduation (Zugriff 18.02.2013). Diese Position wurde bereits ein halbes Jahr zuvor weitegehend unbemerkt von Under Secretary for Political Affairs Burns vertreten: „Our view is that sovereign nations have the right to make their own decisions and choose their own alliances. That means that Ukraine and Georgia have the right to membership in NATO. But that depends first upon all the members of NATO agreeing to that. It means that the people of those two countries or any other potential members must support membership; and it means that any country which wishes to [be] a member of NATO has to meet the requirements of NATO. Today, Ukraine and Georgia are not ready for membership in NATO." Burns, William J. (2009): Interview mit Interfax News Agency, Spaso House, Moskau, 12. Februar, unter: http://moscow.usembassy.gov/tr-burns021209.html (Zugriff 18.02.2013).

Münchner Sicherheitskonferenz angekündigten „reset". Nur auf den ersten Blick ist die Frage eines georgischen NATO-Beitritts anders gelagert. Zwar ist Georgien aus Moskauer Sicht kein russisches Kernland, auch steht die Mehrheit der Bevölkerung hinter einer NATO-Mitgliedschaft, aber solange Georgien offene Grenzfragen hat, wird sich in der NATO nur schwerlich ein Konsens bilden. Insofern fällt es Washington leicht, sich gesichtswahrend weiterhin für einen Beitritt der beiden Länder auszusprechen. In Moskau gingen zumindest nüchterne Analysten bis zu den Ereignissen auf dem Kiever Maidan im Februar 2014 davon aus, dass die Gefahr einer weiteren „territorialen Einkreisung" durch die NATO in absehbarer Zeit nicht bestand.

4.2.3 Russlands innenpolitische Bedrohungswahrnehmung im Lichte der Ereignisse

Durch den Zerfall der Sowjetunion wurden die Grenzen Russlands dorthin zurückgedrängt, „wo sie im Kaukasus um 1800, in Zentralasien um 1850 und (…) im Westen um 1600 (…) verlaufen waren."[606] Innenpolitisch stand das Land am Abgrund. Die schlechte wirtschaftliche Situation der Bevölkerung verbesserte sich bis Ende des Jahrzehnts nur unmerklich (vgl. Abbildung 7 „Bevölkerungsanteil unterhalb des Existenzminimums", S. 177), die Oligarchen plünderten den Staat aus, die Organisierte Kriminalität wurde beinahe endemisch, im Nordkaukasus tobte von 1994 bis 1996 eine brutaler Guerilakrieg, 1998/99 traf die Rubelkrise das Land und seine Bevölkerung hart, 1999 begann der zweite Tschetschenienkrieg. Während Russland aus Furcht vor dem Verlust der territorialen Integrität im Nordkaukasus das Militär im Inneren einsetzte, kam im Westen – in völliger Verkennung der strategischen Kultur Russlands – Angst vor Russlands vermeintlichen imperialen Bestrebungen auf. Statt Russland in dieser Phase der Schwäche bei seinem als Existenzkampf empfundenen verlustreichen Ringen mit Separatisten und Terroristen den Rücken zu stärken, übte der Westen vorbehaltlose Kritik. Besonders prominent wurde diese von Jelzin beim OSZE-Gipfel in Istanbul (18./19. November 1999) zurückgewiesen: „You have no right to criticize Russia for Chechnya. As a result of the bloody wave of terrorist acts (…) 1,580 peaceful inhabitants of our country have suffered. (…) In the last three years, terrorists have kidnapped 935 hostages (…) About 200 prisoners are still being held by the bandits, and they are suffering atrocious torment at

---

606 Brzezinski, Zbigniew (2004): Die einzige Weltmacht, Amerikas Strategie der Vorherrschaft, 8. Auflage, Fischer Taschenbuchverlag, aus dem Amerikanischen von Angelika Beck, Frankfurt am Main, S. 132.

the hands of the bandits (…) For terrorists, considerations of proportionality or humanitarian concerns simply do not arise, because their purpose is to sow death and destruction. (…) we cannot accept (…) those who fail to understand that we are simply obliged to put an end to the spread of cancer of terrorism (…) and the final destination of the terrorists is certainly not the Caucasus. (…) Russia is entitled to go on expecting understanding and support from the countries of Europe"[607]. Nur wenige Tage nach den verheerenden Terroranschlägen vom 11. September 2001 sprach Präsident Putin bei seiner historischen Rede im Deutschen Bundestag nochmals deutlich die Terrorismusproblematik in Russland an. Er machte deutlich, welche Gefahr von religiösen Fanatikern ausgeht, die, nachdem sie einmal die Macht in Tschetschenien ergriffen hatten, großräumige bewaffnete Angriffe auf die benachbarte Republik Dagestans verübten und die Absicht verfolgten, einen fundamentalistischen Staat zu schaffen.[608] Russland sah folglich die Gefahren, die von einem „safe haven" für Terroristen ausgingen, deutlich frühzeitiger als der Westen.

Im Jahr 2000 war Putin vor allem gewählt worden, um den Zerfall des Landes abzuwenden und die Ordnung wieder herzustellen. Er tat dies, indem er auf historisch erprobte Methoden der Machtausübung zurückgriff: „he centralised and personalised state power; subordinated property rights to state interests; and maintained oversized internal security forces to monitor and control a widely dispersed population of uncertain loyalty."[609] Putin reizte damit die präsidiale Verfassung[610], die ihm eine enorme Machtfülle zuspricht und der Präferenz für eine autoritäre Herrschaft entspricht, voll aus.

Besonders bedrohlich waren aus Moskauer Sicht die *Farbenrevolutionen* in Georgien (2003, Rosenrevolution) und in der Ukraine (2004, Orangene Revolution) unmittelbar an Russlands Südgrenze. Sie fegten nicht nur russlandfreundliche

---

607 Yeltsin, Boris (1999): Rede beim OSZE-Gipfel in Istanbul, 18. November, in: The New York Times, Summit in Turkey; In Words of Yeltsin and Clinton: Examining Terrorism and Human Rights, 19. November, unter: http://www.nytimes.com/1999/11/19/world/summit-turkey-words-yeltsin-clinton-examining-terrorism-human-rights.html?pagewanted=all&src=pm (Zugriff 10.03.2013).
608 Vgl. Putin, Vladimir (2001): Rede im Deutschen Bundestag, Wortprotokoll, 25. September, Berlin, unter: http://www.bundestag.de/kulturundgeschichte/geschichte/gastredner/putin/putin_wort.html (Zugriff 16.03.2013).
609 Graham, Thomas (2010): The Sources of Russia's Insecurity, Survival: Global Politics and Strategy, Vol. 52, Nr. 1, Februar/März, S. 61-62.
610 Vgl. Russische Föderation (1993): Verfassung, Übersetzung: Lehrstuhl Prof. Dr. Martin Fincke, Passau, unter: http://www.constitution.ru/de/part1.htm (Zugriff 23.11.2012), Kapitel 4.

Regierungen hinweg, sondern wären im Falle ihres Erfolges positive alternative Entwicklungsmodelle mit starker Ausstrahlwirkung auf Russland gewesen. Sie richteten sich mit den von ihnen vertretenen Werten gegen nahezu alles, was die strategische Kultur Russlands ausmacht und gefährdeten die autoritäre Herrschaft Putins. Das Center for Strategic International Studies kommt daher auch zu dem Ergebnis, dass diese Ereignisse Putins Vertrauen in die amerikanische Regierung stark erschüttert haben.[611] Auch eine Untersuchung von Peter Duncan kommt zu dem Ergebnis, dass die Furcht vor den *Farbenrevolutionen* nicht konstruiert worden war, um sie zu instrumentalisieren. Hätte die Regierung dies tun wollen, hätte sie eine wesentlich prononciertere anti-westliche Haltung einnehmen können. Doch tatsächlich nahm der stärkste politische Konkurrent, die Kommunistische Partei, diese Haltung ein.[612]

Russland wappnet sich seit 2012 mit dem sogenannten NGO-Gesetz (englisch: non-governmental organization ~ NGO) gegen die zunehmende Einflussnahme von außen. Anstoß zu diesem Gesetz war vermutlich die massive Unterstützung der russischen Zivilgesellschaft im Umfeld der Duma-Wahlen 2011 und der Präsidentschaftswahl 2012 durch westliche Staaten. Golos (russisch für ‚Stimme'), eine maßgeblich von den USA finanzierte Nicht-Regierungsorganisation, machte umfangreiche Wahlmanipulationen transparent. In der Folge sah sich der Kreml mit anhaltenden Massendemonstrationen in Moskau konfrontiert. Laut einer Umfrage des Levada-Zentrums geht fast ein Viertel der Bevölkerung davon aus, dass diese Proteste durch die USA finanziert wurden.[613] Fast 60 Prozent der Bevölkerung sehen als Grund, warum der Staat Gewalt gegen die Opposition einsetzte, entweder die Notwendigkeit die öffentliche Ordnung zu bewahren oder die Sorge der Behörden, dass die Proteste in öffentliche Unruhen beziehungsweise eine Orangene Revolution umschlagen könnten.[614] Entsprechend wenig Kritik aus der Breite der Bevölkerung erntete das NGO-Gesetz, das in Russland politisch tätige und vom Ausland

---

611 Kuchins, Andrew C. (2011): Reset Expectations, Russian Assessment of U.S. Power, in: Capacity and Resolve: Foreign Assessments of U.S. Power, Center for Strategic International Studies Report, 17. Juni, Hrsg. Cohen, Craig S., S. 122.
612 Vgl. Duncan, Peter J. S. (2013): Russia, the West and the 2007-2008 Electoral Cycle: Did the Kremlin Really Fear a 'Coloured Revolution'?, in: Europe-Asia Studies, Vol. 65, Nr. 1, Januar, S. 20.
613 Vgl. Levada (2012a): Russian Public Opinion 2010-2011, From Opinion toward Understanding, Moskau, S. 197, Tabelle 10.82.
614 Vgl. Levada (2012a): Russian Public Opinion 2010-2011, From Opinion toward Understanding, Moskau, S. 202, Tabelle 10.103.

(mit-) finanzierte Nicht-Regierungsorganisationen mit Registrierungs-, Auskunfts- und Selbstkennzeichnungsauflagen (unter anderem als „Ausländischer Agent") belegt.[615] Ziel des Gesetzes ist es, transparent zu machen, bei welchen Kampagnen ausländische Akteure die öffentliche Meinung beziehungsweise Entscheidungen der russischen Regierung beeinflussen wollen. Von den NGOs wird insbesondere die Kennzeichnung als „Ausländischer Agent" als diskriminierend empfunden, da dieser Begriff noch aus Sowjetzeiten negativ konnotiert sei. Die Befürworter des Gesetzes halten dem entgegen, dass man sich bei der Gesetzgebung auch in der Terminologie eng an ein in den USA gültiges Gesetz angelehnt habe. In den USA sei eine Registrierung als „Ausländischer Agent" bei der Counterespionage Section in der National Security Division erforderlich.[616] Schätzungen zufolge dürften etwa 1.000 von insgesamt 230.000 registrierten NGOs von dem russischen Gesetz betroffen sein.[617] Es kann davon ausgegangen werden, dass sowohl die finanzielle als auch die politische Durchschlagskraft dieser Nicht-Regierungsorganisationen – und damit auch die Gefahr eines vom Ausland orchestrierten „regime change" – durch das Gesetz deutlich gemindert wurde. Präsident Putin, der NGOs grundsätzlich als wichtigen Teil der Zivilgesellschaft erachtet, geht inzwischen auf die Forderungen der Menschenrechtsaktivisten und Parlamentarier ein, den Begriff der „politischen Aktivität" klarer zu definieren, um für mehr Rechtssicherheit bei der Anwendung des Gesetzes zu sorgen. Er warnt die Mitglieder des Föderationsrates sogar, im Zuge der Analyse der *Farbenrevolutionen*, insbesondere der jüngsten Ereignisse in der Ukraine, Bedingungen zu schaffen, die für die Zivilgesellschaft nicht akzeptabel wären.[618] Die Lage der NGOs stellt sich ein Jahr nach Einführung des Gesetzes weit besser dar als zunächst befürchtet. Jens Siegert weist darauf hin, dass von den geschätzt 700-1.000 überprüften NGOs nur knapp über 60 einen Bescheid der Staatsanwaltschaft erhielten. Zwei Drittel dieser rund 60 NGOs wurden nur „gewarnt", die verbleibenden rund 20 NGOs wurden aufgefordert, sich registrieren zu lassen. Fast alle NGOs wehrten sich vor Gericht gegen diese Bescheide. Die meisten

---

615 Welche NGOs wie betroffen sind zeigt übersichtlich RIA Novosti (2012): Infographics, What Changes Lie in Store for Non-Profit Organizations, unter: http://en.rian.ru/infographics/20120718/174643498.html (Zugriff 10.03.2013).
616 Vgl. The United States Department of Justice (o.J.): FARA, Foreign Agents Registration Act, unter: http://www.fara.gov/ (Zugriff 10.03.2013).
617 Vgl. RIA Novosti (2012a): Russland: NGOs und Kirche droht schärfere Kontrolle, 3. Juni, unter: http://de.rian.ru/politics/20120703/263922182.html (Zugriff 10.03.2013).
618 Vgl. Putin, Vladimir (2014d): Meeting with senior members of the Federation Council, 27. März, unter: http://eng.kremlin.ru/news/6927 (Zugriff 29.03.2014).

haben Gerichtsverfahren in erster oder zweiter Instanz gewonnen – oftmals weil die Gerichte nicht jede öffentliche Aktivität als „politische Aktivität" im Sinne des Gesetzes verstanden.[619]

Welchen Umfang ausländische Einflussnahme hat, wurde deutlich als Philip Gordon, Assistant Secretary, Bureau of European and Eurasian Affairs des U.S. State Departments vor einem Unterausschuss des Auswärtigen Ausschusses des Senats Ende 2011 aussagte, alleine die U.S. Regierung habe seit 2009 rund 160 Mio. Dollar an Unterstützung für die russische Zivilgesellschaft, einschließlich des Monitoring der Duma Wahlen, geleistet.[620]

Es wäre übrigens zu einfach, das NGO-Gesetz als rein taktische Maßnahme zum Machterhalt Putins abzutun, gab es doch bei der Abstimmung in der Duma nur zwei Gegenstimmen und eine Enthaltung.[621] Dies bedeutet, dass ein gesamtgesellschaftlicher Konsens hinsichtlich der Ablehnung ausländischen Engagements in innerrussische Angelegenheiten besteht. Das Abstimmungsverhalten der Abgeordneten ist ein beeindruckendes Beispiel für ein gemäß der strategischen Kultur zu erwartendes Verhalten.

Ähnlich zu bewerten ist die Aufforderung der russischen Regierung, die USAID (Behörde der Vereinigten Staaten für internationale Entwicklung) möge zum 1. Oktober 2012 die Tätigkeit in Russland einstellen. Die Aktivitäten der USAID und anderer Programme zielten darauf ab, „to support programs on human rights, rule of law, anti-corruption, civil society, independent media, good governance, and democratic political processes."[622] Mit diesen Schwerpunkten stellten sie ebenfalls ein die autoritäre Regierung destabilisierendes Element dar. Auch künftig birgt das amerikanische Engagement Konfliktstoff. Die Sprecherin des U.S. Department of State, Nuland kündigte an: „And while our USAID physical presence in Russia is going to end, we remain committed to supporting

---

619 Vgl. Siegert, Jens (2013): Ein Jahr "NGO-Agentengesetz" – Zustandsbeschreibung, 15. Dezember, unter: http://russland.boellblog.org/2013/12/15/ein-jahr-ngo-agentengesetz-zustandsbeschreibung-und-zwei-erklaerungen-von-memorial/ (Zugriff 29.03.2014).
620 Vgl. Gordon, Philip H. (2011): Statement before the Subcommittee on European Affairs of the Senate Foreign Relations Committee, 14. Dezember, Washington, D.C., unter: http://london.usembassy.gov/europe024.html (Zugriff 30.01.2013).
621 Vgl. RIA Novosti (2012b): Duma nimmt umstrittenes NGO-Gesetz an, 6. Juli, unter: http://de.rian.ru/politics/20120706/263941859.html (Zugriff 10.03.2012).
622 Gordon, Philip H. (2011): Statement before the Subcommittee on European Affairs of the Senate Foreign Relations Committee, 14. Dezember, Washington, D.C., unter: http://london.usembassy.gov/europe024.html (Zugriff 30.01.2013).

democracy, human rights, and the development of a more robust civil society in Russia, and we look forward to continuing our close cooperation with Russian non-governmental organizations."[623]

Extremismus und Terrorismus sind auch nach dem Ende der Tschetschenienkriege bleibende Bedrohungen für die innere Sicherheit des Landes. In den vergangenen Jahren fanden zahlreiche große Terroranschläge in U-Bahnen, Flughäfen, Zügen, Schulen etc. statt.[624] Alleine im Jahr 2012 wurden 637 mit Terrorismus verbundene Straftaten registriert, einschließlich 24 terroristischer Angriffe, davon auch einige gegen muslimische geistliche Führer, von denen in den letzten zehn Jahren über 50 getötet wurden. Insbesondere die Anschläge gegen die Geistlichen erfuhren eine breite öffentliche Aufmerksamkeit.[625] Sind doch gerade Aktionen, die gegen das multireligiöse und multiethnische Zusammenleben gerichtet sind, für die Integrität eines Vielvölkerstaates wie Russland sehr gefährlich. Vor diesem Hintergrund müssen auch die heftigen Reaktionen auf die Entweihung der heiligsten Städte der orthodoxen Kirche, einer Kirche, die immer noch von 70 Jahren kommunistischer Verfolgung geprägt ist, durch die Gruppe „Pussy Riot" gesehen werden. Richtete sich der Protest der Gruppe doch nicht nur gegen Präsident Putin und seine enge Verbindung zur Kirche (siehe auch Kapitel 4.3.3 Artikel 14 der Verfassung – „Die Rußländische Föderation ist ein weltlicher Staat", S. 241) sondern beinhaltete auch Lästerungen, die die Gefühle der Gläubigen zutiefst verletzten.[626] Jeder Fünfte sah in der Aktion

---

623 Nuland, Victoria (2012): Spokesperson U.S. Department of State Daily Press Briefing, 18. September, Washington, D.C., unter: http://www.state.gov/r/pa/prs/dpb/2012/09/197912.htm#RUSSIA (Zugriff 30.01.2013).

624 Vgl. Associated Press (2011): A timeline of major terror attacks in Russia, bei FOXNews, 24. Januar, unter: http://www.foxnews.com/world/2011/01/24/timeline-major-terror-attacks-russia/ (Zugriff 10.03.2013).

625 Vgl. Putin, Vladimir (2013e): Rede beim Federal Security Service board meeting, 14. Februar, Moskau, unter: http://eng.kremlin.ru/transcripts/5001 (Zugriff 10.03.2013).

626 In dem „Punk-Gebet" wird auch die Heilige Mutter Maria aufgefordert: „Mutter Gottes, Du Jungfrau, werde Feministin, werde Feministin, werde Feministin!" und weiter „Der Gürtel der Seligen Jungfrau ersetzt keine Demonstrationen – Die Jungfrau Maria ist bei den Protesten mit uns!" Vgl. Ohne Verfasser (2012), Dokumentation: Das Punkgebet, Focus-Online, 18. August, http://www.focus.de/tagesthema/justiz-dokumentation-das-punkgebet_aid_802161.html (Zugriff 18.8.2013). Damit vereinnahmen in den Augen vieler Gläubiger die Aktivistinnen die Heilige Mutter Maria – dies vor dem Hintergrund, dass kurz zuvor weit über zwei Millionen Gläubige zu der normalerweise am Berg Athos verwahrten Reliquie „Gürtel der Heiligen Jungfrau Maria" gepilgert waren, nur um nach stundenlangem

einen zielgerichteten Angriff gegen den orthodoxen Glauben und die Kirche.[627] So befürwortete die überwiegende Mehrheit der Bevölkerung eine harte Bestrafung der Gruppenmitglieder (siehe Tabelle 3 „Angemessene Strafe für „Pussy Riot"?") und hinterfragte nicht wie westliche Medien die mangelnde Rechtsstaatlichkeit des Verfahrens.

Tabelle 3: Angemessene Strafe für „Pussy Riot"?[628]

Was meinen Sie, sind die zwei Jahre Straflager, welche die Mitglieder der Gruppe „Pussy Riot" für Ihre Aktion in der Christi-Erlöser-Kathedrale bekommen haben eine angemessene Strafe?	Sep. 12
angemessen	35
zu geringe Strafe	43
zu stark bestraft	14
solche Aktionen sollten überhaupt nicht strafrechtlich verfolgt werden	2
ich weiß nicht	7

Wie die Bevölkerung die äußeren und inneren Bedrohungen wahrnimmt, zeigt Tabelle 4 „Haben wir Feinde?". Während noch 1989 die Mehrheit der Bürger die Ursachen für Probleme in eigenen Fehlern sah und meinte, man müsse sich erst gar nicht nach Feinden umsehen, taten dies 2011 nur noch 19 Prozent. Dafür war 2011 die Zahl derjenigen, die Russland umzingelt von Feinden sahen, deutlich angestiegen. Am größten war aber die Gruppe, die innere Feinde als die gefährlichsten erachtete.

Anstehen bei klirrender Kälte diese für Sekunden zu sehen – just an diesem gesegneten Ort wurde das „Punkgebet" aufgeführt. Vgl. Kishkovsky, Sophia (2011): Russian Chill, Waiting Hours for Touch of the Holy, in: The New York Times, 23. November, unter: http://www.nytimes.com/2011/11/24/world/europe/virgin-mary-belt-relic-draws-crowds-in-moscow.html?_r=0 (Zugriff 18.08.2013).

627 Vgl. Levada (2012c): Nakazanie učastnicam gruppy Pussy Riot tret' rossijan sočla adekvatnym, Die Strafe, zu der die Mitglieder der Gruppe Pussy Riot verurteilt wurden, findet ein Drittel der Russen angemessen. 2. Oktober, unter: http://www.levada.ru/print/02-10-2012/nakazanie-uchastnitsam-gruppy-pussy-riot-tret-rossi-yan-sochla-adekvatnym (Zugriff 10.03.2013).

628 Levada (2012c): Nakazanie učastnicam gruppy Pussy Riot tret' rossijan sočla adekvatnym, Die Strafe, zu der die Mitglieder der Gruppe Pussy Riot verurteilt wurden, findet ein Drittel der Russen angemessen. 2. Oktober, unter: http://www.levada.ru/print/02-10-2012/nakazanie-uchastnitsam-gruppy-pussy-riot-tret-rossiyan-sochla-adekvatnym (Zugriff 10.03.2013).

Tabelle 4: Haben wir Feinde?[629]

Haben unser Land und unser Volk Feinde?	1989	2011
Unser Land ist umzingelt von Feinden	4	18
Die gefährlichsten Feinde sind die inneren Feinde	22	28
Unser Land ist wiedererwachend, das ist der Grund warum wir immer Feinde haben werden	17	21
Es gibt keinen Grund, sich nach Feinden umzusehen – die Wurzeln unserer Probleme liegt in unseren eigenen Fehlern	48	19
Schwer zu beantworten	14	14

Diese Ergebnisse der Befragung reflektieren einerseits die Ereignisse während der Jahre 1994 bis 2011, andererseits entsprechen insbesondere die Angaben aus 2011, also ohne den Sonderfaktor Zerfall der Sowjetunion, den aufgrund der strategischen Kultur zu erwartenden Tendenzen.

4.2.4 Die Bedrohungswahrnehmung im Spiegel der Grundlagendokumente und Reden

Doch wie spiegelt sich die Bedrohungswahrnehmung in den strategischen Grundlagendokumenten des Landes (siehe Tabelle 5 „Außen- und sicherheitspolitische Grundlagendokumente") und wichtigen Reden der außen- und sicherheitspolitischen Elite wider?

Snyder weist dem Militär als hauptsächlichem Bewahrer strategischer Orthodoxie eine Schlüsselrolle bei der Bestimmung strategischer Kultur zu. Er erkennt allerdings auch an, dass es gegenläufige strategische Subkulturen gibt.[630] Um erkennen zu können, ob die verschiedenen Subkulturen gleiche Wahrnehmungen ihrer Umwelt hatten, werden im Folgenden neben den klassischen außenpolitischen Grundlagendokumenten auch militärpolitische Doktrinen untersucht.

---

629 Vgl. Levada (2012a): Russian Public Opinion 2010-2011, From Opinion toward Understanding, Moskau, S. 273, Tabelle 18.7.
630 Vgl. Snyder, Jack L. (1977): The Soviet Strategic Culture: Implications for Nuclear Options, RAND Corporation, Santa Monica, S. 38.

Tabelle 5: Außen- und sicherheitspolitische Grundlagendokumente

Jahr	Wichtige Außen- und sicherheitspolitische Grundlagendokumente
1992	Gesetz über die nationale Sicherheit
1993	Außenpolitische Konzeption der Russischen Föderation
1993	Grundlagen der Militärdoktrin der Russischen Föderation
1997	Konzept der nationalen Sicherheit der Russischen Föderation (Blueprint)
2000	Konzept der nationalen Sicherheit der Russischen Föderation
2000	Militärdoktrin der Russischen Föderation
2000	Außenpolitische Konzeption der Russischen Föderation
2008	Außenpolitische Konzeption der Russischen Föderation
2009	Die Strategie der nationalen Sicherheit der Russischen Föderation bis zum Jahr 2020
2010	Militärdoktrin der Russischen Föderation
2013	Konzeption der Russischen Föderation zur Beteiligung am Zusammenschluss der BRICS
2013	Außenpolitische Konzeption der Russischen Föderation

In dem Gesetz über die nationale Sicherheit von 1992 wird unter Artikel 5 die Integration in internationale Sicherheitssysteme als eines der Kernprinzipien zur Gewährleistung der Sicherheit benannt.[631] Bereits in der Außenpolitischen Konzeption der Russischen Föderation von 1993 wird allerdings darauf hingewiesen, dass Streitkräfte und andere Machtfaktoren trotz des Umbruchs im internationalen System weiterhin eine bedeutende Rolle in der Welt spielen werden. Zwar habe militärische Machtausübung auf globaler Ebene an Bedeutung verloren, gleichzeitig sei ihre Bedeutung auf regionaler und lokaler Ebene gestiegen. Es gelte, das Übergreifen bewaffneter Zusammenstöße auf Russland zu verhindern und gleichzeitig die eigenen Landsleute im Nahen Ausland zu schützen. Ein weiteres Hauptziel sei es, die Einheit und territoriale Integrität der Russischen Föderation zu wahren.[632] Im Verhältnis zu den USA werden der fortbestehende

---

631 Vgl. Sicherheitsrat der Russischen Föderation (1992): Zakon RF ot 5. marta 1992 g. N 2446-I „O bezopasnosti", Gesetz der Russischen Föderation vom 5. März, Nr. 2446-I „Über die Sicherheit", unter: http://www.scrf.gov.ru/documents/20.html (Zugriff 09.09.2013).
632 Vgl. Ministry of Foreign Affairs of the Russian Federation (1993): Foreign Policy Conception of the Russian Federation, in: Russian Foreign Policy in Transition, Concepts and Realities, Hrsg. Melville, Andrei / Shakleina, Tatiana (2005), Übersetzung Anna Yastrzhembska, Central European University Press, Budapest/ New York, S. 30-31, ursprünglich veröffentlicht in: Diplomaticheskiy vestnik (Diplomatic Review), 1993, Nr. 1-2, Spezialausgabe, S. 3-23.

Argwohn gegenüber Russland, die Absicht rechter konservativer Kräfte, den Anti-Ballistic Missile (ABM)-Vertrag nach amerikanischen Bedingungen zu modifizieren sowie die Ausnutzung der amerikanischen Friedensbemühungen im traditionell russischen Einflussbereich als Herausforderung gesehen. Einer Rückkehr der USA zu früheren imperialen Ambitionen und dem Wandel der USA zur einzigen Supermacht müsse mit allen Anstrengungen widerstanden werden.[633] An zahlreichen Stellen des Konzepts scheint die Sorge vor Instabilität im Bereich der GUS sowie angrenzender Regionen durch. Dabei wird, während dem Islam gegenüber insgesamt eine positive Grundhaltung eingenommen wird, auf die Gefahren des religiösen Extremismus hingewiesen.[634] Insgesamt sind in der Außenpolitischen Konzeption von 1993 die Bedrohungswahrnehmungen der noch jungen Russischen Föderation wenig pointiert dargestellt. Klar erkennbar ist, dass sich, während die USA weiterhin den Referenzrahmen für russisches Denken bilden, sicherheitspolitische Überlegungen vorwiegend um die unmittelbare Nachbarschaft sowie die innere Stabilität drehen. Vor dem Hintergrund der enormen politischen Umwälzungen und dem verzeichneten Machtverlust verwundern weniger die identifizierten Risiken – sie stehen im Einklang mit der Prägung durch die strategische Kultur – als vielmehr das schwach ausgedrückte Bedrohungsempfinden.

Nur wenige Monate später wurden Ende 1993, als Dokument der Übergangszeit bis zur vollen Ausprägung der Eigenstaatlichkeit, die Grundlagen der Militärdoktrin der Russischen Föderation erlassen. In diesem Dokument finden sich, wie zu erwarten, die meisten in der Außenpolitischen Konzeption benannten Bedrohungen wieder.[635] Allerdings gibt es bei deren Priorisierung

---

633 Vgl. Ministry of Foreign Affairs of the Russian Federation (1993): Foreign Policy Conception of the Russian Federation, in: Russian Foreign Policy in Transition, Concepts and Realities, Hrsg. Melville, Andrei / Shakleina, Tatiana (2005), Übersetzung Anna Yastrzhembska, Central European University Press, Budapest/ New York, S. 41-42, ursprünglich veröffentlicht in: Diplomaticheskiy vestnik (Diplomatic Review), 1993, Nr. 1-2, Spezialausgabe, S. 3-23.

634 Vgl. Ministry of Foreign Affairs of the Russian Federation (1993): Foreign Policy Conception of the Russian Federation, in: Russian Foreign Policy in Transition, Concepts and Realities, Hrsg. Melville, Andrei / Shakleina, Tatiana (2005), Übersetzung Anna Yastrzhembska, Central European University Press, Budapest/ New York, S. 57-58, ursprünglich veröffentlicht in: Diplomaticheskiy vestnik (Diplomatic Review), 1993, Nr. 1-2, Spezialausgabe, S. 3-23.

635 Vgl. Yeltsin, Boris (1993): The Basic Provisions of the Military Doctrine of the Russian Federation, angenommen mit Erlass Nr. 1833 vom 2. November, unter: http://www.fas.org/nuke/guide/russia/doctrine/russia-mil-doc.html (Zugriff 31.03.2013).

durchaus Abweichungen. Beispielweise werden in einer Aufzählung territoriale Forderungen anderer Staaten und ihrer Verbündeten als vorrangige mögliche Ursache für eine externe militärische Gefahr genannt. Lokale Konflikte werden erst an zweiter Stelle aufgeführt. An anderer Stelle im selben Dokument werden dann doch wiederum die lokalen Konflikte als Hauptgefahr benannt. Derartige Inkonsistenzen in einem Grundlagendokument sind oftmals Zeichen für einen Widerstreit unterschiedlicher Fraktionen während des Entstehungsganges des Dokuments. Sie spiegeln die Auseinandersetzung unterschiedlicher Subkulturen wider. Auch wird bereits in diesem frühen Dokument als Faktor, der ein militärisches Risiko in eine Bedrohung verwandeln kann, der übermäßige Aufbau von Streitkräftedispositiven entlang der russischen Grenze genannt. Ein Argument, das bei den späteren Diskussionen über die NATO-Osterweiterung herausragendes Gewicht bekommen sollte.

Primakov benannte bei seiner ersten Pressekonferenz als Außenminister im Jahr 1996 vier Prioritäten: Schutz der territorialen Integrität des Landes, Förderung des Zusammenhalts unter den früheren Sowjetrepubliken, Stabilisierung der außenpolitischen Beziehungen auf regionaler Ebene sowie die Nichtverbreitung von Massenvernichtungswaffen einschließlich der Verhinderung destabilisierender Entwicklungen.[636] Diese Zielsetzungen können negativ umformuliert auch als die Risiken und Bedrohungen verstanden werden, denen sich die Russische Föderation stellen muss. Damit sprach Primakov zu Beginn seiner Amtszeit noch die gleichen Themenbereiche an, wie sie zuvor formuliert worden waren. Dies verwundert nicht, war er doch vor seiner Ernennung zum Außenminister der Leiter des Auslandsnachrichtendienstes. Seine Berufung zum Außenminister verdankte er jedoch der Abberufung des als zu NATO-freundlich geltenden Andrej Kozyrev. Änderungen in den nächsten konzeptionellen Papieren waren zu erwarten.

Im sogenannten Blueprint der nationalen Sicherheit der Russischen Föderation von 1997 wird zwar eingangs festgestellt, dass die Gefahr eines militärischen Angriffs auf die Russische Föderation abgenommen habe und dies Möglichkeiten eröffne, die Ressourcen des Landes für die Überwindung der internen Probleme zu nutzen, aber gleichzeitig wird darauf hingewiesen, dass die beabsichtigte NATO-Osterweiterung eine Bedrohung für die nationale Sicherheit darstelle.[637]

---

636 Vgl. Radio Free Europe, Radio Liberty (1996): Primakov on Russian Foreign Policy, Newsline, Scott Parrish, 15. Januar, unter: http://www.rferl.org/content/article/1141087.html (Zugriff 08.03.2013).
637 Vgl. Yeltsin, Boris (1997): Russian National Security Blueprint, Rossiiskaya Gazeta, 26. Dezember, unter: http://www.fas.org/nuke/guide/russia/doctrine/blueprint.html (Zugriff 18.02.2013).

Später wird ausgeführt: „NATO's expansion to the East and its transformation into a dominant military-political force in Europe create the threat of a new split in the continent which would be extremely dangerous given the preservation in Europe of mobile strike groupings of troops and nuclear weapons and also the inadequate effectiveness of multilateral mechanisms for maintaining peace."[638] Die Verbände entlang der russischen Grenze werden als Bedrohung gewertet, selbst wenn gegenüber Russland keine aggressiven Absichten erkennbar sind. An dieser Stelle wird ein zum Westen unterschiedliches Verständnis des Begriffs „Bedrohung" deutlich. Während der Westen Bedrohung als eine Kombination aus militärischen Fähigkeiten mit der konkreten Absicht, diese auch einsetzen zu wollen, versteht, wird – geprägt durch die strategische Kultur – in Russland bereits die Kontrolle von Raum durch militärische Kräfte einer anderen Macht (hier der NATO, respektive der USA) als Bedrohung erachtet.[639] Im Blueprint wird aber auch darauf hingewiesen, dass sich Bedrohungen im internationalen Umfeld manifestierten „via the attempts of other states to counter Russia's consolidation as an influential center of the multi-polar world that is taking shape. This is reflected in actions aimed at destroying the Russian Federation's territorial integrity, including actions involving the use of inter-ethnic, religious, and other internal contradictions, and also in territorial claims"[640]. Im Bereich der Verteidigung stellten die Brutstätten für lokale bewaffnete Auseinandersetzungen in der Nähe der Staatsgrenze die wahrscheinlichste Bedrohung dar. Die Hauptbedrohung jedoch wird in dem kritischen Zustand der Wirtschaft gesehen, da dieser erhebliche Auswirkungen auf den sozialen Bereich und damit den inneren Zusammenhalt des Staates habe. Geht die innere Kohäsion verloren, werden mit Blick auf die territoriale Integrität, zentrifugale Kräfte gestärkt.[641] Bereits wenige Jahre nach den eher vagen Beschreibungen möglicher

---

638 Yeltsin, Boris (1997): Russian National Security Blueprint, Rossiiskaya Gazeta, 26. Dezember, unter: http://www.fas.org/nuke/guide/russia/doctrine/blueprint.html (Zugriff 18.02.2013).
639 Vgl. Eitelhuber, Norbert (2009): The Russian Bear: Russian Strategic Culture and What it Implies for the West, in: Connections, The Quarterly Journal, Vol. 9, Nr. 1, Hrsg. Partnership for Peace Consortium of Defense Academies and Security Studies Institutes, Garmisch-Partenkirchen, S. 11.
640 Yeltsin, Boris (1997): Russian National Security Blueprint, Rossiiskaya Gazeta, 26. Dezember, unter: http://www.fas.org/nuke/guide/russia/doctrine/blueprint.html (Zugriff 18.02.2013).
641 Vgl. Yeltsin, Boris (1997): Russian National Security Blueprint, Rossiiskaya Gazeta, 26. Dezember, unter: http://www.fas.org/nuke/guide/russia/doctrine/blueprint.html (Zugriff 18.02.2013).

Bedrohungen in der Außenpolitischen Konzeption von 1993 wird im Blueprint eine durch die im Lichte der Ereignisse geprägte, aber auch mit der strategischen Kultur des Landes konsistentere Bedrohungsanalyse vorgenommen. Hieran lässt sich erkennen, dass das zarte Pflänzchen einer sich im Hinblick auf die Bedrohungswahrnehmung verändernden strategischen Kultur nach dem Schock des Niedergangs der Sowjetunion nicht fortbestehen konnte. Ereignisse, die mit der noch latent vorhandenen vorherigen strategischen Kultur korrelierten, brachten diese umgehend wieder in den Vordergrund. In der kurzen Zeit nach dem Zerfall der Sowjetunion war in diesem Punkt die sich entwickelnde neue strategische Kultur zu wenig in der Breite der Eliten und der Bevölkerung gefestigt.

In den 1990er Jahren war es aufgrund der großen Zahl außen- und sicherheitspolitischer Akteure schwer zu erkennen, wer die eigentliche Entscheidungskompetenz besaß.[642] Dies veränderte sich mit dem politischen Erscheinen Putins. Sergej Ivanov, der 2001 Verteidigungsminister wurde, belegt, wie Putin der Nationalen Sicherheitskonzeption von 2000 seine Handschrift aufdrückte. Bereits als Sekretär des Sicherheitsrates begann er, die Kernpunkte zu entwickeln, trieb die Arbeit als Vorsitzender der Regierung weiter voran und unterschrieb 2000 die Konzeption als amtierender Präsident.[643] So wie Putin der Nationalen Sicherheitskonzeption seinen Stempel aufdrückte, so tat er dies für das gesamte Land. Allerdings war nicht er es, der die „gelenkte Demokratie" schuf, sondern nur nutzte und weiterentwickelte. Margareta Mommsen weist eindrücklich nach, dass bereits während Jelzins zweiter Amtszeit (1996-2000) zahlreiche Mittel zur Manipulation des Wählerwillens genutzt wurden und informelle Interessengruppen anstelle durch Wahlen legitimierter Gruppierungen die Regierungsmacht ausübten.[644] Der Weg dorthin wurde 1993 beschritten, als Jelzin nach „einem kleinen Bürgerkrieg in einer Stadt – Moskau" durch eine neue Verfassung den russischen Entwicklungspfad nachhaltig veränderte hin zu einer der

---

642 Vgl. Schulze, Peter (2003): Russland: Juniorpartner Amerikas oder Mitgestalter einer multipolaren Weltordnung?, in: Internationale Politik und Gesellschaft, Nr. 4, S. 57.
643 Vgl. Ivanov, Sergei (2005): On the New Version of the National Security Conception of the Russian Federation, in: Russian Foreign Policy in Transition, Concepts and Realities, Hrsg. Melville, Andrei / Shakleina, Tatiana (2005), Übersetzung Anna Yastrzhembska, Central European University Press, Budapest/New York, S. 270.
644 Vgl. Mommsen, Margareta (2003): Wer herrscht in Rußland? Der Kreml und die Schatten der Macht, Verlag C.H. Beck, München, S. 56-93.

strategischen Kultur des Landes entsprechenden Machtkonzentration bei einer Person an der Spitze des Staates, die niemandem Rechenschaft schuldig war.[645]

In der Retroperspektive betrachtet ist der von Vladimir Putin zu seinem ersten Amtsantritt veröffentlichte Namensartikel „Russia at the Turn of the Millennium" äußerst aufschlussreich, dokumentiert er doch das Programm, dem Putin weit über das kommende Jahrzehnt hinaus folgen sollte. Im letzten Absatz des Artikels wird die Hauptbedrohung für die Russische Föderation angesprochen: „Russia is in the midst of one of the most difficult periods in its history. For the first time in the past 200-300 years, it is facing a real threat of sliding to the second, and possibly even third, echelon of world states."[646] Dieses zu verhindern, daran richtete sich bislang Putins gesamtes Handeln aus. Das Hauptrisiko für Russlands Entwicklung sieht Putin in einer möglichen inneren Destabilisierung: „Russia has used up its limit for political and socio-economic upheavals, cataclysms and radical reforms. Only fanatics or political forces which are absolutely apathetic and indifferent to Russia and its people can make calls to a new revolution. Be it under communist, national-patriotic or radical-liberal slogans, our country, our people will not withstand a new radical break-up. The nation's tolerance and ability both to survive and to continue creative endeavour has reached the limit: society will simply collapse economically, politically, psychologically and morally."[647]

In der Außenpolitischen Konzeption der Russischen Föderation von 2000 wird dementsprechend der Enttäuschung Ausdruck gegeben, dass sich einige im Konzept von 1993 geäußerte hoffnungsvolle Erwartungen an die Entwicklung partnerschaftlicher Beziehungen nicht erfüllt hätten. Während die Bedrohung durch einen nuklearen Konflikt minimiert worden sei, hätte militärische Macht als solche, ihre Bedeutung in den internationalen Beziehungen beibehalten. Neue Bedrohungen und Herausforderungen für das internationale System

---

645 Vgl. Shevtsova, Lilia (2013): 1993: Russia's "Small" Civil War, in: Carnegie Moscow Center, Eurasia Outlook, 3. Oktober, unter: http://carnegie.ru/eurasiaoutlook/?fa=53189 (Zugriff 07.10.2013).
646 Putin, Vladimir (1999): Russia at the Turn of the Millennium, ursprünglich veröffentlicht in: Nezavisimaja gazeta, 30. Dezember, unter: http://www.uio.no/studier/emner/hf/ilos/RUS2502/v05/ RUSSIA%20AT%20THE%20TURN%20OF%20THE%20MILLENNIUM.doc (Zugriff 21.07.2012).
647 Putin, Vladimir (1999): Russia at the Turn of the Millennium, ursprünglich veröffentlicht in: Nezavisimaja gazeta, 30. Dezember, unter: http://www.uio.no/studier/emner/hf/ilos/RUS2502/v05/ RUSSIA%20AT%20THE%20TURN%20OF%20THE%20MILLENNIUM.doc (Zugriff 21.07.2012).

seien: die Schaffung einer unipolaren Weltordnung durch die USA, die größere Abstützung auf westliche Institutionen mit begrenzter Mitgliedschaft bei Fragen internationaler Sicherheit sowie der Einsatz von Gewalt unter Umgehung des Völkerrechts. Dabei wird insbesondere bei unilateralen Handlungen ein destabilisierendes, Spannungen und einen Rüstungswettlauf provozierendes Moment erkannt. Russlands Interessen seien unmittelbar verbunden mit Entwicklungen wie: Rivalitäten regionaler Mächte, Separatismus sowie wachsendem ethnischen und religiösen Extremismus, Proliferation, lokalen bewaffneten Konflikten, Organisierter Kriminalität und Drogen sowie internationalem Terrorismus, der ganze Regionen destabilisieren könne. Aber insbesondere Versuche „to decry the role of a sovereign state as the fundamental component in international relations" würden die Bedrohung willkürlicher Einmischung in innere Angelegenheiten schaffen.[648] Konzepte wie „Humanitäre Intervention" und alle anderen Ansätze, den Sicherheitsrat der Vereinten Nationen (VN) zu umgehen und unilaterale Gewaltausübung zu rechtfertigen, werden als nicht akzeptabel erachtet.

In Bezug auf die USA wird der ABM-Vertrag als „cornerstone of strategic stability" bezeichnet. Auf den Aufbau eines US-amerikanischen Raketenabwehrsystems müsse aus Gründen der nationalen Sicherheit mit angemessenen Schritten geantwortet werden. Auch der Schutz eigener Landsleute im Nahen Ausland findet wieder Erwähnung.[649] Im Vergleich zum Vorgängerdokument von 1993 werden nunmehr Bedrohungen wesentlich detaillierter dargestellt. Die Richtung, aus der diese gesehen werden, bleibt weitgehend unverändert. Neu in der Außenpolitischen Konzeption – und entsprechend der strategischen Kultur im Kernbereich der Bedrohungen verortet – wird die Intervention in innere Angelegenheiten eines Staates prominent als Bedrohung herausgehoben. Im Konzept von 1993 vertrat Russland in diesem Punkt noch eine völlig gegensätzliche

---

648 Vgl. Ministry of Foreign Affairs of the Russian Federation (2000b): Foreign Policy Conception of the Russian Federation, in: Russian Foreign Policy in Transition, Concepts and Realities, Hrsg. Melville, Andrei / Shakleina, Tatiana (2005), Übersetzung Anna Yastrzhembska, Central European University Press, Budapest/ New York, S. 89-92, ursprünglich veröffentlicht in: Diplomaticheskiy vestnik (Diplomatic Review), 2000, Nr. 8, S. 3-11.

649 Vgl. Ministry of Foreign Affairs of the Russian Federation (2000b): Foreign Policy Conception of the Russian Federation, in: Russian Foreign Policy in Transition, Concepts and Realities, Hrsg. Melville, Andrei / Shakleina, Tatiana (2005), Übersetzung Anna Yastrzhembska, Central European University Press, Budapest/ New York, S. 94-97, ursprünglich veröffentlicht in: Diplomaticheskiy vestnik (Diplomatic Review), 2000, Nr. 8, S. 3-11.

Position: „obligations undertaken by states in the sphere of the human dimension represent everybody's legitimate interests and cannot be considered the exclusively internal affairs of one country or another."[650] Bereits damals standen aber die Grundlagen der Militärdoktrin der Russischen Föderation in diesem Punkt im Widerspruch zur Außenpolitischen Konzeption. In den Grundlagen der Militärdoktrin heißt es, die Russische Föderation „is committed to the (...) respect for the sovereignty and territorial integrity of states, noninterference in their internal affairs, inviolability of state borders and other universally recognized principles of international law"[651].

Bei der Bewertung von Souveränität wird der Widerstreit zweier strategischer Subkulturen deutlich, den offensichtlich das Militär für sich entscheiden konnte. Dabei dürfte die westliche Intervention auf dem Balkan die Position der Militärs gestärkt haben. Russland sah, die Entwicklungen auf dem Balkan auf sich und den Tschetschenienkonflikt übertragend, seine eigene Einheit und territoriale Unversehrtheit durch äußere Einmischungen gefährdet. Aber auch Reaktionen von Nachbarstaaten mit größeren russischen Minderheiten dürften zu diesem Positionswechsel beigetragen haben. Musste Moskau doch erkennen, dass viele Nachbarn die Verknüpfung aus „Schutz der eigenen Landsleute im Ausland" in Verbindung mit „humanitäre Belange sind keine innere Angelegenheit" als latente russische Interventionsdrohung erachtet hatten, was zu erheblicher regionaler Instabilität beigetragen hatte. Es war also wohl eine Mischung aus interessengeleiteten Erwägungen als auch kulturell bedingten Präferenzen, die der Subkultur der Militärs zum Durchbruch verhalf. Ein in diesem Bereich zunächst möglich erscheinender Wandel der strategischen Kultur konnte sich letztlich nicht realisieren.

Noch verständlicher wird die russische Fokussierung auf ‚Souveränität', wenn man das russische Verständnis des Begriffs näher betrachtet. Iver Neumann kommt in einer Untersuchung zur Neukonzeptionalisierung des Eintritts in die internationale Gesellschaft am Beispiel Russlands zu dem Ergebnis, dass

---

650 Ministry of Foreign Affairs of the Russian Federation (1993): Foreign Policy Conception of the Russian Federation, in: Russian Foreign Policy in Transition, Concepts and Realities, Hrsg. Melville, Andrei / Shakleina, Tatiana (2005), Übersetzung Anna Yastrzhembska, Central European University Press, Budapest/ New York, S. 61, ursprünglich veröffentlicht in: Diplomaticheskiy vestnik (Diplomatic Review), 1993, Nr. 1-2, Spezialausgabe, S. 3-23.

651 Yeltsin, Boris (1993): The Basic Provisions of the Military Doctrine of the Russian Federation, angenommen mit Erlass Nr. 1833 vom 2. November, unter: http://www.fas.org/nuke/guide/russia/doctrine/russia-mil-doc.html (Zugriff 31.03.2013).

Russland nie von seinen Erinnerungen loslassen konnte, Teil eines suzeränen Systems[652] (Mongolenherrschaft) gewesen zu sein. Zu dem Zeitpunkt, als das Zarentum aus einem suzeränen System hervorging und im Verhältnis zu den souveränen Staaten Europas die Frage aufgeworfen wurde, sich erneut in ein suzeränes System hinein zu bewegen, wurde die Vermeidung einer untergeordneten Position zu einem bedeutenden Narrativ.[653] In der heutigen Politik spiegelt sich dies in der aus westlicher Sicht übertriebenen Betonung von Souveränität, wie sie sich insbesondere im Zusammenhang mit dem arabischen Umbruch offen zeigte, und dem mitunter anderen Verständnis von Souveränität wieder. Als souverän gilt vielen nur ein Staat, der seine Position gegen Beeinflussungsversuche von außen und gegebenenfalls auch gegen den Wiederstand einer anderen Großmacht vertreten kann.[654] Ein Land wie Polen, das sich aufgrund seines Sicherheitsbedürfnisses nahezu vollständig auf die USA ausrichtet, ist in diesem Verständnis kein souveräner Staat – wie im Übrigen alle kleineren europäischen

---

652 Suzeränes System: Ein Oberstaat (Suzerän) übt wichtige Befugnisse eines anderen souveränen Staates aus und übernimmt im Gegenzug Verpflichtung zu dessen Schutz.
653 Vgl. Neumann, Iver B. (2011): Entry into international society reconceptualised. the case of Russia, in: Review of International Studies, Vol. 37, British International Studies Association, S. 464, 480-481. Neumann geht bei seinen Überlegungen, wie viele andere Anhänger der Englischen Schule (international society theory), davon aus, dass es nur zwei Arten des internationalen Systems gibt: souverän (Kern) und suzerän (Ringe um diesen Kern). Nur die europäische internationale Gesellschaft wird als souverän verstanden. Dies bedeutet, dass jedes neue Mitglied seinen Hintergrund in einem souzeränen System haben muss. Ähnlich wie bei der Theorie der strategischen Kultur wird davon ausgegangen, dass die Erinnerungen an das vorherige System den Horizont und die Erwartungen, wie das neue souveräne System funktioniert, bestimmen. Das zuvor geprägte und weiterhin bestimmende Politikverständnis führt zu einem sehr langsamen Anpassungsprozess. Die Erinnerungen können sogar dazu führen, dass sich ein Staat nie bis zum Kern hin entwickelt.
654 Diese Sichtweise geht vor allem zurück auf Vladislav Surkovs *Konzept der „souveränen Demokratie"*. Surkov sieht als Gegenentwurf zu einer souveränen Demokratie die „lenkbaren Demokratien". Diesen würde von Einflusszentren, die globale Reichweite haben, ein schablonenartiges Modell von außen steuerbarer ökonomischer rund politischer Systeme aufgezwungen. Konkurrenz- und Verteidigungsfähigkeit garantieren, dass sich das demokratische System Russlands ohne korrigierende Einmischung von außen entwickeln könne. Wenige Staaten seien heute vollkommen souverän, aber Russland gehöre dazu. Zitiert nach Orlov, Dmitrij (2006): Političeskaja doktrina suverennoj demokratii, Die politische Doktrin der souveränen Demokratie, in: Izvestija, 30. November, unter: http://izvestia.ru/news/319474 (Zugriff 23.08.2014).

Staaten. Ihnen fehlt die eigenständige Handlungsfähigkeit des Staates. Auch Mankoff weist darauf hin, dass russische Gelehrte nur einen Staat als wahrhaft souverän bezeichnen, „whose goals and methods, at home and abroad, are made solely on the basis of calculation of national interest rather than because of external pressure to conform to behavioural norms."[655] Der immer stärkere Druck, westliche Werte und Normen übernehmen zu sollen, stellt vor diesem Hintergrund einen unmittelbaren Angriff gegen die russische Souveränität dar. Die russische Position verdeutlichte Außenminister Lavrov: „Russia from its past history well remembers the infatuation with obsessive ideas of changing the world and cannot identify itself with the similar projects now being put forward, whatever they are called – the promotion of freedom and democracy everywhere or "transformational diplomacy"."[656] Dabei hatte Putin, als er in seinem Grundsatzartikel schrieb: „We can pin hopes for a worthy future only if we prove capable of combining the universal principles of a market economy and democracy with Russian realities."[657] noch klargestellt, dass er nicht das westliche Modell übernehmen, sondern einen spezifischen russischen Weg beschreiten wollte.

Das ebenfalls 2000 erschienene Konzept der nationalen Sicherheit der Russischen Föderation geht darauf ein, wie das Individuum, die Gesellschaft und der Staat gegen Bedrohungen von außen und innen geschützt werden sollen. Es enthält eine präzise Beschreibung der Risiken und Bedrohungen und wie ihnen mit

---

655 Mankoff, Jeffrey (2007): Russia and the West: Taking the Longer View, in: The Washington Quarterly, Spring, S. 128.
656 Lavrov, Sergej (2006): Russia in Global Politics, Artikel des russischen Außenministers in Moskovkiye Novosti, 3. März, unter: http://www.mid.ru/brp_4.nsf/sps/95B31F1 80DF8E060C32571260053D5F9 (Zugriff 06.04.2013). Auch in der EU erkennen einige Wenige, so beispielsweise der EU-Handelskommissar Peter Mandelson, wie die Förderung der Werte in Russland verstanden wird: „When we in Europe raise our concerns, when we talk about the spread of values, including in Russia and in our shared neighbourhood, their experience of the past 20 years leads many Russians to hear not the concern of a friendly partner, but the encroachment of a self-interested neighbour. Indeed, many in Russia actually believe that when we say „values" we only mean „interests", that we are somehow seeking to undermine Russia at home and put her down abroad." Mandelson, Peter (2007): The EU and Russia: our joint political challenge, European Commission – SPEECH/07/242, 20. April, Bologna, unter: http://europa.eu/rapid/press-release_SPEECH-07-242_en.pdf (Zugriff 14.12.2013).
657 Putin, Vladimir (1999): Russia at the Turn of the Millennium, ursprünglich veröffentlicht in: Nezavisimaja gazeta, 30. Dezember, unter: http://www.uio.no/studier/emner/hf/ilos/RUS2502/v05/ RUSSIA%20AT%20THE%20TURN%20OF%20THE%20 MILLENNIUM.doc (Zugriff 21.07.2012).

den Mitteln der Außenpolitik begegnet werden soll. Wie in der Außenpolitischen Konzeption wird der Trend angesprochen, „to create an international relations structure based on domination by developed Western countries in the international community, under US leadership and designed for unilateral solutions (primarily by the use of military force) to key issues in world politics"[658]. Doch klarer beschrieben ist die Auswirkung dieses Trends auf Russland: „a number of states are stepping up efforts to weaken Russia politically, economically, militarily and in other ways. (...) Internationally, threats to Russian national security are manifested in attempts by other states to counteract its strengthening as one of the centers of influence in a multipolar world, to hinder realization of its national interests and to weaken its positions"[659]. Explizit als Bedrohung im internationalen Umfeld angesprochen wird das Erstarken militärischer Blöcke und Allianzen, dabei vor allem die Osterweiterung der NATO. In der Wahrnehmung der Eliten der Russischen Föderation manifestiert sich somit im internationalen Umfeld zunehmend die geopolitisch determinierte *Wolfowitz-Doktrin*.

Im ersten Halbjahr 2007 erfolgte eine rhetorische Zuspitzung der russischen Position in einer Art und Weise, die den Eindruck einer konzertierten Aktion erweckte. Im Januar benannte zunächst der Generalstabschef der russischen Streitkräfte im Zusammenhang mit der im Entstehen befindlichen Militärdoktrin das Streben der USA, sich in Regionen zu etablieren, in den traditionell Russland präsent sei, zusammen mit der NATO-Erweiterung, der Einmischung der NATO in lokale Konflikte entlang der russischen Grenze sowie einer antirussischen Informationspolitik als Hauptbedrohungen.[660]

Im Februar 2007, in seiner bekannten Rede bei der Münchner Sicherheitskonferenz, brachte Vladimir Putin seinen Unmut über die doppelten Standards bei den andauernden Demokratiebelehrungen des Westens, über die unipolare Weltordnung sowie den ungezügelten Einsatz militärischer Gewalt in den internationalen Beziehungen und die Missachtung des Völkerrechts vor allem durch die USA drastisch zum Ausdruck. Er sah in diesem Verhalten einen

---

658 Ministry of Foreign Affairs of the Russian Federation (2000a): National Security Concept of the Russian Federation, gebilligt durch Präsidialdekret Nr. 24 vom 10. Januar, unter: http://www.mid.ru/bdomp/ns-osndoc.nsf/1e5f0de28fe77fdcc3 2575d900298676/36aba64ac09f737fc32575d9002bbf31!OpenDocument (Zugriff 29.03.2013).
659 Ebd.
660 Vgl. de Haas, Marcel (2007): Russia's Upcoming Revised Military Doctrine, Power and Interest News Report, 26 Februar, unter: mail.gees.org/documentos/ Documen-02181.pdf (Zugriff 10.03.2013).

wesentlichen Motivator für Staaten, sich Massenvernichtungswaffen zu beschaffen. Die NATO-Erweiterung sowie die Stationierung von Truppen entlang der russischen Grenzen bezeichnete er als ernsthafte Provokation und den Versuch, erneut trennende Linie in Europa zu schaffen.[661] Während Putin folgerte, dass es Zeit sei, sich über die globale Sicherheitsarchitektur Gedanken zu machen, machten sich viele westliche Beobachter Gedanken ob seiner undiplomatischen Wortwahl und sahen bereits wieder das Gespenst eines erstarkten imperialen Russlands vor Augen.[662] In Wirklichkeit hatte Putin aber nur, wie László Póti es fasste, allgemein bekannte russische Sicherheitsbedürfnisse und Sichtweisen auf das internationale System zusammengefasst.[663]

In seiner Ansprache an die Föderalversammlung im April 2007 spitzte Putin zu: „To be frank, our policy of stable and gradual development is not to everyone's taste. Some, making skilful use of pseudo-democratic rhetoric, would like to return us to the recent past, some in order to once again plunder the nation's resources with impunity and rob the people and the state, and others in order to deprive our country of its economic and political independence." Er fuhr unmittelbar fort mit der Anklage: „There has been an increasing influx of money from abroad being used to intervene directly in our internal affairs."Die Demokratisierungsbestrebungen des Westens stellte er in eine Linie mit früheren Kolonialsystemen, wenn er sagte: „Looking back at the more distant past, we recall the talk about the civilising role of colonial powers during the colonial era. Today, 'civilisation' has been replaced by democratisation, but the aim is the same – to ensure unilateral gains and one's own advantage, and to pursue one's own interests." Zugleich klagte er den Westen ob der von ihm genutzten Methoden an: „using the dirtiest techniques, attempting to ignite inter-ethnic and inter-religious hatred in our multiethnic and democratic country."[664]

---

661 Vgl. Putin, Vladimir (2007a): Speech at the 43rd Munich Conference on Security Policy, 10. Februar, http://archive.kremlin.ru/eng/text/speeches/2007/02/10/0138_type82912type82914type82917type84779_118123.shtml (Zugriff 02.04.2013).

662 Vgl. Rolofs, Oliver (2007): Ein Hauch von Kaltem Krieg. Putins Brandrede verschreckt die Münchner Sicherheitskonferenz 2007 und warnt die USA und NATO, unter: http://www.securityconference.de/172/ (Zugriff 02.04.2013).

663 Vgl. Póti, László (2008): Evolving Russian Foreign and Security Policy: Interpreting the Putin-doctrine, in: Acta Slavica Iaponica, Vol. 25, Slavic Research Center, Sapporo, S. 41.

664 Putin, Vladimir (2007c): Annual Address to the Federal Assembly, 26. April, unter: http://www.kremlin.ru/eng/speeches/2007/04/26/1209_type70029type82912_125670.shtml (Zugriff 04.04.2013).

Der russische Außenminister Sergej Lavrov führte im Juli 2007 die Distanz zwischen den USA und Russland auf das amerikanische Bestreben, alle von Washington als „nicht-demokratisch" bezeichneten Regierungen zu transformieren, zurück. Russland könne sich, und hier wird der Bezug zur strategischen Kultur des Landes besonders deutlich, vor dem Hintergrund seiner historischen Erfahrungen mit Revolutionen, keiner derartigen von Ideologie getriebenen Politik – „besonders einer, die von außerhalb kommt" – anschließen. Er verwies darauf, dass hierüber in der russischen Gesellschaft ein breiter Konsens bestünde. Seines Erachtens müssten die USA erkennen, dass sich durch die Globalisierung ein Paradigmenwechsel ergeben habe. Miteinander im Wettbewerb liegende Staaten müssten die existierenden unterschiedlichen Werte und Entwicklungswege berücksichtigen. Und da kein Staat mehr alleine die Ressourcen habe, seinen Willen der Welt aufzuzwingen, bedürfe es einer gemeinsamen Führerschaft der verschiedenen führenden Akteure im Rahmen einer Netzwerkdiplomatie. Unterstützend zitierte er Außenminister Steinmeier, der betone, dass die heutige Welt auf Kooperation und nicht auf militärischer Abschreckung basieren solle. Umso verwunderter sei er, Lavrov, dass es mit der Erweiterung der NATO, den amerikanischen Bestrebungen zum Aufbau einer Raketenabwehr in Europa und dem Verweigern des Prinzips gleicher Sicherheit für Russland durch die Nicht-Anpassung des KSE-Vertrags weiterhin vielgestaltige Versuche zur Eindämmung Russlands gäbe.[665]

Selbst in einer Phase relativer Stärke, die russische Wirtschaft verzeichnete dank eines deutlich gestiegenen Ölpreises einen anhaltenden und merklichen Aufschwung, wurden alte Ängste der Einkreisung sowie der Einmischung in die inneren Angelegenheiten äußerst pointiert, ja fast hysterisch, artikuliert. Dies ist ein deutliches Indiz dafür, dass jegliche kooperative Politik gegenüber Russland zum Scheitern verurteilt sein wird, wenn sie dieser tief in der strategischen Kultur des Landes verankerten Fixierung auf Wahrung der Souveränität, territorialen Integrität und inneren Stabilität nicht Rechnung trägt. Selbst die Kooperation bei der Lösung von Problemen im internationalen System wird von dieser russischen Sicht dominiert und lässt das Verhalten der Russischen Föderation mitunter geradezu irrational erscheinen (vgl. Kapitel 5.3 „Beachtung der Prinzipien der Souveränität und Nichteinmischung", S. 359). Insgesamt wurde im

---

665 Vgl. Lavrov, Sergej (2007b): Containing Russia: Back to the Future, Artikel des russischen Außenministers, 19. Juli, unter: http://www.mid.ru/brp_4.nsf/0/8F8005F0C5CA3710C325731D0022E227 (Zugriff 03.03.2013).

Jahr 2007 ein starker, vielleicht letzter Versuch unternommen, dem Westen zu verdeutlichen, was er zuvor nicht verstehen wollte oder konnte.

Aus dem Blickwinkel der Theorien der internationalen Beziehungen kann der Prozess, der sich in den Jahren zuvor entwickelte, als ein Beispiel für das von John Herz in den 1950ern erstmals beschriebene ‚Sicherheitsdilemma' herangezogen werden.[666] Eine Macht versucht, ihre Sicherheit oder die ihrer Verbündeten zu erweitern, indem sie einen oder mehrere Bereiche ihrer Macht erweitert. Auf diese Weise wirkt sie auf die Sicherheitswahrnehmung einer anderen Macht ein, die in Erwiderung versucht, durch ihre Reaktion das Machtverhältnis zu verändern. Das Versagen der Kommunikation führt zu einem Verlust an Vertrauen und schließlich zur Konfrontation.[667]

Die Gefahr der äußeren Einmischung – als Ausdruck dieser Konfrontation – wird von Putin in den Folgejahren immer regelmäßiger und deutlicher thematisiert. So sagte er in seiner Rede zur Entwicklungsstrategie Russlands bis zum Jahr 2020: „Verantwortungslose Demagogie, die Versuche der gesellschaftlichen Entzweiung und der Gebrauch der ausländischen Hilfe in den innerpolitischen Streitigkeiten ist nicht nur unmoralisch, sondern auch gesetzeswidrig. [Sie] erniedrigen die Würde unseres Volkes und schwächen unseren demokratischen Staat."[668] Er forderte weiterhin, dass das politische System Russlands nicht nur der nationalen politischen Kultur entsprechen, sondern sich auch mit ihr gemeinsam entwickeln solle.[669]

In der von Präsident Medvedev erlassenen Außenpolitischen Konzeption der Russischen Föderation von 2008 werden, wie nicht anders zu erwarten, viele Positionen des Vorgängerdokumentes aus dem Jahr 2000 beibehalten. Es wurden aber auch neue entscheidende Akzente gesetzt, so zum Beispiel: „It is for the first

---

666 Vgl. Herz, John H. (1951): Politischer Realismus und politischer Idealismus, Eine Untersuchung von Theorie und Wirklichkeit, in: Schriften zur politischen Wissenschaft, Band 3, Verlag Anton Hain KG, Meisenheim am Glan, Übersetzer Walter Seib, englisches Original 1951, University of Chicago Press, Chicago.
667 Vgl. Eitelhuber, Norbert (2009): The Russian Bear: Russian Strategic Culture and What it Implies for the West, in: Connections, The Quarterly Journal, Vol. 9, Nr. 1, Hrsg. Partnership for Peace Consortium of Defense Academies and Security Studies Institutes, Garmisch-Partenkirchen, S. 12.
668 Putin, Vladimir (2008): Entwicklungsstrategie Russlands bis zum Jahr 2020, Rede vor dem Staatsrat, 8. Februar, deutsche Übersetzung von Ella Rack für russland.RU, unter: http://russland.ru/reden/morenews.php?iditem=23 (Zugriff 16.03.2013).
669 Vgl. Putin, Vladimir (2008): Entwicklungsstrategie Russlands bis zum Jahr 2020, Rede vor dem Staatsrat, 8. Februar, deutsche Übersetzung von Ella Rack für russland. RU, unter: http://russland.ru/reden/morenews.php?iditem=23 (Zugriff 16.03.2013).

time in the contemporary history that global competition is acquiring a civilizational dimension which suggests competition between different value systems and development models within the framework of universal democratic and market economy principles."[670] Unilaterales Handeln wurde nunmehr auch für Spannungen in den interzivilisatorischen Beziehungen verantwortlich gemacht. Wie tief dieses Denken in den Eliten verankert ist, lässt sich daran ablesen, dass dieser Aspekt bereits im Vorjahr in einer breit angelegten Bestandsaufnahme der russischen Außenpolitik prominent angesprochen wurde: „The choice in favor of re-ideologizing and militarizing international relations creates the threat of a new split of the world, now on civilizational grounds."[671] In der Außenpolitischen Konzeption wurde entsprechend als Priorität Nummer eins, mit der sich russische Außenpolitik befassen müsse, die entstehende neue Weltordnung benannt. Vermutlich um in diesem Prozess das eigene Lager zu stärken, rückte die Gemeinschaft Unabhängiger Staaten (GUS, englisch: Commonwealth of Independent States, CIS) sowie generell ein verstärktes Integrationsbemühen mit Nachbarstaaten wieder stärker in den Fokus russischer Außenpolitik: „Development of bilateral and multilateral cooperation with the CIS Member States constitutes a priority area (…) To achieve these goals Russia will (…) actively interact with Belarus and Kazakhstan within the Eurasian Economic Community (EurAsEC) in order to establish a customs union and common economic space"[672]. Die enorme Bedeutung der GUS-Region zu Anfang der 1990er Jahre war kontinuierlich in den Grundlagendokumenten gesunken. Dieser Prozess war von heftigen Auseinandersetzungen innerhalb der Eliten begleitet worden.

---

670 Medvedev, Dmitrij (2008b): The Foreign Policy Concept of the Russian Federation, 28. Juni, United Nations MaximsNews Network, 31. Juli, unter: http://www.maximsnews.com/news20080731russiaforeignpolicyconcept10807311601.htm (Zugriff 06.04.2013).

671 Ministry of Foreign Affairs of the Russian Federation (2007): A Survey of Russian Federation Foreign Policy, S. 3, unter: http://www.mid.ru/brp_4.nsf/e78a48070f1 28a7b43256999005bcbb3/89a30b3a6b65b4f2c32572d700292f74?OpenDocument (Zugriff 06.04.2013). Die Bestandsaufnahme basiert auf der Auswertung zahlreicher Runder-Tisch-Gespräche, Seminare und Konferenzen sowie umfangreicher Materialien, die von Komitees und Instituten bereitgestellt worden waren. Es kann zu Recht gesagt werden, dass dieses Dokument in weiten Teilen das Denken der außenpolitischen Eliten widerspiegelt.

672 Medvedev, Dmitrij (2008b): The Foreign Policy Concept of the Russian Federation, 28. Juni, United Nations MaximsNews Network, 31. Juli, unter: http://www.maximsnews.com/news20080731russiaforeignpolicyconcept10807311601.htm (Zugriff 06.04.2013).

Doch Putin hatte gleich zu Beginn seiner ersten Amtszeit mit der erneuten Weisung zur Auflösung des Ministeriums für Angelegenheiten der GUS, die Jelzin zuvor aufgrund heftigen Widerstandes nach nur einem halben Jahr hatte wieder zurücknehmen müssen, den Weg vorgegeben.[673]

Das erneute Bemühen, die regionale Integration voranzutreiben, wird ebenfalls in der 2009 veröffentlichten Strategie der nationalen Sicherheit der Russischen Föderation bis zum Jahr 2020 deutlich.[674] Dort heißt es, die Beziehungen zu den GUS-Staaten hätten Priorität. Hauptinstrument im Bereich der Militärpolitik sei die Organisation des Vertrages über kollektive Sicherheit (OVKS). Die wirtschaftliche Integration solle über die EurAsEC erreicht werden. Die Shanghaier Organisation für Zusammenarbeit (SOZ) habe besondere Bedeutung für die Festigung des Vertrauens und der Partnerschaft in Zentralasien. Diese Herangehensweise ist vor dem Hintergrund zu sehen, dass die Störung der Kräftebalance im regionalen Umfeld als möglich gesehen wird.

Auch in der Strategie 2020 wird eine globale Konkurrenz um Werte und Entwicklungsmodelle benannt, die sich vor dem Hintergrund verschärfender Widersprüche zwischen den Staaten in einer globalisierten Welt entwickelt habe. Die globale und regionale Sicherheitsarchitektur, insbesondere in der euroatlantischen Region, wo sie von der NATO bestimmt sei (die bekannten Vorbehalte gegenüber der NATO werden angeführt), wird als haltlos bezeichnet. Der Aufbau eines globalen Raketenabwehrsystems unterminiere die regionale und globale Stabilität. Die militärische Sicherheit werde durch das Streben einiger Staaten nach einer erdrückenden militärischen Überlegenheit bedroht. Der Konkurrenzkampf um Ressourcen wirke sich zunehmend destabilisierend aus.

---

673 Vgl. Salmin, Aleksei (2005): The Backside of Foreign Policy: Internal Factors in the System of International Ties, Obligations and Projects of the Russian Federation, in: Russian Foreign Policy in Transition, Concepts and Realities, Hrsg. Melville, Andrei / Shakleina, Tatiana, Übersetzung Anna Yastrzhembska, Central European University Press, Budapest/New York, ursprünglich veröffentlicht in: Politeia (2002), Nr. 3, S. 423.

674 Vgl. Medvedev, Dmitrij (2009a): Die Strategie der nationalen Sicherheit der Russischen Föderation bis zum Jahr 2020, Quelle des Originals: http://www.scrf.gov.ru/documents/99.html (Zugriff 02.08.2013), Arbeitsübersetzung: Egbert Lemcke, Frank Preiß vom 29.08.2009, unter: http://www.sicherheitspolitik-dss.de/ap/ap096000.pdf (Zugriff 02.08.2013). Bei der Strategie 2020 handelt es sich um die Festlegung der Prioritäten sowie Ziele und Maßnahmen der Innen- und Außenpolitik, die für die nationale Sicherheit und eine stabile Entwicklung des Landes erforderlich sind.

Da es sich bei der Strategie 2020 um ein Dokument handelt, das Sicherheit umfassend versteht, werden auch soziale Stabilität, ethnischer und konfessioneller Konsens sowie das Wachstum der Wirtschaft als zentrale Elemente verstanden. Langfristig stelle die auf Rohstoffexport ausgerichtete Wirtschaftsstruktur die strategische Hauptbedrohung in der Sphäre der Wirtschaft dar. Krisen des Banken- und Finanzsystems könnten zudem die gleiche schädigende Wirkung wie große militärische Konfrontationen haben. Um die staatliche und gesellschaftliche Sicherheit zu bewahren, müsse die Rolle des Staates gestärkt werden. Im Bereich der Kultur sei es erforderlich, Bestrebungen zur Revidierung der russischen Geschichte, insbesondere seiner herausgehobenen Rolle in der Weltgeschichte, entgegen zu wirken. Lebensweisen, die eine von gesellschaftlichen Normen unbegrenzte Handlungsfreiheit propagieren, sei ebenso entgegenzutreten wie durch rassistische, nationale und religiöse Intoleranz verursachter Gewalt.

Dass die russische Elite zu Beginn des 21. Jahrhunderts nicht mehr im Geringsten daran denkt, ihre Ziele zur Entwicklung der Gesellschaft und des Staates durch Imitierung des westlichen Erfolgsmodells zu erreichen und sich auch jede Einmischung von außen verbittet, verdeutlichte ausgerechnet ein Namensartikel von Präsident Medvedev. Er schrieb: „Russian democracy will not merely copy foreign models. Civil society cannot be bought by foreign grants. Political culture will not be reconfigured as a simple imitation of the political traditions of advanced societies."[675] Inzwischen haben sich also selbst die reformwilligen Kräfte des Landes von der für die strategische Kultur des Landes untypischen Phase zu Beginn der 1990er Jahre, als das westliche Modell unreflektiert kopiert worden war, verabschiedet. Ein Export des westlichen Modells in die gesamte übrige Welt ist damit recht unwahrscheinlich geworden. Der Westen muss sich darauf einstellen, dass sich sein Modell dauerhaft gegenüber anderen Entwicklungsmodellen, wie sie sich in China, Singapur und eben auch Russland herausbilden, beweisen muss. Der noch vor wenigen Jahren sicher geglaubte weltweite Siegeszug ist in weite Ferne gerückt.

Während die Autoren der von Präsident Medvedev erlassenen Strategie 2020 von einem zivilisatorischen und ideologischen Ringen auf globaler und regionaler Ebene ausgehen, ist in der Militärdoktrin der Russischen Föderation von 2010 die Rede davon, dass die globale Entwicklung durch eine Abschwächung der ideologischen Konfrontation geprägt sei. Ob diese abweichende Bewertung

---

675 Medvedev, Dmitrij (2009b): Go Russia!, Artikel, 10. September, unter: http://eng.news.kremlin.ru/news/298 (Zugriff 07.04.2013).

eine Antwort auf die zum damaligen Zeitpunkt vermeintlich eher zurückhaltenden weltweiten Demokratisierungsbestrebungen der Obama-Regierung ist oder ob hier eine grundsätzlich andere Haltung des Verteidigungsministeriums zum Ausdruck kommt, lässt sich nur vermuten. Jedenfalls währte der russisch-amerikanische „Honeymoon" nur kurz, da sich zwar der Stil, jedoch nicht die Ziele der amerikanischen Politik geändert hatten. Auch werden unter den wichtigsten äußeren militärischen Gefahren in der Militärdoktrin weiterhin auf Position eins die NATO und gleich danach „Versuche, die Lage in einzelnen Staaten und Regionen zu destabilisieren und die strategische Stabilität zu untergraben"[676] benannt.

Wie konsequent die außenpolitische Position des Landes formuliert und vorangebracht wird, zeigt sich in dem Dreiklang von Putins Namensartikel „Russland und die Welt im Wandel"[677] während des Präsidentschaftswahlkampfs 2012, der unmittelbar nach seinem erneuten Amtsantritt herausgegebenen „Verordnung zur Umsetzung der Außenpolitik"[678] sowie den 2013 fast zeitgleich erlassenen Grundsatzdokumenten „Konzept der Russischen Föderation zur Beteiligung am Zusammenschluss der BRICS"[679] und der „Außenpolitischen Konzeption der Russischen Föderation"[680]. Wie ein roter Faden ziehen sich durch alle Dokumente die Forderungen nach einem starken Russland, denn nur ein solches würde gehört, und der Bewahrung der regionalen Stabilität. Die Kritik an den USA und an der NATO, insbesondere wegen der Thematiken Raketenabwehr und gewaltsamer Demokratieexport, werden deutlich artikuliert.

---

676 Medvedev, Dmitrij (2010): Militärdoktrin der Russischen Föderation, 5. Februar, Übersetzung Bundessprachenamt Referat S 7, Original: Voennaja doktrina Rossijskoj Federacii, unter: http://news.kremlin.ru/ref_notes/461 (Zugriff 07.04.2013).

677 Putin, Vladimir (2012a): Russland und die Welt im Wandel, inoffizielle Übersetzung, Nachrichtenagentur RIA Novosti, 27. Februar, unter: http://de.rian.ru/opinion/20120227/262782988.html (Zugriff 05.03.2012), russisch: Rossija i menjajuščijcja mir, in: Moskowskije Nowosti, 27. Februar, unter: http://mn.ru/politics/20120227/312306749.html (Zugriff 05.03.2012).

678 Putin, Vladimir (2012b): Executive Order on measures to implement foreign policy, 7. Mai, unter: http://eng.news.kremlin.ru/acts/3764 (Zugriff 05.08.2013).

679 Putin, Vladimir (2013c): Concept of participation of the Russian Federation in BRICS, 9. Februar, unter: http://www.mid.ru/brp_4.nsf/0/58404FEA180B30AD44257B35002871F3 (Zugriff 13.04.2013).

680 Putin, Vladimir (2013d): Concept of the Foreign Policy of the Russian Federation, 12. Februar, unter: http://www.mid.ru/bdomp/brp_4.nsf/e78a48070f128a7b4325699900 5bcbb3/76389fec168189ed44257b2e0039b16d!OpenDocument (Zugriff 13.04.2013).

Immer wieder werden die wirtschaftliche Integration in der Region sowie die Zusammenarbeit im Rahmen der BRICS-Staaten angesprochen. Dabei wird vor allem auf die Einigkeit der BRICS-Staaten bezüglich ihrer Ablehnung einer Einmischung von außen abgestellt. Als „Kern des Problems" identifiziert Putin: „Die Amerikaner sind von der Idee besessen, sich die absolute Unantastbarkeit zu sichern (…) Die absolute Unantastbarkeit eines Landes würde die absolute Verletzbarkeit aller anderen bedeuten."[681] Auch kritisiert er heftig die verschiedensten Versuche, durch die Anwendung von Druck den Integrationsprozess im postsowjetischen Raum zu behindern. Enge Integration sei ein nicht aufhaltbarer globaler Prozess.[682] Putin kann sich der Zustimmung hochrangiger Militärs sicher sein. Bereits 2008 formulierte Armeegeneral Garejew: „Niemals sollte man vergessen, dass eines der Hauptziele der weltweiten liberalen, demokratischen Intervention darin besteht, die Souveränität und die Strukturen nicht genehmer Staaten zu untergraben. Anstelle des vormaligen staatlichen Gefüges will man eine Art virtuelle, haltlose Führung installieren, die von außen gesteuert wird. (…) Das große Verdienst W.W. Putins besteht darin, seit Anbeginn seiner Präsidentschaft das Chaos in der Staatsmacht beendet und eine klare Machtvertikale geschaffen zu haben."[683] Ob dieser in der strategischen Kultur tief verankerte Glaube an die segensreiche Allmacht des Staates tatsächlich Erfolg verspricht, wird zumindest im Westen kritisch hinterfragt. So schreibt beispielsweise Assen Ignatow: „Für Putin ist der starke Staat der Archimedische Punkt. Im starken Staat erblickt Putin die Kraft, die imstande wäre, die Last der Vergangenheit und der Gegenwart zu tragen. Nun würde das aber bedeuten, den Teufel mit dem Belzebub auszutreiben. Es ist nahezu tragikomisch, daß so viele Russen, einschließlich Putin, etatistische Rezepte zum Kurieren der Folgen des Etatismus

---

681 Putin, Vladimir (2012a): Russland und die Welt im Wandel, inoffizielle Übersetzung, Nachrichtenagentur RIA Novosti, 27. Februar, unter: http://de.rian.ru/opinion/20120227/262782988.html (Zugriff 05.03.2012), russisch: Rossija i menjajuščijcja mir, in: Moskowskije Nowosti, 27. Februar, unter: http://mn.ru/politics/20120227/312306749.html (Zugriff 05.03.2012).
682 Vgl. Putin, Vladimir (2013e): Rede beim Federal Security Service board meeting, 14. Februar, Moskau, unter: http://eng.kremlin.ru/transcripts/5001 (Zugriff 10.03.2013).
683 Garejew, Machmut Achmetowitsch (2008): Russland muss erneut eine Großmacht werden, Die Einführung einer langfristigen strategischen Planung ist notwendig, Referat zur Tagung der Akademie der Militärwissenschaften, 19. Januar, in: Militär-Industrie-Kurier (VPK), Nr. 2 (218), Ausgabe 16.-22. Januar, Moskau, Übersetzung Lemcke, Egbert / Preiß, Frank, unter: http://www.sicherheitspolitik-dss.de/autoren/preisz/elfp0802.pdf (Zugriff 02.03.2013).

verschreiben."[684] Die Ursache hierfür sieht Henke in dem Denken eines großen Teils der heutigen russischen Elite, das im „200 Jahre alten Horizont der slawophilen Theorien" verankert sei. Diesem könne sich die Elite nicht entziehen.[685]

4.2.5 NATO als Hauptbedrohung?

Die konventionelle Balance in Europa spricht eindrücklich gegen die Russische Föderation. Wie in Tabelle 6 „Konventionelle Balance in Europa" gezeigt, sind die russischen Streitkräfte in allen Kategorien des KSE-Vertrages mindestens im Verhältnis 1 zu 3 der NATO unterlegen.

Tabelle 6: Konventionelle Balance in Europa[686]

	Truppen	Panzer	Artillerie	Gepanzerte Fahrzeuge	Hubschrauber	Luftfahrzeuge
NATO	1.806.000	12.732	16.112	24.372	1.243	3.703
Russland	578.000	3.716	4.465	7.926	385	1.679

Nicht ohne Grund scheint in offiziellen Dokumenten und Reden der militärischen und politischen Führung als auch im wissenschaftlichen Bereich die (gemeint: von den USA geführte) NATO als *die* oder zumindest *eine* der externen Hauptbedrohungen benannt zu werden. Diese Darstellung spricht auch das Bedrohungsempfinden der Gesellschaft an[687] und steht damit in einer Linie mit der identifizierten strategischen Kultur des Landes. Dennoch dürfte es sich um eine Instrumentalisierung der strategischen Kultur durch die Eliten handeln. Sowohl

---

684 Ignatow, Assen (2000): Die ideologischen Koordinaten von Wladimir Putin: Ein Mann ohne Ideen oder ein Mann mit allen Ideen, in: Aktuelle Analysen, Nr. 34, Hrsg. Bundesinstitut für ostwissenschaftliche und internationale Studien, Köln, unter: http://nbn-resolving.de/urn:nbn:de:0168-ssoar-45186 (Zugriff 08.06.2014), S. 5.
685 Vgl. Henke, Sergej (2003): Der russische Traum. Vormoderne Traditionen der politischen Kultur Russlands, Schriften zur politischen Theorie, Band 1, Verlag Dr. Kovač, Hamburg, S. 106.
686 Vgl. Acton, James M. (2011): Low Numbers, A Practical Path to Deep Nuclear Reductions, Carnegie Endowment for International Peace, Washington, D.C./ Moskau/Beirut/u. a. O., S. 44.
687 2011 benannten bei einer Umfrage des Levada-Centers 32% der Befragten die NATO als Feind. An erster Stelle wurden tschetschenische Kämpfer (48%) und an zweiter Stelle die USA mit 42% benannt. Vgl. Levada (2011): Est' li u Rossii vragi?, Hat Russland Feinde?, unter: http://www.levada.ru/press/2011020302.html (Zugriff 15.02.2013).

gewählte Schwerpunkte der Streitkräftereform, Übungsszenare der Streitkräfte als auch vertrauliche Äußerungen der militärischen Führung legen diese Interpretation nahe.

Wäre die NATO weiterhin die Hauptbedrohung, so wäre die Beibehaltung einer schnell aufwuchsfähigen großen Mobilmachungsarmee eine logische Konsequenz gewesen, auch würden nicht die großen Hauptwaffensysteme vorrangig außer Dienst gestellt.[688] Mit der Entscheidung gegen eine Mobilmachungsarmee eng verbunden ist die Reduzierung der Wehrpflicht von 24 auf 12 Monate im Jahr 2008. Die verkürzte Wehrdienstdauer hinterließ selbstverständlich auch Spuren beim Ausbildungsstand der Wehrpflichtigen. Derzeit lässt sich übrigens nicht einmal der geplante Streitkräfteumfang von rund einer Million Mann halten. In den russischen Streitkräften dienten Anfang 2012 gerade einmal 700.000 Mann (ohne Studenten an Militärakademien und Reservesoldaten in Ausbildung).[689] Stattdessen werden von der militärischen Führung die vorhandenen acht Sondereinheiten, die auf asymmetrische Kriegführung und Terrorismusbekämpfung spezialisiert sind, um weitere zwölf verstärkt. Besonderes Interesse russischer Militärattachés sowie russischer Militärs während Truppenbesuchen bei westlichen Partnern galt der leichten Infanterie. Auch werden die Militärbezirke Süd und Zentral vorrangig mit Kontrakniki (Zeit- und Berufssoldaten) aufgefüllt.[690] Wäre die NATO der Hauptgegner, so musste der Militärbezirk West bevorzugt werden.

Die jährlichen Übungen der Streitkräfte wie beispielsweise KAUKASUS 2012, an der rund 8.000 Mann mit dem Schwerpunkt Terrorismusbekämpfung

---

688 Reduzierung der militärischen Einheiten bei den Bodentruppen von 1890 auf 171 (90%), der Luftwaffe von 340 auf 180 (48%), bei der Marine von 240 auf 123 (49%), Strategische Raketentruppen von 12 auf 8 (33%). Die Luftlandetruppen hingegen werden nur von 6 auf 5 (17%) reduziert. Siehe RIA Novosti (2009): Reform of the Russian Armed Forces, Infografik, unter: http://en.rian.ru/infographics/20091204/157098191.html (Zugriff 14.02.2013).

689 Streitkräfteumfänge vgl. Wilk, Andrzej (2012a): Towards a professional army. Changes to the structure of the officer cadre and the manning system of the Russian Armed Forces, 28. März, Ośrodek Studiów Wschodnich (Centre for Eastern Studies), Warschau, unter: http://www.osw.waw.pl/en/publikacje/osw-commentary/2012-03-28/towards-a-professional-army-changes-to-structure-officer-cadre- (Zugriff 16.02.2013).

690 Vgl. Schwalb, Reiner (2013): Interview des Leiters des deutschen Militärattachéstabes in Moskau mit dem Autor, 14. Februar, Hamburg.

teilnahmen, finden reihum in den vier Militärbezirken statt.[691] Auch die von der polnischen Regierung völlig überbewertete Übung ZAPAD (Westen) im Jahr 2009[692] stellt keinen Beleg für die These dar, die NATO sei der Hauptgegner. Dafür waren die an der Übung beteiligten Truppenkörper viel zu klein. Im Vergleich nahmen zu Zeiten des Kalten Krieges bis zu 90.000 Mann an einer Übung teil.

In vertraulichen Gesprächen äußerten sich sogar die höchste Führung der russischen Streitkräfte sowie Vertreter des Innenministeriums dahingehend, dass in naher Zukunft nicht die NATO, sondern Islamismus und Terrorismus die größten Gefahrenpotenziale darstellen. Langfristig wird China als weitere mögliche Bedrohung gesehen. Unumwunden wird zugegeben, dass die Darstellung der NATO als Bedrohung es ermöglicht, finanzielle Mittel für die bewaffneten Kräfte zu fordern. Auch wird befürchtet, dass eine andere, positivere Darstellung der NATO eine politische Diskussion auslösen würde, die „nicht auszuhalten wäre". Denn stimmkräftige Fraktionen, so beispielsweise die 2013 den Vorsitz des Verteidigungsausschusses innehabende Kommunistische Partei, sehen Russland weiterhin umzingelt von Feinden.[693] Sehr wohl erachtet Russlands entscheidende außen- und sicherheitspolitische Elite die NATO und insbesondere ihre Erweiterungsrunden aber als etwas, das dem in der strategischen Kultur verankerten Streben nach Anerkennung zuwider läuft. Russland sieht sein Prestige gefährdet und reagiert, wie vom gedanklichen Vater des *Containments* George Kennan vorhergesagt, entsprechend auf diese Herausforderung.[694] Gegenwärtig wird die NATO von der bestimmenden Elite aber nicht als primäre sicherheitspolitische Bedrohung gesehen.

---

691 Vgl. RIA Novosti (2012d): Russlands Nato-Botschafter: Allianz über Militärübung Kaukasus-2012 ausreichend informiert, 17. September, unter: http://de.rian.ru/security_and_military/20120917/264446408.html (Zugriff 14.02.2013).

692 Vgl. Preußische Allgemeine Zeitung (2009): Russisches Manöver beunruhigt Nachbarn, Folge 44-09 vom 31. Oktober, unter: http://www.webarchiv-server.de/pin/archiv09/4420091031paz43.htm (Zugriff 14.02.2013).

693 Vgl. Schwalb, Reiner (2013): Interview des Leiters des deutschen Militärattachéstabes in Moskau mit dem Autor, 14. Februar, Hamburg.

694 Kennan schrieb im Vorfeld der Erweiterungsrunden: „They [the Russians] would see their prestige (always uppermost in the Russian mind) and their security interests as adversely affected." Er folgerte, „… that expanding NATO would be the most fateful error of American policy in the entire post-cold-war era." Kennan, George F. (1997): A Fateful Error, in: New York Times, 5. Februar, unter: http://web.archive.org/web/19970501051048/http://www.mtholyoke.edu/acad/intrel/gknato.htm (Zugriff 06.06.2014).

Eine wesentliche Ausnahme zu o.a. Aussagen stellt die russische Wahrnehmung des im Aufbau befindlichen Raketenabwehrschildes der NATO dar. Russland sieht durch dieses System langfristig seine nukleare Zweitschlagkapazität und damit die ultimative Garantie seiner Souveränität gefährdet. Ein Erstschlag der USA würde bei verzögerter Reaktion der russischen Nuklearstreitkräfte fast das gesamte russische Nuklearpotenzial vernichten, die Penetrationsfähigkeit der für einen Zweitschlag verbleibenden russischen Nuklearraketen würde durch das Raketenabwehrsystem deutlich geschwächt. Solange sich das Raketenabwehrsystem in einer frühen Phase befindet, wirkt es sich noch nicht limitierend auf die russische Zweitschlagfähigkeit aus, sobald es aber im Rahmen des „phased adapted approach"[695] die Ausbaustufen drei im Jahr 2018, beziehungsweise vier im Jahr 2020 erreicht, sieht sich Russland laut dem damaligen russischen Generalstabschef und Erstem Stellvertretenden Verteidigungsminister der Russischen Föderation, Armeegeneral Nikolaj Makarov, zu umfangreichen und drastischen Gegenmaßnahmen gezwungen.[696]

---

695 Vgl. The White House, Office of the Press Secretary (2009): Fact Sheet on U.S. Missile Defense Policy A "Phased, Adaptive Approach" for Missile Defense in Europe, 17. September unter: http://www.whitehouse.gov/the_press_office/FACT-SHEET-US-Missile-Defense-Policy-A-Phased-Adaptive-Approach-for-Missile-Defense-in-Europe (Zugriff 14.02.2013). Mit der Entscheidung, die vierte, von Russland vehement abgelehnte, Stufe des adaptiven Ansatzes nicht zu realisieren, sondern stattdessen die Heimatverteidigung durch weitere Abfangraketen in Alaska zu stärken, könnte sich für die USA ein Verhandlungsspielraum mit Russland ergeben. Vgl. Entscheidung des amerikanischen Verteidigungsministers Hagel, Chuck (2013): Missile Defense Announcement, 15. März, unter: http://www.defense.gov/speeches/speech.aspx?speechid=1759 (Zugriff 23.08.2013).

696 „RETALIATORY MEASURES OF THE RUSSIAN FEDRATION: to increase defense of fixed launching sites, to ensure maximal concealment of Strategic Nuclear Force mobile launchers, to increase readiness of deployed BM [Ballistic Missile] platforms, to increase capabilities of ICBMs [Intercontinental Ballistic Missile] in penetrating modern Ballistic Missile Defense, to decrease the attacking missile launch fixing time, to increase the numbers of information sources in order to assure target identification by Russian AD [Air Defense] and BMD [Ballistic Missile Defense] assets, to employ effective systems in fighting mobile BMD assets, to ensure destruction or disruption of opposing BMD infrastructure assets (interceptors launchers, command & control posts, outer-space detection means)." Makarov, Nikolaj E. (2012): Views of the Ministry of Defense of the Russian Federation on Missile Defense Issues, Vortrag bei einer internationalen Konferenz in Moskau, 3./4. Mai, unter: http://www.mil.ru/files/morf/Eng_VIEWS%20OF%20THE%20MINISTRY%20OF%

Das Raketenabwehrsystem, auch wenn es seit dem Gipfel von Lissabon 2010 offiziell kein amerikanisches, sondern ein System der Allianz ist,[697] wird aus russischer Sicht weiterhin den Eindämmungsbestrebungen der USA zugerechnet, zumal sein Aufbau in Europa de facto fast ausschließlich von den USA vorangetrieben wird. Amerikanischen Äußerungen, das Raketenabwehrsystem sei nicht gegen Russland gerichtet, wird misstraut. So äußerte sich Präsident Medvedev im März 2012: „Reliable military technical and geographical-based guarantees that a deployed missile defence system would not be directed against Russia's nuclear deterrent forces are of principle importance for our country. (…) No one has yet explained to me clearly why we should believe that the new European missile defence system is not aimed against us."[698] Verstärkt worden sein dürften die russischen Bedenken mit der im Vorfeld zum NATO-Gipfel in Wales (August 2014) einsetzenden Diskussion, die geplante Raketenabwehr nunmehr auch gegen Russland auszurichten. Angestoßen wurde diese von den USA unterstützte

---

20DEFENSE%20OF%20THE%20RUSSIAN%20FEDERATION%20ON%20 MISSILE%20DEFENSE%20ISSUES.ppt (Zugriff 16.02.2013), Folie 11.

697 „36. The threat to NATO European populations, territory and forces posed by the proliferation of ballistic missiles is increasing. As missile defence forms part of a broader response to counter this threat, we have decided that the Alliance will develop a missile defence capability to pursue its core task of collective defence. The aim of a NATO missile defence capability is to provide full coverage and protection for all NATO European populations, territory and forces against the increasing threats posed by the proliferation of ballistic missiles, based on the principles of the indivisibility of Allied security and NATO solidarity, equitable sharing of risks and burdens, as well as reasonable challenge, taking into account the level of threat, affordability and technical feasibility, and in accordance with the latest common threat assessments agreed by the Alliance. 37. To this end, we have decided that the scope of NATO's current Active Layered Theatre Ballistic Missile Defence (ALTBMD) programme's command, control and communications capabilities will be expanded beyond the protection of NATO deployed forces to also protect NATO European populations, territory and forces. In this context, the United States European Phased Adaptive Approach is welcomed as a valuable national contribution to the NATO missile defence architecture, as are other possible voluntary contributions by Allies." NATO (2010): Lisbon Summit Declaration, Heads of State and Government participating in the meeting of the North Atlantic Council in Lisbon, 20. November, unter: http://www.nato.int/cps/en/natolive/official_texts_68828.htm (Zugriff 16.02.2013).

698 Medvedev, Dmitrij (2012): Euro-Atlantic Security Community: Myth or Reality?, Rede beim Russian Council for International Affairs, Moskau, 23. März, unter: http://eng.news.kremlin.ru/news/3582/print (Zugriff 16.02.2013).

Diskussion durch die baltischen Staaten und Polen, die sich aufgrund der Ereignisse in der Ukraine bedroht fühlten.[699]

Aus russischer Sicht haben die amerikanischen Bestrebungen zum Aufbau einer Raketenabwehr nicht nur eine europäische Dimension. Aufgrund der US-amerikanischen Kooperation mit ihren asiatischen Partnern erlangt das Programm eine globale Reichweite.[700] Hierdurch wird das russische Gefühl der Einkreisung bestärkt. Es bestehen Zweifel an der westlichen Argumentation, das NATO-Raketenabwehrsystem richte sich gegen mögliche neue Nuklearmächte. Durch den gemeinsamen Beschluss der NATO-Mitgliedstaaten in Lissabon wurden die zuvor von den USA bilateral mit Polen und Tschechien vorangetriebenen Raketenabwehrbemühungen auf eine politisch besser legitimierte Basis gestellt. Bereits während dieser von George W. Bush vorangetriebenen bilateralen Kooperation wurde viel russisches Vertrauen verspielt. So wurde zunächst argumentiert, russische gegen die USA gerichtete Raketen könnten aufgrund der Geschwindigkeit der Abwehrraketen gar nicht abgefangen werden, was später von russischen Wissenschaftlern widerlegt wurde.[701] Auch hieß es, die USA wollten nur eine geringe Anzahl (die Rede war von zehn) Abwehrraketen in Polen stationieren.[702] Doch die US-Missile Defense Agency veröffentlichte eine

---

699 Ohne Verfasser (2014): Ukraine-Konflikt. Nato erwägt Raketenabwehr gegen Russland, Spiegel-Online, 24. August, unter: http://www.spiegel.de/politik/ausland/nato-debattiert-ueber-raketenabwehr-gegen-russland-a-987739.html (Zugriff 24.08.2014).

700 „BMD assets in Europe and in Asia Pacific Region are elements of the global BMD system primarily intended for protection of selected sites in the US territory." Stellvertretender Generalstabschef Generaloberst Gerasimov, Valerij V. (2012): Assessment of BMD Global capabilities, Missile Defence as a Factor in Establishing a New Security Environment, Vortrag bei einer internationalen Konferenz in Moskau, 3./4. Mai, unter: http://www.mil.ru/files/morf/Eng_Gerasimov_Assessment%20 of%20BMD%20Global%20capabilities.ppt, Zugriff (16.02.2013), Folie 13.

701 „Poland-based BMD shooters featuring third-phase performances would pose a threat to the Russian Strategic Nuclear Force, while failing to assure protection of the entire Western Europe against the threat of missile strikes from the south." Stellvertretender Generalstabschef Generaloberst Gerasimov, Valerij V. (2012): Assessment of BMD Global capabilities, Missile Defence as a Factor in Establishing a New Security Environment, Vortrag bei einer internationalen Konferenz in Moskau, 3./4. Mai, unter: http://www.mil.ru/files/morf/Eng_Gerasimov_Assessment%20 of%20BMD%20Global%20capabilities.ppt, Zugriff (16.02.2013), Folie 24.

702 Vgl. U.S. Department of State / U.S. Department of Defense (2007): Proposed U.S. Missile Defense Assets in Europe, 15. Juni, unter: http://fas.org/irp/threat/missile/bmd-europe.pdf (Zugriff 06.08.2014), S. 3.

Pressemitteilung, aus der hervorging, dass ein wesentlicher technologischer Entwicklungsschritt hin zu einer zukünftigen Ausrüstung der Abfangraketen mit Mehrfachgefechtsköpfen (Multiple Kill Vehicle ~ MKV) gelungen sei: „MKV payloads will allow a single interceptor missile to deliver several kill vehicles. The MKV capability dramatically alters the defensive battlespace in favor of the United States"[703]. Die Interpretation der Presidential National Security Directive 23 (PNSD-23) durch zwei Wissenschaftler des Massachusetts Institute of Technology gegenüber Mitarbeitern des Kongresses deutet an, dass die MKV eines Tages stationiert werden: „PNSD-23 Appears to be a Mandate for Continued and Unbounded Expansion and Modernization of the Missile Defense System in Europe and Elsewhere." Sie folgerten auch: „If this is True, PNSD-23 Would Indicate to the Russians that the Current Defense Deployment in Europe is only the Leading Edge of a Much Larger and More Capable Future Deployment."[704] Die wahrscheinliche Option eines signifikanten amerikanischen Fähigkeitsaufwuchses im Bereich der Raketenabwehr musste russischerseits in die Langfristplanungen miteinbezogen werden. Die russischen Erwägungen erfolgten sowohl vor dem Hintergrund der irritierenden unilateralen Aufkündigung des 1972 geschlossenen ABM-Vertrages durch die USA im Jahr 2001,[705] als auch der Vorgeschichte der heutigen Raketenabwehr, der Strategic Defense Initiative zu Ende des Kalten Krieges.

---

703 Missile Defense Agency (2008): Multiple Kill Vehicle Program Achieves Key Milestone, News Release, 28. Mai, unter: http://www.mda.mil/global/documents/pdf/08news0011.pdf (Zugriff 06.08.2014).

704 Postol, Theodore A. / Lewis, George N. (2007): The Proposed US Missile Defense in Europe: Technological Issues Relevant to Policy, Briefing to Congressional Staff, unter: http://www.blisty.cz/files/2007/10/19/postol_briefing2-congressional-staff_august27-2007_2x1.pdf (Zugriff 06.08.2014), S. 6-7.

705 Der ABM-Vertrag begrenzte die Fähigkeiten der Supermächte, sich vor Vergeltungsschlägen zu schützen und trug so zum Fortbestand der gegenseitigen Abschreckung, einem Grundpfeiler der strategischen Stabilität, bei. Vgl. Lukyanov, Fyodor (2010): Russian Dilemmas in a Multipolar World, in: Journal of International Affairs, Vol. 63, Nr. 2, Frühling/Sommer, New York, S. 21. Ausführlicher zur Bedeutung des ABM-Vertrages sowie der Auswirkungen der Aufkündigung siehe beispielsweise Schwarz, Klaus-Dieter (2002): Amerikas »New Strategic Framework«, Stiftung Wissenschaft und Politik, Aktuell Nr. 2, Februar, Berlin und Nitschke, Markus (2002): Nach dem ABM-Vertrag, Berliner Informationszentrum für Transatlantische Sicherheit, überarbeitete Onlineversion, Januar, unter: http://www.bits.de/public/articles/ami/ami0102.htm (Zugriff 06.08.2014).

Die geschilderten russischen Bedenken sind vor dem Hintergrund der extrem ausgeprägten Präferenz für Sicherheit, aber auch der eigenen Bereitschaft zur Ausübung von Gewalt zu sehen. Wie bereits untersucht worden ist, nahmen diese Elemente der strategischen Kultur ihren Eingang auch in das Denken über die Führung eines Nuklearkrieges (siehe Ausführungen zur offensiven Bedeutung einer an sich defensiven, schadensbegrenzenden Raketenabwehr, S. 158 ff). Damit stellt der Aufbau eines NATO-Raketenabwehrsystems neben der Ukrainekrise das offensichtlichste Hindernis bei der Kooperation zwischen NATO und Russischer Föderation dar. Es ist mehr als unwahrscheinlich, dass der russische Widerstand gegen das Raketenabwehrsystem nur dem Aufbau von Verhandlungspositionen bei anderen Themen gilt, wie gelegentlich in NATO-Kreisen geäußert wird.

Auch wenn Makarov bei den von ihm grundsätzlich in Betracht gezogenen Gegenmaßnahmen (siehe Fußnote 696) als äußerste Reaktion die Vernichtung der gegnerischen Raketenabwehrinfrastruktur in Betracht zieht, kann nicht von einer offensiven Militärkultur der russischen Streitkräfte gesprochen werden. Es gehört zu den Grundsätzen jeglicher militärischer Eventualfallplanung, alle Optionen zu benennen. Aus den Faktoren Schwerpunkte der Streitkräftereform, Übungsumfänge und Themen sowie den vertraulichen Einschätzungen der Bedrohungswahrnehmung seitens der russischen Führung lässt sich klar die vorwiegend defensive Ausrichtung der russischen Streitkräfte erkennen. Selbst der von der Regierung angestrebte Modernisierungsumfang (770 Mrd. US-Dollar im Rahmen des 10-jährigen staatlichen Rüstungsprogramms GPV 2020 (GPV ~ gosprogramma vooruženija), von dem 90 Prozent vom russischen Verteidigungsministerium bestritten werden müssen[706]) sowie die vor dem Hintergrund der Bevölkerungsgröße immer noch hohe Zahl russischer Truppen sprechen nicht gegen diese Einschätzung, wie die nachstehenden Ausführungen zeigen.

Die russischen Verteidigungsausgaben (siehe Abbildung 8 „Militärausgaben 1988-2011, Russland und USA im Vergleich") weisen, mit Unterbrechung des Jahres 2010 (Folge der Weltfinanzkrise), seit 1998 einen kontinuierlichen Anstieg auf. Im Vergleich zu dem wahrgenommenen Hauptkonkurrenten, den USA, bewegen sie sich jedoch auf sehr niedrigem Niveau.

Bei den russischen Streitkräften besteht zudem ein enormer nachholender Modernisierungsbedarf aufgrund der gravierenden Einbrüche der 1990er

---

706 Vgl. Wilk Andrzej (2012b): The financial prospects for the Russian arms programme, 5. September, Ośrodek Studiów Wschodnich (Centre for Eastern Studies), Warschau, unter: http://www.osw.waw.pl/en/publikacje/eastweek/2012-09-05/financial-prospects-russian-arms-programme (Zugriff 16.02.2013).

Jahren. Die Erfahrung, aufgrund dieser technologischen Rückständigkeit selbst bei einem so kleinen Konflikt wie dem in Georgien beinahe militärisch überfordert zu sein, gab letztlich den entscheidenden Anstoß für die laufenden Reformbemühungen.[707] Ein großer Teil der Steigerungen des Verteidigungsetats wird aber von den stark gestiegenen Personalkosten aufgezehrt. Um den Dienst in den Streitkräften wieder attraktiv zu machen, wurde 2012 die Besoldung um den Faktor 2,5 erhöht.[708]

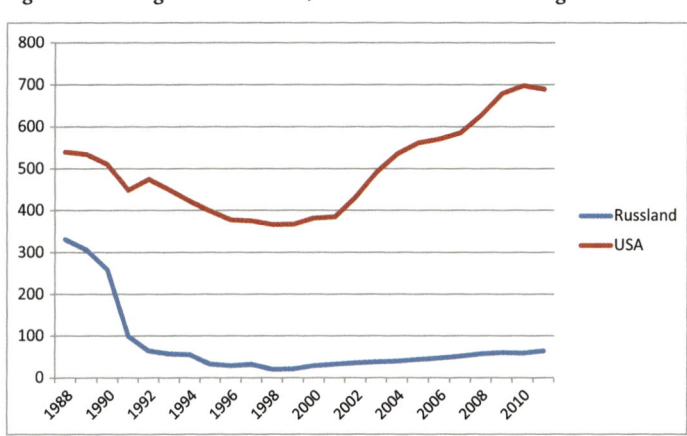

Abbildung 8: Militärausgaben 1988-2011, Russland und USA im Vergleich[709]

Zahlreiche Projekte zur Verbesserung der Wohnungssituation der Soldaten schlagen ebenfalls zu Buche. Eine weitere konstante Größe des Etats sind die Ausgaben für Betrieb und Modernisierung der nuklearen Streitkräfte (ca. 18,5

---

707 Vgl. Klein, Margarete (2008): Militärische Implikationen des Georgienkrieges, Zustand und Reformbedarf der russischen Streitkräfte, SWP Aktuell Nr. 74, Oktober, Berlin.
708 Vgl. Wilk, Andrzej (2012a): Towards a professional army. Changes to the structure of the officer cadre and the manning system of the Russian Armed Forces, 28. März, Ośrodek Studiów Wschodnich (Centre for Eastern Studies), Warschau, unter: http://www.osw.waw.pl/en/publikacje/osw-commentary/2012-03-28/towards-a-professional-army-changes-to-structure-officer-cadre- (Zugriff 16.02.2013).
709 Daten in konstanten 2010 US-Dollar (Mrd.) gemäß SIPRI (2013): Military Expenditure Database, Stockholm International Peace Research Institute, unter: http://milexdata.sipri.org/result.php4 (Zugriff 09.02.2013). Keine verlässlichen Daten für 1991 verfügbar.

Prozent des Etats). Auch in Zeiten der deutlichen Unterfinanzierung der Streitkräfte legte die russische Führung größtmöglichen Wert auf den Erhalt der Abschreckungsfähigkeit. Die Notwendigkeit, über 700.000 Mann unter Waffen zu halten, ergibt sich aus den geografischen Gegebenheiten. Die Russische Föderation ist der weltgrößte Staat, besitzt die längste Landgrenze der Welt. Große Teile des Landes sind infrastrukturell nur ungenügend entwickelt. Dies macht schnelle Verlegungen großer Truppenteile kaum möglich und erfordert eine gewisse Minimalpräsenz in allen Regionen.

Ein Indiz für einen Bruch der strategischen Kultur kann man erkennen, wenn die Verteidigungsausgaben des Landes in Relation zum Bruttoinlandsprodukt (BIP) gesetzt werden. Seit dem Zusammenbruch der Sowjetunion schwankt dieser Index um vier Prozent des BIP (siehe Abbildung 9 „Militärausgaben 1988-2010 in Prozent vom BIP, Russland und USA im Vergleich"), obgleich (siehe Abbildung 8 „Militärausgaben 1988-2011, Russland und USA im Vergleich") die Verteidigungsausgaben in absoluten Zahlen deutlich hinter denen der USA zurückbleiben. Dies bedeutet, dass nicht mehr wie zu Sowjetzeiten oder zu Zeiten der Zaren die geringere volkswirtschaftliche Leistungsfähigkeit zu Lasten der Wohlfahrt der Bevölkerung ausgeglichen wird.

Abbildung 9. Militärausgaben 1988-2010 in Prozent vom BIP, Russland und USA im Vergleich[710]

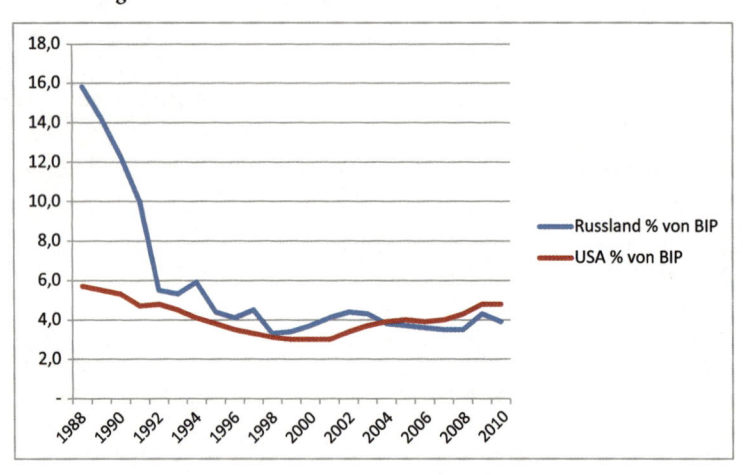

---

710 Daten gemäß SIPRI (2013): Military Expenditure Database, Stockholm International Peace Research Institute, unter: http://milexdata.sipri.org/result.php4 (Zugriff 09.02.2013). Keine verlässlichen Daten für 1991 verfügbar.

Der Zusammenbruch der Sowjetunion, ausgelöst wesentlich durch die Unfähigkeit, das Wettrüsten mit dem Westen fortzuführen, die traumatischen Erfahrungen der sowjetischen Intervention in Afghanistan (1979-1989), die sozialen Folgewirkungen der Rubelkrise 1998/99 sowie die Erkenntnis der höchsten militärischen Führung, man könne sich kein zweites Grosny leisten, prägten zunehmend eine Kultur der militärischen Zurückhaltung. Diese Entwicklung steht im Einklang mit der über die strategische Kultur transportierten Eigenwahrnehmung, stets zur Wahrung der eigenen Sicherheit zu reagieren. Als es 2010 in Kirgisistan zu Unruhen kam, griff das russische Militär trotz eines Hilfeersuchens von Präsidentin Otunbaeva nicht in den Konflikt ein, sondern leistete nur humanitäre Hilfe und verstärkte die Eigensicherung seiner in Kant stationierten Truppen.[711] Selbst das harte Vorgehen gegen Georgien als Antwort auf dessen Überfall auf Chinvali und die dort stationierten russischen Friedenstruppen spricht nicht gegen diese russische Wahrnehmung, denn es handelte sich klar um die Abwehr einer Aggression, wenn auch mit offensiven Mitteln (siehe Kapitel 4.4.5 „Der Krieg in Georgien – Ein Beweis für Russlands neoimperiale Bestrebungen?", S. 286).

4.3 Russlands innenpolitischer Entwicklungspfad

4.3.1 Die Suche nach der Russischen Idee

Die Ideologie war während der gesamten Sowjetzeit ein die russische Identität festigendes Instrument. Mit ihrem Wegfall kam es zu einer Orientierungslosigkeit sowohl des Staates als auch der Bürger; einer Orientierungslosigkeit, die aus westlicher Sicht als Unberechenbarkeit wahrgenommen wurde und immer noch wird. Eine Phase, in der nahezu alle Grundorientierungen in Frage gestellt werden, die Eliten zu ihrem Eigennutz handeln und die Bevölkerung damit beschäftigt ist, das tägliche Leben in den Griff zu bekommen, mag zum einen zu einer Rückbesinnung auf historisch tiefer verwurzelte Orientierungen führen, zum anderen stellt sie eine geradezu idealtypische Situation für mögliche Brüche der strategischen Kultur dar. Aus Sicht der strategischen Kultur ist es ein völlig normaler Prozess, dass gerade in Zeiten des Umbruchs und der Wirren

---

711 Vgl. Spiegel Online (2010): Bitte um russische Truppen: Kirgisien macht gegen Aufständische mobil, unter: http://www.spiegel.de/politik/ausland/bitte-um-russische-truppen-kirgisien-macht-gegen-aufstaendische-mobil-a-700373.html (Zugriff 16.02.2013).

eine Suche nach der eigenen Identität beginnt.[712] In Russland konnte diese Suche nach Identität – oder genau genommen nach politischer Legitimität – an der seit dem 19. Jahrhundert geführten Debatte anschließen.

Bereits zu Zeiten der *Perestrojka* begann eine breite Diskussion über Russlands Identität. Von Anfang an wurde dieser Prozess bei innenpolitischen Auseinandersetzungen instrumentalisiert. „Mythenbildung und Geschichtsklitterung dominierten", oftmals wurden einzelne Gedanken berühmter russischer Literaten und Philosophen willkürlich als Beleg herausgegriffen. Die Frage nach Russlands Identität erfasste auch den Bereich der Außen- und Sicherheitspolitik, wobei ab 1993 vor allem „die älteren Schichten der politischen Kultur" die atlantische und europäische Ausrichtung der Außenpolitik verdrängten. Tief in der strategischen Kultur der Eliten und der Bevölkerung verankerte Großmachtvorstellungen nahmen ihren Platz wieder ein.[713] Dies verwundert nicht, da in einer unbestimmten Situation die Orientierung am Bekannten am ehesten Halt bietet und die Großmachtvorstellungen zudem über die katastrophale Lage im Land hinwegblicken ließen. Entsprechend rasch verfingen sich die alten Vorstellungen im politischen Bewusstsein der Bevölkerung. Damit dürften selbst jene Teile der Elite, die sich mit der strategischen Kultur nicht mehr identifizierten, dazu gezwungen gewesen sein, stärker auf diese Positionen einzugehen – wollten sie die nächsten Wahlen nicht gegen nationalistische und kommunistische Führer verlieren.

Gennadij Sjuganov, einer der Gründer der Kommunistischen Partei der Russischen Föderation, berief sich beispielsweise wiederholt auf die 1833 von Sergej Uvarov kurz nach seiner Ernennung zum Minister für Erziehung geprägte Formel „Orthodoxie, Autokratie, Nationalität", die die gesamte Ära von Zar Nikolaj I. (1825-1855) geprägt hatte. Der Orthodoxie als Grundlage des geistigen, ethischen und kulturellen Lebens kam dabei die Rolle der Klammer der Gesellschaft zu, der Autokratie die Rolle des Wahrers der Einheit des Staates. Dem Konzept

---

712 Die Interpretation, Russland müsse als das letzte sich dekolonisierende Imperium nun eine neue Identität als Nationalstaat suchen, vgl. Åslund, Anders / Kuchins. Andrew (2009): The Russia Balance Sheet, Peterson Institute for International Economics, Center for Strategic and International Studies, Washington, D.C., S. 21, spiegelt eine reine Außensicht auf die Geschehnisse wider. Aus russischer Sicht handelt es sich nicht um einen Dekolonisierungsprozess, sondern um den Abfall originär zum Reich gehörender Teile.

713 Vgl. Mommsen, Margareta (2003): Wer herrscht in Rußland? Der Kreml und die Schatten der Macht, Verlag C.H. Beck, München, S. 148-153.

der Nationalität lag keine genaue Definition zugrunde.[714] Das russische Wort „narodnost'" kommt aber auch eher der Umschreibung „Einheit des Volkes über die Grenzen der Ethnien hinweg" nahe und beschreibt eine der Notwendigkeiten eines multiethnischen Staates.

Tatsächlich nahm, wie Margareta Mommsen ausführt, Jelzin das nationalpatriotische Vokabular auf. Obgleich dies im Gegensatz zu der neuen demokratischen Verfassung stand, behielt Jelzin dennoch zunächst die Westorientierung seiner Politik bei. Eine „Ausgrenzung Rußlands aus Europa [kam] für alle politischen Eliten einem Horrorszenario der außen- und sicherheitspolitischen Entwicklung gleich."[715] Mit der sich ankündigenden NATO-Osterweiterung schien sich jedoch gerade dieses Szenario zu manifestieren. Doch selbst Jelzins Drohung mit einem „Kalten Frieden" beim OSZE-Gipfel im Dezember 1994 verhallte im Westen nahezu ungehört.[716] Die außen- und sicherheitspolitischen Realitäten entwickelten sich immer weiter von dem fort, was aufgrund der strategischen Kultur von der Bevölkerung gefordert wurde.

1996 eröffnete Jelzin daraufhin sogar einen Wettbewerb zur Entwicklung einer neuen „gesamtnationalen Idee". Der Geschichtswissenschaftler Gurij Sudakov ging als Sieger des Wettbewerbs hervor. Er verknüpfte bekannte Stereotype wie die Leidensfähigkeit des russischen Volkes mit den Elementen Demokratie und Zivilgesellschaft.[717] Doch auch solche Versuche, alte Elemente der Kultur mit den Zielen der heutigen Gesellschaft in Einklang zu bringen, quasi die strategische Kultur von der Elite aus angestoßen weiterzuentwickeln, konnten sich nicht durchsetzen. In weiten Teilen der Bevölkerung wurden die prekären Lebensverhältnisse vielfach unmittelbar mit der Einführung von freier Marktwirtschaft und Demokratie in Verbindung gesetzt. Die neuen westlichen gesellschaftlichen Elemente fanden folglich keinen Eingang in die zu formende strategische Kultur. Stattdessen setzte in den 1990ern eine Rückbesinnung auf die Werte der während der sowjetischen Herrschaft unterdrückten Russisch-Orthodoxen Kirche ein. Die orthodoxe Kirche begann mit ihrer aus dem zaristischen Russland bekannten engen Anlehnung an den Staat einen nahezu kometenhaften Aufstieg

---

714 Vgl. Miller, James R., Hrsg. (2004): Encyclopedia of Russian History, Vol. 3, M-R, New York, S. 1098-1099.

715 Mommsen, Margareta (2003): Wer herrscht in Rußland? Der Kreml und die Schatten der Macht, Verlag C.H. Beck, München, S. 154-155.

716 Vgl. Mommsen, Margareta (2003): Wer herrscht in Rußland? Der Kreml und die Schatten der Macht, Verlag C.H. Beck, München, S. 158.

717 Vgl. Mommsen, Margareta (2003): Wer herrscht in Rußland? Der Kreml und die Schatten der Macht, Verlag C.H. Beck, München, S. 166-168.

(siehe Kapitel 4.3.3 „Artikel 14 der Verfassung – „Die Rußländische Föderation ist ein weltlicher Staat", S. 241). Bereits im Konzept der nationalen Sicherheit der Russischen Föderation von 1997 wird der Russisch-Orthodoxen Kirche (und den Kirchen anderer Konfessionen) eine äußerst wichtige Rolle bei der Bewahrung der traditionellen geistigen Werte beigemessen.[718]

Dennoch fällt es schwer zu definieren, was die Russische Idee gegenwärtig ausmacht. Vadim Volkov definiert die Russische Idee zunächst allgemein als ein gemeinsames Wertesystem, das das Selbstverständnis der russischen Bevölkerung über soziale Grenzen hinweg beschreibt und in einem nationalen Projekt oder einer historischen Mission verschmilzt. Konkret drückt es sich darin aus, dass geistige Bedürfnisse höher gewertet werden als materielle, dass gemeinsame Werte und Ziele den individuellen übergeordnet sind, und dass multinationale Identitäten Vorrang vor ethnischen haben. Zahlreiche Vertreter der politischen Eliten aus den verschiedensten Lagern haben sich um eine politisch transportierbare und in ihrem Sinne nutzbare Prägung des Begriffs bemüht. Am eingängigsten schien für eine gewisse Zeit die von Putin während seiner ersten Amtszeit vorgenommene und auf die Zukunft ausgerichtete Verkürzung auf das nationale Ziel, das Bruttosozialprodukt zu verdoppeln. Damit einhergehend wurde ein starker Staat begründet, der die ökonomische Effizienz fördern sollte. Doch inzwischen erwies sich der Staat eher als eine Belastung für die wirtschaftliche Entwicklung und die soziale Krise ließ sich mit diesem Modell ebenfalls nicht in den Griff bekommen. Daher werden traditionelle, die Gesellschaft integrierende Werte und Normen wieder stärker betont.[719]

Ein solches die Gesellschaft integrierendes Element ist die Rückbesinnung auf geschichtliche Ereignisse, die die Größe und den Stellenwert Russlands hervorheben. Hierunter fallen vor allem frühere Kriege und Schlachten. Besondere Aktualität hatte der Sieg über Napoleon, der sich 2012 zum zweihundertsten Mal jährte. Im gesamten Land wurde dieses Ereignisses auf vielfältigste Art und Weise gedacht. Besonders die Rolle Russlands als Retter Europas wurde immer wieder unterstrichen. Welche Bedeutung die politische Elite der Geschichte des Landes beimisst, wird in Putins Rede vor der Föderalversammlung im Jahr 2012 deutlich, als er sagte: „In order to revive national consciousness, we need to link historical eras and get back to understanding the simple truth that Russia did not

---

718 Vgl. Yeltsin, Boris (1997): Russian National Security Blueprint, Rossiiskaya Gazeta, 26. Dezember, unter: http://www.fas.org/nuke/guide/russia/doctrine/blueprint.html (Zugriff 18.02.2013).
719 Vgl. Volkov, Vadim (2005): Will the Kremlin Revive the Russian Idea?, PONARS Policy Memo Nr. 370, S. 18-21.

begin in 1917, or even in 1991, but rather, that we have a common, continuous history spanning over one thousand years, and we must rely on it to find inner strength and purpose in our national development."[720] Kritiker gehen davon aus, dass Putin in seiner Ansprache einzig die nationalkonservative Mehrheit bedienen wollte und es ihm so kaum gelingen dürfte, Konflikte in der Führungselite einzuhegen. Teile der Gesellschaft würden bewusst ausgegrenzt.[721] Im Grundsatz mag eine solche Kritik berechtigt sein, doch wäre es auch illusorisch zu glauben, eine nationale Idee könne im Konsens aller gesellschaftlichen Gruppierungen geprägt werden. Die von Putin eingeschlagene Richtung ist aus Sicht der strategischen Kultur die erfolgversprechendste. Dabei spielt es keine Rolle, ob die strategische Kultur ihn selbst entsprechend geprägt hat, oder ob er nur im Wissen ihrer Wirkung agiert.

Wenn die Nutzung der Geschichte ein so starkes formatives Element der strategischen Kultur darstellt, verwundert es nicht, dass insbesondere unterschiedliche Interpretationen herausragender Ereignisse zu politischer Zerrüttung führen können. Ein beredtes Beispiel hierfür ist die Geringachtung der enormen russischen Verluste und Anstrengungen zum Sieg über das nationalsozialistische Deutschland. Das westliche Narrativ erachtet den Sieg über den Faschismus in erster Linie als Ergebnis eines heroischen Kampfes der USA und Großbritanniens. Die Landung in der Normandie besiegelte den Anfang vom Ende. Hingegen aus russischer Sicht war die Front im Westen nur ein Nebenkriegsschauplatz (dreiviertel der deutschen Truppen waren im Osten gebunden und erlitten dort 70 Prozent ihrer Verluste). Fareed Zakaria weist in diesem Zusammenhang darauf hin, dass es solche unterschiedlichen Sichtweisen auf die Geschichte schon immer gegeben hat, diese aber im Informationszeitalter verstärkt würden und der jeweils anderen Seite bewusster seien.[722] Aus russischer Sicht wird der Sieg im *Großen Vaterländischen Krieg*, der bereits dem Stalin-Regime neue Legitimation gab, oftmals auch als Russlands gestohlener Sieg verstanden. Vehement wenden sich deshalb in der Broschüre „1945: Our Common Victory" zahlreiche Vertreter der russischen Elite (unter anderem Medvedev, Putin, Lavrov und

---

720 Putin, Vladimir (2012c): Address to the Federal Assembly, 12. Dezember, unter: http://eng.kremlin.ru/news/4739 (Zugriff 28.12.2012).
721 Vgl. Schröder, Henning (2012): Vorwärts Russland! Die Botschaft des Präsidenten an die Föderalversammlung, in: Russland-Analysen Nr. 249, 14. Dezember, S. 2-6.
722 Vgl. Zakaria, Fareed (2008a): The Rise of the Rest, in: Newsweek Magazine, 3. Mai, unter: http://www.thedailybeast.com/newsweek/2008/05/03/the-rise-of-the-rest.html (Zugriff 12.08.2012).

Serdjukov) gegen die Verfälschung der Geschichte.[723] In diesem Streit über die Deutungshoheit des *Großen Vaterländischen Krieges* kristallisiert sich beispielhaft heraus, wie bereits einzelne, die strategische Kultur formende, Elemente Einfluss auf die Außenpolitik nehmen können.

Die vor allem durch den Wegfall der marxistisch-leninistischen Staatsideologie angestoßene Suche nach einer Neuen Russischen Idee führte übrigens nicht dazu, dass das dem alten Modell innewohnende Kernelement, die Übertragung des sozialen Modells Russlands auf andere Nationen, wieder aufgegriffen worden wäre. Timofei Bordachev weist vielmehr auf die Erleichterung der politischen Elite hin, Russland Ideologie nicht mehr als die einzige Alternative im internationalen System positionieren zu müssen.[724] Nicht als Alternative, aber sehr wohl als einen von der Gesellschaft konsentierten eigenständigen Weg, präsentierte vor allem Aleksandr Lukin, Vizepräsident des Staatlichen Moskauer Instituts für Internationale Beziehungen (MGIMO)[725], die seines Erachtens der eurasischen Integration zugrundeliegenden Werte. Diese unterschieden sich grundlegend von denen des Westens, der seit der Aufklärung an seine eigene Überlegenheit und die Theorie des linearen Fortschritts glaube. An die Stelle christlich begründeter Vorstellungen vom Leben und der Moral setze der Westen das Ideal einer besseren Welt durch industriellen Fortschritt, Marktwirtschaft und individuelle Freiheitsrechte.[726] In den westlich geprägten Staaten gelte aufgrund der Säkularisation das Prinzip des Relativismus in Fragen der Moral, wohingegen in den anderen Staaten absolute Werte mit festen, über die Generationen hinweg tradierten Kriterien für Gut und Böse gelebt würden. Das westliche Konzept der Menschenrechte, „[that] one is free to do anything that does not violate the right of others", beinhalte keine moralischen, sondern nur rechtliche Grenzen.[727] Dies bedeute nicht, dass die Ideologie des säkularen Liberalismus keine absoluten Werte habe, diese basierten aber auf einer grundlegend anderen Glaubenslehre:

---

723   Vgl. Sinitsyna, Tatyana / u. a., Hrsg. (2010): 1945: Our Common Victory, Moskau.
724   Vgl. Bordachev, Timofei (2009): Without Ideology or Order, in: Russia in Global Affairs, Nr. 4, Oktober-Dezember, unter: http://eng.globalaffairs.ru/number/n_14241 (Zugriff 15.07.2012).
725   Das MGIMO ist eine Universität der Russischen Föderation, die dem Außenministerium untersteht. An ihr wird die künftige politische Elite, insbesondere der Nachwuchs des diplomatischen Korps, ausgebildet.
726   Vgl. Lukin, Alexander (2014a): Eurasian Integration and the Clash of Values, in: Survival, Vol. 56, Nr. 3, Juni-Juli, S. 43.
727   Vgl. Lukin, Alexander (2014a): Eurasian Integration and the Clash of Values, in: Survival, Vol. 56, Nr. 3, Juni-Juli, S. 50-51.

Sie seien nicht von einer höheren, unbekannten Autorität gegeben worden, sondern von einer irdischen Gemeinschaft, den sogenannten progressiven Kräften der Gesellschaft. Während religiöse Wahrheiten nicht verhandelbar seien, könnten sich im anderen Fall ideologische Dogmen verändern, wenn die Gesellschaft sich verändere.[728] Das Konzept des absoluten Vorrangs der Menschenrechte, „which forms the foundation of the West's dominant ideology", sei den meisten Kulturen fremd. Diese würden die Idee der individuellen Rechte als den Zweck des Lebens ablehnen, aber sehr wohl Wohlstand, soziale Stabilität und Harmonie als höhere Ziele der gesellschaftlichen Entwicklung wertschätzen.[729] Bei der Frage der post-sowjetischen Integration müsse vor allem die Frage beantwortet werden, welche Werte ihr zugrunde lägen. Und es sei offensichtlich, dass in vielen früheren Sowjetrepubliken, die baltischen Staaten einmal ausgenommen, andere Werte als im Westen bestimmend seien.[730] Europa sei also nicht von ungenehmen Herrschern, die sich einer Verwestlichung widersetzten, sondern von gesamten Gesellschaften umgeben, für die die westlichen Ideen fremdartig und nicht erstrebenswert seien. In der zukünftigen Welt seien es aber vor allem Wertesysteme, denen die entscheiden Rolle zukäme.[731] Aufgrund solcher Ausführungen, als auch aufgrund Putins Betonung „traditioneller Werte" in seiner Ansprache an die Föderalversammlung im Dezember 2013[732], meinten einige Kritiker, es sei doch wieder eine ideologische Komponente in das russische Denken eingeführt worden. Putins konservative Kritik diene nicht der Abwehr des Westens, sondern bedeute eine Abkehr vom Westen. Zugleich sei sie offensiv, da sie als ideologischer Kompass diene, um in einer vermeintlich feindlichen

---

728 Vgl. Lukin, Alexander (2014a): Eurasian Integration and the Clash of Values, in: Survival, Vol. 56, Nr. 3, Juni-Juli, S. 51-52.
729 Vgl. Lukin, Alexander (2014a): Eurasian Integration and the Clash of Values, in: Survival, Vol. 56, Nr. 3, Juni-Juli, S. 52-53.
730 Vgl. Lukin, Alexander (2014b): What the Kremlin Is Thinking, Putin's Vision for Eurasia, in: Foreign Affairs, Juli-August, S. 90-92.
731 Vgl. Lukin, Alexander (2014a): Eurasian Integration and the Clash of Values, in: Survival, Vol. 56, Nr. 3, Juni-Juli, S. 55-56.
732 Die Kritiker nehmen insbesondere Bezug auf Putins Aussage: „We know that there are more and more people in the world who support our position on defending traditional values that have made up the spiritual and moral foundation of civilisation in every nation for thousands of years: the values of traditional families, real human life, including religious life, not just material existence but also spirituality, the values of humanism and global diversity." Putin, Vladimir (2013g): Presidential Address to the Federal Assembly, 12. Dezember, unter: http://eng.kremlin.ru/news/6402 (Zugriff 23.12.2013).

Umwelt zu bestehen.[733] Da die von Putin benannten traditionellen Werte bislang nicht wie zu Zeiten des Klassenkampfes nach außen getragen werden – auch wenn sich einige rechte und linke Kräfte in Europa nunmehr darauf beziehen – so ist deren Betonung eher als eine Facette der Russischen Idee zu sehen, die die Komponente Patriotismus ergänzt. Festzuhalten bleibt, dass der durch die Russische Idee geförderte Patriotismus bei weitem nicht so aggressiv-expansiv wie der zu Sowjetzeiten ist. Eher ist er vergleichbar mit dem Prinzip des „Gleichwertigsein-wollens", das ihn bereits vor der Revolution 1917 prägte.

4.3.2 Adjektive der Macht

Die russische Finanzkrise der 1990er Jahre, die im August 1998 mit dem Bankrott der Russischen Föderation ihren Höhepunkt fand, sowie die Unfähigkeit, mit den als eigenem Referenzpunkt dienenden USA mitzuhalten, verstärkte das kulturell tief verwurzelte Gefühl der Unsicherheit. Putin versuchte durch die Betonung von Stärke und Einheit der Bevölkerung ein Gefühl von Sicherheit zu geben.[734] Die russische Verfassung, mit ihren nach deutschen Maßstäben äußerst weitreichenden Kompetenzen für den Präsidenten, bildete den Ausgangspunkt für die weitere Machtkonzentration beim Präsidenten.

Zunächst konzentrierte Putin die Macht bei der Exekutive, die die Kontrolle über weite Teile der Wirtschaft und nahezu alle Politikfelder erhielt. Die Legislative und Judikative sowie die Mächtigen in den Regionen verloren an Einfluss. Die Siloviki, ein Netzwerk von Beamten und Geschäftsleuten mit vergleichbaren politischen Ansichten, wurden eine machtvolle Gruppe in der Regierung.[735]

---

733 Vgl. Spanger, Hans-Joachim (2014): Unheilige Allianz. Putin und die Werte, in: Osteuropa, 64. Jg., Nr. 1, S. 43-62.
734 Vgl. Mankoff, Jeffrey (2007): Russia and the West: Taking the Longer View, in: The Washington Quarterly, Spring, S. 127.
735 Frühere Annahmen, die ausschließlich auf Studien von Ol'ga Kryshtanovskaya und Stephen White basierten, gingen davon aus, dass zum Ende der zweiten Amtszeit von Putin nahezu die Hälfte der Elite den Siloviki, definiert als (frühere) Angehörige der Sicherheitsdienste und -kräfte, zugerechnet werden kann. Russland sei somit unter Putin ein Militärstaat geworden. Eine umfangreiche Untersuchung von David Rivera und Sharon Werning Rivera bewertet diese Daten neu unter Herausrechnung methodologischer Fehler und kommt zu einem deutlich niedrigeren Anteil von Siloviki – rund 20 Prozent in der politischen Elite (2008) und nur 14,2 Prozent bei der gesellschaftlichen Elite (2006). Aus der Anwendung der Kriterien von Kryshtanovskaya und White, die erst ab 25 Prozent von einem Militärstaat sprechen, folgt, dass Russland zu keinem Zeitpunkt der beiden ersten Amtszeiten Putins ein Militärstaat war. Vgl. Rivera, David / Werning Rivera, Sharon (2014); Is Russia

Sie stützten die Entwicklung eines zentralistischen, die Ordnung wiederherstellenden Staates sowie Russlands Streben nach Anerkennung im internationalen System. Dabei war ihnen die Ablehnung der Demokratie gemein.[736] Die Macht des Präsidenten basierte folglich nicht allein auf der Machtvertikale, sondern auch auf seinem Vermögen, zahlreiche informelle Machtzirkel zu moderieren.[737] Wenn nötig, werden Steuerbehörden, Strafverfolgungsbehörden und Gerichte instrumentalisiert, um Druck auszuüben. Das Eigentum wird nur geschützt, wenn die geforderte Loyalität gezeigt wird.[738] Während Kritiker häufig vorbringen, es ginge Putin weniger um den Schutz des Staates, als um die Sicherung der Herrschaft der Elite, behauptet der 2012 in Ungnade gefallene politische Ideengeber des Kremls, Gleb Pavlovskij, es sei Putin stets um Stabilität als soziales Konstrukt gegangen.[739]

Putin selbst sagte anlässlich seiner ersten Amtsübernahme als Präsident beschwichtigend: „For Russians a strong state is not an anomaly which should be got rid of. Quite the contrary, they see it as a source and guarantor of order and the initiator and main driving force of any change."[740] Damit brachte er klar zum Ausdruck, wie er den Staat sieht, eine Sichtweise, die sich über alle Epochen in der strategischen Kultur fortgezogen hat – bis in die heutige Zeit. Das demokratische Erblühen Russlands zu Beginn der 1990er war nur eine äußerst kurze Episode. Selbst ein so einschneidendes Ereignis wie die Befreiung von 70 Jahren Unterdrückung während der Sowjetherrschaft hat es nicht vermocht, die Bevölkerung dauerhaft für einen neuen Weg zu gewinnen – ein eindrückliches Beispiel für die Nachhaltigkeit von in der strategischen Kultur verankerten Präferenzen.

---

a militocracy? Conceptual issues and extant findings regarding elite militarization, in: Post-Soviet-Affairs, Vol. 30, Nr. 1, S. 27-50.

736 Vgl. Bremmer Ian / Charap, Samuel (2006): The Siloviki in Putin's Russia: Who They are and What They Want, in: The Washington Quarterly, Winter, S. 84-89.

737 Vgl. Mommsen, Margareta (2009): Rußlands gelenkte Demokratie: Das Tandem Putin – Medwedew, in: Stimmen der Zeit, Nr. 5, München, S. 314.

738 Vgl. Gudkov, Lev (2013): Fatale Kontinuitäten. Vom sowjetischen Totalitarismus zu Putins Autoritarismus, in: Osteuropa, 63. Jg., Nr. 5-6, S. 288.

739 Vgl. Krastev, Ivan / Pavlovsky, Gleb / u. a. (2013): The politics of no alternatives or How power works in Russia, An interview with Gleb Pavlovsky, in: Eurozine, 11. Februar, Übersetzung Sherwood, Julia, unter: http://www.eurozine.com/pdf/2011-06-09-pavlovsky-en.pdf (Zugriff 03.09.2013), S. 17.

740 Putin, Vladimir (1999): Russia at the Turn of the Millennium, ursprünglich veröffentlicht in: Nezavisimaja gazeta, 30. Dezember, unter: http://www.uio.no/studier/emner/hf/ilos/RUS2502/v05/ RUSSIA%20AT%20THE%20TURN%20OF%20THE%20MILLENNIUM.doc (Zugriff 21.07.2012).

Dies deckt sich mit Erkenntnissen der Transformationsforschung Ende der 1990er Jahre. Als wesentlichen Grund für die nicht eindeutigen Ergebnisse des demokratischen Transformationsprozesses in Russland waren die soziokulturellen Nachwirkungen aus der vorsowjetischen Ära identifiziert worden. Es war deutlich geworden, dass Modernisierungseffekte aus 70 Jahren Sowjetunion überschätzt worden waren.[741] Auch zeitigte der westliche Homo-Oeconomicus-Ansatz wenig Erfolg, weil der Mensch „in erster Linie ein Kulturwesen, ein Religionswesen mit einem historisch gewachsenen symbolischen Haushalt"[742] ist. Gleichzeitig wurde deutlich, wie sehr auch die prägende Wirkung von demokratischen Institutionen überschätzt worden war. Offensichtlich prägen nicht die vom Westen übernommenen Institutionen die Gesellschaft, sondern die Gesellschaft die Institutionen. Orientierungen bezüglich der Verbindlichkeit und Folgen von Regeln wirkten stärker.[743] Die Reformen waren von Anfang an durch nicht erwartete Folgen behindert, „because they only peeled off the outer layer of the Soviet order, revealing a resilient substratum that resisted the reorganization of the economy and its institutions."[744] Diese Analyse für den Bereich der Wirtschaft war übertragbar auf die Politik. Unter Präsident Jelzin waren durch die Reformen nur einige Institutionen totalitärer Herrschaft beseitigt worden: das Machtmonopol der Kommunistischen Partei sowie die zentrale Planungsbehörde. Gewaltinstitutionen, die für einen Machtstaat wichtig waren, blieben weitgehend unverändert.[745] Wesentliche Ursache für diese Entwicklung dürften die in der strategischen Kultur verankerten Präferenzen gewesen sein. Sie prägten das Denken der Akteure. Darauf deutete auch Margareta Mommsen hin,

---

741 Vgl. Henke, Sergej (2003): Der russische Traum. Vormoderne Traditionen der politischen Kultur Russlands, Schriften zur politischen Theorie, Band 1, Verlag Dr. Kovač, Hamburg, S. 7.
742 Wilfried Wiegand (1999), Warum muß die Politik viele Kulturen verstehen, Herr von Barloeven?, Frankfurter Allgemeine Zeitung, Magazin, Nr. 1002, 14. Mai, S. 43, zitiert nach Henke, Sergej (2003): Der russische Traum. Vormoderne Traditionen der politischen Kultur Russlands, Schriften zur politischen Theorie, Band 1, Verlag Dr. Kovač, Hamburg, S. 8.
743 Vgl. Henke, Sergej (2003): Der russische Traum. Vormoderne Traditionen der politischen Kultur Russlands, Schriften zur politischen Theorie, Band 1, Verlag Dr. Kovač, Hamburg, S. 14.
744 Burawoy, Michael (1999): Transition Without Transformation: Russia's Involutionary Road to Capitalism, Hrsg. Public Sociology at Berkeley, unter: http://publicsociology.berkeley.edu/publications/producing/burawoy.pdf (Zugriff 07.08.2014), S. 13.
745 Vgl. Gudkov, Lev (2013): Fatale Kontinuitäten. Vom sowjetischen Totalitarismus zu Putins Autoritarismus, in: Osteuropa, 63. Jg., Nr. 5-6, S. 283-284.

die den „Superpräsidentialismus" unter Jelzin darauf zurückführte, dass sich die neuen Institutionen unmittelbar aus den staatlichen Organen der Sowjetunion entwickelt hätten und die neuen Amtsträger, der kommunistischen Nomenklatura entstammend, unter anderem ihre autoritären Denkgewohnheiten mitgebracht hätten. Die bewusst einseitige Verfassungsauslegung führte Mommsen auf „die ererbte obrigkeitsstaatliche Kultur" zurück.[746] Die Hoffnungen der Transformationsforschung, Demokratie sei möglich, wenn nur die Eliten sie wollten, wurden enttäuscht. Der Optimismus der 1990er Jahre ist einem Pessimismus gewichen. Die auf das Demokratieverständnis von Joseph Schumpeter zurückgehende Annahme, freie, gleiche und geheime Wahlen seien hinreichend, um von einer Demokratie zu sprechen, war nicht zutreffend. Die Bedeutung der Nachwirkungen der Geschichte sowie von Pfadabhängigkeiten wird inzwischen klarer erkannt.[747] Bereits Mitte der 1990er Jahre, als sich abzeichnete, dass die post-kommunistische Transformation komplizierter und langandauernder sein würde als erwartet, gelangte beispielsweise Michal Illner zu der Erkenntnis: „there is more continuity in the post-1989 development than was originally admitted and this development has been greatly influenced by both the Communist and pre-Communist legacies"[748]. Entsprechend folgerte er, dass bei der Analyse der Transformationsprozesse im post-kommunistischen Raum mehr historisches Denken Eingang finden müsse.[749] Aufgrund der deutlichen historischen und kulturellen Einflüsse auf Transformationsprozesse verwundert es nicht, dass der Bertelsmann Transformationsindex für nahezu das gesamte post-sowjetische Eurasien zu dem Ergebnis kommt, dass die Transformation hin zu Demokratie und Marktwirtschaft stagniere und die Region im globalen Vergleich, nicht zuletzt wegen Russland, zurückfalle.[750]

Bereits während der Regierungszeit Jelzins wurden institutionelle Elemente einer Demokratie (politische Parteien, Wahlen, …) in Russland mit dem Ziel

---

746 Vgl. Mommsen, Margareta (2009): Rußlands gelenkte Demokratie: Das Tandem Putin – Medwedew, in: Stimmen der Zeit, Nr. 5, München, S. 309-310.
747 Vgl. Merkel, Wolfgang (2010): Das Ende der Euphorie. Kehren die Diktaturen zurück? Theoretische und empirische Befunde, in: Wissenschaftszentrum Berlin für Sozialforschung, Mitteilungen, Heft 127, S. 36-37.
748 Illner, Michal (1996): Post-Communist Transformation Revisited, Czech Sociological Review, Vol. 4, Nr. 2, S. 157.
749 Vgl. Illner, Michal (1996): Post-Communist Transformation Revisited, Czech Sociological Review, Vol. 4, Nr. 2, S. 163.
750 Vgl. Bertelsmann Stiftung (2014): Transformation Index BTI 2014, Political Management in International Comparison, Gütersloh, S. 100-109.

eingeführt, das politische Überleben der Machthaber zu gewährleisten. Sie verhinderten eine blutige Revolution, indem sie den Verlierern der Umgestaltungsprozesse die Illusion gaben, politisch repräsentiert zu sein. Tatsächlich aber monopolisierte das Jelzinsche Modell einer „directed democracy" den Wettbewerb um Macht. Es unterschied sich darin von dem früheren System einer „managed democracy", bei der es eine herrschende Partei gab, die den politischen Prozess steuerte. Das Jelzinsche Modell zog seine Legitimität einerseits aus den im Westen entliehenen institutionellen Elementen, musste sich aber andererseits deshalb auch aus dem Westen kritisieren lassen, als es diese Elemente zum Zwecke des Machterhalts missbrauchte und die Ausplünderung des Staates durch eine kleine Elite zuließ.[751]

2004 erklärte Jelzins Nachfolger Putin, er sei davon überzeugt, dass die demokratischen Instrumente in der Russischen Föderation kontinuierlich wirksamer würden. Diese müssten aber stets in Übereinstimmung mit dem jeweiligen Entwicklungsstand der Gesellschaft sein und sich auf die historische Erfahrung des Landes gründen.[752] Putin sprach sich somit klar für eine Demokratie nach russischem Stil aus. Damit war die unverfälschte Übernahme des liberalen westlichen Demokratieverständnisses aus Sicht der Elite kein Ziel mehr. Die strategische Kultur hatte die Entwicklung der demokratischen Institutionen und wohl auch das Demokratieverstandnis an sich nachhaltig geprägt. Verfassungsnorm und Verfassungsrealität tendierten in der Folge fast zwangsläufig immer weiter auseinander. Die steigende Zahl von Adjektiven, mit denen die Begriffe Demokratie und Autoritarismus in Bezug auf die Russische Föderation versehen werden, verdeutlicht, wie schwer es den politischen Beobachtern fällt, die russische Ausprägung von Demokratie präzise zu beschreiben.[753] Bei dem heutigen politischen System haben wir es mit einem schillernden Hybridsystem zu tun. Die Bezeichnung als autokratisches System findet in der Wissenschaft keine

---

751 Vgl. Krastev, Ivan (2006): 'Sovereign democracy', Russian-style, 16. November, unter: http://www.opendemocracy.net/globalization-institutions_government/sovereign_democracy_4104.jsp (Zugriff 23.07.2012).
752 Vgl. Putin, Vladimir (2004b): Transcript of first part of President Putin's meeting at Novo Ogarevo with a group of foreign academics and journalists, 6. September, bereitgestellt durch Steele, Jonathan, The Guardian, unter: http://www.russialist.org/8369-putin.php (Zugriff 28.12.2012).
753 Vgl. Mommsen, Margareta (2009): Rußlands gelenkte Demokratie: Das Tandem Putin – Medwedew, in: Stimmen der Zeit, Nr. 5, München, S. 307-320. Mommsen nannte als weitere gebräuchliche Beschreibungen „defekte Demokratie", „simulierte Demokratie, „imitierte Demokratie", „plebiszitärer Autoritarismus".

Anwendung, wohl aber bei radikalen Regierungskritikern. Am gebräuchlichsten sind Beschreibungen, die den Charakter der Lenkung des Systems in den Vordergrund stellen. Das heißt, es handelt sich um eine autoritäre Regierung, die einen gewissen Grad an demokratischem, von ihr kontrolliertem Wettbewerb in das System eingeführt hat. Der vermeintliche Wettbewerb soll die Unzufriedenheit mit der Funktionsweise des politischen Systems genauso abschwächen wie die Unzufriedenheit mit der ungenügenden Leistungserbringung des Systems im wirtschaftlichen und sozialen Bereich. Er trägt somit zur Stabilisierung des Systems bei. Ein Erstarren des Systems als Abwehrreaktion auf zu viel Veränderungsdruck ist folglich für die Stabilität kontraproduktiv und wirkt sich unmittelbar auf das außenpolitische Kooperationsverhalten aus, insbesondere dann, wenn der Veränderungsdruck durch Intervention von außen erhöht wird.

2006 prägte Vladislav Surkov[754] den Begriff „*souveräne Demokratie*", um sein Modell der Modernisierung des russischen Staates zu beschreiben.[755] Nach seinen Vorstellungen soll die Macht des Staates unter anderem durch die Nationalisierung der Eliten konsolidiert werden, um sich des Ende 2004 / Anfang 2005 in der Ukraine beobachteten gefährlichen Zangengriffs populistischen Drucks und internationaler Einflussnahme zu erwehren. Souveränität wird bei diesem Konzept nicht als ein Recht, sondern als die Handlungsfähigkeit des Staates durch wirtschaftliche Unabhängigkeit, militärische Stärke und kulturelle Identität gesehen.[756] Allgemein beschreibt der Begriff „*souveräne Demokratie*" einen unabhängigen souveränen Staat, der frei von ausländischen Einflüssen ist. An diesem Punkt kommt das Konzept der „*souveränen Demokratie*" mit den Vorstellungen von Russland als einem Pol im internationalen System zusammen. Kleine Staaten können nach diesen Vorstellungen nicht wirklich souverän sein und müssen

---

754 Surkov galt über Jahre hinweg als Chefideologe des Kremls. In der dritten Amtszeit von Präsident Putin wurde er stellvertretender Premierminister, verantwortlich für Modernisierung, und bekleidet damit eine herausragende Position im russischen Machtapparat. Im Mai 2013 trat er zurück. Bereits im September 2013 wurde er von Putin zum persönlichen Berater ernannt.
755 Surkov, Vladislav (2006a): Suverenitet – eto političeskij sinonim konkurentosposobnosti, Souveränität ist das politische Synonym für Konkurrenzfähigkeit, Rede beim Zentrum für Parteistudien und auszubildende Kader der allrussischen Partei Einiges Russland, 7. Februar, Stenogramm, unter: http://web.archive.org/web/20060418035317/http://www.edinros.ru/news.html?id=111148 (Zugriff 23.08.2014).
756 Vgl. Krastev, Ivan (2006): 'Sovereign democracy', Russian-style, 16. November, unter: http://www.opendemocracy.net/globalization-institutions_government/sovereign_democracy_4104.jsp (Zugriff 23.07.2012).

sich an einem stärkeren, souveränen Pol orientieren.[757] Russland will sich nicht an einem anderen Pol orientieren, sondern geht als souveräner Staat seinen eigenen Entwicklungspfad. Dabei sieht sich das Land wachsendem Druck von außen ausgesetzt. In der Außenpolitischen Konzeption der Russischen Föderation von 2008 kommt dies deutlich zum Ausdruck: „global competition is acquiring a civilizational dimension which suggests competition between different value systems and development models within the framework of universal democratic and market economy principles." Als eines seiner Ziele im Menschenrechtsbereich erachtet Moskau folglich die Achtung von: „national and historic peculiarities of each State in the process of democratic transformations without imposing borrowed value systems on anyone"[758].

Dieses Thema zieht sich durch zahlreiche Reden der politischen Elite. Im Jahr 2012 beispielsweise wies Putin in seiner Ansprache an die Föderalversammlung darauf hin, dass Russland ein souveräner Staat bleiben und seine nationale Identität wahren müsse („We must be and remain Russia."). Als Weg, die russische Souveränität im 21. Jahrhundert zu bewahren, sah er die Steigerung der geopolitischen Relevanz Russlands. Dabei setzte er aber nicht nur auf die militärische Macht des Landes, sondern, von ihm zuerst genannt, auf die Bereiche Wirtschaft, Kultur, Wissenschaft und Bildung. Es sei Russland, das eine Nachfrage nach diesen Bereichen bei seinen Nachbarn wecken müsse.[759] Nicht Druck, sondern Attraktivität solle das Mittel zur Zielerreichung sein. Das Militär diene lediglich der Rückversicherung für Russlands Sicherheit und Unabhängigkeit. Aus dem Blickwinkel der strategischen Kultur betrachtet, wird einmal mehr die eher defensive Ausrichtung russischer Außenpolitik deutlich. Außenpolitik dient hier dem Schutz der innenpolitischen Entwicklung und befriedigt die ausgeprägte Präferenz für Sicherheit. Zudem ist dieser außenpolitische Ansatz ein weiteres Indiz für einen sich abzeichnenden Bruch in der strategischen Kultur – weg von der jahrhundertealten hohen Bereitschaft, Gewalt als Mittel einzusetzen.

---

757 Vgl. Krastev, Ivan (2007): Russia vs Europe: the sovereignty wars, 5. September, unter: http://www.opendemocracy.net/globalization-institutions_government/sovereign_democracy_4104.jsp (Zugriff 23.07.2012).
758 Medvedev, Dmitrij (2008b): The Foreign Policy Concept of the Russian Federation, 28. Juni, United Nations MaximsNews Network, 31. Juli, unter: http://www.maximsnews.com/news20080731russiaforeignpolicyconcept10807311601.htm (Zugriff 06.04.2013).
759 Vgl. Putin, Vladimir (2012c): Address to the Federal Assembly, 12. Dezember, unter: http://eng.kremlin.ru/news/4739 (Zugriff 28.12.2012).

Ivan Krastev versucht, das politische System Putins zu durchleuchten, indem er sich der politischen Gedankenwelt der russischen Elite nähert. Dabei stützt er sich auf einen von Nikita Garadaya 2006 herausgegebenen Sammelband ideologischer Artikel mit dem Titel „Souveränität". Er erkennt bei seiner Analyse, dass Surkov und andere sich auf François Guizot (1787-1874), einen französischen politischen Philosophen, sowie Carl Schmitt (1888-1985), den führenden Vertreter der modernen anti-liberalen Tradition, stützen. Die beiden Genannten verbindet eine anti-revolutionäre Haltung sowie die Ablehnung der Idee der Repräsentation als Grundlage einer modernen pluralistischen Gesellschaft. In diesem Sinne sind Wahlen nicht Ausdruck eines Wettstreits von Interessen, sondern eine Demonstration der Identität von Regierenden und Regierten. Außenpolitisch soll das Konzept der „*souveränen Demokratie*" den Kreml vor der Kritik des Westens schützen, zugleich ist es Ausdruck von Russlands Bemühungen, seine „soft power" zu stärken.[760] Aus dem Blickwinkel der strategischen Kultur ist das Konzept eine Fortsetzung der Suche nach der russischen Identität und Russlands Platz in der Moderne.[761] Es wäre falsch, dieses Konzept als imperialistisch zu bezeichnen, da seine Hauptzielrichtung die innere Stabilität ist. Die Grundgedanken des Konzepts werden von weiten Teilen der Elite mitgetragen. An der Verwendung eines Adjektivs vor dem Begriff „Demokratie" jedoch stören sich viele, da so der Begriff „Demokratie" eingeschränkt werde. Bald wurde es um den Begriff „*souveräne Demokratie*" still, wenn auch die ihm zugrunde liegenden Gedanken weiter leben. Inzwischen werden die Aspekte „Kontrolle durch den Staat" und „Festigung der nationalen Idee" sogar stärker betont, als im Jahr 2006.

4.3.3 Artikel 14 der Verfassung – „Die Rußländische Föderation ist ein weltlicher Staat"

Obgleich bereits unmittelbar vor Beginn des II. Weltkrieges nur noch ein paar hundert Kirchen in Russland genutzt wurden, bekennen sich 20 Jahre nach der *Perestrojka* rund zwei Drittel der Russen zur orthodoxen Kirche.[762] Dies

---

760 Vgl. Krastev, Ivan (2006): 'Sovereign democracy', Russian-style, 16. November, unter: http://www.opendemocracy.net/globalization-institutions_government/sovereign_democracy_4104.jsp (Zugriff 23.07.2012).
761 Vgl. Krastev, Ivan (2007): Russia vs Europe: the sovereignty wars, 5. September, unter: http://www.opendemocracy.net/globalization-institutions_government/sovereign_democracy_4104.jsp (Zugriff 23.07.2012).
762 Vgl. Oschlies, Wolf (2007): Russische Orthodoxie. Patriarch und Putin überwinden die Kirchenspaltung nach über 60 Jahren, in: Eurasisches Magazin, Ausgabe 04-07,

könnte man auf den ersten Blick als einen Bruch mit der strategischen Kultur werten, doch bei genauerem Hinsehen zeigt sich, dass es vermutlich mehr eine Hinwendung zur vor-sowjetischen Kultur ist, ein Wiederaufleben kultureller Linien der Zarenzeit. Doch wird damit auch die alte Rolle der Russisch-Orthodoxen Kirche als Stütze autoritärer Herrschaft wiederbelebt? Artikel 14 der Verfassung der Russischen Föderation sagt aus: „1. Die Rußländische Föderation ist ein weltlicher Staat. Keine Religion darf als staatliche oder verbindlich festgelegt werden. 2. Die religiösen Vereinigungen sind vom Staat getrennt und vor dem Gesetz gleich."[763] Die Verfassung gibt somit eine klare Trennung von Staat und Kirche vor. Eine Regelung von der man annehmen sollte, dass sie aufgrund der historischen Erfahrungen im Sinne der Russisch-Orthodoxen Kirche sein sollte.

Die Russische Kirche war vor allem im Zarenreich Werkzeug in den Händen der Staatsgewalt. Pëtr band sie so in den Staatsapparat ein, dass ihr eine innere Entwicklung nicht gelang. Erst seit 1987 genießt die Russische Kirche wieder Freiheiten, die sie so 300 Jahre lang nicht hatte.[764] Doch die Kirche sucht geradezu die alte Nähe zum Staat. Erzpriester Vsevolod Chaplin formulierte dies so: „For a Russian Orthodox believer, it is normal for the state and the church to cooperate in harmony with each other (...) They should have the same values and cooperate in the majority of spheres."[765] Chaplin berief sich also auf die alte *Lehre der Symphonia* und fuhr weiter fort: „The Russian political system is developing and I hope it will develop in the direction of those political traditions and that political culture inherent to the Russian people, who differ from people in the West (...) I hope that our political system will, eventually, differ from the Western model. And both the West and our leaders must eventually understand this. (...) The separation of the secular and the religious is a fatal mistake by the West (...) It is a monstrous phenomenon that has occurred only in Western civilization and will kill the West, both po-

---

30. April, unter: http://www.eurasischesmagazin.de/artikel/?artikelID=20070409 (Zugriff 20.05.2012).

763 Russische Föderation (1993): Verfassung, Übersetzung: Lehrstuhl Prof. Dr. Martin Fincke, Passau, unter: http://www.constitution.ru/de/part1.htm (Zugriff 23.11.2012).

764 Vgl. Stricker, Gerd (1993): Religion in Rußland, Darstellung und Daten zu Geschichte und Gegenwart, Gütersloher Taschenbücher Nr. 634, Reihe Religion in Europa, Gütersloh, S. 7-8.

765 Zitiert nach RIA Novosti (2012c): Archpriest Chaplin: Pussy Riot, Putin and God's Love, 25. Juli, unter: http://en.rian.ru/analysis/20120725/174760458.html (Zugriff 25.07.2012).

litically and morally."[766] Es verwundert daher nicht, dass der in Berlin tagende Arbeitskreis Russische Außen- und Sicherheitspolitik zu dem Ergebnis kam, dass die Russisch-Orthodoxe Kirche immer noch Aufklärung, Liberalisierung und Pluralismus als bedrohlich erachte, weil durch diese die Harmonie gefährdet werde.[767] In den Aussagen Chaplins wurde die in der orthodoxen Kirche traditionelle Ablehnung des Katholizismus – übertragen auf die Ablehnung des westlichen Modells als solches – deutlich. Chaplin berief sich sogar explizit auf die unterschiedlichen politischen Kulturen. Damit unterstrich er indirekt, an den alten Vorstellungen autokratischer Herrschaft festhalten zu wollen, die aufs engste mit der durch die Orthodoxie geprägten strategischen Kultur verbunden sind.

Und welche Antwort erhält die orthodoxe Kirche von dem Herrschenden? Auch hier findet sich eine eindeutige Aussage Putins: „We want to continue our multifaceted and positive partnership with the Russian Orthodox Church and will do everything we can to help the Church as it rebuilds itself. We will work together to consolidate harmony in our society and strengthen our country's moral backbone. Traditional values, believers' religious feelings, and people's rights, freedoms, and dignity must all be protected by both the power of public opinion and the power of the law. There is greater demand than ever today for the state authorities and all of the traditional faiths to work together in cooperation and partnership. We are a secular state of course, and cannot allow state life and church life to merge, but at the same time, we must avoid too, a vulgar and primitive interpretation of what being secular means."[768] Putin sprach sich also ebenfalls für die Kernelemente der *Symphonia-Lehre* aus. Den Staat – und in gewissem Sinne damit auch sich selbst als Herrschenden – sieht er in der traditionellen Rolle des Beschützers der Kirche. Er nahm damit eine eigene Interpretation des zweifelsfrei formulierten Artikels 14 der Verfassung vor. Seine Aussage steht im Einklang mit seinem bisherigen Verhalten gegenüber der Kirche. Seit seiner ersten Amtseinführung im Jahr 2000 suchte er regelmäßig die Nähe zur

---

766 Zitiert nach RIA Novosti (2012c): Archpriest Chaplin: Pussy Riot, Putin and God's Love, 25. Juli, unter: http://en.rian.ru/analysis/20120725/174760458.html (Zugriff 25.07.2012).

767 Vgl. Baigarova, Polina / Fischer, Sabine / Halling, Steffen (2012): Bericht, Arbeitskreis Russische Außen- und Sicherheitspolitik der SWP in Zusammenarbeit mit der DGO, 29. November, Berlin.

768 Putin, Vladimir (2013a): Speech at meeting with delegates to the Russian Orthodox Church's Bishops' Council, 1. Februar, unter: http://eng.special.kremlin.ru/news/4926 (Zugriff 02.02.2013).

Kirche. Und diese dankt es ihm. So bezeichnete Patriarch Kyrill I. im Präsidentschaftswahlkampf 2012 die Regentschaft Putins als „Wunder Gottes".[769] Festzuhalten bleibt: Im Verhalten sowohl des Herrschenden als auch der orthodoxen Kirche spiegeln sich die durch die strategische Kultur geprägten Präferenzen zweifelsfrei wider.

4.4 Russlands außenpolitischer Entwicklungspfad

4.4.1 Modell Europa?

Die russische Führungsspitze gab bis zur Ukrainekrise eine klare Ausrichtung Russlands auf Europa vor. Dabei nahm sie Bezug auf Pëtr I. und auf die Philosophen des 19. Jahrhunderts. So schrieb beispielsweise Putin im Jahr 2007, nur wenige Wochen nach seiner Münchner Rede, die den Westen so sehr aufgerüttelt hatte: „In terms of spirit and culture Russia is an integral part of European civilisation."[770] Er fuhr fort, dass er daran glaube, dass die Einheit des Kontinents niemals erreicht werden könne, wenn Russland kein integraler Bestandteil des europäischen Prozesses würde. Bereits die Reformen Pëtr I. seien ein wesentlicher Beitrag für die Modernisierung Russlands gewesen und hätten Russland zum Bestandteil europäischer Politik gemacht. In der heutigen Zeit, als ein souveräner demokratischer Staat, teile Russland die fundamentalen Werte und Prinzipien eines Großteils der europäischen Bevölkerung. Der Prozess der europäischen Integration sei wesentlicher Bestandteil der sich herausbildenden multipolaren Weltordnung. Russland sei bereit, diese Partnerschaft bestmöglich zu entwickeln – „expecting of course that our partners will meet us half way along this road."[771] Der russische Außenminister Lavrov bestätigte diese Sicht, als er sagte, Russland nehme sich, die gleichen christlichen Wurzeln teilend, als festen Bestandteil der europäischen Zivilisation wahr.[772] Auch wirtschaftlich ist

---

769 Vgl. Laarz, Diana (2012): Putin und Kyrill, Gefährliche Freunde, in: ZEIT Online, 16. August, unter: http://www.zeit.de/2012/34/Putin-Orthodoxe-Kirche (Zugriff 10.02.2013).
770 Putin, Vladimir (2007b): 50 Years of the European integration and Russia, Artikel, 25. März, in: The Sunday Times, FAZ und Le Monde, dokumentiert in: European Neighbourhood Watch, Ausgabe 25, Centre for European Policy Studies, S. 3.
771 Putin, Vladimir (2007b): 50 Years of the European integration and Russia, Artikel, 25. März, in: The Sunday Times, FAZ und Le Monde, dokumentiert in: European Neighbourhood Watch, Ausgabe 25, Centre for European Policy Studies, S. 3.
772 Nach Jurado, Elena (2008): Russia's role in a multi-polar world. Between change and stability, Foresight Programme, S. 7.

Russland sehr stark auf Europa ausgerichtet. 44,3 Prozent des russischen Exports gingen 2012 in die Europäische Union. Im Vergleich gingen lediglich 6,3 Prozent der Exporte nach China, dem zweitgrößten Handelspartner.[773] Dies zeigt, dass trotz der vermeintlich durch die Ukrainekrise angestoßenen verstärkten Annäherung an China, die realpolitischen Faktoren für lange Zeit weiterhin für eine Orientierung nach Europa sprechen.

Die klare und unzweideutige Ausrichtung auf Europa, wie sie sich in den Aussagen Putins und Lavrovs spiegelte, verfängt aber selbst in der Elite des Landes nicht. Eine Studie hierzu kommt zu dem Ergebnis, dass die russischen Eliten ihr Land als einen souveränen Staat betrachten – von Europa empfinden sie sich hingegen immer noch ausgeschlossen. Dieses Empfinden wird insbesondere genährt aus der wahrgenommenen Missachtung russischer Interessen im Rahmen der Erweiterung von NATO und EU. Russland würde seitens Europas nur dann als „europäisch" bezeichnet, wenn es seine Souveränität aufgäbe und sich das europäische Ordnungsmodell überstülpen ließe, so die Erkenntnisse von Martin Müller, der am MGIMO untersucht hat, wie sich Narrative der Makroebene auf der Mikroebene widerspiegeln.[774] Müller, der bei seiner ethnographischen Feldforschung von vier Vorstellungen von Russlands Verhältnis zu Europa ausgeht: Russland (1) als werdender Teil von Europa, (2) als separat und doch Teil von Europa, (3) als das wahre Europa und (4) als Gegenpol zu Europa, stellt fest, dass sich sogar in einer dem russischen Außenministerium unterstehenden Einrichtung keine einheitliche Sichtweise herausgebildet habe.[775] Trotz der Unterschiedlichkeit der Positionen schält sich in seiner Untersuchung heraus, dass es keine „Vorstellung von Russlands Platz *in* Europa", sondern eher „von Russlands Platz *neben* Europa" gibt. Weder politisch, wirtschaftlich noch kulturell identifiziert man sich am MGIMO mit Europa. Europa hat seine Rolle als Referenzpunkt verloren.[776]

---

773 Vgl. DG Trade (2013): Russia. EU Bilateral Trade and Trade with the World, 5. Juli, unter: http://trade.ec.europa.eu/doclib/docs/2006/september/tradoc_111720.pdf (Zugriff 04.09.2013), S. 5.

774 Vgl. Müller, Martin (2007): Zusammen aber doch getrennt? Vorstellungen von Russlands Platz in Europa an einer russischen Elitehochschule, in: Europa Regional, Vol. 15, Leibniz-Institut für Länderkunde, Leipzig, S. 199.

775 Vgl. Müller, Martin (2007): Zusammen aber doch getrennt? Vorstellungen von Russlands Platz in Europa an einer russischen Elitehochschule, in: Europa Regional, Vol. 15, Leibniz-Institut für Länderkunde, Leipzig, S. 203-204.

776 Vgl. Müller, Martin (2007): Zusammen aber doch getrennt? Vorstellungen von Russlands Platz in Europa an einer russischen Elitehochschule, in: Europa Regional, Vol. 15, Leibniz-Institut für Länderkunde, Leipzig, S. 206-207.

Diese neutrale Wahrnehmung Europas seitens der heutigen und künftigen außen-und sicherheitspolitischen Elite Russlands ist für die Gestaltung europäischer Politik gegenüber Russland umso bedeutsamer, als Russland sich in der Vergangenheit bei der Herausbildung und Formung seiner eigenen Identität oftmals über die Gleich- und/oder Andersartigkeit zu Europa definiert hat.

Auch in der Bevölkerung ist heutzutage lediglich eine geringe Identifikation mit Europa festzustellen (vgl. Tabelle 7 „Was für ein Staat soll Russland in der Zukunft sein?").

Tabelle 7: Was für ein Staat soll Russland in der Zukunft sein?[777]

Was für ein Staat soll Russland in der Zukunft sein?	1999	2008	2012
Ein sozialistischer Staat wie die UdSSR	15	17	21
Ein Staat wie die westlichen Staaten mit einem demokratischen Regierungssystem und Marktwirtschaft	35	32	31
Ein Staat mit einem speziellen System und einem eigenständigen Entwicklungspfad	45	39	41
Schwer zu beantworten	6	11	7

Wird die Frage dahingehend präzisiert, welches politische System am ehesten zu den russischen Realitäten passt, so finden insbesondere technokratische und autoritäre Systeme den größten Zuspruch. Über die Zeitachse betrachtet, stieg insbesondere die Präferenz für ein autoritäres System am stärksten an – und dies vor allem bei der jüngsten Generation, den zwischen 1981 und 1990 Geborenen.[778] Eine andere Studie kommt zu dem Ergebnis, dass das Lebensalter eine bedeutende Rolle für die Bewertung ökonomischer Modelle spielt, nicht aber für die Einstellung gegenüber engeren Beziehungen mit Europa. Höhere Bildung korreliert mit einer Befürwortung Europas im Sinne eines wirtschaftlichen Akteurs, nicht aber mit einer höheren Wertschätzung für Individualismus.[779]

---

777 Vgl. Levada (2012a): Russian Public Opinion 2010-2011, From Opinion toward Understanding, Moskau, S. 22, Auszug Tabelle 3.2.11.
778 Vgl. Valdai Club, Hrsg. (2013): Russian Elite – 2020, ein Valdai Discussion Club Grantees Analytical Report, Moskau, unter: http://vid-1.rian.ru/ig/valdai/Russian_elite_2020_eng.pdf (Zugriff 22.12.2013), S. 56-57.
779 Vgl. White, Stephen / Light, Margot / Mc Allister, Ian (2005): Russia and the West: is there a value Gap?, in: International Politics, Nr. 42, Palgrave Macmillan Ltd, S. 330.

In der Folge wird Russland als Staat erachtet, der seinen eigenen Entwicklungspfad finden muss und dies eventuell in einem Modell aus seiner Vergangenheit, der Sowjetunion. Das westliche Gesellschaftsmodell ist in den Augen der Bevölkerung nicht auf Russland übertragbar (vgl. Tabelle 8 „Passt das westliche Gesellschaftsmodell zu Russland?").

Tabelle 8: Passt das westliche Gesellschaftsmodell zu Russland?[780]

In welchem Maße passt das westliche (i.e. westeuropäische oder amerikanische) Gesellschaftsmodell zu Russland?	2000	2010	2011
Es ist ein universelles Gesellschaftsmodell und passt perfekt zu Russland	4	6	7
Es ist ein Gesellschaftsmodell, das an die russischen Realitäten angepasst werden kann	15	20	20
Es passt nicht wirklich zu Russland und kann unter den russischen Bedingungen kaum Fuß fassen	31	33	31
Es ist absolut fremd für die russischen Bedingungen und widerspricht dem Lebensstil der russischen Öffentlichkeit	37	31	35
Schwer zu beantworten	13	11	8

Diese Idee eines eigenen Entwicklungspfades betonte beispielsweise Präsident Medvedev 2008 für die russische Außenpolitik nachdrücklich, als er in einem Interview sagte: „Regarding our foreign policy, it is shaped (…) by our own values and objectives. In this sense, it continues the foreign policy line the Russian Federation has painstakingly developed over these last two decades."[781] Auch Putin erachtet es für wichtig, dass sich politisches System und politische Kultur Russlands entsprechen und im Einklang miteinander weiterentwickeln.[782] Und genau betrachtet stellt selbst seine Aussage, Russland teile die grundlegenden

---

780 Vgl. Levada (2012a): Russian Public Opinion 2010-2011, From Opinion toward Understanding, Moskau, S. 33, Auszug Tabelle 3.4.15.
781 Medvedev, Dmitrij (2008a): Interview with Reuters News Agency, 25. Juni, unter: http://archive.kremlin.ru/eng/speeches/2008/06/25/2050_type82916_203066.shtml (Zugriff 06.11.2012).
782 Vgl. Putin, Vladimir (2008): Entwicklungsstrategie Russlands bis zum Jahr 2020, Rede vor dem Staatsrat, 8. Februar, deutsche Übersetzung von Ella Rack für russland.RU, unter: http://russland.ru/reden/morenews.php?iditem=23 (Zugriff 16.03.2013).

Werte und Prinzipien der meisten Europäer,[783] keinen Widerspruch hierzu da, weil er voranstellt, dass Russland ein souveräner demokratischer Staat sei. Damit drückt er im russischen Verständnis von *„souveräner Demokratie"* aus, dass Russland sich nicht anderen Ordnungsmodellen unterwerfen werde, sondern, die grundsätzlichen kulturellen Werte teilend, das politische System unter Einfluss der eigenen strategischen Kultur ausprägen werde.

Andrew Kuchins stellt fest, dass Russlands Eliten nur wenig über „öffentliche Güter" und „Normen" sprechen. Westliche Hinweise auf Werte und Normen werden meist als zynisch empfunden. Amerikanische Bemühungen, Werte zu fördern, werden in der Regel als heuchlerische Rechtfertigung für die Verfolgung amerikanischer Interessen gesehen.[784] Radikale Kritiker des westlichen liberalen Wertekanons, wie beispielsweise Alexandr Dugin, proklamieren, dass sich dessen universaler Anspruch langfristig nicht durchsetzen lässt und der Westen letztendlich scheitern müsse. Die Verschiedenartigkeit der Menschheit sowie deren unterschiedliche Ordnungsmodelle ließen sich nicht damit vereinen. Die politische Konstruktion Europas, gemeint ist die EU, werde zerfallen. Europa habe nur eine Zukunft wenn es zurückkehre zur Achtung der verschiedenen Völker, Sprachen und Kulturen.[785] Der Gedanke, die EU sei nur ein vorübergehendes Konstrukt, ist auch in dem Konzept der *„souveränen Demokratie"* angelegt. Die Zukunft gehöre dem souveränen Nationalstaat. Diese Sichtweise kann ein Erklärungsansatz sein, warum Russland stärker auf die bilaterale Zusammenarbeit mit einzelnen größeren europäischen Staaten setzt, als auf eine rasche Annäherung an die EU.[786] Der Vorrang der bilateralen Beziehungen lässt sich genauso plausibel damit erklären, dass (1) Russland seine Verhandlungsstärke einfacher gegenüber einzelnen Staaten als gegenüber einem Bund von 28 Staaten zur Geltung bringen kann oder damit, dass (2) die innere Zerrissenheit der EU in Hinblick auf Russland (Ist Russland eine

---

783 Vgl. Putin, Vladimir (2007b): 50 Years of the European integration and Russia, Artikel, 25. März, in: The Sunday Times, FAZ und Le Monde, dokumentiert in: European Neighbourhood Watch, Ausgabe 25, Centre for European Policy Studies, S. 3.
784 Vgl. Kuchins, Andrew C. (2011): Reset Expectations, Russian Assessment of U.S. Power, in: Capacity and Resolve: Foreign Assessments of U.S. Power, Center for Strategic International Studies Report, 17. Juni, Hrsg. Cohen, Craig S., S. 119.
785 Vgl. Dugin, Alexander (2013): Der Westen wird kollabieren, Interview, unter: http://www.4pt.su/de/content/der-westen-wird-kollabieren (Zugriff 07.09.2013).
786 Vgl. Krastev, Ivan (2007): Russia vs Europe: the sovereignty wars, 5. September, unter: http://www.opendemocracy.net/globalization-institutions_government/sovereign_democracy_4104.jsp (Zugriff 23.07.2012).

Bedrohung oder eine Chance?) Verhandlungen mit der EU wenig erfolgversprechend erscheinen lässt.

Wenn auch eine Skepsis gegenüber der Zukunft der EU besteht, so finden doch Dugins Ansichten bezüglich der Zukunft des liberalen Ordnungsmodells weder eine Mehrheit bei der Bevölkerung noch in den Eliten.[787] Davon unberührt bleibt Sergej Henkes Auffassung, der zufolge weite Teile der politischen Elite Russland nicht als Bestandteil des westlichen Normen- und Wertesystems, sondern als eine im Wettbewerb oder gar im Gegensatz stehende Zivilisation erachten.[788] Martin Müller identifiziert bei seiner Untersuchung am MGIMO, einem Ort an dem sich die Präferenzen der künftigen außen- und sicherheitspolitischen Elite Russlands herausformen, als am weitesten verbreitete Vorstellung von Russland, die einer spezifischen slawischen Variante der europäischen Zivilisation. Man besitze gemeinsame historische und kulturelle Wurzeln. Russland sei „integraler Bestandteil der europäischen Wertegemeinschaft", auch wenn es sich politisch und wirtschaftlich in eine eigene Richtung entwickle.[789] Die Erkenntnisse Henkes und Müllers scheinen sich auf den ersten Blick gegenseitig auszuschließen. Die unterschiedliche Interpretation gründet darin, ob die slawische Zivilisation als Bestandteil der europäischen Zivilisation (aufgrund der zweifelsfrei vorhandenen Schnittmenge) oder als eigenständige Zivilisation (aufgrund der ebenfalls zweifelsfrei vorhandenen Unterschiede) interpretiert wird. Bei beiden Interpretationen kommt es jedoch zu einem Wettstreit mit dem westlichen Verständnis von europäischer Zivilisation.

Demzufolge verwundert es nicht, dass Russland, als Reaktion auf den ideologischen Wettstreit, regelmäßig nationale Interessen über Werte stellt. Nationale Interessen dienen als Legitimation für die Handlungen Russlands auf der

---

[787] Uwe Halbach weist jedoch darauf hin, dass diese Gedankenströmung derzeit Zulauf erhält. Insbesondere der Izborsker Klub, eine intellektuelle anti-westliche Gruppe, die sich der Förderung des Konservatismus verschrieben hat, bringt sich mit ihren Ideen nachhaltig in den Diskurs ein. Dugin gilt als einer der Protagonisten dieser Gruppe. Vgl. Halbach, Uwe (2014): Russland im Wertekampf gegen »den Westen«. Propagandistische und ideologische Aufrüstung in der Ukraine-Krise, Stiftung Wissenschaft und Politik, Aktuell Nr. 43, Juni, Berlin, S. 1.
[788] Vgl. Henke, Sergej (2003): Der russische Traum. Vormoderne Traditionen der politischen Kultur Russlands, Schriften zur politischen Theorie, Band 1, Verlag Dr. Kovač, Hamburg, S. 147-149.
[789] Vgl. Müller, Martin (2007): Zusammen aber doch getrennt? Vorstellungen von Russlands Platz in Europa an einer russischen Elitehochschule, in: Europa Regional, Vol. 15, Leibniz-Institut für Länderkunde, Leipzig, S. 203.

internationalen Bühne sowohl gegenüber der Bevölkerung als auch der Elite.[790] In logischer Konsequenz verlangt Russland vom Westen für ein Entgegenkommen, beispielsweise in der Iran-Frage, einen Ausgleich bei anderen Themen, wie der Raketenabwehr in Europa.[791] Russlands Streben nach Anerkennung als vollständig souveräner Staat gepaart mit dem Wunsch, das aus seiner Kultur heraus entwickelte eigene Normen- und Werteverständnis zu bewahren, begründet somit das russische Verständnis von Politik als Nullsummenspiel mit. Auch wenn Putin und Medvedev in ihren Reden offiziell von dieser Politik Abstand nehmen, lässt sie sich im praktischen außen- und sicherheitspolitischen Handeln Russlands deutlich beobachten. So werden beispielsweise in der OSZE von russischer Seite Fortschritte in der menschlichen Dimension regelmäßig von Fortschritten in der militär-politischen Dimension abhängig gemacht. Dieser Ansatz lag bereits der Grundlogik der Helsinki-Beschlüsse von 1975 zu Grunde. Gegenwärtig jedoch betonen die USA einseitig die menschliche Dimension und sind kaum zu Gegenleistungen in anderen Dimensionen bereit. Die fehlende Kompensation für russische Eingeständnisse führt zu einer weitgehenden Blockade der OSZE. Im Westen wiederum wird die ungezügelte Verfolgung nationaler Interessen oftmals als Ausdruck russischer imperialer Politik verstanden.

4.4.2 Russland als ein Pol in einer multipolaren Welt

In der Weltsicht von Außenminister Kosyrev (1990-1996) nahmen die USA als einzig wahre globale Macht die zentrale Rolle im internationalen System ein. Aber Unipolarität, in der Form wie sie von Kosyrev akzeptiert wurde, bedeutete nicht die Akzeptanz einer Pax Americana. Vielmehr verstand er darunter eine gemeinsame Führung durch westliche Staaten, bei der die amerikanische Vormacht durch institutionelle Beschränkungen eingehegt wurde. Dieses Bild bekam während des Balkankonflikts und durch die geplante NATO-Osterweiterung tiefe Risse.[792]

In der zweiten Hälfte der 1990er Jahre entwickelte Kosyrevs Nachfolger, Außenminister Primakov, seine Vision einer multipolaren Welt als Antwort auf den

---

790 Vgl. Romanova, Tatyana (2012): Neoclassical Realism and Today's Russia, in: Russia in Global Affairs, 7. Oktober, unter: http://eng.globalaffairs.ru/number/Neoclassical-Realism-and-Todays-Russia-15681 (Zugriff 09.02.2013).
791 Vgl. Kuchins, Andrew C. (2011): Reset Expectations, Russian Assessment of U.S. Power, in: Capacity and Resolve: Foreign Assessments of U.S. Power, Center for Strategic International Studies Report, 17. Juni, Hrsg. Cohen, Craig S., S. 120.
792 Vgl. Vaquer i Fanés, Jordi, Hrsg. (2010): Foreign policy of the Russian Federation, in: CIDOB International Yearbook 2010, Russian Federation, Country Profile, S. 224.

in der russischen außen- und sicherheitspolitischen Elite nicht konsensfähigen pro-westlichen Kurs seines Vorgängers. Diese sogenannte *Primakov-Doktrin* verfolgte die Ziele, einen außenpolitischen Konsens zu schaffen, amerikanische Macht auszubalancieren und die Beziehungen zu den Staaten zu verbessern, die mit der amerikanischen Führungsrolle in der Welt unzufrieden waren.[793] Viele Analysten sahen darin die Fortsetzung der früheren sowjetischen Doktrin, die USA auszubalancieren, wo immer dies möglich war.[794] Kritiker wiesen auf die Gefahren hin, die sich aus der Förderung geopolitischer Spannungen ergeben. Sie würden Russland und die USA in ein Nullsummenspiel verwickeln und die internationale Stabilität gefährden. Gleichzeitig würde Primakovs Weg Russlands Integration mit dem Westen und in die globale Ökonomie behindern.[795] Letztlich spiegelte sich in der *Primakov-Doktrin* die in Russland weit verbreitete Sehnsucht nach Anerkennung als Großmacht wider – ein Thema, das über alle Epochen hinweg fest in der strategischen Kultur des Landes verankert ist. Michael Waller vom American Foreign Policy Council weist darauf hin, welche Kräfte unter Primakov stärker auf die russische Diplomatie wirkten: das Außenministerium, das Ministerium für Außenhandel, der militärisch-industrielle Komplex, der Treibstoff- und Energiekomplex sowie die unreformierten Sicherheits- und Nachrichtendienste.[796] Oder kurz: alle wesentlichen Machtzentren.

Der Anspruch, ein Pol in einer multipolaren Welt zu sein, stützte sich wesentlich auf die der Russischen Föderation verbliebenen Stärken: den Ständigen Sitz im Sicherheitsrat der Vereinten Nationen, die weiterhin beachtlichen

---

793 Die Idee einer multipolaren Welt verfing aber nicht nur bei Staaten wie China oder Iran, die sich gegen eine liberale demokratische Weltordnung aussprachen, sondern auch bei einigen von Amerikas engsten Verbündeten wie beispielsweise Frankreich. Vgl. Herpen, Marcel H. van (2003): France: Champion of a Multipolar World, The National Interest, unter: http://nationalinterest.org/article/france-champion-of-a-multipolar-world-2345?page=show (Zugriff 20.08.2012).

794 Vgl. Kratochvil, Petr (2002): Multipolarity: American Theory and Russian Practice, Conference Paper präsentiert bei der jährlichen Central and East European International Studies Association (CEEISA)-Tagung, Moskau, unter: http://www.isn.ethz.ch/isn/Digital-Library/Publications/Detail/?ots591=0c54e3b3-1e9c-be1e-2c24-a6a8c7060233&lng=en&id=31431 (Zugriff 14.07.2012), S. 2, 8.

795 Vgl. Cohen, Ariel (1997): The "Primakov Doctrine": Russia's Zero-Sum Game with the United States, The Heritage Foundation, F.Y.I. Nr. 167, 15. Dezember, Washington, D.C., S. 6.

796 Vgl. Waller, Michael J. (1997): Primakov's Imperial Line, in: Perspective, Vol. 7, Nr. 3, Januar-Februar, Hrsg. Boston University Center for the Study of Conflict, Ideology, and Policy, S. 1.

Kernwaffenbestände, den verbliebenen Einfluss im Bereich der Gemeinschaft Unabhängiger Staaten und die schiere geografische Größe des Landes. Zugleich verhinderte das dem Konzept der Multipolarität innewohnende Element des Ausbalancierens von Macht, beabsichtigt oder unbeabsichtigt, die vollständige Integration Russlands in das entstehende neue internationale System, weil es Argwohn im und Spannungen mit dem Westen förderte. Damit stand es den eigentlichen Interessen der Russischen Föderation entgegen, der Kooperation mit den wirtschaftlich erfolgreichen westlichen Demokratien und den von ihnen bestimmten multilateralen Organisationen wie dem Internationalen Währungsfonds.[797] Dies bedeutet, dass das eigentliche Ziel der *Primakov-Doktrin*, auf der Ebene einer unabhängigen Großmacht mit dem Westen zu kooperieren, nur bedingt erreicht werden konnte.

Im Jahr seines ersten Amtsantritts betonte Präsident Putin in der Außenpolitischen Konzeption der Russischen Föderation als eine der Herausforderungen und Bedrohungen der nationalen Interessen der Russischen Föderation die Tendenz, eine unipolare Weltordnung zu schaffen, in der die USA wirtschaftlich und machtpolitisch dominierten. Er beklagte, dass beim Lösen der Fragen der internationalen Sicherheit der Schwerpunkt auf westliche Institutionen gelegt werde sowie auf Foren, deren Teilnehmerkreis begrenzt sei. Auch sah er die Rolle der Vereinten Nationen als geschwacht.[798] In der Außenpolitischen Konzeption hieß es weiter: „The strategy of unilateral actions can destabilize the international situation, provoke tensions and the arms race, aggravate interstate contradictions, national and religious strife. The use of power methods bypassing existing international legal mechanisms cannot remove the deep socio-economic, interethnic and other contradictions that underlie conflicts, and can only undermine the foundations of law and order."[799] Dies bedeutet, dass bereits in der ersten von Putin gezeichneten Außenpolitischen Konzeption die späteren Grundsätze für das Verhalten der Russischen Föderation auf der internationalen Bühne angelegt waren. In den Fällen Libyen und Syrien verhielt sich Russland exakt

---

797 Vgl. Kononenko, Vadim (2003): From Yugoslavia to Iraq: Russia's Foreign Policy and the Effects of Multipolarity, The Finnish Institute of International Affairs (FIIA), upi Working Paper Nr. 42, Helsinki, S. 2-8.

798 Vgl. Putin, Vladimir (2000): The Foreign Policy Concept of the Russian Federation, 28. Juni, unter: http://www.fas.org/nuke/guide/russia/doctrine/econcept.htm (Zugriff 24.08.2012).

799 Putin, Vladimir (2000): The Foreign Policy Concept of the Russian Federation, 28. Juni, unter: http://www.fas.org/nuke/guide/russia/doctrine/econcept.htm (Zugriff 24.08.2012).

entsprechend dieser Grundsätze. In der Außenpolitischen Konzeption wird gefolgert: „Russia shall seek to achieve a multi-polar system of international relations that really reflects the diversity of the modem world with its great variety of interests."[800]

Die ursprüngliche Form der *Primakov-Doktrin*, insbesondere der starke anti-amerikanische Ansatz, wich unter Putin zunächst einem pragmatischeren Vorgehen. Putin versuchte in einer ausgeprägten Reisediplomatie und in vielen Interviews Multipolarität als ein positives Modell für das internationale System darzustellen. Kooperation und gegenseitiger Respekt wurden von ihm besonders betont. Multipolarität sollte nicht länger mit Konfrontation und anti-amerikanischen Tönen verbunden werden. Dies beinhaltete für Russland zwar die Gefahr, wie zu Zeiten Kosyrevs zum von den USA geführten Land zu werden, war aber der Tatsache geschuldet, dass die wirtschaftliche und politische Lage eine langandauernde Partnerschaft mit den USA erforderte. Spätestens nach den Anschlägen vom 11. September 2001 wurde „bandwagonging", also das sich Anschließen an das politische Lager der USA, als die sinnvollste Lösung betrachtet. Diese Herangehensweise fand insbesondere im Generalstab, dem russischen Außenministerium, der Kommunistischen Partei und der akademischen Welt wenig Anklang.[801] Dennoch empfahl 2001 der Russian Foreign Policy Council Putin sogar, die Betonung des Konzepts der Multipolarität ganz fallen zu lassen. Amerikanische Macht zu balancieren sei zu kostspielig. Diese Position wurde allerdings nur bis zur amerikanischen Invasion des Iraks vertreten.[802] Danach fand das Konzept der Multipolarität insbesondere in den russisch-chinesischen

---

800 Putin, Vladimir (2000): The Foreign Policy Concept of the Russian Federation, 28. Juni, unter: http://www.fas.org/nuke/guide/russia/doctrine/econcept.htm (Zugriff 24.08.2012).

801 Vgl. Kononenko, Vadim (2003): From Yugoslavia to Iraq: Russia's Foreign Policy and the Effects of Multipolarity, The Finnish Institute of International Affairs (FIIA), upi Working Paper Nr. 42, Helsinki, S. 22-29.

802 Als Präsident Putin öffentlich Kritik an dem amerikanischen Krieg gegen den Irak äußerte, stellten die USA Russland diplomatisch in die Ecke, ein Unterstützer eines terroristischen Staates zu sein, was dem Ausschluss aus der westlichen Gemeinschaft gleichkam. Dies führte zu der gleichen Entfremdung Russlands von den USA wie zu Zeiten Jelzins als Russland als ein „non-democratic, imperial-inclined, hegemonic state in decline" wahrgenommen wurde. Vgl. Kononenko, Vadim (2003): From Yugoslavia to Iraq: Russia's Foreign Policy and the Effects of Multipolarity, The Finnish Institute of International Affairs (FIIA), upi Working Paper Nr. 42, Helsinki, S. 33-34.

Beziehungen Widerhall.[803] Moskau erkannte, wie wenig Kooperationspotenzial die unilateral geprägte Hegemonialpolitik der USA bot.[804] Gleichzeitig beschwor das amerikanische unilaterale Vorgehen die Gefahr herauf, die Vereinten Nationen, einen wesentlichen Pfeiler von Russlands Großmachtanspruch, zu beschädigen.[805] 2007 brachte Präsident Putin bei der Münchner Sicherheitskonferenz die russische Ablehnung einer unipolaren Welt äußerst pointiert zur Sprache: „However, what is a unipolar world? (...) at the end of the day it refers to one type of situation, namely one centre of authority, one centre of force, one centre of decision-making. It is [a] world in which there is one master, one sovereign. (...) And this certainly has nothing in common with democracy. Because, as you know, democracy is the power of the majority in light of the interests and opinions of the minority. Incidentally, Russia – we – are constantly being taught about democracy. But for some reason those who teach us do not want to learn themselves."[806] Trotz dieser undiplomatischen Formulierungen, wäre es falsch, Putins Äußerungen als grundsätzliche Ablehnung amerikanischer Macht zu verstehen. Putins Betonung liegt auf dem russischen Wunsch nach Beteiligung. Der russische Außenminister Lavrov unterstrich diese Haltung beim Foresight Symposium (19.-20. Juni 2008 in Moskau), als er darauf hinwies, dass Amerikas Macht und Führungsfähigkeit weiterhin ein Eckpfeiler des internationalen Systems bleiben sollten. Allerdings solle diese Führerschaft kooperativ in einem System erfolgen, in dem jede Großmacht den gleichen Status besitze. Dies bedeutet, dass Russland nicht die Normen des heutigen internationalen Systems ersetzen, sondern lediglich seine Positionen stärker berücksichtigt wissen möchte. Ver-

---

803 Vgl. Turner, Susan (2009): Russia, China and a Multipolar World Order: The Danger in the Undefined, in: Asian Perspective, Vol. 33, Nr. 1, S. 164-167.

804 Sergei Kortunov, einer der bekanntesten russischen Politikwissenschaftler, schrieb: „while enjoying the support of Russia and all other major countries in the antiterrorist operation the United States turned the national tragedy into a military and political triumph, gained considerable political weight in the world and straightened its position as the only world leader that disregards its own allies, the UN and international laws". Zitiert nach Kononenko, Vadim (2003): From Yugoslavia to Iraq: Russia's Foreign Policy and the Effects of Multipolarity, The Finnish Institute of International Affairs (FIIA), upi Working Paper Nr. 42, Helsinki, S. 26.

805 Vgl. Schulze, Peter (2003): Russland: Juniorpartner Amerikas oder Mitgestalter einer multipolaren Weltordnung?, in: Internationale Politik und Gesellschaft, Nr. 4, S. 60-62.

806 Putin, Vladimir (2007a): Speech at the 43rd Munich Conference on Security Policy, 10. Februar, unter: http://archive.kremlin.ru/eng/text/speeches/2007/02/10/0138_type82912type82914type82917type84779_118123.shtml (Zugriff 02.04.2013).

ändert hat sich der russische Bezugspunkt im multipolaren System. Während Primakov Multipolarität mit einer eurasischen Identität verband, wird das Konzept gegenwärtig überwiegend mit einer europäischen Identität in Verbindung gebracht.[807] Entgegen den Erwartungen um die Jahrtausendwende etablierte sich das Konzept der Multipolarität dauerhaft als einigendes Thema in der russischen Elite. Es besteht insbesondere Konsens darüber, den Großmachtstatus Russlands wieder zu erlangen, beziehungsweise zu bestätigen. Eng damit verbunden ist der Gedanke, als Staat souverän, also auch gegen den Widerstand einer anderen Macht, seine Ziele verfolgen zu können.

Gleichzeitig ist dem russischen Verständnis einer multipolaren Weltordnung immanent, dass es die Interessen schwächerer Nachbarstaaten den Interessen eines regionalen Pols unterordnet. Damit weckt Russland bei seinen Nachbarn die Furcht vor erneuten imperialen Übergriffen. Der wahrgenommene russische Anspruch auf eine regionale Interessenssphäre verschärft diese Angst. Staaten, die sich diesem Einfluss nicht beugen wollen und stattdessen einem anderen Pol zuwenden, erfahren verstärkten Druck Russlands.[808] Sowohl die *Primakov-Doktrin* als auch das gegenwärtige russische Verständnis von Multipolarität entsprechen somit realistischem Denken und bergen die Gefahr einer Eskalation zwischen den Polen des Systems. Kooperative Beziehungen mit dem Westen nach den Terroranschlägen vom 11. September 2001 überdeckten nur vorübergehend die Konkurrenzsituation sowie das Bestreben, von den USA auf Augenhöhe wahrgenommen zu werden. Für die Ausprägung der strategischen Kultur Russlands ist dabei nicht entscheidend, ob Russland ein Pol in einer multipolaren Welt ist, sondern dass die politische Elite des Landes Russland als einen solchen wahrnimmt. In Bezug auf eine mögliche konstruktive Kooperation mit Russland ist daher die Sicht der anderen Pole – und hier insbesondere der USA – auf Russland entscheidend.

US-Vizepräsident Biden machte 2009 in einem Interview mit dem Wall Street Journal keinen Hehl daraus, wie gering die USA die Möglichkeiten Russlands einschätzten. Biden folgerte, dass die schlechte wirtschaftliche und demografische Lage Russland in vielen Bereichen zu weitreichenden Zugeständnissen

---

807 Vgl. Jurado, Elena (2008): Russia's role in a multi-polar world. Between change and stability, Foresight Programme, S. 6-8.
808 Ein aktuelles Beispiel ist das Tauziehen um die Ukraine, ausgelöst durch den Wunsch weiter Teile der Bevölkerung ein Assoziierungsabkommen mit der EU zu unterzeichnen, wohingegen Russland den Beitritt der Ukraine zur Zollunion und später zur Eurasischen Union wünschte.

zwingen werde.[809] Die Pläne zu Beginn der ersten Amtszeit Obamas, eine Kooperation zwischen den USA und China als einen Pfeiler eines globalen Ordnungsrahmens, quasi eine G-2, zu fördern, wurden in Russland vehement abgelehnt,[810] hätten sie doch bedeutet, dass Russland künftig nur mehr am Rande der internationalen Entscheidungsprozesse stünde.

Die Paradoxie in den Beziehungen der beiden Staaten liegt aber darin, dass Russland wiederum die USA als absteigende Macht sieht. Dennoch fordert Russland im Rahmen der multipolaren Weltordnung die USA nicht in ihrer Rolle als Führungsmacht der Welt heraus, sondern lehnt lediglich das Prinzip einer globalen Hegemonie ab.[811] Dies wird insbesondere in einem Artikel des russischen Außenministers Lavrov deutlich, in dem er schrieb: „Emerging trends of informal leadership amongst the world's leading states – in addition to international institutions, most importantly, the United Nations – offer ways for solving the governability problem in the contemporary world."[812] Auch diese Äußerung Lavrovs kann als Wunsch nach Beteiligung bei der Lösung globaler Fragen verstanden werden. Bereits die Beteiligung auf Augenhöhe befriedigt das in der strategischen Kultur angelegte Streben nach Anerkennung. Vor diesem Hintergrund müssen sowohl die Äußerungen Bidens, als auch das Gedankenspiel, eine G-2 zu fördern, als gänzlich kontraproduktiv für eine gedeihliche Zusammenarbeit gesehen werden.

Vielfach wird die russische Betonung einer multipolaren Weltordnung lediglich als Ausdruck der relativen Schwäche des Landes gewertet. Multipolarität sei nur ein rhetorisches Mittel der Diplomatie, um diese Schwäche zu überspielen

---

809 „They have a shrinking population base, they have a withering economy, they have a banking sector and structure that is not likely to be able to withstand the next 15 years, they're in a situation where the world is changing before them and they're clinging to something in the past that is not sustainable." Spiegel, Peter (2009): Biden Says Weakened Russia Will Bend to U.S., Interview, The Wall Street Journal, 25. Juli, unter: http://online.wsj.com/article/SB124848246032580581.html (Zugriff 07.09.2013).
810 Vgl. Kuchins, Andrew C. (2011): Reset Expectations, Russian Assessment of U.S. Power, in: Capacity and Resolve: Foreign Assessments of U.S. Power, Center for Strategic International Studies Report, 17. Juni, Hrsg. Cohen, Craig S., S. 122.
811 Vgl. Lukyanov, Fyodor (2010): Russian Dilemmas in a Multipolar World, in: Journal of International Affairs, Vol. 63, Nr. 2, Frühling/Sommer, New York, S. 28-30 und Aron, Leon (1998): Russia's New Foreign Policy, American Enterprise Institute for Public Policy Research, Russian Outlook, Frühling, Washington, D.C., S. 7.
812 Lavrov, Sergei (2007a): The Present and the Future of Global Politics, in: Russia in Global Affairs, 13. Mai, Nr. 2, April – June, unter: http://eng.globalaffairs.ru/number/n_8554 (Zugriff 06.04.2013).

beziehungsweise die amerikanische Hegemonie herauszufordern.[813] Diese verbreitete Sichtweise berücksichtigt aber lediglich das in der strategischen Kultur des Landes deutlich verankerte Großmachtstreben. Doch wie gezeigt wurde, spielen auch zwei weitere Faktoren der strategischen Kultur eine bedeutsame Rolle: (1) die starke Betonung von Souveränität sowohl als Ausdruck eines Strebens nach Abschottung als auch als Ausdruck einer Präferenz für Sicherheit im Rahmen eines starken Staates und (2) das Streben nach Anerkennung. Löst man sich von der Fixierung, Russland einzig durch die Brille „Großmachtpolitik" zu betrachten, so wird deutlich, dass eine erfolgreiche kooperative Politik gegenüber Russland weitere Elemente berücksichtigen muss, die die zwei anderen Präferenzen adressieren. Eine Politik gegenüber Russland darf folglich nicht nur auf einen Ausgleich der Interessen setzen und erst recht nicht nur die Unterschiedlichkeit der Werte betonen.

Kritiker erachten die entstehende multipolare Weltordnung als eine Rückkehr zum System des Gleichgewichts der Kräfte, das in der Vergangenheit immer wieder für die Entstehung feindlicher Bündnisse gesorgt hatte. Doch berechtigt weist Primakov auf die gänzlich unterschiedlichen Rahmenbedingungen hin, unter denen sich das heutige multipolare System entwickelt, nämlich eine globalisierte Welt mit wirtschaftlichen Interdependenzen sowie die Abkehr von einer Konfrontation auf globaler Ebene. Diese Faktoren sowie die Reduzierung des Systems auf einige wenige Pole verhindern das Entstehen feindlicher Allianzen wie in früheren Zeiten.[814] Zudem verhalten sich heutige Großmächte weit friedfertiger. Ein Machtzuwachs im wirtschaftlichen Bereich wird nicht dazu genutzt, militärische Macht aufzubauen, um die bestehende Weltordnung gewaltsam zu stürzen. Der Aufstieg Deutschland, Japans, und man muss wohl auch sagen Chinas, erfolgte innerhalb der bestehenden internationalen Ordnung. Diese neuen Mächte zogen es vor, innerhalb des Systems ihren Wohlstand zu mehren.[815] In

---

813 Vgl. Kononenko, Vadim (2003): From Yugoslavia to Iraq: Russia's Foreign Policy and the Effects of Multipolarity, The Finnish Institute of International Affairs (FIIA), upi Working Paper Nr. 42, Helsinki, S. 36 und Krastev, Ivan (2007): Russia vs Europe: the sovereignty wars, 5. September, unter: http://www.opendemocracy.net/globalization-institutions_government/sovereign_democracy_4104.jsp (Zugriff 23.07.2012).
814 Vgl. Primakov, Yevgeny (2006): Russia and the U.S. in Need of Trust and Cooperation, in: Russia in Global Affairs, Vol. 4, Nr. 1, Januar-März, Moskau, S. 135-136.
815 Vgl. Zakaria, Fareed (2008a): The Rise of the Rest, in: Newsweek Magazine, 3. Mai, unter: http://www.thedailybeast.com/newsweek/2008/05/03/the-rise-of-the-rest.html (Zugriff 12.08.2012) und Cooper, Robert (2002): The Post-Modern State, in: Re-Ordering the World, Hrsg. Leonard, Mark, The Foreign Policy Centre, S. 14.

Europa bleibt jedoch die Angst vor der Rückkehr des Systems des Gleichgewichts der Kräfte bestehen, denn wie Ivan Krastev es treffend beschreibt: „European nightmares are rooted in the experience of [the] 1930s. Russia's nightmares resemble Russian experience in [the] 1990s."[816] Aufgrund der historischen Erfahrungen stellen für die Europäer Staaten, die zu stark werden, eine Gefahr dar, für die Russen Staaten, die ihre Macht verlieren. Diese Erkenntnis deutet auf einen Systemgegensatz zwischen Europa und Russland hin, der am besten mit Robert Coopers Unterscheidung in eine moderne und eine post-moderne Welt beschrieben werden kann. Cooper versteht als post-modernen Staat, und als solchen sieht er auch die EU, einen Staat, der charakterisiert ist durch: (1) das Verschwimmen der Grenzen von Außen- und Innenpolitik, (2) gegenseitige Einmischung in innere Angelegenheiten und gegenseitige Überwachung, (3) die Ablehnung von Gewalt zur Lösung von Konflikten, (4) die schwindende Bedeutung von Grenzen und (5) die Schaffung von Sicherheit durch Transparenz, Interdependenz und gegenseitiger Verwundbarkeit. Im Gegensatz hierzu wird der moderne Staat charakterisiert durch: (1) das Streben nach Macht, (2) das Streben nach Sicherheit und Selbstbehauptung des Staates um jeden Preis und (3) durch das System des Gleichgewichts der Kräfte mit seinem hohen Risiko zum gewaltsamen Konfliktaustrag.[817] Für einen post-modernen Staat bedeutet Souveränität das Recht, am Tisch zu sitzen, für einen modernen Staat wie Russland, das Recht, auf seinem Gebiet zu tun, was er möchte.[818]

Getrieben durch die Globalisierung verändert sich derzeit der Charakter der multipolaren Welt rasant. Die Vernetzung der Welt als Ganzes schreitet immer schneller voran, vor allem außerhalb der westlichen Hemisphäre. Dies kann zur Entwicklung eines parallelen internationalen Systems mit eigenen Regeln und Institutionen sowie anderen Quellen der Macht führen.[819] Beschleunigt wird diese Entwicklung durch globale Machtverschiebungen, die ihre Ursache im Aufstieg Asiens, der Überdehnung der USA sowie der globalen Finanzkrise

---

816 Krastev, Ivan (2007): Russia vs Europe: the sovereignty wars, 5. September, unter: http://www.opendemocracy.net/globalization-institutions_government/sovereign_democracy_4104.jsp (Zugriff 23.07.2012).
817 Vgl. Cooper, Robert (2002): The Post-Modern State, in: Re-Ordering the World, Hrsg. Leonard, Mark, The Foreign Policy Centre, S. 13.
818 Vgl. Krastev, Ivan (2007): Russia vs Europe: the sovereignty wars, 5. September, unter: http://www.opendemocracy.net/globalization-institutions_government/sovereign_democracy_4104.jsp (Zugriff 23.07.2012).
819 Vgl. Barma, Naazneen / Ratner, Ely / Weber, Steven (2007): A World Without the West, The National Interest, Nr. 90, Juli/August, Washington, D.C., S. 25.

haben. Damit eine solche neue multipolare Welt effektiv sein kann, bedarf sie eines dichten Netzwerks multilateraler Kooperation.[820] Russland scheint diese Entwicklung erkannt zu haben und intensiviert die Zusammenarbeit in vorhandenen nicht-westlichen Organisationen wie der SOZ und der OVKS, treibt den Aufbau neuer Strukturen wie die Eurasische Union voran und fördert netzwerkartige Strukturen wie die BRICS.

4.4.3 Wirtschaft, die wahre Legitimation

Das Modell des militarisierten Staates versagte 1991 zum zweiten Mal nach 1917. Anders als bei seinem ersten Zusammenbruch trat 1991 aber keine nach Weltherrschaft strebende und damit auf einen militarisierten Staat angewiesene Ideologie die Nachfolge des vorherigen politischen Systems an. Wie aber bereits 1917 zerfiel der Staat, wurde das Überleben des Staates oder zumindest seine territoriale Unversehrtheit erneut in Frage gestellt.[821] Insbesondere die Erfahrungen des immer noch andauernden Nordkaukasuskonflikts schüren die Angst vor einem weiteren Zerfall. Somit stellt sich die Kernfrage, ob das in der strategischen Kultur des Landes so tief verankerte Gefühl für die Bedeutung territorialer Sicherheit erneut zu einer Militarisierung der Gesellschaft führen wird oder ob der Schock des Zusammenbruchs eine Neuorientierung der strategischen Kultur bewirkt hat.

Falls man aus den beiden unterschiedlichen Situationen 1917 und 1991 eine Lehre ziehen kann, dann die, dass die Herrschenden mit den Herausforderungen der Modernisierung nicht fertig wurden. 1917 hat der wirtschaftliche Erfolg der Industrialisierung zur Entstehung einer politisch aktiven städtischen Schicht geführt, die der zaristische Staat nicht einbinden konnte. Auch fand er keinen Ansatz, um mit dem nationalen Erwachen von Minderheiten zurechtzukommen. Das sowjetische System band zwar nationale Minderheiten wie auch die

---

820 Vgl. Staack, Michael (2013b): Multilateralism and Multipolarity, Structures of the Emerging World Order, WIFIS-aktuell, Vol. 47, Barbara Budrich Publishers, Opladen/Berlin/Toronto, S. 8; 17-23.
821 Das Verschwinden der Sowjetunion bedeutete für Russland den stärksten Rückschlag bezüglich der Machtausübung über Territorium in der modernen Geschichte. Vgl. Kuchins, Andrew C. (2011): Reset Expectations, Russian Assessment of U.S. Power, in: Capacity and Resolve: Foreign Assessments of U.S. Power, Center for Strategic International Studies Report, 17. Juni, Hrsg. Cohen, Craig S., S. 116.

neue städtische Schicht ein, war aber den wirtschaftlichen Herausforderungen nicht gewachsen.[822]

Abgesehen von der Bedrohung der territorialen Integrität, insbesondere im Nordkaukasus, steht Russland vor allem vor den wirtschaftlichen Herausforderungen, die es von der Sowjetunion geerbt hat. Putin beschrieb die Aufgabe, vor der das Land steht, wie folgt: „We had to install market elements into a system based on completely different standards, with a bulky and distorted structure. And this was bound to affect the progress of the reforms. We had to pay for the excessive focus of the Soviet economy on the development of the raw materials sector and defence industries, which negatively affected the development of consumer production and services. We are paying for the Soviet neglect of such key sectors as information science, electronics and communications. For the absence of competition between producers and industries, which hindered scientific and technological progress and made Russian economy non-competitive on the world markets."[823] Und, wie die Weltwirtschaftskrise zeigte, wirken sich diese Lasten der Vergangenheit auch nach zwanzig Jahren des Übergangs immer noch massiv aus.[824]

Über die gesamte post-sowjetische Zeit hinweg wurde von den Eliten immer wieder die Dominanz der Interessen der Gesellschaft und des Individuums betont. Streitkräfte dürfen keine Belastung für die gesellschaftliche Entwicklung darstellen. Bereits 1993 unter Jelzin wurde im ersten Grundlagendokument der russischen Streitkräfte, in den Grundlagen der Militärdoktrin der Russischen Föderation, die strikt defensive Ausrichtung der russischen Streitkräfte sowie der Vorrang politisch-diplomatischer, völkerrechtlicher, wirtschaftlicher und anderer nichtmilitärischer Ansätze festgeschrieben. Betont wird zudem

---

822 Vgl. Graham, Thomas (2010): The Sources of Russia's Insecurity, Survival: Global Politics and Strategy, Vol. 52, Nr. 1, Februar/März, S. 61-62.

823 Putin, Vladimir (1999): Russia at the Turn of the Millennium, ursprünglich veröffentlicht in: Nezavisimaja gazeta, 30. Dezember, unter: http://www.uio.no/studier/emner/hf/ilos/RUS2502/v05/RUSSIA%20AT%20THE%20TURN%20OF%20THE%20MILLENNIUM.doc (Zugriff 21.07.2012).

824 Präsident Medvedev verdeutlicht dies in seiner Analyse der wirtschaftlichen Lage: „The global economic crisis has shown that our affairs are far from being in the best state. Twenty years of tumultuous change has not spared our country from its humiliating dependence on raw materials. Our current economy still reflects the major flaw of the Soviet system: it largely ignores individual needs. (…) This is why production declined such much, more than in other economies, during the current crisis." Medvedev, Dmitrij (2009b): Go Russia!, Artikel, 10. September, unter: http://eng.news.kremlin.ru/news/298 (Zugriff 07.04.2013).

die herausgehobene Bedeutung kollektiver Sicherheitsansätze im Rahmen der Vereinten Nationen. Diese grundsätzlichen Vorgaben finden sich in allen Fortschreibungen der Militärdoktrin.[825]

Im Konzept der nationalen Sicherheit der Russischen Föderation (Blueprint) von 1997 findet sich die eindeutige Aussage: „Russia's national interests in the economic sphere are crucial. (…) An exceptionally important factor is the ability of the economy to provide all citizens with worthy living conditions and a worthy quality of life (…). Poverty as a social phenomenon must be excluded from the life of Russian society."[826] Die Streitkräfte stellten eine Belastung für den Staat dar. Die Hauptbedrohung für die Russische Föderation bestünde im kritischen Zustand der Wirtschaft. Dieser würde die zentrifugalen Kräfte verstärken und so die territoriale Integrität gefährden.[827]

Im Jahr 2000 wurde dieser Gedanke in der Außenpolitischen Konzeption der Russischen Föderation erneut aufgegriffen, als es hieß, dass sich die nationalen Interessen aus der Gesamtheit der sich in Balance befindlichen Interessen der verschiedensten Lebensbereiche ergeben, aber diese allesamt nicht erreicht werden könnten, wenn die wirtschaftliche Entwicklung nicht nachhaltig sei. Aus diesem Grund werden die Interessen im wirtschaftlichen Bereich als Priorität erachtet.[828]

2005 schockierte Putin allerdings die Weltöffentlichkeit, als er in seiner jährlichen Ansprache an die Föderalversammlung sagte, der Zusammenbruch der Sowjetunion sei eine der größten geopolitischen Katastrophen des Jahrhunderts gewesen. Verkürzt auf diesen einen Satz wurde Putins Aussage als der unbändige Wunsch Russlands gewertet, wieder in den alten Grenzen der Sowjetunion aufzuerstehen. Tatsächlich fuhr Putin aber fort und stellte seine Sichtweise in den

---

825 Vgl. Yeltsin, Boris (1993): The Basic Provisions of the Military Doctrine of the Russian Federation, angenommen mit Erlass Nr. 1833 vom 2. November, unter: http://www.fas.org/nuke/guide/russia/doctrine/russia-mil-doc.html (Zugriff 31.03.2013).

826 Yeltsin, Boris (1997): Russian National Security Blueprint, Rossiiskaya Gazeta, 26. Dezember, unter: http://www.fas.org/nuke/guide/russia/doctrine/blueprint.html (Zugriff 18.02.2013).

827 Vgl. Yeltsin, Boris (1997): Russian National Security Blueprint, Rossiiskaya Gazeta, 26. Dezember, unter: http://www.fas.org/nuke/guide/russia/doctrine/blueprint.html (Zugriff 18.02.2013).

828 Vgl. Ministry of Foreign Affairs of the Russian Federation (2000a): National Security Concept of the Russian Federation, gebilligt durch Präsidialdekret Nr. 24 vom 10. Januar, unter: http://www.mid.ru/bdomp/ns-osndoc.nsf/1e5f0de28fe77fdcc32575d900298676/36aba64ac09f737fc32575d9002bbf31!OpenDocument (Zugriff 29.03.2013).

historischen Kontext, in dem er von vielen Bürgern wahrgenommen worden war. Die durch den Zerfall der Sowjetunion erfolgte quasi Ausbürgerung von mehreren Millionen Bürgern von einem Tag auf den andern, der Zerfallsprozess, der Russland selbst befallen habe, der Verlust der Ersparnisse der Bürger, terroristische Aktionen, die Ausplünderung des Landes durch die Oligarchen, die ihre absolute Kontrolle über die Medien zum eigenen ökonomischen Vorteil ausgenutzt hätten sowie Massenarmut seien mit dem Zerfall einhergegangen. Putin folgerte, dass zuallererst der Staat entwickelt werden müsse, um eine Wiederholung solcher katastrophaler Zustände zu vermeiden.[829] Putin setzte in seiner Rede die Bedrohung des Staates mit der Not des einzelnen Bürgers gleich. In dieser Hinsicht verbinden sich auch hier klassische Elemente der Bedrohungswahrnehmung mit einer neuen, auf das Individuum ausgerichteten Sichtweise.[830] In seiner Rede sprach der Präsident einen empfindlichen Nerv bei der Bevölkerung an, bedauert doch immer noch die Mehrheit der Bevölkerung den Zusammenbruch der Sowjetunion (vgl. Tabelle 9 „Bedauern Sie den Zusammenbruch der UdSSR?").

Tabelle 9: Bedauern Sie den Zusammenbruch der UdSSR?[831]

Bedauern Sie den Zusammenbruch der UdSSR?	1992	2006	2011
Ja	66	61	53
Nein	23	30	32
Schwer zu beantworten	11	9	16

---

829 Vgl. Putin, Vladimir (2005): Annual Address to the Federal Assembly, 25. April, unter: http://archive.kremlin.ru/eng/speeches/2005/04/25/2031_type70029type 82912_87086.shtml (Zugriff 04.04.2013).
830 Auch wenn es die Rede im Jahr 2005 war, auf die die heftige Reaktion im Ausland erfolgte, so hatte Putin das Grundthema bereits mehr als ein Jahr zuvor bei einer Wahlrede angesprochen. Damals erklärte er mit ähnlicher Begründung den Zerfall der Sowjetunion zur nationalen Tragödie kolossalen Ausmaßes. Er ergänzte allerdings auch unzweideutig: „Heute sollten wir die Realität anerkennen in der wir leben. Wir können uns nicht ständig umschauen und auf das schimpfen, was war. Wir müssen nach vorn schauen." Trotz dieses Kontexts findet das herausgerissene Zitat in der Ukrainekrise häufig Gebrauch bei Politikern und Wissenschaftlern sowie in den Medien. Putin, Vladimir (2004a): Putin sožaleet o končine Sovetskogo Sojuza. Predvybornaja reč' v izloženii agenstva AR, Putin bedauert das Ende der Sowjetunion. Eine Rede vor den Wahlen in der Fassung der Agentur AP, 16. Februar, unter: http://www.centrasia.ru/newsA.php?st=1076879220 (Zugriff 04.04.2013).
831 Vgl. Levada (2012a): Russian Public Opinion 2010-2011, From Opinion toward Understanding, Moskau, S. 313, Auszug Tabelle 19.44.

Von denjenigen, die den Zusammenbruch der UdSSR bedauern, tun dies die meisten, weil sie das Zerreißen des einheitlichen Wirtschaftssystems bedauern (vgl. Tabelle 10 „Hauptgrund, warum der Zusammenbruch der UdSSR bedauert wird"). Die Schwerpunktsetzung des Präsidenten auf den Bereich der Wirtschaft spiegelt sich folglich bei der Bevölkerung wider und stellt kein Elitenphänomen dar.

Tabelle 10: Hauptgrund, warum der Zusammenbruch der UdSSR bedauert wird[832]

Was ist der Hauptgrund, warum Sie den Zusammenbruch der UdSSR bedauern (in Prozent derjenigen, die ihn bedauern)?	1999	2006	2011
Die Menschen fühlen sich nicht mehr einer Großmacht angehörig	29	55	45
Ein einheitliches Wirtschaftssystem wurde zerstört	60	49	48
Es ist heute ein Problem frei zu reisen, in den Urlaub zu fahren	10	23	18
Bande zu Verwandten und Freunde sind zerbrochen	29	35	34
Man hat nicht mehr das Gefühl, überall zu Hause zu sein	10	25	20
Es gibt mehr gegenseitiges Misstrauen und Bitterkeit	32	36	41
Schwer zu beantworten	7	3	1

In der von Medvedev verabschiedeten Außenpolitischen Konzeption der Russischen Föderation findet sich der Schutz der Interessen des Individuums genauso prominent wieder wie die Ablehnung eines für die Wirtschaft und die innere Entwicklung verheerenden erneuten Wettrüstens. Für die internationale Stabilität wird zunehmend die wirtschaftliche Interdependenz als Schlüsselfaktor gesehen.[833] Und wie richtig insbesondere letztere Annahme war, musste Russland wenige Tage nach Veröffentlichung der Konzeption erleben. Im Zuge des Georgienkrieges verloren Anleger ihr Vertrauen in den russischen Markt und zogen ihre Gelder von der Moskauer Börse ab. Investitionen wurden zurückgehalten

---

832 Vgl. Levada (2012a): Russian Public Opinion 2010-2011, From Opinion toward Understanding, Moskau, S. 313, Auszug Tabelle 19.45, Mehrfachnennungen möglich.
833 Vgl. Medvedev, Dmitrij (2008b): The Foreign Policy Concept of the Russian Federation, 28. Juni, United Nations MaximsNews Network, 31. Juli, unter: http://www.maximsnews.com/news20080731russiaforeignpolicyconcept10807311601.htm (Zugriff 06.04.2013).

und Unternehmen in Europa bekamen Schwierigkeiten, sich bei lokalen Banken zu refinanzieren.[834]

Wesentlicher Beweggrund für die Betonung der Wirtschaft dürfte die Erkenntnis sein, welch' destruktive Kraft für den gesellschaftlichen Zusammenhalt von Armut ausgeht. Das Ringen um die soziale Einheit wurde deshalb auf allen Ebenen ausgetragen. So wies bereits das Konzept der nationalen Sicherheit der Russischen Föderation von 1997 der Russisch-Orthodoxen Kirche, aber auch allen anderen Kirchen, eine bedeutsame Rolle bei der Bewahrung der traditionellen Werte zu.[835] Eine Gesellschaft, die nicht mehr von einer Staatsideologie zusammengalten wird (die heutige Verfassung verbietet diese sogar)[836] stellt nach Auffassung der heutigen Eliten die größte Gefahr für die Stabilität des Staates dar und benötigt neue verbindende Elemente. In Putins Rede zur Entwicklungsstrategie Russlands bis zum Jahr 2020 wurde dies besonders deutlich: „Im Vergleich zum Jahre 1991 betrugen [Ende 1999] die realen Einkünfte der Einwohner nur 40 Prozent, die Renten noch weniger. In Folge hatte ein Drittel der Einwohner Einkünfte unter dem Existenzminimum. Was bedeutet das? Das bedeutet, ein Drittel unserer Staatsbürger war verarmt, vollständig. Die schwere wirtschaftliche und soziale Situation und der Verlust von Werten führte[n] zu einem psychologischen Schlag gegen die Gesellschaft. Das führte zur Steigerung der sozialen Krankheit, Korruption und Kriminalität. Das führte wiederum zur demographischen Krise. (…) Das Wichtigste, was wir erreicht haben ist Stabilität, die es erlaubt zu planen, zu arbeiten und sich eine Familie aufzubauen."[837]

Alt ist die Erkenntnis, dass die Stabilität des Staates vom Zusammenhalt der Gesellschaft abhängt. Neu ist in Russland die Erkenntnis, dass diese Stabilität durch die Wohlfahrt der Gesellschaft erreicht werden kann. Wirtschaftlicher Erfolg oder

---

834 Vgl. Eitelhuber, Norbert (2009): The Russian Bear: Russian Strategic Culture and What it Implies for the West, in: Connections, The Quarterly Journal, Vol. 9, Nr. 1, Hrsg. Partnership for Peace Consortium of Defense Academies and Security Studies Institutes, Garmisch-Partenkirchen, S. 21.
835 Vgl. Yeltsin, Boris (1997): Russian National Security Blueprint, Rossiiskaya Gazeta, 26. Dezember, unter: http://www.fas.org/nuke/guide/russia/doctrine/blueprint.html (Zugriff 18.02.2013).
836 Art 13 (2) Keine Ideologie darf als staatliche oder verbindliche festgelegt werden. Russische Föderation (1993): Verfassung, Übersetzung: Lehrstuhl Prof. Dr. Martin Fincke, Passau, unter: http://www.constitution.ru/de/part1.htm (Zugriff 23.11.2012).
837 Putin, Vladimir (2008): Entwicklungsstrategie Russlands bis zum Jahr 2020, Rede vor dem Staatsrat, 8. Februar, deutsche Übersetzung von Ella Rack für russland.RU, unter: http://russland.ru/reden/morenews.php?iditem=23 (Zugriff 16.03.2013).

genauer die Wohlfahrt der Bevölkerung wird zur neuen Legitimationsgrundlage der Elite. Die Regierung muss sich durch Leistung legitimieren. In dieser Hinsicht kann von einer völlig neuen Wahrnehmung des Individuums gesprochen werden, die einen wesentlichen Wandel in der strategischen Kultur darstellt.

Gegenwärtig wird sowohl von der Bevölkerung als auch der zukünftigen Elite eine autoritäre Regierung, die sich auf die Lösung der sozioökonomischen Probleme konzentriert, bevorzugt.[838] Die Abhängigkeit der Eliten von dem wirtschaftlichen Erfolg des Landes verdeutlicht auch der schwindende Zuspruch für den Präsidenten seit dem Jahr 2008, dem Jahr der Finanzkrise (vgl. Abbildung 10 „Popularitätswerte Putins und Medvedevs"). In früheren Jahren wurde mit Hilfe propagandistischer Maßnahmen die Popularität Putins vor den Duma- und Präsidentschaftswahlen gesteigert. Dies gelang im Jahr 2011 erstmals nicht.

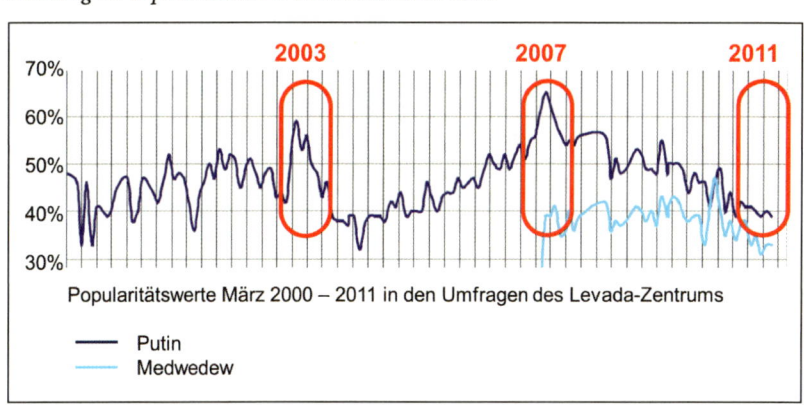

Abbildung 10: Popularitätswerte Putins und Medvedevs[839]

Ein wesentlicher Grund hierfür war, dass sich die soziale Lage der Bevölkerung seit 2008 nicht mehr kontinuierlich verbessert hat (vgl. Abbildung 7 „Bevölkerungsanteil unterhalb des Existenzminimums", S. 177). Auch in der Entwicklung des realen Einkommens (vgl. Abbildung 11 „Entwicklung des realen

---

838 Vgl. Valdai Club, Hrsg. (2013): Russian Elite – 2020, ein Valdai Discussion Club Grantees Analytical Report, Moskau, unter: http://vid-1.rian.ru/ig/valdai/Russian_elite_2020_eng.pdf (Zugriff 22.12.2013), S. 57.
839 Schröder, Henning (2011): Vortrag im Rahmen des Arbeitskreises Russische Außen- und Sicherheitspolitik, Stiftung Wissenschaft und Politik, Berlin, Ausschnitt einer Abbildung ergänzt um Markierung des Zeitraums der Duma-/Präsidentschaftswahlen.

Einkommenszuwachses"), beziehungsweise des realen BIP (vgl. Abbildung 12 „Entwicklung des realen BIP"), spiegelt sich der Abbruch der positiven Entwicklung im Jahr 2008 wider.[840]

Abbildung 11: Entwicklung des realen Einkommenszuwachses[841]

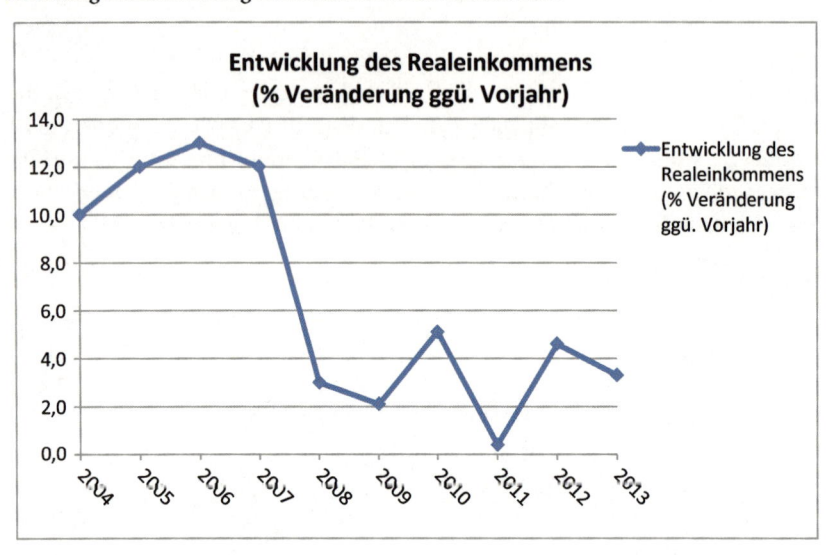

Entwicklung des Realeinkommens (% Veränderung ggü. Vorjahr)

Jahr	Entwicklung des Realeinkommens (% Veränderung ggü. Vorjahr)
2004	10,0
2005	12,0
2006	13,0
2007	12,0
2008	3,0
2009	2,1
2010	5,2
2011	0,5
2012	4,6
2013	3,3

---

840 Neben der „stagnierenden" wirtschaftlichen Entwicklung trugen auch andere Faktoren zu der sinkenden Popularität Putins bei. Hierzu dürfte vor allem die Aussage Putins und Medvedevs beim Parteitag der Partei Einiges Russland im Jahr 2011 gezählt werden, als beide unumwunden zugaben, dass der Tausch ihrer Ämter seit langem abgesprochen gewesen sei. Viele Bürger fühlten sich hierdurch als Wähler düpiert. Die Wahrnehmung einer steigenden Korruption in der Staatsführung dürfte ihren Teil beigetragen haben.

841 Daten aus Botschaft der Bundesrepublik Deutschland Moskau / Deutsch-Russische Auslandshandelskammer / u. a. (2014): Russland in Zahlen, Aktuelle Wirtschaftsdaten für die Russische Föderation, März, unter: http://russland.ahk.de/fileadmin/ahk_russland/2014/Publikationen/Russland-in-Zahlen/Russland_in_Zahlen_XIII_web.pdf (Zugriff 14.06.2014), S. 20.

Abbildung 12: Entwicklung des realen BIP[842]

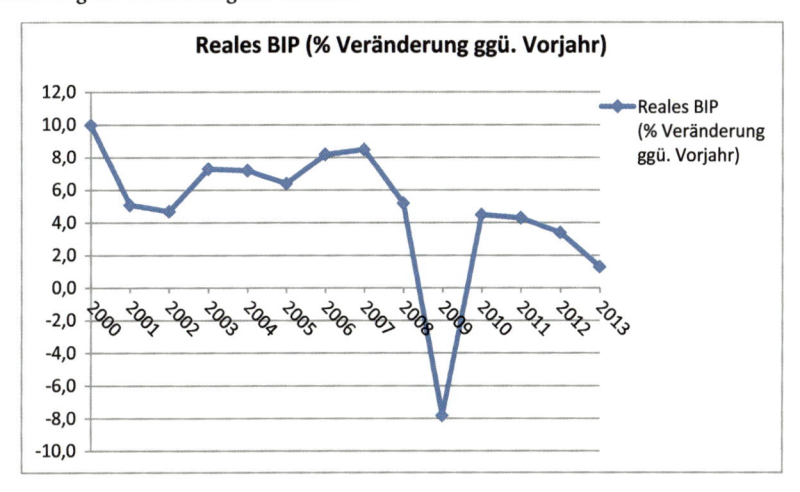

Reales BIP (% Veränderung ggü. Vorjahr)

Um die Modernisierung des Landes voran zu bringen, konnte nicht auf die zwei größten Modernisierungsanstrengungen in der Geschichte des Landes zurückgegriffen werden. Denn wie Medvedev richtig feststellte, brachten sowohl die Bemühungen von Pëtr I. als auch die der Sowjetzeit wirtschaftlichen Zusammenbruch, Erniedrigung und den Tod von Millionen von Landsleuten.[843] Um die Wohlfahrt der Bevölkerung mehren zu können, war vor allem eine Abkehr von der Militarisierung des Staates erforderlich, die über Jahrhunderte hinweg das Land geprägt und in seiner Entwicklung behindert hatte. Bereits unter Jelzin setzte sich diese Erkenntnis durch. Russland zog 800.000 Soldaten, 400.000 sie unterstützende Zivilisten und 500.000 Familienangehörige bis 1994 aus Osteuropa ab. Zuvor hatte Egor Gajdar, stellvertretender Ministerpräsident, bereits eine Reduzierung der militärischen Beschaffungen um 80 Prozent angewiesen. Der Anteil der Militärausgaben am BIP wurde von über 20 Prozent auf fünf Prozent

---

842 Daten von Bank of Finland Institute for Economies in Transition – BOFIT (2014): BOFIT Russia Statistics 2004-2013, macroeconomic indicators, 17. April unter: http://www.suomenpankki.fi/bofit_en/seuranta/venajatilastot/Pages/default.aspx (Zugriff 14.06.2014) sowie Bank of Finland Institute for Economies in Transition – BOFIT (2011): BOFIT Russia Statistics 1990-2007, macroeconomic indicators, 30. April, unter: http://www.suomenpankki.fi/bofit_en/seuranta/venajatilastot/Documents/BOFIT_RussiaStatistics_1990_2007.pdf (Zugriff 14.06.2014).
843 Vgl. Medvedev, Dmitrij (2009b): Go Russia!, Artikel, 10. September, unter: http://eng.news.kremlin.ru/news/298 (Zugriff 07.04.2013).

zurückgeführt (vgl. Abbildung 9 „Militärausgaben 1988-2010 in Prozent vom BIP, Russland und USA im Vergleich"). Die Stärke der russischen Streitkräfte sank von rund vier Millionen im Januar 1992 auf 1,7 Millionen Ende 1996. Im Juli 1997 wurde von Jelzin eine weitere Reduzierung um 500.000 Mann angeordnet. Hunderte Generäle wurden in Pension geschickt. Aus Furcht vor einer Destabilisierung des politischen Systems sind zu keiner Zeit, selbst unter Stalin nicht, so viele militärische Entscheidungsträger aus den Streitkräften entfernt worden. Leon Aron, der diesen Reduzierungsprozess eindrücklich beschreibt, führt ihn zurück auf: (1) den geschwächten Zugriff des Staates auf die Wirtschaft, (2) den begrenzenden Einfluss der öffentlichen Meinung, der freien Medien sowie einer auf Wettbewerb basierenden Politik auf imperialistische Bestrebungen und (3) – als wichtigsten Punkt – auf eine neue Schwerpunktsetzung bei den nationalen Prioritäten (Wandel der Kriterien für nationale Größe, die schrittweise Befreiung der Gesellschaft vom Staat).[844]

Aron traf seine Analyse zu einer Zeit, als die russische Wirtschaft am Boden lag. Es stellt sich also die Frage, welche Entwicklungen zu erwarten sind, wenn die wirtschaftliche Leistungsfähigkeit steigt. Fareed Zakaria sieht eine unmittelbare Wechselwirkung zwischen wachsender Wirtschaft und steigendem Nationalismus. Der wirtschaftliche Erfolg fördere den Stolz und dieser wiederum das Bestreben, Anerkennung und Respekt in der Welt zu erlangen. Muss in einer solchen Situation das westliche Narrativ der Weltgeschichte akzeptiert werden, kann dies zu Frustration führen.[845] Die Unzufriedenheit mit der globalen Dominanz des westlichen Systems unter den russischen Eliten kann genau auf solch eine Logik zurückzuführen sein.

John Mearsheimer führt an, dass die Abkehr von einer Massenarmee die Wahrscheinlichkeit eines übersteigerten Nationalismus, einer der Hauptursachen für Krieg, reduziere. Der Staat müsse bei kleinen Streitkräften nicht den Nationalismus schüren, um die Opferbereitschaft der Bevölkerung für die Streitkräfte aufrecht zu erhalten. Mearsheimer ergänzt, dass Kernwaffen einen wesentlichen Beitrag dazu leisten, Streitkräfte im Umfang klein halten zu können.[846] In der heutigen Zeit reicht es für Russland völlig aus, seine Streitkräfte

---

844 Vgl. Aron, Leon (1998): Russia's New Foreign Policy, American Enterprise Institute for Public Policy Research, Russian Outlook, Frühling, Washington, D.C., S. 2.
845 Vgl. Zakaria, Fareed (2008a): The Rise of the Rest, in: Newsweek Magazine, 3. Mai, unter: http://www.thedailybeast.com/newsweek/2008/05/03/the-rise-of-the-rest.html (Zugriff 12.08.2012).
846 Vgl. Mearsheimer, John J. (1990): Back to the Future, Instability in Europe After the Cold War, in: International Security, Vol. 15, Nr. 1, Sommer, S. 20.

so auszutarieren, dass sie in regionalen Konflikten siegreich sein können und zugleich die strategische Abschreckung wahren können.[847]

Russland hat, wie zuvor dargestellt, kein Interesse an einer erneuten umfänglichen Militarisierung des Staates. Diese gäbe der Wirtschaft nur einen kurzfristigen Wachstumsimpuls, wie die Geschichte Russlands gezeigt hat.[848] Bestenfalls die sektorale Förderung einzelner militärischer Hightech-Bereiche wäre unter dem Gesichtspunkt von Spin-off-Effekten auf die zivile Wirtschaft vertretbar. Langfristig wäre die Wirkung einer Militarisierung des Staates für die Erreichung des eigentlichen Zieles – dauerhafte Wohlfahrt – kontraproduktiv. Um Wohlfahrt zu schaffen wird gefordert, alle Mittel des Staates auf eine nachhaltige Wirtschaftsentwicklung auszurichten. Insbesondere der Außenpolitik des Landes wird hierbei eine zentrale Rolle beigemessen. Kozyrev drückte dies pointiert wie folgt aus: „The „supertask" of Russian diplomacy in all areas is to make the utmost, concrete contributions to the improvement of the everyday life of Russian citizens."[849]

Innenpolitisch versuchen die Eliten, die neue Priorität „Wohlfahrt" mit alten Rezepten zu erreichen. Ihnen gilt weiterhin der starke Staat (siehe Kapitel 4.3.2 „Adjektive der Macht", S. 234) als Instrument der Wahl. Lev Gudkov schätzt, dass sich inzwischen circa 60-70 Prozent der Volkswirtschaft wieder unter

---

847 Vgl. Graham, Thomas (2010): The Sources of Russia's Insecurity, Survival: Global Politics and Strategy, Vol. 52, Nr. 1, Februar/März, S. 68.

848 Auch Putin wendet sich vehement gegen die Logik der Militarisierung: „Leider hören wir mehr und mehr das Argument, eine Steigerung der Militärausgaben könne die heutigen sozialen und wirtschaftlichen Probleme lösen. Die Logik ist simpel genug. Zusätzliche Militäretats schaffen im Anfangsstadium neue Arbeitsplätze. Das ist evident. Auf den ersten Blick klingt das nach einer guten Methode zur Bekämpfung von Krise und Arbeitslosigkeit. Kurzfristig mag diese Strategie sogar ganz wirksam sein. Langfristig aber wird Militarisierung das Problem nicht lösen, sondern es vielmehr vorübergehend unterdrücken. Was sie tatsächlich tut, ist riesige finanzielle und weitere Ressourcen aus der Wirtschaft herauszupressen, anstatt bessere und klügere Verwendungen dafür zu finden." Putin, Vladimir (2009): Rede des russischen Premierministers zur Eröffnung des Weltwirtschaftsforums, 28. Januar, Davos, Übersetzung von Zeit-Fragen ein Partner von Tlaxcala, Übersetzernetzwerk für sprachliche Vielfalt, unter: http://www.tlaxcala.es/pp.asp?lg=de&reference=7086 (Zugriff 07.04.2013).

849 Kozyrev, Andrei (1992): Russia: A Chance for Survival, in: Foreign Affairs, Vol. 71, Nr. 2, S. 10.

staatlicher Kontrolle befinden.[850] Darin dürfte sich die etatistische Prägung der Elite widerspiegeln, die in den radikalen marktwirtschaftlichen Reformen der 1990er Jahre auch den Kontrollverlust über wichtige Machtfaktoren sah.[851] Aus dem Blickwinkel der strategischen Kultur bedeutet dies, dass der Schock des Zusammenbruchs der Sowjetunion zwar zu einer Veränderung der Präferenz für Gewalt (massive Reduzierung der Militarisierung des Staates) geführt hat, nicht aber zu einer Veränderung der Präferenz für eine autoritäre Herrschaft (ein starker Staat sowohl im politischen als auch im wirtschaftlichen Bereich).

Ursache hierfür kann die als Ausbeutung des Landes wahrgenommene Liberalisierung der russischen Wirtschaft zu Beginn der 1990er Jahren sein, der – so die Auffassung der Eliten und weiter Teile der Bevölkerung – nur mit Hilfe eines starken Staates entgegen gewirkt werden könne. Im Energiesektor, dem Schlüsselsektor der russischen Wirtschaft, kommt dies besonders deutlich zum Ausdruck: „The most critical step for Russia is to resolutely denounce the colonial-style agreements with the global monopolies that were signed in the first half of the 1990s, which either directly violate Russian laws (…) or cause unacceptable damage to Russia. The latter include production-sharing agreements (…) whereby foreign investors receive almost all the profits from Russian oil and natural gas. Meanwhile, Russia not only fully compensates their overblown production costs, but owes them money as well."[852] Aufgrund der festen Verankerung einer Präferenz für einen starken Staat ist es auch nicht verwunderlich, dass es Präsident Medvedev nicht gelang, den einzelnen Bürger stärker in die Verantwortung für die Entwicklung des Landes zu nehmen.[853] Aber auch Med-

---

850 Vgl. Gudkov, Lev (2013): Fatale Kontinuitäten. Vom sowjetischen Totalitarismus zu Putins Autoritarismus, in: Osteuropa, 63. Jg., Nr. 5-6, S. 292.
851 Vgl. Rieber, Alfred J. (2007): How Persistent Are Persistent Factors?, in: Russian Foreign Policy in the Twenty-First Century and the Shadow of the Past, Hrsg. Legvold, Robert, Columbia University Press, New York, S. 224.
852 Delyagin, Mikhail (2006): Assessing Russia's Energy Doctrine, in: Russia in Global Affairs, Vol. 4, Nr. 4, Oktober-Dezember, S. 139.
853 In seinem Artikel „Go Russia!" argumentierte Medvedev gegen die Staatszentriertheit: „And for the sake of our future it is necessary to liberate our country from persistent social ills that inhibit its creative energy and restrict our common progress. These ills include: 1. Centuries of economic backwardness and the habit of relying on the export of raw materials, actually exchanging them for finished products. Peter the Great, the last tsars and the Bolsheviks all created – and not unsuccessfully – elements of an innovative system. But the price of their successes was too high. As a rule, it was done by making extreme efforts, by using all the levers of a totalitarian state machine. (…) 2. Centuries of corruption have debilitated Russia from time immemorial. (…)

vedev wendete sich gegen revolutionäre Experimente, mit deren Hilfe der Wandel der Wirtschaft eventuell beschleunigt werden könnte. Auch für ihn ist soziale Stabilität das höchste Gut.[854] Zu Recht kann gesagt werden: „The Kremlin thinks not in terms of citizens' rights but in terms of the population's needs."[855] Der Befriedigung der Konsumentenwünsche wird der Vorrang vor den Bürgerrechten, die die Grundlage einer liberalen Demokratie bilden, eingeräumt.

Wenn auch weiterhin der starke Staat dominiert, so war doch ein bedeutsamer Wandel zu einer entmilitarisierten Gesellschaft zu beobachten. Dieser Wandel der strategischen Kultur wurde vermutlich ermöglicht, weil es, anders als bei anderen prägenden Umbrüchen wie der *Smuta* oder der bolschewistischen Machtübernahme (beides Fälle wo es zum gesellschaftlichen und wirtschaftlichen Kollaps kam) 1991 keine existenzielle äußere Bedrohung gab und die Auflösung der Sowjetunion nicht von einer das ganze Land erfassenden Revolution begleitet worden war.

Auch die umfassendste Elitenstudie der jüngeren Zeit belegt: Die Sorge der Elite gilt vor allem den inneren Problemen des Landes. Bedrohungen von außen werden zwar als grundsätzlich gefährlich erachtet, aber als weitaus weniger akut als die inneren Herausforderungen wie wirtschaftliche Probleme oder die Gefahr ethnischer Konflikte. Dabei spricht die Studie den Eliten einen ausgeprägten Realitätssinn zu. Stärken und Schwächen des politischen und wirtschaftlichen Systems würden klar erkannt.[856]

Die Fokussierung der russischen Eliten auf das wirtschaftliche Wohlergehen der Gesellschaft reduziert nach Auffassung der Anhänger des wirtschaftlichen

---

3. Paternalistic attitudes are widespread in our society, such as the conviction that all problems should be resolved by the government. Or by someone else, but never by the person who is actually there." Medvedev, Dmitrij (2009b): Go Russia!, Artikel, 10. September, unter: http://eng.news.kremlin.ru/news/298 (Zugriff 07.04.2013).

854 „Hasty and ill-considered political reforms have led to tragic consequences more than once in our history. They have pushed Russia to the brink of collapse. We cannot risk our social stability and endanger the safety of our citizens for the sake of abstract theories. We are not entitled to sacrifice stable life, even for the highest goals." Medvedev, Dmitrij (2009b): Go Russia!, Artikel, 10. September, unter: http://eng.news.kremlin.ru/news/298 (Zugriff 07.04.2013).

855 Krastev, Ivan (2007): Russia vs Europe: the sovereignty wars, 5. September, unter: http://www.opendemocracy.net/globalization-institutions_government/sovereign_democracy_4104.jsp (Zugriff 23.07.2012).

856 Vgl. Valdai Club, Hrsg. (2013): Russian Elite – 2020, ein Valdai Discussion Club Grantees Analytical Report, Moskau, unter: http://vid-1.rian.ru/ig/valdai/Russian_elite_2020_eng.pdf (Zugriff 22.12.2013), S. 48.

Liberalismus die Wahrscheinlichkeit eines Waffenganges.[857] Nach Auffassung des Neorealismus ist allerdings die dem Liberalismus zugrundeliegende Annahme, Staaten strebten primär nach Wohlstand, falsch. Er leitet dies primär daraus ab, dass Staaten gleichzeitig in einem internationalen politischen als auch einem internationalen wirtschaftlichen System agieren, wobei das erstere dominiert, wenn es zum Konflikt zwischen diesen beiden Ebenen kommt. Da das politische System nach Auffassung der Neorealisten anarchisch ist und somit Staaten zuvorderst um ihr eigenes Überleben besorgt sind, werden Eliten stets den politischen Erwägungen den Vorrang geben.[858] Dies bedeutet, dass der Bruch in der strategischen Kultur Russlands zwar nach Auffassung des Liberalismus zu einer Reduzierung der Kriegswahrscheinlichkeit führt, nicht aber nach Auffassung der Neorealisten. Hinsichtlich eines konfliktsensiblen Umgangs des Westens mit Russland ergeben sich hieraus weitreichende Konsequenzen. Anhänger des Liberalismus werden einzig darauf drängen, die wirtschaftliche Verflechtung mit Russland zum beiderseitigen Vorteil zu vertiefen. Doch darf an dem Erfolg dieses Ansatzes gezweifelt werden, da die russischen Eliten tief im Realismus verankert sind (vgl. Kapitel 4.1, S. 173). In einer neorealistischen Welt muss zunächst sichergestellt werden, dass die russischen Eliten keinerlei Gefahr für das Überleben des russischen Staates perzipieren. Alle Schritte, die hierzu beitragen, können langfristig große Erfolge für die Stabilität im gesamten eurasischen Raum zeitigen. Ein inklusiver Ansatz bei der NATO-Raketenabwehr ist Grundvoraussetzung dafür, dass Russland sich nicht genötigt sieht, seine schwindende nukleare Abschreckung erneut durch erweiterte konventionelle Fähigkeiten zu kompensieren.

4.4.4 Eine nicht-imperiale Großmacht

Russland kämpft mit den Hinterlassenschaften der Sowjetunion zu einer Zeit, in der sich aufgrund der Globalisierung benachbarte Regionen wirtschaftlich

---

857 Dieser Effekt wird erreicht indem (1) wirtschaftliche Kooperation den Wohlstand eines Staates mehrt und ihn so genügsamer macht, während er gleichzeitig bei einem bewaffneten Konflikt mehr zu verlieren hat, (2) die wirtschaftliche Interdependenz und damit gegenseitige Verwundbarkeit erhöht wird und (3) durch die ständig wachsende politische Kooperation der Staaten internationale Abmachungen und Organisationen eine eigenständige, die Staaten zügelnde Rolle übernehmen. Vgl. Mearsheimer, John J. (1990): Back to the Future, Instability in Europe After the Cold War, in: International Security, Vol. 15, Nr. 1, Sommer, S. 6-7, 42-44.

858 Vgl. Mearsheimer, John J. (1990): Back to the Future, Instability in Europe After the Cold War, in: International Security, Vol. 15, Nr. 1, Sommer, S. 6-7, 44-46.

immer dynamischer entwickeln. Russland droht gegenüber neuen Wachstumszentren wie China und Indien relativ betrachtet zurückzufallen. Aus Sicht der Nachbarn verliert das russische Modell, trotz all der aus sowjetischer Zeit verbindenden Faktoren, an Attraktivität.[859] Um seinen Großmachtstatus langfristig bewahren zu können, muss Russland ein attraktives sozio-ökonomische Modell bieten. Die Notwendigkeit hierfür wurde erkannt (vgl. Kapitel 4.4.3 „Wirtschaft, die wahre Legitimation", S. 259).

Das Erbe der Sowjetunion, ein wirtschaftlich ineffizientes System, das die damalige Überrüstung des Staates erhalten musste, zwang aufgrund seines völligen Versagens die Eliten zu der beschriebenen Neuausrichtung. Doch wie lässt sich dieser Bruch in der strategischen Kultur mit dem tief verwurzelten Streben nach Anerkennung und Großmachtstatus verbinden? Ist das Streben nach einem Großmachtstatus nicht die Gegenthese zum Streben nach Wohlfahrt der Bevölkerung?

Um dieser Frage nachzugehen, ist zunächst genauer zu klären, was eine Großmacht (und damit einen eigenständigen Pol im internationalen System) ausmacht. In den Augen eines (Neo-)Realisten ist eine Großmacht ein Staat, der in der Lage wäre, einen konventionellen Krieg gegen den stärksten Staat im internationalen System zu führen. John Mearsheimer fügt hinzu, dass dieser Staat heutzutage auch eine nukleare Abschreckungsfähigkeit besitzen muss. Nach diesen Kriterien erkennt Mearsheimer neben den USA nur China und Russland als Großmächte an.[860] Dieses rein auf Machtprojektion aufbauende Verständnis ergänzt Iver Neumann durch den Faktor, dass auch die formelle und informelle Anerkennung dieses Status durch andere Großmächte ein Kriterium darstellt. Diese Anerkennung wurde Russland in seiner Geschichte wiederholt verweigert.[861] Neumann nähert sich mit seiner Weiterung des Großmachtverständnisses der Sicht der Konstruktivisten an, die einen Staat dann als Großmacht erachten, wenn er ein bestimmendes Mitglied in formellen und informellen internationalen Institutionen ist.[862] Russland erfüllt auch nach dieser Definition

---

859 Vgl. Graham, Thomas (2010): The Sources of Russia's Insecurity, Survival: Global Politics and Strategy, Vol. 52, Nr. 1, Februar/März, S. 62-66.
860 Vgl. Mearsheimer, John J. (2006a): Conversations in International Relations: Interview, Teil I, in: International Relations, Vol. 20, Nr. 1, London/Thousand Oaks/New Delhi, S. 113.
861 Vgl. Neumann, Iver B. (2008): Russia as a great power, 1815–2007, in: Journal of International Relations and Development, Vol. 11, S. 129.
862 Vgl. Neumann, Iver B. (2007): When did Russia become a Great Power? Realist, Constructivist and Post-Structuralist Answers, Paper presented at the annual

die Kriterien einer Großmacht. Es ist in nahezu allen internationalen Institutionen als stimmgewichtiges Mitglied vertreten. Am bedeutsamsten ist sein mit einem Vetorecht versehener permanenter Sitz im Sicherheitsrat der Vereinten Nationen. In Erweiterung der dargestellten realistischen und konstruktivistischen Definitionen werden in der Literatur zahlreiche weitere Kriterien angeführt, um eine Großmacht zu beschreiben. Im Falle Russlands gehören hierzu vor allem seine Bedeutung für die Weltwirtschaft aufgrund des enormen Rohstoffreichtums und der hieraus resultierenden Einnahmen, seine geopolitische Lage als eurasische Macht sowie seine Bedeutung für die Lösung globaler Herausforderungen und Krisen.

Russland nutzt seinen Großmachtstatus aber nicht nur, um seine außenpolitischen Interessen (Achtung, Sicherheit, Mitsprache) durchzusetzen. Ihm gilt der Großmachtstatus auch als ein nach innen identitätsstiftendes Merkmal (zu den verschiedenen Zielen von Großmachtstreben siehe Abbildung 13).

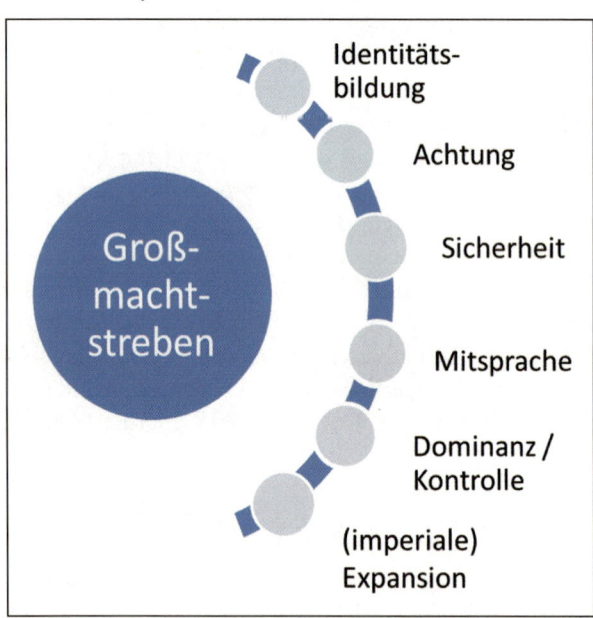

Abbildung 13: Ziele von Großmachtstreben

Großmachtstreben
- Identitätsbildung
- Achtung
- Sicherheit
- Mitsprache
- Dominanz / Kontrolle
- (imperiale) Expansion

meeting of the International Studies Association 48th Annual Convention, Chicago, 28. Februar, unter: http://www.allacademic.com/meta/p179679_index.html (Zugriff 15.09.2013).

Garejew sieht die Wiedergeburt Russlands als Großmacht als einen der wichtigsten Entwicklungsfaktoren des Landes an. Historische Traditionen sowie die Entwicklung der Gesellschaft und des Staates erforderten diesen Status. Der Glaube an ein starkes und unabhängiges Russland forme eine Klammer, die die Völker und Regionen zusammenhalte. Garejew spitzt dies zu auf die Aussage: „Entweder ist Russland eine Großmacht – oder es gibt gar kein Russland." An einer solchen Entwicklung könne niemand ein Interesse haben, denn die in ganz Eurasien entstehenden Konflikte wären unbeherrschbar.[863] Auch Putin erkennt die mentalitätsprägende Bedeutung von Russlands Großmachtstatus: „Belief in the greatness of Russia. Russia was and will remain a great power. It is preconditioned by the inseparable characteristics of its geopolitical, economic and cultural existence. They determined the mentality of Russians and the policy of the government throughout the history of Russia and they cannot but do so at present." Putin ging aber über das historisch geprägte Selbstverständnis hinaus und forderte, dass die russische Mentalität durch neue Ideen erweitert werden müsse: „In the present world the might of a country as a great power is manifested more in its ability to be the leader in creating and using advanced technologies, ensuring a high level of people's wellbeing, reliably protecting its security and upholding its national interests in the international arena, than in its military strength."[864] In diesem Verständnis bedeutet die Abkehr von einem militarisierten Staat nicht den Verzicht auf den Status einer Großmacht. Dies ist deshalb bedeutsam, weil damit zwei fast gleich stark in der Bevölkerung ausgeprägte Präferenzen für Russlands Zukunft miteinander vereinbart werden können – respektierte Großmacht versus Staat mit hohem Lebensstandard, selbst wenn Russland nicht eines der mächtigsten Länder ist (vgl. Tabelle 11 „Was sollte Russland vor allem sein?").

---

863 Vgl. Garejew, Machmut Achmetowitsch (2008): Russland muss erneut eine Großmacht werden, Die Einführung einer langfristigen strategischen Planung ist notwendig, Referat zur Tagung der Akademie der Militärwissenschaften, 19. Januar, in: Militär-Industrie-Kurier (VPK), Nr. 2 (218), Ausgabe 16.-22. Januar, Moskau, Übersetzung Lemcke, Egbert / Preiß, Frank, unter: http://www.sicherheitspolitik-dss.de/autoren/preisz/elfp0802.pdf (Zugriff 02.03.2013).
864 Putin, Vladimir (1999): Russia at the Turn of the Millennium, ursprünglich veröffentlicht in: Nezavisimaja gazeta, 30. Dezember, unter: http://www.uio.no/studier/emner/hf/ilos/RUS2502/v05/RUSSIA%20AT%20THE%20TURN%20OF%20THE%20MILLENNIUM.doc (Zugriff 21.07.2012).

Tabelle 11: Was sollte Russland vor allem sein?[865]

Was sollte Russland vor allem sein?	2003	2007	2011
Eine Großmacht, vor der andere Staaten Respekt haben und sich fürchten	43	39	42
Ein Staat mit einem hohen Lebensstandard, selbst wenn es eventuell nicht eines der mächtigsten Länder der Welt ist	54	56	53
Schwer zu beantworten	3	5	6

Aus der grundsätzlichen Befürwortung des Großmachtstatus lässt sich nicht ablesen, welches Verständnis von Großmacht von den Befragten zugrunde gelegt worden ist. Sabine Fischer weist darauf hin, dass in den 1990er Jahren allen Weltbildern, von den Liberalen über die Realisten bis hin zu den geopolitischen Nationalisten, die Idee von Russland als Großmacht eigen war, sie jedoch mit dem Begriff Großmacht unterschiedliche Konnotationen verbanden.[866] Welches Verständnis von Großmacht bei der herrschenden politischen Elite überwiegt, muss daher später genauer untersucht werden.

Ob Russland derzeit eine Großmacht ist, wird von der Bevölkerung geteilt wahrgenommen (vgl. Tabelle 12 „Ist Russland gegenwärtig eine Großmacht?").

Tabelle 12: Ist Russland gegenwärtig eine Großmacht?[867]

Ist Russland gegenwärtig eine Großmacht?	1999	2007	2011
Definitiv ja	12	17	11
Eher ja, als nein	19	36	36
Eher nein, als ja	34	31	35
Definitiv nein	31	11	11
Schwer zu beantworten	4	5	6

Dies ist dahingehend von Bedeutung, weil das Streben nach einem Großmachtstatus in der Bevölkerung nahezu ungeteilte Zustimmung erfährt (vgl. Tabelle 13 „Soll Russland wieder Supermacht werden?") und mit dem nicht befriedigten

---

865 Vgl. Levada (2012a): Russian Public Opinion 2010-2011, From Opinion toward Understanding, Moskau, S. 21, Tabelle 3.2.7.
866 Vgl. Fischer, Sabine (2003): Russlands Westpolitik in der Krise 1992-2000. Eine konstruktivistische Untersuchung, Studien der Hessischen Stiftung Friedens- und Konfliktforschung, Bd. 43, Campus Verlag, Frankfurt/New York, 320-321.
867 Vgl. Levada (2012a): Russian Public Opinion 2010-2011, From Opinion toward Understanding, Moskau, S. 21, Auszug Tabelle 3.2.8.

Wunsch nach Ansehen für das eigene Land korreliert (vgl. Tabelle 14 „Internationale Position Russlands"). Die Politik steht also vor der Bredouille, einerseits die Präferenz der Bevölkerung nach einem großen Russland nicht mehr gänzlich befriedigen zu können, andererseits die Wohlfahrt des Volkes fördern zu müssen, um den inneren Zusammenhalt zu wahren.

Tabelle 13: Soll Russland wieder Supermacht werden?[868]

Unterstützen Sie die Idee, dass Russland seinen Supermacht-Status wieder erlangen soll?	1999	2011
Definitiv ja	59	40
Eher ja	26	38
Eher nein	6	12
Definitiv nein	1	2
Schwer zu beantworten	7	7

Tabelle 14: Internationale Position Russlands[869]

Glauben Sie, dass Russland die internationale Position innehat, die es tatsächlich verdient, oder verdient das Land ein weit besseres internationales Ansehen?	2000	2010
Das Land hat die Position, die es verdient	20	26
Das Land verdient eine bessere Position	66	65
Das Land verdient noch nicht einmal die Position, die es derzeit inne hat	8	4
Schwer zu beantworten	6	5

Evgenij Primakov betonte zum Amtsantritt als Außenminister, dass die Außenpolitik Russlands den Status einer Großmacht reflektieren, aber dennoch auf dem Prinzip beidseitig förderlicher Partnerschaft basieren werde. Alle von ihm genannten wesentlichen Ziele russischer Außenpolitik waren begrenzt auf das regionale Umfeld.[870] Hierin zeigte sich eine Selbstbeschränkung gegenüber dem

---

868 Vgl. Levada (2012a): Russian Public Opinion 2010-2011, From Opinion toward Understanding, Moskau, S. 22, Tabelle 3.2.9.
869 Vgl. Levada (2012a): Russian Public Opinion 2010-2011, From Opinion toward Understanding, Moskau, S. 272, Tabelle 18.1.
870 Vgl. Radio Free Europe, Radio Liberty (1996): Primakov on Russian Foreign Policy, Newsline, Scott Parrish, 15. Januar, unter: http://www.rferl.org/content/article/1141087.html (Zugriff 08.03.2013).

globalen Anspruch der Sowjetunion. Es sollten vorrangig die negativen Folgen des Zusammenbruchs der Sowjetunion eingehegt werden. Kritisch könnte eingewandt werden, dass sich der imperiale Anspruch Moskaus einzig aufgrund der begrenzteren Handlungsoptionen auf das „*Sammeln der Lande der Sowjetunion*" beschränken würde, sich aber ansonsten an der grundsätzlichen Politikausrichtung nichts geändert habe. Dieses Argument macht es erforderlich, sich die Mittel und Wege, mit denen Moskau seine Ziele verfolgt, näher anzusehen.

1997, zum siebten Jahrestag der Souveränität der Russischen Föderation, erklärte Jelzin in einer Fernsehansprache: „A great power is not mountains of weapons and subjects with no rights. A great power is a self-reliant and talented people with initiative.... In the foundation of our approach to the building of the Russian state... is the understanding that the country begins with each of us. And the sole measure of the greatness of our Motherland is the extent to which each citizen of Russia is free, healthy, educated, and happy."[871] Bereits Jelzin wagte also eine Neudefinition des Begriffs Großmacht, die auf Friedfertigkeit und Wohlfahrt aufbaut.

Im Konzept der nationalen Sicherheit der Russischen Föderation (Blueprint) von 1997 wurde aber sehr wohl deutlich, dass der Begriff „Großmacht" weiterhin eng mit der Möglichkeit, in einer multipolaren Welt Einfluss zu nehmen, verbunden ist. Die regionalen Ambitionen sollten aber auf der Basis einer freiwilligen integrationsorientierten Zusammenarbeit der GUS-Mitglieder verfolgt werden. Hegemoniale und expansionistische Ziele wurden verneint, stünden sie letztlich doch im Gegensatz zur Schaffung soziopolitischer Stabilität entlang der russischen Grenzen sowie der Vermeidung zentrifugaler Kräfte in Russland selbst. Insofern verwundert es nicht, dass auf „politische, wirtschaftliche und andere nicht militärische Mittel" gesetzt wurde, bei dem Bemühen, bewaffnete Konflikte zu vermeiden.[872] Die Eliten haben sich also bereits sehr früh unter dem Eindruck des Zerfallsprozesses der Sowjetunion für den Vorrang der Wohlfahrt entschieden. Diese Entscheidung brachte es mit sich, dass die militärischen Mittel nicht in einem Zustand waren, um größere Konflikte führen zu können. Die Kosten eines gewaltsamen Konfliktaustrages

---

871 Zitiert nach Aron, Leon (1998): Russia's New Foreign Policy, American Enterprise Institute for Public Policy Research, Russian Outlook, Frühling, Washington, D.C., S. 2.
872 Vgl. Yeltsin, Boris (1997): Russian National Security Blueprint, Rossiiskaya Gazeta, 26. Dezember, unter: http://www.fas.org/nuke/guide/russia/doctrine/blueprint.html (Zugriff 18.02.2013).

wollte man ebenfalls vermeiden, stehen sie doch konträr zu den eigenen Prioritäten. Brzezinski weist darauf hin, dass auch die Bevölkerung eine geopolitische Regionalstrategie Russlands ablehnt, wie beispielsweise an den öffentlichen Reaktionen auf den Tschetschenienkrieg ablesbar war. Sie war nicht bereit, deren materielle Kosten zu tragen oder gar mit dem Blut ihrer Soldaten dafür zu bezahlen. Einzig der Einsatz wirtschaftlicher und diplomatischer Instrumente fand Akzeptanz.[873]

Trotz der Bestrebung, bewaffnete Konflikte zu vermeiden, darf dies nicht mit einem fehlenden Gestaltungswillen gleichgesetzt werden. Außenminister Lavrov sagte, es sei naiv, von Russland zu erwarten, mit der Rolle eines geführten Staates zufrieden zu sein. Russland sei zu kooperativer Zusammenarbeit bereit, wolle aber in Diskussionen durch Argumente überzeugt werden. Sollte Russland als globaler Akteur es für erforderlich halten zu handeln, so erfolge dies im Rahmen multilateraler und kollektiver Ansätze.[874] Auch Putin hält es für sinnvoll, auf die Regelungskraft des Völkerrechts sowie ein zu stärkendes System multilateraler Abkommen zu setzen, um in einer multipolaren Welt „Chaos und Unberechenbarkeit zu vermeiden".[875] Sogar hohe Militärs wie Armeegeneral Garejew plädieren dafür, vorrangig auf nichtmilitärische Mittel zurückzugreifen.[876] In dieser Hinsicht besteht Konsens zwischen den Eliten und der Bevölkerung, denn auch diese befürwortet mehrheitlich Verhandlungslösungen (vgl. Tabelle 15 „Welche Aussage über die Beziehungen Russlands zu anderen Staaten teilen Sie?").

---

873 Vgl. Brzezinski, Zbigniew (2004): Die einzige Weltmacht, Amerikas Strategie der Vorherrschaft, 8. Auflage, Fischer Taschenbuchverlag, aus dem Amerikanischen von Angelika Beck, Frankfurt am Main, S. 167-168.
874 Vgl. Lavrov, Sergej (2006): Russia in Global Politics, Artikel des russischen Außenministers in Moskovkiye Novosti, 3. März, unter: http://www.mid.ru/brp_4.nsf/sps/95B31F180DF8E060C32571260053D5F9 (Zugriff 06.04.2013).
875 Vgl. Putin, Vladimir (2009): Rede des russischen Premierministers zur Eröffnung des Weltwirtschaftsforums, 28. Januar, Davos, Übersetzung von Zeit-Fragen ein Partner von Tlaxcala, Übersetzernetzwerk für sprachliche Vielfalt, unter: http://www.tlaxcala.es/pp.asp?lg=de&reference=7086 (Zugriff 07.04.2013).
876 Vgl. Garejew, Machmut Achmetowitsch (2008): Russland muss erneut eine Großmacht werden, Die Einführung einer langfristigen strategischen Planung ist notwendig, Referat zur Tagung der Akademie der Militärwissenschaften, 19. Januar, in: Militär-Industrie-Kurier (VPK), Nr. 2 (218), Ausgabe 16.-22. Januar, Moskau, Übersetzung Lemcke, Egbert / Preiß, Frank, unter: http://www.sicherheitspolitik-dss.de/autoren/preisz/elfp0802.pdf (Zugriff 02.03.2013).

Tabelle 15: Welche Aussage über die Beziehungen Russlands zu anderen Staaten teilen Sie?[877]

Welche Aussage über die Beziehungen Russlands zu anderen Staaten teilen Sie?	2008	2009	2010
Russland sollte von Zeit zu Zeit seine Muskeln in den Beziehungen zu anderen Staaten spielen lassen	39	36	28
Russland sollte seine Angelegenheiten mit anderen Staaten durch Verhandlungen regeln, ohne auf Gewalt zurückzugreifen	52	56	64
Schwer zu beantworten	10	8	8

Der strategische Konsens unter den Eliten basiert offensichtlich auf zwei Faktoren: (1) der geopolitischen Mentalität der in der Sowjetunion ausgebildeten Elite und (2) einem ausgeprägten Pragmatismus, wobei die Ent-Ideologisierung und auch Ökonomisierung der russischen Außenpolitik auf einer seit längerem bestehenden utilitaristischen Strömung basieren.[878] Hierzu beigetragen hat höchstwahrscheinlich die in ihrem Ausmaß einzigartige Vermischung von wirtschaftlicher und politscher Elite.

Alle Strömungen unter den Eliten konnten sich zudem auf vier Aussagen verständigen: (1) Ein stabiles Russland mit einer wachsenden Wirtschaft ist undenkbar ohne Stabilität im postsowjetischen Raum. (2) Ein „Flicken" der unzähligen zerrissenen wirtschaftlichen und menschlichen Verbindungen ist unumgänglich. (3) Russland kann auf keinen anderen Akteur hoffen, wenn es um die Wahrung von Frieden und Stabilität in der Region geht. (4) Russlands Stellung als regionale Großmacht ist nicht verhandelbar.[879] Wenn auch über die Ziele Einigkeit besteht, so gibt es doch unterschiedliche Vorstellungen, wie diese erreicht werden können. Letztlich hat sich der kooperative Ansatz gegen den imperialen durchgesetzt.

Gegenwärtig versucht Russland, multilaterale Ansätze auf regionaler Ebene, trotz geringer Erfolge in den 1990er Jahren, weiterzuentwickeln. In der Strategie der nationalen Sicherheit der Russischen Föderation bis zum Jahr 2020 kündigt

---

877 Vgl. Levada (2012a): Russian Public Opinion 2010-2011, From Opinion toward Understanding, Moskau, S. 272, Tabelle 18.4.
878 Vgl. Polikanov, Dmitry (2002): Europäische Sicherheitspolitik als Herausforderung für Russland, in: Sicherheit für das größere Europa. Politische Optionen im globalen Spannungsfeld, Hrsg. Arnold, Hans / Krämer, Raimund, EINE Welt, Texte der Stiftung Entwicklung und Frieden, Bd. 14, Übersetzung Marco Overhaus, Bonn, S. 182-183.
879 Vgl. Aron, Leon (1998): Russia's New Foreign Policy, American Enterprise Institute for Public Policy Research, Russian Outlook, Frühling, Washington, D.C., S. 4.

Russland an, „das Potenzial der regionalen und subregionalen Integration und Koordination im Raum der Gemeinschaft Unabhängiger Staaten zu entwickeln – vor allem im Rahmen der Gemeinschaft Unabhängiger Staaten selbst, wie auch im Rahmen der Organisation des Vertrages über kollektive Sicherheit und der Eurasischen Wirtschaftsgemeinschaft."[880] Auch das politische Potenzial der Schanghai-Organisation soll genutzt werden. Welche Bedingungen erfüllt sein müssen, damit der postulierte multilaterale Regionalansatz Erfolg haben kann, wird in Kapitel 5.5 „Regional Governance", S. 375 behandelt. Die häufig geäußerten Befürchtungen, Russland wolle mit den multilateralen Organisationen seine Nachbarn dominieren und sich in deren innere Angelegenheiten einmischen, haben bislang die Integrationsprojekte behindert. Doch geht es nach der Mehrheit der Bevölkerung, und pragmatisch denkende Eliten werden den Volkswillen berücksichtigen, besteht ein breiter Konsens, sich nicht in die inneren Angelegenheiten der Nachbarstaaten einzumischen (vgl. Tabelle 16 „Welche Politik sollte Russland gegenüber der GUS verfolgen?"). Im Fall der Ukrainekrise dürfte ein wesentlicher Unterschied gewesen sein, dass die dortige Bevölkerung als „Brudervolk" angesehen wird.

Tabelle 16: Welche Politik sollte Russland gegenüber der GUS verfolgen?[881]

Welche Politik sollte Russland gegenüber der GUS verfolgen?	2005	2007	2011
Demokratische Kräfte und nach vorne gerichteten Wandel in diesen Ländern unterstützen	23	18	18
Versuchen, den gegenwärtigen Führern dieser Länder zu helfen, an der Macht zu bleiben, wenn sie loyal gegenüber Russland sind, unabhängig davon wie sie sind	14	9	15
Eigene wirtschaftliche und politische Interessen beachten und sich nicht in die inneren Angelegenheiten der Nachbarn einmischen	55	60	57
Andere Staaten (USA, China, Türkei und andere) davon abhalten, gefährlichen Druck auf diese Länder auszuüben	30	31	26
Schwer zu beantworten	11	9	8

---

880 Medvedev, Dmitrij (2009a): Die Strategie der nationalen Sicherheit der Russischen Föderation bis zum Jahr 2020, Quelle des Originals: http://www.scrf.gov.ru/documents/99.html (Zugriff 02.08.2013), Arbeitsübersetzung: Egbert Lemcke, Frank Preiß vom 29.08.2009, unter: http://www.sicherheitspolitik-dss.de/ap/ap096000.pdf (Zugriff 02.08.2013).
881 Vgl. Levada (2012a): Russian Public Opinion 2010-2011, From Opinion toward Understanding, Moskau, S. 256, Auszug Tabelle 17.2.

Die Idee der regionalen Integration trifft auf breite Zustimmung. Die gewünschte Form ist jedoch sehr unterschiedlich (vgl. Tabelle 17 „Welche Form der Beziehungen zwischen den früheren Republiken der UdSSR unterstützen Sie?"). Dies ermöglicht es den Eliten, den Weg zu gehen, der aus ihrer Sicht am erfolgversprechendsten ist.

Tabelle 17: Welche Form der Beziehungen zwischen den früheren Republiken der UdSSR unterstützen Sie?[882]

Welche Form der Beziehungen zwischen den früheren Republiken der UdSSR würden Sie unterstützen?	2002	2008	2011
Wiedererrichtung der UdSSR wie sie einmal war	21	13	14
Bewahrung der GUS in ihrer jetzigen Form	12	15	16
Schaffung einer engeren Union mehrerer Republiken, die es wollen	29	28	25
Engere Union der früheren Republiken der UdSSR vergleichbar der Europäischen Union	20	21	18
Unabhängige Existenz aller Republiken	10	14	12
Schwer zu beantworten	8	10	15

Selbstverständlich nutzt Russland, wie andere wirtschaftlich potente Mächte auch, sein ökonomisches Potenzial zur Erreichung seiner Ziele. Dabei wird wirtschaftliche Macht sowohl im Sinne von Soft-Power als auch Hard-Power eingesetzt. Während Russland beispielsweise die Vergabe von Krediten an Nachbarstaaten sowie die Gestaltung der Preise für Öl und Gas als Verhandlungs- und Druckmittel einsetzt, kann die Schaffung eines Einheitlichen Wirtschaftsraumes Russlands, Weißrusslands und Kasachstans durchaus als Versuch der Machtausübung durch Attraktivität verstanden werden. Eine Studie der Konrad-Adenauer-Stiftung konstatiert, dass Moskau bereit sei, für dieses Integrationsvorhaben erhebliche Subventionen gegenüber seiner Bevölkerung zu rechtfertigen und aufgrund der vereinbarten Arbeitnehmerfreizügigkeit eine große Zahl von Arbeitsmigranten – gegen den Wunsch der Bevölkerung – zu akzeptieren. Es zeichne sich ab, dass Russland bemüht sei, die regionale Integration zum Nutzen aller beteiligten Länder voranzubringen.[883]

---

882 Vgl. Levada (2012a): Russian Public Opinion 2010-2011, From Opinion toward Understanding, Moskau, S. 256, Auszug Tabelle 17.3.
883 Vgl. Atilgan, Canan / Baumann, Gabriele / u. a. (2014): Die Eurasische Union, Ein Integrationsprojekt auf dem Prüfstand, in: Konrad-Adenauer-Stiftung Auslandsinformationen 2/14 (Regionale Kooperationen), 30. Jahrgang, Berlin, S. 18, 50.

Auf den ersten Blick ist der Zweck dieses Vorgehens ein rein wirtschaftlicher, auf den zweiten Blick erkennt man nach Auffassung von Hannes Adomeit die geopolitischen Intentionen Russlands. Das von Putin mit Nachdruck verfolgte Ziel, auf Basis der Zollunion und des Einheitlichen Wirtschaftsraums eine Eurasische Union bis zum Jahr 2015 zu schaffen, kann im Bereich der gemeinsamen Nachbarschaft zu Friktionen mit der Europäischen Union führen. Vor allem die Ukraine sollte davon abgehalten werden, sich politisch und wirtschaftlich eindeutig in Richtung EU zu orientieren. Zwei unterschiedliche Konzepte prallen aufeinander: ein „größeres Europa" mit einem Ring von Staaten, der sich in die EU integrieren will und deren Werte teilt sowie ein „größeres Russland", das eine Einflusszone errichten möchte, in dem Werte nachrangig sind und Moskaus Einfluss überwiegt.[884] In dieser Hinsicht kann das Vorhaben sowohl als Element zur Förderung der Wohlfahrt, als auch als Element klassischer, auf regionale Stabilisierung mit friedlichen Mitteln abzielende Großmachtpolitik Russlands eingeordnet werden. Beide Ansätze entsprechen voll und ganz der strategischen Kultur des Landes.

Überraschenderweise nimmt das Projekt aber nicht nur häufig terminologische Bezüge zur Europäischen Union, sondern beinhaltet auch die Abtretung von Souveränität im Bereich der Wirtschafts- und Finanzmärkte an eine supranationale Einrichtung.[885] So kann die Eurasische Wirtschaftskommission bindende Beschlüsse treffen. Die zweite Ebene der Kommission, das Kollegium, ist befugt, mit Zweidrittelmehrheit zu entscheiden. Es gilt das Prinzip „ein Land, eine Stimme". Dies bedeutet, dass Russland, wie jeder andere Mitgliedstaat auch, durch die anderen überstimmt werden kann. Darüber hinaus sind Entscheidungen des Gerichtshofs der Eurasischen Wirtschaftsgemeinschaft für die Mitgliedstaaten bindend. Bislang zeichnete sich der Gerichtshof als entscheidungsfreudig aus. Mehrfach wurde gegen die Kommission entschieden. Dragneva und Wolczuk sehen daher im Start der Zollunion und der Schaffung des Einheitlichen Wirtschaftsraumes, die beide Grundlagen der Eurasischen Union sind, sowohl eine Begrenzung der Souveränität als auch der zwischen den Mitgliedstaaten

---

884 Vgl. Adomeit, Hannes (2012): Putin's ‚Eurasian Union': Russia's Integration Project and Policies on Post-Soviet Space, Neighbourhood policy paper Nr. 04, Juli, Hrsg. Center for International and European Studies und The Black Sea Trust for Regional Cooperation, Istanbul/Bukarest, S. 1-2, 8.

885 Vgl. Adomeit, Hannes (2012): Putin's ‚Eurasian Union': Russia's Integration Project and Policies on Post-Soviet Space, Neighbourhood policy paper Nr. 04, Juli, Hrsg. Center for International and European Studies und The Black Sea Trust for Regional Cooperation, Istanbul/Bukarest, S. 1-2.

bestehenden Asymmetrien.⁸⁸⁶ Der institutionelle Aufbau stelle eine bedeutende Weiterentwicklung gegenüber den sonstigen streng intergouvernemental ausgerichteten Institutionen der Region dar. Einschränkend wiesen Dragneva und Wolczuk aber auch darauf hin, dass die bestehenden Verfahrensweisen keine „irreversible Delegation der Entscheidungsfindung" bedingen würden.⁸⁸⁷ Trotz dieser möglichen nationalen Rückfallpositionen steht die Entwicklung der supranationalen Einrichtungen somit zumindest in einem gewissen Widerspruch zu den Aussagen Putins beim Treffen des Obersten Eurasischen Wirtschaftsrats in Astana anlässlich der Unterzeichnung des Vertrages zur Bildung der Eurasischen Wirtschaftsunion. Bei dem Treffen betonte Putin: „This document [the Treaty on the Eurasian Economic Union] will take our countries to a complete new integration level, fully retaining their national sovereignty"⁸⁸⁸. Und in der gemeinsamen Pressekonferenz mit den Präsidenten Nazarbaev und Lukašenko ergänzte Putin: „It is important that the transfer of certain authority to supranational agencies of the Union is of no detriment to the sovereignty of our states."⁸⁸⁹

---

886 Vgl. Dragneva, Rilka / Wolczuk, Kataryna (2014): Eurasian Economic Integration: Institutions, Promises and Faultlines, in: The Geopolitics of Eurasian Economic Integration, Special Report, Hrsg. The London School of Economics and Political Science, S. 9-12. Auch eine Studie der Konrad-Adenauer-Stiftung gelangte zu dem Ergebnis, dass mit den jetzigen Strukturen ein erster Schritt zur Abgabe von Souveränität gemacht worden sei, betonte aber auch, dass derzeit keine Bereitschaft der Mitgliedstaaten zu erkennen sei, den Weg in Richtung einer weitergehenden politischen Union einzuschlagen. Vgl. Atilgan, Canan / Baumann, Gabriele / u.a. (2014): Die Eurasische Union, Ein Integrationsprojekt auf dem Prüfstand, in: Konrad-Adenauer-Stiftung Auslandsinformationen 2/14 (Regionale Kooperationen), 30. Jahrgang, Berlin, S. 16-17. Zu der Entwicklung der eurasischen Integration, den Strukturen und Aktivitäten der Eurasischen Wirtschaftskommission sowie den bislang geschlossenen Abkommen zum Einheitlichen Wirtschaftsraum siehe Eurasian Economic Commission (2014): Eurasian Economic Integration: Facts and Figures, 5. April, unter: http://www.eurasiancommission.org/en/Documents/ broshura26_ENGL_2014.pdf (Zugriff 07.08.2014).
887 Vgl. Dragneva, Rilka / Wolczuk, Kataryna (2014): Eurasian Economic Integration: Institutions, Promises and Faultlines, in: The Geopolitics of Eurasian Economic Integration, Special Report, Hrsg. The London School of Economics and Political Science, S. 12.
888 Putin, Vladimir (2014h): Speech at Supreme Eurasian Economic Council meeting in narrow format, 29. Mai, unter: http://eng.kremlin.ru/transcripts/22403 (Zugriff 07.08.2014).
889 Nazarbayev, Nursultan / Putin, Vladimir / Lukashenko, Alexander (2014): Press statements following the Supreme Eurasian Economic Council meeting, 29. Mai, unter: http://eng.kremlin.ru/transcripts/22404 (Zugriff 07.08.2014).

Putins Ausführungen dürften der Beschwichtigung der nationalen konservativen Kräfte im eigenen Land aber vor allem der Kritiker in Weißrussland und Kasachstan gelten. Die erst vor knapp über 20 Jahren gewonnene Souveränität wird in den beiden post-sowjetischen Staaten noch als nahezu sakrosankt gesehen. Auch wird in diesen Staaten die Asymmetrie der ungleichen Vertragspartner am deutlichsten wahrgenommen. Dennoch sprechen die Vertragswerke eine andere Sprache. Die Eurasische Union beinhaltet eben nicht nur weitreichende Integrationsschritte, sondern explizit einen, wenn auch noch begrenzten, Souveränitätsverzicht der Vertragspartner. Sollte der insbesondere mit der Eurasischen Wirtschaftskommission und dem Gerichtshof der Eurasischen Wirtschaftsgemeinschaft eingeschlagene Weg weiter beschritten werden, so wäre dies ein weiteres Indiz dafür, dass sich die strategische Kultur Russlands nachhaltig ändert. Dragneva und Wolczuk wiesen darauf hin, dass in allen beteiligten Ländern grundlegende Entscheidungen zum Einheitlichen Wirtschaftsraum und zur Eurasischen Union unmittelbar im Präsidialapparat getroffen werden. Was die Einhaltung der neuen Regeln betrifft haben alle Präsidenten angewiesen, diese auch umzusetzen. Dies geschieht bislang, wenngleich auch nicht aufgrund einer in den umsetzenden Institutionen verankerten Rechtsstaatskultur.[890] Vergleicht man die Entwicklung der Entscheidungsstrukturen der Eurasischen Wirtschaftsgemeinschaft und der Zollunion mit den Entwicklungen in der Frühphase der Europäischen Wirtschaftsgemeinschaft, zeigt sich eine insgesamt noch stärkere intergouvernementale Auslegung.[891] Nichtsdestotrotz kann aber festgehalten werden, dass mit der Eurasischen Union in der Region ein neuer Weg betreten worden ist. Wie schnell sich diese Strukturen weiterentwickeln und auf weitere Politikbereiche ausweiten, bleibt abzuwarten. Der grundsätzliche Schritt, die eigene Souveränität in Teilbereichen nicht mehr als absolut zu erachten, wäre eine

---

890 Vgl. Dragneva, Rilka / Wolczuk, Kataryna (2014): Eurasian Economic Integration: Institutions, Promises and Faultlines, in: The Geopolitics of Eurasian Economic Integration, Special Report, Hrsg. The London School of Economics and Political Science, S. 11.

891 Vgl. Blockmans, Steven / Kostanyan, Hrant / Vorobiov, Ievgen (2012): Towards a Eurasian Economic Union: The challenge of integration and unity, Centre for European Policy Studies, Special Report Nr. 75, Dezember, Brüssel, S. 19-22. Dafür ist, aufgrund des Drucks der Präsidenten, die Geschwindigkeit der Integration im Vergleich zur damaligen Entwicklung in der Europäischen Wirtschaftsgemeinschaft deutlich höher. In wenigen Jahren sollen supranationale Einrichtungen 175 nationale Aufgaben übernehmen. Vgl. Yesdauletova, Ardak / Yesdauletov, Aitmukhanbet (2014): The Eurasian Union, Dynamics and Difficulties of the Post-Soviet Integration, in: TRAMES Nr. 1, Tallinn, S. 7-8.

logische Konsequenz der bislang festgestellten Veränderung der strategischen Kultur, die *fast alles* der sozialen Wohlfahrt (und damit der sozialen Stabilität) unterordnet – ermöglicht durch den Pragmatismus der heutigen russischen Elite.

An dieser Stelle könnte die Erörterung des russischen Großmachtverhaltens an Hand zahlreicher Ereignisse der letzten zwei Jahrzehnte nahezu beliebig ausgedehnt werden. Themen wie Medvedevs Vorschlag für die Schaffung einer euro-atlantischen Sicherheitsarchitektur oder die wiederholte Blockade von Gaslieferungen durch die Ukraine sind nur zwei Beispiele. Sicherlich lassen sich dabei auch Fälle finden, die als imperiale Großmachtpolitik interpretiert werden können. Dies ist nicht verwunderlich, wird doch eine Außenpolitik während einer Phase des Umbruchs nie widerspruchsfrei sein können. Alte Elemente werden immer wieder durchscheinen. Im Folgenden wird aber zumindest auf die wohl bekanntesten Vorwürfe imperialer Großmachtpolitik eingegangen – den Georgisch-Russischen Krieg und die Ukrainekrise.

4.4.5 Der Krieg in Georgien – Ein Beweis für Russlands neoimperiale Bestrebungen?

Das russische Vorgehen in Georgien wird vielfach als Beleg angeführt für neoimperiale Bestrebungen Moskaus und die „typisch russische" hohe Bereitschaft zum Einsatz militärischer Gewalt. Einem näheren Blick jedoch halten diese Behauptungen nicht stand, wenn man die Ereignisse vor ihrem historischen Kontext betrachtet.

Die Ursachen der heutigen Konflikte um Abchasien und Südossetien liegen im Schwerpunkt in den Ereignissen während der Zerfallsphase der Sowjetunion. Sehr wohl handelte es sich aber in beiden Fällen um seit langem immer wieder aufwallende Konfliktherde. So kam es zuletzt mehr als zehn Jahre vor dem Zerfall der Sowjetunion im Jahr 1978 zu heftigen Auseinandersetzungen zwischen Abchasen und Georgiern. Bereits damals forderten die Abchasen, die staatliche Verbindung mit Georgien aufzulösen. So erstaunt es nicht, dass sich bereits im März 1989 zehntausende Abchasen in dem sogenannten „abchasischen Brief" für den Austritt Abchasiens aus dem georgischen Staatsverband, in den sie erst unter Stalin in den 1930er Jahren überführt worden waren, aussprachen. Aufgrund starker georgischer Immigration stellten die Abchasen aber nur noch eine Minderheit in ihrer eigenen Autonomen Republik.[892] Dies erklärt die hohe Zahl

---

892 Vgl. Altrichter, Helmut (2009): Russland 1989. Der Untergang des sowjetischen Imperiums, Verlag C.H. Beck, München, S. 244-245.

georgischer Flüchtlinge und Vertriebener in den später folgenden gewaltsamen Konflikten.

Monate vor dem Ende der Sowjetunion erklärte Georgien am 9. März 1990 seine Unabhängigkeit. Das von Gorbatschow initiierte Referendum zur Bestätigung des Fortbestandes der Sowjetunion am 17. März 1990 wurde bereits boykottiert. Stattdessen ließ man sich am 31. März 1990 die Unabhängigkeit in einer von der internationalen Staatengemeinschaft nicht anerkannten Volksbefragung bestätigen. Bereits der erste demokratisch vom Volk gewählte Präsident, Zviad Gamsachurdija, verhängte einseitig eine Wirtschaftsblockade gegen Russland und ersuchte die NATO um Aufnahme Georgiens, zu einer Zeit, als das Land völkerrechtlich noch eine Unionsrepublik der Sowjetunion war. Der Westen aber hatte kein Interesse daran, den Zusammenbruch der größten Atommacht der Welt zu forcieren.[893] Schlimmer für die Entwicklung der ethnischen Konflikte wog die „Georgien-den-Georgiern"-Politik des sich zum Diktator wandelnden Präsidenten Gamsachurdija. Die nationalen Minderheiten wurden neben den demokratischen Kräften „zu den ersten Opfern des vom Präsidenten proklamierten »militanten georgischen Christentums«"[894] US-Präsident Bush nahm in einer in Kiev gehaltenen Rede indirekt Bezug auf die georgischen Entwicklungen: „Americans will not support those who seek independence in order to replace a far-off tyranny with a local despotism. They will not aid those who promote a suicidal nationalism based upon ethnic hatred. We will support those who want to build democracy."[895] Dies bedeutete eine klare Abfuhr der USA an die von Gamsachurdija erhoffte stärkere Westbindung.

Am 25. August 1990 hoben die abchasischen Deputierten im regionalen Obersten Sowjet die Zugehörigkeit Abchasiens zu Georgien auf. Dem vorausgegangen war die Annullierung aller Verträge der georgischen Regierung durch die Georgier. Verschärft wurde die Stimmung durch ein in georgischen Zeitungen

---

893 Vgl. Manutscharjan. Aschot (2009): Die innenpolitische Entwicklung Georgiens von 1991 bis 1996 unter besonderer Berücksichtigung der Sezessionskonflikte, in: Die Sezessionskriege in Georgien, Schriftenreihe zur internationalen Politik, Band 1, Hrsg. Reiter, Erich, Wien/Köln/Weimar, S. 71-74.

894 Manutscharjan. Aschot (2009): Die innenpolitische Entwicklung Georgiens von 1991 bis 1996 unter besonderer Berücksichtigung der Sezessionskonflikte, in: Die Sezessionskriege in Georgien, Schriftenreihe zur internationalen Politik, Band 1, Hrsg. Reiter, Erich, Wien/Köln/Weimar, S. 72.

895 Bush, George (1991): Remarks to the Supreme Soviet of the Republic of the Ukraine in Kiev, Soviet Union, 1. August, unter: http://bushlibrary.tamu.edu/research/public_papers.php?id=3267 (Zugriff 12.08.2014).

angekündigtes georgisches Sprachregime. In Südossetien beispielsweise beherrschte so gut wie niemand diese Sprache.[896] Im November 1989 schließlich bat der Gebietssowjet von Südossetien um Anerkennung als autonome Republik im Staatsverband. Als Reaktion hierauf marschierten bewaffnete Georgier nach Chinvali. Die Minderheiten im Land, die nun alle fürchten mussten, gewaltsam „georgisiert" zu werden, strebten entweder, wie Südossetien, an, eine eigene Sowjetrepublik zu werden oder die Sowjetunion als Ganzes fortbestehen zu lassen. Nach dem Putsch gegen Gamsahurdija im Dezember 1991 versank das Land im Chaos. Bis 1995 fehlte eine funktionierende Staatsgewalt. Eduard Ševardnadze, dem die Putschisten das Präsidialamt angetragen hatten, verfolgte den militanten georgischen Nationalismus weiter. Auf Vermittlung Russlands hin gelang es im Juli 1992 dennoch, einen Waffenstillstand für Südossetien auszuhandeln und eine russisch-georgische Friedenstruppe zu implementieren. Russland hatte aufgrund der Sezessionsprobleme im eigenen Land durchaus ein Interesse, die territoriale Integrität Georgiens zu wahren. Nachdem das georgische Parlament im Januar 1996 den russisch-georgischen „Freundschaftsvertrag" ratifiziert hatte, war Moskau sogar bereit, Druck auf Chinvali auszuüben.[897] Die Ursachen des Konflikts konnten aber nicht gelöst werden und schwelten weiter.

In Abchasien kam es ebenfalls bereits 1992 zu einem Waffengang. Nachdem Georgien 1991 der Region die Autonomierechte entzogen hatte, beschloss der Oberste Sowjet von Abchasien die Separation. In dem anschließenden, brutal geführten Krieg drohte die georgische Militärregierung offen mit der Auslöschung der abchasischen Zivilbevölkerung.[898] Der amerikanische Präsident Bush hingegen begrüßte „die jüngsten Bemühungen zur Herstellung der nationalen Einheit Georgiens"[899]. Die noch in Abchasien stationierten russischen Truppen wahrten

---

896 Vgl. Altrichter, Helmut (2009): Russland 1989. Der Untergang des sowjetischen Imperiums, Verlag C.H. Beck, München, S. 247-249.
897 Vgl. Manutscharjan. Aschot (2009): Die innenpolitische Entwicklung Georgiens von 1991 bis 1996 unter besonderer Berücksichtigung der Sezessionskonflikte, in: Die Sezessionskriege in Georgien, Schriftenreihe zur internationalen Politik, Band 1, Hrsg. Reiter, Erich, Wien/Köln/Weimar, S. 73-78.
898 Vgl. Manutscharjan. Aschot (2009): Die innenpolitische Entwicklung Georgiens von 1991 bis 1996 unter besonderer Berücksichtigung der Sezessionskonflikte, in: Die Sezessionskriege in Georgien, Schriftenreihe zur internationalen Politik, Band 1, Hrsg. Reiter, Erich, Wien/Köln/Weimar, S. 79-80.
899 Zitiert nach Manutscharjan. Aschot (2009): Die innenpolitische Entwicklung Georgiens von 1991 bis 1996 unter besonderer Berücksichtigung der Sezessionskonflikte, in: Die Sezessionskriege in Georgien, Schriftenreihe zur internationalen Politik, Band 1, Hrsg. Reiter, Erich, Wien/Köln/Weimar, S. 80.

Neutralität. Während Tiflis ein Hilfsgesuch nach Moskau sandte und Moskau darauf hin lediglich seine Vermittlerdienste anbot, „arbeitete die georgische Regierung insgeheim darauf hin, sich der NATO als »Aufmarschgebiet« an der südlichen Grenze Russlands anzubieten."[900] Die wiederholten Versuche Georgiens, die NATO an die russische Südflanke zu holen, sprachen unmittelbar die in der strategischen Kultur Russlands tief verankerte Präferenz für Sicherheit an. Aus dem Blickwinkel der strategischen Kultur betrachtet war der nun folgende Politikwechsel Moskaus vorhersehbar. Immer wieder versuchte Russland, in Abkommen mit Georgien eine Zusicherung zu erlangen, dass Georgien keinen Blöcken oder Abkommen beitreten würde, die gegen Russland gerichtet seien. Russland begann, „den Abchasienkonflikt zur Festigung der eigenen politischen Position und für die Destabilisierung des Regimes von Eduard Ševardnadze zu nutzen."[901] Die in Abchasien stationierten Verbände griffen auf Seite der Abchasen ein. Ševardnadze sprach von einer imperialistischen Politik Moskaus, die vor allem von der militärischen Führung Russlands ausginge. Dies hielt ihn aber nicht davon ab, im Oktober 1993 auf russische Unterstützung bei der Bekämpfung aufständischer Truppen des gestürzten Präsidenten Gamsahurdijas in Megrelien zurückzugreifen.[902]

Im Vorfeld der Präsidentschafts- und Parlamentswahlen im November 1995 machte Ševardnadze deutlich, dass er für eine militärische Rückeroberung von Abchasien und Südossetien stehe, wenn es keine Verhandlungslösung gäbe. Um dieses Ziel zu erreichen, standen ihm inzwischen 50.000 Mann zur Verfügung, die mit russischer Unterstützung ausgebildet worden waren. Abchasien, das sich im November 1994 für unabhängig erklärt hatte, sah sich bei den Verhandlungen starkem Druck aus Moskau ausgesetzt, in die georgische Föderation

---

900 Manutscharjan. Aschot (2009): Die innenpolitische Entwicklung Georgiens von 1991 bis 1996 unter besonderer Berücksichtigung der Sezessionskonflikte, in: Die Sezessionskriege in Georgien, Schriftenreihe zur internationalen Politik, Band 1, Hrsg. Reiter, Erich, Wien/Köln/Weimar, S. 81
901 Manutscharjan. Aschot (2009): Die innenpolitische Entwicklung Georgiens von 1991 bis 1996 unter besonderer Berücksichtigung der Sezessionskonflikte, in: Die Sezessionskriege in Georgien, Schriftenreihe zur internationalen Politik, Band 1, Hrsg. Reiter, Erich, Wien/Köln/Weimar, S. 82-83.
902 Vgl. Manutscharjan. Aschot (2009): Die innenpolitische Entwicklung Georgiens von 1991 bis 1996 unter besonderer Berücksichtigung der Sezessionskonflikte, in: Die Sezessionskriege in Georgien, Schriftenreihe zur internationalen Politik, Band 1, Hrsg. Reiter, Erich, Wien/Köln/Weimar, S. 84-86.

zurückzukehren.[903] Es gelang Moskau zwar nicht, Abchasien zu diesem Schritt zu bewegen, aber es gelang ihm, Ševardnadze zu einer auf Ausgleich bedachten Politik gegenüber Abchasien und Südossetien zu verpflichten und so einen erneuten Waffengang zu vermeiden. Beim OSZE-Gipfel in Istanbul 1999 wurde schließlich für einen der bislang strittigsten Punkte, die Räumung der russischen Militärbasen auf georgischem Territorium, eine Teillösung gefunden.[904] Zwei der verblieben vier Standorte sollten kurzfristig geschlossen werden. Die meisten der von der Sowjetunion übernommenen 1.600 Basen und sonstigen militärischen Einrichtungen waren bereits zwischen 1997 und 1999 geschlossen worden. 2005 schließlich fand sich nicht nur für die verbliebenen zwei Standorte eine Lösung, sondern auch für die georgischen Schulden und die abschließende Grenzziehung zwischen den beiden Staaten. Russland war dabei, seine Beziehungen zu Georgien auf die Basis von Beziehungen zu einem „fremden Staat" zu stellen, was bedeutete, dass es unter anderem bevorzugte Konditionen bei Energielieferungen verlieren würde.[905] Die Existenz der Standorte hatte in der Vergangenheit zu einer verstärkten Ausrichtung der georgischen Außenpolitik auf den Westen geführt[906] und kann daher als kontraproduktiv zu den russischen Zielen gewertet werden. So, wie die sich hinziehende Frage der militärischen Standorte, wirkte sich auch die Unterbrechung der russischen Gaslieferungen während der Pankisi-Krise[907] langfristig eher gegen Russland aus, denn Georgien

---

903 Manutscharjan. Aschot (2009): Die innenpolitische Entwicklung Georgiens von 1991 bis 1996 unter besonderer Berücksichtigung der Sezessionskonflikte, in: Die Sezessionskriege in Georgien, Schriftenreihe zur internationalen Politik, Band 1, Hrsg. Reiter, Erich, Wien/Köln/Weimar, S. 90-91.
904 Vgl. Halbach, Uwe (2007): Russland und Georgien: Konfrontation im Umfeld Europas, Stiftung Wissenschaft und Politik, Aktuell Nr. 32, Juni, S. 2.
905 Vgl. Sokov, Nikolai (2005): The Withdrawal of Russian Military Bases from Georgia: Not Solving Anything, PONARS Policy Memo 363, Monterey Institute of International Studies, Juni, unter: http://www.ponarseurasia.com/sites/default/files/policy-memos-pdf/pm_0363.pdf (Zugriff 12.08.2014), S. 2, 7.
906 Vgl. Kleinhaß, Silke (2008): Die Außenpolitik Georgiens: Ein 'failing state' zwischen internem Teilversagen und externen Chancen, Berlin, S. 91.
907 Während des Tschetschenienkrieges nutzten tschetschenische Kämpfer das Pankisi-Tal als Rückzugsraum. Russland bat Georgien entweder selbst gegen die Kämpfer vorzugehen oder Russland ein Eingreifen zu genehmigen. Ševardnadze leugnete zunächst die Existenz der Kämpfer und gestand erst nach den Terroranschlägen vom 11. September 2001 ein, dass es im Pankisi-Tal tschetschenische Kämpfer gibt. Er schritt aber dennoch nicht gegen diese ein. Schließlich flog Russland ohne georgische Genehmigung Angriffe im Pankisi- und im Kodori-Tal. Als Reaktion fordert

begann, seine Energieversorgung zu diversifizieren und räumte damit anderen Akteuren, insbesondere den USA, Einfluss ein. Georgien entwickelte sich zum zweitgrößten Pro-Kopf-Empfänger amerikanischer Hilfsgelder, setzte aber die daran geknüpften Reformforderungen nur oberflächlich um.[908]
Ševardnadze musste im November 2003 im Zuge der Rosenrevolution zurücktreten, und dies nicht nur aufgrund der massiven Wahlfälschungen und Korruptionsvorwürfe gegen sein Kabinett, sondern auch, weil der von ihm eingeschlagene Verhandlungsweg zur Lösung der Konflikte mit Abchasien und Südossetien keinen Erfolg gebracht hatte. Der neue georgische Präsident, Miheil Saakašvili, schloss eine militärische Lösung dieser Konflikte nicht mehr aus.[909] Dennoch kam es vorübergehend zu einer russisch-georgischen Annäherung. Saakašvili gelang es, mit russischer Vermittlung, Adscharien wieder in den georgischen Staat einzugliedern. Im Juli 2004 endete die kooperative Phase aber bereits wieder, als Saakašvili nunmehr Südossetien zurückzugewinnen suchte, damit scheiterte und dann eine zweite Front in Abchasien aufmachte. Dabei ging er so weit, allen ausländischen Schiffen, die Abchasien anliefen, mit der Versenkung zu drohen. Ein Affront gegenüber Russland. Für die Regierung Saakašvili wurde die Rückgewinnung der abtrünnigen Republiken zum bestimmenden Thema der georgischen Außenpolitik.[910] In diesem Kontext verfolgte Saakašvili die Integration in euro-atlantische Strukturen, weil er sich von einer NATO-Mitgliedschaft und einem stärkeren Engagement der EU im Rahmen

---

das georgische Parlament den Abzug der russischen Friedenstruppen in Abchasien. Erst als im März 2002 die USA behaupteten, Al-Quaida-Terroristen hielten sich dort auf, nahm Georgien amerikanische Hilfe an, um die Kontrolle in der Region zurückzugewinnen. Vgl. Kleinhanß, Silke (2008): Die Außenpolitik Georgiens: Ein 'failing state' zwischen internem Teilversagen und externen Chancen, Berlin, S. 91-92.

908 Vgl. Kleinhanß, Silke (2008): Die Außenpolitik Georgiens: Ein 'failing state' zwischen internem Teilversagen und externen Chancen, Berlin, S. 92-94.
909 Manutscharjan. Aschot (2009): Die innenpolitische Entwicklung Georgiens von 1991 bis 1996 unter besonderer Berücksichtigung der Sezessionskonflikte, in: Die Sezessionskriege in Georgien, Schriftenreihe zur internationalen Politik, Band 1, Hrsg. Reiter, Erich, Wien/Köln/Weimar, S. 100.
910 Vgl. Kleinhanß, Silke (2008): Die Außenpolitik Georgiens: Ein 'failing state' zwischen internem Teilversagen und externen Chancen, Berlin, S. 104-106.

der Nachbarschaftspolitik die Lösung der territorialen[911] Konflikte versprach.[912] Und tatsächlich erhielt er während des Georgienbesuchs von Präsident Bush entsprechende Signale: „Georgia is today (…) a beacon of liberty for this region and the world. (…) The American people will stand with you, (…) you've got a solid friend in America."[913] Im Juli 2006, beim Gegenbesuch Saakašvilis in Washington, befürwortete Bush erstmalig offiziell eine georgische NATO-Mitgliedschaft.[914] Nur kurze Zeit später, im Herbst des gleichen Jahres, scheute sich Saakašvili nicht, Moskau durch die Verhaftung und provokante Behandlung von vier russischen Offizieren wegen Spionage in der Weltöffentlichkeit vorzuführen.[915] Russland, mit seinem in der strategischen Kultur angelegten deutlichen Streben nach Anerkennung, reagierte entsprechend heftig, erließ eine ganze Reihe von Sanktionen und ging gegen illegale georgische Migranten vor. Georgien warf Russland vor, es habe kein Interesse, die Konflikte in Abchasien und Georgien zu lösen. Mittels der von Russland kontrollierten Instabilität des Landes wolle es dessen NATO-Beitritt verhindern. Russland warf im Gegenzug Georgien vor, sich nicht deutlich genug von einer militärischen Lösung des Konflikts zu distanzieren. Deshalb müssten auch die russischen Friedenstruppen im Land verbleiben.[916]

Im April 2007 unterzeichnete Präsident Bush den „NATO Freedom Consolidation Act of 2007", der die Bereitstellung von Haushaltsmitteln für die

---

911 Saakašvili bezeichnete die Konflikte in einer Rede vor dem Parlament im Februar 2006 als „territoriale Konflikte". Es ginge um die Aufteilung eines „post-imperialen Raumes" und darum, wo das Territorium eines früheren Imperiums ende. Er lehnte die Beschreibung „ethnischer Konflikt" ab. Zitiert nach Kleinhanß, Silke (2008): Die Außenpolitik Georgiens: Ein 'failing state' zwischen internem Teilversagen und externen Chancen, Berlin, S. 114. Mit dieser Argumentation lehnte Saakašvili zugleich jegliche georgische Verantwortung für die Konflikte und für eventuelle Fehlschläge bei der Rückführung der Gebiete in den georgischen Staatsverband ab. Ebd.
912 Vgl. Halbach, Uwe (2007): Russland und Georgien: Konfrontation im Umfeld Europas, Stiftung Wissenschaft und Politik, Aktuell Nr. 32, Juni, S. 4.
913 Zitiert nach CNN.com (2005): Bush: Georgia 'beacon of liberty', Auszüge der Rede vom 10. Mai, veröffentlicht 11. Mai, unter: http://edition.cnn.com/2005/WORLD/europe/05/10/bush.tuesday/ (Zugriff 12.08.2014).
914 Vgl. Kleinhanß, Silke (2008): Die Außenpolitik Georgiens: Ein 'failing state' zwischen internem Teilversagen und externen Chancen, Berlin, S. 107.
915 Vgl. Halbach, Uwe (2007): Russland und Georgien: Konfrontation im Umfeld Europas, Stiftung Wissenschaft und Politik, Aktuell Nr. 32, Juni, S. 1-2.
916 Vgl. Halbach, Uwe (2007): Russland und Georgien: Konfrontation im Umfeld Europas, Stiftung Wissenschaft und Politik, Aktuell Nr. 32, Juni, S. 3.

Heranführung weiterer Staaten, unter anderem Georgiens, an die NATO vorsah.[917] Ein Jahr später, im April 2008, erhielt Saakašvili, obgleich er im Innern zunehmend auf den Einsatz von Machtmitteln setzte und Menschenrechte verletzte[918], die lange ersehnte Zusage für die NATO-Mitgliedschaft seines Landes. Beim NATO-Gipfel in Bukarest beschlossen die Staats- und Regierungschefs: „We agreed today that these countries [Georgia and Ukraine] will become members of NATO. (…) MAP [Membership Action Plan] is the next step for Ukraine and Georgia on their direct way to membership. Today we make clear that we support these countries' applications for MAP."[919] Während der Regierungsjahre Saakašvilis begann eine beispiellose Aufrüstung. Während Georgien im Jahr 2003 unter Ševardnadze gerade einmal 1,1 Prozent seines BIP für die Streitkräfte ausgab, stieg der Anteil bis zum Jahr 2007 kontinuierlich bis auf 9,2 (!) Prozent an.[920] Russland und die Sezessionsgebiete fürchteten, dass diese Streitkräfte zur gewaltsamen Konfliktlösung genutzt werden sollten.[921] Und sie behielten Recht. In der Nacht vom 7. auf den 8. August 2008, just als die Welt auf die Eröffnung der Olympischen Sommerspiele in Peking schaute, griffen die georgischen Streitkräfte mit voller Wucht Chinvali an. Die USA hatten, wie William Burns, Under Secretary for Political Affairs, in einer Senatsanhörung deutlich machte, Georgien vor dem Einsatz von Gewalt „deutlich und wiederholt" gewarnt.

---

917 Vgl. The White House, Office of the Press Secretary (2007): President Bush Signs the NATO Freedom Consolidation Act of 2007 on Monday, April 9, unter: http://georgewbush-whitehouse.archives.gov/news/releases/2007/04/20070410.html (Zugriff 12.08.2014).

918 Siehe beispielsweise Human Rights Centre (2008): Georgia: A Flickering Beacon of Democracy. Human Rights in Georgia in 2007, Tiflis, unter: http://humanrights.ge/admin/editor/uploads/pdf/ Annual%20Report%20HRIDC%202008.pdf (Zugriff 12.08.2014).

919 NATO (2008): Bucharest Summit Declaration, Issued by the Heads of State and Government participating in the meeting of the North Atlantic Council, 3. April, Bukarest, unter: http://www.nato.int/cps/en/natolive/official_texts_8443.htm (Zugriff 12.08.2014), Ziff. 23.

920 Vgl. SIPRI (2014): Military Expenditure Database, Military expenditure by country as percentage of gross domestic product, 1988-2013 unter: http://www.sipri.org/research/armaments/milex/milex_database/ milexdata1988-2012v2.xsls (Zugriff 12.08.2014).

921 Vgl. Kleinhanß, Silke (2008): Die Außenpolitik Georgiens: Ein 'failing state' zwischen internem Teilversagen und externen Chancen, Berlin, S. 117.

Ein solcher Schritt sei „kurzsichtig und basiere auf schlechter Beratung".[922] Zwar hatte sich der russische Generalstab seit 2006/07 durch die Ausbildung südossetischer Milizen auf die Abwehr eines georgischen Angriffs vorbereitet,[923] auch gab es massive gegenseitige Provokationen vor Ausbruch der Kampfhandlungen, aber letztlich handelte es sich eindeutig um eine georgische Aggression, die einen klaren Verstoß gegen das Völkerrecht darstellte, wie die im Auftrag des Rats der Europäischen Union arbeitende international hoch geachtete „Independent International Fact-Finding Mission on the Conflict in Georgia" feststellte.[924] Die Anerkennung Südossetiens und Abchasiens als eigenständige Staaten spiegelt aus russischer Sicht den Präzedenzfall Kosovo wider. Vom Westen wird dieser Begründungszusammenhang massiv bestritten, so habe es keine die Abspaltung begründenden schweren und andauernden Menschenrechtsverletzungen und erst recht nicht den von Russland behaupteten Genozid in Südossetien gegeben. Doch wie schwach dieses Differenzierungskriterium für die Legitimität einer Abspaltung ist, zeigt sich daran, dass im Jahr 2014 noch nicht einmal alle EU-Staaten den Kosovo anerkannt hatten. Die harte Reaktion Moskaus auf den georgischen Angriff mag somit zwar als Aufzeigen einer „roten Linie" Moskaus bezüglich der NATO-Erweiterung verstanden werden, als Beleg für ein neoimperiales Vorgehen Russlands hingegen dient sie nicht. Auch die unverhältnismäßige russische Gewaltausübung nach dem Zurückschlagen des georgischen Angriffs stellt keine Besonderheit russischer Kriegführung dar. So schrieb der

---

922 Burns, William J. (2008): Georgia and Russia, Testimony before the Senate Committee on Foreign Relations of the Under Secretary for Political Affairs, 17. September, Washington, D.C., unter: http://2001-2009.state.gov/p/us/rm/2008/109825.htm (Zugriff 13.08.2014).

923 Vgl. Ludwig, Michael (2012): Putin und Medwedjew: Männerfreunde entfremden sich, in: Frankfurter Allgemeine Online, 9. August, unter: http://www.faz.net/aktuell/politik/ausland/putin-und-medwedjew-maennerfreunde-entfremden-sich-11850103.html (Zugriff 10.08.2012). Die georgische Interpretation, diese Vorbereitungen zeigten, dass Russland schon länger vorgehabt hätte, in einem fremden Staat einzugreifen, dient allein der georgischen Öffentlichkeitsarbeit. Jegliche militärische Führung ist gehalten, sich auf Eventualfälle vorzubereiten. Das russische Vorgehen zeigt vielmehr, dass der russische Generalstab die Wahrscheinlichkeit einer georgischen Aggression als sehr hoch eingestuft hat und seine in Südossetien stationierten Friedenskräfte als nicht hinreichend stark erachtete, die Wucht des ersten georgischen Angriffs alleine aufzufangen.

924 Vgl. Tagliavini, Heidi / u. a. (2009): Independent International Fact-Finding Mission on the Conflict in Georgia – Report, erstellt im Auftrag des Rats der Europäischen Union, unter: http://www.ceiig.ch/Report.html (Zugriff 31.03.2012).

frühere US-amerikanische Justizminister Ramsey Clark über das US-amerikanische Töten während des Golfkrieges 1991: „In Wirklichkeit gab es keinen Krieg. Keinen Kampf. Es gab lediglich einen planvollen, systematischen Völkermord an einer wehrlosen Bevölkerung, wobei die Täter kaum einen Fuß auf irakischen Boden setzen mußten."[925] Auch während des Libanonkrieges 2006 (2. Libanonkrieg beziehungsweise 33-Tage-Krieg) war ein ähnliches Verhalten bei einem Staat des politischen Westens zu beobachten. Amnesty International schrieb: „The evidence strongly suggests that the extensive destruction of public works, power systems, civilian homes and industry was deliberate and an integral part of the military strategy"[926]. Oder wie UN Under-Secretary-General for Humanitarian Affairs Jan Egeland kritisierte: „What's shocking and I would say to me, completely immoral, is that 90 per cent of the cluster bomb strikes occurred in the last 72 hours of the conflict when we knew there would be a resolution, when we really knew there would be an end of this"[927]. Offensichtlich handelt es sich bei der russischen Gewaltausübung in Georgien zwar um ein verurteilungswürdiges, aber international nicht unübliches oder gar spezifisch russisches militärisches Vorgehen.

Aus dem Blickwinkel der strategischen Kultur betrachtet, erfolgte die Reaktion Russlands seiner defensiven strategischen Kultur entsprechend. Es waren russische Friedenstruppen, die von georgischen Streitkräften angegriffen

---

925 Clark, Ramsey (2001): Abschlachten in der Wüste: Die Zerstörung des Irak vor zehn Jahren, Vorabdruck aus dem Buch: Der Irak - ein belagertes Land. Die tödlichen Auswirkungen von Krieg und Embargo, Übersetzung Michael Schiffmann, Hrsg. Göbel, Rüdiger / Guilliard, Joachim / Schiffmann, Michael, unter: http://www.humanrights.de/doc_en/archiv/u/usa/irak2.html (Zugriff 05.05.2012).

926 Amnesty International (2006): Israel/Lebanon, Deliberate destruction or "collateral damage"? – Israeli attacks on civilian infrastructure, AI Index: MDE 18/007/2006, Bericht August, unter: http://www.amnesty.org/en/library/asset/MDE18/007/2006/en/4a9b367a-d3ff-11dd-8743-d305bea2b2c7/ mde180072006en.pdf (Zugriff 05.05.2012), S. 3.

927 Zitiert nach UN News Centre (2006): Israel's 'immoral' use of cluster bombs in Lebanon poses major threat – UN aid chief, 30. August, unter: http://www.un.org/apps/news/story.asp?NewsID=19670&Cr=Leban&Cr1 (Zugriff 05.05.2012). Es handelt sich dabei um geschätzte vier Millionen Bomblets. Vgl. Clark, Chris (2007): Unexploded cluster bombs and sub-munitions in south Lebanon: Reality from a field perspective, Aussage des UN Programme Manager for the Mine Action Programme in South Lebanon vor dem International Committee of the Red Cross Expert Meeting on Humanitarian, Military, Technical and Legal Challenges of Cluster Munitions, 18.-20. April, Montreux, unter: http://www.mineaction.org (Zugriff 05.05.2012).

worden waren.⁹²⁸ In Moskau war man deshalb geradezu geschockt über die westliche Darstellung Russlands als Aggressor. Die uneingeschränkte Unterstützung Saakašvilis durch die USA während des Augustkrieges weckte im Kreml den Verdacht, die amerikanische Politik verfolge die Absicht, russische Interessen zu untergraben.⁹²⁹ So verwundert es nicht, dass 49 Prozent der russischen Bevölkerung die Vereinigten Staaten als Schuldige der Eskalation sahen. Es wären die USA, die die Kontrolle über Russlands Nachbarn gewinnen wollten. 74 Prozent sahen Georgien als Opfer amerikanischer geopolitischer Ambitionen und 70 Prozent vertraten die Meinung, Russland habe alles getan, um die Eskalation zu verhindern. Der Krieg wurde nicht als ein Konflikt zwischen Georgien und Südossetien, sondern als Stellvertreterkrieg gesehen.⁹³⁰ Dies mag auch erklären, warum weder die russische orthodoxe noch die georgische orthodoxe Kirche einen kirchlichen Konflikt aufkommen ließen. Die Autokephalie der abchasisch-orthodoxen Christen wurde von der Russisch-Orthodoxen Kirche nicht anerkannt, genauso wenig wie die Unabhängigkeit Südossetiens und Abchasiens. Mit diesem Verhalten demonstrierte die Russisch-Orthodoxe Kirche zugleich eine erstaunliche Unabhängigkeit vom Staat.⁹³¹ Sie will nicht wieder in eine Lage kommen, in der sie gezwungen ist, sich dem Staat unterzuordnen.

Einige Wissenschaftler sahen Russlands Westorientierung mit dem Krieg in Georgien als beendet an. Russland könne nicht zur gleichen Zeit Partner und Feind des Westens sein. Zudem würden Kompromisse in einem autoritären

---

928 Hinsichtlich des von Russland reklamierten Angriffs auf russische Staatsbürger in Südossetien gehen die Meinungen auseinander, da es sich bei den „zu schützenden" russischen Bürgern überwiegend um eingebürgerte Personen handelte. Völkerrechtlich anerkannt ist die Ausstellung von Pässen an Bürger außerhalb des eigenen Territoriums nur, wenn ein enger Sachzusammenhang dieser Personen zu dem ausstellenden Land besteht. Die russische Argumentation, es habe sich um ehemalige Sowjetbürger gehandelt, wird weithin nicht als hinreichend erachtet. Vgl. Tagliavini, Heidi / u. a. (2009): Independent International Fact-Finding Mission on the Conflict in Georgia – Report, erstellt im Auftrag des Rats der Europäischen Union, unter: http://www.ceiig.ch/Report.html (Zugriff 31.03.2012), S. 18.
929 Vgl. Kuchins, Andrew C. (2011): Reset Expectations, Russian Assessment of U.S. Power, in: Capacity and Resolve: Foreign Assessments of U.S. Power, Center for Strategic International Studies Report, 17. Juni, Hrsg. Cohen, Craig S., S. 122.
930 Vgl. Dubin, Boris (2008): Fernsehkrieg und echter Krieg – Russland: Der Kaukasus-Konflikt in den Köpfen, in: Osteuropa, Nr. 11, S. 72.
931 Vgl. Baigarova, Polina / Fischer, Sabine / Halling, Steffen (2012): Bericht, Arbeitskreis Russische Außen- und Sicherheitspolitik der SWP in Zusammenarbeit mit der DGO, 29. November, Berlin.

System als Schwäche gesehen und Schwäche wiederum delegitimiere die politische Elite.[932] Dieser Ansatz übersieht, dass Russland sich zwar vom Westen bedroht fühlt, sich selbst aber zu keiner Zeit als Feind des Westens positioniert hat (siehe Kapitel 4.2 „Umzingelt vom Gegner – Russlands Bedrohungswahrnehmung heute", S. 179). Auch hätte Russland, so seine Handlungen aus imperialen Motiven geleitet worden wären, während der langen Genese des Konflikts um Südossetien und Abchasien zahlreiche Gelegenheiten gehabt, Fakten zu schaffen. Eine wiederholte Unterstützung Georgiens zur Wahrung seiner territorialen Integrität wäre wohl kaum sinnvoll gewesen. Neu am russischen Verhalten war, wie Michael Brzoska und andere ausführen, dass Russland mit der Anerkennung der Unabhängigkeit von Abchasien und Südossetien ohne vorherige Abstimmung mit dem Westen demonstrierte, Entscheidungen auch gegen den Willen des Westens zu fällen. Auch erfolgte die Abwägung zwischen den völkerrechtlichen Prinzipien „*Selbstbestimmungsrecht*" und „*territorialer Integrität*" entgegen der grundsätzlichen Priorisierung der territorialen Integrität. Dabei hatte das heutige Russland erstmals außerhalb des eigenen Territoriums militärische Gewalt angewandt und gezeigt, dass es bereit ist, einen hohen Preis für die Wahrung seiner vitalen Interessen zu bezahlen.[933]

4.4.6 Die Ukrainekrise – Beginn einer neuen Kälteperiode?

Die Ukrainekrise, dabei insbesondere die Annexion der Krim, erschütterte das Vertrauen zwischen Russland und dem Westen heftig. Vom Maidan in Kiev ausgehend, brachen Unruhen in weiten Teilen des Landes aus, gefolgt von schweren Kämpfen gegen Separatisten in der Ostukraine und einem globalen Informationskrieg. Jede Seite beharrte darauf, ihre Wahrnehmung der Ereignisse sei die richtige. Aus diesem Grund wird der Darstellung und unterschiedlichen Lesart der Ereignisse breiterer Raum gegeben.

Der Westen sieht im Zusammenhang mit der durch die ukrainische Regierung kurz vor dem Gipfeltreffen der Östlichen Partnerschaft in Vilnius (28./29.11.2013) abgesagten Paraphierung des EU-Assoziierungsabkommens vor allem Russland als den Treiber eines geopolitischen Machtspiels. Dieser Sichtweise steht die

---

932 Vgl. Sercova, Lilija (2008): Ende einer Epoche – Russlands Bruch mit dem Westen, in: Osteuropa, Nr. 11, Berlin, S. 66-69.
933 Vgl. Brzoska, Michael / Heller, Regina / u. a. (2008): Der Kaukasuskrieg 2008. Ein regionaler Konflikt mit internationalen Folgen. Eine Stellungnahme aus dem IFSH, Hamburger Informationen zur Friedensforschung und Sicherheitspolitik Nr. 45, Dezember, Hamburg, S. 11, 14.

geopolitische Grundlinie der USA, wie sie in den Zielen, den politischen Westen zu erweitern und Russland einzudämmen, zum Ausdruck kommt, entgegen.[934] Nur ein Jahr bevor die Maidan-Unruhen begannen hatte zudem die damalige amerikanische Außenministerin Hillary Clinton angekündigt, effektive Wege und Mittel zu finden, um die Gründung der Eurasischen Union zu verzögern oder gar zu verhindern.[935] Die Ukraine wurde von allen Akteuren als essentieller Mitgliedstaat der Union gesehen. Die USA hatten ihre Kampfansage gemacht. Doch selbst das Ziel der Europäischen Union, östlich von sich einen Ring gut regierter Staaten zu fördern,[936] ist geopolitisch geprägt und führt zu einer Integrationskonkurrenz mit Russland um all jene Staaten, die zwischen der EU und Russland liegen.[937] Die massive Unterstützung des Westens für die ukrainische

---

934 Brzezinski schrieb jüngst: „As the United States and Europe seek to enlarge the West, Russia itself will have to evolve (…). Its leadership will have to face the fact that Russia's future will be uncertain if it remains a relatively empty and underdeveloped space between the rich West and the dynamic East. This will not change even if Russia entices some Central Asian states to join Prime Minister Vladimir Putin's quaint idea of a Eurasia Union." Und weiter: „…any westward gravitation by Russia would likely be preceded and encouraged by closer ties between Ukraine and the EU, the institutional seat for a collective consultative organ (…) could be located in Kiev, the ancient capital of Kievan Rus, whose location would be symbolic of the West's renewed vitality and enlarging scope." Brzezinski ist sich also der besonderen historischen Bedeutung Kievs für Russlands Selbstverständnis bewusst. Es muss folglich auch verstanden haben, dass wenn der Westen seine Vitalität genau dort demonstriert, er Russland so aufs tiefste demütigen würde. Brzezinski, Zbigniew (2012): Balancing the East, Upgrading the West. U.S. Grand Strategy in an Age of Upheaval, in: Foreign Affairs, Special Anniversary Issue, Januar/Februar, S. 99-100.
935 Zitiert nach Klapper, Bradley (2012): Clinton fears efforts to 're-Sovietize' in Europe, Associated Press, 6. Dezember, unter: http://bigstory.ap.org/article/clinton-fears-efforts-re-sovietize-europe (Zugriff 29.05.2014).
936 Vgl. Europäische Union (2003): A Secure Europe in a Better World, European Security Strategy, 12. Dezember, Brüssel, unter: http://www.consilium.europa.eu/uedocs/cmsUpload/78367.pdf (Zugriff 11.03.2014), S. 8.
937 So bringt Irina Kobrinskaya von der Russischen Akademie der Wissenschaften in einem Interview sehr deutlich zum Ausdruck, dass die Russland-EU-Beziehungen Russlands vor allem mit der von Polen vorangetriebenen Östlichen Partnerschaft ins Kippen geraten waren. Vgl. Kobrinskaya, Irina (2014): Hoffnung auf den gesunden Menschenverstand, Interview mit Krumm, Reinhard / Hett, Felix, unter: http://www.ipg-journal.de/schwerpunkt-des-monats/europaeische-ostpolitik/artikel/detail/hoffnung-auf-den-gesunden-menschenverstand-389/ (Zugriff 14.05.2014). Auch Sabine Fischer von der Stiftung Wissenschaft und Politik erachtet es als den großen Fehler der EU, „sich auf ein geopolitisches Nullsummenspiel" eingelassen zu

Opposition kann somit kaum als rein altruistische, beziehungsweise werte- und normenorientierte Herangehensweise erachtet werden. Zudem würde auch der ukrainische Markt gezwungen, sich in kürzester Zeit den europäischen Konzernen zu öffnen. Ihm bliebe keine Zeit, sich auf den harten Wettbewerb ausreichend vorzubereiten. Der ungehinderte Zugang ukrainischer Produkte auf den europäischen Markt dürfte aufgrund deren geringer Wettbewerbsfähigkeit nur wenigen ukrainischen Unternehmen nützen. Gewinner würden vermutlich einige ukrainische Handelskonzerne sein, während weiten Teilen der Wirtschaft ein schwieriger Umstrukturierungsprozess bevorstünde. Alleine die verpflichtende Anpassung der technischen Regelungen an die EU-Standards würde nach Angaben der damaligen ukrainischen Regierung den nahezu zahlungsunfähigen Staat 165 Milliarden Euro in den nächsten zehn Jahren kosten.[938] Dabei legte die ukrainische Regierung die durchschnittlichen Kosten der EU-Hilfen für die Länder Mitteleuropas in den vergangenen zwei Jahrzehnten als Maßstab zu Grunde.[939] Dies dürfte, auch wenn die Berechnung von der Europäischen Union zurückgewiesen wurde, sogar eine eher moderate Schätzung sein, nimmt man die Nettotransferzahlungen 2011 (10,975 Mrd. Euro) und 2012 (11,997 Mrd. Euro) an das kleinere und weiter entwickelte Polen als Maßstab.[940] Zudem verlangte die EU massive Änderungen am ukrainischen Rechtssystem. Gleichzeitig war die EU zu jenem Zeitpunkt aber nicht bereit, nennenswerte finanzielle Unterstützungen zu leisten. Ein von Brüssel und Washington unterstützter Kredit des Internationalen Währungsfonds ist an eine Kürzung der Energiesubventionierung gebunden. Für die Endverbraucher bedeutet dies einen deutlichen Anstieg des Gaspreises. Stets wird argumentiert, die ukrainische Bevölkerung wolle sich den europäischen Werten anschließen, doch bleibt meist unerwähnt, wie gespalten die ukrainische Bevölkerung in ihrer Haltung gegenüber Russland und der Europäischen

---

haben. Vgl. Fischer, Sabine (2014): Eskalation der Ukraine-Krise. Gegensätzliche Interpretationen erschweren internationale Diplomatie, Stiftung Wissenschaft und Politik, Aktuell Nr. 13, März, Berlin, S. 4.

938 Vgl. Azarov, Mykola (2013): Adaptation of Ukrainian technical regulations with the EU requirements to cost 165 billion euros, unter: http://www.kmu.gov.ua/control/en/publish/printable_article?art_id=246734328 (Zugriff 11.03.2014).

939 Vgl. Malygina, Katerina (2013): Die Ukraine nach dem EU-Gipfel in Vilnius: Nichtunterzeichnung des Assoziierungsabkommens, Polizeigewalt und Radikalisierung der Massenproteste, in: Ukraine-Analysen, Nr. 125, 10. Dezember, unter: http://www.laender-analysen.de/ukraine/pdf/UkraineAnalysen125.pdf (Zugriff 11.03.2014), S. 5.

940 Vgl. Europäische Kommission (2013): EU-Haushalt 2012, Finanzbericht, Amt für Veröffentlichungen der Europäischen Union, Luxemburg, unter: http://ec.europa.eu/budget/financialreport/pdf/financialreport-2012_de.pdf (Zugriff 14.03.2014), S. 115.

Union ist. Bei einer Umfrage im Auftrag der Deutschen Welle, lange bevor sich die Stimmung im Land gegen Präsident Janukovič wandte, nannten 48 Prozent der Befragten „wirtschaftliches Wachstum" als wichtigsten EU-Wert. Beachtenswerterweise wurde wirtschaftliches Wachstum als „Wert" verstanden. Nur jeder Vierte antwortete „Entwicklung von Demokratie und Meinungsfreiheit".

Tabelle 18: Welche EU-Werte sind wichtig für die Bevölkerung?[941]

Welche EU-Werte sind wichtig für die Bevölkerung (in der Ukraine)? (Mehrfachnennung möglich.)	Prozent
Wirtschaftliches Wachstum	48
Entwicklung gemeinsamer Sicherheitssysteme	39
Entwicklung von Demokratie und Meinungsfreiheit	24
Verbreitung und Entwicklung eines gemeinsamen Wertesystems	19
Entwicklung einer gemeinsamen europäischen Kultur	15
…	

In der gleichen Umfrage beurteilten über 75 Prozent der Bevölkerung die Beziehungen der Ukraine zu Russland als freundschaftlich beziehungsweise partnerschaftlich. Der entsprechende Wert für die EU lag bei knapp unter 50 Prozent und für die USA bei lediglich 30 Prozent.[942] 35 Prozent der Bevölkerung wünschten sich enge Beziehungen der Ukraine zu Russland und der EU, 28 Prozent sprachen sich für eine Union mit Russland aus, 14 Prozent für eine Mitgliedschaft in der EU.[943]

---

941 Vgl. IFAK-Institut (2011): Repräsentative Umfrage für Deutsche Welle Trends vom 9. bis 20.12., in: Ukraine-Analysen Nr. 88, 8. März 2011, Hrsg. Forschungsstelle Osteuropa an der Universität Bremen und Deutsche Gesellschaft für Osteuropakunde, unter: http://www.laender-analysen.de/ukraine/pdf/UkraineAnalysen88.pdf (Zugriff 15.03.2014), S. 15, Grafik 8.
942 Vgl. IFAK-Institut (2011): Repräsentative Umfrage für Deutsche Welle Trends vom 9. bis 20.12., in: Ukraine-Analysen Nr. 88, 8. März 2011, Hrsg. Forschungsstelle Osteuropa an der Universität Bremen und Deutsche Gesellschaft für Osteuropakunde, unter: http://www.laender-analysen.de/ukraine/pdf/UkraineAnalysen88.pdf (Zugriff 15.03.2014), S. 14, Grafik 7.
943 Vgl. IFAK-Institut (2011): Repräsentative Umfrage für Deutsche Welle Trends vom 9. bis 20.12., in: Ukraine-Analysen Nr. 88, 8. März 2011, Hrsg. Forschungsstelle Osteuropa an der Universität Bremen und Deutsche Gesellschaft für Osteuropakunde, unter: http://www.laender-analysen.de/ukraine/pdf/UkraineAnalysen88.pdf (Zugriff 15.03.2014), S. 13, Grafik 5. Bei einer anderen Umfrage zur gleichen Zeit sprachen

Diese Umfragewerte erklären, warum es die russische Wahrnehmung ist, die EU wolle die Ukraine – und damit ein russisches Brudervolk – „kaufen". Es sei falsch, die Ukraine dazu zu zwingen, sich zwischen Russland und der Europäischen Union zu entscheiden. Europäische Werte dienten lediglich dazu, die Expansion des eigenen Einflussbereichs zu kaschieren. Ansätze einer kooperativen Politik, wie der Vorschlag des ukrainischen Präsidenten Janukovič, dreiseitige Gespräche zwischen der EU, Russland und der Ukraine zu führen, wurden vom EU-Kommissionspräsidenten Barroso bereits einen Tag nach dem Gipfel der Östlichen Partnerschaft zurückgewiesen. Anders als die NATO bei ihrer Osterweiterung unternahm die Europäische Union nicht einmal den ernsthaften Versuch, Russland rechtzeitig gleichberechtigt bei der Problemlösung einzubinden.

Im Ende 2013 eskalierten politischen Streit um die Ukraine war von russischem wirtschaftlichem Druck auf die Ukraine die Rede. Kaum erwähnt wird der politische Druck der Europäischen Union, die in der Ukraine auf Grundlage eines Gutachtens mehrerer amerikanischer Anwaltskanzleien wegen Amtsmissbrauchs angeklagte und später verurteilte Oppositionsführerin und Oligarchin Julija Timošenko freizulassen. Auch nahm Russland die massive politische Unterstützung der ukrainischen Opposition durch einflussreiche westliche Politiker, unter anderem durch Auftritte der Hohen Vertreterin der EU für Außen- und Sicherheitspolitik, Catherine Ashton, des früheren polnischen Ministerpräsidenten, Jarosław Kaczyński, des damaligen deutschen Außenministers, Guido Westerwelle, der Abteilungsleiterin für Europa und Eurasien im amerikanischen Außenministerium, Victoria Nuland, des amerikanischen Senators und früheren Präsidentschaftskandidaten, John McCain, des Vorsitzenden des Ausschusses für Auswärtige Angelegenheiten des Europäischen Parlaments, Elmar Brok und anderer auf dem Maidan, als ungeschminkte Einmischung in innere Angelegenheiten wahr. Als die Schweiz im Februar 2014, also fast zur gleichen Zeit, als Ergebnis eines Volksentscheids die Zuwanderung in die Schweiz begrenzte, reagierte die Europäische Union prompt. Mehrere hohe EU-Amtsträger, unter ihnen Martin Schulz, Präsident des Europäischen Parlaments, wiesen unverhohlen darauf hin, die Schweiz könne nicht von dem großen europäischen Binnenmarkt profitieren, während sie bei anderen wichtigen Abkommen nicht mitmache.[944] Aus russischer Sicht werden hier doppelte Standards angewandt.

---

sich 52 Prozent der Bevölkerung für die Erklärung des blockfreien Status der Ukraine aus, nur 20 Prozent widersprachen. IFAK-Institut, a. a. O., S. 15, Grafik 9.

944 Vgl. RT News (2014a): Eurocrat fury as Swiss 're-build walls' against EU immigration, 10. Februar, unter: http://rt.com/news/switzerland-eu-immigration%20vote-350/ (Zugriff 11.03.2014).

Auch wurde in der europäischen Diskussion mit keinem Wort erörtert, warum Russland die im Rahmen der bilateralen Freihandelszone vereinbarten Privilegien weiterhin gewähren oder gar den durch die Regeln der Freihandelszone kaum kontrollierbaren Import von Waren aus der EU und der Türkei auf den russischen Binnenmarkt akzeptiere solle. Wenn Russland Zollerhöhungen sowie die Nicht-Gewährung von Preisnachlässen auf Gas ankündigte und die entgangenen Vorteile aus dem Nichtbeitritt zur Zollunion betonte, wurde hingegen lautstark über den russischen Druck auf einen souveränen Staat gesprochen.

Im Verlauf der Demonstrationen verhärtete sich die Haltung der Opposition zunehmend. Statt auf die Chance zu setzen, die Regierung ein Jahr lang mit dem Thema „Assoziierungsabkommen" in einem Dauerwahlkampf bis März 2015 vor sich herzutreiben, radikalisierte sich diese immer weiter. Bereits Anfang Dezember 2013 war die Opposition nicht mehr zu Verhandlungen mit der Regierung bereit. Am 17. Februar 2014 sah es nach langer Zeit wieder nach Entspannung aus. Ein monatelang verhandeltes Abkommen über die Freilassung Inhaftierter trat in Kraft – die vereinbarte Gegenleistung: Räumung des Kiever Rathauses nach elf Wochen Besetzung. Doch bereits am Folgetag löste ein Angriff auf eine Polizeisperre schwere Straßenschlachten aus. Sechs Polizisten und sieben Zivilisten starben. Das Kiever Rathaus wurde erneut besetzt. Das Innenministerium setzte ein Ultimatum zur Räumung und ging nach dessen Ablauf gegen die Barrikaden vor. Die Oppositionskräfte verschafften sich durch Überfälle auf Waffenlager und Sicherheitskräfte immer mehr Waffen, von weit über 1.000 Handwaffen war die Rede. Am Donnerstag, den 20. Februar 2014, stürmten Maidan-Aktivisten über die Barrikaden auf die Polizei.[945] Die traurige Zwischenbilanz bis zum Mittag: Mehr als ein Dutzend Polizisten war bislang an Schussverletzungen gestorben, rund 80 wurden mit Schussverletzungen in Krankenhäuser eingeliefert. Eine höhere Zahl an Demonstranten starb. 67 Polizisten wurden als Geiseln genommen. Nachdem weitere drei Polizisten erschossen und über 20 weitere Schussverletzungen erlitten hatten, genehmigte der Innenminister Vitalij Zacharčenko den Einsatz scharfer Waffen nach den Gesetzen der Uk-

---

945 „Die Einheiten des Innenministeriums und der Spezialpolizei ‚Berkut' sind von der Attacke völlig überrascht: Auf der Institutska-Straße hinter dem Hotel ‚Ukraina' werden in Panik die Polizeibusse gewendet, einzelne Polizisten versuchen, den Abzug mit Gewehrschüssen auf die anstürmenden Aktivisten zu decken. Binnen Minuten rücken die Polizeieinheiten ab". Gathman, Moritz (2014): Die Lage in Kiew gerät völlig außer Kontrolle, in: Badische Zeitung, 21. Februar, unter: http://www.badische-zeitung.de/nachrichten/ausland/ich-bin-bereit-hier-zu-sterben--81028052.html (Zugriff 09.03.2014).

raine, „to protect citizens from attacks posing danger to life or health, to rescue hostages, to counter life-threatening attacks on police officers and members of their families" und zum Schutz von Regierungsgebäuden.[946] Ohne die Freigabe der Waffen wäre vermutlich die Loyalität der Einsatzkräfte nicht länger gewährleistet gewesen. Zahlreiche Demonstranten starben. Die Zahl der Polizisten mit Schussverletzungen stieg ebenfalls weiter, auf über 130, an. Erschütternde Bilder von toten Demonstranten gingen um die ganze, Bilder von den Grausamkeiten der Opposition um die halbe Welt.

Am 21. Februar 2014 gelang es den Außenministern Steinmeier, Sikorski (Polen) und Fabius (Frankreich) gemeinsam mit dem russischen Vermittler Lukin (Putins Beauftragtem für Menschenrechtsfragen) eine Friedenserklärung zwischen dem ukrainischen Präsidenten und der Opposition auszuhandeln. Diese jedoch hielt nicht und die Opposition übernahm am Folgetag die Macht im Land. Der Westen feierte den „Sieg des Maidan" und setzte sich nicht für die Umsetzung des Abkommens ein. Dem gebrochenen Friedensabkommen sollte in der unterschiedlichen Bewertung der Geschehnisse eine zentrale Bedeutung zukommen.

Nach der Machtergreifung strebten insbesondere die rechten Kräfte innerhalb des Maidan umgehend ein Verbot der russischen Sprache an.[947] Dies sowie die allgegenwärtige (in der westlichen Berichterstattung kaum erwähnte) physische und psychische Gewalt der Maidan-Hundertschaften, selbst nach der erfolgreichen Machtergreifung, verunsicherten weite Teile der russischsprachigen Bevölkerung. Diese befürchtete, dass sich die anarchischen Zustände in Kiev auf das gesamte Land ausweiten und weitere repressive Maßnahmen ergriffen würden. Die Europäische Union erkannte die explosive Mischung, die sich aus der Unterdrückung einer großen nationalen Minderheit ergeben hatte, reagierte aber viel zu spät. Erst am 1. März 2014 erklärte EU-Kommissionspräsident Barroso, dass das bereits von der Verhovna Rada verabschiedete Gesetz vorerst nicht in Kraft gesetzt würde. Dennoch fanden sich bereits am 9. März 2014 auf Webseiten der Regierung keine russischsprachigen Informationen mehr.[948] Dies

---

946 Zitiert nach RT News (2014b): Kiev allows police to use firearms, demands armed rioters lay down weapons, 20. Februar, unter: http://rt.com/news/ukraine-kiev-firearms-weapons-police-934/ (Zugriff 02.03.2014).
947 Dies stellt einen Verstoß gegen die Europäische Charta der Regional- oder Minderheitensprachen dar. Die Charta ist in der Ukraine seit Januar 2006 in Kraft.
948 Dies änderte sich später wieder. So wurde der 15-Punkte-Friedensplan von Präsident Porošenko auch auf Russisch veröffentlicht. Porošenko, Petr (2014a): Petr Porošenko predstavil v Donbasse mirnyj plan po uregulirovaniju situacii na vostoke Ukrainy,

bedeutete de facto den Ausschluss großer Teile der Bevölkerung vom weiteren politischen Meinungsbildungsprozess im Vorfeld der für Mai 2014 angesetzten Wahlen. Die Ernennung des Vizepremiers Oleksandr Sič zum Beauftragten für den Schutz nationaler Minderheiten goss weiteres Öl ins Feuer, gehört er doch der radikal nationalistischen Partei Svoboda an.

Am 1. März 2014 eskalierten die Ereignisse erneut. Der (von Kiev nicht anerkannte) Ministerpräsident der Autonomen Republik Krim, Sergej Aksënov, richtete ein Hilfeersuchen an Russland; in einigen Regionen der Ukraine herrsche Anarchie, Angehörige des gestürzten Systems und deren Familien würden verfolgt. Präsident Putin reagierte umgehend, indem er an die Föderalversammlung plädierte: „to use the Armed Forces of the Russian Federation on the territory of Ukraine until the social and political situation in that country is normalised."[949] Sein Antrag wurde einstimmig angenommen. In der Ukraine setzte der Übergangspräsident Oleksandr Turčinov die Armee in Alarmbereitschaft.

Laut westlichen Angaben übernahmen russische Streitkräfte die Kontrolle über die Krim. Laut ersten russischen Darstellungen handelte es sich hingegen um Selbstverteidigungskräfte der Krimregierung.[950] Auch warf Präsident Putin dem Westen vor, dieser habe die Maidan-Kämpfer in Polen, Litauen und der

---

Petr Porošenko stellte in Donbass einen Friedensplan zur Regulierung der Lage in der Ostukraine vor, 20. Juni, unter: http://www.president.gov.ua/ru/news/30566.html (Zugriff 21.06.2014).

949 Putin, Vladimir (2014a): Appeal to the Council of Federation of the Federal Assembly of the Russian Federation, 1. März, unter: http://eng.kremlin.ru/news/6751 (Zugriff 01.03.2014).

950 Vgl. Putin, Vladimir (2014b): Vladimir Putin answered journalists' questions on the situation in Ukraine, Novo-Ogaryovo, 4. März, unter: http://eng.kremlin.ru/news/6763 (Zugriff 08.03.2014). Putin antwortete auf die Frage eines Journalisten, ob es sich um russische Soldaten gehandelt habe: „Those were local self-defence units." Westliche Analysten argumentierten, es handele sich um russische Truppen. Dies sei an der einheitlichen, teils hochwertigen Ausrüstung, den teilweise nicht entfernten russischen Nummernschildern an den Militärtransportern und der ausgewiesenen Professionalität der Kräfte unzweifelhaft zu erkennen. Diese Beobachtung kann sogar als Indiz gewertet werden, dass das russische Verteidigungsministerium auf Deeskalation bedacht ist, denn nur mittels solch' professioneller Kräfte kann die Wahrscheinlichkeit zufälliger, unerwünschter Konfliktsituationen vermieden werden. In der jährlichen Fragestunde an den Präsidenten antwortete er schließlich: „Of course, the Russian servicemen did back the Crimean self-defence forces." Putin, Vladimir (2014e): Direct Line with Vladimir Putin, 17. April, unter: http://eng.kremlin.ru/transcripts/7034 (Zugriff 08.05.2014).

Ukraine ausgebildet.[951] Hierfür wurden aber bislang keine Beweise offengelegt.[952] Weitere zentrale Fragen bezüglich der Entwicklung in der Ukraine blieben offen. Wieso hatte der Westen die Machtergreifung in der Ukraine umgehend als legitim erachtet, wurde doch das von den Außenministern Polens, Deutschlands und Frankreichs vermittelte und garantierte Friedensabkommen von der Opposition bereits am Folgetag in allen Punkten gebrochen? Das Abkommen sah vor, die Verfassung von 2004 wieder einzuführen, anschließend innerhalb von zehn Tagen eine nationale Regierung der Einheit zu bilden, Wahlen abzuhalten sobald die neue Verfassung angenommen worden ist, jedoch nicht später als Dezember 2014, Ermittlungen bezüglich der verübten Gewalttaten einzuleiten, keine Gewalt zu gebrauchen, sich von öffentlichen Gebäuden, Plätzen etc. zurückzuziehen und illegale Waffen abzugeben.[953] Stattdessen ergriffen die Maidankräfte, nachdem Präsident Janukovič den Sicherheitskräften befohlen hatte, sich aus Kiev zurückzuziehen, umgehend die Macht.

Präsident Janukovič erbat am 1. März 2014 die Unterstützung durch die Russische Föderation. Der russische VN-Botschafter Čurkin legte im Sicherheitsrat der Vereinten Nationen ein entsprechendes schriftliches Gesuch vor.[954] Damit würde es sich, angenommen Janukovič wird als legitimer Präsident erachtet, im Falle einer russischen Militärintervention um eine humanitäre Intervention auf Einladung handeln. Diese stellt, anders als eine humanitäre Intervention auf der Grundlage der *„responsibility to protect"*, keinen gleichartig schweren Eingriff in die Souveränität eines Staates dar. Aus diesem Grund argumentieren westliche Völkerrechtler, so beispielsweise Clauß Kreß, die Amtsführung von Janukovič sei korrupt gewesen. Er habe sich wahrscheinlich schwerer Menschenrechtsverletzungen schuldig gemacht und so einen Volksaufstand provoziert. Wenn

---

951 Vgl. Putin, Vladimir (2014b): Vladimir Putin answered journalists' questions on the situation in Ukraine, Novo-Ogaryovo, 4. März, unter: http://eng.kremlin.ru/news/6763 (Zugriff 08.03.2014).

952 Denjenigen, die sich beruflich mit Organisationen wie OTPOR, CANVAS u. a. US-finanzierten Organisation zur Förderung und Unterstützung demokratischer Revolutionen beschäftigen, erscheint Putins Behauptung nicht aus der Luft gegriffen. Wenn nicht mindestens geheimdienstliche Erkenntnisse vorlägen, hätte die russische Seite nicht den Präsidenten, sondern einen Politiker aus der zweiten oder dritten Reihe diese Behauptung medienwirksam lancieren lassen.

953 Vgl. Auswärtiges Amt (2014): Agreement on the Settlement of Crisis in Ukraine, unter: http://www.auswaertiges-amt.de/cae/servlet/contentblob/671348/publicationFile/190025/140221-UKR_Erklaerung.pdf (Zugriff 09.03.2014).

954 Vgl. BBC (2014): Ukraine's Yanukovych asked for troops, Russia tells UN, 4. März, unter: http://www.bbc.com/news/world-europe-26427848 (Zugriff 11.03.2014).

der so ausgelöste Aufstand erfolgreich sei, nehme das Völkerrecht den dadurch erzwungenen Regierungswechsel hin.[955] Eine solche Argumentation ignoriert, dass das von den drei EU-Staaten garantierte Friedensabkommen gebrochen wurde und es insofern starke Indizien dafür gibt, dass es sich um eine nicht legitime Machtergreifung handelt.[956]

Hinzu kommt, dass selbst die neuen Machthaber in Kiev bemüht waren, ihrem Handeln den Anschein der Legalität zu geben, als sie im Parlament über die Amtsenthebung von Janukovič abstimmten. Vorgeblich hatte dieser das Land verlassen und damit sein Amt aufgegeben. Janukovič bestreitet allerdings, dass er zu diesem Zeitpunkt bereits außer Landes gewesen sei oder zu irgendeinem Zeitpunkt das Amt niedergelegt hätte. Russland stützte seine Darstellung. Unabhängig von dieser Fragestellung missachteten die neuen Machthaber aber gleichzeitig auch die ukrainische Verfassung. Diese sieht bei einer Amtsenthebung ein langwieriges Verfahren unter Beteiligung des Verfassungsgerichts, des Obersten Gerichtshofs sowie der Rada (des Parlaments) vor.[957] Stattdessen wurde das Verfassungsgericht aufgelöst und der Generalstaatsanwalt, trotz richterlicher Unabhängigkeit, mit Ermittlungen gegen die Mitglieder des Verfassungsgerichts beauftragt. Insofern ist verständlich, wenn Putin folgerte: „There can only be one assessment: this was an anti-constitutional takeover, an armed seizure of

---

955 Vgl. Kreß, Claus (2014): Interview mit Darnstädt, Thomas, „Putins Worte sind abwegig", in: Spiegel Online, 7. März, unter: http://www.spiegel.de/politik/ausland/ukraine-krise-verstoesst-putin-gegen-voelkerrecht-a-957358.html (Zugriff 07.03.2014).

956 Kurz vor dem Referendum auf der Krim waren 62 Prozent der russischen Bevölkerung der Meinung, dass es in der Ukraine keine legitime Regierung gäbe, 15 Prozent hielten weiterhin Janukovič für den legitimen Präsidenten und lediglich elf Prozent erkannten die neue Regierung in Kiev an. Vgl. Levada (2014): Situacija v Ukraine i v Krymu, Situation in der Ukraine und auf der Krim, unter: http://www.levada.ru/13-03-2014/situatsiya-v-ukraine-i-v-krymu (Zugriff 29.03.2014).

957 Siehe Artikel 111 der Ukrainischen Verfassung: „The decision on the removal of the President of Ukraine from the office in compliance with the procedure of impeachment shall be adopted by the Verkhovna Rada of Ukraine by at least three-quarters of its constitutional membership upon a review of the case by the Constitutional Court of Ukraine, and receipt of its opinion on the observance of the constitutional procedure of investigation and consideration of the case of impeachment, and upon a receipt of the opinion of the Supreme Court of Ukraine to the effect that the acts, of which the President of Ukraine is accused, contain elements of treason or other crime." Acting President of Ukraine (2011): Constitution of Ukraine, 8. Dezember 2004, Nr. 2222-IV und 1. Februar 2011, Nr. 2952-VI, unter: http://www.president.gov.ua/en/content/chapter05.html (Zugriff 11.03.2014).

power."[958] Da die Ukraine nach herrschender Meinung trotz dieser Revolution als Völkerrechtssubjekt fortbesteht, gelten auch Verträge mit diesem Staat fort. Damit ist die Russische Föderation weiterhin an das Budapester Memorandum von 1994 gebunden, in dem sie, im Gegenzug zum ukrainischen Beitritt zum Nichtverbreitungsvertrag, die territoriale Integrität der Ukraine garantierte.[959] Selbstverständlich bleiben auch alle anderen, beispielsweise auf die Vereinten Nationen oder die OSZE zurückgehenden, russischen Verpflichtungen bestehen.

Ein am 5. März 2014 veröffentlichtes, nach dem Besuch des estnischen Außenministers Urmas Paet am 25. Februar 2014 in Kiev aufgezeichnetes Telefongespräch mit der EU-Außenbeauftragten Catherine Ashton dokumentiert, dass die EU bereits sehr früh von Fakten wusste, die zu einem „stronger and stronger understanding" führten „that behind the snipers (…) it was not Janukovyč, but it was somebody from the new coalition."[960] Obgleich diese Information für ei-

---

958 Putin, Vladimir (2014b): Vladimir Putin answered journalists' questions on the situation in Ukraine, Novo-Ogaryovo, 4. März, unter: http://eng.kremlin.ru/news/6763 (Zugriff 08.03.2014). Erachtet man, der russischen Argumentation folgend, Janukovič als den legitimen Präsidenten, dann hätte dies weitreichende Konsequenzen gehabt. Unter anderem hätte es dem russischen Argument vor den Vereinten Nationen, es läge ein Schreiben des Präsidenten vor, in dem er Russland bitte, mit militärischen Mitteln Recht und Ordnung wieder herzustellen, eine ganz andere Bedeutung. Kritiker könnten nicht darauf verweisen, bereits die Sowjetunion habe ihre Interventionen stets mit fingierten Hilfeersuchen begründet.

959 General Assembly (1994): Memorandum on Security Assurances in Connection with Ukraine's Accession to the Treaty on the Non-Proliferation of Nuclear Weapons, A/49/765, 19. Dezember, unter: http://www.un.org/en/ga/search/view_doc.asp?symbol=A/49/765 (Zugriff 09.03.2014).

960 Paet, Urmas / Ashton, Catherine (2014): Telefonat, Kiev snipers hired by Maidan leaders - leaked EU's Ashton phone tape, zentrale Aussage ab Minute 6:28, unter: http://www.youtube.com/watch?v=UiS8IxRXYfI (Zugriff 05.03.2014). Paet: „and second, and what was quite disturbing, the same Olga [Bogomolets, Ergänzung durch den Autor] told that, well, all the evidence shows that people who were killed by snipers from both sides, among policemen and the people from the streets, that they were the same snipers killing people from both sides [Ashton: well, that's, ya] and so she also showed me some photos, she said that she as medical doctor, she can say that it is the same handwriting, the same type of bullets, and it's really disturbing that now the new, the new coalition, that they don't want to investigate what exactly happened, so that there is now stronger and stronger understanding that behind the snipers, there were, it was not Janukovyč but it was somebody from the new coalition." Das mitgeschnittene Telefonat wurde vom estnischen Außenministerium als authentisch bestätigt. Der einzige Einwand bestand darin, dass der Außenminister

nen politisch denkenden Menschen einer Bombe gleichkam, blieb Ashton völlig ruhig. Dies legt nahe, dass sie von diesem schrecklichen Verdacht bereits zuvor gehört hatte. Selbst wenn dem nicht so gewesen sein sollte und sie tatsächlich erst durch den estnischen Außenminister informiert worden sein sollte, musste es verwundern, dass die EU in der Folgezeit weiterhin die neuen Kiever Machthaber vorbehaltlos stützte und den diplomatischen Ton gegenüber Russland weiter verschärfte. Im russischsprachigen Raum hielten sich Vermutungen über Scharfschützen der Opposition bereits seit längerem. Diese sollten auch Journalisten und den zahlreichen „Maidantouristen"[961] zu Ohren gekommen sein. Ferner hatte die Ärztin Olga Bogomolets gegenüber dem estnischen Außenminister darauf hingewiesen, dass sie vergeblich versucht hatte, Untersuchungen der Morde anzustoßen. Die Veröffentlichung des Telefonmitschnitts belegte für viele Russischsprachige nur, was sie bereits seit langem ahnten. Umso erstaunlicher war, dass die von Ashton angekündigten Untersuchungen der Anschuldigungen nicht umgehend aufgenommen wurden. Hierdurch diskreditierte sich die EU im russischsprachigen Raum nachhaltig. Der russische Außenminister Lavrov sah sich aufgrund der Untätigkeit der Europäischen Union am 8. März 2014 gezwungen, seinerseits Untersuchungen der Morde durch die OSZE zu fordern.[962]

Das Versagen der zunächst friedlichen Demonstranten auf dem Maidan lag darin, nicht rechtzeitig erkannt zu haben, dass ihnen die Kontrolle über ihre Bewegung für Menschenrechte und gegen Korruption entglitt. Insgeheim begannen sie mit der Gewalt zu sympathisieren, als sie mit ihrem friedlichen Protest keine Erfolge erzielen konnten. Sie instrumentalisierten die Rechten und wurden doch selbst instrumentalisiert. Auf die Folgen stellte insbesondere die russische Berichterstattung ab. Wachgerüttelt durch Äußerungen der Präsidentschaftskandidatin Julija Timošenko[963] und erneute Proteste der Rechten vor dem Par-

---

falsch interpretiert worden sei. Westliche Medien, so zum Beispiel TheGuardian, berichteten, Paet habe Ashton nur über Verschwörungstheorien in Kenntnis gesetzt.

961 Dieser Begriff wurde von Knut W. Fleckenstein, Mitglied des Europäischen Parlaments, bei einer Vortragsveranstaltung der Friedrich-Ebert-Stiftung in Hamburg am 6. Februar 2014 für diejenigen Politiker verwendet, die ein Foto von sich auf den Barrikaden auf dem Maidan für ihre Webseite haben wollten.

962 Vgl. ZEIT online (2014): Lawrow fordert OSZE-Untersuchung zu tödlichen Schüssen in Kiew, 8. März, unter: http://www.zeit.de/news/2014-03/08/russland-lawrow-fordert-osze-untersuchung-zu-toedlichen-schuessen-in-kiew-08121606 (Zugriff 11.03.2014).

963 In einem mitgeschnittenen Telefonat vom 18. März 2014 sagte Timošenko unter anderem: „It's about time we go grab our guns and kill those damned Russians together with their leader." Und sie kündigte an: „I hope I will be able to get all my connections

lament, erkannte der Westen erst langsam diese unheilige Allianz. Zahlenmäßig geringe rechte Kräfte übten, weil sie eine weite Kontrolle der Machtinstrumente besaßen, einen überproportionalen Einfluss aus.

Eine weitere Zuspitzung der Lage stellte das Referendum über die Assoziierung der Krim mit Russland dar. Während dieser Schritt im Westen als Annexion gewertet und mit Sanktionen gegen Russland beantwortet wurde, berief sich Russland auf das Selbstbestimmungsrecht der Völker. Aus russischer Sicht messe der Westen mit zweierlei Maß. Die Abspaltung des Kosovo und des Südsudan wurden ebenso ins Feld geführt wie die Referenden über den Verbleib der Falklands bei Großbritannien beziehungsweise die Abspaltung Schottlands von Großbritannien. Ohne hier in eine detaillierte völkerrechtliche Diskussion eintreten zu wollen, sei darauf hingewiesen, dass die Staatengemeinschaft bislang eine sezessionsfeindliche Haltung eingenommen hat. Die Zurückhaltung der internationalen Gemeinschaft liegt unter anderem in der Sorge der Staaten um ihre territoriale Integrität sowie der Sorge um die Stabilität der Staatenwelt begründet.[964] Hinzu kommt, dass die Zahl der Konflikte, in denen es um Autonomie und Sezession geht, recht hoch ist: 2013 gab es sieben Konflikte mit hoher, 43 mit mittlerer und 51 mit geringer Intensität.[965] Ein aus dem Selbstbestimmungsrecht abgeleitetes Recht auf Sezession, jenseits der Dekolonisierung, ist höchst umstritten. Nach herrschender Meinung kommt dem Recht auf Sezession eher die Funktion eines Notrechts zu.[966] Wenn man grundsätzlich davon ausgeht, dass Völkerrecht ist, was die Staatenwelt akzeptiert, stellt sich somit die Frage, ob die

---

involved. And I will use all of my means to make the entire world rise up, so that there wouldn't be even a scorched field left in Russia." Das Telefonat wurde von Timošenko bestätigt, einzig eine Aussage gegenüber der russischen Minderheit in der Ukraine wurde von ihr bestritten. Timošenko, Julija (2014): Time to grab guns and kill damned Russians, 18. März, unter: http://www.youtube.com/watch?v=6RxSzSWbcxo (Zugriff 29.03.2014), 0:43 und 1:15.

964 Vgl. Schaller, Christian (2009): Sezession und Anerkennung. Völkerrechtliche Überlegungen zum Umgang mit territorialen Abspaltungsprozessen, Stiftung Wissenschaft und Politik, Studie Nr. 33, Dezember, Berlin, unter: http://www.swp-berlin.org/fileadmin/contents/products/studien/2009_S33_slr_ks.pdf (11.03.2014), S. 8-9.

965 Vgl. Heidelberg Institute for International Conflict Research (2014): Conflict Barometer 2013, unter: http://hiik.de/de/downloads/data/downloads_2013/ConflictBarometer2013.pdf (Zugriff 15.03.2014), S. 19.

966 Vgl. Schaller, Christian (2009): Sezession und Anerkennung. Völkerrechtliche Überlegungen zum Umgang mit territorialen Abspaltungsprozessen, Stiftung Wissenschaft und Politik, Studie Nr. 33, Dezember, Berlin, unter: http://www.

von Russland angeführten Vergleichsfälle tatsächlich bereits zu einer Fortbildung des Völkerrechts geführt haben. Verfassungsrechtlich war das Referendum nicht gedeckt. Zwar erlaubt Artikel 73 der ukrainischen Verfassung grundsätzlich Veränderungen des Territoriums mittels eines Referendums, aber die hohen Hürden, die in Artikel 72 festgelegt sind, wurden nicht im Geringsten beachtet.[967] Russland berief sich auch gar nicht auf die ukrainische Verfassung, dürfte aber verwundert gewesen sein, als der Westen in diesem Fall mit Nachdruck auf den Verstoß gegen die Verfassung abstellte, wo ihm der Verfassungsverstoß bei der Abwahl des Präsidenten völlig egal war. Auch dies ist in russischen Augen ein weiteres Beispiel für die Anwendung doppelter Standards.

Präsident Putin nutzte am 18. März 2014 die Unterzeichnung des Vertrages über die Aufnahme der Krim und Sevastopols in die Russische Föderation zu einer Generalabrechnung mit dem Westen. Er warf den westlichen „Partnern" vor, ihr Handeln nicht durch das Völkerrecht, sondern durch die Regeln der Waffen leiten zu lassen. Sie glaubten an ihre Exklusivität und ihren Exzeptionalismus und meinten, nur sie hätten immer Recht. Sie handelten nach dem Prinzip: „If you are not with us, you are against us." Er hielt ihnen eine ganze Reihe kontrollierter *Farbenrevolutionen* vor. Dabei hätten sie den betroffenen Nationen Regeln auferlegt, die nicht mit deren Kultur im Einklang stünden. Sie hätten Russland oftmals belogen (bezüglich der NATO-Osterweiterung[968], des Näherrückens der militärischen Infrastruktur an die russische Staatsgrenze,

---

swp-berlin.org/fileadmin/contents/products/studien/2009_S33_slr_ks.pdf (11.03.2014), S. 14-16.

967 „Article 72. The All-Ukrainian referendum shall be called by the Verkhovna Rada of Ukraine or by the President of Ukraine in accordance with their powers determined by this Constitution. The All-Ukrainian referendum shall be convened as a popular initiative at the request of at least three million citizens of Ukraine eligible to vote, provided that the signatures in favour of the referendum have been collected in at least two-thirds of the oblasts with at least 100,000 signatures gathered in each oblast. Article 73. Alterations to the territory of Ukraine shall be resolved exclusively by the All-Ukrainian referendum." Acting President of Ukraine (2011): Constitution of Ukraine, 8. Dezember 2004, Nr. 2222-IV und 1. Februar 2011, Nr. 2952-VI, unter: http://www.president.gov.ua/en/content/chapter03.html (Zugriff 15.03.2014).

968 Putin hatte diesen Vorwurf erst jüngst beim Valdai Club pointiert geäußert: „we were promised at one point that NATO would not expand beyond the former Federal Republic of Germany's eastern border. That was a promise directly made to Gorbachev. True, it was not actually set out and written down. But where is NATO today, where is the border? We got cheated, to put it quite simply." Putin, Vladimir (2013f): Meeting of the Valdai International Discussion Club, Rede sowie Frage

der Raketenabwehr, dem Versprechen eines freien Wettbewerbs und des freien Zugangs zu globalen Märkten) und Entscheidungen hinter Russlands Rücken getroffen. Russland habe jeden Grund anzunehmen, dass die Politik der Eindämmung fortgesetzt würde, aber alles habe seine Grenzen.[969] Damit brachte er zum Ausdruck, was viele Russen seit langem empfanden. Sie wollten nicht länger vom Westen gegängelt werden. Stets war man in der eigenen Wahrnehmung bemüht gewesen, dem Westen entgegenzukommen, hatte dafür selbst zu Zeiten der schwersten Wirtschaftskrise Ende der 1990er Jahre auf die Rückzahlung von Milliardenkrediten verzichtet, um dem Westen „zu gefallen", hatte Kompromissbereitschaft gezeigt. Der Dank bestand in der Missachtung der russischen Bedürfnisse nach Sicherheit und Anerkennung. Die zuvor beschriebene, zum Westen völlig unterschiedliche Bewertung der Ereignisse der letzten 20 Jahre brach sich ihren Weg in die reale Politik. Bereits Jahre zuvor hatte der ehemalige britische Botschafter in Moskau, Roderic Lyne, gewarnt: „We must assume that Russia would exert itself mightily, risk a great deal and pay a high price to prevent Ukraine from becoming, as Russians would see it, a platform for American power."[970] Putins Rede offenbarte genau dies. Russland war notfalls bereit, die Brücke der Kooperation zum Westen abzubrechen. Oder wie er es selbst

---

und Antwort, 19. September, unter: http://eng.kremlin.ru/news/6007 (Zugriff 19.01.2014).
    Im Westen ist heftig umstritten, ob Russland tatsächlich bezüglich der Osterweiterung belogen worden ist. Einen Überblick über die gegensätzlichen Positionen geben PRO: Klussmann, Uwe / Schepp, Matthias / Wiegrefe, Klaus (2009): NATO's Eastward Expansion. Did the West Break Its Promise to Moscow?, in: Spiegel, International, 26. November, unter: http://www.spiegel.de/international/world/nato-s-eastward-expansion-did-the-west-break-its-promise-to-moscow-a-663315.html (Zugriff: 07.05.2014) und CON: Rühle, Michael (2014): Russland und die Nato. Die Mythen und Legenden wuchern, in: Neue Zürcher Zeitung, 10. April, unter: http://www.nzz.ch/aktuell/international/auslandnachrichten/die-mythen-und-legenden-wuchern-1.18280961 (Zugriff 07.05.2014) sowie Kramer, Mark (2009): The Myth of a No-NATO-Enlargement Pledge to Russia, in: The Washington Quarterly, Vol. 32, Nr. 2, Center for Strategic and International Studies, S. 39-61.
969 Vgl. Putin, Vladimir (2014c): Address by President of the Russian Federation, 18. März, unter: http://eng.kremlin.ru/news/6889 (Zugriff 19.03.2014).
970 Lyne, Roderic (2008): Reading Russia, Rewiring the West, in: opendemocracy.net, 12. Oktober, unter: http://www.opendemocracy.net/Russia/article/Reading-Russia-Rewiring-the-West (Zugriff 15.06.2014).

ausdrückte: „Wenn man eine Feder bis an ihre Grenze zusammenpresst, dann wird sie unweigerlich zurückschnappen."[971]

Selbst die Genfer Erklärung zur Ukraine, die am 17. April 2014 sowohl von den USA als auch der EU, der Ukraine und Russland unterschrieben worden war, trug statt zur erhofften Entspannung der Lage weiter zur Eskalation bei. Über die Umsetzung der Forderung „All sides must refrain from any violence, intimidation or provocative actions" brachbereits unmittelbar nach der Konferenz Streit aus.[972] Während der Westen die Forderung vor allem auf die Separatisten im Osten der Ukraine bezog, verlangte Moskau, auch Kiev möge sich an das Abkommen halten. Eine Anti-Terror-Operation sei mit der Erklärung nicht vereinbar. Washington hingegen verwies darauf, Kiev habe sofort auf die amerikanische Aufforderung, die Erklärung umzusetzen, reagiert. Die Pflicht einer Regierung, Recht und Ordnung herzustellen, sei von dem Abkommen nicht berührt. Eine Anti-Terror-Operation sei demnach legitim.

Rasch verschlimmerte sich die Lage der Menschen in der Ostukraine. Aufgrund der schweren Kämpfe war die Grundversorgung, insbesondere die Trinkwasserversorgung, schwer beeinträchtigt. Viele Gebäude in den von den Kämpfen betroffenen Gebieten wurden teilweise oder ganz zerstört. Laut dem Hochkommissar der Vereinten Nationen für Flüchtlinge befanden sich 117.000 Menschen innerhalb der Ukraine auf der Flucht, 168.000 waren nach Russland geflohen (01.08.2014). Nach Angaben der russischen Behörden sind insgesamt 730.000 Menschen in den ersten sieben Monaten des Konflikts in Russland angekommen.[973] Diese Menschenrechtsbilanz war nicht verwunderlich, wenn selbst der ukrainische Präsident, ohne von den westlichen Partnern zur Ordnung gerufen zu werden, eine Art der Kriegführung postulierte, die Europa seit dem Ende des Zweiten Weltkrieges nicht mehr erlebt hatte: „Militants will pay hundreds of their lives for each life of our servicemen."[974] Die Haltung Kievs, keinen

---

971 Putin, Vladimir (2014c): Address by President of the Russian Federation, 18. März, unter: http://eng.kremlin.ru/news/6889 (Zugriff 19.03.2014).
972 United States / European Union / Ukraine / Russia (2014): Geneva Statement on Ukraine, 17. April, unter: http://www.state.gov/r/pa/prs/ps/2014/04/224957.htm (Zugriff 18.04.2014).
973 Vgl. United Nations High Commissioner for Refugees (2014): Ukraine: Humanitarian needs rise as internal displacement tops 117,000 people, 1. August, unter: http://unhcr.org.ua/en/2011-08-26-06-58-56/news-archive/1318-ukraine-humanitarian-needs-rise-as-internal-displacement-tops-117-000-people (Zugriff 11.08.2014).
974 Porošenko, Petr (2014b): President: Militants will pay hundreds of their lives for each life of our servicemen, Press office of [the] President, 11. Juli, unter: http://

dauerhaften Waffenstillstand mit den Separatisten vereinbaren zu wollen, erscheint zumindest rational nachvollziehbar. Eine Verhandlungsblockade durch die Separatisten ist aus Kiever Sicht wahrscheinlich. Die gewonnene Zeit könnten die Separatisten dazu nutzen, die Kontrolle über die von ihnen gehaltenen Gebiete stärker zu etablieren. Kiev stünde dann vor dem Problem, gegenüber der Weltöffentlichkeit erneute Kampfhandlungen mit dann erholten und gestärkten separatistischen Kräften rechtfertigen zu müssen. Die Gefahr, die Ostukraine dauerhaft zu verlieren, stiege erheblich an.

Losgelöst von der Frage, wie sich die Eskalation der gegenseitigen Sanktionen und militärischen Drohgebärden entwickeln wird, hat die Ukrainekrise das Potenzial, eine neue Kälteperiode zwischen der Russischen Föderation und dem Westen einzuleiten. Sie wird das Denken der Eliten und der Völker nachhaltig prägen. Es besteht die große Gefahr einer Entfremdung innerhalb Europas. In Russland wächst eine weitere vom Westen entfremdete Generation heran. Im Westen wird – über die anti-russische Besessenheit in Polen, dem Baltikum und bei den US-amerikanischen Republikanern hinaus – eine ganze Generation von Entscheidungsträgern anti-russisch geprägt. Russlands Glaubwürdigkeit wird bei allen Nachbarn, die nicht einen US-geförderten Umsturz als größte Gefahr sehen, nachhaltig beschädigt. Entgegen der russischen Interessen wird die Rolle der USA als Großmacht in Europa gestärkt,[975] die Entwicklung der eigenen Wohlfahrt behindert. Entgegen westlichen Interessen werden pro-westliche Kräfte in Russland geschwächt, eine kooperative Einbindung Russlands stark behindert.

Die ukrainische Gesellschaft dürfte nach den schweren militärischen Auseinandersetzungen langfristig gespalten sein. Die Verantwortlichen für die hart geführte Anti-Terror-Operation dürften sich kaum als Integrationsfiguren eignen. Es besteht die reale Gefahr, dass trotz fortgesetztem Westkurs des Landes,

---

www.president.gov.ua/en/news/30733.html (Zugriff 19.07.2014). Diese Aussage des Präsidenten wird sogar auf der Webseite des Auswärtigen Amtes der Ukraine gespiegelt. Ministry of Foreign Affairs of Ukraine (2014): President: Militants will pay hundreds of their lives for each life of our servicemen, 12. Juli, unter: http://mfa.gov.ua/en/news-feeds/foreign-offices-news/25393-za-kozhne-zhittya-nashih-vijsykovih-bojoviki-zaplatyaty-sotnyami-svojihprezident (Zugriff 11.08.2014).

975 Der amerikanische Politikwissenschaftler Andrew Denison beschrieb diesen Effekt treffen: „Oft ist Amerika selbst am mächtigsten, wenn die Freunde Amerikas mehr Angst haben vor den Feinden Amerikas als vor Amerika selbst." Denison, Andrew D. (2014): Obamas Amerika und die Krise in der Ukraine, transatlantic networks, 3. März, unter: http://www.transatlantic-networks.de/?p=1000 (Zugriff 14.03.2014).

die Macht nur bei einer anderen Oligarchengruppe liegen wird. Wer immer in der Ukraine die Regierung stellen wird, steht zugleich vor der Aufgabe, die durch IWF-Reformen und weitgehende Übernahme des Acquis Communautaire entstehenden Belastungen gegenüber der Bevölkerung rechtfertigen zu müssen. Insgesamt wird die wirtschaftliche und gesellschaftliche Lage in der Ukraine zahlreiche Ansatzpunkte für die russische Politik und für russische Informationskampagnen bieten. Hinsichtlich des außenpolitischen Status der Ukraine wird *mit* Russland einvernehmlich eine Lösung gefunden werden müssen. Andernfalls spricht vieles dafür, dass die Ukraine dauerhaft einer Obstruktionspolitik Moskaus ausgesetzt sein wird, und dass die starken Spannungen zwischen dem Westen und Russland fortbestehen. Die NATO konnte – anders als im Falle Libyens – aufgrund der politischen Uneinigkeit ihrer Mitglieder keine glaubhaften militärischen Antworten außerhalb ihres Vertragsgebietes bieten und musste sich auf Aufklärung, Beratung und logistische Unterstützung der Ukraine sowie warnende Worte gegenüber Moskau begrenzen. Sehr wohl konnte sie aber über Art. 4 des Nordatlantikvertrages[976] beruhigend auf ihre östlichen Mitgliedstaaten wirken. Nicht nur der ehemalige polnische Präsident Kwaśniewski sieht in der Ukrainekrise einen „deutliche[n] Beweis für die Daseinsberechtigung der Strukturen und Mechanismen, die die Sicherheit in Europa garantieren, insbesondere der NATO."[977] Für die NATO stellt sich auch über den Gipfel in Wales (4./5. September 2014) hinaus die Frage bezüglich Art und Umfang einer sichtbaren Rückversicherung der östlichen Mitglieder. Sollen Eingreifkräfte, und wenn ja, wie viele und für wie lange, auf deren Territorium stationiert werden? Sollen Großübungen zur Abwehr eines starken militärischen Gegners angesetzt werden? Sollen gar die Verteidigungsausgaben der Bündnispartner erhöht werden? Je nachdem welche Antworten gegeben werden, wird die Weiche bezüglich eines künftigen *Engagements* oder *Containments* Russlands gestellt.

---

976 Artikel 4 lautet: „Die Parteien werden einander konsultieren, wenn nach Auffassung einer von ihnen die Unversehrtheit des Gebiets, die politische Unabhängigkeit oder die Sicherheit einer der Parteien bedroht ist." NATO (1949): Der Nordatlantikvertrag, 4. April, Washington, D.C., unter: http://www.nato.diplo.de/Vertretung/nato/de/04/ Rechtliche__Grundlagen/Nordatlantikvertrag.html (Zugriff 11.08.2014).

977 Kwaśniewski, Alexander (2014): Kein vereinigtes und stabiles Europa ohne die Ukraine!, auf: Internationale Politik und Gesellschaft, Onlinejournal, 5. Mai, Übersetzung: Pyzowska, Dominika / Sendhardt, Bastian. unter: http://www.ipg-journal.de/schwerpunkt-des-monats/europaeische-ostpolitik/artikel/detail/kein-vereinigtes-und-stabiles-europa-ohne-die-ukraine-379/ (Zugriff 11.08.2014).

Eine NATO-Mitgliedschaft der Ukraine dürfte auf absehbare Zeit unwahrscheinlich sein. Mehrere Mitgliedsstaaten werden das damit verbundene Risiko, Sicherheitsgarantien gegebenenfalls einlösen zu müssen, nicht auf sich nehmen wollen. Zudem steht die ungelöste Grenzfrage auf der Krim einer Mitgliedschaft im Weg. Für Russland wird eine NATO-Mitgliedschaft der Ukraine oder ein vergleichbarer der Ukraine gewährter Status weiterhin völlig inakzeptabel sein. Sollte sich ein solcher Schritt abzeichnen, wäre aufgrund der strategischen Kultur Russlands eine massive und rasche Eskalation nicht auszuschließen. Russland könnte geneigt sein, Fakten zu schaffen, bevor Garantien greifen. Ganz anders stellt sich die Lage im Baltikum dar. Hier hat Russland bereits in der Vergangenheit akzeptiert, dass sich die baltischen Staaten unter den Schutzschirm der NATO begeben haben.

Eine EU-Mitgliedschaft der am Rande des Bankrotts stehenden Ukraine dürfte ebenfalls auf absehbare Zeit unwahrscheinlich sein. Finanzkräftige Mitgliedstaaten sind bereits durch die Folgen der Wirtschafts- und Eurokrise stark gebunden und zeigen wenig Bereitschaft, weitere nahezu unkalkulierbare finanzielle Risiken auf sich zu nehmen. Unbenommen von einer ukrainischen EU-Mitgliedschaft wird es aber weiterhin eines deutlichen finanziellen Engagements der EU bedürfen. Sicherheitspolitisch bedeutete eine EU-Mitgliedschaft der Ukraine, dass sie sich auf Art. 42 (7), die sogenannte Beistandsklausel im EU-Vertrag[978], berufen könnte. Auch dieses Risiko möchten nicht alle Mitgliedstaaten auf sich nehmen. Gemeinsam *mit* Russland wird die Europäische Union nach Wegen aus dem beide Seiten schädigenden Handelskrieg, der durch die westlichen Sanktionen ausgelöst worden war, suchen müssen. Gemeinsam *mit* Russland wird nach Wegen gesucht werden müssen, die Ukraine mit beiden Wirtschaftsblöcken, die beide nach WTO-Regeln funktionieren, verbunden zu halten.

Für die Zukunft der OSZE könnten die Ereignisse in der Ukraine entscheidend werden. Im Gegensatz zu NATO und EU ist sie keine Konfliktpartei. Sie ist eine gesamteuropäische Organisation und zugleich regionale Abmachung nach Kapitel VIII der Charta der Vereinten Nationen. Sie hat das grundsätzliche

---

978 In Art. 42 (7) heißt es: „Im Falle eines bewaffneten Angriffs auf das Hoheitsgebiet eines Mitgliedstaats schulden die anderen Mitgliedstaaten ihm alle in ihrer Macht stehende Hilfe und Unterstützung, im Einklang mit Artikel 51 der Charta der Vereinten Nationen." Europäische Union (2010): Konsolidierte Fassung des Vertrages über die Europäische Union, unter: http://bookshop.europa.eu/is-bin/INTERSHOP.enfinity/WFS/EU-Bookshop-Site/de_DE/-/EUR/ViewPublication-Start?PublicationKey=QC3209190 (Zugriff 11.08.2014).

Mandat, eine „führende Rolle" bei der Friedenserhaltung zu übernehmen[979] und verfügt über die notwendigen Instrumente und Mechanismen. Damit scheint sie geradezu geschaffen zu sein, eine bedeutsamere Rolle in der Ukrainekrise zu spielen. Die Teilnehmerstaaten sollten diese Chance nutzen. Andernfalls dürfte der in den letzten Jahren fortschreitende Bedeutungsverlust der OSZE kaum mehr aufzuhalten sein.

Der Sicherheitsrat der Vereinten Nationen läuft aufgrund der gegenseitigen Vetomöglichkeiten Russlands und der USA Gefahr, als politische Bühne missbraucht zu werden. Da sich aber Russlands Großmachtstatus zu einem guten Teil über seine Rolle im Sicherheitsrat definiert, dürfte Russland kein Interesse an einer Delegitimierung dieses Gremiums haben und sich deshalb auch weiterhin mit seinen Positionen bei anderen Konfliktlagen von Iran, über Syrien bis Nordkorea einbringen. Die Resolution der Generalversammlung zur territorialen Unversehrtheit der Ukraine[980] besitzt nur politischen Charakter, wird aber, solange die Annexion der Krim fortbesteht, immer wieder gegen Russland vorgebracht werden.

Die Entwicklung der Beziehungen zu Russland ist umso verwunderlicher, als Putin erst kurz vor der Eskalation der Ukrainekrise in Sotchi der Welt ein neues Russland präsentiert hatte. Moskau ließ sich dies über 30 Milliarden Euro kosten. Es gab Amnestien für Straftäter, unter anderem für den Oligarchen Chodorkovskij und die zwei inhaftierten Mitglieder von Pussy Riot. Alles was Russland teuer erreicht hatte, wurde mit der Intervention auf der Krim zunichtegemacht. Die Reaktion des Westens war aufgrund der Erfahrungen 2008 im Zusammenhang mit dem Georgienkonflikt für Russland vorhersehbar. Auch damals kam es, wenn auch nicht offiziell so genannt, zu Sanktionen wie der Suspendierung von Gesprächsforen (beispielsweise des NATO-Russland-Rates), zu massivem Abzug von Kapital und der Verwehrung von Krediten.[981] Dennoch handelte Russland so, wie es meinte handeln zu müssen. Wäre der vermeintliche Griff

---

979 Siehe Ziff. 46 der Europäischen Sicherheitscharta. OSZE (1999): Europäische Sicherheitscharta, PCOGW389, November, Istanbul, unter: http://www.osce.org/de/mc/39571?download=true (Zugriff 11.08.2014).

980 Siehe Generalversammlung der Vereinten Nationen (2014): Resolution 68/262, Territoriale Unversehrtheit der Ukraine, A/RES/68/262, 27. März, unter: http://www.un.org/Depts/german//gv-68/band3/a68262.pdf (Zugriff 11.08.2014).

981 Siehe Burns, William J. (2008): Georgia and Russia, Testimony before the Senate Committee on Foreign Relations of the Under Secretary for Political Affairs, 17. September, Washington, D.C., unter: http://2001-2009.state.gov/p/us/rm/2008/109825.htm (Zugriff 13.08.2014).

nach der Krim Teil eines größeren Plans zur Neuzeichnung der Grenzen im postsowjetischen Raum, wie es vielfach dargestellt wurde, hätte sich Russland den zuvor betriebenen hohen Aufwand sparen können. Auch die immer wieder zu hörende Argumentation, Putin stünde innenpolitisch so unter Druck, dass er keine andere Wahl gehabt hätte als sich in außenpolitische Abenteuer zu stürzen, entbehrt jeglicher Grundlage.[982] Putin erfreute sich, nicht zuletzt auch aufgrund des Sotchi-Effekts, höchster Popularitätswerte – Werte, die von westlichen Politikern nur selten erreicht werden. Neorealistische Interpretationen, ein wieder erstarkter russischer Bär wolle nun mit seinen Tatzen aus den Nachbarstaaten Brocken herausreißen, können im Zusammenhang mit Moskaus Bemühen, ein neues Russland zu präsentieren, ebenfalls nicht als stichhaltig erachtet werden. Imperialistisches Vorgehen unterstellt eine rationale Kosten-Nutzen-Kalkulation. Eine solche kann aber im Fall der Krim nicht unterstellt werden. Auch ein „sich verrechnen" kann, wie zuvor bereits ausgeführt, aufgrund der Erfahrungen im Georgienkonflikt weitgehend ausgeschlossen werden. Für den Westen war das russische Vorgehen deshalb so überraschend und wenig nachvollziehbar, weil er seinem Gegenüber stets die ihm selbst eigene Kosten-Nutzen-Logik unterstellte. Sanktionen gegenüber Russland haben folglich nur einen bestrafenden Charakter im Sinne von „Russland muss einen Preis zahlen", aber kaum eine verhaltensverändernde Wirkung.

Mittels der Analyse der strategischen Kultur Russlands können Erklärungsansätze für das russische Verhalten gewonnen werden. Die Großmacht Russland erwartet aufgrund ihrer strategischen Kultur einen Umgang auf Augenhöhe. Sanktionen, die verhängt werden, weil Russland ein gefordertes Verhalten nicht zeigt, berücksichtigen diesen Faktor nicht. Erfolg wird sich für den Westen eher einstellen, wenn er von ihm erwünschtes Verhalten Russlands in Verhandlungen gegen ein von Russland erwünschtes Verhalten des Westens einhandelt. Russland wird sich voraussichtlich nicht, wie schwächere Staaten, vom Westen zu einem bestimmten Verhalten zwingen lassen. Dies gilt umso mehr, als in der russischen Wahrnehmung der Ereignisse insbesondere die geopolitischen Ambitionen des Westens hervorgehoben wurden.[983] Von Aleksandr Lukin wurde

---

982 Lediglich sechs Prozent der russischen Bevölkerung sind der Meinung, die russische Führung brauchte einen kleinen siegreichen Krieg, um von den Problemen im Innern abzulenken. Vgl. Levada (2014): Situacija v Ukraine i v Krymu, Situation in der Ukraine und auf der Krim, unter: http://www.levada.ru/13-03-2014/situatsiya-v-ukraine-i-v-krymu (Zugriff 29.03.2014).

983 Siehe beispielsweise die Ausführungen des russischen Außenministers: „the West wishes to capture Ukraine guided exclusively by their geopolitical ambitions rather

die geopolitische Ebene des Konflikts zudem mit der ideologischen Ebene verbunden. Er argumentierte, zum Ende der ideologischen Auseinandersetzung im Kalten Krieg habe es zwei mögliche Wege im Umgang mit Russland gegeben: (1) Russland im westlichen System zu assimilieren oder (2) vom Zentrum der feindlichen Welt (Russland), das ohnehin keine Zukunft habe, Stück für Stück wegzubrechen. Clinton und Bush hätten sich für den zweiten Weg entschieden. Damit hätten sie in Russland die Position derjenigen gefestigt, die sich für ein autoritäres System und für ein starkes und unabhängiges Russland aussprechen, das den Kern der eurasischen Integration in einer multipolaren Welt bilden solle. In einem ersten Schritt sei es dem Westen zwar gelungen, mehrere osteuropäische Staaten, deren Gesellschaften Ähnlichkeiten zu denen des Westens haben, zu absorbieren. In einem zweiten Schritt sei er aber an den äußeren Grenzen der eigenen Kultur auf Widerstand gestoßen. In Staaten wie der Ukraine oder Georgien verliefe diese kulturelle Grenze innerhalb der Staaten.[984]

Der von Lukin skizzierte ideologische Gegensatz zum Westen (siehe auch S. 232 f) hat seines Erachtens auch unmittelbare Auswirkungen auf die Kooperationsbereitschaft des Westens in der Ukrainekrise: Würde der Westen gemeinsam mit Russland an den vielfältigen russischen Lösungsvorschlägen arbeiten,

---

than the interests of the Ukrainian people." Lavrov, Sergej (2014a): Speech by the Russian Foreign Minister and his answers to questions during the First Forum of Young Diplomats of the CIS Countries, 25. April, Moskau, unter: http://www.mid.ru/bdomp/brp_4.nsf/e78a48070f128a7b43256999005bcbb3/77c84f1c027517bd4425 7cc900210a7c!OpenDocument (Zugriff 10.08.2014). Oder bei anderer Gelegenheit: „Some geopolitical project was formed, which started to develop at the end of last year on the "maidan" under an absolutely invested pretext, when the president of the country was refused the right to take additional time to study consequences of the association agreement with the European Union." Lavrov, Sergej (2014c): Briefing for representatives of foreign and Russian mass media, 28. Juli, Moskau, unter: http://www.mid.ru/brp_4.nsf/0/E02A06430588548E44257D250057708D (Zugriff 10.08.2014). Auch Putin argumentiert vergleichbar, wenn er sagt: „We need to understand clearly that the events provoked in Ukraine are the concentrated outcome of the notorious deterrence policy. As you may know, its roots go deep into history and it is clear that unfortunately, this policy did not end with the end of the Cold War." Putin, Vladimir (2014i): Conference of Russian ambassadors and permanent representatives, Moskau, 1. Juli, unter: http://eng.news.kremlin.ru/news/22586 (Zugriff 04.07.2014). Diese Ausführungen der Elite finden ihren entsprechenden Widerhall in den Medien und in den wissenschaftlichen Publikationen.

984 Vgl. Lukin, Alexander (2014a): Eurasian Integration and the Clash of Values, in: Survival, Vol. 56, Nr. 3, Juni-Juli, S. 45-47.

käme dies der Anerkennung gleich, „[that] someone outside the West is capable of determining what is good and what is bad for other societies."[985]

Die von den geopolitischen Ambitionen des Westens ausgehende Bedrohung beförderte das russische Streben nach Sicherheit und lässt Gewalt wieder als Problemlösungsinstrument erscheinen. Eine Großmacht zu sein garantiert, vom Westen nicht wie beispielsweise Libyen, Iran und andere schwächere Staaten behandelt zu werden. In einer solchen Situation stellt Großmacht zu sein, einen Wert an sich dar. Überlegungen des Westens, Russland aus den G8 auszuschließen, sind unmittelbar gegen das russische Streben nach Anerkennung gerichtet. Diese „Erniedrigung" dürfte aber, wie viele andere (Sanktions-)kosten bereits in den russischen Erwägungen berücksichtigt sein. Russland war sich aufgrund der Erfahrungen des Georgienkrieges bewusst, wie verletzlich seine Währung, seine Börsen und letztlich seine Auslandsunternehmungen sind. Dennoch handelte es auf der Krim rasch und entschlossen. Eine mögliche Isolation wurde in Kauf genommen. Es stellt sich die Frage, warum Russland von Anfang an bereit war, einen so hohen Preis zu bezahlen. Vieles spricht dafür, dass eine Neuauflage der Orangenen Revolution als ein unmittelbarer Angriff auf die autoritäre Herrschaft in Russland gewertet wurde. Aber nicht nur die Gefahr, selbst Opfer eines Maidan-Umsturzes zu werden, sondern auch das Verständnis, es handele sich bei der Ukraine um ein Brudervolk, zwang aus innenpolitischen Erwägungen zum Handeln.[986] Zögerte Putin, entschlossen vorzugehen, hätte er die in Eliten und Bevölkerung vorhandene ausgeprägte Präferenz für eine starke Führung nicht befriedigt. Seine Position wäre gefährdet gewesen. Der Schutz ethnischer Russen[987] und die damit verbundene stärkere Achtung des Individuums, ist in

---

985 Lukin, Alexander (2014b): What the Kremlin Is Thinking, Putin's Vision for Eurasia, in: Foreign Affairs, Juli-August, S. 89.

986 Mehr als die Hälfte der russischen Bevölkerung erachtet Russen und Ukrainer als ein Volk. Zugleich ist eine deutliche Mehrheit von 83 Prozent dafür, die Interessen der Russen und Vertreter anderer Nationalitäten auf der Krim zu schützen, auch wenn dies die Beziehungen zu anderen Ländern erschwert. 91 Prozent sind mit dem Beitritt der Krim einverstanden. Vgl. Forschungsstelle Osteuropa, Hrsg. (2014): Russland und das internationale Umfeld in Umfragen, in: Russland-Analysen, Nr. 274, 28. März unter: http://www.laender-analysen.de/russland/pdf/RusslandAnalysen274.pdf (Zugriff 29.03.2014), S. 10-14.

987 Jeffrey Mankoff weist darauf hin, dass Russland im Zusammenhang mit den Ereignissen um die Krim in der Regel von „Russian citizens" und „Russian speakers" gesprochen hat, den Begriff „ethnic Russians" hingegen vermied. Problematisch sieht er die Benutzung des Begriffs „compatriots" in den Grundlagendokumenten, da dieser Begriff sich auf das gemeinsame Vaterland bezieht und daher in der Anwendung

allen russischen Grundlagendokumenten als zentraler Punkt verankert und entspricht ebenfalls dem ausgeprägten Bedürfnis nach Sicherheit.[988]

Der vom Westen hingenommene Vertragsbruch durch die Maidankräfte nährte erhebliche Zweifel an der Verlässlichkeit des Westens und bekräftigte die ausgeprägte Präferenz für Sicherheit. Der mit der Absetzung von Präsident Janukovič verbundene Verfassungsbruch, ebenfalls vom Westen nicht kritisiert, die Nichtverfolgung der Morde an den Polizeikräften, ja noch nicht einmal Hinterfragung des Verhaltens der Opposition in dieser Angelegenheit, taten ein weiteres. Dass sich der Westen dafür bei dem Krim-Referendum auf die ukrainische Verfassung beruft, stärkt den Eindruck eines willkürlich nur nach seinen eigenen Interessen handelnden Westens, der mit der Spaltung des slawischen Brudervolks Russland als Großmacht begrenzen möchte.

Alle Vorbehalte der russischen Eliten als auch weiter Teile der Bevölkerung gegenüber dem Westen kulminierten in dieser Krise. Alle Parameter der strategischen Kultur wurden angesprochen. Aus Sicht des Westens langfristig besonders problematisch ist die Bestärkung von Gewalt und militärischem Druck als Mittel der Politik sowie die Betonung eines Großmachtstrebens in seiner früheren Konnotation. Allerdings dürfte es falsch sein, das russische Vorgehen in den Kontext eines *„Sammeln der Lande der Sowjetunion"* zu stellen (siehe Kapitel 4.4.4 „Eine nicht-imperiale Großmacht", S. 272 ff). Vielleicht hat Präsident Obama, um überschäumendes Großmachtdenken nach der erfolgreichen Annexion der Krim einzuhegen, so deutlich darauf abgehoben, dass Russland nur eine Regionalmacht sei, die einige ihrer unmittelbaren Nachbarn bedrohe und so nicht aufgrund seiner Stärke, sondern seiner Schwäche handle.[989] Sollte dies tatsächlich Obamas Absicht gewesen sein, so hat er im gleichen Atemzug

---

sehr flexible – und somit für Missbrauch offen – ist. Vgl. Mankoff, Jeffrey (2014): Russia's Latest Land Grab. How Putin Won Crimea and Lost Ukraine, in: Foreign Affairs, Vol. 93, Nr. 3, Mai/Juni, S. 64.

988 Dass auch die baltischen Staaten mit großen russischen Minderheiten befürchten, in den Strudel der Ukrainekrise hineingezogen zu werden, verwundert nicht. Haben sie doch selbst in den letzten Jahren zu wenig für den Schutz dieser großen Minderheiten getan. Beispielsweise gibt es in Lettland rund 15 Prozent sogenannter „Nichtbürger". Diese lettischen Nichtbürger, zu denen nicht nur ethnische Russen, sondern auch Weißrussen, Ukrainer, etc. zählen, unterliegen zahlreichen rechtlichen Einschränkungen: Ein Zustand, der der Europäischen Union nicht würdig ist.

989 Vgl. Obama, Barack (2014a): Press Conference with Prime Minister Rutte of the Netherlands, 25. März, Den Haag, unter: http://www.whitehouse.gov/the-press-office/2014/03/25/press-conference-president-obama-and-prime-minister-rutte-netherlands (Zugriff 29.03.2014).

das russische Streben nach Anerkennung verletzt – was Russlands Eliten wiederum eher dazu anspornen dürfte, auf weitere Erfolge im Ringen mit dem Westen abzuzielen. Grundsätzlich sprechen nicht nur die realpolitischen Kräfteverhältnisse für Obamas Einschätzung. Auch aus dem Blickwinkel der strategischen Kultur lässt sich Russlands Vorgehen als durch das Streben nach Sicherheit motiviert erklären, wurde seine geopolitische Lage doch mit der Hinwendung von mehr und mehr seiner Nachbarstaaten nach Westen zunehmend verletzlich.

Die Dramatik der Ereignisse in der Ukraine kann sogar zu einem erneuten Bruch in der strategischen Kultur Russlands führen – mit noch nicht annähernd absehbaren Konsequenzen. So schwer es gerade in einer solch angespannten Lage fällt, wird es darauf ankommen, dass der Westen an einem kooperativen Sicherheitsansatz gegenüber Russland festhält. Es muss alles daran gesetzt werden, nicht in Konfliktmuster des Kalten Krieges zurückzufallen. Diese könnten sich in der strategischen Kultur Russlands dauerhaft verankern.

4.5 Zusammenführung der Ergebnisse

Da der Einfluss der Ukrainekrise auf die strategische Kultur derzeit noch nicht abschließend bewertet werden kann, wird im Folgenden vor allem auf die grundsätzlichen Ausprägungen eingegangen, wie sie sich in den letzten beiden Jahrzehnten offenbart haben.

Die Hoffnungen von Anfang der 1990er Jahre, Russland in den Westen integrieren zu können, wurden nicht verwirklicht. Und dies, obgleich der grundlegende Umbruch des Systems und der hierdurch ausgelöste tiefgreifende Wandel in der Region einen Bruch der strategischen Kultur grundsätzlich ermöglicht hätten. Hinterfragt wurden von der Gesellschaft und den Eliten die Elemente der strategischen Kultur, die zum Zusammenbruch der Sowjetunion geführt, also keinen Erfolg gebracht hatten. Die Bewertung, welche Elemente dies waren, unterschied sich allerdings aus russischer und westlicher Perspektive deutlich. Während der Westen das autokratische System als wesentliche Ursache ausmachte, wurde dieses in Russland nicht hinterfragt. Dort erkannten die Eliten eher die überbordende Militarisierung des Staates zu Lasten der sozialen Wohlfahrt als das immer wieder in der russischen Geschichte versagende Element. Der starke Staat hingegen war nicht grundsätzlich diskreditiert. Als dann die vom Westen importierten demokratischen und marktliberalen Ansätzen zu Beginn der 1990er Jahre nicht rasch genug Lösungen in einem sich unkontrolliert verändernden Umfeld lieferten, wurde diesen die Schuld an der immer schlimmer werdenden Misere zugesprochen. In der strategischen Kultur des Landes fand sich das tief verankerte vermeintlich bewährte Rezept eines starken Staates als Allheilmittel.

Wie in der bisherigen Untersuchung gezeigt worden ist, führt auch ein gravierender Wandel in der Lebenswirklichkeit nicht zwangsläufig zu einer radikalen Anpassung aller Elemente der strategischen Kultur, sondern nur derjenigen, die aus Sicht der Eliten versagt haben. Für die dauerhafte Verankerung neuer Elemente bedarf es zudem einer gewissen Zeit. Eine Neuorientierung erfolgt nicht in wenigen Jahren. Eine Anpassung der Präferenzen der Elite kann in einem System, in dem diese ihren Herrschaftsanspruch nicht aus einer Ideologie ableiten kann, sondern sich gegenüber der Bevölkerung legitimieren muss, nur langsam vonstattengehen. Die in der Breite der Bevölkerung zum Zeitpunkt des Umbruchereignisses vorherrschende strategische Kultur muss berücksichtigt werden. Weite Teile der Bevölkerung werden ihre Präferenzen nicht von heute auf morgen verändern. Ein Elitenwandel, bei dem Kader des vergangenen Systems abgelöst werden, ist folglich nur ein erster Schritt, um neuen Präferenzen mehr Raum zu geben. Selbst der institutionelle Wandel, wo er überhaupt vollzogen worden ist, verspricht keine raschen Änderungen. Offensichtlich prägt die Gesellschaft die Institutionen stärker als diese ihrerseits die Gesellschaft. Unter anderem hierin liegt das Auseinanderklaffen von Verfassungsnorm und Verfassungsrealität begründet.

Doch wie haben sich die einzelnen Präferenzen nun tatsächlich gewandelt?

(1) Autoritäre Herrschaft: Aus amerikanischer Sicht ist der unwahrscheinliche Fall eines Wiedererstehens des Imperiums nur nach einer langen Phase der Rückbesinnung auf eine autoritäre Politik möglich. Mit dem Amtsantritt Putins setzte genau eine solche Phase ein. Putin war gewählt worden, um die chaotischen Zustände im Land in den Griff zu bekommen. Dabei führte er nur den bereits von Jelzin eingeschlagenen Weg der zunehmenden Bündelung von Macht und Kontrolle entschlossener weiter. Bei der Herausbildung der Machtvertikale konnte er sich auf die Siloviki stützen, die die Demokratie ablehnten. Die starke Zentralmacht ermöglichte eine stärker interessengeleitete Politik. Zusammenfassend kann mit Lev Gudkov gesagt werden: „So wurde der sowjetische Totalitarismus nach der Aufgabe des ideologischen Monopols der Kommunistischen Partei schrittweise in einen Autoritarismus verwandelt."[990]

Die demokratischen Ansätze Anfang der 1990er Jahre blieben nur eine kurze Episode. Die tief in der strategischen Kultur verankerten ausgeprägten Präferenzen für einen starken Staat als Problemlöser in Zeiten der Unsicherheit überlagerten rasch alle neuen Ansätze. Aus Sicht des Westens wurde

---

990 Gudkov, Lev (2013): Fatale Kontinuitäten. Vom sowjetischen Totalitarismus zu Putins Autoritarismus, in: Osteuropa, 63. Jg., Nr. 5-6, S. 293.

der Rückgriff auf diese in der russischen Geschichte bewährten Instrumente gleichsam als Rückkehr zu dem früheren imperialen Staat gesehen. Ein Wandel der strategischen Kultur nur in Teilbereichen wurde nicht in Erwägung gezogen. Russisches außenpolitisches Handeln wurde fortan fast ausschließlich durch die alte, vermeintlich immer noch passende Brille betrachtet. Dies verkennt nicht nur die Abkehr von einem im Übermaß militarisierten Staat, sondern auch die Bereitschaft, einen eigenen demokratischen Entwicklungspfad einzuschlagen, der, wie Putin es fordert, in Übereinstimmung mit dem jeweiligen Entwicklungsstand der Gesellschaft erfolgen solle. Die unreflektierte Übernahme eines westlichen Demokratieverständnisses wird von weiten Teilen der Bevölkerung abgelehnt. Insofern entspricht der von den Eliten eingeschlagene Weg eines zunächst kontrollierten Wettbewerbs im politischen System der strategischen Kultur. Nur ein drastischer Misserfolg eines derartigen Systems könnte einen weiteren raschen Wandel der strategischen Kultur auslösen.

Die Befürwortung einer autoritären Herrschaft wird verstärkt durch die Rückbesinnung auf die Werte der wieder erblühenden Russisch-Orthodoxen Kirche. Diese lehnt Pluralismus und Demokratie als die Harmonie gefährdend ab und sucht wie in früheren Zeiten die Nähe zum Staat als Garant ihrer Stärke. Obgleich die Russländische Föderation laut der Verfassung ein säkularer Staat ist, reüssiert die *Symphonialehre*.

(2) Streben nach Sicherheit: Schon bald nach dem Zusammenbruch der Sowjetunion wurde das globale Hegemoniestreben der USA als die bedeutsamste äußere Bedrohung empfunden. Die *Wolfowitz-Doktrin*, die darauf zielte, nicht erneut einen Konkurrenten auf dem Gebiet der ehemaligen Sowjetunion entstehen zu lassen, bestätigte diese Wahrnehmung, führte sie doch zur Unterstützung aller Nachfolgestaaten, die diese wünschten, bis hin zu deren Aufnahme in NATO und EU. Russland sah sich einmal mehr in seiner Geschichte einer mächtigen gegnerischen Allianz gegenüber. Wie man es aus der Geschichte kannte, unterstellte man der anderen Seite, sie würde Partnerschaft nur vortäuschen. In Wirklichkeit arbeite man aber verdeckt gegen Russland. Die strategische Kultur Russlands, die ein stetes Streben nach Sicherheit vor einem vermeintlich feindlichen Westen beinhaltete, behinderte all jene in der Elite, die eine deutliche Annäherung an den Westen anstrebten und die wie Kozyrev das Umfeld Russlands als freundlich wahrnahmen. Spätestens seit dem Kosovokrieg 1999 wurde die NATO nicht nur als expansiv, sondern auch als aggressiv empfunden. Seit jener Zeit wurde dem Westen unterstellt, nach der Beherrschung der Strukturen des internationalen Systems zu streben. Die unilaterale Kündigung des aus russischer Sicht strategisch bedeutsamen ABM-Vertrags durch die USA schürte alte

Bedrohungswahrnehmungen, gefährdete dieser Schritt doch langfristig die – vor dem Hintergrund der klaren konventionellen Unterlegenheit – für das Überleben des Staates so wichtige nukleare Zweitschlagfähigkeit. Mit dem Aufbau eines globalen Raketenabwehrsystems durch die USA scheinen sich alle Befürchtung zu manifestieren. Durch den Irakkrieg im Jahr 2003 und erneut durch den Libyenkonflikt im Jahr 2011 wurde das russische Vertrauen in das Völkerrecht nachhaltig beschädigt. Aus russischer Sicht stellt sich die Frage, welchen Schutz der eigenen nationalen Souveränität und territorialen Integrität das Völkerrecht noch bietet. Seit 2008 sieht man den globalen Wettbewerb erweitert um eine zivilisatorische Dimension, die den Kampf verschiedener Wertesysteme und Entwicklungsmodelle umfasst. Sogar die Gefahr einer neuen Teilung der Welt wird nicht ausgeschlossen.

Die territoriale Integrität wurde vor allem durch interne Entwicklungen wie die Tschetschenienkriege bedroht. Westliche Kritik am harten militärischen Eingreifen wurde so gedeutet, dass eine weitere Schwächung Russlands gewünscht sei. Auf gleiche Weise das Vertrauen untergrabend wirkten die vom Westen unterstützten *Farbenrevolutionen* in unmittelbarer Nachbarschaft zu Russland. Gegenwärtig werden alle separatistischen Bestrebungen sowie das multireligiöse und multiethnische Zusammenleben gefährdende Entwicklungen als Hauptbedrohungen verstanden. Insbesondere äußeren Einmischungen unter Nutzung innerrussischer Instabilitäten gilt es vorzubeugen. Russland könne, wie Putin bereits zu Beginn seiner ersten Amtszeit hinwies, keine weiteren politischen oder sozioökonomischen Umbrüche verkraften. Davon habe es in seiner Geschichte schon viel zu viele leidvoll durchleben müssen.[991] Aufgrund der destruktiven Kraft der Armut auf den gesellschaftlichen Zusammenhalt wird die Förderung der sozialen Wohlfahrt als Schlüssel zur Wahrung der inneren Stabilität gesehen. Damit gelangten gleichzeitig weitere Risikofaktoren wie die wirtschaftliche Einflussnahme äußerer Kräfte, ein möglicherweise aufgezwungener erneuter Rüstungswettlauf sowie Krisen des Banken- und Finanzsystems verstärkt in den Blickpunkt.

Wie im Rahmen der Untersuchung gezeigt wurde, gibt es insbesondere bei den Präferenzen für Sicherheit nicht *die eine* strategische Kultur, sondern es fanden sich immer wieder Beispiele für widerstreitende Subkulturen. Selbst die Instrumentalisierung der strategischen Kultur durch eine Subkultur konnte

---

991 Vgl. Putin, Vladimir (1999): Russia at the Turn of the Millennium, ursprünglich veröffentlicht in: Nezavisimaja gazeta, 30. Dezember, unter: http://www.uio.no/studier/emner/hf/ilos/RUS2502/v05/ RUSSIA%20AT%20THE%20TURN%20OF%20THE%20MILLENNIUM.doc (Zugriff 21.07.2012).

am Beispiel der fortdauernden Stilisierung der NATO zur Hauptbedrohung nachgewiesen werden. Unbenommen von solchen Einzelfällen der Nutzung von strategischer Kultur durch eine Subkultur spiegelt sich auch in der strategischen Kultur des heutigen Russlands das extrem ausgeprägte Streben nach äußerer und innerer Sicherheit wider. Anders als in früheren Epochen wird aber nicht mehr alles staatliche Handeln der Befriedigung eines breiten Sicherheitsstrebens untergeordnet. Neu ist der Fokus auf innere Sicherheit zu Lasten der durch das Militär zu gewährleistenden äußeren Sicherheit. Neu sind die Mittel, mit denen innere Sicherheit gewährleistet werden soll. Mit dem Kampf gegen Armut soll präventiv einem gewaltsamen Konfliktaustrag vorgebeugt werden. Funktionierenden Machtorganen kommt lediglich die Funktion einer letzten Sicherung zu.

(3) Gewalt als Mittel: Die Dominanz stark realistisch geprägter Eliten führte zu einer strategischen Kultur, deren bestimmendes Element bislang Zwang und nicht Attraktivität war. Inzwischen wird der Einsatz militärischer Macht vorrangig auf der regionalen/lokalen und nicht mehr auf der globalen Ebene in Betracht gezogen. Einher mit dieser Schwerpunktverschiebung ging eine extreme quantitative Reduzierung der Streitkräfte in den letzten beiden Jahrzehnten. Auch qualitativ verloren die russischen Streitkräfte aufgrund ihrer permanenten Unterfinanzierung viele Fähigkeiten. Inzwischen ist Russland den westlichen Streitkräften im konventionellen Bereich klar unterlegen. Erhöhungen des Rüstungsetats in den letzten Jahren haben den Charakter einer nachholenden Modernisierung. Die Streitkräfte sind vorwiegend defensiv ausgerichtet und werden als Ultima Ratio eingesetzt. Dieser Feststellung steht, wie gezeigt wurde, auch die russische Operationsführung während des Georgienkrieges nicht entgegen. Offensive Optionen, wie die mögliche Vernichtung der NATO-Raketenabwehrstruktur, dienen eher dem Erhalt der eigenen ultimativen Rückversicherung der Souveränität – der nuklearen Zweitschlagkapazität. Ein erneuter Rüstungswettlauf wird aufgrund seiner für die innere Entwicklung katastrophalen Wirkung abgelehnt. Wohlfahrt, als Garant für innere Stabilität, wird Vorrang eingeräumt. Die Abkehr von einem militarisierten Staat wird langfristig voraussichtlich auch ihre Wirkung auf andere Parameter der strategischen Kultur zeitigen. Eine Abschwächung der Präferenz für einen starken und hierarchischen Staat ist zu erwarten.

Gefährdungen der territorialen Integrität durch interne Kräfte (Tschetschenien) wurde dennoch mit einem massiven Einsatz der Streitkräfte im Inneren begegnet. Starken internen Sicherheitskräften kommt, auch nach der beschlossenen deutlichen Reduzierung der Polizei, weiterhin eine bedeutsame Rolle zu – allerdings auch hier eher als letzte Rückversicherung für die territoriale Integrität und Souveränität des Staates sowie die Verfolgung der Wohlfahrtsziele.

Offensichtlich wird der Einsatz von Gewalt weder nach innen noch nach außen akzeptiert, solange nicht die Existenz des Staates in Frage gestellt ist. Mit dem Zusammenbruch der Sowjetunion kam es also bei der Präferenz für Gewalt als Mittel zu einem nachhaltigen Bruch der strategischen Kultur. Diplomatie wird als das am besten geeignete Instrument gesehen, das Leben der russischen Bevölkerung zu verbessern. Allerdings wird auch in dem Maße, wie ein kritischer Zustand der eigenen Wirtschaft als Gefährdung der Sicherheit gesehen wird, im Umkehrschluss in den Außenbeziehungen der Anwendung ökonomischen Drucks eine zunehmende Bedeutung beigemessen. Die Schaffung eines einheitlichen Wirtschaftsraums sowie die Anstrengungen zur Entwicklung der Eurasischen Union stellen daher sowohl eine durch Druck begleitete geopolitisch motivierte Strategie dar, als auch einen Versuch, durch Attraktivität zu überzeugen.

(4) Streben nach Anerkennung: Das amerikanische Streben, den Aufstieg eines neuen Rivalen in Eurasien zu verhindern, kann gleichgesetzt werden mit der amerikanischen Verweigerung, Russland als eurasische Großmacht anzuerkennen. Das Versagen Russlands, die Erweiterung von NATO und EU mitzubestimmen, oder bei anderen internationalen Fragen der 1990er Jahre angemessen Gehör zu finden, traf auf ein trotz des Zusammenbruchs der Sowjetunion ungebrochenes Streben nach Anerkennung und wurde sowohl von den Eliten als auch der Bevölkerung als Herabsetzung empfunden. Man sah sich nicht als Verlierer des Kalten Krieges, fühlte sich aber entsprechend behandelt. Auch die ausländische Unterstützung der Entwicklung einer russischen Zivilgesellschaft wurde von Putin als Erniedrigung der Würde des Volkes benannt. Ob es sich bei Putins Aussage um einen Ausdruck der strategischen Kultur der Elite, oder um eine Instrumentalisierung der in der Bevölkerung verankerten Präferenz handelt, kann an dieser Stelle nicht bewertet werden. Auch spielt es für die Bewertung des Parameters „Streben nach Anerkennung" keine Rolle, dass im Westen die Einschätzung, Russland sei gedemütigt worden, im allgemeinen nicht geteilt wird.

Die weiterhin ungebrochen starke Präferenz, nach Anerkennung zu streben, wirkte sich, wie noch gezeigt werden wird, auch auf die Präferenzen Großmachtstreben, autoritäre Herrschaft und Missachtung des Individuums aus. Aufgrund dieser ausgeprägten Wechselwirkungen kommt dem Parameter „Streben nach Anerkennung" eine Schlüsselfunktion beim Verständnis russischer Außen- und Sicherheitspolitik zu.

(5) Streben nach Abschottung: Die Anfang der 1990er Jahre zu beobachtenden Integrationsbemühungen in die westliche Welt spiegelten nicht die strategische Kultur des Landes wider. Sie waren einzig den Notwendigkeiten der damaligen Zeit geschuldet. Daher wäre es überraschend gewesen, wenn sich eine Veränderung der strategischen Kultur ergeben hätte. Diese Entwicklung ist aber nicht mit einer Abschottung Russlands zu verwechseln. Ein wirtschaftlicher und intellektueller Austausch mit Dritten wird wie in früheren Epochen angestrebt. Die Ausrichtung ist dabei klar europäisch. Russland will sich auch in den fortschreitenden Globalisierungsprozess aktiv einbringen und positioniert sich als ein Pol in einer multipolaren Welt. Vernetzte Strukturen dienen Russland dabei als Gestaltungsinstrument. Anders als zu Zeiten der Sowjetunion beabsichtigt Russland aber nicht mehr, sein soziales Modell als Vorbild für andere Staaten zu exportieren. Die Herausbildung einer Neuen Russischen Idee ist rein innenpolitisch motiviert.

Im regionalen Umfeld strebt Russland inzwischen eine verstärkte Integration an, ohne dabei eine Auferstehung der Sowjetunion im Blick zu haben. Die zum Einsatz gelangenden Mittel reichen von wirtschaftlichem Druck über militärische Integration bis hin zu kultureller Attraktivität.

Ein Bruch der strategischen Kultur ist bei dem Parameter „Streben nach Abschottung" nicht zu erkennen, sehr wohl aber eine gegenüber der Sowjetzeit größere Bereitschaft, sich auf seine Nachbarn und auf globale Prozesse einzulassen. Dabei wird das russische Vorgehen im Westen nicht unbedingt als konstruktiv wahrgenommen, weil russische Positionen (zum Beispiel zur Beachtung der Souveränität von Staaten) – bedingt durch unterschiedliche strategische Kulturen – konträr zu westlichen Interessen sein können.

(6) Großmachtstreben: Die Realisten in der Bürokratie stellten spätestens von 1993 an das Großmachtstreben in den Fokus außenpolitischen Handelns. Mit der Zeit erkannte die Elite, wie wichtig es ist, auf diesem Weg pragmatisch und verlässlich vorzugehen und nicht auf kurzfristige Prestigegewinne abzuzielen, obgleich der Großmachtgedanke identitätsstiftend nach innen wirkte. Von Beginn der 1990er Jahre sahen sich die Eliten mit einem Gegner konfrontiert, der einen Aufstieg Russlands zur dominierenden Macht in Eurasien verhindern wollte und selbst versuchte, in der Region Fuß zu fassen. Aufgrund begrenzter Ressourcen kann sich Russland also nur im Rahmen einer geostrategischen Partnerschaft mit den und nicht gegen die USA als Großmacht etablieren. Die amerikanische Macht auszubalancieren, wie Primakov es beabsichtigte, war illusorisch. Um die Jahrtausendwende sah sich Russland eher mit der Gefahr eines Abgleitens in die zweite Reihe der Staaten konfrontiert. Eng damit verbunden war die Gefahr, auf der internationalen Bühne kein Gehör mehr zu

finden. Um aber Russlands uneingeschränkte Souveränität bewahren zu können, also nicht ein von den USA geführtes Land zu werden, suchte Putin nach Wegen, die geopolitische Relevanz des Landes zu steigern. Er erachtet also einen Großmachtstatus als Zweck zur Erreichung eines zentralen Staatszieles und nicht als Selbstzweck. Er lehnte die amerikanische Macht nicht prinzipiell ab, sondern wollte nur eine stärkere Beteiligung Russlands an internationalen Entscheidungsprozessen erwirken. Auch wenn Russland eine globale Hegemonie der USA ablehnt, beabsichtigt es nicht, die Normen des internationalen Systems zu ersetzen. Es will nicht wie die Sowjetunion ein soziales Modell auf andere Staaten übertragen. Vielmehr kristallisiert sich immer mehr der Wille heraus, durch ein attraktives sozio-ökonomisches Modell in der Region für sich zu werben. Eine neue Gewichtung der Faktoren, die eine Großmacht ausmachen, scheint sich zu entwickeln. Militär wird nicht mehr als Hauptlegitimation eines Großmachtstatus gesehen. Kooperative Ansätze haben sich gegen imperiales Gedankengut durchgesetzt. Es gibt sogar erste Ansätze, Souveränität an Gremien der Eurasischen Union abzutreten.

Die Präferenz, eine Großmacht sein zu wollen, ist bei der Bevölkerung nahezu ungeschwächt. Deren Bedürfnis wird von der Elite geteilt. Allerdings hat die Elite die Notwendigkeit eines moderaten und bedachten Vorgehens erkannt, dessen Schwerpunkt auf der Entwicklung einer starken ökonomischen Basis liegt. Der Unterhalt einer großen Militärmacht wäre kontraproduktiv zu diesem Ansatz. Großmachtstreben ist inzwischen mehr ein Instrument, um nach Anerkennung zu streben und so nach innen stabilisierend zu wirken.

(7) Missachtung des Individuums: Um die Anerkennung Russlands als Großmacht realisieren zu können, setzte man auf das traditionelle Mittel eines starken Staates. Die damit verbundenen Einschränkungen bürgerlicher Freiheiten werden von der Mehrheit der Bevölkerung freiwillig hingenommen. Die Übernahme eines liberalen westlichen Modells findet weder in der Bevölkerung noch in den politischen und kirchlichen Eliten hinreichend Befürworter. Die Gemeinschaft wird dem Individuum weiterhin übergeordnet. Traditionelle Werte und Normen werden betont, um die Integration der Bevölkerung zu fördern. Dem Westen gelingt es nicht, als ehrlicher Makler seiner Werte und Normen wahrgenommen zu werden.

Während in früheren Epochen materielle Bedürfnisse der Bevölkerung hinter militärische Erfordernisse des Staates zurücktreten mussten, so müssen gegenwärtig die Bürgerrechte hinter die Befriedigung der materiellen Bedürfnisse der Bevölkerung zurücktreten. Stabilität wird als soziales Konstrukt verstanden. Die Bedrohung des Staates aus der Not des einzelnen Bürgers heraus verbindet sich mit einer auf die vorrangigen Bedürfnisse der Individuen ausgerichteten Politik. Neu in der strategischen Kultur ist also, dass gesellschaftlicher Zusammenhalt durch Wohlfahrt oder, zugespitzt gesagt, durch Konsummöglichkeiten erreicht werden soll. Da frühere Modernisierungsanstrengungen meist zu Lasten der Bevölkerung gingen und aufgrund ihres geringen Erfolges diskreditiert waren, ergab sich in diesem Bereich ein Bruch der strategischen Kultur. Der wachsende Unmut der neuen Mittelschicht in Moskau und Sankt Petersburg lässt aber vermuten, dass dieser Wandel der strategischen Kultur noch nicht abgeschlossen ist. Grundlegende Konsumentenwünsche sind dort zunehmend befriedigt. Ein Mehr an Bürgerrechten, aber vor allem ein rechtlicher Schutz des bislang Erreichten, wird von einer breiter werdenden Bevölkerungsschicht in diesen Metropolen eingefordert. Langfristig ergibt sich hierdurch eine erneute Bruchlinie bei den Präferenzen der Bevölkerung, die die innere Stabilität erneut in Frage stellt. Mehr noch hat dieser Prozess das Potenzial, erneut eine noch stärkere Trennung der Entwicklung in den Metropolen von der in den Regionen zu verursachen. In den Regionen besteht weiterhin ein nachholender Konsumbedarf, der – solange das tägliche Leben frei von staatlicher Einflussnahme bleibt und die kulturelle Autonomie gewahrt wird – dort eine konstante Verankerung der derzeitigen strategischen Kultur erwarten lässt. Noch ist es zu früh, um abzuschätzen, welche der beiden Subkulturen sich durchsetzen wird.

Bei außenpolitischen Fragestellungen findet sich die in der strategischen Kultur neue Betonung des Individuums nicht wider, obgleich es hier um weit fundamentalere Fragen als Konsum geht. Das Konstrukt der *„responsibility to protect"* konnte sich nicht gegen die in der strategischen Kultur stark verankerte Betonung der staatlichen Souveränität durchsetzen.

Zentral für den Wandel war die Veränderung der Elite. Sie setzt sich seit den 1990er Jahren zunehmend aus den Erben der sowjetischen Konkursmasse zusammen. Dieser Elite geht es besonders um die Absicherung ihrer neuen Position und ihres neuen Wohlstandes sowohl nach innen als auch nach außen. Im Inneren kann dieses Ziel vor allem durch ein neues Verständnis von Stabilität erreicht werden – Wohlfahrt als Stabilitätsanker. In den Außenbeziehungen soll Stabilität durch einen pragmatischen, nicht-militaristischen Kurs erreicht werden, der dennoch gleichzeitig das Bedürfnis nach Anerkennung als Großmacht, einem weiteren nach innen stabilisierenden Faktor, befriedigt. Diese auf den ersten Blick widersprüchlichen Ziele führen in Rhetorik und Handlung zu einem Spagat, der im Westen häufig zu Fehlinterpretationen führt – nicht zuletzt weil auch westliche Staaten durch ihre Brille der strategischen Kultur auf Russland blicken. Der im Westen weit verbreitete Schluss, ein autoritäres System richte seine Außenpolitik quasi zwangsläufig an den als oppressiv empfundenen innenpolitischen Handlungsmustern aus, kann zumindest im Falle Russlands nicht stichhaltig belegt werden. Vielmehr reflektiert sich im russischen Großmachtverständnis, was Regina Heller so fasst: „Russland will mit dabei sein, will konsultiert, in seinem Selbstbild akzeptiert und respektiert werden"[992].

Bei der Durchsetzung ihrer zentralen Ziele baut die Elite auf eine enge Beziehung zu einer starken Führungsfigur, gegenwärtig dem Präsidenten. Die strategische Kultur des Landes ist über alle Epochen hinweg geprägt durch einen nahezu unerschütterlichen Glauben an die Vorzüge autokratischer beziehungsweise zumindest autoritärer Strukturen. Traditionell sehen die Eliten in einem solchen Umfeld ihre Interessen am besten gewahrt.

Anhänger der Theorie des demokratischen Friedens[993] kommen daher hinsichtlich eines konfliktsensiblen Umgangs mit der Russischen Föderation fast zwangsläufig zu einer anders gestalteten Politik als Neorealisten. Anders als bei den Neorealisten ist aus ihrer Sicht die Demokratie in Russland zu fördern; Kooperation mit Russland kann nicht ohne eine Angleichung der Werte vonstattengehen. Befürworter dieser These sollten bei ihrem Streben, Demokratisierungsprozesse zu fördern, allerdings beachten, dass Staaten im Übergang zur Demokratie anfälliger für Gewalt und Krieg sind als stabile autokratische Staa-

---

992 Heller, Regina (2013): Wenn Status zur fixen Idee wird. Russland – zur Großmacht verdammt?, in: Osteuropa, 63. Jg., Nr. 8, S. 47.

993 Grundannahme der Theorie ist, dass freiheitliche Demokratien nicht gegeneinander kämpfen, vor allem weil (1) demokratisch gewählte Führer dem Wahlvolk gegenüber verantwortlich für ihr Handeln sind und die Bevölkerung sich bewusst ist, dass es sie ist, die den Preis eines Krieges bezahlen muss sowie (2) die Bürger nicht nur ihre eigenen demokratischen Rechte achten, sondern auch die der Menschen eines anderen Staates. Vgl. Mearsheimer, John J. (1990): Back to the Future, Instability in Europe After the Cold War, in: International Security, Vol. 15, Nr. 1, Sommer, S. 6-7, 48-49. Insbesondere in den 1990er Jahren erfolgten umfangreiche Forschungen zu der Frage, ob Demokratie den Frieden bringt. Für einen Überblick siehe Ray, James Lee (1998): Does Democracy Cause Peace?, in: Annual Review Political Science, Nr. 1, S. 27-46. Erkenntnisse aus den 1990er Jahren deuten darauf hin, dass freiheitliche Demokratien relativ betrachtet genauso häufig in Kriege verwickelt sind wie andere Regierungsformen, dabei recht aggressiv gegen autoritäre oder gescheiterte Staaten vorgehen beziehungsweise im Krieg genauso grausam wie autoritäre Staaten sein können. Siehe beispielsweise Risse, Thomas (1995): Democratic Peace – Warlike Democracies? A Social Constructivist Interpretation of the Liberal Argument, in: European Journal of International Relations December, S. 491-517. Inzwischen gilt es als gesichert, dass entwickelte Demokratien zumindest nicht gegeneinander kämpfen.

ten.⁹⁹⁴ Insbesondere das Fehlen starker demokratischer Strukturen in Russland dürfte ein Hindernis bei der Entwicklung der Demokratie sein. Die Schwäche der Strukturen ist nicht auf deren fehlerhafte Verankerung in der Verfassung zurückzuführen. Vielmehr behindert das durch die strategische Kultur verursachte Auseinanderklaffen von Verfassungsnorm und Verfassungswirklichkeit deren Herausbildung. Die Absicht des Westens, seine Vorstellung einer liberalen Demokratie auf Russland zu übertragen, birgt insbesondere Eskalationspotenzial, weil sie gegen die in der strategischen Kultur verankerten Präferenzen verstößt.

Verstärkt wird dieser Effekt durch die schlechten Erfahrungen der russischen Bürger mit den Demokratisierungsbemühungen Anfang der 1990er Jahre. Oder wie Mansfield und Snyder schreiben: „In fact, ill-prepared attempts to democratize weak states [und als einen solchen kann man die Russische Föderation zu jener Zeit sehen] (…) may lead to costly warfare in the short run, and may delay or prevent real progress toward democracy over the long term."⁹⁹⁵

---

994 Die Forschung zum „Demokratischen Frieden" konzentriert sich gegenwärtig auf die Frage, ob und wenn ja, welche Faktoren dazu führen, dass Staaten in Transition von einem autoritären Regime hin zu einer Demokratie anfälliger für Kriege und Bürgerkriege sind. Insbesondere Edward Mansfield und Jack Snyder haben in umfangreichen Untersuchungen nachgewiesen, dass sich entwickelnde Demokratien anfälliger für einen gewaltsamen Konfliktaustrag sind. Mansfield, Edward D. / Snyder, Jack (2007): Electing to Fight, Why Emerging Democracies Go To War, BCSIA Studies in International Security, MIT Press Paperback Edition, Cambridge, Massachusetts / London, England. Nach Auffassung von Mansfield und Snyder ist es nur langfristig richtig, dass die Verbreitung von Demokratie global Stabilität und Frieden fördert. Kurzfristig wird dieser Prozess häufiger zu Kriegen führen. Vgl. Mansfield / Snyder, a. a. O., S. 2. Allerdings sind nicht alle Systeme in Transition anfällig für Kriege. Weder haben deren Gesellschaften eine erhöhte Präferenz für Krieg, noch sind diese Staaten besonders häufig Opfer von Angriffen. Vgl. Mansfield / Snyder, a. a. O., S. 37. Mansfield und Snyder kommen zu dem Schluss, (1) dass es einer funktionierenden institutionellen Infrastruktur bedarf, um die Prozesse einer stärkeren politischen Partizipation zu regeln, insbesondere wenn ungelöste Nationalitätsfragen von Demokratiegegnern ausgenutzt werden können und (2) die Rhetorik der Eliten sowie deren Streben Koalitionen während der Übergangsphase zu bilden, Einfluss auf den Verlauf des Demokratisierungsprozesses und dessen Auswirkung auf Krieg und Frieden haben. Vgl. Mansfield / Snyder, a. a. O., S. 281-283.
995 Mansfield, Edward D. / Snyder, Jack (2007): Electing to Fight, Why Emerging Democracies Go To War, BCSIA Studies in International Security, MIT Press Paperback Edition, Cambridge, Massachusetts / London, England, S. 3.

Seit den 2000er Jahren ist das nach westlichem Verständnis hybride politische System Russlands allerdings erstarkt, was nach den Forschungsergebnissen von Mansfield und Snyder zumindest das Risiko eines Krieges reduziert: „Once they [mixed regimes] reach a certain level of stability, we find, they are no more likely to become embroiled in war than are stable democracies or stable autocracies."[996] Wie lange die Transformation von Staaten dauert, macht der World Development Report 2011 deutlich. Für die Entwicklung von einem fragilen Staat bis zur Stufe „good enough governance" benötigten die 20 sich am schnellsten entwickelnden Länder im Durchschnitt 17 Jahre, um das Militär aus der Politik zurückzudrängen, 20 Jahre, um eine funktionierende Bürokratie aufzubauen, 27 Jahre, um die Korruption unter Kontrolle zu bringen und sogar 41 Jahre für den Aufbau von Rechtsstaatlichkeit.[997] Eine strategische Kultur, die mit einer liberalen Demokratie nur schwer vereinbare Präferenzen aufweist, stellt vor diesem Hintergrund eine hohe Hürde für die Entwicklung einer westlichen Demokratie in Russland dar.

Vom Herbst 2011 bis zum Beginn der Ukrainekrise war die russische Zivilgesellschaft aktiver. Aufgrund der strategischen Kultur erscheint es aber auch bei einem erneuten Erstarken der Zivilgesellschaft unwahrscheinlich, dass hierdurch über die gesamte Breite der Gesellschaft ein Wandel herbeigeführt werden wird. Die Proteste auf der Straße wurden nicht durch abgefallene Untergruppen der Elite gestützt. Weite Teile der Bevölkerung geben sich mit einer Verbesserung ihrer sozioökonomischen Lage zufrieden, solange ihr Alltagsleben und ihre kulturelle Identität frei von staatlicher Einflussnahme bleiben. Die wirtschaftlichen und politischen Eliten sind ebenfalls fest verankert in der strategischen Kultur mit Ausnahme der neuen Präferenz für eine stark reduzierte Militarisierung der Gesellschaft und der Außenpolitik. Demokratische Institutionen haben an der gegenwärtigen Lage wenig geändert. Der Einfluss der strategischen Kultur war zu stark. Er bestimmte die Verfassungswirklichkeit. Hinzu kommt, dass die russischen Eliten eine von außen gesteuerte Demokratisierung des Landes als Einmischung in die inneren Angelegenheiten des Landes und Bedrohung der staatlichen Souveränität erachten. Dies bedeutet, sie werden sich gegen

---

996 Mansfield, Edward D. / Snyder, Jack (2007): Electing to Fight, Why Emerging Democracies Go To War, BCSIA Studies in International Security, MIT Press Paperback Edition, Cambridge, Massachusetts / London, England, S. 53.
997 Vgl. The World Bank (2011): World Development Report – Conflict, Security and Development, Washington, D.C., unter: https://openknowledge.worldbank.org/handle/10986/4389 (Zugriff 07.06.2014), S. 108-109.

diese Demokratisierungsbemühungen stellen, was die Konfliktwahrscheinlichkeit deutlich erhöhen dürfte.

„Über die Bedeutung der tausendjährigen Konfessionsgrenze für die Durchsetzungschancen genuin westlicher Modelle (wie Demokratie, Gewaltenteilung, Marktwirtschaft und Rechtsstaat) besteht große Verwirrung (…). Jener Teil der osteuropäischen Intelligenz, der sich an westlichen Modellen orientiert, bestreitet vehement die Relevanz der Konfessionsgrenze."[998] Diese Negierung gründet in deren unterschiedlichem Verständnis von Konfession. In ihren Augen ist eine Konfession „nichts anderes als ein Glaubensbekenntnis; ihre westlichen Gesprächspartner dagegen verstehen Konfession bzw. die Institution Kirche als jahrhundertelange Vermittlung von Wert- und Normensystemen."[999] Aus diesen unterschiedlichen Systemen ergäben sich unterschiedliche Einstellungen „zu Individuum und Gemeinschaft, zu Staat und Gesellschaft, zu Recht und Gerechtigkeit, zur Ausübung und ‚Legitimität' von Herrschaft"[1000]. In dieser Untersuchung ist der über alle Epochen hinweg große Einfluss der Russisch-Orthodoxen Kirche auf die Präferenzen der Gesellschaft und der Eliten gezeigt worden. Auch dieser Faktor behindert eine rasche demokratische Entwicklung nachhaltig.

Neorealisten, die der Theorie des demokratischen Friedens aus den verschiedensten hier nicht näher zu erläuternden Gründen skeptisch gegenüber stehen, werden ihre Politik stärker auf einen Interessenausgleich des Westens mit Russland ausrichten. Dabei kommen sie zum einen nicht so sehr mit der autoritär geprägten strategischen Kultur des Landes in Konflikt und zum anderen entspricht dieses Vorgehen der vom Realismus geprägten Denkweise der

---

998 Sundhaussen, Holm (1995): Die „Transformation" Osteuropas in historischer Perspektive oder: Wie groß ist der Handlungsspielraum einer Gesellschaft?, in: Transformation sozialistischer Gesellschaft: am Ende des Anfangs, Serientitel Leviathan, Sonderheft Nr. 15, Hrsg. Wollmann, Hellmut / Wiesenthal, Helmut / Bönker, Frank, Westdeutscher Verlag, Wiesbaden, S. 84-85.

999 Sundhaussen, Holm (1995): Die „Transformation" Osteuropas in historischer Perspektive oder: Wie groß ist der Handlungsspielraum einer Gesellschaft?, in: Transformation sozialistischer Gesellschaft: am Ende des Anfangs, Serientitel Leviathan, Sonderheft Nr. 15, Hrsg. Wollmann, Hellmut / Wiesenthal, Helmut / Bönker, Frank, Westdeutscher Verlag, Wiesbaden, S. 84-85.

1000 Sundhaussen, Holm (1995): Die „Transformation" Osteuropas in historischer Perspektive oder: Wie groß ist der Handlungsspielraum einer Gesellschaft?, in: Transformation sozialistischer Gesellschaft: am Ende des Anfangs, Serientitel Leviathan, Sonderheft Nr. 15, Hrsg. Wollmann, Hellmut / Wiesenthal, Helmut / Bönker, Frank, Westdeutscher Verlag, Wiesbaden, S. 84-85.

Eliten. Die Erfolgsaussichten neorealistischen Handelns dürften daher deutlich höher liegen. Wenn durch entsprechendes konfliktsensibles Verhalten des Westens die äußere und innere Bedrohungswahrnehmung Russlands abgeschwächt wird, eröffnet sich hierdurch für die russischen Eliten die Chance, eine kooperative Politik gegenüber Russlands Nachbarn zu verfolgen. Eine kooperative Politik entspricht langfristig eher ihren Präferenzen und Zielen. Die teilweise zu beobachtende konfrontative Haltung gegenüber dem Westen entspringt der Kombination aus Bedrohungswahrnehmung und in der strategischen Kultur verankerten Reaktionen hierauf. Mittel- bis langfristig wird eine vorwiegend durch Kooperation geprägte Politik auch den Druck mildern, ein autoritäres System zu begründen, zu fordern und zu wahren. Der Weg zu freiheitlichen Reform kann sich öffnen.

Schwer nachzuvollziehen ist vor dem nachgewiesenen prägenden Einfluss der strategischen Kultur, wenn aus amerikanischer Sicht „psychologische Ansätze" zum Verständnis der russischen Außen- und Sicherheitspolitik der letzten zwei Jahrzehnte als wenig hilfreich gesehen werden. Aus der Sicht der Kritiker, liegt der wahre Grund für die geringe Kooperationsbereitschaft Russlands mit den USA in einer nüchternen Kosten-Nutzen-Kalkulation begründet, die nur auf wenigen gemeinsamen Interessen und Prioritäten gründe.[1001]

Eine solche Sichtweise beschreibt die einer Kooperation zugrunde liegenden Ursachen nur ungenügend. Wie in dieser Studie in Kapitel 4.1 gezeigt wurde, ist die strategische Kultur Russlands tief im Realismus verankert. Sie prägt – durch diese realistische Brille schauend – folglich sowohl die russische Analyse der Herausforderungen unseres Jahrhunderts als auch die Lösungsansätze, die als sinnvoll erachtet werden. Dieser Verknüpfung von strategischer Kultur und Interessen muss sich Politik bewusst sein, will sie nicht Gefangener der strategischen Kulturen der Akteure sein. Die Berücksichtigung der strategischen Kultur ermöglicht es den handelnden Akteuren, klarer zu erkennen, welche Interessen wie gewichtet sind und welche überhaupt verhandelbar sind. Zugleich bedarf es aufgrund der ausgeprägten russischen Präferenzen für Anerkennung, einem Interesse, das in eine Kosten-Nutzen-Kalkulation gewichtig eingeht, sogar etwas mehr als des ohnehin in den internationalen Beziehungen erforderlichen Respekts des Verhandlungspartners. Kosten-Nutzen-Kalkulationen werden durch Parameter der strategischen

---

1001 Vgl. beispielsweise Shleifer, Andrei / Treisman, Daniel (2011): Why Moscow Says No, A Question of Russian Interests, Not Psychology, in: Foreign Affairs, Vol. 90, Nr. 1, S. 122-138.

Kultur beeinflusst, die weit über Fragen wie den Umfang des bilateralen Handels, die richtigen Ansätze, den internationalen Terrorismus zu bekämpfen, oder die Gestaltung globaler Stabilität hinausgehen. Die strategische Kultur bestimmt, welche nationalen Interessen gesehen werden und wie diese erreicht werden sollen.

Putin artikuliert, was sowohl die Eliten als auch das Volk in seiner Breite empfinden und formuliert darauf aufbauend die Interessen und Wege zur Zielerreichung. Im Westen wird hingegen vor allem die zunehmende Diskrepanz zwischen Putin und der Bevölkerung Moskaus und Sankt Petersburgs wahrgenommen. Wie jedoch gezeigt wurde, sind diese Metropolen nicht repräsentativ für das übrige Land. Gerade diese Diskrepanz zwischen der Sichtweise in den Metropolen und der in den Regionen spricht dagegen, dass die weiterhin breite Zustimmung zu Putin einzig auf dessen Kontrolle der Medien, vor allem des Fernsehens, zurückzuführen sei. Putins Politik verkörpert vielmehr all das, was in der strategischen Kultur verankert ist.

Zusammenfassen kann festgehalten werden, dass sich die Parameter „Autoritäre Herrschaft", „Missachtung des Individuums" und „Streben nach Abschottung" in der post-sowjetischen Ära abgeschwächt haben. Ein deutlicher Rückgang ist bei den Parametern „Gewalt als Mittel" sowie „Großmachtstreben" festzustellen. Bei letzterem vor allem, weil er nicht mehr primär durch expansive Motive, sondern durch das Streben nach Anerkennung geprägt wird. Die Parameter „Streben nach Sicherheit" und „Streben nach Anerkennung" haben hingegen keine nennenswerte Änderung erfahren. Der Bruch in der strategischen Kultur liegt folglich eindeutig in der Abkehr vom extrem ausgeprägten Militarismus früherer Epochen hin zu einer an der Wohlfahrt der Bevölkerung ausgerichteten Politik und einem neuen nicht imperialen Verständnis von Großmacht. Dabei handelt es sich um Veränderungen der Präferenzen, die sich erst nach und nach herauskristallisieren und für den außenstehenden Beobachter immer wieder durch vermeintlich die alte strategische Kultur bestätigende Handlungen überlagert werden.[1002] Die Befriedigung der sozialen Bedürfnisse schließt übrigens nicht die Gewährung von Bürgerrechten im westlichen Verständnis mit ein. Auch erfolgt die Neuausrichtung der Politik durch die Eliten nicht uneigennützig. Sie haben das Bedürfnis, die diskreditierten Ansätze

---

1002 Siehe hierzu auch Regina Heller, die ebenfalls die Statuspolitik als langfristig gegen das Kooperationsinteresse Russlands gerichtet sieht. Vgl. Heller, Regina (2013): Wenn Status zur fixen Idee wird. Russland – zur Großmacht verdammt?, in: Osteuropa, 63. Jg., Nr. 8, S. 45-58.

früherer Epochen durch solche zu ersetzen, die gesellschaftliche Stabilität – auch für ihre Geschäfte – gewährleisten.

Abbildung 14: Ausprägung der Parameter der strategischen Kultur

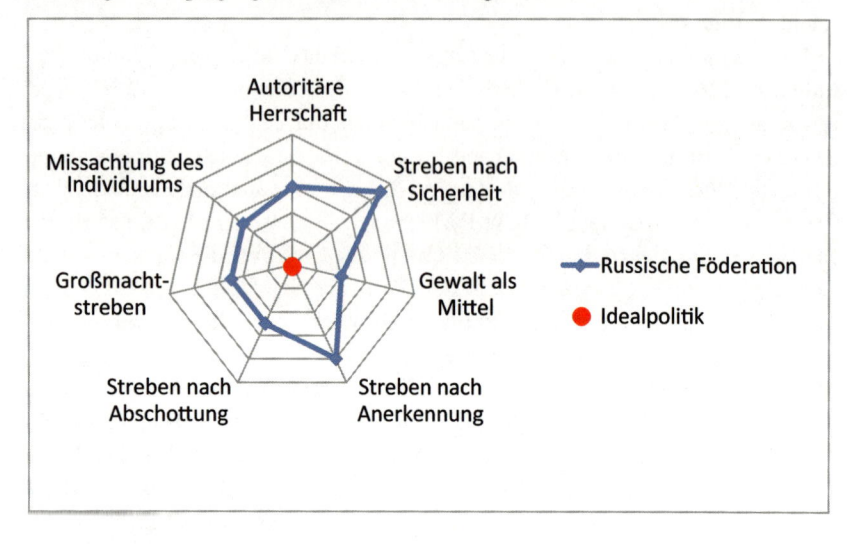

5. Erfordernis einer konfliktsensiblen Außen- und Sicherheitspolitik gegenüber der Russischen Föderation

Eine Einbindung Russlands als verantwortungsvoller Akteur[1003] wird auf absehbare Zeit nur möglich sein, wenn die sich aus der strategischen Kultur Russlands ergebenden Forderungen an das internationale System Berücksichtigung finden.

Charles Kupchan, der in einer umfangreichen Untersuchung die Quellen eines stabilen Friedens zu ergründen sucht, identifiziert fünf Hauptfaktoren: (1) Das Engagement mit Kontrahenten ist kein Appeasement, sondern Diplomatie. Rivalitäten werden nicht durch Isolation oder Eindämmung beendet, sondern durch Verhandlung und gegenseitiges Entgegenkommen. (2) Demokratie ist keine notwendige Bedingung für Frieden. Auch autoritäre Systeme sind in der Lage, Partnerschaften untereinander und mit Demokratien einzugehen. (3) Durch politische Versöhnung, nicht durch wirtschaftliche Zusammenarbeit, werden die Grundlagen eines stabilen Friedens gelegt. (4) Die Vereinbarkeit der Gesellschaftsordnungen ist ein wesentlicher Förderer eines stabilen Friedens. Ihr kommt größere Bedeutung bei als dem Herrschaftssystem. (5) Kulturelle Gemeinsamkeiten spielen eine bedeutsame Rolle für einen stabilen Frieden.[1004]

Ein stabiler Frieden kann in vier Phasen erreicht werden: (1) Die Versöhnung beginnt mit einem einseitig vorgebrachten Angebot oder Zugeständnis. (2) Beide Seiten üben sich in gegenseitiger Zurückhaltung. Mittels gegenseitiger Zugeständnisse können sich beide Seiten nach und nach von der Konfrontation lösen. (3) Durch wachsende Interaktion vertieft sich auch die soziale Integration, getrieben durch diejenigen, die dadurch ihre Interessen am besten gewahrt sehen. (4) In der letzten Phase bilden sich neue Identitäten und

---

1003 Als verantwortungsvoller Akteur wurde zuvor in dieser Studie ein Staat in einem multipolaren System definiert, der vorwiegend durch politische und ökonomische Attraktivität ein von seinen Nachbarn akzeptierter Bezugspunkt ist und gleichzeitig durch den wohlmeinenden Einsatz seiner ökonomischen und militärischen Macht in der Lage ist, sowohl Stabilität in seiner Region zu erzeugen als auch konstruktiv zur Bewältigung der Herausforderungen in einer globalisierten Welt beizutragen.
1004 Vgl. Kupchan, Charles A. (2010b): How Enemies Become Friends, The Sources of Stable Peace, Hrsg. Council on Foreign Relations, Princeton University Press, Princeton/Oxford, S. 13-14.

Narrative heraus.[1005] Die strategische Kultur beider Seiten wird nach und nach durch die Eliten und die Interaktion angepasst. Im Folgenden wird genauer untersucht, wie die identifizierte strategische Kultur Russlands berücksichtigt werden sollte, damit der Weg zu einem stabilen Frieden erfolgreich gegangen werden kann.

5.1 Die Bedeutung der Handlungsmotive

Die Kenntnis der Handlungsmotive Russlands ist entscheidend für einen situationsgerechten Umgang mit Russland. Je nach unterstelltem Handlungsmotiv werden Reaktionen unterschiedlich ausfallen. Neorealisten erkennen mitunter andere Handlungsmotive als jemand, der sich von einer Analyse der strategischen Kultur des Landes leiten lässt. Eine konfliktarme Gestaltung der Beziehungen zu Russland beginnt folglich mit der Wahl des Analyserahmens.

Im Folgenden wird anhand des russisch-amerikanischen Verhältnisses der letzten Jahre überblicksartig untersucht, ob strategische Kultur als Erklärungsrahmen für beobachtetes Verhalten dienen kann. Falls dem so ist, kann von einer starken Prägung der Handlungsmotive durch die strategische Kultur ausgegangen werden. In einem zweiten Schritt wird gezeigt, dass beobachtetes gleiches Verhalten auf unterschiedliche Handlungsmotive zurückführbar ist und Reaktionen darauf sich nicht am Symptom, sondern an der Ursache orientieren sollten.

Die ausgeprägte Präferenz Russlands nach einem Großmachtstatus und nach Achtung zu streben, zeigt sich (1) in der Bereitschaft, mit den USA auf Augenhöhe über nukleare Abrüstung zu verhandeln, (2) in der Forderung, ein ausgeprägtes Mitspracherecht beim Aufbau der NATO-Raketenabwehr in Europa zu haben, (3) dem Streben, auf die Aufhebung des als unzeitgemäß und schmählich empfundenen Jackson-Vanik Amendments[1006] hinzuarbeiten, (4) an

---

1005 Vgl. Kupchan, Charles A. (2010b): How Enemies Become Friends, The Sources of Stable Peace, Hrsg. Council on Foreign Relations, Princeton University Press, Princeton/Oxford, S. 6.

1006 Mit dem 1974 verabschiedeten Jackson-Vanik Amendment wurden Handelsbeschränkungen gegenüber der Sowjetunion verhängt, weil diese auswanderungswillige Bürger behinderte. Obgleich die Russische Föderation nach Aussage von Philip H. Gordon, Assistant Secretary, Bureau of European and Eurasian Affairs, seit den frühen 1990ern die geforderten Ausreisekriterien beachtete und das angestrebte Ziel, tausenden von Juden bei der Emigration zu helfen, erfüllt war, blieb das Gesetz bis 2012 in Kraft. Erst als der Beitritt der Russischen Föderation zur WTO bevorstand und die Beibehaltung von Jackson-Vanik für amerikanische Unternehmen

der harschen Reaktion[1007] auf die von vom republikanischen Senat erzwungene Kopplung der Aufhebung des Jackson-Vanik Amendments mit der Verabschiedung des ebenfalls als schmählich empfundenen Magnitsky Acts[1008], (5) in der auch aus Statusgründen unterbundenen weiteren Hilfe und Unterstützung aus

---

nachteilig geworden wäre, wurde über dessen Aufhebung beraten. Vgl. Gordon, Philip H. (2011): Statement before the Subcommittee on European Affairs of the Senate Foreign Relations Committee, 14. Dezember, Washington, D.C., unter: http://london.usembassy.gov/europe024.html (Zugriff 30.01.2013).

1007 Hierunter kann beispielsweise die Verabschiedung der sogenannten Dima Yakovlev Bill gezählt werden, die es zum einen US-Bürgern verbietet, weiterhin russische Waisen zu adoptieren, und zum anderen die Arbeit von gemeinnützigen Organisationen aussetzt, die Unterstützung von amerikanischen Bürgern erhalten. Vgl. President of Russia (2012): A law on sanctions for individuals violating fundamental human rights and freedoms of Russian citizens has been signed, 28. Dezember, unter: http://eng.kremlin.ru/acts/4810 (Zugriff 30.01.2013). Die Dima Yakovlev Bill greift eine lange bestehende Problemlage auf, die vermeintlich mangelnde Sorge für von amerikanischen Bürgern adoptierte russische Waisenkinder. Das Gesetz wurde allerdings wiederholt von Putin und anderen Politikern in einen Kontext mit dem Magnitsky Act gebracht. Ebenfalls zu den Vergeltungsmaßnahmen gezählt werden kann die Erstellung einer sogenannten „Guantanamo Liste", die, analog zum Magnitsky Act, Sanktionen gegenüber US-Bürgern ausspricht, die grundlegende Menschenrechte und Freiheiten von Bürgern der Russischen Föderation missachtet haben sollen. Vgl. Bennett, Marc (2013): Russia's 'Guantanamo list' targets Americans, Special to The Washington Times, 21. Januar, unter: http://www.washingtontimes.com/news/2013/jan/21/guantanamo-list-targets-americans/ (Zugriff 30.01.2013).

1008 Dieses am 14. Dezember 2012 von Präsident Obama unterschriebene Gesetz verhängt Sanktionen gegen russische Offizielle, die unter dem Verdacht stehen, im Falle des 2009 während der Untersuchungshaft umgekommenen Anwalts Magnitsky Menschenrechte missachtet zu haben. Vgl. 112th Congress (2012): Sergei Magnitsky Rule of Law Accountability Act, 2d Session, H. R. 4405, 19. April, unter: http://www.govtrack.us/congress/bills/112/hr4405/text (Zugriff 30.01.2013).

dem Ausland, wie sie beispielsweise von USAID[1009] und anderen amerikanischen Hilfsprogrammen[1010] erbracht wurde.

Die ebenfalls stark ausgeprägte Präferenz, nach Sicherheit zu streben, zeigt sich (1) in dem aus prinzipiellen Erwägungen heraus vehementen Eintreten für die territoriale Integrität und Souveränität von Iran, Libyen und Syrien. Russland ist bereit, langfristige politische und finanzielle Nachteile bei der Kooperation mit dem Westen in Kauf zu nehmen, die die kurzfristigen Vorteile aus beispielsweise der Fortführung von Rüstungskooperationen mit den alten Regimen bei weitem übersteigen (siehe Kapitel 4.2.3 „Russlands innenpolitische Bedrohungswahrnehmung im Lichte der Ereignisse", S. 190) sowie (2) in dem NGO-Gesetz, das Auflagen für in Russland politisch tätige und vom Ausland (mit-)finanzierte Nicht-Regierungsorganisationen vorsieht. Dieses Gesetz wurde trotz heftiger Kritik des Westens von Putin in Kraft gesetzt. Die Gefahr eines vom Ausland orchestrierten „regime change" wog offensichtlich schwerer als der mit dem Gesetz verbundene massive Imageschaden. (3) Die indirekte Fortführung der Aktivitäten der USAID und anderer die russische Zivilgesellschaft fördernder Programme stellt ein die autoritäre Regierung destabilisierendes Element dar. Das amerikanische Engagement birgt somit auch künftig Konfliktstoff.

Der in dieser Studie identifizierte Bruch in der strategischen Kultur Russlands spiegelt sich ebenfalls im Verhältnis USA-Russland wider. Obgleich nach dem

---

1009 Zum 1. Oktober 2012 stellte die USAID auf Wunsch der russischen Regierung ihre Arbeit in Russland ein. Die anfänglich überwiegend technische Zusammenarbeit hatte sich, mit der Entwicklung Russlands zu einem Land mit mittlerem Einkommen, immer mehr in den Bereich Förderung der Zivilgesellschaft verschoben. Vgl. U.S. Agency for International Development (2012): USAID in Russia Fact Sheet, 18. September, unter: http://www.usaid.gov/where-we-work/europe-and-eurasia/russia (Zugriff 30.01.2013). In den beiden letzten Jahrzehnten hatten sich die USA über die USAID mit über 2,7 Mrd. Dollar in Russland engagiert. Vgl. Nuland, Victoria (2012): Spokesperson U.S. Department of State Daily Press Briefing, 18. September, Washington, D.C., unter: http://www.state.gov/r/pa/prs/dpb/2012/09/197912.htm#RUSSIA (Zugriff 30.01.2013).

1010 Im Januar 2013 wurde beispielsweise ein aus 2002 datierendes Abkommen zur Unterstützung in den Bereichen Drogenkriminalität und Strafverfolgung von Ministerpräsident Medvedev aufgekündigt. Russland sei inzwischen in der Lage sich dieser Probleme selbst anzunehmen. Vgl. RIA Novosti (2013): Russia Scraps Deal on US Crime-Fighting Aid, unter: http://en.rian.ru/politics/20130130/179117712/Russia-Terminates-Anti-Crime-Cooperation-Deal-With-US--------.html (Zugriff 30.01.2013). Dies bedeutet allerdings nicht die Einstellung der Zusammenarbeit im Kampf gegen Korruption, Drogen und Menschenhandel.

Zusammenbruch der Sowjetunion der russische Großmachtanspruch ganz wesentlich auf dem Status als bedeutende Nuklearmacht gründete und nur durch ihn Augenhöhe mit den USA reklamiert werden konnte, wurde mit den USA ein neues START-Abkommen[1011] geschlossen. Mit diesem Abkommen wurden sowohl die strategischen Trägersysteme als auch die strategischen Gefechtsköpfe weiter reduziert. Ein Festhalten an der vorherigen Größenordnung hätte für beide Vertragspartner extrem kostspielige Modernisierungsprogramme angestoßen. Russland war also bereit, zu Gunsten der Wohlfahrt seiner Bürger eine tragende Säule des eigenen Großmachtanspruchs zu schwächen. Die Bedeutung dieses Abkommens liegt aber nicht allein in der zahlenmäßigen Begrenzung, sondern vor allem in der Fortführung umfangreicher Verifikationsmaßnahmen – ein wesentlicher Beitrag zur Vertrauensbildung.

Nicht übersehen werden darf, dass sich Parameter der strategischen Kultur widersprechen können. So bringt, wie dargelegt, das Eintreten für eine rein staatszentrierte Sicht auf das internationale System mit seiner für westliche Analysten stark überhöhten Betonung des Souveränitätsaspekts mittel- und langfristig Wohlfahrtseinbußen für die russische Bevölkerung mit sich. Beim Abwägen von Souveränität gegen den Schutz von Menschen vor gravierenden Menschenrechtsverletzungen (Völkermord, Kriegsverbrechen, ethnische Säuberung und Verbrechen gegen die Menschlichkeit ~ sogenannte *„responsibility to protect"*) ist vor dem Hintergrund der kulturell angelegten besonders starken Präferenz für Sicherheit (des eigenen Staates) ein vom westlichen Denken deutlich abweichender Maßstab nicht überraschend. Die starke Ausprägung von „Streben nach Sicherheit" überlagert andere Parameter.

Die Übertragung der bisherigen Erkenntnisse über die russische strategische Kultur auf die Entwicklung der letzten Jahre im bilateralen Verhältnis der Russischen Föderation zu den Vereinigten Staaten, zeigt eine sehr hohe Korrelation, was ein Indiz für deren Gültigkeit ist. Es bleibt aber die Frage, wie die russisch-amerikanischen Beziehungen aus neorealistischer Sicht zu bewerten sind und ob diese Betrachtungsweise das russische Verhalten ebenso begründen kann. Neorealisten erwarten bei sich verändernden Machtverhältnissen im internationalen System entweder ein

---

1011 Nachdem der START I Vertrag von 1991 am 5. Dezember 2009 offiziell auslief, verständigten sich die USA und Russland auf ein Folgeabkommen. Am 8. April 2010 wurde das neue START-Abkommen unterzeichnet. Nach dem erfolgreichen Ratifizierungsprozess trat es am 5. Februar 2011 in Kraft. Bis dahin hielten beide Staaten freiwillig an den Regelungen des ausgelaufenen START I Vertrages fest. Dies war insofern bedeutsam, als dies der einzige nukleare Abrüstungsvertrag mit weitreichendem Verifikationsregime war.

„balancing" oder ein „bandwagoning" gegenüber der führenden Macht. Von den Grundgedanken der Machtbalance ausgehend, erscheint das russische Verhalten (Blockade der dominierenden Großmacht USA) typisch für eine (wieder) erstarkende Großmacht, die ihren Platz im internationalen System sucht. Eine Einhegung dieser aufstrebenden Macht wäre die entsprechend gegebene Antwort.

Regina Heller weist darauf hin, dass von den Neorealisten sowohl beim „balancing" als auch beim „bandwagoning" „Macht als reale, nicht symbolische Kategorie" verstanden wird. Russlands Außenpolitik entspricht aber eben nicht einem solchen rationalen Machtstreben, sondern einer symbolischen Statuspolitik. Zu diesem Ergebnis gelangt Regina Heller mit Hilfe der Social Identity Theory, der zufolge Moskaus Verhalten durch sein Streben nach einer hohen Position in einer sozialen Rangordnung bestimmt wird. Decken sich Selbstbild und Realität nicht oder wird einem Staat durch andere Staaten der angestrebte Status verwehrt, so kann dies zu emotionalen Reaktionen der Eliten und vermeintlich irrationalen Handlungen führen. Dieses Verhalten tritt vor allem im Umgang mit dem Westen, insbesondere den USA, zum Vorschein. Wichtiger noch als die Anerkennung durch den Westen sei es für Russland, im postsowjetischen Raum seinen sozialen Status als Großmacht zurückzuerlangen.[1012] Die auf der Social Identity Theory basierenden Bewertungen decken sich mit den Ergebnissen dieser Studie zur strategischen Kultur und erhärten somit die Aussagekraft der hiesigen Analyse. Je nach gewähltem Analyserahmen kann also beispielsweise russisches Großmachtstreben auf völlig unterschiedliche Motive zurückgeführt werden. Wenn sich aber die Motive für ansonsten gleiches beobachtbares Verhalten unterscheiden, empfiehlt sich eine an den Motiven und nicht an dem Verhalten angepasste Reaktion. Die von Neorealisten geforderte Einhegung der aufstrebenden Macht Russland ist vor diesem Hintergrund betrachtet kontraproduktiv. Sie trägt zu erhöhten Spannungen bei und birgt die Gefahr einer krisenhaften Eskalation. In geopolitischen Denkkategorien verhaftete Strategien sind nicht geeignet, das Verhältnis zu Russland langfristig zu stabilisieren.

Unter Berücksichtigung der strategischen Kultur Russlands bedarf es eines konfliktsensiblen Umgangs mit dem Land. Der Schlüssel zum Erfolg liegt bei kooperativen Sicherheitsansätzen, die Russlands Sehnen nach sozialem Status sowie der stark ausgeprägten Präferenz nach Sicherheit Rechnung tragen und nicht immer wieder aufs Neue die – grundsätzlich gesunkene – Neigung zum Einsatz von Gewalt als Mittel befeuern.

1012 Vgl. Heller, Regina (2013): Wenn Status zur fixen Idee wird. Russland – zur Großmacht verdammt?, in: Osteuropa, 63. Jg., Nr. 8, S. 48-50, 53.

5.2 Das Konzept der kooperativen Sicherheit als Schlüssel zum Erfolg

In diesem Kapitel wird zunächst das Begriffsverständnis von „Kooperativer Sicherheit" geklärt, bevor nach der Kooperationsbereitschaft Russlands und des politischen Westens gefragt wird. Abschließend wird aufgezeigt, wie Vertrauensbildung erfolgen kann.

Der Begriff „Kooperative Sicherheit" wie er hier benutzt wird, geht über seinen ursprünglich engen Bezugsrahmen der Rüstungskontrolle und seinem Verständnis als alternative Strategie zur Abschreckung weit hinaus. Er orientiert sich vielmehr an den grundlegenden Prinzipien europäischer Sicherheit, wie sie in den Dokumenten der OSZE festgehalten sind. Kooperative Sicherheit wird aber nicht begrenzt auf die Institution ‚OSZE' gesehen, auch wenn diese als Anker der konventionellen Rüstungskontrolle und militärischen Transparenz sowie Vertrauensbildung in Europa bezeichnet wird.

Da es kein klar definiertes Gegenkonzept zu „Kooperativer Sicherheit" gibt, wird in Abgrenzung der Begriff „Nicht-Kooperative Sicherheit" für konkurrenzbetonte Strategien verwendet. Nicht-kooperative Strategien bieten Sicherheit voreinander, sind Nullsummenspiele, bei denen der andere Akteur als Wettbewerber verstanden wird, tragen durch Abschreckung zu Stabilität und Frieden bei, erfordern, wenn zu Ende gedacht, die Bereitschaft über strittige Themen Krieg zu führen und sind nicht geeignet, sich aus Missverständnissen, falschen Lageeinschätzungen, etc. entwickelnde bewaffnete Konflikte zu verhindern. Kooperative Sicherheitsansätze sind präventiv, zielen auf die Beseitigung beziehungsweise Reduzierung von Missverständnissen und Fehlinterpretationen und erfordern, wenn zu Ende gedacht, die Bereitschaft, auf die Realisierung von Elementen strittiger Themen zu verzichten, um einen Kompromiss zu erzielen. Kooperative Strategien können insbesondere in einer frühen Konfliktphase eine weitere Eskalation verhindern. Sie setzen dabei ein Denken "Sicherheit miteinander statt voreinander" voraus und beinhalten in ihrer reinen Form keine Elemente des Zwangs. Wenn aber ein Akteur auf kalkulierte Aggression setzt und nicht kompromissbereit ist, hat ein kooperativer Sicherheitsansatz kaum Erfolgsaussichten. Dann kommen nicht-kooperative Strategien zum Einsatz. Letztlich schließen sich kooperative und nicht-kooperative Strategien gegenseitig aus.[1013]

1013 Vgl. Vetschera, Heinz (2007): Cooperative Security – the Concept and its Application in South Eastern Europe, in: Approaching or Avoiding Cooperative Security? - The Western Balkans in the Aftermath of the Kosovo Settlement Proposal and the Riga Summit, Hrsg. Felberbauer, Ernst / Jureković, Predrag / Labarre, Frederic, National

Kooperative Strategien können aber sehr wohl auch zwischen Akteuren erfolgreich sein, die keine gemeinsamen Werte besitzen.[1014] Um erfolgversprechend sein zu können, muss also zunächst der Wille zur Kooperation der Akteure gegeben sein. Wie zuvor bereits festgehalten worden ist, sind Strategien der Isolation und des *Containments* nicht geeignet, den Weg zu einem stabilen Frieden einzuschlagen. Es braucht das Engagement der Kontrahenten.

Im Falle Russlands kann davon ausgegangen werden, dass aufgrund des Bruchs in der strategischen Kultur eine grundsätzliche Bereitschaft zur Nutzung kooperativer Sicherheitsansätze gegeben ist. Die Abkehr vom Militarismus früherer Epochen und die stärkere Berücksichtigung des Individuums, wenn auch zunächst vorrangig im Sinne der sozialen Wohlfahrt, weisen den Weg.

Russland hat, von Europa wenig beachtet, in den letzten Jahren enormen Kooperationswillen und -fähigkeit bewiesen, als es mit China konstruktiv die jahrzehntealten gemeinsamen Probleme anging und sukzessive die strittigen Grenzfragen löste. 1969 war es im Rahmen des Chinesisch-Sowjetischen Grenzkonflikts (Zhenbao Dao Krise, auch „Zwischenfall am Ussuri") sogar zur Androhung eines nuklearen Angriffs durch die Sowjetunion gekommen. Inzwischen pflegen die Russische Föderation und China eine strategische Partnerschaft und vertiefen ihre wirtschaftlichen und gesellschaftlichen Beziehungen in rasantem Tempo.

Defence Academy and Bureau for Security Policy, in Zusammenarbeit mit PfP Consortium of Defence Academies and Security Studies Institutes: Study Group Information, S. 33-42.

1014 Vgl. Mihalka, Michael (2001): Cooperative Security: From Theory to Practice, in: Cooperative Security: New Horizons for International Order, The George C. Marshall European Center for Security Studies, The Marshall Center Papers, Nr. 3, Garmisch-Partenkirchen, S. 65. Richard Cohen, der von einem Modell kooperativer Sicherheit ausgeht, das neben der Förderung von Stabilität und menschlicher Sicherheit auch kollektive Sicherheit und Verteidigung umfasst, gelangt hingegen zu dem Ergebnis, dass Mitglieder eines Systems kooperativer Sicherheit grundlegende liberale demokratische Werte teilen müssten. Nur so sei das Ziel „Schaffung einer euroatlantischen kooperativen Sicherheitsorganisation" erreichbar. Dabei geht er von dem Glauben(!) aus, dass nur liberalen demokratischen Staaten beim Schutz und der Förderung von Menschenrechten im weiteren Sinne getraut werden kann. Vgl. Cohen, Richard (2001): Cooperative Security: From Individual Security to International Stability, in: Cooperative Security: New Horizons for International Order, The George C. Marshall European Center for Security Studies, The Marshall Center Papers, Nr. 3, Garmisch-Partenkirchen, S. 1-2, 11-12.

Auch die Anerkennung der Ukraine als eigenständiger Staat, in dessen Rahmen Russland 1997 seine Ansprüche sowohl auf die Krim als auch auf Sevastopol aufgab, die gesamte Schwarzmeerflotte an die Ukraine abtrat und in Teilen zurückpachtete, stellte einen beachtlichen Kompromiss dar. Dieser Schritt ist umso bedeutsamer, als in den Augen Russlands die Ukraine die Geburtsstätte des ersten russischen Staates ist. Leon Aron bezeichnete das Abkommen als „perhaps the most generous, and least publicized, bilateral foreign assistance program in the world today."[1015] Das Abkommen krönte eine Reihe weiterer erfolgreicher Krisenvermittlungen der Russischen Föderation.

Kritiker werden argumentieren, Russland halte sich nicht einmal mehr an die den Ursprung kooperativer Sicherheit ausmachenden konventionellen Rüstungskontrollabkommen. Und tatsächlich war es Russland, das 2007 den bis dahin überholten KSE-Vertrag suspendierte. Allerdings war gerade Russland selbst am stärksten über das Scheitern der Verhandlungen zur Anpassung des einst erfolgreichen KSE-Vertrages (51.000 Waffensysteme wurden nach festgelegten Verfahren zerstört und die Reduzierungen durch begleitende Inspektionen verifiziert) verärgert, denn die Erweiterung der NATO nach Osten machte ein Übereinkommen zur Anpassung des KSE-Vertrages erforderlich. 1999 war ein adaptierter KSE-Vertrag mit äußerst weitgehenden Verifikationsmaßnahmen ausgehandelt worden. 2004 ratifizierten Russland, Weißrussland, Kasachstan und die Ukraine das Abkommen. Die NATO-Staaten jedoch verweigerten die Ratifizierung. Aus ihrer Sicht war Russland 1999 zusammen mit dem AKSE-Abkommen die Istanbuler Verpflichtungen (Abzug seiner Truppen aus Georgien und Moldawien-Transnistrien) eingegangen. Diese Verpflichtungen hätte Russland nicht vollständig erfüllt. Ottfried Nassauer weist darauf hin, dass die NATO-Außenminister tatsächlich erst ein halbes Jahr nach dem Gipfel in Istanbul aus Protest gegen den Zweiten Tschetschenienkrieg einseitig beschlossen, das AKSE-Abkommen erst nach dem vollständigen Abzug der russischen Truppen zu ratifizieren. So spricht auf den ersten Blick einiges für die russische Sicht, die Verknüpfung der beiden Dokumente sei einseitig erfolgt. Zudem handele es sich bei den Istanbuler Verpflichtungen um eine politische, nicht aber rechtlich verbindliche Zusage ohne bestimmten Termin.[1016] Berechtigt wendet Margarete Klein ein, dass beide Dokumente für die Stationierung fremder Streitkräfte die Zustimmung des Gastlandes erfordern, eine solche Zustimmung aber we-

---

1015 Aron, Leon (1998): Russia's New Foreign Policy, American Enterprise Institute for Public Policy Research, Russian Outlook, Frühling, Washington, D.C., S. 4.
1016 Vgl. Nassauer, Otfried (2007): Das Ende der Abrüstung, in: Blätter für deutsche und internationale Politik, Nr. 6, Berlin, S. 646-647.

der von georgischer Seite, noch von moldawischer Seite zu erwarten sei – die abschließende Ratifizierung des AKSE-Vertrages folglich ohnehin an der Weigerung dieser beiden Länder gescheitert wäre.[1017] Ivan Krastev folgert, der Westen sei der Illusion aufgesessen, Russland habe sich mit der Akzeptanz der im AKSE-Vertrag vereinbarten tiefgehenden Inspektionen auch der post-modernen Welt geöffnet. Dem sei nicht so.[1018]

Diesen skeptischen Bewertungen steht gegenüber, dass Russland, unabhängig von den Irritationen beim AKSE-Vertrag, weiterhin mit den USA an der Begrenzung und Reduzierung strategischer Waffen erfolgreich gearbeitet hat und auch im Bereich der Nichtverbreitungsregime kooperiert. Darüber hinaus hat Russland, was Beobachter der OSZE überraschte, in Astana, beim ersten OSZE-Gipfel nach rund elf Jahren, alle während seiner Schwächephase in den 1990er Jahren akzeptierten Verpflichtungen bekräftigt.[1019] Russland kooperiert also auch in Phasen der Stärke.

Aus Sicht der strategischen Kultur wäre es vermutlich erfolgversprechender gewesen, den AKSE-Vertrag von westlicher Seite nicht mit der Tschetschenienfrage zu verknüpfen. Äußerungen zu Tschetschenien wurden in Moskau stets als unzulässige Eimischung in innere Angelegenheiten verstanden. Der Weg, konstruktiv nach Lösungsansätzen im Umgang mit Georgien und Moldawien zu suchen, war verbaut. Jeder Schritt in diese Richtung hätte den Anschein eines Schuldeingeständnisses in der Tschetschenienfrage oder zumindest eines Nachgebens bei Einmischungen in innere Fragen erweckt. So war es aus russischer Sicht erfolgversprechender, mit der Aussetzung des KSE-Vertrages Druck auf den Westen auszuüben. Die möglichen Sicherheitsgewinne, zum Beispiel durch eine vertragliche Begrenzung von NATO-Truppen im Baltikum, wogen die Nachteile nicht auf.

Entscheidend für die Umsetzung kooperativer Sicherheitsansätze wird sein, ob auch der Westen kompromissbereit ist oder sich wie in den 1990er Jahren von

---

1017 Vgl. Klein, Margarete (2007): Russland und die KSE, in: Russlandanalysen Nr. 153, Forschungsstelle Osteuropa, Bremen, S. 5.
1018 Vgl. Krastev, Ivan (2007): Russia vs Europe: the sovereignty wars, 5. September, unter: http://www.opendemocracy.net/globalization-institutions_government/sovereign_democracy_4104.jsp (Zugriff 23.07.2012).
1019 Siehe Ziff. 2 der Gedenkerklärung, in der es heißt: „Wir bekräftigen unser uneingeschränktes Festhalten (…) an allen OSZE-Normen, -Prinzipien und -Verpflichtungen". OSZE (2010): Gedenkerklärung von Astana, Auf dem Weg zu einer Sicherheitsgemeinschaft, SUM.DOC/1/10/Corr.1*, Astana, 3. Dezember, unter: http://www.osce.org/de/cio/74988?download=true (Zugriff 15.12.2013).

dem insbesondere in den USA tief verankerten geopolitischen Denken leiten lassen wird.[1020] Wenn die Verfolgung geopolitischer Ziele fortgeführt wird, wie sie aus russischer Sicht unter anderem in der Ost-Erweiterung von NATO und EU sowie dem amerikanischen Engagement in der Region zum Ausdruck kommt, so darf an der Kompromissbereitschaft gezweifelt werden. Die Folge wird ein Verharren Russlands bei nicht-kooperativen Sicherheitsansätzen sein, da es sich weiterhin als Ziel westlicher geopolitischer Ambitionen sieht. Die gegenseitigen Vorwürfe, die jeweilige Einflusssphäre ausdehnen zu wollen und internationale Beziehungen als ein Nullsummenspiel zu erachten, werden sich fortsetzen. In der Ukraine fokussiert sich die konfrontative Integrationskonkurrenz von Russland und der Europäischen Union.

Ein Heranführen Russlands an die europäische Zusammenarbeit kann aber nur durch ein Europa erfolgen, das als souveräner eigenständiger Pol agiert und bei dem geopolitische Überlegungen zur Beherrschung des eurasischen Raumes nicht im Vordergrund stehen. Oder wie es Peter Schulze formuliert: „Russlands Ambitionen lassen sich problemloser mit den europäischen als den amerikanischen Interessen vereinbaren. Denn auf der Basis einer einmal erreichten internationalen Integration Russlands, einer wiedererlangten wirtschaftlichen Stärke und politischen Stabilität liegt es nicht im europäischen Interesse, Russland die Rolle einer Großmacht streitig zu machen. Im Gegenteil, als flankierender Garant einer europäischen Friedensordnung ist der russische Beitrag willkommen. Der Hegemon USA hingegen könnte die Großmachtambitionen eines wiedererstarkten Russlands als potenzielle Gefährdung seines eigenen unilateralen Handlungsspielraums ansehen."[1021]

Zentral im Umgang mit Russland ist, dessen ausgeprägtes Streben nach Sicherheit zu befriedigen. Hierzu bedarf es umfangreicher vertrauensbildender Maßnahmen, die die heutige nicht-imperiale und im Grundsatz auf Ausgleich ausgerichtete Außenpolitik Russlands bestärken. Dies dürfte vor dem Hintergrund der heutigen veränderten strategischen Kultur des Landes gut investiertes politisches Kapital sein. Die Schlussfolgerungen der umfangreichsten

---

1020 Robert Kagan konzedierte zur damaligen Situation; „When the Soviet Union and its empire collapsed (…) the United States pressed forward." Die Folge hieraus war: „today Russians consider the post-Cold War settlement as nothing more than a surrender imposed by the United States and Europe at a time of Russian weakness." Kagan, Robert (2008): The Return of History and the End of Dreams, New York, S. 49 und 16.

1021 Schulze, Peter (2003): Russland: Juniorpartner Amerikas oder Mitgestalter einer multipolaren Weltordnung?, in: Internationale Politik und Gesellschaft, Nr. 4, S. 64-65.

Elitenstudie der jüngeren Zeit unterstützen diese aus der Analyse der strategischen Kultur abgeleitete Sicht: „Russia is unlikely to use military force in the absence of any international conflict or potential threats to the national interest"[1022]. Zugleich wird ein „lack of expansionist ambitions" festgestellt und weiter: „Russia is unlikely to make any aggressive, offensive moves in the sphere of foreign policy."[1023] Oder anders ausgedrückt: Russland wird von sich aus, sofern es sich nicht wie im Fall der Ukraine mit der drohenden Abspaltung seines Brudervolkes in die Enge getrieben sieht, keine Gewalt in den internationalen Beziehungen einsetzen. Vielmehr werden Eliten den Einsatz wirtschaftlicher Instrumente präferieren. Je größer das Vertrauen gegenüber dem Westen ist und je stabiler die internationale Lage in Moskau eingeschätzt wird, desto moderater wird die außenpolitische Linie Russlands sein.

Doch was kann getan werden, um Vertrauen aufzubauen? Ein erster entscheidender Schritt ist die Einbindung der Russische Föderation bei allen Entscheidungsprozessen zu internationalen Fragen von Beginn an. US-Vizepräsident Biden wies in einem Interview darauf hin, wie wichtig es sei, Russland als einen zentralen Akteur auf der internationalen Bühne zu behandeln, auch wenn es erhebliche Probleme habe, sich den wirtschaftlichen und geopolitischen Herausforderungen der nächsten 15 Jahre zu stellen. Andernfalls könne Russlands Außenpolitik aggressiver werden. Die russische Führung beginne ihre eingeschränktere globale Rolle zu erkennen, aber die USA sollten ihren Vorteil nicht zu sehr ausnutzen und Russland nicht bloßstellen.[1024] Dem Kreml dürfte dabei durchaus bewusst sein, dass, wie Robert Kagan es nannte, die USA im internationalen System die Funktion des schließenden Firststeins in einem Gewölbe hat – entfernt man ihn, stürzt das gesamte Gewölbe ein. Und es war bislang amerikanische Macht, die internationale öffentliche Güter bereitgestellt hat.[1025]

1022 Valdai Club, Hrsg. (2013): Russian Elite – 2020, ein Valdai Discussion Club Grantees Analytical Report, Moskau, unter: http://vid-1.rian.ru/ig/valdai/Russian_elite_2020_eng.pdf (Zugriff 22.12.2013), S. 61.
1023 Valdai Club, Hrsg. (2013): Russian Elite – 2020, ein Valdai Discussion Club Grantees Analytical Report, Moskau, unter: http://vid-1.rian.ru/ig/valdai/Russian_elite_2020_eng.pdf (Zugriff 22.12.2013), S. 62.
1024 Vgl. Spiegel, Peter (2009): Biden Says Weakened Russia Will Bend to U.S., Interview, The Wall Street Journal, 25. Juli, unter: http://online.wsj.com/article/SB124848246032580581.html (Zugriff 07.09.2013). Biden unterstrich seine Argumentation mit einer Aussage seines Vaters: „Never put another man in a corner where the only way out is over you."
1025 Vgl. Kagan, Robert (2008): The Return of History and the End of Dreams, New York, S. 95.

In dem so skizzierten Spannungsfeld bewegt sich das amerikanisch-russische Verhältnis. Um Eskalationen in den Beziehungen zu vermeiden, bedarf es regelmäßiger und enger Konsultationen schon zu Beginn sich entwickelnder Krisen. Im Rahmen einer kooperativen Gestaltung sicherheitspolitischer Prozesse müssen sie die Norm werden. Dies gilt auch, wenn die Interessen der jeweils anderen Seite nicht unmittelbar berührt sind. Im Regelwerk der OSZE finden sich bereits viele Elemente präventiver Diplomatie, die Mechanismen für Konsultation und Kooperation beinhalten. Viele davon werden allerdings nur selten genutzt.[1026] Es bedarf eines grundsätzlichen Umdenkens, wenn Vertrauensbildung durch Einbindung auf allen Ebenen der internationalen Beziehungen erfolgreich sein soll.[1027] Die grundsätzliche Problematik in der praktischen Umsetzung dieses Ansatzes wurde bereits im Jahr 2001 von Präsident Putin bei seiner Rede im Deutschen Bundestag unmissverständlich angesprochen: „Die bisher ausgebauten Koordinierungsorgane [gemeint: der NATO] geben Russland keine realen Möglichkeiten, bei der Vorbereitung der Beschlussfassung mitzuwirken." Andererseits werde aber Russlands Unterstützung bei der Umsetzung der Entscheidungen eingefordert. Putin weiter: „Wir sollten uns fragen, ob das normal ist, ob das eine echte Partnerschaft ist."[1028] Tatsächlich wird auch von einflussreichen Instituten zur Politikberatung schlicht und einfach empfohlen: „When Russia obstructs international consensus, the United States should not hesitate to pursue alternative multilateral approaches that exclude the Kremlin."[1029] Frei über-

---

1026 Siehe OSZE (2011): OSCE Mechanisms & Procedures, Hrsg. OSCE Secretariat's Conflict Prevention Centre, unter: http://www.osce.org/cpc/34427 (Zugriff 26.12.2013).
1027 Ein Beispiel dafür, wie es nicht sein sollte, schilderte ein Vertreter der russischen Botschaft in Berlin gegenüber dem Autor. Er beklagte, dass Frankreich und die EU Russland nicht von Beginn an in die Planungs- und Entscheidungsprozesse der Intervention in Mali einbezogen hätten. Russland sei bereit gewesen, die Operation nicht nur politisch und mit Transportmaschinen zu unterstützen, doch je länger es dauerte, bis Russland nicht nur als „force provider" eingebunden wurde, desto stärker wurde dies als eine weitere verpasste Chance zur Kooperation wahrgenommen. Gespräch des Autors mit einem Vertreter der russischen Botschaft, Hamburg, 19. Februar 2013.
1028 Putin, Vladimir (2001): Rede im Deutschen Bundestag, Wortprotokoll, 25. September, Berlin, unter: http://www.bundestag.de/kulturundgeschichte/geschichte/gastredner/putin/putin_wort.html (Zugriff 16.03.2013).
1029 The FOREIGN POLICY initiative (2013): Foreign Policy 2013, Washington, D.C., unter: http://www.foreignpolicyi.org/files/uploads/images/20130129-FPI%20Briefing%20Book-Foreign%20Policy%202013.pdf (Zugriff 17.03.2013), S. 3, 53. Die

setzt bedeutet diese Aussage nichts anderes als: Wenn Russland sich nicht der amerikanischen Meinung anschließt, dann sollte es ignoriert werden. Dies ist nicht die Art und Weise wie mit souveränen Staaten eine auf Konsens basierende – und damit inklusive und kooperative – Sicherheitspolitik gestaltet werden kann.

Vertrauensbildung kann auch dadurch erfolgen, dass sich die Staaten östlich der Europäischen Union nicht als (relative) Verlierer der freien Marktwirtschaft empfinden. Im Fall der Ukraine, an der Nahtstelle zwischen Ost und West, spiegelt sich die Erkenntnis Henry Kissingers wider: „Any economic system, but especially a market economy, produces winners and losers. If the gap between them becomes too great, the losers will organise themselves politically and seek to recast the existing system—within nations and between them."[1030] Es ist daher im Interesse des Westens, Russland und die anderen möglichen Mitglieder der in Gründung befindlichen Eurasischen Union nicht als die Verlierer des wirtschaftlichen Wettbewerbs dastehen zu lassen. Deshalb sollten kooperative Ansätze gemeinsame Gespräche von Russland, der Europäischen Union und der Ukraine beinhalten. Nur so kann nach Wegen gesucht werden, die die Ukraine nicht vor die Wahl Europäische Union oder Russland stellen, sondern welche die Ukraine als zentrales Bindeglied zwischen den beiden Wirtschaftsblöcken etablieren. Die Eurasische Union sollte nicht als Konkurrent betrachtet, sondern als wichtiger künftiger Partner gefördert werden. Dabei wird hier nicht die Auffassung vertreten, dass wirtschaftliche Interaktion Annäherung oder Versöhnung ermöglicht.[1031] Vielmehr soll durch den politischen Schritt der Akzeptanz die Grundlage für eine Annäherung gelegt werden.

Foreign Policy Initiative unterrichtet die Kandidaten und Mitglieder des Kongresses sowie deren Mitarbeiter über „die globalen Herausforderungen und Möglichkeiten des 21. Jahrhunderts."

1030 Kissinger, Henry (2008): United States, An end of hubris, aus: The World In 2009 print edition, The Economist Newspaper, 19. November, unter: http://www.economist.com/node/12574180 (Zugriff 08.09.2012).

1031 Die Schwächen des Ansatzes „wirtschaftliche Kooperation zuerst" verdeutlicht am besten die Kooperation zwischen der Sowjetunion und China. „By 1959, after a decade of economic integration, 50 percent of China's exports were going to the Soviet Union, and China had become the Soviet Union's top trading partner. But this extraordinary level of commercial interdependence did nothing to prevent the return of geopolitical rivalry after the break between Beijing and Moscow. By 1962, bilateral commerce had dropped by 40 percent. Politics was in command." Kupchan, Charles A. (2010a): Enemies Into Friends, How the United States Can Court Its Adversaries, in: Foreign Affairs, Vol. 89, Nr. 2, März/April, S. 133.

Die EU, die weltweit Integrationsbemühungen fördert, würde auch von einer stärkeren wirtschaftlichen und politischen Integration Russlands mit seinen in politisch volatilen Regionen liegenden Nachbarn profitieren. So kommt eine Studie der Konrad-Adenauer-Stiftung auch zu dem Fazit, dass „es keine gute Strategie [wäre], sich diesem Integrationsprojekt seitens der EU zu verschließen."[1032] Die Gründung der Eurasischen Union ist nicht gleichzusetzen mit dem „*Sammeln der Länder der Sowjetunion*" oder gar einer „*re-sovietization*" wie die frühere amerikanische Außenministerin Clinton es nannte.[1033] Wenn, wie Lukyanov hinweist, das Russische Reich und später die Sowjetunion als ein den eurasischen Raum strukturierender Rahmen dienten, so kann diese Funktion vielleicht zukünftig der Eurasischen Union zukommen.[1034] Eine Option zur Brückenbildung könnte ein überspannendes Freihandelsabkommen EU-Ukraine-Eurasische Union sein. So kann die Europäische Union den Bruch in der strategischen Kultur Russlands hin zur stärkeren Betonung der Wirtschaft nutzen und zugleich dem tief in der strategischen Kultur verwurzelten russischen Streben nach Sicherheit und Anerkennung entsprechen. Auf diese Weise könnte sich ein Weg öffnen, um das bisherige Nullsummenspiel zu überwinden. Bei der gegenseitigen Öffnung der Märkte bedarf es eines behutsamen Vorgehens und einer Sequenzierung, die es den Unternehmen ermöglicht, sich nach und nach den wettbewerbsfähigeren europäischen Unternehmen zu stellen. Die sich öffnenden Märkte müssten nicht die gleichen katastrophalen Erfahrungen wie die osteuropäischen Märkte zu Beginn der 1990er Jahre machen.

Vertrauensbildung im sicherheitspolitischen Bereich kann in vielen Bereichen ansetzen. Stets sollten Maßnahmen in diesem Bereich das russische Streben nach Achtung und Anerkennung, nach Sicherheit und Wohlfahrt berücksichtigen. Russland wird, so seine Sicherheitsperzeption es erzwingt, künftig wieder überproportional in Verteidigung investieren. Der Wandel der strategischen Kultur hin zu einer Fokussierung auf Wohlfahrtssteigerung könnte sich als nicht dauerhaft erweisen. Eine Spirale, die auch vom Westen nur von wenigen gewünscht sein kann, würde in Gang gesetzt. Es gilt, die geänderten russischen

---

1032 Atilgan, Canan / Baumann, Gabriele / u. a. (2014): Die Eurasische Union, Ein Integrationsprojekt auf dem Prüfstand, in: Konrad-Adenauer-Stiftung Auslandsinformationen 2/14 (Regionale Kooperationen), 30. Jahrgang, Berlin, S. 51.
1033 Zitiert nach Klapper, Bradley (2012): Clinton fears efforts to 're-Sovietize' in Europe, Associated Press, 6. Dezember, unter: http://bigstory.ap.org/article/clinton-fears-efforts-re-sovietize-europe (Zugriff 29.05.2014).
1034 Vgl. Lukyanov, Fyodor (2010): Russian Dilemmas in a Multipolar World, in: Journal of International Affairs, Vol. 63, Nr. 2, Frühling/Sommer, New York, S. 19.

Präferenzen zu stärken und zu ihrer dauerhaften Verankerung in der strategischen Kultur beizutragen.

Im Mittelpunkt müssen vertrauensbildende Maßnahmen bei der seit Jahren umstrittenen Raketenabwehr stehen. Das Raketenabwehrsystem stellt aus russischer Sicht eine der größten Sicherheitsherausforderungen dar. Auch wenn Gedanken an ein integriertes Abwehrsystem illusorisch erscheinen,[1035] könnten die Einrichtung eines gemeinsamen Lagezentrums, eine gemeinsame Ausbildung der im Bereich Raketenabwehr eingesetzten Spezialisten sowie eine politisch verpflichtende Garantie[1036], dass sich das NATO-System nicht gegen Russland richtet, zu einer deutlichen Entspannung beitragen. Fortschritte im Bereich der Raketenabwehr sollten aber nicht als Schlüssel für alle weiteren Kooperationsmaßnahmen gelten. Vielmehr ist ein gleichzeitiger Ansatz in der Breite der Themenfelder sinnvoll. Das Abhängigmachen von Verhandlungsfortschritten in einem Thema als Voraussetzung für erfolgreiche Verhandlungen bei anderen Themen würde die Komplexität der Verhandlungen derart erhöhen, dass diese kaum mehr handhabbar wären. Entscheidend ist, dass in möglichst vielen Gremien und Foren der kooperative Wille sichtbar ist und Verhandlungsfortschritte möglich erscheinen. Junktims mit Fortschritten in nicht-sicherheitspolitischen Themenfeldern sollten vermieden werden. Zu groß wäre auch hier die Gefahr der Komplexitätsfalle und des Missbrauchs einzelner Themen durch Subkulturen, die ihre Klientelinteressen durchsetzen wollen.

Verhandlungsfortschritte im Bereich der Raketenabwehr haben große Auswirkung auf den Bereich der nuklearen Rüstungskontrolle, insbesondere im strategischen Bereich, wohingegen Fortschritte in der konventionellen Rüstungskontrolle sich stärker auf Verhandlungen zu den substrategischen Nuklearwaffen auswirken dürften. Derzeit erachtet Russland seine substrategischen Nuklearwaffen als Ausgleich für seine deutliche konventionelle Unterlegenheit in Europa (vgl. Tabelle 6 „Konventionelle Balance in Europa", S. 217). Insofern

---

1035 Die Geschichte bietet genügend Beispiele dafür, dass die Annäherung zweier Kontrahenten langsam beginnen sollte. Das bekannteste Beispiel ist die Annäherung des Vereinigten Königreichs an die aufstrebende neue Macht USA Ende des 19. Jahrhunderts. Wenn die Versöhnungsversuche hingegen zu schnell und zu weitreichend angelegt waren, schlugen sie meist fehl. Vgl. Kupchan, Charles A. (2010a): Enemies Into Friends, How the United States Can Court Its Adversaries, in: Foreign Affairs, Vol. 89, Nr. 2, März/April, S. 126.

1036 Eine rechtlich bindende Garantie seitens der USA erscheint nicht nur vor dem Hintergrund der Ukrainekrise unwahrscheinlich, sondern auch weil einer solchen sowohl das Repräsentantenhaus als auch der Senat zustimmen müssten.

wirkt die Beibehaltung der Abschreckung durch Atomwaffen in der gegenwärtigen Lage als ein die Beziehungen stabilisierendes Moment und bedarf nicht der primären Betrachtung. Problematisch erscheint, dass der politische Westen sich aus einer Vielzahl von Akteuren zusammensetzt, die bei genauerer Hinsicht eine beachtliche Divergenz in ihren strategischen Kulturen und Interessen aufweisen. Ratsam ist daher, zunächst unter der Führerschaft einzelner größerer Akteure intern einen grundsätzlichen Konsens zu erzielen und erst dann an Russland heranzutreten. Das deutsche Bemühen, innerhalb der NATO einen Konsens zur Weiterentwicklung der Rüstungskontrolle zu erzielen, geht in diese Richtung und sollte trotz der Ukrainekrise fortgeführt werden. Fortschritte sind aber ohne die USA als dem stärksten Akteur kaum zu realisieren. Nicht nur Fragen der Transparenz und Verifikation sowie des Monitorings von Bestandsbewegungen sind dabei zu klären, sondern auch die grundsätzliche Frage, welche militärischen Fähigkeiten vor dem Hintergrund eines gewandelten Kriegsbildes überhaupt berücksichtigt werden müssen.[1037]

Die im Bereich Sicherheit zu behandelnden Themen sind vielfältig: das Herstellen einer größeren Transparenz hinsichtlich der Planungen der NATO in Afghanistan in den Jahren 2014 plus, die Förderung eines regionalen Sicherheitskonzepts für Afghanistan bei gleichzeitiger Aufnahme der Kooperation von NATO und OVKS, die Schaffung von mehr Transparenz hinsichtlich der neuen Aktivitätsschwerpunkte der NATO im Bereich Eventualfallplanungen und Übungsaktivitäten, die Vertiefung der Kooperation bei Anti-Piraterie- und Anti-Terrorismus-Einsätzen und -Übungen, etc.

Auch wenn zuvor auf die herausgehobene Bedeutung der USA für Fortschritte beim Sicherheitsdialog verwiesen wurde, so darf der Einfluss der zahlreichen kleinen mittel- und osteuropäischen Länder mit ihrem durch die historischen Erfahrungen geprägten Russlandbild nicht unterschätzt werden. Diese haben ihre Mitgliedschaft in NATO und EU nur vereinzelt als Möglichkeit gesehen, ihre Beziehungen zu Russland zu verbessern. Oftmals galten die Organisationen als Rückversicherung, die eine Wiederannäherung an Russland unnötig machte. Einige sahen die Organisationen auch als Hebel gegenüber Russland.[1038] Russland tut gut daran, seine bilateralen Beziehungen zu diesen Staaten sowohl auf der zivilen als auch der militärischen Ebene deutlich zu intensivieren. Und die

---

1037 Für Vorschläge zur Belebung der konventionellen Rüstungskontrolle siehe beispielsweise Kühn, Ulrich (2013): Conventional Arms Control 2.0, in: Journal of Slavic Military Studies, Nr. 26, Taylor & Francis Group, LLC, S. 189-202.
1038 Vgl. Zargorski, Andrei, Hrsg. (2013): Russia and East Central Europe: A Fresh Start, International Policy Analysis, Friedrich Ebert Stiftung, Berlin, S. 1.

Chancen hierfür stehen grundsätzlich nicht schlecht, wie Andrei Zargorski und seine Mitautoren schreiben: „whenever any side has taken a cooperative step, such a gesture of good will has most often been reciprocated. (...) Whenever Russia has displayed openness in addressing difficult historical issues, this has produced a remarkable de-politicization of the discussion of the past."[1039]

Vertrauensbildung durch Kooperation umfasst ein deutlich breiteres Feld, als nur die hier herausgehobenen Themenfelder. In vielen Bereichen erfolgt bereits eine enge Zusammenarbeit, so beispielsweise beim Kampf gegen Drogen, Organisierte Kriminalität und islamistische Kräfte. Es finden sich aber auch zahlreiche Felder, in denen die Kooperation vertieft werden könnte, so beispielsweise im Bereich Umwelt, Energie und Infrastruktur. Letztlich ist es auch im Interesse des Westens, dass Russlands Modernisierung in der gesamten Breite der Themen gelingt. Ein Russland, das seine Herausforderungen nicht meistern kann, läuft Gefahr, sich stärker auf seine kulturellen Präferenzen für eine autoritäre Herrschaft, traditionelles Großmachtstreben und Gewalt als Mittel zu besinnen.

Die verschiedenen Kooperationsansätze müssen letztlich in einen breiten Sicherheitsdialog münden, der gegebenenfalls den Einstieg in künftige Verhandlungen zur Weiterentwicklung der euroatlantischen Sicherheitsarchitektur ermöglicht. Dieser ist, wie die Erfahrungen des OSZE-Gipfels in Astana sowie der beiden folgenden OSZE-Außenministertreffen in Vilnius und Dublin zeigten, derzeit blockiert. Die EU wird aber akzeptieren müssen, dass Russland ein Teil Europas ist. „As such, in the long run Russia has to be integrated into a new comprehensive security architecture and a close economic partnership on equal terms, with neither side being allowed a veto over each others' issues."[1040] Allerdings wird eine solche neue Architektur anders aufgebaut sein müssen als die derzeitigen wenig flexiblen institutionellen Formen. Sie wird eher den Charakter einer Netzwerkdiplomatie aufweisen, bei der in verschiedenen Themenfeldern die „likeminded states" voran gehen werden. Weitere Staaten können durch Erfolge zur Teilnahme gewonnen werden. Dabei sollte sich die EU stets bewusst sein, dass sie gegenüber Russland eigenständige Interessen besitzt und nicht nur

---

1039 Zargorski, Andrei, Hrsg. (2013): Russia and East Central Europe: A Fresh Start, International Policy Analysis, Friedrich Ebert Stiftung, Berlin, S. 9.
1040 Eitelhuber, Norbert (2009): The Russian Bear: Russian Strategic Culture and What it Implies for the West, in: Connections, The Quarterly Journal, Vol. 9, Nr. 1, Hrsg. Partnership for Peace Consortium of Defense Academies and Security Studies Institutes, Garmisch-Partenkirchen, S. 26.

ein Baustein amerikanischer Balancepolitik ist:[1041] „Strategic engagement with Russia implies strategic risks, but it may eventually bring about strategic gains. Non-engagement will perpetuate the current strategic instability, and will most likely lead to underperformance on the part of both actors."[1042]

„Ein europäischer Sicherheitsraum, der unteilbar ist, setzt ein aktives russisches Engagement voraus. Solange man jedoch in Russland die europäische Sicherheitspolitik als einen permanenten Versuch des Westens wahrnimmt, Russlands Position zu untergraben, wird es ein solches russisches Engagement nicht geben."[1043] Russland braucht also ein Gefühl der Sicherheit, um kooperieren zu können. Dann besteht die Möglichkeit, das blockorientierte Denken, das weiterhin die europäische Sicherheitspolitik bestimmt, zu überwinden und eines Tages das im Außenpolitischen Konzept der Russischen Föderation formulierte Ziel zu erreichen, und zwar durch gleichberechtigte Interaktion zwischen Russland, der EU und den USA ein vereinigtes Europa ohne Trennlinien zu schaffen.[1044]

Die Betonung vertrauensbildender Maßnahmen bedeutet nicht, dass Menschenrechtsverletzungen gegenüber Russland nicht mehr angesprochen werden dürfen. Russland hat sich in Astana zu der mit dem Moskauer Dokument der KSZE identischen Verpflichtung bekannt: „Wir erklären kategorisch und unwiderruflich, dass die im Bereich der menschlichen Dimension eingegangenen Verpflichtungen ein unmittelbares und berechtigtes Anliegen aller Teilnehmerstaaten und nicht ausschließlich eine innere Angelegenheit des betroffenen

---

1041 Vgl. Eitelhuber, Norbert (2009): The Russian Bear: Russian Strategic Culture and What it Implies for the West, in: Connections, The Quarterly Journal, Vol. 9, Nr. 1, Hrsg. Partnership for Peace Consortium of Defense Academies and Security Studies Institutes, Garmisch-Partenkirchen, S. 26-27.

1042 Eitelhuber, Norbert (2009): The Russian Bear: Russian Strategic Culture and What it Implies for the West, in: Connections, The Quarterly Journal, Vol. 9, Nr. 1, Hrsg. Partnership for Peace Consortium of Defense Academies and Security Studies Institutes, Garmisch-Partenkirchen, S. 27.

1043 Polikanov, Dmitry (2002): Europäische Sicherheitspolitik als Herausforderung für Russland, in: Sicherheit für das größere Europa. Politische Optionen im globalen Spannungsfeld, Hrsg. Arnold, Hans / Krämer, Raimund, EINE Welt, Texte der Stiftung Entwicklung und Frieden, Bd. 14, Übersetzung Marco Overhaus, Bonn, S. 179.

1044 Vgl. Medvedev, Dmitrij (2008b): The Foreign Policy Concept of the Russian Federation, 28. Juni, United Nations MaximsNews Network, 31. Juli, unter: http://www.maximsnews.com/news20080731russiaforeignpolicyconcept10807311601.htm (Zugriff 06.04.2013).

Staates darstellen."[1045] Russland muss also entsprechende Hinweise auf Missstände akzeptieren. Diese Kritik muss unmissverständlich aber angemessen vorgebracht werden. Wird die strategische Kultur Russlands, insbesondere das ausgeprägte Streben nach Anerkennung, nicht berücksichtigt, zerstört dies die Grundlage für eine kooperative und partnerschaftliche Politik. Charles Kupchan sieht es, begründet durch den möglichen Zuwachs an internationaler Stabilität, als gerechtfertigt an, moralische Kompromisse einzugehen, wenn mit einem autoritären Regime kooperiert werden soll. Die Staatskunst erfordere pragmatische Kompromisse und keine Ideologie, „when nuclear weapons, terrorism, and matters of war and peace are on the line"[1046]. Zudem dürfen die Möglichkeiten einer von außen angestoßenen Demokratisierung nicht überbewertet werden. Beispielsweise hat Annegret Bendiek in einer Untersuchung zur Effektivität der Europäischen Nachbarschaftspolitik festgestellt, dass Demokratisierungsbemühungen nur bei einer entsprechenden Offenheit der Zielländer wirksam sind. In den Fällen, in denen keine sicherheits- und/oder handelspolitische Abhängigkeiten von der EU bestehen, wurden wenige bis gar keine Anstrengungen unternommen, die normativen Vorstellungen der EU zu übernehmen. Ein deutliches Engagement war nur bei den Ländern festzustellen, die eine Aussicht auf einen EU-Beitritt hatten.[1047] Da im Falle Russlands das einzige erfolgreiche Instrument für nachhaltige Demokratisierungsförderung, die Beitrittsperspektive zur EU, nicht greift, sollte nur im Falle erheblicher Normabweichungen auf Russland eingewirkt werden. Andernfalls wird aufgrund der strategischen Kultur Russlands einerseits der Preis im Sinne einer Verweigerungshaltung hoch sein, andererseits die Erfolge minimal bleiben.

Bei Verweisen auf russische Normabweichungen wird oftmals auf die hohe Zahl der beim Europäischen Gerichtshof für Menschenrechte vorgebrachten Fälle abgestellt. Doch ein genauer Blick lässt Zweifel aufkommen. Zahlreiche

---

1045 OSZE (2010): Gedenkerklärung von Astana, Auf dem Weg zu einer Sicherheitsgemeinschaft, SUM.DOC/1/10/Corr.1*, Astana, 3. Dezember, unter: http://www.osce.org/de/cio/74988?download=true (Zugriff 15.12.2013), Ziff. 6 beziehungsweise KSZE (1991): Dokument des Moskauer Treffens der Konferenz über die menschliche Dimension der KSZE, unter: http://www.osce.org/de/odihr/elections/14310 (Zugriff 15.12.2013), S. 2.
1046 Kupchan, Charles A. (2010a): Enemies Into Friends, How the United States Can Court Its Adversaries, in: Foreign Affairs, Vol. 89, Nr. 2, März/April, S. 131.
1047 Vgl. Bendiek, Annegret (2008): Wie effektiv ist die Europäische Nachbarschaftspolitik? Siebzehn Länder im Vergleich, Stiftung Wissenschaft und Politik, Studie Nr. 24, Berlin, S. 6.

Fälle werden erst gar nicht vom Gerichtshof angenommen. Setzt man die Zahl der zugelassenen Fälle ins Verhältnis zur Bevölkerung, so zeigt sich, dass Russland (0,75 Fälle pro 10.000 Einwohner) sogar noch unter dem Durchschnitt aller Länder (0,79 Fälle pro 10.000 Einwohner) liegt.[1048] Selbst wenn man die Fälle betrachtet, bei denen mindestens ein Verstoß festgestellt wird, liegt Russland unter dem Durchschnitt aller Länder, wenn man die Zahl der Fälle in Relation zur Bevölkerung setzt (0,858 Fälle pro Million Einwohner zu 1,093 Fälle pro Million Einwohner). Insbesondere bei osteuropäischen EU-Mitgliedstaaten werden viel häufiger Verstöße festgestellt, beispielsweise Bulgarien (7,915 Fälle pro Million Einwohner), Rumänien (3,277), Lettland (4,897), Litauen (2,327), Estland (1,492), Polen (1,453).[1049] Ein genauerer Blick auf die wohl bekanntesten Fälle der jüngeren Zeit, die Klagen des russischen Oligarchen Michail Chodorkovskij, verdeutlichte ebenfalls die verschobene Wahrnehmung. In den westlichen Stellungnahmen zum Fall wurde Chodorkovskij fast durchweg als politischer Gefangener bezeichnet. Es wurden Parallelen zu dem weltweit hoch geachteten und 2007 von Präsident Putin sogar mit dem Staatspreis der Russischen Föderation ausgezeichneten Aleksandr Solženicyn gezogen. Die Urteile des Europäischen Gerichtshofs für Menschenrechte sprechen jedoch eine andere Sprache. Im Mai 2011 befanden die Richter: „No violation of Article 18 (limitation of rights for improper purposes) as regards the claim that his prosecution was politically motivated" und im Juli 2013: „No violation of Article 18 (…) as concerned the complaint that Mr Khodorkovskiy's and Mr Lebedev's prosecution had been politically motivated"[1050].

Unreflektierte westliche Kritik ist in Russland geeignet, den Eindruck doppelter Standards zu bestärken. Dies gilt es zu vermeiden. Und betrachtet man die heftige öffentliche Kritik von Regierung und Mandatsträgern sowie die teils unreflektierte Berichterstattung der Medien im Fall Pussy Riot, so ist auch diese Art

---

1048 Vgl. European Court of Human Rights (2013a): Analysis of statistics 2012, Januar, unter: http://www.echr.coe.int/Documents/Stats_analysis_2012_ENG.pdf (Zugriff 25.12.2013), S. 11, Tabelle 2.

1049 Eigene Berechnungen auf der Grundlage von European Court of Human Rights (2013a): Analysis of statistics 2012, Januar, unter: http://www.echr.coe.int/Documents/Stats_analysis_2012_ENG.pdf (Zugriff 25.12.2013), S. 11, Tabelle 2 in Verbindung mit European Court of Human Rights (2013b): The ECHR in facts and figures 2012, Juni, unter: http://www.echr.coe.int/Documents/Facts_Figures_2012_ENG.pdf (Zugriff 25.12.2013), S. 12-13.

1050 European Court of Human Rights (2013c): Russia Country Profile, Juli, unter: http://www.echr.coe.int/Documents/CP_Russia_ENG.pdf (Zugriff 25.12.2013), S. 5-6.

des Kritisierens wenig hilfreich, zumal die Kritik sich nicht nur gegen die russische Regierung und deren vermeintliche Einflussnahme auf den Prozess richtet, sondern auch ganz klar gegen den eindeutigen Mehrheitswillen der russischen Bevölkerung (vgl. Tabelle 3 „Angemessene Strafe für „Pussy Riot"?", S. 196). Die westliche Verurteilung von Wertmaßstäben der russischen Gesellschaft bewirkt vor dem Hintergrund der strategischen Kultur eher eine Abwehrhaltung der Bevölkerung als eine analytische Reflektion über die vorgebrachte Kritik. Dies deckt sich mit der Erkenntnis von Charles Kupchan, der eine Stärkung der Reformkräfte vor allem durch ein freundliches strategisches Umfeld während des Annäherungsprozesses gewährleistet sieht.[1051]

Unter Berücksichtigung des bisher gesagten, sollte der Westen auch von einer unmittelbaren, nicht mit den Eliten vereinbarten Förderung der Zivilgesellschaft absehen. Langfristig bewirkt eine solche Unterstützung bei einer durch unzählige äußere Einmischungen geprägten strategischen Kultur ohnehin eher eine Diskreditierung dieser Oppositionskräfte bei weiten Teilen der Bevölkerung. Der Kampf gegen ständige Herausforderungen von innen dürfte zudem die Kooperationsbereitschaft nach außen reduzieren. Sollten sich tatsächlich eines Tages auch Teile der Elite auf die Seite der Opposition stellen und diese hierdurch an die Regierung gelangen, ergäbe sich ein, auch vom Westen nicht gewolltes, äußerst fragiles Kräfteverhältnis. Die Gefahr anhaltender innerer und äußerer Instabilität sowie eines Rückfalls in autoritärere Strukturen als zuvor wäre hoch. Die von der Breite der Bevölkerung mitgetragene Entwicklung einer Zivilgesellschaft benötigt weit mehr Zeit als bislang angenommen. Sie ist primär keine Frage freier und fairer Wahlen. Es bedarf eines kulturellen Wandels, der nicht nur die Metropolregionen Moskau und Sankt Petersburg umfasst. Er muss sich auch in den die strategische Kultur perpetuierenden Institutionen und Entscheidungsprozessen durchsetzen. Dieser kulturelle Wandel findet, wie Charles Kupchan festgestellt hat, erst in der letzten Phase der Entwicklung eines stabilen Friedens statt. Zuvor sollte sich die Zusammenarbeit beider Seiten eher an der Gestaltung der Außenpolitik als an der Gestaltung der heimischen Institutionen ausrichten.[1052]

Die Ukrainekrise warf ganz andere weitreichende Fragen der Kooperation auf. So wurde immer wieder erwogen, Europa solle Russland isolieren und sich

---

1051 Vgl. Kupchan, Charles A. (2010a): Enemies Into Friends, How the United States Can Court Its Adversaries, in: Foreign Affairs, Vol. 89, Nr. 2, März/April, S. 132.
1052 Vgl. Kupchan, Charles A. (2010b): How Enemies Become Friends, The Sources of Stable Peace, Hrsg. Council on Foreign Relations, Princeton University Press, Princeton/Oxford, S. 6, 13-14.

langfristig aus der russischen Energieabhängigkeit befreien. Wer solches empfiehlt übersieht, dass die gegenseitige Abhängigkeit der Akteure von Lieferungen beziehungsweise deren Bezahlung nachweislich konfliktdämpfend gewirkt hat. Zwar sah der Westen sich aufgrund seiner Abhängigkeit kurz- und mittelfristig nicht in der Lage, Russland mittels Sanktionen wirtschaftlich in die Knie zu zwingen und somit russisches Wohlverhalten zu erzwingen, aber andererseits geriet er auch nicht in die selbst gestellte Falle eines solchen Vorgehens – der Destabilisierung Russlands mit völlig unkalkulierbaren Folgen für die äußere und innere Sicherheit in weiten Teilen Eurasiens.

5.3 Beachtung der Prinzipien der Souveränität und Nichteinmischung

Die grundlegendste Forderung Russlands ist die Beachtung der Prinzipien der Souveränität und Nichteinmischung, wie sie der Westfälischen Ordnung zu Grunde liegen. Hieraus ergibt sich ein fundamentaler Widerspruch zu dem auf politische Integration und Verrechtlichung zielenden, einer liberalen Weltordnung verpflichtetem Ansatz der Europäischen Union. Russland steht somit neuen Kooperationsformen und Problemlösungsansätzen, die für es selbst oder andere Staaten eine ungewollte Beschränkung der Souveränität mit sich brächten, äußerst zurückhaltend gegenüber. Aus Sicht des politischen Westens stellt aber gerade die Veränderung der Bedeutung von Souveränität einen Schlüssel zur Weiterentwicklung des internationalen Systems dar. Nur mit die Souveränität einschränkenden Formen der multilateralen Kooperation kann nach dessen Auffassung neuen komplexen globalen Herausforderungen wie Klimawandel, Proliferation von Massenvernichtungswaffen und Trägermitteln, Armut oder Weltwirtschaftskrisen wirkungsvoll begegnet werden. Der Schutz der Menschenrechte soll dadurch verbessert werden, dass im Rahmen der *„responsibility to protect"* Souveränität nicht mehr primär als Recht, sondern als Pflicht verstanden wird.

Russland steht mit seiner ablehnenden Haltung gegenüber dieser Weiterentwicklung des internationalen Systems nicht alleine da. China teilt, wie unter anderem das häufig gleichgerichtete Abstimmungsverhalten im Sicherheitsrat der Vereinten Nationen eindrücklich zeigt, Russlands Position. Ein Markstein bei der Weiterentwicklung der *„responsibility to protect"* war 2011 die Sicherheitsratsresolution 1973 zu Libyen. Mit ihr wurde eine Flugverbotszone über Libyen eingerichtet und alle erforderlichen Maßnahmen zum Schutz der Zivilbevölkerung, mit Ausnahme der Besetzung des Landes, autorisiert. Für manchen Beobachter überraschend, enthielten sich bei der Abstimmung, neben

Deutschland, auch die zu diesem Zeitpunkt als nicht-ständige Mitglieder im Sicherheitsrat vertretenen demokratischen BRICS-Staaten Brasilien und Indien. Der später unter dem Mantel der Resolution betriebene Regimewechsel in Libyen entzweite die Mitglieder im Sicherheitsrat nachhaltig und unterstrich die unterschiedliche Güterabwägung zwischen Souveränität und Menschenrechten. Die ernüchternde Erfahrung, wie frei der Westen die Resolution interpretierte, prägte das künftige Verhalten der BRICS-Staaten.[1053] 2012 forderten die BRICS-Staaten, einschließlich Südafrika, das 2011 noch der Libyen-Resolution zugestimmt hatte, bei ihrem Gipfeltreffen in Neu Delhi ausdrücklich die Beachtung der syrischen Unabhängigkeit, territorialen Integrität und Souveränität.[1054] In der gleichen Erklärung betonten die fünf Staaten, mit welchem politischen Gewicht ihre Positionen verbunden sind: „BRICS is a platform for dialogue and cooperation amongst countries that represent 43% of the world's population, for the promotion of peace, security and development in a multi-polar, inter-dependent and increasingly complex, globalizing world."[1055]

Dies bedeutet: Russland weiß sich eingebettet in ein internationales System, das zwar einerseits gekennzeichnet ist durch eine weiterhin bestimmende westliche wirtschaftliche, politische und kulturelle Dominanz, andererseits aber auch durch beachtliche globale Machtverschiebungen, wachsende Interdependenzen und vor allem zunehmende Pluralität. Vor dem Hintergrund der Analyse der strategischen Kultur wäre es zumindest im Falle Russlands verkehrt, davon zu sprechen, dass wir „the emergence of alternative ideologies that threaten Western liberalism" oder einen „clash of values vs. a clash of interests" sehen.[1056] Vielmehr handelt es sich überwiegend um einen „clash of values". Selbstverständlich verfolgt Russland, wie wohl nahezu jeder andere Staat auch,

---

1053 Zugleich erinnerte Russland das Vorgehen der NATO in Libyen an die als erniedrigend empfundenen Erfahrungen während des Jugoslawienkrieges 1999. Das unilaterale militärische Vorgehen der NATO zum Zwecke einer humanitären Intervention in einem souveränen Staat erfolgte damals unter weitgehender Missachtung russischer Positionen und verdeutlichte Russlands geringe Rolle im internationalen System.
1054 Vgl. BRICS (2012): Fourth BRICS Summit – Delhi Declaration, 29. März, New Delhi, unter: http://www.bricsindia.in/delhi-declaration.html (Zugriff 21.07.2012), Pkt. 21.
1055 BRICS (2012): Fourth BRICS Summit – Delhi Declaration, 29. März, New Delhi, unter: http://www.bricsindia.in/delhi-declaration.html (Zugriff 21.07.2012), Pkt. 3.
1056 Glosserman Brad / Walkenhorst, Peter / Xu, Ting (2011): Concert or Cacophony? In Search of a New International Order, Report on the Trilateral Practitioners Workshop "Creative Destruction: Towards an Effective International System", 7.-8. Juli, Berlin, S. 7.

seine nationalen Interessen im Rahmen seiner durch die Machtverhältnisse vorgegebenen Möglichkeiten. Das russische Verhalten auf der internationalen Bühne allerdings darauf zu reduzieren verkennt die Besonderheiten, die sich aus der strategischen Kultur des Landes ergeben – insbesondere die Erachtung von Souveränität als Wert an sich. Daher besteht die Gefahr, dass westliche Verhandlungsansätze, die ausschließlich auf einen Interessenausgleich abzielen, ins Leere laufen.

Das gilt auch für den Konflikt in Syrien. Bei einem russischen Bruttoinlandsprodukt von über 1,8 Billionen Dollar in 2011 stellt sich die Frage, ob die vielfach vertretene Meinung, Russland stünde unbeirrt hinter dem Assad-Regime aufgrund ausstehender Rüstungsverträge im Wert von vier Milliarden Dollar, stichhaltig ist, zumal Russland durch sein Verhalten wissentlich hohe politische Opportunitätskosten auf sich nimmt, nicht nur gegenüber dem Westen sondern auch gegenüber den meisten Staaten im Nahen und Mittleren Osten. Da Syrien in der Region weitgehend isoliert ist, wirkt die russische Haltung sogar kontraproduktiv zu dem russischen Ziel, den wachsenden amerikanischen Einfluss in der Region einzudämmen. Auch dürfte die harsche Kritik an der unnachgiebigen russischen Haltung manchen potenziellen westlichen Investor abschrecken und so zu ökonomischen Opportunitätskosten führen. Selbst der kleine Marinelogistikstützpunkt im syrischen Tartus, der einzige russische Stützpunkt außerhalb des Gebiets der ehemaligen Sowjetunion, kann kaum diese Kosten rechtfertigen, erst recht nicht, seit die Nutzung des Schwarzmeerhafens Sevastopol 2010 von der Ukraine bis mindestens 2042 vertraglich zugesichert worden war. Vieles spricht folglich dafür, dass sich Russland auch im Falle Syriens stärker durch seine Wertvorstellungen bezüglich staatlicher Souveränität leiten lässt als von ökonomischen und militärischen Interessen.

Diese in der strategischen Kultur des Landes verankerte hohe Wertschätzung der Souveränität korreliert in Russlands Nahem Ausland, insbesondere in Zentralasien, mit seinen Interessen. Vielfach gewährleisten dort autoritäre Regierungen die von Moskau gewünschte Stabilität. Die herausgehobene Betonung staatlicher Souveränität mag Russland auch dazu dienen, seinen mit dem Zerfall der Sowjetunion entstandenen Nachbarstaaten zu signalisieren: „Ihr müsst keine Angst vor Russland haben". Der Abbau der Angst, die erst vor wenigen Jahren (wieder-) gewonnene Souveränität erneut zu verlieren, hatte in den vergangenen Jahren die Kooperation im Bereich der GUS stets behindert. Unabhängig davon, ob die Betonung von Souveränität bewusst von Russland in diesem Kontext eingesetzt wird, ist der Fakt als solches ein wesentlicher Schritt in Richtung künftiger engerer Kooperation. Mit der Ukrainekrise wurden allerdings bei vielen Nachbarn die alten Sorgen wieder wachgerufen.

Der Arabische Umbruch, aber auch zuvor die *Farbenrevolutionen* in der Ukraine und Georgien, brachten mit ihren Vorstellungen eines demokratischen Wandels Unruhe in die Region. Bei autoritär regierten Staaten wird die Gefahr hoch eingeschätzt, dass erfolgreiche Revolutionen Vorbild für demokratische Kräfte sein könnten, auch ihre autoritären Regierungen hinwegzufegen und sich stärker dem Westen zu öffnen. Selbst die russische Regierung befürchtete, von einer „Bewegung der Straße" hinweggefegt zu werden. Genährt wurde diese Wahrnehmung durch die großen Demonstrationen im Umfeld der Duma- und Präsidentschaftswahl Ende 2011 / Anfang 2012. Doch sind die Rahmenbedingungen in Russland anders als im arabischen Bereich: Die großen Demonstrationen entwickelten sich nicht zu einem Dauerphänomen. Der „Marsch der Millionen" motivierte bald nur noch wenige tausend Anhänger der Opposition. Einziges die Oppositionskräfte verbindendes Ziel war die Ablösung Putins. Es gab und gibt keinen tragfähigen Konsens für die Zeit danach. Die wirtschaftlichen Aussichten sind in Russland positiver als in den arabischen Ländern. Russland hat mit stagnierenden Bevölkerungszahlen zu kämpfen, die arabischen Länder mit einer Bevölkerungsexplosion, die die sozioökonomische Entwicklung der Gesellschaften verhindert. Bei aller Härte, die russische Sicherheitskräfte bei nicht-genehmigten Demonstrationen zeigten, kam es nicht zu zahlreichen Todesfällen. Und die Regierung Putin war in der Lage, Wahlgeschenke an wesentliche Träger der Stabilität im Staate zu verteilen. Mit den arabischen Staaten vergleichbare Faktoren sind aber die weit verbreitete Korruption, das Streben der Elite nach Machterhalt sowie die mangelnde Rechtsstaatlichkeit.

Für die Eliten des Landes jedoch erschien aufgrund der strategischen Kultur des Landes die Gefahr eines „Russischen Erwachens" realer, als es eine Analyse der Rahmenbedingungen oder der konkreten Beweggründe der Demonstranten[1057] vermuten lässt. Auch deshalb fielen die Reaktionen auf den Einsatz der

---

1057 Eine Untersuchung des Valdai Clubs kommt zu der ernüchternden Einschätzung, dass die umfangreichen Proteste gegen die Wahlmanipulationen zwar ein hinreichend großes Potential für politische Aktivitäten in Russland belegten, aber diese beispiellosen Proteste zugleich durch eine übermäßige emotionale öffentliche Reaktion erklärt werden könnten. Als die Leidenschaften abgekühlt seien, hätten sich auch die Proteste gelegt. Daher könnten die Ereignisse um die Duma- und die Präsidentschaftswahl ein emotionales Phänomen, oder gar nur eine Modeerscheinung, gewesen sein, statt eines Ausdrucks bürgerlichen Bewusstseins. Vgl. Valdai Club, Hrsg. (2013): Russian Elite – 2020, ein Valdai Discussion Club Grantees Analytical Report, Moskau, unter: http://vid-1.rian.ru/ig/valdai/Russian_elite_2020_eng.pdf (Zugriff 22.12.2013), S. 59.

„foreign agents" zur Förderung der Zivilgesellschaft und Demokratiebewegung in Russland so harsch aus. Langfristig hat sich der Westen mit seiner massiven Förderung der russischen Opposition keinen Dienst erwiesen. Das politische System, um seine Stabilität kämpfend, geht härter gegen die Opposition vor und verkrustet zunehmend.[1058] Mögliche graduelle langfristige politische Reformprozesse sind blockiert. Dies wiederum behindert auch die künftige Entwicklung Russlands mit unabsehbaren Folgen für die Stabilität Eurasiens. Hätte der Westen bei seinem umfassenden Engagement in Russland, das dort als Einmischung in innere Angelegenheiten verstanden wurde,[1059] die strategische Kultur des Landes berücksichtigt, hätte er auf eine langfristigere Unterstützung der Zivilgesellschaft durch Programme, bei denen die russischen Eliten einbezogen werden, setzen müssen.[1060] Der Drang, rasch vorzeigbare Ergebnisse erzielen zu wollen, hat das Gegenteil bewirkt.

Der politische Westen muss sich vor dem Hintergrund der Erfahrungen mit dem Arabischen Erwachen in Erinnerung rufen, dass ein weniger starker Staat nicht zwangsläufig gleichbedeutend mit mehr Demokratie ist. Vielfach bedeutet

---

1058 In Systemen im Übergang zur Demokratie ist es für Eliten attraktiv, Nationalismus als Ideologie zu instrumentalisieren. Mansfield und Snyder schreiben: „nationalism is an ideology that allows elites to exploit the rhetoric of popular sovereignty without submitting to its reality. It offers government for the people, but not necessarily by the people." Mit Bezug auf Robert Dahl fahren sie fort: „Nationalism also offers a built-in justification for curtailing the civic rights of potential opponents." Von diesem Punkt ist es kein weiter Schritt mehr, den politischen Gegner als fünfte Kolonne der äußeren Feinde zu portraitieren. Mansfield, Edward D. / Snyder, Jack (2007): Electing to Fight, Why Emerging Democracies Go To War, BCSIA Studies in International Security, MIT Press Paperback Edition, Cambridge, Massachusetts / London, England, S. 62.
1059 So äußerte sich Präsident Putin in seiner Ansprache an die Nationalversammlung sehr eindeutig hierzu: „Any direct or indirect foreign interference in our internal political processes is unacceptable. Anyone who receives money from abroad for his or her political activities, thus serving certain foreign national interests, cannot be a politician in the Russian Federation." Putin, Vladimir (2012c): Address to the Federal Assembly, 12. Dezember, unter: http://eng.kremlin.ru/news/4739 (Zugriff 28.12.2012).
1060 Mansfield und Snyder weisen in ihrer Untersuchung darauf hin: „In cases where powerful potential spoilers are threatened by a democratic transition, [die zudem nicht im Einklang mit der strategischen Kultur ist] it is best to find ways to assure them a soft landing under the anticipated democratic regime." Mansfield, Edward D. / Snyder, Jack (2007): Electing to Fight, Why Emerging Democracies Go To War, BCSIA Studies in International Security, MIT Press Paperback Edition, Cambridge, Massachusetts / London, England, S. 265.

gerade die lange Übergangsphase zu mehr Demokratie auch ein mehr an Chaos und Leid. In Russland sind bis in das entlegenste sibirische Dorf die leidvollen Erinnerungen an den steilen Niedergang und die damit verbundenen gesellschaftlichen Turbulenzen während der dem Zerfall der Sowjetunion folgenden Demokratisierungsphase präsent. Putin spricht viele Bürger an, wenn er im Einklang mit der strategischen Kultur des Landes postuliert: „Russia is characterised by a tradition of a strong state. Therefore, the main public demands are addressed to the state"[1061]. Eine Politik des Westens, die aus russischer Sicht gegen die Prinzipien der Souveränität und Nichteinmischung verstößt, richtet sich vehement gegen Grundpfeiler der strategischen Kultur Russlands und ist daher mit hoher Wahrscheinlichkeit zum Scheitern verurteilt. Es stellt sich somit die Frage, wie Russland den seiner strategischen Kultur entsprechenden starken Staat behalten und dennoch demokratischer werden kann? Ein solcher Weg kann, wie zuvor aufgezeigt wurde, nur unter Einbeziehung der Eliten und nicht in Opposition zu ihnen erfolgen.

Die größte Gefahr allerdings bestünde darin, dass islamistische Kräfte unter dem Deckmantel der Demokratie in Zentralasien nach der Macht griffen. Ein solches Szenario würde für Russland nicht nur den Verlust von teils engen Kooperationspartnern, sondern auch eine erhöhte Zuwanderung, die sehr reale Möglichkeit terroristischer Angriffe und damit eine zusätzliche innenpolitische Destabilisierung bedeuten.[1062] Das tief in seiner strategischen Kultur verankerte Streben nach sicheren Außengrenzen sowie einer Befriedung seiner Nachbarschaft würde Moskau mit hoher Wahrscheinlichkeit zu militärischen Interventionen bewegen – auch auf die Gefahr hin, dass diese Interventionen kostspielig sein werden und in sich den Keim für eine weitere Destabilisierung tragen. Der russische Außenminister Lavrov hat deshalb alle Akteure dazu aufgefordert, „to act in this region in a legitimate and transparent manner, without damaging stability and with full respect for the legitimate interests of the countries of this region, as well as their culture and traditions."[1063] Oder, anders ausgedrückt, je-

---

1061 Putin, Vladimir (2012c): Address to the Federal Assembly, 12. Dezember, unter: http://eng.kremlin.ru/news/4739 (Zugriff 28.12.2012).
1062 Vgl. Gorenburg, Dmitry (2012): Why Russia Supports Repressive Regimes in Syria and the Middle East, PONARS Eurasia Policy Memo Nr. 198, The George Washington University Elliott School of International Affairs, Juni, S. 5.
1063 Lavrov, Sergej (2008): Transcript of Remarks by Russian Minister of Foreign Affairs at the Myrdal Lecture, 12. Februar, Genf, unter: http://www.mid.ru/brp_4.nsf/f68cd37b84711611c3256f6d00541094/ 44d42bb592ce7921c32573ee00274e6a?OpenDocument (Zugriff 18.05.2014).

der möge in Russlands Nahem Ausland wirtschaftlich tätig sein, sich aber nicht in die inneren Belange der Staaten einmischen. Aus der Sicht Moskaus war im Fall der Ukraine aber genau eine solche, eine Intervention begründende Einmischung von außen, geschehen.

Eine solche Gefahr der Einmischung ist aus russischer Sicht schon seit längerem äußerst real. Die Eliten sind sich nur zu bewusst, wie sich die USA in der Vergangenheit verhalten haben. Robert Kagan beschreibt das amerikanische Verhalten eindrücklich: „Between 1989 and 2001, the United States intervened with force in foreign lands more frequently than at any other time in its history- an average of one significant new military action every sixteen months–and far more than any other power in the same stretch of time."[1064] Er weist auch darauf hin, dass jede amerikanische Regierung der letzten 50 Jahre versucht habe, in der gesamten Welt Regierungswechsel zu orchestrieren und häufig ohne internationale Autorisierung durch den VN-Sicherheitsrat intervenierte, wenn ihre Partner oder internationale Regeln Hindernisse darstellten. Die USA bevorzugten eine „'preponderance of power' to a balance of power". Dies geschah, während sie selbst stets auf ihre eigene Souveränität bedacht waren. Kagan zitiert Hubert Védrine, einen früheren französischen Außenminister, der gesagt hat, dass die meisten großen amerikanischen Führer und Denker niemals daran gezweifelt hätten, dass die USA durch Vorsehung als *„indispensable nation"* auserwählt seien und die USA zum Wohle der Menschheit beherrschend bleiben müssten. Laut Kagan hätten die USA den Willen, dies zu tun, nie aufgegeben, selbst während vermeintlicher Perioden des Isolationismus.[1065] Er weist ferner darauf hin, dass die Amerikaner „in shaping a world to suit their values, they have compelled others to bend to their will, sometimes by force, sometimes by softer but no less persuasive means."[1066] Gleichzeitig hätten sie sich aus strategischen und wirtschaftlichen Überlegungen heraus über lange Zeit an die Seite arabischer Diktatoren und Militärjuntas gestellt.[1067] Dies erweckt bei russischen Eliten den Eindruck, dass es den USA nicht um das Ringen von Demokratien mit autori-

---

1064 Kagan, Robert (2008): The Return of History and the End of Dreams, New York, S. 50, 112. Panama (1989), Somalia (1992), Haiti (1994), Bosnien (1995-96), Kosovo (1999) und Irak (1991, 1998).
1065 Vgl. Kagan, Robert (2008): The Return of History and the End of Dreams, New York, S. 50-53.
1066 Kagan, Robert (2008): The Return of History and the End of Dreams, New York, S. 52.
1067 Vgl. Kagan, Robert (2008): The Return of History and the End of Dreams, New York, S. 73.

tären Systemen (Kagan spricht hier von Autokratien) geht, solange autoritäre Systeme sich hinter die USA stellen. Ein Pluralismus im internationalen System scheint möglich.

5.4 Pluralismus im internationalen System

1815 einigten sich beim Wiener Kongress die Vertreter aller europäischen Großmächte (mit Ausnahme des Osmanischen Reiches) auf ein Gleichgewichtssystem, das künftige Kriege in Europa verhindern sollte. Das besiegte Frankreich wurde wieder in das Konzert der Mächte aufgenommen. Autokratien und liberale Staaten fanden einen Ausgleich, der für fast vier Jahrzehnte den Frieden zwischen den Großmächten Europas sichern sollte.

Zu Beginn des 21. Jahrhunderts, in einer Zeit, in der neue Mächte mit unterschiedlichen Entwicklungs- und Ordnungsmodellen in das internationale System integriert werden müssen, herrscht bei den Staaten des politischen Westens nur geringe Bereitschaft, deren Positionen und Sichtweisen als Alternative anzuerkennen. Noch leben wir, wie Fareed Zakaria schreibt, auf der militärischen und politischen Ebene in einer unipolaren Welt. Aber: Entlang jeder anderen Dimension, wirtschaftlich, finanziell, sozial und kulturell, verschieben sich die Machtverhältnisse und stellen die amerikanische Dominanz in Frage. Dieser Effekt ergibt sich weniger aus dem Niedergang der USA als aus dem Aufstieg der neuen Mächte.[1068] Die USA stehen vor der Wahl, die neuen Mächte in das internationale System zu integrieren und damit einen größeren Pluralismus zu akzeptieren, oder dabei zuzusehen, wie der Aufstieg der neuen Mächte Nationalismus sowie eine Auflösung der Strukturen mit sich bringt.[1069] Führende Politikwissenschaftler beschrieben bei einer Konferenz der Bertelsmann Stiftung die Ängste der etablierten Mächte damit, dass der „Aufstieg des Rests"[1070] zu neuen globalen Normen, neuen Prinzipien für globale Institutionen und zu deren Verlust an Macht und Privilegien im internationalen System führen werde.[1071]

1068 Vgl. Zakaria, Fareed (2008a): The Rise of the Rest, in: Newsweek Magazine, 3. Mai, unter: http://www.thedailybeast.com/newsweek/2008/05/03/the-rise-of-the-rest.html (Zugriff 12.08.2012).
1069 Vgl. Zakaria, Fareed (2008b): The Future of American Power. How America Can Survive the Rise of the Rest, in: Foreign Affairs, Vol. 82, Nr. 3, S. 42-43.
1070 Dieser Begriff wurde von Fareed Zakaria geprägt. Vgl. Zakaria, Fareed (2008b): The Future of American Power. How America Can Survive the Rise of the Rest, in: Foreign Affairs, Vol. 82, Nr. 3, S. 18-43.
1071 Vgl. Glosserman Brad / Walkenhorst, Peter / Xu, Ting (2011): Concert or Cacophony? In Search of a New International Order, Report on the Trilateral Practitioners

Die Überwindung dieser Ängste stellt die Herausforderung für das Denken und Handeln des politischen Westens im 21. Jahrhundert dar.

Zbigniew Brzezinskis Vorschlag zur Integration aufstrebender Mächte ist jedoch wenig zielführend: „The UNITED STATES' [Blockbuchstaben im Original] central challenge over the next several decades is to revitalize itself, while promoting a larger West and buttressing a complex balance in the East that can accommodate Chinas' rising global status."[1072] Russland ist in diesem Modell ein Staat, den es schnellstmöglich zu demokratisieren gilt, damit er den Westen verstärkt, um im Guten besser mit China um die globale Relevanz konkurrieren zu können. Diese Instrumentalisierung Russlands entspricht in keiner Weise der strategischen Kultur Russlands und dem von ihm favorisierten Modell einer multipolaren Welt. Sie ist für jegliche Annäherung kontraproduktiv.

Auch die Ideen John Ikenberrys,[1073] die USA sollten die gegenwärtige internationale Ordnung durch eine Weiterentwicklung der Institutionen und Regeln so stärken, dass aufstrebende Mächte gar keine andere Wahl haben, als ihren Aufstieg innerhalb dieser Ordnung zu vollziehen, basiert auf falschen Annahmen. Seine Überlegungen, dass alle Staaten sich einem auf den Ideen einer liberalen Demokratie und einer kapitalistischen Marktordnung gründenden System anpassen wollen, weil es ihnen den größten Nutzen verspricht, berücksichtigt nicht die Wirkung der strategischen Kultur. Dies ist verwunderlich, da er selbst zu den Faktoren, die bestimmen, wie sich der Übergang von Macht gestaltet, den Charakter des Regimes des aufstrebenden Staates und dessen Unzufriedenheit mit der bestehenden Ordnung zählt. Ikenberry verkennt die Breite und Tiefe der Kritik an der von ihm favorisierten internationalen Ordnung.

Nirgends wird die Krise des Westens deutlicher als in den Vereinten Nationen. Eine Studie des European Council on Foreign Relations, die das Abstimmungsverhalten der Mitglieder in der Generalversammlung untersuchte, stellte fest, dass die Europäische Union immer seltener die „Spielregeln" festlegen kann. Während die Europäer die Bedeutung der Vereinten Nationen für ihre Vision des internationalen Systems und der universellen Menschenrechte betonten, müssten sie gleichzeitig erfahren, wie zunehmend China, Russland und deren

---

Workshop "Creative Destruction: Towards an Effective International System", 7.-8. Juli, Berlin, S. 10.

1072 Brzezinski, Zbigniew (2012): Balancing the East, Upgrading the West. U.S. Grand Strategy in an Age of Upheaval, in Foreign Affairs, Vol. 91, Nr. 1, Januar/Februar, S. 97.

1073 Vgl. Ikenberry, John G. (2008): The Rise of China and the Future of the West. Can the Liberal System Survive?, in: Foreign Affairs, Vol. 87, Nr. 1, Januar/Februar, S. 23-37.

Verbündete die Vereinten Nationen formen. Bei zentralen Fragen zum Menschenrechtsverständnis und der verantwortungsvollen Ausübung von Souveränität nahm die Unterstützung europäischer Positionen ab. Bei länderspezifischen Resolutionen zu Menschenrechtsfragen stimmten die Europäer für gewöhnlich mit den USA gegen andere Großmächte wie China und Russland. Auch wenn China und Russland unterlagen, gewannen sie durch ihre häufige Unterstützung der Gruppe der 77 (einem losen Zusammenschluss von 130 Staaten, die überwiegend zu den Entwicklungsländern zählen) Sympathien.[1074]

Erfolgversprechender ist das Modell der *„verantwortlichen Souveränität"*, wie es von Stephen Krasner empfohlen wird. Er geht von der Annahme aus, dass die dynamischen Machtverhältnisse im 21. Jahrhundert keine Grand Strategy[1075] mehr erlauben. Statt nunmehr überhaupt keine Strategie zu verfolgen, empfiehlt er, sich auf ein oder zwei Orientierungsprinzipien[1076] zu konzentrieren. Da

---

1074 „Exactly how significantly [the overall level of support for China and Russia has grown] becomes clear when their performance on human rights involving a unified EU is tested. In 1996-7, China enjoyed a voting coincidence score of just 41% in these votes, in part reflecting its habit of abstaining on sensitive resolutions. As late as 1999-2000, it only scored 49%. Now, China's score is up by more than half at 74%, and it has passed 80% in previous sessions. Russia's score is up from 59% in 1996-7 to 76%. (...) The US is certainly not seen this way: its voting coincidence score on human rights fell from 77% in 1997-98 to 30% in 2007-8." Gowan, Richard / Brantner, Franziska (2008): A Global Force for Human Rights? An Audit of European Power at the UN, Hrsg. European Council on Foreign Relations, London, S. 1-2, 25.

1075 „Eine Grand Strategy entwirft ein Bild, wie die Welt ist, entwickelt eine Vorstellung, wie sie sein sollte und benennt Richtlinien, wie diese Vorstellung umgesetzt werden könnte. Grand Strategies dienen dazu, das internationale Umfeld zu gestalten, um mit ihrer Hilfe die Architektur einer internationalen Ordnung zu prägen, auf die außenpolitischen Entscheidungen anderer Staaten einzuwirken und den Systemcharakter anderer Staaten zu beeinflussen oder sogar zu bestimmen." Damit politische Leitlinien, Ressourcen und eine Vision zum Überbau zusammengebracht werden können sollten die „wichtigsten Variablen des internationalen Systems – nämlich Macht und Überzeugungen – ähnliche Bruchstellen aufweisen." Krasner, Stephen D. (2010): Verantwortliche Souveränität. Ein Orientierungsprinzip für das 21. Jahrhundert, in: Internationale Politik, Nr. 5, September/Oktober, Hrsg. Deutsche Gesellschaft für Auswärtige Politik e.V., Berlin, S. 10-11.

1076 Orientierungsprinzipien lassen sich wie folgt charakterisieren: (1) Sie fokussieren auf bestimmte Aspekte und Bereiche (beispielsweise Reduktion von Treibhausgasen oder Stabilität im Finanzsektor). (2) Es werden auch langfristige Interessen in der Außenpolitik berücksichtigt, was die Chancen für eine adäquate Ressourcenausstattung erhöht. (3) Sie dienen der Bildung eines nationalen

schlecht regierte und zerfallende Staaten die größten Herausforderungen unserer Zeit seien, solle die Politik der großen Staaten auf dem Orientierungsprinzip einer „*verantwortlichen Souveränität*" aufbauen. Stabil geführte Staaten werden dabei als „Grundvoraussetzung für inner- und zwischenstaatlichen Frieden und Wohlstand" erachtet. Mit welcher politischen Strategie die Staaten zum Funktionieren gebracht werden, muss sich aus den jeweiligen Gegebenheiten ableiten.[1077]

Den Gedanken der stabil geführten Staaten bauen Charles Kupchan und Adam Mount mit ihrem Vorschlag einer „*autonomy rule*" noch weiter aus. Unter dem Begriff verstehen sie eine neue Ordnung, „negotiated among all states, be they democratic or not, that provide responsible governance and broadly promote the autonomy and welfare of their citizens."[1078] Andere Staaten dürften weniger Wert auf liberale Bürgerrechte legen, solange sie sich um die Wohlfahrt ihrer Bürger kümmern. Nicht nur liberale Demokratien seien in der Lage, Wohlfahrt zu gewährleisten. So wie es keine universelle Form der Demokratie gebe, so gebe es kein universelles Verständnis von verantwortlicher Regierungsführung. Damit sich in einer neuen internationalen Ordnung ein Konsens der Großmächte und eine Toleranz der politischen Diversität entwickle, bedürften drei Schlüsselfaktoren einer Klärung: das Verhältnis von Souveränität zu Intervention, die Reform der internationalen Institutionen sowie die Grundsätze des Welthandels. Nur so werde das internationale System weiterhin normbasiert sein. Ein Abgleiten in einen Zustand der kompetitiven Anarchie werde vermieden. Die Idee der liberalen Demokratie müsse sich im Wettbewerb mit anderen Modellen beweisen. Dieser Ansatz sei erforderlich, weil sich das internationale Umfeld schneller wandelt, als sich Regierungsformen aufsteigender Mächte verändern. Gleichzeitig ist für die Lösung der globalen Herausforderungen ein Konsens der Mächte erforderlich. Darüber hinaus sei die gegenwärtige Ordnung selbst unter den Demokratien nicht unumstritten. Zu unterschiedlich seien die Vorstellungen von der Rolle internationaler Institutionen, der Weiterentwicklung

---

Konsenses. Vgl. Krasner, Stephen D. (2010): Verantwortliche Souveränität. Ein Orientierungsprinzip für das 21. Jahrhundert, in: Internationale Politik, Nr. 5, September/Oktober, Hrsg. Deutsche Gesellschaft für Auswärtige Politik e.V., Berlin, S. 14-15.

1077 Vgl. Krasner, Stephen D. (2010): Verantwortliche Souveränität. Ein Orientierungsprinzip für das 21. Jahrhundert, in: Internationale Politik, Nr. 5, September/Oktober, Hrsg. Deutsche Gesellschaft für Auswärtige Politik e.V., Berlin, S. 17, 20.

1078 Kupchan, Charles / Mount, Adam (2009): The Autonomy Rule, The end of Western dominance means a new foreign policy principle is needed to advance international order, in: Democracy, Nr. 12, Spring, S. 9-10.

des internationalen Rechts und des rechtmäßigen Einsatzes von Gewalt.[1079] Oder wie John Gaddis es pointiert zuspitzt: „Spreading democracy suggests knowing the answer to how people should live their lives. Ending tyranny suggests freeing them to find their own answers."[1080] Bestehe der Westen weiterhin darauf, sein Modell zu universalisieren, so gefährde er nur dessen überzeugenden Charme.

Die USA müssen sich damit abfinden, dass ihr bislang unbehinderter geopolitischer Einfluss durch die Ansprüche aufsteigender Staaten begrenzt wird. Aber: nahezu alle neuen Machtzentren sind der Bewahrung von Ordnung und Stabilität sowie dem wirtschaftlichen und gesellschaftlichen Fortschritt verpflichtet. Diese neuen Zentren gilt es, in das internationale System einzubinden, um die globalen wirtschaftlichen, politischen und kulturellen Beziehungen zu fördern. Den Nutzen hiervon werden beide Seiten haben.[1081] Für die bisherige unangefochtene Führungsmacht bedeutet dies: „America needs to learn to discipline itself into a strategy of gradualism that seeks greatness in the accumulation of the attainable."[1082] Während die USA die Grenzen der Hegemonie erkennen lernen, werden die neuen Mächte erkennen, dass auch ein weniger starkes Amerika unverzichtbar bleibt. Und: „America will have to learn that world order depends on a structure that participants support because they helped bring it about."[1083] Die USA täten also gut daran, auf ihre Kontrahenten zuzugehen, denn die geschichtliche Erfahrung zeigt, dass einem ersten Entgegenkommen für die Aussöhnung große Bedeutung zukommt – selbst wenn dieser Schritt aus Notwendigkeit und nicht aus Uneigennützigkeit geschieht. Das größte Hindernis auf dem Weg der Annäherung wird es sein, die innenpolitische Unterstützung sowohl in den USA als auch in den aufsteigenden Mächten zu gewinnen. Die bislang mit dem jeweils

---

1079 Vgl. Kupchan, Charles / Mount, Adam (2009): The Autonomy Rule, The end of Western dominance means a new foreign policy principle is needed to advance international order, in: Democracy, Nr. 12, Spring, S. 1-15.
1080 Gaddis, John Lewis (2008): Ending Tyranny, in: The American Interest, 1. September, unter: http://www.the-american-interest.com/articles/2008/09/01/ending-tyranny/ (Zugriff 09.08.2014).
1081 Vgl. Zakaria, Fareed (2008a): The Rise of the Rest, in: Newsweek Magazine, 3. Mai, unter: http://www.thedailybeast.com/newsweek/2008/05/03/the-rise-of-the-rest.html (Zugriff 12.08.2012).
1082 Kissinger, Henry (2008): United States, An end of hubris, aus: The World In 2009 print edition, The Economist Newspaper, 19. November, unter: http://www.economist.com/node/12574180 (Zugriff 08.09.2012).
1083 Kissinger, Henry (2008): United States, An end of hubris, aus: The World In 2009 print edition, The Economist Newspaper, 19. November, unter: http://www.economist.com/node/12574180 (Zugriff 08.09.2012).

Anderen gemachten (negativen) Erfahrungen wirken nach.[1084] Aber auch die Partikularinteressen einzelner Gruppen können den Aufbau vertrauensvoller Beziehungen behindern. So erhält nach Auffassung Primakovs die amerikanische Führung Informationen über die Lage in Russland überwiegend von oppositionellen Kräften.[1085] Dies zeichnet ein einseitiges Bild. Neben diesen bewusst geschürten Ressentiments und den konkreten Erfahrungen kommt auch den aus der historischen Interaktion entwickelten strategischen Kulturen eine bedeutsame Rolle zu.

Die Mischung von Russlands ausgeprägtem Streben nach Anerkennung und nach Sicherheit, die Betonung seines Großmachtstatus und seiner Souveränität kulminieren in seinem Bemühen, in einer multipolaren Weltordnung einen angemessenen Platz zu finden. Es geht Russland dabei um eine Reform, nicht um das Überwerfen der internationalen Ordnung. Russland profitiert in vielfältiger Weise von dem durch die USA aufgebauten System und ist gar nicht bereit, bei allen globalen Fragen selbst Verantwortung zu übernehmen. Seine aktive Politik ist im Schwerpunkt regional ausgerichtet. Auf globaler Ebene agiert Russland eher pragmatisch entlang seiner vom Realismus geprägten strategischen Kultur unter Berücksichtigung seiner begrenzten Fähigkeiten. Es fordert eher Achtung und Mitsprache sowie eine stärkere Berücksichtigung von Souveränität ein. In dieser Hinsicht entspricht Kupchans und Mounts Vorschlag einer „*autonomy rule*" am ehesten der strategischen Kultur Russlands und verhindert zugleich eine Spaltung des internationalen Systems in Demokratien auf der einen Seite und autoritäre Staaten auf der anderen Seite. Es nimmt von den autoritären Staaten den Druck, sich konfrontativ behaupten zu müssen und respektiert im Falle Russlands die kollektive Präferenz der Gesellschaft für einen Staat mit einer starken Zentralmacht. Gleichzeitig kann die liberale Idee, weil sie nicht mehr als „das Andere", das Aggressive und Einmischende, empfunden wird, im Wettbewerb der Ideen ihren Charme entfalten.[1086]

1084 Vgl. Kupchan, Charles A. (2010a): Enemies Into Friends, How the United States Can Court Its Adversaries, in: Foreign Affairs, Vol. 89, Nr. 2, März/April, S. 123, 129-130.

1085 Primakov, Yevgeny (2006): Russia and the U.S. in Need of Trust and Cooperation, in: Russia in Global Affairs, Vol. 4, Nr. 1, Januar-März, Moskau, S. 137-138.

1086 Die an dieser Stelle aus der Analyse der strategischen Kultur Russlands abgeleiteten Folgerungen decken sich mit den Ergebnissen eines Symposiums in Moskau, das sich mit der Frage beschäftigte, wie Russland konstruktiv in eine multipolare Welt eingebunden werden kann: „First and foremost, Russia should be treated as an equal by other European states. Rather than lecture Russia on the development of its economic and social system, the EU should accept that Russia will follow its own development

Diese Herangehensweise entspricht den Grundsätzen deutscher Ostpolitik, mit deren Hilfe es gelang, den gefährlichen Systemgegensatz während des Kalten Krieges zu entschärfen. Egon Bahr, der Architekt der Ostpolitik, drückte dies während einer Diskussion an der Helmut-Schmidt-Universität treffend aus: „Ich habe in Moskau nie versucht, meine Partner dort zu Demokraten zu machen. Und die haben nie versucht, mich zu einem Kommunisten zu machen. Sondern wir haben die ideologischen Interessen beiseite gestellt – weil sie gar nicht gingen, sondern haben uns auf die Interessen der Staaten und der Verbesserung ihrer Beziehungen konzentriert."[1087] In seiner berühmten Tutzinger Rede im Jahr 1963, in der er die Formel „Wandel durch Annäherung" prägte, machte er deutlich, dass die Grundidee der von John F. Kennedy im gleichen Jahr postulierten „Strategie des Friedens", und damit auch seines Ansatzes, die Überwindung des Status quo sei, „indem der Status quo *zunächst* [Hervorhebung durch den Autor] nicht verändert werden soll."[1088] Veränderungen seien sehr vorsichtig vorzunehmen, damit sich nicht die Gefahr einer Revolution ergebe. Auf der Basis dieser Grundeinstellung konnte sich nach und nach eine breite Kooperation über den *Eisernen Vorhang* hinweg entwickeln. Der Erfolg gab Egon Bahr Recht. Kritiker sind der Auffassung, die Grundlogik der Ostpolitik könne in der heutigen Zeit

---

model, which should be seen as enriching what is already a diverse patch-work of European social and economic systems. The same conclusion applies to the broader international scene. Accepting Russia as an equal in international negotiations is a prerequisite for solving global challenges. Injecting greater pluralism into the system, which is what Russian ambitions come down to, should not dissuade western diplomats from engaging with Russia. Far from disrupting international cooperation, it will serve to ensure that Russians see the value of multilateralism and therefore become more cooperative international players." Jurado, Elena (2008): Russia's role in a multi-polar world. Between change and stability, Ergebnis der Konferenz „Foresight—forging common futures in a multi-polar world", organisiert durch Policy Network in Zusammenarbeit mit der Alfred Herrhausen Gesellschaft, dem Internationalen Forum der Deutschen Bank sowie dem Russian Council on Foreign and Defense Policy, 19.-20. Juni, Moskau, S. 14.

1087 Bahr, Egon (2013): Diskussion im Anschluss an einen Vortrag zum Thema „Braucht Europa eine eigenständige Sicherheitspolitik?", 21. Oktober, Helmut-Schmidt-Universität, Hamburg, Videomitschnitt unter: http://www.youtube.com/watch?v=69t-dBMXvVo (Zugriff 01.01.2014), 1:18:18 bis 1:18:48.

1088 Bahr, Egon (1963): Wandel durch Annäherung, Rede in der Evangelischen Akademie Tutzing, 15. Juli, Redemanuskript, Archiv der sozialen Demokratie der Friedrich-Ebert-Stiftung, Depositum Egon Bahr, nach Deutschlandarchiv 8 (1973), S. 862-863, unter: http://www.1000dokumente.de/pdf/dok_0091_bah_de.pdf (Zugriff: 03.01.2014).

nicht mehr ein Modell für die Politik sein, da sich der Kontext grundlegend geändert habe (Deutschland sei vereinigt, Ostpolitik hätte nicht auf eine Veränderung der Sowjetunion abgezielt, Handel könne in der heutigen Zeit nicht mehr als Hebel benutzt werden).[1089] Dabei überlesen Kritiker das Wort „zunächst" in Bahrs Grundaussage. Der Wandel der Sowjetunion war sehr wohl intendiert. Und wer sich die Elemente der Ostpolitik ansieht, erkennt, dass sie sehr viel breiter angelegt war als „Wandel durch Handel". Und: die Vereinigung Deutschlands ist erreicht, aber die Vereinigung Europas steht noch aus.

Grundvoraussetzung für mehr Pluralismus im internationalen System ist allerdings die Akzeptanz einer multipolaren Weltordnung durch die USA. Innenpolitisch stehen die USA für Pluralismus und für eine Kultur der „Einheit in Vielfalt". Außenpolitisch jedoch scheint die amerikanische Regierung noch nicht entsprechend auf die sich verändernden globalen Rahmenbedingungen zu reagieren. Eher wird an der von den USA in den letzten 60 Jahren geschaffenen und dominierten Weltordnung festgehalten, als die Möglichkeiten zur Gestaltung der post-amerikanischen Welt zu nutzen. Dies wird unter anderem deutlich an der Aussage von Anne-Marie Slaughter, frühere Leiterin des Planungsstabes im amerikanischen Auswärtigen Amt, die sagte: „Neither President Obama nor Secretary Clinton see a multipolar world. Secretary Clinton has talked about a multipartner world, which is another matter. The United States is still the nation best placed to lead in that world."[1090]

Während die klassische Annahme der Internationalen Beziehungen davon ausgeht, dass Kooperation eine asymmetrische Beziehung der Akteure voraussetzt („hegemonic stability theory"), bezweifelt Robert Keohane die Allgemeingültigkeit dieser Theorie. Die Vorherrschaft einer einzelnen Macht könne unter bestimmten Bedingungen zur Ordnung im internationalen System führen, es sei aber keine hinreichende Bedingung oder gar Notwendigkeit. Anders als eine imperiale Macht, bedarf ein Hegemon zur Durchsetzung von Regeln eines Grundkonsenses mit anderen Staaten.[1091] Keohane geht davon aus, „that

---

1089 Vgl. Kundnani, Hans (2013): The Ostpolitik Illusion. Despite what Berlin proclaims, last century's strategies are no longer relevant, in: IP-Journal, Hrsg. Deutsche Gesellschaft für Auswärtige Politik e.V., unter: https://ip-journal.dgap.org/en/ip-journal/topics/ostpolitik-illusion (Zugriff: 03.01.2014).
1090 Vinocour, John (2010): Sarkozy vs. Obama: A Test for the Dollar, in: The New York Times, 20. Dezember, unter: http://www.nytimes.com/2010/12/21/world/europe/21iht-politicus21.html?_r=1 (Zugriff: 20.08.2012).
1091 Vgl. Keohane, Robert O. (2005): After Hegemony. Cooperation and Discord in the World Political Economy, Princeton University Press, Princeton, S. 46.

the common interests of the leading capitalist states, bolstered by the effects of existing international regimes (mostly created during a period of American hegemony), are strong enough to make sustained cooperation possible, though not inevitable."[1092] Internationale Kooperation erfordere mitunter nicht einmal die USA, wie die Unterzeichnung des Kyoto-Protokolls und die Schaffung des Internationalen Strafgerichtshofs zeigten.[1093] Die KSZE ist sogar ein Beispiel für Kooperation zwischen Antagonisten.

In Bezug auf Russland und auch auf andere aufstrebende Mächte wird deutlich, dass die USA immer seltener auf den für eine gütige Ausübung der Hegemonfunktion notwendigen Grundkonsens zurückgreifen können. In einer multipolaren Welt, ob von den USA begrifflich akzeptiert oder nicht, werden Konflikte entlang der Trennlinie Demokratien zu autoritären Staaten fast zwangsläufig eskalieren. Die russischen Präferenzen für „Sicherheit" und für „autoritäre Herrschaft" (als Instrument, Sicherheit zu gewährleisten) werden in einer solchen Welt deutlich gestärkt. Ob der Wandel der strategischen Kultur – weg von Gewalt als Mittel, hin zu einer stärkeren Betonung von Wohlfahrt – Bestand hätte, darf bezweifelt werden. Die Motive des Strebens nach einem Großmachtstatus würden sich vermutlich weg von „Streben nach Anerkennung" hin zu einem „Streben nach Sicherheit" wenn nicht sogar zur Befriedigung imperialer Bedürfnisse wandeln. Für das Verhältnis der USA zu Russland bedeutet dies eine Verfestigung des Systemgegensatzes, für die Europäer die Entscheidung für die eine oder andere Seite. Auch wenn die Europäer sich hinter die USA stellen werden, wird für sie der Spielraum zur Lösung globaler Aufgaben in einem multilateralen Rahmen drastisch reduziert.

Es liegt an den USA, auf kooperative Modelle der Zusammenarbeit zu setzen, die über Ideologien hinweg Brücken zu schlagen vermögen. Dabei stellt sich die grundlegende Frage, welches Konzept von Multipolarität einer solchen Welt zugrunde gelegt werden sollte. Traditionell ist mit dem Konzept der Multipolarität die Idee des Gleichgewichts der Kräfte verbunden. Doch hat sich im heutigen internationalen Umfeld das Verständnis von Macht deutlich geweitet (siehe Abbildung 15 Instrumentenmix aus „hard" und „soft power", S. 383). Lukyanov weist darauf hin, dass Staaten diese unterschiedlichen Komponenten von Macht in unterschiedlichem Verhältnis besitzen. In der Folge wird das Gleichgewicht der Kräfte, so es überhaupt erreicht werden kann, komplexer. Die zunehmende

---

1092 Keohane, Robert O. (2005): After Hegemony. Cooperation and Discord in the World Political Economy, Princeton University Press, Princeton, S. 43.
1093 Vgl. Keohane, Robert O. (2005): After Hegemony. Cooperation and Discord in the World Political Economy, Princeton University Press, Princeton, S. xii-xiii.

Interdependenz der Staaten in einer globalisierten Wirtschaft erhöht die Komplexität weiter.[1094] Multipolarität kann unter diesen Bedingungen verstanden werden „as a way of structuring the global international system where the basic constituent parts are no longer individual states but instead conglomerations of economic interests, united around the most powerful centers of attraction and economic growth."[1095] Ein solches System wäre zwar nicht konfliktfrei, es wäre aber, aufgrund seiner von allen anerkannten Regeln, in der Lage, Stabilität zu gewährleisten und würde zudem viele Elemente der *„autonomy rule"* beinhalten. Russland, mit seinen neuen strategischen Präferenzen für Wohlfahrt, ließe sich gut in dieses System integrieren. Die Schritte hin zu einer Eurasischen Union sowie die langfristige Perspektive einer Assoziierung mit der Europäischen Union weisen in diese Richtung. Für die USA bedeutet dies die Entstehung einer multipolaren Welt mit einer sehr starken, von ihr geprägten multilateralen Komponente.

5.5 „Regional Governance"

Aufgrund der Vielfalt und Dimension der Herausforderungen in einer globalisierten Welt, deren Auswirkungen immer häufiger Grenzen bedeutungslos erscheinen lassen und eine einzige globale Hegemonialmacht zunehmend überfordern, kommt der Entwicklung von *„regional governance"*[1096] als Baustein zur Wahrung globaler Sicherheit größere Bedeutung zu als je zuvor. Doch wie sollten die Großmächte im postsowjetischen Raum agieren und wie tun sie es tatsächlich? Welche Bedingungen müssen für die Entwicklung von *„regional governance"* erfüllt sein in einer Region, deren politisches Handeln durch neorealistische Ansätze geprägt ist?

1094 Vgl. Lukyanov, Fyodor (2010): Russian Dilemmas in a Multipolar World, in: Journal of International Affairs, Vol. 63, Nr. 2, Frühling/Sommer, New York, S. 23.

1095 Lukyanov, Fyodor (2010): Russian Dilemmas in a Multipolar World, in: Journal of International Affairs, Vol. 63, Nr. 2, Frühling/Sommer, New York, S. 24.

1096 Unter *„regional governance"* wird hier, angelehnt an eine Definition von Roland Scherer, die Zusammenarbeit von Akteuren unter anderem aus Politik, Wirtschaft und Zivilgesellschaft in einem abgrenzbaren räumlichen Bezugsrahmen mit dem Ziel der regionalen Entwicklung verstanden. Die Kooperation erfolgt innerhalb verflochtener Netzwerke und basiert auf einem System gemeinsamer Normen und Regeln. Vgl. Scherer, Roland (2005): Good Governance – Erfolgsfaktoren und Stolpersteine, Vortrag beim Symposium „Regional Governance", 26. September, Wien, unter: https://www.alexandria.unisg.ch/Publikationen/20715 (Zugriff 09.08.2014).

Betrachtet wird im Folgenden vor allem die Förderung von „*new regionalism*", also die Förderung regionaler Kooperation in einem breiten Politikfeld, das von Wirtschaft und Sicherheit bis hin zu Kultur und Zivilgesellschaft reicht.[1097] Grundsätzlich kann das Bestreben einer Großmacht, ihren Einfluss in einer Region zu wahren, zu einer Institutionalisierung regionaler Strukturen aber auch zur Herausbildung einer regionalen Identität führen. Gleichzeitig erhöht diese Entwicklung die Legitimität des Handelns dieser Großmacht und senkt deren Kosten der Einflussnahme. Die Staaten der Region profitieren wirtschaftlich und sicherheitspolitisch von der engeren Kooperation. Nachteilig wirkt sich das Handeln einer Großmacht aus, wenn sie durch ihr Übergewicht die Herausbildung eines eigenen von den Staaten der Region vorangebrachten unabhängigen Regionalismus untergräbt oder die Ausgestaltung des Regionalismus allein an ihren eigenen Interessen orientiert. Ähnlich behindernd wirkt eine betont bilaterale Herangehensweise der Großmacht gegenüber der Region oder die Wahrnehmung der Großmacht als Bedrohung. Die regionalen Strukturen selbst können Probleme bereiten, wenn sie widerstreitende Ziele verfolgen oder von mehr als einer Großmacht gefördert werden.[1098]

Abgeleitet aus der strategischen Kultur Russlands, Sicherheit durch die Kontrolle von Raum zu erlangen, liegt es im ureigenen Interesse Russlands, seine Vorrangstellung im postsowjetischen Raum, mit Ausnahme der inzwischen fest in NATO und EU eingebetteten baltischen Staaten, zu halten beziehungsweise auszubauen. Ebenfalls abgeleitet aus der strategischen Kultur des Landes ist dabei das vorrangige Ziel, Stabilität und Ordnung in der Region zu schaffen. Dieses Ziel liegt auch im unmittelbaren Eigeninteresse der Staaten dieser Region. Entscheidend aber ist, wie Russland dieses Ziel erreichen kann und will.

Grundsätzlich können drei verschiedene „Dimensionen" identifiziert werden, mit welchen das Vorgehen der in der Region agierenden Großmächte USA, EU, China (Akteur vor allem in Zentralasien) und Russland charakterisiert werden kann: (1) das gewählte Verhältnis von bilateralen zu multilateralen Ansätzen, (2) ob ein umfassender oder ein nur Teilaspekte abdeckender Politikansatz gewählt

---

1097 „*Old regionalism*" hingegen betonte nur die Dimensionen Wirtschaft und Sicherheit. Vgl. Zhengyuan, Xu (2010): In the Shadow of Great Powers: A Comparative Study of Various Approaches to Regionalism in Central Asia, PfP Consortium Quarterly Journal, Vol. 9, Nr. 4, Herbst, Garmisch-Partenkirchen, S. 37.

1098 Vgl. Zhengyuan, Xu (2010): In the Shadow of Great Powers: A Comparative Study of Various Approaches to Regionalism in Central Asia, PfP Consortium Quarterly Journal, Vol. 9, Nr. 4, Herbst, Garmisch-Partenkirchen, S. 38-40.

wird und (3) ob „*soft regionalism*" oder „*hard regionalism*"[1099] überwiegen. In Zentralasien gehen die USA vorrangig bilateral vor, obwohl multilaterale Ansätze als Schlüssel zur Entwicklung eines regionalen Ansatzes gelten. Russland und China hingegen fördern die regionale Kooperation überwiegend durch multilaterale Ansätze. Einen umfassenden Ansatz verfolgen allerdings weder die USA, die sich auf militärische und wirtschaftliche Kooperation konzentrieren, noch Russland, das Wirtschaft und Sicherheit in den Mittelpunkt seines Ansatzes stellt. Während die USA vor allem „*hard regionalism*" fördern, bedient sich Russland beider Ansätze. Vor allem das Bestreben der USA, den Einfluss der von Russland geführten regionalen Organisationen zu neutralisieren, indem sie die zentralasiatischen Staaten in einen überregionalen Rahmen ziehen möchten, fördert einen Wettbewerb, der einer regionalen Integration klar im Wege steht. Die Möglichkeit der Staaten, die beiden Großmächte im Rahmen einer Vielvektorenpolitik gegeneinander auszuspielen, kann zu einem Auseinanderdriften der Region führen.[1100] Dies bedeutet, dass gerade die USA mit ihrem bilateralen Ansatz die Divergenzen in der Region ausnutzen und eine Politik verfolgen, die den Aufbau regionaler Strukturen in Zentralasien konterkariert.

Diese destruktive, rein an der Wahrung amerikanischer und nicht so sehr der regionalen Interessen ausgerichtete Politik dürfte ihre Wurzeln in dem Denken amerikanischer Geopolitiker Mitte der 1990er haben (siehe auch Kapitel 4.2.1 U.S. Doktrin „Verhinderung des Aufstiegs eines neuen Rivalen", S. 179). Tsygankov, ein namhafter Professor für russische Außen- und Sicherheitspolitik an der San Francisco State University, beschreibt, wie bedeutende Vertreter dieser Schule, beispielsweise Zbigniew Brzezinski, der amerikanischen Politik empfahlen, die USA solle in ihrer Eigenschaft als weltweite Hegemonialmacht darauf hinarbeiten, Russland als Ordnungsmacht im postsowjetischen Raum zu ersetzen. Dabei argumentierte diese Gruppe, unterstützt von den pro-westlichen Kräften in Russland, mit den jahrhundertealten Stereotypen über Russlands

---

1099 Als „*soft regionalism*" wird die Förderung einer regionalen Identität durch beispielsweise Gruppen oder Netzwerke bezeichnet. Die Schaffung kooperativer Institutionen auf sub-/panregionaler Ebene wird „*hard regionalism*" genannt. Vgl. Zhengyuan, Xu (2010): In the Shadow of Great Powers: A Comparative Study of Various Approaches to Regionalism in Central Asia, PfP Consortium Quarterly Journal, Vol. 9, Nr. 4, Herbst, Garmisch-Partenkirchen, S. 37, 49.
1100 Vgl. Zhengyuan, Xu (2010): In the Shadow of Great Powers: A Comparative Study of Various Approaches to Regionalism in Central Asia, PfP Consortium Quarterly Journal, Vol. 9, Nr. 4, Herbst, Garmisch-Partenkirchen, S. 48-50.

expansive und imperialistische Kultur.[1101] Wie im Rahmen dieser Studie gezeigt worden ist, basiert dieser amerikanische Ansatz nicht nur auf falschen Prämissen, die in einem Unverständnis der russischen strategischen Kultur begründet liegen, sondern wirkt auch völlig konträr zu dem tief in der Geschichte verwurzelten ausgeprägten russischen Sicherheitsbedürfnis. Langfristig dürfte sowohl den amerikanischen als auch den regionalen Interessen mehr gedient sein, wenn die Vereinigten Staaten eine zurückhaltendere Rolle in der Region einnehmen würden, die sowohl Grundsätze der Bildung von regionaler Identität als auch die strategische Kultur Russlands berücksichtigt. Dass dies für die USA nicht gleichbedeutend damit sein muss, in der Region nicht mehr agieren zu können, zeigte unter anderem die seit Jahren konstruktive und unterstützende Rolle Moskaus während der internationalen Stabilisierungsbemühungen in Afghanistan. Es sei auch darauf hingewiesen, dass eine weitere Desintegration des postsowjetischen Raumes oder gar der Russischen Föderation eindeutig nicht im Interesse des Westens liegen. Dessen ohnehin angespannten Krisenmanagementkapazitäten wären von der Dimension des Problems hoffnungslos überfordert.

Daher sollte Russland zugestanden werden, auch zukünftig eine bedeutende, nicht immer wieder in Frage gestellte Rolle in der Region zu spielen, eine Rolle die den Charakteristika seiner strategischen Kultur entspricht. Russland könnte als der in seiner Region dominierende Pol einen wesentlichen Beitrag zu Sicherheit und Stabilität leisten, wenn es sich auf die Staaten in seinem Umfeld beschränkt, in dem seine bisherige Führungsleistung von der Bevölkerung akzeptiert wird – und dies sind die meisten Nachfolgestaaten der Sowjetunion. Laut einer Gallup Umfrage vom August 2011 erfreut sich russische Führerschaft in Tadschikistan einer 94%igen Zustimmung, in Kirgisistan stimmen 84% zu, in Usbekistan 81%, Armenien 75%, Kasachstan 73%, Ukraine – trotz der Spaltung des Landes in einen pro-westlichen und einen pro-russischen Teil – 61%, Moldawien 56%, Aserbaidschan 54%. Die geringsten Zustimmungswerte, wie nach dem Krieg von 2008 nicht anders zu erwarten, erhält Moskau in Georgien mit sechs Prozent.[1102]

1101 Vgl. Tsygankov, Andrei P. (2012): The Heartland No More: Russia's Weakness and Eurasia's Meltdown, in: Journal of Eurasian Studies, Vol. 3, Nr. 1, Januar, S. 6.

1102 Vgl. Ray, Julie (2011): Russia's Leadership Not Popular Worldwide, Residents in former Soviet states are most likely to approve, Gallup-Umfrage, 5. August, Washington, D.C., unter: http://www.gallup.com/poll/148862/Russia-Leadership-Not-Popular-Worldwide.aspx?version=prin (Zugriff 19.07.2012). Die Überschrift der Umfrage ist leicht irreführend, da der Durchschnittswert stark dadurch beeinflusst wird, dass in weiten Teilen Asiens (ungleich Zentralasiens) und Lateinamerika Russland keine

Wenn Russland zumindest in seiner unmittelbaren Nachbarschaft der klassischen Rolle einer regionalen Großmacht konstruktiv nachkommt, dann bedingt dies, dass sich der Westen gleichzeitig einer politischen Einmischung in diese Staaten enthält. Andernfalls führt dies zum erneuten Aufbau innerstaatlicher und zwischenstaatlicher Spannungen wie an dem Versuch der Europäischen Union, die Ukraine mit einem weitreichenden Assoziierungsabkommen in ihre Einflusssphäre ziehen zu wollen, eindrücklich belegt wird. Mit einem konstruktiven Ansatz könnte Russland als verantwortlicher Akteur in einer multipolaren Welt einen wesentlichen Teil der Lasten schultern.[1103] Der Westen ist überfordert, in der Region für Stabilität zu sorgen. Massiv kritisierte Peter Schulz bereits im Jahr 2005 die Europäische Nachbarschaftspolitik (ENP): „In welche innenpolitische Zerreißproben diese Länder jedoch dabei gestürzt werden, ob lebensfähige demokratische Verhältnisse in den GUS-Ländern überhaupt eine gesellschaftliche wie wirtschaftliche Basis haben und wie sich ein destabilisierter GUS-Raum auf die europäisch-russischen Beziehungen auswirken könnte, darüber wird in der ENP-Konzeption nicht nachgedacht."[1104] Mit seinem weitgehenden Rückzug aus Afghanistan ab 2014 wird der Westen die Lasten noch mehr als bisher in die Region selbst verlagern. Russland sollte daher bei der Weiterentwicklung multilateraler Sicherheitsstrukturen vom Westen unterstützt werden. Stabilität in der Region kommt, beispielsweise durch die Einhegung des radikalen Islam und eine gesicherte Energieversorgung, auch den westlichen Staaten mit ihren zunehmend interventionsmüden Gesellschaften zu gute. Ein solcher Ansatz ist aber auch nur dann realistisch, wenn der Westen bereit ist, die stetig wachsende Pluralität im internationalen System zu akzeptieren.

---

hohen Zustimmungswerte erhält, weil seine Führungsleistungen relativ unbekannt sind – nicht weil sie abgelehnt werden. Russische Führerschaft erfreut sich auch über 20 Jahre nach dem Zusammenbruch der Sowjetunion noch in vielen Staaten Afrikas großer Zustimmung (zum Beispiel Mali 84%, Tansania 71%, Burkina Faso 68%).
1103 Die Russische Föderation unterstützte nach Schätzung des russischen Ministers für wirtschaftliche Entwicklung, Aleksej Uljukaev, die ukrainische Wirtschaft in den letzten 20 Jahren mit 200 Milliarden Dollar direkter und indirekter Hilfen – eine Leistung, die in Europa und den USA kaum wahrgenommen worden ist. Vgl. Uljukaev, Aleksej (2014): World too tiny for sanctions, they hurt everyone, Interview mit Sophie Shevardnadze von RT, 19. Mai, veröffentlicht 23. Mai, unter: http://rt.com/shows/sophieco/160952-global-politics-sanctions-hurt/ (Zugriff 28.05.2014).
1104 Schulze, Peter W. (2005): Das Ringen um Zwischeneuropa, Der Raum zwischen den geopolitischen Machtblöcken Russland und Europäische Union, in: Die sicherheitspolitische Lage in Mitteleuropa, Schriftenreihe der Landesverteidigungsakademie – Studien und Berichte zur Sicherheitspolitik 1/2006, Hrsg. Reiter, Erich, Wien, S. 25.

Russland müsste, wie Andrei Zagorski es nennt, eine der drei Säulen europäischer Sicherheit und damit bedeutender Konsultationspartner der USA und Europas werden. Dieser Ansatz entspricht den Vorstellungen der politischen Elite Russlands und, wie gezeigt, auch den Präferenzen, die sich aus der strategischen Kultur des Landes ableiten. Aus Sicht Zagorskis wäre es wichtig, „dabei nicht nur die Grenzen des »Zuständigkeitsbereiches« Russlands im postsowjetischen Raum, sondern auch die Mechanismen der Beteiligung Russlands an den Entscheidungen, die das »Kernland« Europa betreffen"[1105], zu klären. Als eine Voraussetzung für diesen Ansatz sah er die Fähigkeit Russlands, überhaupt als Ordnungsmacht agieren zu können.[1106] Aus der Perspektive des Jahres 2002 sah er aber noch nicht den steilen Wiederaufstieg Russlands während des ersten Jahrzehnts des 21. Jahrhunderts voraus. Aus diesen Überlegungen wird allerdings deutlich, dass eine konstruktive Rolle Russlands ein starkes Russland mit den Fähigkeiten und dem Willen zum Gestalten voraussetzt. Ein starkes Russland ist auch notwendig, um den Nachbarn, die es wünschen, eine politische, wirtschaftliche und kulturelle Alternative anbieten zu können. Ein schwaches Russland, dass sich nur um sich selbst und seine eigenen Sorgen dreht, das nicht in der Lage ist, seine Nachbarn bei der Bewahrung wirtschaftlicher sowie politischer Sicherheit und Stabilität zu stützen, kann keine konstruktive Rolle in der Region wahrnehmen.

Zagorski bewertete die Gefahr eines Spannungsverhältnisses zwischen den drei Säulen der Stabilität und Sicherheit als hoch. Und tatsächlich dürfte es ratsam sein, die Etablierung Russlands als regionale Ordnungsmacht mit einer deutlichen Annäherung der Europäischen Union zu flankieren. Begleitende Maßnahmen könnten, auch wenn dies durch die Ukrainekrise in weite Ferne gerückt scheint, eine gegenseitige enge politische Beteiligung sein, die sich sogar auf Entscheidungsprozesse sekundärer Natur in Europäischer Union und Eurasischer Union bezieht. Die Schaffung eines gemeinsamen Wirtschaftsraumes könnte diesen Prozess zusätzlich unterstützen. Langfristig dürfte ein solcher gemeinsamer Wirtschaftsraum eine bessere Perspektive als die 2013 von Präsident

---

1105 Zagorski, Andrei (2002): Russland und Europa – Integration, Kooperation oder Ordnungsmacht?, in: Sicherheit für das größere Europa. Politische Optionen im globalen Spannungsfeld, Hrsg. Arnold, Hans / Krämer, Raimund, EINE Welt, Texte der Stiftung Entwicklung und Frieden, Bd. 14, Bonn, S. 80-81.
1106 Vgl. Zagorski, Andrei (2002): Russland und Europa – Integration, Kooperation oder Ordnungsmacht?, in: Sicherheit für das größere Europa. Politische Optionen im globalen Spannungsfeld, Hrsg. Arnold, Hans / Krämer, Raimund, EINE Welt, Texte der Stiftung Entwicklung und Frieden, Bd. 14, Bonn, S. 85-87.

Obama in seiner Rede an die Nation empfohlene Freihandelszone der Europäischen Union mit den USA besitzen.[1107] Die Schaffung eines gemeinsamen Wirtschaftsraumes zwischen der Europäischen Union und der Russischen Föderation könnte zudem für beide Seiten ein Leuchtturm sein, an dem sich langfristiges Handeln orientiert. Aus der Perspektive der strategischen Kultur betrachtet käme ein solcher kooperativer Ansatz dem Streben nach Anerkennung und Einbindung genauso entgegen wie dem russischen Bedürfnis, eine Großmacht zu sein. Russland muss dabei lernen, mit kleinen Nachbarn zu sprechen und nicht automatisch Gefolgschaft zu erwarten. Es darf nicht Fehler der 1990er Jahre wiederholen, die es im Umgang mit den mittelost- und osteuropäischen Staaten begangen hat, als es diese quasi ignorierte und sein außenpolitisches Augenmerk nur auf starke Partner wie Deutschland oder Frankreich legte. Dies trug nicht zur Schaffung von Vertrauen bei.

Die deutschen Erfahrungen im Umgang mit kleineren Nachbarstaaten können für Russland ein Modell sein. In gewissem Sinne muss Russland lernen, mit dem gleichen Grundproblem in den Beziehungen zu seinen Nachbarn zurecht zu kommen wie Deutschland. Die von Russland und Deutschland ausgehende wirtschaftliche Macht führt zu einer Dominanz gegenüber den Nachbarn, die – auch vor dem Hintergrund geschichtlicher Erfahrungen – Ängste weckt. Nur allzu oft wurde die wirtschaftliche Macht in der Vergangenheit in militärische Macht umgesetzt. So wie Deutschland zu einem hohen Preis für Europa gelernt hat, seine Nachbarn militärisch nicht dominieren zu können, und seit seiner totalen Niederlage 1945 eine Kultur der Zurückhaltung entwickelte, seine Stärke durch multilaterale Integration selbst band und kooperativ auf seine Nachbarn zuging, so muss auch Russland immer wieder alles daran setzen, durch kooperative Sicherheitsansätze seinen Nachbarn ihre Ängste zu nehmen. Traditionell versucht die Bundesrepublik Deutschland, die Positionen ihrer Nachbarn zu berücksichtigen. Wann immer bislang die deutsche Regierung unilateral oder vorwiegend bilateral mit Frankreich ihre Interessen in der Europäischen Union verfolgte, sah sie sich mit spürbaren Friktionen konfrontiert. Wann immer

---

1107 Eine Freihandelszone der EU mit den USA wird von vielen Transatlantikern und Neokonservativen vor allem als ein Bollwerk gegen China und als eine Möglichkeit, die Idee des „gemeinsamen Westens" zu bewahren, betrachtet. Konsens zu erzielen, dürfte in einigen Bereichen, u. a. Landwirtschaft, langwierig werden. Vgl. Schmitz, Gregor Peter (2013): Transatlantische Freihandelszone: Letztes Mittel gegen Chinas Aufstieg, in: Spiegel Online, 18. Februar, unter: http://www.spiegel.de/wirtschaft/soziales/freihandelszone-mit-usa-europa-muss-geschlossenheit-zeigen-a-883940.html (Zugriff 14.03.2013).

weitreichende politische Weichenstellungen anstehen, flackern alte Ängste wieder auf und bedürfen eines sensiblen Umgangs. Wie die deutsche Erfahrung lehrt, ist die Einbindung der Nachbarn kein einfacher und schneller Weg. Der Bruch in Russlands strategischer Kultur bietet die besten Voraussetzungen dafür, die deutsche Herangehensweise auf Russland zu übertragen. Langfristig kann so der neue regionale Ansatz von Erfolg gekrönt werden.

Ergänzt werden muss der skizzierte Ansatz mit westlichen Sicherheitsgarantien für alle Staaten, die diese nachsuchen. Viele Nachbarn Russlands werden ihrerseits nur konstruktiv mit Moskau zusammenarbeiten, wenn sie ihre Sicherheit nicht gefährdet sehen. Denn noch immer gilt Robert Kagans Lagebeschreibung: „Much of the world not only tolerates but willingly lends its support to American geopolitical primacy, not because people love America, but as protection against more worrying regional powers."[1108] Aufgrund des tief verankerten Sicherheitsbedürfnisses Russlands liegt es in seinem Eigeninteresse, eine kooperative Politik gegenüber seinen Nachbarn zu betreiben, damit die USA nicht länger eine Begründung haben, in der Region massiv präsent zu sein. Für den Westen wiederum darf ein Verhalten, wie es insbesondere die baltischen Staaten und teilweise auch Polen seit dem Beschluss über ihren NATO-Beitritt an den Tag gelegt haben, nicht hinnehmbar sein. Sicherheitsgarantien sollen den Schirm für kooperative Zusammenarbeit aufspannen und nicht den Rückhalt geben, offene alte Rechnungen begleichen zu können.

Jede Annäherung Russlands an den Westen bedarf, damit sie im Westen innenpolitisch vermittelbar ist, vorzeigbarer Ergebnisse. Zu schließen, eine solche Politik habe der Westen bereits in den 1990er Jahren ohne Erfolg verfolgt und es bedürfe jetzt wohl einer härteren Haltung gegenüber Moskau, verkennt alles, was bislang in dieser Studie über die enormen Herausforderungen, denen sich Russland gegenüber sah und sieht, als auch über die strategische Kultur geschrieben wurde. Jede gegenüber Russland verfolgte kooperative außenpolitische Linie muss, um auch nur Teilerfolge erzielen zu können, äußerst langfristig angelegt sein und vor allem kohärent verfolgt werden. Jedes auch nur vorübergehende Abweichen weckt umgehend tief verwurzelte Bedrohungswahrnehmungen. Russlands Anspruch, eine regionale Führungsmacht zu sein, sollte berücksichtigt werden. In einer Studie der Stiftung Wissenschaft und Politik über neue Führungsmächte, werden diese wie folgt definiert: Führungsmächte sind Staaten, „die aufgrund ihrer Handlungskompetenz und ihres Leistungsvermögens in der Lage

---

1108 Kagan, Robert (2008): The Return of History and the End of Dreams, New York, S. 91.

sind, in bestimmten Feldern der internationalen Politik Initiativen zu gestalten, Verantwortungsgemeinschaften zu koordinieren und Blockadepotenzial zu mobilisieren, wobei sie für ihr außenpolitisches Verhalten Anerkennung und Unterstützung anderer staatlicher und nichtstaatlicher Akteure einwerben und/oder »erzwingen« können."[1109] Die konkrete Ausfüllung der Führungsrolle in normativen und/oder funktionalen Bezügen ergebe sich aus der nationalen Identität beziehungsweise dem außenpolitischen Verständnis. Hieraus lässt sich folgern, dass die Art und Weise, wie Russland seine Rolle als Regionalmacht ausfüllen wird, stark von seiner strategischen Kultur geprägt sein dürfte. Hierin müsste sich der von Russland erwartbar angewandte Instrumentenmix aus „hard" und „soft power" (siehe Abbildung 15) im Umgang mit seinen Nachbarn spiegeln.

Die Fähigkeiten der russischen Streitkräfte sowie das russische rüstungstechnologische Knowhow übersteigen die Fähigkeiten seiner Nachbarn im postsowjetischen Raum bei weitem. Diplomatisch besitzt Russland ebenfalls deutlich weitreichendere Einflussmöglichkeiten. Die enormen Energiereserven sowie die zu Zeiten der Sowjetunion geprägte und auf Russland zugeschnittene Struktur des Pipelinenetzes geben Russland enormes Druckpotenzial in die Hand. Mit Hilfe der aus den Energieverkäufen gefüllten Fonds ist Moskau zudem in der Lage, eine konditionale Kreditpolitik gegenüber seinen Nachbarn zu betreiben.

Abbildung 15: Instrumentenmix aus „hard" und „soft power"

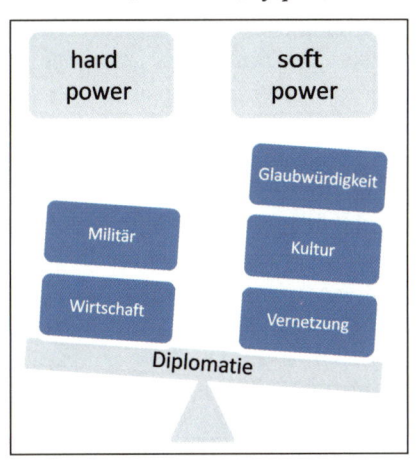

1109 Husar, Jörg / Maihold, Günther / Mair, Stefan / Niedermaier, Pia (2008): Neue Führungsmächte als Partner deutscher Außenpolitik, Ein Bericht aus der Forschung, SWP-Studie S36, Dezember, Berlin, S. 16.

Zu Sowjetzeiten bildete die Region einen zusammenhängenden Wirtschaftsraum mit erheblichen Interdependenzen. Dies wirkt bis in die heutige Zeit fort und gibt der russischen Wirtschaft einen deutlichen Wettbewerbsvorteil. Dieser wird noch dadurch vergrößert, dass Russisch die lingua franca in der Region ist. Sprachliche und kulturelle Verbundenheiten, zahlreiche ethnische Russen, die weiterhin in den neuen Staaten leben, sowie zahlreiche Arbeitsmigranten, die ihr wirtschaftliches Heil in Russland suchen, binden die Region eng zusammen. Andrei Tsygankov weist ferner darauf hin, dass Russland in der Region auch als Modell für den Staatsaufbau dient. Es ist ihm gelungen, seinen Bürgern wieder ein geregeltes Leben zu ermöglichen mit sozialen Dienstleistungen und dem Schutz vor äußeren Bedrohungen: Mehr, als viele Bürger der Region von ihren Staaten erwarten konnten.[1110] Russland bietet zwar keine Demokratie im westlichen Sinne, zugleich ist dadurch aber der Abstand zu manchem (teil-)autoritären Nachbarstaat nicht zu groß. Russland schreckt nicht in dem Maße ab, wie die Demokratisierungsbemühungen des Westens als Frontalangriff auf die herrschenden Eliten verstanden werden.

Russland verfügt also über einen einzigartigen Instrumentenmix in der Region, dem der Westen nichts Vergleichbares entgegensetzen kann. Je nachdem, wie geschickt dieser Instrumentenmix von Moskau eingesetzt wird, kann Russland Einfluss ausüben, Initiativen einbringen oder aber auch als Blockademacht wirken. Russlands außen- und sicherheitspolitisches Agieren als Regionalmacht wird durch die Wechselwirkung seiner strategischen Kultur, die den Willen zu einem spezifischen Handeln bestimmt, sowie seiner Fähigkeiten und Potenziale geprägt. Es wird aufgrund seiner herausgehobenen regionalen Stellung Mitsprache bei globalen Fragen einfordern. Dies entspricht seinem Streben nach Anerkennung. Es wird aber nicht in Kategorien seiner früheren expansiven militärischen Kultur agieren. Auf der globalen Ebene werden voraussichtlich themenbezogene Koalitionsbildungen seine Politik bestimmen. Dieses Verhalten entspricht dem heutigem Trend und bisher beobachtbarem Verhalten aufsteigender Mächte in Foren wie den G20 oder der BRICS. Gleichzeitig wird sich Russland, da es sich als eigenständigen Pol sieht, bestenfalls regional in multilaterale Ansätze integrieren lassen. Die Notwendigkeit, einen konstruktiven Umgang mit seinen Nachbarn zu pflegen, wird treffend von Vladimir Lukin, einem früheren Botschafter der Russischen Föderation in den USA und heutigem Duma-Abgeordneten, beschrieben: „Our political culture traditionally knew

---

1110 Tsygankov, Andrei P. (2012): The Heartland No More: Russia's Weakness and Eurasia's Meltdown, in: Journal of Eurasian Studies, Vol. 3, Nr. 1, Januar, S. 6-7.

only two extreme ways of relating to its neighbors: either complete control and subjugation, the past formula for stability, or neglect, which today is a formula for destabilization. (…) Nature abhors a vacuum"[1111]. Um Außenpolitik mit den Nachbarn zu gestalten, braucht es Strukturen. Für Russland ergeben sich aus einem solchen multilateralen Regionalansatz folgende grundlegende Fragestellungen: (1) Wie viel ist Russland bereit, politisch und finanziell in diese Strukturen zu investieren? Wird es ähnlich wie das Nachkriegsdeutschland gegenüber Europa „in Vorkasse treten"? (2) Wie gefestigt ist die Souveränität der postsowjetischen Staaten? Wird die neu gewonnene Souveränität auch nach über 20 Jahren noch zu Abstoßreaktionen gegenüber multilateralen Ansätzen führen? (3) Wie kann Russland sein natürliches Übergewicht im Verhältnis zu seinen Nachbarn balancieren, damit diese nicht Angst haben, „erdrückt zu werden"? Ist Russland in diesem Zusammenhang bereit, selbst auch auf Souveränitätsrechte zu verzichten? (4) Wie muss die regionale Kooperation gestaltet werden, damit sie allen Akteuren zum Vorteil gereicht und somit überhaupt ein Kooperationsanreiz gegeben ist?

Insbesondere die jüngere Generation der Eliten definiert Russlands *„sphere of national interests"* in engeren Grenzen und erachtet militärische Stärke deutlich seltener als einen Schlüsselfaktor in den internationalen Beziehungen. Die geopolitische Denkweise der Sowjetzeit wird nach und nach durch ein realistisches Bild der internationalen Kräfteverteilung ersetzt. Und diejenigen, die den Grundgedanken einer *„sphere of national interests"* unterstützen, sehen Russlands Position in der Welt vorrangig durch seine wirtschaftliche und nicht durch seine militärische Macht bestimmt. Sie weisen zudem eine geringe Bereitschaft zum Einsatz militärischer Mittel auf. Der Schutz russischer Bürger wird als einzige Begründung für den Einsatz von Gewalt erachtet. Dies bedeutet, dass die Interessen der Nation als Staatsbürgervolk über die Interessen der Nation als Staat gestellt werden.[1112]

Im Westen klingt bei dem Gedanken an eine regionale Führungsmacht Russland unweigerlich der Begriff *„Einflusssphären"* an. Sind sie wirklich, wie vielfach von europäischen Politikern bezeichnet, ein Relikt des letzten Jahrhunderts? Ist nicht die Realität eine andere? In Think Tanks und Ministerien wird unumwunden diskutiert, wo sich denn die europäische Einflusssphäre zur amerikanischen

---

1111 Lukin, Vladimir P. (1992): Our Security Predicament, in: Foreign Policy, Nr. 88, Herbst, S. 68-69.
1112 Vgl. Valdai Club, Hrsg. (2013): Russian Elite – 2020, ein Valdai Discussion Club Grantees Analytical Report, Moskau, unter: http://vid-1.rian.ru/ig/valdai/Russian_elite_2020_eng.pdf (Zugriff 22.12.2013), S. 18, 22-25.

abgrenze, wird das Mittelmeer als Einflusssphäre der Europäischen Union betrachtet, der Mittlere Osten als der der USA. Sogar das Strategische Konzept der NATO von 1999 bezeichnet „the Mediterranean [as] an area of special interest to the Alliance" und begründet dies damit: „Security in Europe is closely linked to security and stability in the Mediterranean."[1113] Diese Formulierung ist nicht so unterschiedlich zur russischen Wortwahl: „there are regions in which Russia has privileged interests. These regions are home to countries with which we share special historical relations and are bound together as friends and good neighbours."[1114] Das Denken in Einflusssphären ist also auch in der heutigen Zeit ein fester Bestandteil des Gedankenguts bei großen Teilen der außen- und sicherheitspolitischen Eliten weltweit. Die Ablehnung des russischen Anspruchs auf eine Zone privilegierter Interessen ist folglich weniger der russischen Forderung an sich geschuldet, als vielmehr den historischen Erfahrungen der Staaten, die in der Vergangenheit mit diesem Anspruch negative Erfahrungen gemacht haben. Dies betrifft vor allem diejenigen europäischen Staaten, die von der Sowjetunion in ihren Einflussbereich gezwungen wurden – und die die Russische Föderation vielfach nicht nur als Rechtsnachfolger der Sowjetunion, sondern auch als deren geschichtlichen Erben betrachten.

Bei der Politikgestaltung zu berücksichtigen ist allerdings auch die Haltung der russischen Eliten sowie der Bevölkerung gegenuber der einzigen verbliebenen wahrlich globalen Führungsmacht, den USA. Diese werden gegenwärtig deutlich stärker als Bedrohung wahrgenommen als noch Anfang der 1990er Jahre. Die Bedrohungswahrnehmung der Eliten ist dabei noch negativer als die der Bevölkerung und stieg auch frühzeitiger an. Es handelt sich bei dem Anstieg allerdings nicht um einen linearen Trend, sondern um eine durch den internationalen Kontext der jeweiligen Zeit geprägte Haltung. Beachtenswert ist vor allem, dass ausgerechnet die Generation, die 1993 am stärksten pro-amerikanisch war und viele liberale Politiker gestellt hat, welche den Reformprozess in den 1990er Jahren angeführt haben (die zwischen 1961 und 1970 Geborenen), inzwischen in der Mehrheit die USA als Bedrohung sieht. Auch bei der Generation der nach

---

1113 NATO (1999): The Alliance's Strategic Concept, Approved by the Heads of State and Government participating in the meeting of the North Atlantic Council, Washington, D.C., unter: http://www.nato.int/cps/en/natolive/official_texts_27433.htm (Zugriff 22.07.2012), Pkt. 38.

1114 Medvedev, Dmitrij (2008c): Russia won't accept unipolar world, Interview gegenüber verschiedenen Fernsehsendern, 31. August, unter: http://www.globalsecurity.org/wmd/library/news/russia/2008/russia-080831-medvedev01.htm (Zugriff 25.09.2014).

1970 Geborenen erachtet fast die Hälfte die USA als Bedrohung. Und je höher der Bildungsstand, desto ausgeprägter finden sich anti-amerikanische Einstellungen. Die immer wieder vorgebrachte Behauptung, die anti-amerikanische Haltung der Bevölkerung schwanke mit der Propaganda des Kremls, lässt sich übrigens nicht belegen.[1115] Die Wahrnehmung der USA als Bedrohung wirkt sich unmittelbar behindernd auf den Erfolg eines russischen Regionalansatzes aus. Denn dieser hängt ganz wesentlich von einem stabilen internationalen Umfeld ab, in dem die russische Bedrohungswahrnehmung niedrig ist. Nur dann ist die Bereitschaft zur konstruktiven Zusammenarbeit ausgeprägt. Auch hieran zeigt sich, wie zentral die USA für eine neue Politik gegenüber Russland ist. Für Europa bedeutet dies, die Einbindung Moskaus erfolgt über Washington.

Die Anerkennung von Russlands bedeutender Rolle für Sicherheit und Stabilität in der Region darf auf keinen Fall nur auf der rhetorischen Ebene erfolgen. Auch darf Russland ein echtes Engagement nicht unter dem Vorwand seines vermeintlichen „Neoimperialismus" oder seiner „Irrelevanz" verwehrt werden. Russland wiederum darf nicht nur darauf abzielen, westliche Politikansätze in Eurasien zu behindern, denn Russland trägt nur einen, wenn auch bedeutenden Teil zur Lösung der Probleme bei. Sollten sich die Akteure nicht an diese Maßgaben halten, kann dies eine Dynamik des Zusammenbruchs auslösen, unter der Russland, aber auch seine Nachbarn, massiv leiden werden.[1116]

Bereits 1992 betonte Andrei Kozyrev: „Russia's main foreign policy priority is relations with our partners in the Commonwealth of Independent States."[1117] 1992 aber besaß Russland noch nicht die Mittel, um seine Rolle als Regionalakteur umfänglich auszufüllen. Zu stark war auch der Fokus auf eigene Probleme, was in den Folgejahren zu einem wechselhaften Kurs gegenüber der Region beitrug.[1118] Russlands neue Nachbarn mussten erst lernen, mit ihrer neugewonne-

---

1115 Vgl. Valdai Club, Hrsg. (2013): Russian Elite – 2020, ein Valdai Discussion Club Grantees Analytical Report, Moskau, unter: http://vid-1.rian.ru/ig/valdai/Russian_elite_2020_eng.pdf (Zugriff 22.12.2013), S. 30-42.
1116 Vgl. Tsygankov, Andrei P. (2012): The Heartland No More: Russia's Weakness and Eurasia's Meltdown, in: Journal of Eurasian Studies, Vol. 3, Nr. 1, Januar, S. 7.
1117 Kozyrev, Andrei (1992): Russia: A Chance for Survival, in: Foreign Affairs, Vol. 71, Nr. 2, S. 10.
1118 Peter Schulz beschreibt den Zustand der russischen Außenpolitik in der Region zur Zeit der Umbrüche in der Ukraine und Georgien wie folgt: „Jetzt schien sich zu rächen, dass die russische Politik über eine Dekade lang den postsowjetischen Raum nicht nur vernachlässigt, sondern auch faktisch abgeschrieben hatte. Es gab weder einen imperialistischen Grundgedanken noch Konzeptionen der Partnerschaft und Kooperation für diesen Raum. (…). Politik wurde durch paternalistisches

nen Souveränität umzugehen. Aber auch Moskau musste erst lernen, mit den neuen Staaten umzugehen. Zwar war Russland in Relation zu seinen Nachbarn eine regionale Großmacht, musste aber erst mit dem Verlust seiner Rolle als globale Supermacht fertig werden. Dennoch sah Russland laut Kozyrev die GUS nicht nur als Instrument zur Abwicklung der Probleme, die sich aus dem Zerfall der Sowjetunion ergaben. „Russia entered C.I.S. on the principle of full equality (…). So, by becoming a co-founder of the C.I.S., we opened ourselves to the rest of the world rather than moved away from it. Here again there is a fundamental difference from the events of 1917 and from Russia's past clashes with its environment."[1119] Kozyrev weist richtigerweise auf den grundsätzlichen Wandel in Moskaus Herangehensweise gegenüber seinen Nachbarn hin, übersieht aber die Grundproblematik, die sich aus Russlands politischem, wirtschaftlichem und militärischem Übergewicht ergibt.[1120]

2009 bezeichnete Russland in seiner „Strategie der nationalen Sicherheit der Russischen Föderation bis zum Jahr 2020" die bi- und multilaterale Zusammenarbeit mit den GUS-Teilnehmerstaaten als Priorität seiner Außenpolitik. „Russland wird anstreben, das Potential der regionalen und subregionalen Integration und Koordination im Raum der Gemeinschaft Unabhängiger Staaten zu entwickeln – vor allem im Rahmen der Gemeinschaft Unabhängiger Staaten selbst, wie auch im Rahmen der Organisation des Vertrages über kollektive Sicherheit und der Eurasischen Wirtschaftsgemeinschaft"[1121]. Aber auch das Potenzial der Schanghai-Organisation für Zusammenarbeit und Vertrauensbildung in Zentralasien soll genutzt werden.[1122] Russland setzt also auf einen breiten multila-

---

Verhalten ersetzt". Schulze, Peter W. (2005): Das Ringen um Zwischeneuropa, Der Raum zwischen den geopolitischen Machtblöcken Russland und Europäische Union, in: Die sicherheitspolitische Lage in Mitteleuropa, Schriftenreihe der Landesverteidigungsakademie – Studien und Berichte zur Sicherheitspolitik 1/2006, Hrsg. Reiter, Erich, Wien, S. 26.

1119 Kozyrev, Andrei (1992): Russia: A Chance for Survival, in: Foreign Affairs, Vol. 71, Nr. 2, S. 12.

1120 Siehe hierzu meine vorherigen Ausführungen zu deutschen Erfahrungen im Umgang mit kleineren Nachbarstaaten.

1121 Medvedev, Dmitrij (2009a): Die Strategie der nationalen Sicherheit der Russischen Föderation bis zum Jahr 2020, Quelle des Originals: http://www.scrf.gov.ru/documents/99.html (Zugriff 02.08.2013), Arbeitsübersetzung: Egbert Lemcke, Frank Preiß vom 29.08.2009, unter: http://www.sicherheitspolitik-dss.de/ap/ap096000.pdf (Zugriff 02.08.2013), Ziff. 13.

1122 Vgl. Medvedev, Dmitrij (2009a): Die Strategie der nationalen Sicherheit der Russischen Föderation bis zum Jahr 2020, Quelle des Originals: http://www.scrf.

teralen Ansatz, der sich den verschiedenen Herausforderungen in der Region annimmt. Putin hat diese Linie in den beiden letzten Jahren bei verschiedenen Gelegenheiten bekräftigt, so sagte er in seiner jährlichen Ansprache an die Föderalversammlung im Jahr 2012: „We will move towards closer integration. This is exemplified by the Customs Union and the Common Economic Space of Russia, Belarus and Kazakhstan, which are already functioning effectively. We have begun to establish the Eurasian Economic Union, and naturally we will continue to work at this and achieve this goal."[1123] Und im Folgejahr sprach er die westlichen Befürchtungen einer von Russland angestrebten Gegenmachtbildung an: „We will consistently promote the Eurasian process, without setting it against other integration projects including the more mature European one."[1124] Beachtenswert ist, dass Putin hier bereits von einem eurasischen Prozess und nicht von einem Projekt russischer Außen- und Sicherheitspolitik spricht. Auch erklärt dies, warum Russland eine stärkere wirtschaftliche Kooperation der Ukraine mit dem Westen nicht grundsätzlich ablehnte, sondern nur darin einbezogen sein wollte.

Die zunehmende multilaterale Integration der Region kann, trotz zahlreicher Probleme im Detail, inzwischen als Fakt gewertet werden. Der Westen täte im Rahmen einer kooperativen Politik gut daran, die Zusammenarbeit mit den Regionalorganisationen rasch zu intensivieren, um Vertrauen aufzubauen und Transparenz herzustellen. Es ist sogar im Interesse des Westens, wenn die Regionalorganisationen wachsen, denn nur so kann kurzfristig das irritierende Übergewicht Russlands in den Organisationen balanciert werden. Langfristig sind Entwicklungen wie der schrittweise Transfer von Souveränitätsrechten an die Eurasische Union das beste Instrument, um Russland als primus inter pares einzubinden. Damit wird eine Entwicklung in Gang gesetzt, vergleichbar der Einbindung Deutschlands in die Europäische Union oder der Einbindung der USA in die Entscheidungsstrukturen der NATO.

Da für Russland, trotz hoher Steigerungsraten im Chinageschäft, auf absehbare Zeit wirtschaftlich und politisch keine Alternative zu Europa existiert, besteht auch durch eine erweiterte Rolle Russlands als Regionalakteur (im Bereich der GUS-Staaten), keine Gefahr eines entstehenden Gegenbündnisses. Die aktuellen

---

gov.ru/documents/99.html (Zugriff 02.08.2013), Arbeitsübersetzung: Egbert Lemcke, Frank Preiß vom 29.08.2009, unter: http://www.sicherheitspolitik-dss.de/ap/ap096000.pdf (Zugriff 02.08.2013), Ziff. 14.
1123 Putin, Vladimir (2012c): Address to the Federal Assembly, 12. Dezember, unter: http://eng.kremlin.ru/news/4739 (Zugriff 28.12.2012).
1124 Putin, Vladimir (2013g): Presidential Address to the Federal Assembly, 12. Dezember, unter: http://eng.kremlin.ru/news/6402 (Zugriff 23.12.2013).

Präferenzen Russlands stehen einer erneuten Blockkonfrontation diametral entgegen. Doch die russischen Bedürfnisse nach Sicherheit und Anerkennung müssen vom Westen stärker berücksichtigt werden. Denn Russlands politische Eliten lehnen eines ganz deutlich ab – die Reduzierung Russlands auf die Funktion als „Brücke" zwischen Asien und Europa.[1125]

1125 Die Metapher der „Brücke" beinhalte, dass Russland keine eigene Identität habe und nur als jemand am Rande anderer Machtzentren (Europa und Asien) wahrgenommen werde. Vgl. Jurado, Elena (2008): Russia's role in a multi-polar world. Between change and stability, Ergebnis der Konferenz „Foresight—forging common futures in a multi-polar world", organisiert durch Policy Network in Zusammenarbeit mit der Alfred Herrhausen Gesellschaft, dem Internationalen Forum der Deutschen Bank sowie dem Russian Council on Foreign and Defense Policy, 19.-20. Juni, Moskau, S. 7.

6. Zusammenführung der Ergebnisse

„Nicht was wir erleben, sondern wie wir empfinden, was wir erleben, macht unser Schicksal aus."

Marie von Ebner-Eschenbach[1126]

6.1 Zur Theorie

Die traditionell vorherrschende Sicht des Rationalismus zur Beschreibung russischen Verhaltens in der Außen- und Sicherheitspolitik greift oftmals zu kurz. Sie bietet keine Erklärungsmuster für auf den ersten Blick irrationale beziehungsweise suboptimale Verhaltensweisen der Politik. Dies ist umso bedeutsamer, als beim Balancieren der Machtungleichgewichte in einer multipolaren Welt die Wahrscheinlichkeit von Fehleinschätzungen höher ist als in einer unipolaren Welt. Wird Russland einzig durch die Augen des Westens betrachtet, so werden bei Konflikten meist nur die an der Oberfläche ablaufenden Prozesse wahrgenommen. Es wird vergeblich versucht, die Symptome zu kurieren, während die auf der tieferen Ebene der strategischen Kultur bewusst oder unbewusst den Konflikt beeinflussenden Faktoren nicht erkannt werden. Auch die Überflutung durch die Einzelereignisse des politischen Tagesgeschäfts verstellt Analysten mitunter den Blick auf das Gesamtverständnis.

Diese Studie nutzt das *Konzept der strategischen Kultur* als ergänzenden Erklärungsansatz, um ein nuanciertes Bild auf Moskaus Außen- und Sicherheitspolitik zu gewinnen. Dabei wurde erstens der Frage nachgegangen, ob Russland ein verantwortungsvoller Akteur in der heutigen multipolaren Welt sein kann und zweitens, wie eine konfliktsensible Politik des Westens gegenüber Russland aussehen sollte. Dabei lag der Studie die *Annahme* zu Grunde, dass die Träger der strategischen Kultur durch spezifische geschichtliche Erfahrungen geprägt sind. Wobei strategische Kultur tiefer verankert ist als das Gedächtnis der Generation. Diese Prägungen bestimmen die Präferenzen der Träger der strategischen Kultur für das Agieren des Staates – also ob eher eine Ideal- oder eine Realpolitik verfolgt wird. Es wurde gezeigt, dass weitere Faktoren wie Geografie und Religion ihre Spuren in der Geschichte und damit auch der strategischen Kultur hinterlassen haben (siehe Abbildung 3 „Das *„system of symbols"* prägende Einflussfaktoren", S. 52). Diese Faktoren haben die jeweilige Ausprägung

---

1126 Ebner-Eschenbach, Marie von (2002): Aphorismen, Reclam, Stuttgart, S. 24.

der Parameter bestimmt, die (1) die *Zielebene* der Politik (Streben nach Sicherheit, Großmachtstreben und Streben nach Anerkennung), (2) die *Mittelebene* (Ausprägungsgrad autoritärer Herrschaft sowie die Bereitschaft, Gewalt als Mittel einzusetzen) und (3) die die *Politik begünstigenden/hemmenden Elemente* (Streben nach Zugehörigkeit und Wert, der dem Individuum beigemessen wird) beschreiben.

Die Berücksichtigung der strategischen Kultur bei der Erklärung russischen außen- und sicherheitspolitischen Verhaltens bedeutet nicht, dass Interessen als Bestimmungsgröße negiert werden. Doch oftmals sind auch Interessen nur eine Funktion der strategischen Kultur, da sich bereits bei ihrer Definition und Gewichtung die strategische Kultur ausgewirkt hat.

Diese Studie setzt, wie von Johnston empfohlen[1127], mit ihrer Analyse in der Frühgeschichte Russlands an, denn je länger Zeiträume sind, über die hinweg identifizierte Präferenzen fortdauern, desto stärker sind diese in der strategischen Kultur ausgeprägt. Bei dieser Herangehensweise können auch Schlüsse gezogen werden, ob die in einer Epoche identifizierte strategische Kultur eine Rückkehr zu einer früheren bestimmenden Kultur ist, einen Bruch darstellt oder eventuell nur Ausdruck einer Subkultur ist. Zugleich kann beantwortet werden, ob den in verschiedenen Epochen beobachtbaren gleichen Präferenzen gleiche Ursachen zu Grunde liegen. Das Wissen hierüber ist besonders bedeutsam, wenn eine kohärente Langfriststrategie gegenüber Russland entwickelt werden soll, die Politikabhängigkeiten von Gesellschaft und Kultur berücksichtigt.

Auch wenn diese Studie die Parameter der strategischen Kultur über die Epochen der russischen Geschichte hinweg verfolgt, um das Charakteristische zu identifizieren, so ist sich der Autor stets bewusst, dass es viele unvorhersehbare Wendungen in der russischen Geschichte gab und Entwicklungen nicht immer linear erfolgten. Auch wurde in dieser Studie deutlich, wie unterschiedlich strategische Kultur in verschiedenen Epochen der Geschichte wirken kann. Denn es kann beispielsweise sein, dass (1) sich die Elite der Wirkmechanismen der strategischen Kultur gar nicht bewusst ist, oder (2) sie diese Wirkmechanismen instrumentalisiert, oder (3) sie sich schlicht den Wirkmechanismen der strategischen Kultur auf die Bevölkerung nicht entziehen kann, oder (4) ähnliche Handlungsmuster auf völlig unterschiedliche Präferenzen zurückzuführen sind. Daher können nur oberflächlich gesehen in der Historie beobachtbare

---

1127 Vgl. Johnston, Alastair Iain (1998): Cultural Realism, Strategic Culture and Grand Strategy in Chinese History, Princeton University Press, Princeton, S. 49-50.

Verhaltensweisen unmittelbar auf die Gegenwart übertragen werden.[1128] Die Erkenntnis, dass bei einigen Parametern der strategischen Kultur ein deutlicher Wandel festzustellen ist, wird in der Diskussion über den richtigen Umgang mit Russland selten berücksichtigt. Damit wird aber, wie diese Studie gezeigt hat, eine wenig tragfähige Entscheidungsgrundlage geschaffen. Das Scheitern einer Russlandpolitik, die auf solch vereinfachten Analogien aufbaut, ist vorhersehbar.

6.2 Erkenntnisse aus der Untersuchung der Epochen

Diese Studie hat gezeigt, dass eine spezifische russische strategische Kultur identifizierbar ist, die auf heutiges außen- und sicherheitspolitisches Handeln Russlands deutlich einwirkt. Diese strategische Kultur zeigte sich über die Epochen hinweg weitgehend konstant und wurde vor allem durch die Eliten geprägt. Trotz aller innergesellschaftlichen Auseinandersetzungen wurde sie dennoch meist von Eliten und breiter Bevölkerung geteilt. Mitunter finden sich Indizien, dass Eliten die strategische Kultur instrumentalisierten. Oftmals aber sind Eliten, selbst wenn sie sich der Wirkung der strategischen Kultur bewusst sind, nicht in der Lage, gegen die in ihr zum Ausdruck gelangenden Präferenzen zu handeln, da sie auch in einem stark autoritären System eine gewissen Form der Legitimierung durch die Bevölkerung benötigen. In der Untersuchung zeigt sich auch, dass es mit dem Trauma des Zusammenbruchs der Sowjetunion bei einigen Präferenzen zu einem Bruch der strategischen Kultur gekommen ist – auch unter Berücksichtigung der Ereignisse in der Ukraine. Zugleich wird deutlich, dass der Präferenz für ein Großmachtstreben andere Motive zu Grunde liegen.

Strategische Kultur bietet den Eliten – meist unbewusst – einen Leitfaden bei der Entscheidungsfindung. Gleichzeitig stellt die strategische Kultur ein Hindernis dar, wenn spürbare Veränderungen der Umwelt ein Umdenken erfordern. Gerade dann wird vielfach Orientierung gesucht. Erst wenn die Eliten sich bewusst werden, dass „bekannte" Lösungen kein Ergebnis zeitigen, der Umbruch zu radikal erscheint, entstehen neue Lösungsansätze. Diese sinken für künftige Generationen nach und nach wieder in den unbewussten Bereich der strategischen Kultur hinab.

1128 Insbesondere bei der Analyse der Ereignisse in der Ukraine sitzen zahlreiche Kommentatoren diesem Trugschluss auf. Dies mag daran liegen, dass der Diskurs vorwiegend durch Osteuropahistoriker bestimmt wird. Oftmals werden von diesen in der Geschichte Russlands beobachtete Verhaltensweisen und Handlungsmotive nahezu unhinterfragt auf das heutige außenpolitische Handeln der Russischen Föderation übertragen.

Insbesondere die kriegerischen Auseinandersetzungen in der formativen Phase der strategischen Kultur haben dazu beigetragen, dass militärische Führer an Gewicht gewannen. Zugleich bedeutete dies, dass die vor allem über die Orthodoxie transportierten byzantinischen Werte aufgrund ihrer Ähnlichkeit zu den bereits vorhandenen Werten auf eine aufnahmebereite Kultur trafen. Dies betraf die Militarisierung der Gesellschaft genauso wie die Bewertung von Hierarchien und das mit der byzantinischen *Symphonia-Lehre* transportierte Bild des idealen Zusammenspiels von Kirche und Herrscher.

Nachhaltig prägend war die mongolische Oberherrschaft in Bezug auf die Präferenzen „Streben nach Sicherheit" sowie „Streben nach Anerkennung" In Verbindung mit der besonderen Rolle der orthodoxen Kirche und ihren Traditionen während dieser Phase schloss sie zudem Russland in Teilen von den geistigen Entwicklungen der Renaissance (insbesondere dem Humanismus als wesentlicher Geisteshaltung und der Wandlung des theozentrischen zum anthropozentrischen Weltbild) ab. Sie beschleunigte den Untergang der zerstrittenen Fürstentümer und brachte diese in ein schmähliches Unterwerfungsverhältnis gegenüber den neuen Herrschern. Sie förderte den inneren Zwist und bestärkte die Wahrnehmung, dass wann immer die Rus Schwäche zeigten, sie Opfer ihrer Nachbarn wurden. Polen und Litauen nutzten diese Phase für eine weitreichende Expansion. Auch die Missionierung mit Feuer und Schwert durch die Westkirche musste abgewehrt werden und fand tiefen Eingang in das kollektive Gedächtnis. Die Anerkennung des orthodoxen Glaubens durch die Tataren brachte die Kirche – und damit alles wofür diese steht – in eine „nationale" Rolle. Die Kirche wurde so zur die strategische Kultur formenden und transportierenden Elite.

Zum Ende des Kiever Reiches hatte sich die strategische Kultur weitgehend formiert. Sie war geprägt durch eine relativ starke Präferenz für eine autoritäre Herrschaft, die Gewalt als Mittel sowohl nach innen als auch nach außen akzeptierte und das Individuum missachtete. Zugleich findet sich eine deutliche Präferenz für ein Streben nach Anerkennung und nach einem Großmachtstatus. Extrem ausgeprägt war das Streben nach Sicherheit, das zudem die starken Ausprägungen der anderen Präferenzen mitbedingte.

Obgleich das Kiever Reich eines der Großreiche des Mittelalters war, betrieb es keine gesteuerte Expansionspolitik. Auch in den nachfolgenden Epochen zeigt sich, dass westliche Beobachter das imperiale Streben Russlands überbewertet haben. Vor allem in der russischen Eigenwahrnehmung sind expansive Schritte meist defensiv begründet worden. Dabei mögen bei den handelnden Akteuren der jeweiligen Zeit durchaus klassisch imperiale Motive vorherrschend gewesen sein, das Bild, das sie jedoch von sich zeichneten, das eines einzig das Land schützen wollenden Herrschers, ging in die strategische Kultur ein. Ebenfalls auf diese Eigenwahrnehmung zurückzuführen, ist die Betrachtung der eroberten Regionen als originäre Bestandteile des russischen Reiches – ein wesentlicher Unterschied zu der westlichen Sicht auf seine Kolonien. In dieser Hinsicht ist der russische Drang nach Osten mit dem amerikanischen Drang nach Westen vergleichbar, nur mit dem Unterschied, dass es in den USA inzwischen keine nennenswerten autochthonen Minderheiten mehr gibt, die separatistische Bewegungen beflügeln könnten.

In der Moskauer Zeit festigte und prägte sich die strategische Kultur des Landes weiter aus. Alternative gesellschaftliche Entwicklungsmodelle im ostslawischen Raum fanden mit der Annektierung Novgorods durch das Großfürstentum Moskau ihr Ende. Die Präferenz für autoritäre Herrschaftsstrukturen hatte sich endgültig durchgesetzt. Mit der Unterwerfung der Kirche durch Zar Pëtr I. fand diese Präferenz ihre stärkste Ausprägung. Es gibt mehrere Faktoren, die zur Herausbildung autokratischer Regierungsformen in der russischen Geschichte beigetragen haben: (1) Frühe Formen der Selbstbestimmung und Beteiligung konnten sich nicht durchsetzen. (2) Die Herrschaft der Goldenen Horde in Verbindung mit der besonderen Rolle der orthodoxen Kirche koppelten Osteuropa über Jahrhunderte weitgehend von geistigen Entwicklungen im Westen ab. (3) Autokratische Regierungsformen wurden als am besten geeignet angesehen, um mit den ständigen äußeren und inneren Bedrohungen eines stetig wachsenden Reiches umzugehen. (4) Die Folgen des *„Morgenländischen Schismas"* von 1054 sowie die *Idee von Moskau als dem „Dritten Rom"* behinderten den kulturellen Austausch weiterhin.

Die strategische Kultur des Landes blieb über die Epochen hinweg bis in die heutige Zeit weitgehend stabil. Schwankungen waren vor allem bei der Präferenz für die Abschottung Russlands von der Außenwelt zu erkennen. Während noch vor Pëtr I. eine bewusste weitere Öffnung des Landes nicht nur für technologische, sondern auch für intellektuelle Einflüsse des Westens eingeleitet worden war, fühlten sich viele nachfolgende Zaren in dieser Frage hin- und hergerissen. Vor allem die durch neue Ideen verursachten inneren Unruhen ließen sie zweifeln, ob eine Öffnung der richtige Weg sei. Es lässt sich erkennen, dass der Grad der von den Eliten präferierten Offenheit des Landes mit deren Streben nach Sicherheit negativ korrelierte.

Brüche der strategischen Kultur waren sowohl bei der Auflösung des Zarenreiches als auch beim Zerfall der Sowjetunion erwartbar. In beiden Fällen hatte das bestehende System keine Antworten auf elementare gesellschaftliche Fragen.

Eine graduelle Veränderung der strategischen Kultur war aufgrund der ausgeprägten Diskrepanz zwischen Ist-Zustand und wünschenswertem Zustand nicht mehr möglich.

Statt aber zu einem dauerhaften Wandel der strategischen Kultur führte der mit der Entstehungsgeschichte der Sowjetunion verbundene traumatische Schock zu einer weiteren Vertiefung des ohnehin stark ausgeprägten Strebens nach Sicherheit. Die Kämpfe im Innern sowie die Intervention von außen gefährdeten die Existenz des Landes. Wirkmächtige ideologische Veränderungskräfte der Revolution wurden somit bereits nach wenigen Jahren von tief verankerten Präferenzen überlagert. Letztlich pervertierte der ideologische Gegensatz der Systeme das Streben nach Sicherheit. Wachsende eigene Stärke wurde nicht als Sicherheits-, sondern als Risikofaktor gewertet. Es wurde argumentiert, je entwickelter der Sozialismus werde, desto stärker werde der kapitalistische Widerstand. Dies führte im Innern wie im Äußeren zur konsequenten Bekämpfung der Gegner. Millionen Menschen bezahlten diese Furcht mit ihrem Leben.

Während in den 1930er Jahren das „Dritte Reich" und die Sowjetunion den unbändigen Wunsch gemein hatten, ihren Einfluss zu Lasten anderer auszuweiten, um ihren Weltmachtanspruch zu begründen[1129], war im völlig zerstörten Nachkriegsdeutschland schon bald ein Bruch der strategischen Kultur festzustellen. Deutschland war bereit, sich als Antwort auf die Gefahren des Nationalismus und die Rivalitäten der Nationalstaaten sowohl transatlantisch als auch westeuropäisch zu integrieren, sich für Menschenrechte und für friedliche Mittel der Krisenbewältigung starkzumachen. Die Sowjetunion, obgleich der am schlimmsten verwüstete Staat des Zweiten Weltkrieges, machte diese Entwicklung zunächst nicht mit, sah man sich doch als der eigentliche Sieger. Es gab keine Notwendigkeit eines grundlegenden Anpassungsprozesses. Erst die eigene absolute „Niederlage" 1991[1130], gekennzeichnet durch den Zerfall des Imperiums

---

1129 Vgl. Gray, Colin S. (1988): The Geopolitics of Superpower, University Press of Kentucky, Lexington, S. 95.

1130 Wobei in Russland der Zusammenbruch der Sowjetunion in Teilen der Elite nicht als Niederlage im Kalten Krieg gesehen wird, sondern als eigener Sieg über den Totalitarismus. So sagte beispielsweise Vladislav Surkov: „Russland hält sich nicht für ein Land, das im Kalten Krieg besiegt wurde, sondern für ein Land, das selbst den Totalitarismus besiegt hat." Surkov, Vladislav (2006b): Naša rossijskaja model demokratij nazyvaetcja „suverennoj demokratiej", Unser russisches Modell der Demokratie nennt sich „souveräne Demokratie", Pressebriefing, 28. Juni, Moskau, unter: http://web.archive.org/web/20080430012854/http://www.edinros.ru/news.html?id=114108 (Zugriff 23.08.2014).

und der Delegitimierung der staatsbegründenden Ideologie, stellte einen ähnlich starken, die strategische Kultur verändernden Schock dar: Ein Bruch, den selbst frühere Traumata wie die Revolution von 1917 nicht bewerkstelligt haben. Möglich wurde dies, weil erstmals durch die Eliten den Bedürfnissen der Bevölkerung ernsthaft Beachtung geschenkt wurde. Diese Entwicklung dürfte nicht aus humanitären Erwägungen getrieben gewesen sein, sondern aus der Erkenntnis, dass äußere Sicherheit nicht in dem Maße ein Gemeinwesen belasten darf, dass es im Innern instabil wird. Selbstverständlich geht ein so gravierender Wandel der strategischen Kultur nicht einher mit einem hierzu durchgängig konsistenten Verhalten der außen- und sicherheitspolitischen Eliten. In konkreten Situationen werden immer wieder alte Muster zum Vorschein kommen. Diese werden bei dem westlichen Beobachter die Angst vor einer Rückkehr des imperialen Russlands nähren. Doch auch wenn die Betrachtung der Alltagspolitik dies nahe legen mag, so gibt doch die geänderte strategische Kultur den langfristigen Entwicklungspfad der russischen Außenpolitik vor.

Der betriebene Aufwand zur Gewährleistung äußerer Sicherheit reicht für nicht mehr, als in der Region Macht auszuüben. In diesem Sinne hatte Präsident Obama Recht, als er Russland als „schwach" bezeichnete.[1131] Die größere Achtung des Individuums ist somit eine Folge ihrer Neugewichtung gegenüber äußerer und innerer Sicherheit aufgrund der Erfahrungen der beiden jüngeren Revolutionen. Präsident Putin brachte unlängst die Notwendigkeit, das Individuum stärker zu berücksichtigen zum Ausdruck: „Unfortunately, throughout our nation's history, little value was given at times to individual human lives. Too often, people were seen simply as a means, rather than a goal and a mission for development. (…) We must treasure every individual."[1132] Als wesentliche Bedürfnisse werden zunächst der Schutz des Lebens und des Eigentums gesehen – nicht „Bürgerrechte" allgemein. Die Menschen können also nicht wie in einer westlichen Demokratie als „influential citizen" am politischen Entscheidungsprozess teilhaben. Ihnen wird eher die Rolle eines „participant subject"

1131 Wörtlich sagte Obama: „Russia is a regional power that is threatening some of its immediate neighbors not out of strength, but out of weakness." Obama, Barack (2014): Press Conference with President Obama and Prime Minister Rutte of the Netherlands, 25. März, Den Haag, unter: http://www.whitehouse.gov/the-press-office/2014/03/25/press-conference-president-obama-and-prime-minister-rutte-netherlands (26.03.2014).
1132 Putin, Vladimir (2013f): Meeting of the Valdai International Discussion Club, Rede sowie Frage und Antwort, 19. September, unter: http://eng.kremlin.ru/news/6007 (Zugriff 19.01.2014).

zugewiesen. Bürgerrechte mögen zu einer späteren Phase der gesellschaftlichen Entwicklung bedeutsamer werden. Wer Eigentum aufgebaut hat, will es geschützt wissen vor Korruption und Rechtsmissbrauch. Die Entwicklung von Rechtssicherheit wiederum bedingt eine gewisse politische Mitgestaltung. Ein Entwicklungsprozess, der in Ansätzen in den stärker westlich geprägten Metropolen Moskau und Sankt Petersburg beobachtbar ist. Große Demonstrationen im Umfeld der letzten Duma- sowie Präsidentschaftswahl zeigten auf, dass sich, vor allem in diesen Städten, erneut eine Schere zwischen Ist-Zustand und wünschenswertem Zustand öffnet.

Das ausgeprägte Streben nach Sicherheit lässt es sinnvoll erscheinen, sich seitens des Kremls rechtzeitig dieser Entwicklung anzunehmen, bevor es erneut zu einer Revolution kommt. Revolutionen hat Russland bereits zu viele schmerzvoll durchlaufen. Da Russland gleichzeitig aber auch stark besorgt über äußere Einmischungen im Namen der Demokratieförderung ist, möchte Putin von außen kommende, die gesellschaftlichen Entwicklungsprozesse bestimmende Faktoren kontrollieren, nicht aber die Entwicklungsprozesse als solche unterbinden.[1133] Auch er weist darauf hin, dass bei allen Reformen zu berücksichtigen sei, dass Moskau und Sankt Petersburg nicht repräsentativ für das Land sind. Aus Sicht der strategischen Kultur bedeutet dies, dass die gesellschaftlichen Strömungen dieser Städte nur eine Subkultur darstellen – eine Subkultur, der die Elite bestimmenden Einfluss verwehrt. Ob dies zu Recht geschieht, sei an dieser Stelle dahingestellt. Aus Gründen der inneren Stabilität, von der wiederum die gesamte Gesellschaft profitiert, erscheint dies zumindest aus dem Blickwinkel der strategischen Kultur Russlands gerechtfertigt.

Die veränderten Präferenzen der strategischen Kultur bedeuten auch, dass der Ausgleich mit dem Westen vom Kreml als strategische Aufgabe gesehen wird. Nur so können innere und äußere Stabilität gleichzeitig gewährleistet werden. Diese Bewertung bedeutet im Umkehrschluss aber nicht, dass Russland

---

1133 Beim Treffen des Valdai Clubs sagte er: „A true civil society and a true, nationally-focused political elite, including the opposition with its own ideology, values and standards for good and evil – their own, rather than those dictated by the media or from abroad – can only grow through effective self-governing mechanisms. The government is prepared to trust self-regulating and self-governing associations, but we must know whom we are trusting. This is absolutely normal global practice, which is precisely why we have passed new legislation to increase the transparency of nongovernmental organisations." Putin, Vladimir (2013f): Meeting of the Valdai International Discussion Club, Rede sowie Frage und Antwort, 19. September, unter: http://eng.kremlin.ru/news/6007 (Zugriff 19.01.2014).

bereit ist, jeden Preis dafür zu bezahlen. Wenn es seine äußere Sicherheit nicht mehr gewährleistet sieht oder konträr zu den Ausprägungen andere Parameter der strategischen Kultur handeln müsste, wird es vermutlich zu alten Mustern zurückkehren. Politiken, die konträr zu den Präferenzen der strategischen Kultur sind und sich somit unmittelbar auch gegen die bestimmenden Träger der strategischen Kultur, vor allem die Eliten, richten, führen nahezu unweigerlich zu andauernden Friktionen. Erschwerend kommt bei der Gestaltung der Russlandpolitik hinzu, dass sich Russland immer noch in einer schwelenden Identitätskrise befindet. In einer solchen Phase besteht ein Hang zur Idealisierung der eigenen Geschichte. Dies führt zu Konflikten mit Russlands Nachbarn, die die gemeinsame Geschichte oftmals gänzlich anders bewerten und es führt dazu, und dies ist weitaus bedeutsamer, dass frühere Präferenzen der strategischen Kultur wiedererweckt beziehungsweise wachgehalten werden.

Russlands Prägung für einen starken Staat und eine autoritäre Führung blieb durch die Ereignisse Anfang der 1990er Jahre weitgehend unverändert. Um den Raubtierkapitalismus (Freiheit ist die Freiheit des Stärkeren) der damaligen Zeit in den Griff zu bekommen, gab die strategische Kultur als geeignete Lösung einen nach innen starken Staat vor. Aber auch ein starker Präsident wie Vladimir Putin benötigt eine Ratifikation seiner Handlungen, also die politische Zustimmung zu seinen Entscheidungen und Verhandlungsergebnissen, wobei sein eigentlicher Gegner dabei nicht die Opposition ist. Diese wird absehbar nicht zustimmen. Vielmehr sind es die Vetospieler im eigenen Lager, die seinen Erfolg verhindern können, und informelle Vetospieler wie Großunternehmen und Lobbygruppen sowie die Öffentlichkeit, deren Meinung zunehmend auch durch internationale Medien geprägt wird. Der russische Präsident tut also gut daran, sein Regierungshandeln an der strategischen Kultur seines Landes auszurichten, um möglichst wenig Angriffsfläche für andere Akteure zu bieten. Er wird somit selbst zum obersten Träger und Wahrer der strategischen Kultur. Putin ist sich bewusst, dass er aus seiner Position heraus die strategische Kultur bestenfalls langsam modifizieren kann. Er sagt selbst: „We also understand that identity and a national idea cannot be imposed from above (…) Such a construction is very unstable and vulnerable"[1134]. Die strategische Kultur bewirkt, dass es nicht damit getan ist, Interessengruppen, politische Parteien und Medien aufzubauen sowie Rechtsnormen zu setzen. Solange deren innere Wirkprinzipien und Normen

---

1134 Putin, Vladimir (2013f): Meeting of the Valdai International Discussion Club, Rede sowie Frage und Antwort, 19. September, unter: http://eng.kremlin.ru/news/6007 (Zugriff 19.01.2014).

nicht mit den Präferenzen der strategischen Kultur im Einklang stehen, werden sich Verfassungsnorm und Verfassungswirklichkeit unterscheiden. Übertragen auf die Entwicklung, die die Russische Föderation während der beiden letzten Jahrzehnte nahm, ist unschwer zu erkennen, dass gleich mehrere von Sundhaussen identifizierten Voraussetzungen für eine erfolgreiche Transformation nicht erfüllt sind.[1135] Es bestand weder in der Bevölkerung noch bei den Eliten Konsens über das angestrebte Ziel der Transformation. Die Verfassung beschreibt ein demokratisches Präsidialsystem – die gelebte Verfassungswirklichkeit ist aus westlicher Sicht weit davon entfernt. Die Bevölkerung war sich nicht der Widersprüche verschiedener Teilziele bewusst, das Tempo des Veränderungsprozesses überforderte große Teile der Bevölkerung und eine Mittelschicht im soziologischen Sinne, also eine neue, Mitsprache einfordernde Subkultur mit einer modifizierten strategischen Kultur, ist erst langsam im Entstehen. In diesem Punkt decken sich die Erkenntnisse dieser Studie mit den Erkenntnissen von Untersuchungen zur Transformation von Staaten. Im Allgemeinen wird die Bedeutung von Institutionen überschätzt. Soziokulturelle Traditionsbestände einer Gesellschaft wiegen schwerer (siehe S. 236 ff).

Der nach innen starke Staat setzte zu seiner Festigung in den letzten Jahren stark auf nationalistische Rhetorik. In der Praxis politischen Handelns hingegen spiegelte sie sich nicht im gleichen Umfang wieder. Dennoch ist – allein aufgrund des möglichen Eingangs der Rhetorik in die strategische Kultur – die Gefahr eines aufflackernden Ethnonationalismus real. Ein stark ausgeprägter Nationalismus in einem multiethnischen Staat gefährdet aber dessen innere Stabilität. Er ist kontraproduktiv zur Erreichung der langfristigen Ziele. Deshalb wird, um den Zusammenhalt der Gesellschaft zu gewährleisten, zunehmend auf identitätsstiftende Bilder – und damit Normen und Werte – aus der Geschichte zurückgegriffen. Die Bedeutung der strategischen Kultur wird deshalb für die Entwicklung der Gesellschaft, aber auch der Gestaltung der Außen- und Sicherheitspolitik, noch weiter steigen. Strategische Kultur ist also, anders als von Elkins und Simeon behauptet[1136], mehr als nur ein Erklärungsansatz zweiter Ordnung.

1135 Vgl. Sundhaussen, Holm (1995): Die „Transformation" Osteuropas in historischer Perspektive oder: Wie groß ist der Handlungsspielraum einer Gesellschaft?, in: Transformation sozialistischer Gesellschaft: am Ende des Anfangs, Serientitel Leviathan, Sonderheft Nr. 15, Hrsg. Wollmann, Hellmut / Wiesenthal, Helmut / Bönker, Frank, Westdeutscher Verlag, Wiesbaden, S. 86-88.
1136 Vgl. Elkins, David J. / Simeon, Richard E.B. (1979): A Cause in Search of Its Effects, or What Does Political Culture Explain?, in: Comparative Politics, Vol. 11, Nr. 2., S. 139.

Expansionistische/imperialistische Rhetorik ist im heutigen Russland der strategischen Kultur entsprechend eher schwach ausgeprägt. Wie gezeigt wurde, sprechen auch die Ereignisse in Georgien und der Ukraine nicht gegen diese Erkenntnis. Zwar können in beiden Fällen ganz wesentliche Elemente imperialer Politik (Kontrolle von Peripherien, Puffer- und Einflusszonen, …) beobachtet werden, doch handelt es sich dabei nicht um klassische imperiale Politik. Historiker die dies behaupten machen den gleichen Fehler wie Neorealisten – sie gehen von beobachtetem Verhalten und nicht von Motiven aus. Eine von einer wissenschaftlichen Imperiumsdefinition abgeleitete Politikempfehlung würde sich folglich nur auf das Symptom ausrichten – und wäre in der konkreten Situation für eine Konfliktmoderation kontraproduktiv. Deutlich ist aber das russische Streben, eine Großmacht zu sein. Es beinhaltet das Streben nach einer internationalen Ordnung, in der Russland und die USA beide einen Platz haben und Russland sich nicht vermeintlich der Förderung von Unruhen und Revolutionen von außen erwehren muss. Ein wesentlicher Unterschied zu den Zeiten des Kalten Krieges ist, dass die geopolitische Rivalität aus russischer Sicht nicht mehr die gänzliche Verdrängung des Anderen beinhaltet.

Für die Beantwortung der Frage „Wie gehen wir mit Russland um?" ist es von zentraler Bedeutung zu wissen, welche Motivation sich hinter Russlands Handlungen verbirgt. Ist sein Großmachtstreben motiviert durch expansionistisches Streben beziehungsweise das machtpolitische Interesse, sich als ein gewichtiger Pol in einer multipolaren Welt zu positionieren oder überwiegen andere Erwägungen wie die kulturalistisch verankerte Präferenz, international auf Augenhöhe wahrgenommen zu werden oder handelt es sich eher um ein innenpolitisch motiviertes Bestreben, den von der Bevölkerung eingeforderten „starken Staat nach innen wie nach außen" darzustellen? Diese Studie kommt zu dem *Ergebnis*, dass sich ein *Bruch der über Jahrhunderte hinweg konsistenten strategischen Kultur* auch in diesem Bereich abzeichnet. Russlands Großmachtstreben wird somit heute nicht primär aus (neo-)realistischen Motiven gespeist. Vielmehr überwiegt sowohl innen- als auch außenpolitisch das kulturalistisch bedingte *Streben nach Anerkennung*. Präventive westliche Diplomatie müsste zudem auch das neue, nicht imperiale Verständnis von Großmacht berücksichtigen. Zentral ist dabei die Befriedigung des russischen Strebens nach Anerkennung und Achtung. Russland ist bereit zu kooperieren – aber eben nur auf Augenhöhe (auch wenn es diese nicht wirklich hat). Dies erfordert eine frühzeitige Einbindung Russlands in alle politischen Entscheidungsprozesse zu globalen und regionalen Fragen. Russland vor vollendete Tatsachen zu stellen, bewirkte bislang eine nahezu reflexhafte Abwehrhaltung. Politische Prozesse wurden oft unnötig blockiert.

Für eine konfliktsensible Politik gegenüber Russland bedeutet dies, dass ein kooperativer Politikansatz am erfolgversprechendsten ist. Dieser darf sich nicht nur in Worten begrenzen. Es kann aber nicht davon ausgegangen werden, dass Russland künftig stets die Position des Westens teilt, dafür sind die strategischen Kulturen und hierdurch bestimmte Interessen zu unterschiedlich, aber es werden mit wachsendem Vertrauen zunehmend „Erfolgserlebnisse" zu verzeichnen sein. Im Falle eines Dissenses sollte Kritik an Russland gesichtswahrend vorgebracht werden. Es ist das gute Recht eines souveränen Staates, eine andere Position als der politische Westen zu vertreten. Zu häufig weiß der Westen, auch wenn die Wahrnehmung eine andere ist, bereits gegenwärtig nicht mehr die Mehrzahl der Staaten hinter sich (siehe hierzu Kapitel 5.4 „Pluralismus im internationalen System", S. 366). Einerseits werden Vorleistungen des Westens erforderlich sein, um zerstörtes Vertrauen wieder aufzubauen, andererseits muss von Russland eine verantwortliche Politik in der Region eingefordert werden. Es gilt, Probleme im Geiste Egon Bahrs pragmatisch anzugehen und nicht Russland erziehen zu wollen. Geopolitischem Denken der USA, das – bewusst oder unbewusst – immer noch von den Theorien Mackinders und Spykmans geprägt ist, müssen die Europäer im eigenen Interesse entgegentreten. Sollte Russlands Großmachtstreben künftig wieder primär durch ein Streben nach Sicherheit motiviert sein, bedeutet dies eine Verfestigung der Systemgegensätze. Westliche Russlandpolitik sollte darauf abstellen, die Parameter, die sich geändert haben, positiv zu verstärken und eigene Handlungen, die eine Rückkehr zu alten Mustern provozieren können, zu meiden.

In Russland findet sich eine Mischung aus fortbestehenden und neuen Elementen der strategischen Kultur. Die strategische Kultur befindet sich in einer Evolution, die dynamischer ist als in Phasen kontinuierlicher politischer Entwicklungen. Wird in einer solchen Phase mit Druck interveniert, so wird dies durch die Brille der russischen strategischen Kultur wahrgenommen als alte fortdauernde existenzielle Bedrohung. Damit wird der stattfindende Wandel der strategischen Kultur blockiert und auf alte Muster zurückgeworfen. Selbst in der Ukrainekrise, die, wie gezeigt wurde, nicht durch ein *„Sammeln der sowjetischen Erde"* motiviert ist, bewirkt der Aufbau von Druck mit hoher Wahrscheinlichkeit das Gegenteil des Erwünschten. Sanktionen, die die nationalen Wohlfahrtsziele gefährden, führen über die Präferenz, eine respektierte Großmacht zu sein, unmittelbar zu einem überbordenden Patriotismus. Traditionelle Muster der strategischen Kultur würden greifen. Der Gedanke an *„Mütterchen Russland"*, ein uraltes Symbol für kollektives Zusammenhalten der Nation in Zeiten der Gefahr und Not, könnte von den Eliten leicht wieder erweckt werden. Alte Muster der strategischen Kultur werden wachgerufen, die nicht zu einer friedlichen Konfliktbeilegung beitragen. Die gesellschaftliche Entwicklung des Landes könnte weit zurückgeworfen werden.

Für Russland war stets das Gefühl, bedroht zu sein, ein leitendes Handlungsmotiv. Nur wenn dieser Druck über einen langen Zeitraum hinweg nicht mehr wahrgenommen wird, besteht die Hoffnung auf eine „unverkrampfte" Entwicklung des Landes. Erst aus dem Gefühl der Sicherheit heraus wird es Russland möglich sein, substantielle Reformen einzuleiten. Die Notwendigkeit von Reformen wird von der Elite sehr wohl gesehen. Denn nur so ist eine nachhaltige Entwicklung des Landes möglich. Die Bestätigung des Bedrohungsempfindens führt hingegen zu einer Fortschreibung der in der strategischen Kultur verankerten Präferenzen. Aus dem Blickwinkel der strategischen Kultur betrachtet, ist Russland gegenwärtig erst dabei zu lernen, mit seiner neuen Rolle auf der internationalen Bühne und mit seinen neuen Nachbarn umzugehen. Es muss erlernen, dass Sicherheit weniger durch eine hegemoniale Position als vielmehr durch Kooperation mit der Umwelt erreicht wird.

Klassisch-westliches, rationales Kosten-Nutzen-Denken kann in der Ukrainefrage von russischer Seite nicht erwartet werden. Moskau war sich bereits zu Beginn der Krise im Klaren, dass es gegebenenfalls einen sehr hohen Preis zu zahlen haben würde – und handelte dennoch. Wie der polnische Verteidigungsminister Siemoniak davon zu sprechen, es gäbe eine neue *Putin-Doktrin*, die es Russland erlaube, in jedem Land mit russischsprachigen Bürgern zu intervenieren, falls diese nach Auffassung Moskaus in Gefahr seien[1137], zeugt von Unkenntnis der langjährigen russischen Debatte zu diesem Punkt. Sowohl die Eliten als auch die breite Bevölkerung waren all die Jahre bereit, diesen Schutz zu gewähren. Es ist nicht realistisch, von einer Ethnie zu erwarten, sich nicht für ihre Angehörigen einzusetzen, nur weil eine Grenze sie trennt. Die Frage ist also primär, ob es gelingt, eine missbräuchliche Instrumentalisierung dieser nationalen/ethnischen Minderheiten zu vermeiden. Damit die Wahrscheinlichkeit einer Instrumentalisierung der russischen Minderheiten deutlich gesenkt wird,

---

1137 Die Washington Post schreibt: „The strongest impetus, he [Siemoniak im Interview mit der Post] said, is not even Russia's illegal annexation of Crimea, but President Vladimir Putin's bald lies about Russian actions there and his exposition of a new doctrine allowing Russia to intervene in any country where Russian-speaking populations are, in Russia's judgment, under threat." Hiatt, Fred (2014): U.S. ground troops going to Poland, defense minister says, Interview mit Tomasz Siemoniak, The Washington Post, 18. April, unter: http://www.washingtonpost.com/blogs/post-partisan/wp/2014/04/18/u-s-ground-troops-going-to-poland-defense-minister-says/ (Zugriff 09.08.2014).

bedarf es (1) in den Nachbarstaaten der Bereitschaft der Gesamtgesellschaft, also der Minderheit *und* der Mehrheit, kooperativ zusammenzuarbeiten, (2) eines vollumfänglichen Minderheitenschutzes auf der rechtlichen Normenebene in dem jeweiligen Land, (3) wirksamer Mechanismen, diesen Schutz auf internationaler Ebene einzufordern, (4) internationaler Gremien, die dem schützenden Staat Möglichkeiten geben, Forderungen in einem multilateralen Rahmen mit Aussicht auf Erfolg, gegebenenfalls unter Zuhilfenahme eines verbindlichen Schiedsgerichts, vorzubringen. An dieser Stelle kann nicht die Diskussion über den Minderheitenschutz in Europa geführt werden. Offensichtlich aber ist, dass, solange es noch „Nicht-Bürger" in der EU gibt, einiges im Argen liegt. Pseudo-Referenden über die Einführung von Minderheitensprachen stellen dabei noch das kleinere Problem dar. Sie können in einem angespannten Klima, also gerade dann wenn der Minderheitenschutz am wichtigsten ist, nicht gegen eine nationale Mehrheit gewonnen werden, erst recht nicht, wenn große Teile der betroffenen Minderheit noch nicht einmal wahlberechtigt sind.[1138]

6.3 Probleme im gemeinsamen Umgang

Wenn aufgrund der Ukrainekrise geschrieben wird, die Geopolitik sei zurück[1139], so wurde in dieser Arbeit sehr deutlich gezeigt, dass zumindest die Vordenker der amerikanischen Außen- und Sicherheitspolitik sie nie aus den Augen verloren hatten. Offensichtlich müssen nicht nur die Russische Föderation, sondern auch die westlichen Staaten, allen voran die USA, einen

---

1138 Georg Brunner, ein international anerkannter Rechtswissenschaftler, bezeichnet den internationalen Minderheitenschutz als „ausgesprochen kärglich". Hoffnungen, dieser würde nach dem Zusammenbruch der osteuropäischen kommunistischen Diktaturen ausgebaut werden, hätten sich nicht erfüllt. Es sei unrealistisch, eine substanzielle Fortentwicklung des internationalen Minderheitenschutzes zu erwarten. Es bliebe nur zu hoffen, dass einzelne Staaten dies aus eigenem Antrieb tun und ihren Minderheiten einen umfangreicheren Schutz gewährten, als sie durch das Völkerrecht verpflichtet seien. Vgl. Brunner, Georg (2001): Internationaler Minderheitenschutz, Forschungsprojekt des Instituts für Ostrecht der Universität zu Köln, Leitung: Nußberger, Angelika, erstmals erschienen in: Der Donauraum, Nr. 3, Böhlau Verlag, unter: http://www.uni-koeln.de/jur-fak/ostrecht/minderheitenschutz/startseite.htm (Zugriff 19.04.2014).
1139 Beispielsweise Mead, Walter Russell (2014): The Return of Geopolitics, The Revenge of the Revisionist Powers, in: Foreign Affairs, May/June, unter: http://www.foreignaffairs.com/articles/141211/walter-russell-mead-the-return-of-geopolitics (Zugriff 04.05.2014).

Lernprozess durchlaufen – denn auch sie sind Gefangene ihrer jeweiligen strategischen Kultur.

Die Krise in der Ukraine birgt die große Gefahr, dass sich auf beiden Seiten nicht neue Konfliktlösungsmuster herausbilden und in der strategischen Kultur verankern, sondern im Gegenteil alte Konfliktmuster erneut, also bestärkend, gelernt werden. Dies bedeutet, dass auch wenn nach Putins Einschätzung niemand einen neuen Kalten Krieg führen möchte,[1140] es dennoch dazu kommen kann. Eine solche Entwicklung ist vor allem aus russischer Sicht denkbar, da Moskau den Westen wieder und wieder vor einer Einmischung in seine Kerninteressensphäre gewarnt hat. Dabei wurden von Mal zu Mal die Töne deutlicher. Doch der Westen zog es vor, diese Warnungen in den Wind zu schlagen. Zu oft hatte Russland in den vergangenen Jahren laut protestiert, so im Falle der NATO-Osterweiterung, so im Falle Kosovo, aber nie hart reagiert. Die Selbstsicherheit des Westens war so groß, dass man im Falle der Ukraine sogar meinte, Vorschläge zu einer gemeinsamen Erörterung der wirtschaftlichen Einbindung der Ukraine brüsk wegwischen zu können. Zudem war nicht nur eine nähere wirtschaftliche Kooperation, sondern auch eine politische Integration der Ukraine in den Westen beabsichtigt. Dabei hatte Russland stets darauf hingewiesen, dass jeder Akteur sich in seiner Einflusssphäre wirtschaftlich betätigen könne, solange er sich nicht politisch in die inneren Angelegenheiten der Staaten einmische.

Fünf Milliarden Dollar für Demokratieförderung in der Ukraine alleine aus dem amerikanischen Haushalt, wie Victoria Nuland in einem CNN-Interview eingeräumt hatte,[1141] waren aus Sicht Moskaus genau eine solche unerwünschte Einmischung. Die junge Bevölkerung eines russischen Brudervolkes sollte sich nach Westen orientieren und von Moskau abgespalten werden. Aus russischer Sicht stellte dies einen Casus Belli dar. Vor dem Hintergrund der strategischen Kultur Russlands war eine heftige Reaktion erwartbar. Wie John Ikenberry schreibt, hat die Verbreitung der Demokratie dazu geführt, dass Russland geopolitische Kontrolle seiner Nachbarschaft nur mit den hergebrachten Methoden der Machtausübung erreichen kann. Dieser Ansatz sei teuer und selbstzerstörerisch.[1142] Er steht damit im Gegensatz zu der strategischen Kultur des Landes,

---

1140 Vgl. Putin, Vladimir (2014g): Meeting with heads of leading international news agencies, 24. Mai, unter: http://eng.kremlin.ru/news/7237 (Zugriff 26.05.2014).
1141 Vgl. Nuland, Victoria (2014): Interview With Christiane Amanpour on CNNI's Amanpour, 21. April, unter: http://www.state.gov/p/eur/rls/rm/2014/apr/225076.htm (Zugriff 04.05.2014).
1142 Vgl. Ikenberry, John G. (2014): The Illusion of Geopolitics. The Enduring Power of the Liberal Order, in: Foreign Affairs, Vol. 93, Nr. 3, Mai/Juni, S. 86.

wie sie sich nach dem Zusammenbruch der Sowjetunion entwickelt hat. Nur in dieser als innerrussisch empfundenen Krisenlage, die als eine der letzten Nachwehen des Zerfalls der Sowjetunion bezeichnet werden kann, war folglich Moskaus heftige Reaktion erwartbar. Sie ist, wie in dieser Studie deutlich wurde, kein Beleg für ein anti-westliches, imperiales Russland. Moskaus Erfahrungen aus der Ukrainekrise werden ihm offenbaren, dass eine Politik des Zwangs gegenüber seinen Nachbarn langfristig eher zu einer Reduzierung seines Einflusses führen wird und daher seinen ureigenen Präferenzen widerspricht.

Wenn der amerikanische Außenminister John Kerry, NATO- Generalsekretär Anders Fogh Rasmussen und viele andere behaupten, die Ukrainekrise sei ein Zeichen dafür, dass die NATO und ihre Mitgliedstaaten dringend wieder mehr für Verteidigung ausgeben müssten, so übersehen sie, dass bereits gegenwärtig die NATO mehr als 50 Prozent der weltweiten Rüstungsausgaben auf sich vereint, während die Russische Föderation nur für fünf Prozent steht. Bei einer solch' eklatanten Diskrepanz werfen sich eher aus russischer Sicht Fragen hinsichtlich der geopolitischen Intentionen der Führer der westlichen Welt auf. Und tatsächlich formulierte der amerikanische Außenminister unumwunden, worum es den USA in der Ukrainekrise tatsächlich geht: „The fact is that our entire model of global leadership is at stake."[1143]

Dem widerspricht die Analyse des früheren israelischen Außenministers Shlomo Ben-Ami, der Putins Außenpolitik eher als eine Reaktion auf Russlands geopolitische Marginalisierung als den Schlachtruf einer aufsteigenden Großmacht versteht.[1144] John Ikenberry folgert, dass Russland keine ernsthaft revisionistische Macht sei. Im Zeitalter einer liberalen Ordnung sei eine revisionistische Politik „a fool's errand". Russland habe aber ohnehin keine Vision einer alternativen Weltordnung. Dies stellt russischerseits eine wesentliche Veränderung der Politik gegenüber der Zeit des Kalten Krieges dar. Ikenberry betont aber, dass sich amerikanischerseits nach dem Ende des Kalten Krieges nichts an der Verknüpfung von Geopolitik und Ordnungspolitik verändert hat. Amerika setze sich dabei weniger aus Idealismus als aus pragmatischen Gründen für weltweite Prinzipien ein. Diese dienten vor allem dazu, die verschiedenen

---

1143 Kerry, John (2014): Remarks at the Atlantic Council's "Toward a Europe Whole and Free" Conference, 29. April, Washington, D.C., unter: http://www.state.gov/secretary/remarks/2014/04/225380.htm (Zugriff 01.05.2014).
1144 Zitiert nach Ikenberry, John G. (2014): The Illusion of Geopolitics. The Enduring Power of the Liberal Order, in: Foreign Affairs, Vol. 93, Nr. 3, Mai/Juni, S. 87.

Weltregionen für Handel und Diplomatie offen zu halten.[1145] Damit führen die USA ihre spätestens mit der Schaffung von Bretton Woods und der Weltbank eingeleitete Politik fort. Es stellt sich jedoch die Frage, ob in der heutigen Zeit amerikanische Ziele ausschließlich durch die Verknüpfung von Geopolitik und universalen Prinzipien durchsetzbar sind.

Deutschland, zu dessen langfristigen Kerninteressen die Verwirklichung einer gesamteuropäischen Friedensordnung zählt, sollte sich nicht von seinem Ziel abbringen lassen. Der Weg dorthin kann, wie die Analyse der strategischen Kultur zeigt, nicht durch das Beschreiten einer neuen alten Eskalationsspirale erfolgen, sondern ausschließlich durch einen kooperativen Sicherheitsansatz. Ein solcher Ansatz muss auch akzeptieren, dass andere Staaten Kerninteressen haben und ihr Eintreten für diese legitim ist. Kooperative Sicherheit wirkt auf die Ausgestaltung der Interessenverfolgung des Partners ein. Kooperative Sicherheit setzt dabei auf Verhandlungslösungen und vermeidet, den Verhandlungspartner in eine Situation zu bringen, in der er – vor dem Hintergrund seiner strategischen Kultur – nur noch nicht-kooperative Handlungsansätze als Lösung erkennt.

Sollte es tatsächlich, wie Peter Baker schreibt, Präsident Obamas Langfriststrategie sein, Russland zu isolieren, indem es von seinen wirtschaftlichen und politischen Verbindungen abgeschnitten und damit zu einem „pariah state" gemacht wird,[1146] so legt die strategische Kultur des Landes eine Wiederholung der jüngeren russischen Geschichte nahe. „Bestenfalls" kommt es zu einer baldigen wirtschaftlichen Implosion der Russischen Föderation. Ob sich dieser Zerfall genauso geräuscharm vollziehen wird wie der Zerfall der Sowjetunion, darf in

---

1145 Vgl. Ikenberry, John G. (2014): The Illusion of Geopolitics. The Enduring Power of the Liberal Order, in: Foreign Affairs, Vol. 93, Nr. 3, Mai/Juni, S. 83-90.

1146 Vgl. Baker, Peter (2014): In Cold War Echo, Obama Strategy Writes Off Putin, in: The New York Times, 19. April, unter: http://www.nytimes.com/2014/04/20/world/europe/in-cold-war-echo-obama-strategy-writes-off-putin.html?_r=0 (Zugriff 07.05. 2014). Präsident Obamas Worte in seiner als „*Obama-Doktrin*" bekannt gewordenen Rede in West Point scheinen Peter Bakers Analyse im Nachhinein zu bestätigen: „Our ability to shape world opinion helped isolate Russia right away. Because of American leadership, the world immediately condemned Russian actions; Europe and the G7 joined us to impose sanctions; NATO reinforced our commitment to Eastern European allies; the IMF is helping to stabilize Ukraine's economy; OSCE monitors brought the eyes of the world to unstable parts of Ukraine." Obama, Barack (2014b): Remarks by the President at the United States Military Academy Commencement Ceremony, 28. Mai, West Point, New York, unter: http://www.whitehouse.gov/the-press-office/2014/05/28/remarks-president-west-point-academy-commencement-ceremony (Zugriff 28.05.2014).

Zweifel gezogen werden. Im schlimmsten Fall kommt es zu einer dauerhaften, die Wohlfahrt der westlichen Hemisphäre ebenfalls massiv schadenden Wiederholung des Kalten Krieges. Eine demokratische Entwicklung des Landes dürfte in beiden Szenarien sehr unwahrscheinlich sein. Alte und stark verankerte Präferenzen der strategischen Kultur kämen vermutlich wirkmächtiger hervor als zuvor. Das Vorgehen Obamas widerspricht eindeutig der strategischen Kultur Russlands. Aber auch die von Charles Kupchan identifizierte Bedingung für einen stabilen Frieden, Rivalitäten nicht durch Isolation oder Eindämmung, sondern durch Verhandlungen und gegenseitigem Entgegenkommen zu beenden,[1147] wird nicht berücksichtigt.

Bewusst sein sollten sich Deutschland als auch die anderen Staaten des politischen Westens, dass sie kein Interesse an einem instabilen Russland haben können – die Risiken der Instabilität in einem Raum der Größe der Russischen Föderation würden die Fähigkeiten des westlichen Krisenmanagements hoffnungslos überfordern. Selbst ein Sturz Putins birgt eher die Gefahr einer Machtergreifung radikaler Elemente, als die Chance eines demokratischen Wandels. Die Analyse der strategischen Kultur Russlands offenbart, dass es ein grober Fehler wäre, die Außen- und Sicherheitspolitik der Russischen Föderation als einzig durch Putin und seinen engsten Führungszirkel definiert zu verstehen. Selbstverständlich wird die Politik in diesem Kreis gemacht, aber sie ist in weiten Teilen auf die von Eliten und Bevölkerung geteilten Präferenzen zurückzuführen. Kritiker mögen einwenden, die Haltung der Bevölkerung sei einzig durch die von Putins Getreuen gelenkten Medien beeinflusst. Diese Sichtweise greift zu kurz. Denn das in den Medien verbreitete Weltbild bedient vorwiegend die in der strategischen Kultur verankerten Präferenzen – ein Prozess, der letztlich auch der Legitimation der Eliten dient. Die Medien aber verändern die strategische Kultur nicht im Auftrag des Kremls. Die vom Westen „erwünschten" Präferenzen konnten sich bereits Anfang der 1990er Jahre nicht gegen die vorherrschende Prägung der strategischen Kultur durchsetzen. Vielmehr legen die Ergebnisse dieser Studie nahe, dass der Schriftsteller und Kremlkritiker Victor Erofeyev Recht hatte, als er wiederholt darauf hinwies, dass Putin in seinen Ansichten liberaler sei als 80 Prozent der Russen.[1148]

1147 Vgl. Kupchan, Charles A. (2010b): How Enemies Become Friends, The Sources of Stable Peace, Hrsg. Council on Foreign Relations, Princeton University Press, Princeton/Oxford, S. 13.
1148 Vgl. Erofeyev, Victor (2011): Putin? Oh, What a Surprise!, in: The New York Times, 26. September, unter: http://www.nytimes.com/2011/09/27/opinion/27iht-ederofeyev27.html?_r=1&pagewa& (Zugriff 02.05.2014) und (2013): Stalin Is 'Embedded

Eine Eskalation der Sanktionen gegenüber Russland fördert die Instabilität Russlands. Zudem müssten wir, wie Egon Bahr es ausgedrückt hat, „doch irgendwann das wieder aufbauen, was wir unter Umständen kaputtgemacht haben, weil wir Sanktionen verhängt haben, von denen wir wussten, sie sind falsch."[1149] Bei der Frage der Sanktionen wird häufig auch nicht bedacht, dass sie unsere ureigenen deutschen Interessen gefährden. Sanktionen, die auch in der EU zu einem Rückgang der Wirtschaft vergleichbar der Wirtschaftskrise 2008/2009 führen, gefährden das Projekt eines einheitlichen europäischen Währungsraumes, wenn nicht sogar den Zusammenhalt der Europäischen Union an sich. Noch einmal könnten die europäischen Staaten, allen voran Deutschland, nicht die Mittel zu dessen Stabilisierung aufbringen. Die Reserven sind verbraucht.

Die unberechenbaren Folgen russischer Instabilität begrenzen auch alle Ambitionen, Europa aus der Abhängigkeit von Russlands Energie zu lösen. Würden sich Politiker wie Polens Ministerpräsident Tusk durchsetzen,[1150] bedeutete dies aufgrund stark sinkender russischer Deviseneinnahmen aus dem Export von Ressourcen nicht nur einen massiven Nachfrageeinbruch für deutsche/europäische Produkte, sondern auch erhebliche soziale Verwerfungen in Russland und in der Folge eine weitreichende Destabilisierung der gesamten Region.

Amerikanische Geopolitiker argumentieren, die Beherrschung des eurasischen Raumes durch eine Nation müsse verhindert werden, damit die USA sicher seien. Amerikanische Ökonomen argumentieren, es bedürfe weltweit offener Märkte, damit die amerikanische Wohlfahrt nicht gefährdet werde und sich keine gegen die USA gerichteten politischen Blöcke entwickelten. Amerikanische Politiker, die sich im Geiste Woodrow Wilsons sehen, argumentieren, die Idee der Demokratie müsse überall hin getragen werden, damit Friede zwischen den Nationen herrsche. Alle drei Argumentationsschienen sind von ihrer Grundidee zunächst defensiv, dienen dem Schutz Amerikas. In dem Aufeinanderprallen

---

In Our Genes', Interview in Spiegel Online International, 13. September, http://www.spiegel.de/international/europe/novelist-victor-erofeyev-says-stalin-in-genes-of-russia-a-921597.html (Zugriff 02.05.2014).

1149 Bahr, Egon (2014): Interview im Rahmen: Krim-Krise – Weg in einen neuen Kalten Krieg?, in Streitkräfte und Strategien, 23. März, unter: http://www.ndr.de/info/programm/sendungen/streitkraefte_und_strategien/streitkraeftesendemanuskript459.pdf (Zugriff 25.03.2014).

1150 Tusk unterbreitete der EU einen Fünf-Punkt-Plan, um das russische Gasmonopol aufzubrechen. Vgl. Tusk, Donald (2014): A united Europe can end Russia's energy stranglehold, in: Financial Times, 21. April, unter: http://www.ft.com/cms/s/0/91508464-c661-11e3-ba0e-00144feabdc0.html#axzz313yfS6qF (Zugriff 22.04.2014).

mit russischen Konzeptionen zur Gestaltung der internationalen Beziehungen und zur Entwicklung der Gesellschaft werden sie zwangsläufig als einengend und offensiv wahrgenommen. Tief in der strategischen Kultur verankerte Präferenzen und mit ihnen verbundene Reaktionsmuster werden angesprochen. Zwei Nationen, die beide vorrangig ihre Sicherheit gewährleisten wollen, also defensiv motiviert sind, stoßen offensiv aufeinander. Ein Weg aus diesem Dilemma kann nicht mittels klassischer Interessenspolitik, nicht durch ein System des Gleichgewichts der Mächte und erst recht nicht durch den Versuch, den jeweils anderen als Akteur auszuschalten, erreicht werden. Hierfür bedarf es der langfristigen und mühevollen Einübung kooperativer Sicherheitsansätze auf beiden Seiten. Den Weg dorthin zeigt der pragmatische Ansatz der deutschen Ostpolitik.

Haupthindernis einer gedeihlichen Kooperation sind die im politischen Westen immer noch weit verbreiteten Stereotypen, die die Russische Föderation mit der untergegangenen Sowjetunion gleichsetzen. Noch immer denken viele in der außen- und sicherheitspolitischen Elite wie Colin Gray, der zu Zeiten des Kalten Krieges schrieb: „It matters little in practice whether beneath the surface of a contemporary Soviet leader there lurks a Great Russian imperialist or a Marxist-Leninist ideologue."[1151] Selbst mehr als 40 Jahre nach Erscheinen von George Kennans Artikel „The Sources of Soviet Conduct" bezog sich Colin Gray auf das Papier, als er gegen die Entspannungspolitik der 1980er Jahre argumentierte: „Neither friendly gestures nor even substantive U.S. accommodation of claimed Soviet interests would encourage a Soviet leader to redirect the nature of Soviet-American relations along a nonconflictual path."[1152] Diese Argumentation mag berechtigt sein, wenn man die marxistisch-leninistische Ideologie als bestimmende Triebfeder allen sowjetischen Handelns erachtet. Im 21. Jahrhundert davon auszugehen, kooperative Politikansätze würden auch langfristig zu nichts führen, übersieht, dass es keine das Handeln der russischen Elite bestimmende Ideologie mehr gibt und sich die strategische Kultur gewandelt hat. Das Verharren in alten Denkkategorien hat zur Folge, dass Fortschritt in den Beziehungen nur langsam und in kleinen Schritten erzielt werden kann. Kupchan weist darauf hin, dass es eventuell Jahrzehnte bedarf, um Feindschaft in Freundschaft zu wandeln. Geduld sei aber nichts, was Washington auszeichne.[1153]

1151 Gray, Colin S. (1988): The Geopolitics of Superpower, University Press of Kentucky, Lexington, S 94-95.
1152 Gray, Colin S. (1988): The Geopolitics of Superpower, University Press of Kentucky, Lexington, S. 96.
1153 Kupchan, Charles A. (2010a): Enemies Into Friends, How the United States Can Court Its Adversaries, in: Foreign Affairs, Vol. 89, Nr. 2, März/April, S. 133.

Die Bereitschaft, sich auf kooperative Politikansätze einzulassen, scheint stärker durch die unterschiedlichen strategischen Kulturen der westlichen Staaten geprägt zu sein. Während in Deutschland die Überzeugung vorherrscht, die Ostpolitik habe zum Wandel in Europa geführt, sind amerikanische Eliten mehrheitlich der Meinung, das Wiederaufleben der *Rollback-Politik* unter Reagan habe den Zusammenbruch des Sowjetsystems herbeigeführt. Deutschland und die USA haben hierdurch unterschiedliche Lösungsansätze in ihren strategischen Kulturen verankert. Dieses Dilemma hat Zbigniew Brzezinski deutlich beschrieben: „If the United States does not promote the emergence of an enlarged West, dire consequences could follow: (…) Russia could exploit its energy assets and, emboldened by Western disunity, seek to quickly absorb Ukraine, reawakening its own imperial ambitions and contributing to greater international disarray. With the EU passive, individual European states, in search of greater commercial opportunities, could then seek their own accommodations with Russia. One can envisage a scenario in which economic self-interest leads Germany and Italy, for example, to develop a special relationship with Russia. France and the United Kingdom could then draw closer while viewing Germany askance, with Poland and the Baltic states desperately pleading for additional U.S. security guarantees."[1154] Will der Westen gegenüber Russland eine einheitliche Politik vertreten, muss er offensichtlich erst einmal eine gemeinsame Sicht auf Russland entwickeln. Alle anderen Politikansätze führen zu einer verstörenden Kakophonie der Signale gegenüber Moskau. Die Mitgliedstaaten der Europäischen Union, auch wenn sie geopolitisches Denken einer vergangenen Zeit zuordnen, müssen sich dabei eingestehen, dass die USA als globale Macht stark durch ebendieses geopolitische Denken geprägt sind.

Eine solche gemeinsame Politik kann nicht alleine auf dem neorealistischen Ansatz der USA aufbauen. Eine solche Politik muss die Vielfalt der Ursachen bewaffneter Konflikte berücksichtigen, die Rudolf Augstein bereits 1981 während des Kalten Krieges treffend zusammenfasste: „Kriege entstehen meist nicht durch schiere Angriffslust einer Person oder Clique (…) Sie entstehen oft durch schiere Unkenntnis (…) Sie entstehen dadurch, daß man die Absichten, die Möglichkeiten, die Interessen des Gegners falsch einschätzt oder, aus ideologischer Voreingenommenheit heraus, schlicht ignoriert. Sie entstehen durch Unkenntnis der menschlichen Psyche, oder gar durch Nicht-wahrhaben-wollen,

---

1154 Brzezinski, Zbigniew (2012): Balancing the East, Upgrading the West. U.S. Grand Strategy in an Age of Upheaval, in: Foreign Affairs, Special Anniversary Issue, Januar/Februar, S. 100.

weil man ja eh schon alles gewußt hat."[1155] Gegenwärtig stellt insbesondere das Ignorieren beziehungsweise die Unkenntnis der russischen strategischen Kultur einen der wesentlichen Stolpersteine in den Beziehungen des Westens zu Russland dar. Eine nach amerikanischem Verständnis rationale neorealistische Analyse russischer Politik greift, wie gezeigt wurde, zu kurz.

Hinzu kommt, dass sich die amerikanische geopolitische Analyse verbindet mit der amerikanischen Eigenwahrnehmung, ein Wächter der internationalen Ordnung zu sein sowie dem Glauben, dass andere Kulturen entweder die amerikanischen Werte und strategischen Ansätze teilen oder teilen werden.[1156] Die Geschichte anderer Nationen als prägendes Element deren eigener strategischer Kultur wird nur allzu oft außer Acht gelassen. Kein Wunder, werden doch amerikanische Entscheidungsprozesse durch Personen dominiert, die ein geringes Verständnis für historische Werte haben. Sie beziehen sich in der Regel auf eigene persönliche Erfahrungen und bewerten jeden Vorgang isoliert nach den ihm innewohnenden Vorteilen. Beispielsweise wird seit den 1970er Jahren die politische Elite der USA zunehmend durch eine Subkultur der Juristen und Politiker, die in Recht ausgebildet sind, beherrscht. Deren Glauben sieht alle Völker als grundsätzlich rational. Zugleich wird der Bereich amerikanischer Außen- und Sicherheitspolitik bestimmt durch Personen, die Experten für innenpolitische Themen sind.[1157]

Eine Definition Europas, die Geografie und gemeinsame Geschichte außen vor lässt und sich ausschließlich an Begriffen wie Demokratie, Rechtsstaat und Zivilgesellschaft orientiert, grenzt aus. Sie mag bezogen auf die Europäische Union gelten, verhindert aber aufgrund ihrer Exklusivität die Entwicklung einer gesamteuropäischen Friedensordnung. Versteht man den Kalten Krieg als eine globale Konfrontation zwischen antagonistischen Systemen, so nimmt gegenwärtig aus nicht-westlicher Sicht das Vorantreiben des „normativen Projekts des Westens" ähnliche Züge an.[1158] Dieses Projekt wird, ob berechtigt oder unberechtigt, oftmals

---

1155 Augstein, Rudolf (1981): Also sprach Caspar Weinberger, in: Spiegel, Nr. 41, unter: http://magazin.spiegel.de/EpubDelivery/spiegel/pdf/14334886 (Zugriff 18.03.2014), S. 20.
1156 Vgl. Gray, Colin S. (1981): National Style in Strategy: The American Example, in: International Security, Vol. 6, Nr. 2, The MIT Press, S. 29, 38.
1157 Vgl. Gray, Colin S. (1981): National Style in Strategy: The American Example, in: International Security, Vol. 6, Nr. 2, The MIT Press, S. 43-45. Die so von Gray für die 1970er Jahre beschriebene Subkultur hat sich in ihren Wesenszügen erhalten und findet sich auch in der Bundesrepublik Deutschland des 21. Jahrhunderts wider.
1158 Dieser Begriff geht auf den Historiker Heinrich August Winkler zurück, der hierunter die „Ideen von unveräußerlichen Menschenrechten, der Herrschaft des Rechts,

als universales Herrschaftsstreben des Westens gewertet. Die Folgerungen, die sich aus dieser Wahrnehmung ergeben, können genauso katastrophal wie zu Zeiten des Kalten Krieges werden, wenn konfrontative statt kooperativer Ansätze die Politik des Westens bestimmen. Dabei beinhaltet die Akzeptanz von Multipolarität die Anerkennung der Unterschiedlichkeit „des Anderen". Diese Unterschiedlichkeit will Putin bewahren. Die Eurasische Wirtschaftsunion sieht er als ein Instrument, dieses Ziel zu erreichen: „The future Eurasian Economic Union (…) is not just a collection of mutually beneficial agreements. The Eurasian Union is a project for maintaining the identity of nations in the historical Eurasian space in a new century and in a new world. Eurasian integration is a chance for the entire post-Soviet space to become an independent centre for global development, rather than remaining on the outskirts of Europe and Asia."[1159] Die eurasische Integration baut in Putins Vorstellung also auf dem Prinzip der Vielfalt auf. Damit überträgt er die innerhalb Russlands erfolgreich angewandte Methode, den Regionen weitreichende kulturelle Autonomie zu gewähren, um hierdurch Kohäsion zu erzeugen.

Grundsätzlich bedeutet die Betonung der Unterschiedlichkeit nicht, dass die russische Bevölkerung anti-westlich eingestellt wäre. Faire, kooperative Beziehungen zu beiderseitigem Nutzen werden begrüßt, siehe Tabelle 19 „Beziehungen zum Westen".

Tabelle 19: Beziehungen zum Westen[1160]

Sind Sie der Meinung, dass Russland …	1999	2007	2013
gegenseitig vorteilhafte Beziehungen mit westlichen Staaten stärken sollte?	61	75	71
zum Westen auf Abstand bleiben sollte?	22	14	16
Schwer zu beantworten	17	11	13

---

der repräsentativen Demokratie und der Gewaltenteilung" versteht. Solange die unveräußerlichen Menschenrechte nicht weltweit gelten, ist in seinen Augen das normative Projekt des Westens unvollendet. Vgl. Tutsch Josef (2009): Normatives Projekt mit universalem Anspruch, über Heinrich August Winklers „Geschichte des Westens", Scienzz – Web-Plattform für die Welt der Wissenschaft, unter: http://www.scienzz.de/magazin/content138.html (Zugriff 22.04.2014).
1159 Putin, Vladimir (2013f): Meeting of the Valdai International Discussion Club, Rede sowie Frage und Antwort, 19. September, unter: http://eng.kremlin.ru/news/6007 (Zugriff 19.01.2014).
1160 Vgl. Levada (2013): Russian Public Opinion 2012-2013, From Opinion toward Understanding, Moskau, S. 178, Tabelle 22.10 (Auszug).

Damit sich eine Kooperation mit Russland gedeihlich entwickeln kann, ist auch das Streben nach Anerkennung zu befriedigen. Rudolf Augstein hat schon in Bezug auf die Sowjetunion darauf hingewiesen: „Es ist gefährlich, und gewiß weder dem Frieden noch Rüstungskontrollverhandlungen dienlich, den anderen als gewichtigen Partner nicht mehr ernst zu nehmen, oder ihn ständig als einen Koloß auf tönernen Füßen abzubildnern, wo man doch de facto ernsthaft mit ihm zu verhandeln vorgibt, wenn nicht gar vorhat."[1161]

Es stellt sich auch die Frage, wie sich die Polarität der Welt auf die Kooperationsbereitschaft des Westens auswirkt. Mearsheimer gelangte, da er ein bipolares System als die für einen dauerhaften Frieden eindeutig bessere Mächtekonstellation erkennt, bereits 1990 zu dem Ergebnis: „The West has an interest in maintaining peace in Europa. It therefore has an interest in maintaining the Cold War order, and hence has an interest in the continuation of the Cold War confrontation; developments that threaten to end it are dangerous."[1162] Dies bedeutet, dass auf amerikanischer Seite nicht nur geopolitisches Denken, sondern auch die multipolare Ausformung des internationalen Systems gegen eine echte Verhandlungsbereitschaft sprechen. Putin unterstellt den USA sogar, sie wollten nicht zurück zu einer bipolaren, sondern zu einer unipolaren Welt: „At the same time we see attempts to somehow revive a standardised model of a unipolar world and to blur the institutions of international law and national sovereignty."[1163] Eine solche unipolare Welt erfordere keine souveränen Staaten, sondern Vasallen. Damit verbunden sei die Verneinung der eigenen Identität. Er folgert, dass Schlüsselentscheidungen auf der internationalen Bühne stets gemeinsam erarbeitet werden müssten.[1164] Damit signalisiert er seine grundsätzliche Bereitschaft zu kooperativen Ansätzen – aber zu gemeinsam ausgehandelten Konditionen, nicht im Sinne von Annahme der westlichen Position.[1165] Russland sucht also,

---

1161 Augstein, Rudolf (1981): Also sprach Caspar Weinberger, in: Spiegel, Nr. 41, unter: http://magazin.spiegel.de/EpubDelivery/spiegel/pdf/14334886 (Zugriff 18.03.2014), S. 21.
1162 Mearsheimer, John J. (1990): Back to the Future, Instability in Europe After the Cold War, in: International Security, Vol. 15, Nr. 1, Sommer, S. 52.
1163 Putin, Vladimir (2013f): Meeting of the Valdai International Discussion Club, Rede sowie Frage und Antwort, 19. September, unter: http://eng.kremlin.ru/news/6007 (Zugriff 19.01.2014).
1164 Vgl. Putin, Vladimir (2013f): Meeting of the Valdai International Discussion Club, Rede sowie Frage und Antwort, 19. September, unter: http://eng.kremlin.ru/news/6007 (Zugriff 19.01.2014).
1165 Diese Haltung unterstreicht Putin nochmals beim Internationalen Wirtschaftsforum in Sankt Petersburg als er zum Thema NATO und anderen Punkten ausführt: „They

ganz im Sinne der von Kupchan und Mount vorgeschlagenen „*autonomy rule*", in einer multipolaren Weltordnung einen angemessenen Platz.

6.4 Erfordernisse im Umgang

Die Analyse der strategischen Kultur gibt keine konkreten Handlungsanweisungen für das tagespolitische Geschäft, sondern steckt den zu berücksichtigenden Rahmen ab, der die Art und Weise eines konstruktiven Umgangs mit Russland beschreibt. Die Erkenntnis, dass bei einigen Parametern der strategischen Kultur ein deutlicher Wandel festzustellen ist, wurde in der Diskussion über den richtigen Umgang mit Russland bislang selten berücksichtigt.

Bei aller Stringenz der Entwicklungen, die sich bei der Analyse der strategischen Kultur Russlands herausgeschält hat, darf nicht vergessen werden, dass sich in allen Epochen der russischen Geschichte große soziale, wirtschaftliche und politische Umwälzungen ergeben haben. Zuweilen entsteht hierdurch für einen Betrachter, der nur in ein spezifisches Ereignis der russischen Geschichte tiefer eintaucht, ein völlig anderer Eindruck als für den Rezipienten des in dieser Studie gewählten Untersuchungsansatzes. Die Analyse der strategischen Kultur dient auch dazu, eigene Stereotype zu hinterfragen. Sie dient nicht dazu, neorealistische Erklärungsansätze zu ersetzen. Diese sollen ergänzt werden. Die bewusste Berücksichtigung der strategischen Kultur Russlands im Rahmen des Entscheidungsfindungsprozesses externer Akteure kann vor diesem Hintergrund ein sehr bedeutender Erklärungsansatz sein; ein Erklärungsansatz, der umso mehr an Bedeutung gewinnt, je mehr statt tagespolitischer Reaktion die strategische Positionierung gegenüber Russland im Vordergrund steht.

Die Analyse der strategischen Kultur ist kein Modell für die Vorhersage von Verhalten, es legt aber nahe und erklärt, warum bestimmte Reaktionen wahrscheinlicher sind als andere. Das Modell kann somit überprüft und angepasst werden. Das Wissen über Russlands strategische Kultur legt somit das Fundament für die Gestaltung einer konfliktärmeren Politik und ermöglicht eine sukzessive Annäherung – eine Annäherung, die außerhalb des verstellten Rahmens

---

never ask us about our opinion, and we have found out over the past two decades that there's never any dialogue on this issue. All that they ever tell us is, „It's none of your business, none of your concern." (…) You see, we are tired of this kind of discussions where nothing gets discussed." Putin, Vladimir (2014f): Interview im Rahmen der Plenarsitzung des 18. Sankt Petersburg International Economic Forum, 23. Mai, unter: http://eng.kremlin.ru/transcripts/7230 (Zugriff 25.05.2014).

einer Integration Russlands in NATO, EU oder OSZE erfolgen kann. Themenbezogene Koalitionsbildungen werden die Politik bestimmen.

Anders als zu Zeiten, als George Kennan seinen weltberühmten Aufsatz „The Source of Soviet Conduct" schrieb, verfolgt Russland keine Ideologie mehr. Die Wünsche und Sehnsüchte der Bevölkerung nehmen eine weit höhere Priorität ein. Aus diesem Grund können es sich die Eliten auch nicht mehr erlauben, für Russland das Konzept eines Staates unter Belagerung dauerhaft aufrecht zu erhalten. Anders als Kennan, der aus seiner damaligen Analyse ableitete, *Containment* sei die angemessenste Politik gegenüber Russland, kommt diese Arbeit, die sich mit „The Source of Russian Conduct" befasst, zu dem Ergebnis, dass „kooperative Sicherheit" die Grundlage einer jeden Grand Strategy gegenüber Russland sein muss – auch nach der Annexion der Krim. Sanktionen und Isolation sind eine Reaktion, keine Strategie.

Ein Russland, dem die Rolle eines eigenständigen Pols in einer multipolaren Welt verwehrt bleibt, wird immer ein Quell von Friktionen und Instabilität bleiben. Russland fordert, wie auch die „neuen Gestaltungsmächte"[1166], globale Mitsprache ein. Es lässt sich auf absehbare Zeit nicht in bestehende westliche Bündnisse integrieren. Damit stellt sich die Grundfrage deutscher und europäischer Sicherheitspolitik – auch oder gerade vor dem Hintergrund der jüngsten Ereignisse in der Ukraine: Will der Westen Sicherheit *vor* Russland oder Sicherheit *mit* Russland. Ersterer, konfrontativer Ansatz ist die Verkörperung alten, lange Zeit für überkommen geglaubten Denkens des letzten Jahrhunderts. Er mag im Lichte der Ereignisse naheliegend und verlockend erscheinen, ist aber die Garantie, den Konflikt auf unbestimmte Zeit zu perpetuieren. Er führt zu einer dauerhaften Abkehr vom Ziel einer gesamteuropäischen Friedensordnung. Der Preis, der gezahlt werden müsste, wäre eine erneut geteilte Welt. Russland muss folglich als gewichtiger, aktiver und respektierter Pol mit eigener Stimme in die multipolare Weltordnung integriert werden.

Schon einmal zu Anfang der ersten Amtsperiode Putins orientierte sich Russland hin zur Europäischen Union. Damals, unter dem Eindruck der Differenzen

---

1166 Der Begriff geht zurück auf das sogenannte Gestaltungsmächtekonzept der Bundesregierung und beschreibt Staaten, die aufgrund ihres wirtschaftlichen Wachstums zunehmend an Bedeutung in einer multipolaren Welt gewonnen haben und, diesem gestiegenen Einfluss entsprechend, gestaltend in der internationalen Politik tätig werden. Vgl. Bundesregierung (2012): Globalisierung gestalten – Partnerschaften ausbauen – Verantwortung teilen, Berlin, unter: http://www.auswaertiges-amt.de/cae/servlet/contentblob/608384/publicationFile/190267/Gestaltungsmaechtekonzept.pdf (Zugriff 09.08.2014), S. 5.

bezüglich des Kosovo, des russischen Widerstandes gegen die Erweiterung der NATO nach Osten und dem Grauen des Tschetschenienkrieges, zeigte Europa Russland die kalte Schulter. Doch Russland will und muss sich nach Europa orientieren. Wird Russland einen zweiten Anlauf nehmen, sich aus eigenem Antrieb um eine Annäherung bemühen? Rationale Kosten-Nutzen-Erwägungen sprächen klar für einen zweiten Versuch. Die durch die strategische Kultur bedingte neorealistische Ausprägung der Außen- und Sicherheitspolitik unterstützt diese Ausrichtung. Die starke Ausprägung des Strebens nach Anerkennung und die damit verbundene extreme Betonung von Souveränität sprechen jedoch genauso eindeutig dagegen. Den Ausschlag geben kann ein Europa, das im Sinne von Kupchans Vier-Phasen-Modell zur Erreichung eines stabilen Friedens (siehe S. 337) auf Russland zugeht – aus wohlverstandenem Eigeninteresse. Nach und nach kann konstruktiv ein Raum ungeteilter Sicherheit entwickelt werden. Vertreter der russischen Regierung weisen Mal um Mal darauf hin, wie wichtig es Russland ist, einen Ansatz zu finden, mit dem sich eine Sicherheitsgemeinschaft aufbauen lässt, die das Prinzip der Unteilbarkeit der Sicherheit auf der Grundlage eines völkerrechtlichen Vertrages in die Praxis umsetzt.[1167] Am Ende eines langen Prozesses werden sich neue Identitäten und Narrative herausgebildet haben.

Eine neue Sicherheitsarchitektur wird Russland eine starke – aber keine Dritte ausschließende – Rolle als regionalem Akteur zugestehen müssen, um seinem Streben nach Anerkennung und Sicherheit gerecht zu werden. Russland selbst sollte mit wirtschaftlichen und rechtlichen Verpflichtungen eng an Europa und seine Nachbarstaaten gebunden werden. Es hat sich immer wieder gezeigt, dass mit dem heutigen Russland ein Kompromiss möglich ist, wenn es sich respektiert sieht. Solche *regionalen Governance-Ansätze* können zu *Bausteinen einer Global Governance* werden und somit die internationale Ordnung auf eine neue Grundlage stellen, die die neuen Gestaltungsmächte integriert.[1168] Damit

---

1167 So immer wieder an prominenter Stelle der russische Außenminister Sergej Lavrov, zuletzt im Rahmen der 49. Münchner Sicherheitskonferenz und sogar während der Ukrainekrise bei der III. Moskauer Internationalen Sicherheitskonferenz. Vgl. Lavrov, Sergej (2013): Speech at 49th Munich security conference, Februar, München, unter: http://www.mid.ru/brp_4.nsf/0/A9CB4318DB0A5C8444257B0A00376FE8 (Zugriff 22.02.2013) und Lavrov, Sergej (2014b): Speech at the III Moscow International Security Conference, 23. Mai, Moskau, unter: http://www.mid.ru/brp_4.nsf/0/D2BB652BD0232E0344257CE40057B89D (Zugriff 28.05.2014).
1168 Vgl. Glosserman Brad / Walkenhorst, Peter / Xu, Ting (2011): Concert or Cacophony? In Search of a New International Order, Report on the Trilateral Practitioners

dies gelingen kann, müssen alle Akteure zunächst lernen, mit Russlands neuer, dann konstruktiver Rolle umzugehen. Dies setzt die Bildung von Vertrauen, Vertrauen und nochmals Vertrauen voraus – ein Prozess, der insbesondere nach den Ereignissen in der Ukraine einen langen Atem erfordert. Hoffnung gibt die Einstellung insbesondere der jüngeren russischen Bevölkerung, die den Begriff *„sphere of national interests"* fast ausschließlich wirtschaftlich definiert. Militärische Macht wird in diesem Kontext nur als sinnvoll erachtet, wenn es um den Schutz russischer Bürger geht. Dennoch hat die Annexion der Krim in Kasachstan, Weißrussland und Kirgisistan Sorgen geweckt. Diese werden in Russland oftmals als übertrieben erachtet. So weist beispielsweise Irina Kobrinskaya auf die Singularität der Ereignisse hin. Die Krim sei mit Russland wiedervereint worden. Zudem sei ein solches Szenario ohnehin nur denkbar, wenn man es mit „failed elites" sowie „failed states" zu tun habe.[1169]

Kurzfristig wird sich die Entwicklung in der Ukraine vermutlich bremsend auf die Formierung der Eurasischen Union auswirken, langfristig sie aber nicht verhindern. Ihre Entstehung steht aber diametral zu den postulierten amerikanischen geopolitischen Interessen. Es besteht die Gefahr, dass die Nachbarschaft Russlands zum geopolitischen Spielball der beiden Mächte wird. Wenn Russland aber keine grundsätzlich revisionistische Macht ist und wenn Russland ein primäres Interesse an der Förderung von Wohlfahrt hat – und sei es nur um sein Bedürfnis nach innerer Sicherheit zu befriedigen – dann stellt die Gründung der Eurasischen Union keine geopolitische Bedrohung für die USA dar. Es mag zwar richtig sein, wenn Jeffrey Mankoff schreibt, Putin wolle seinen eurasischen Block zu einer kulturellen Alternative zum Westen aufbauen, falsch hingegen wäre seine Vermutung, es handele sich auch um eine geopolitische Alternative.[1170] Denn Russlands vorrangiges Streben gilt seiner Integration in eine globalisierte, kapitalistische Welt mit offenen Märkten, ohne jedoch selbst wieder Opfer des Raubtierkapitalismus der 1990er Jahre zu werden. Auch Putins Absicht, die Eurasische Union am supranationalen Modell der EU auszurichten, deutet eher darauf hin, dass ein solcher Zusammenschluss die Verhandlungsposition

---

Workshop "Creative Destruction: Towards an Effective International System", 7.-8. Juli, Berlin, S. 15.

1169 Vgl. Kobrinskaya, Irina (2014): Hoffnung auf den gesunden Menschenverstand, Interview mit Krumm, Reinhard / Hett, Felix, unter: http://www.ipg-journal.de/schwerpunkt-des-monats/europaeische-ostpolitik/artikel/detail/hoffnung-auf-den-gesunden-menschenverstand-389/ (Zugriff 14.05.2014).

1170 Vgl. Mankoff, Jeffrey (2014): Russia's Latest Land Grab. How Putin Won Crimea and Lost Ukraine, in: Foreign Affairs, Vol. 93, Nr. 3, Mai/Juni, S. 66.

gegenüber anderen Akteuren stärken soll, aber keineswegs auf eine Abschottung von den globalen Märkten zielt.

Wenn innerhalb der neu entstehenden Union andere kulturelle Werte betont werden, so widerspricht dies nicht per se dem amerikanischen Ziel offener Märkte. Charles Kupchan hatte bei seiner Erörterung von Quellen eines stabilen Friedens darauf hingewiesen, dass Demokratie keine notwendige Bedingung für Frieden sei. Seiner Erkenntnis nach sind auch autoritäre Systeme in der Lage, Partnerschaften untereinander und mit Demokratien einzugehen.[1171] Die Eurasische Union könnte so ein Baustein einer multipolaren Welt werden, in der, wie Lukyanov es beschrieb, nicht mehr einzelne Staaten, sondern Bündelungen ökonomischer Interessen die wesentlichen Bausteine bilden.[1172] Wie gezeigt wurde, besitzen Russland, seine Nachbarstaaten und auch der Westen ein Interesse an Stabilität und Ordnung in der Region. Die Förderung von *„new regionalism"*, also der Kooperation in einem breiten Politikfeld (siehe S. 376), gilt es folglich zu unterstützen. Eine solche Welt kommt den Vorstellungen von Charles Kupchan und Adam Mount sehr nahe, die mit ihrem Vorschlag der *„autonomy rule"* (siehe S. 369) ein friedliches Auskommen mit Staaten, die weniger Wert auf liberale Bürgerrechte legen, für möglich erachten, solange sich diese Staaten um die Wohlfahrt ihrer Bürger kümmern. Und Russland verfolgt dieses Ziel unzweifelhaft. Sein Ansatz, die Wohlfahrt zu fördern, muss sich im Wettbewerb mit anderen Modellen, zum Beispiel der Idee der liberalen Demokratie, beweisen. Wenn der Westen davon überzeugt ist, dass er die bessere Idee, das bessere Wirtschaftssystem hat, dann ist die Zeit auf seiner Seite, dann werden sich seine Ideale von alleine ihren Weg bahnen. Russland ist zuzugestehen, dass seine Rolle als regionaler Akteur nicht immer wieder aufs Neue in Frage gestellt wird. Nur wenn es sich nicht immer wieder herausgefordert fühlt und sich behaupten muss, kann es nach und nach Handlungssicherheit erlangen. Russland wird gezwungen, jedoch auch bereit sein, die Lasten zur Wahrung der regionalen Stabilität zu übernehmen, wobei die Gründe für diese Bereitschaft in der strategischen Kultur begründet sind. *Der russische Bär ist reif für eine multipolare Welt.*

Voraussetzung einer solchen Entwicklung ist die Akzeptanz von Pluralität im internationalen System durch den Westen, flankiert durch eine beiderseitige Annäherung Europas und Russlands. Eine Einbindung Russlands durch die

---

1171 Vgl. Kupchan, Charles A. (2010b): How Enemies Become Friends, The Sources of Stable Peace, Hrsg. Council on Foreign Relations, Princeton University Press, Princeton/Oxford, S. 13-14.

1172 Vgl. Lukyanov, Fyodor (2010): Russian Dilemmas in a Multipolar World, in: Journal of International Affairs, Vol. 63, Nr. 2, Frühling/Sommer, New York, S. 24.

Europäische Union liegt trotz vordergründig gegengerichteter geopolitischer Interessen (Einhegung Russlands sowie Wahrung der amerikanischen Rolle als europäische Großmacht) auch im Interesse der USA. Für die Vereinigten Staaten wird es aufgrund der sich verschiebenden Machtverhältnisse im internationalen System künftig immer schwerer werden, eine Politik der Eindämmung gegenüber aufstrebenden Mächten zu betreiben. Nicht *geopolitische Rivalität* und *Containment*, sondern *themenbezogene Kooperation* mit diesen Mächten bietet langfristig die besten Perspektiven für Stabilität. Vor dem Hintergrund der äußerst engen Kooperation der USA mit einer der letzten absoluten Monarchien dieser Welt, dem Gottesstaat Saudi Arabien,[1173] der von Freedom House in der Kategorie „Worst of the Worst" der als „Non Free" eingestuft Länder geführt wird,[1174] sollte es den USA grundsätzlich gelingen, auch mit der Russischen Föderation konstruktive sachorientierte Beziehungen zu pflegen und eine Konfrontation wie in Zeiten des Kalten Krieges zu vermeiden.

Die Mitgliedstaaten der Europäischen Union werden von den USA stets zu einer fairen Lastenteilung bei der Gestaltung von Sicherheit und Stabilität in der Welt angehalten. Oftmals ist Kritik zu hören, sie täten zu wenig. Insbesondere beim Einsatz von Militär sei der alte Kontinent nicht fähig und nicht willens, sich angemessen in das Krisenmanagement einzubringen. Sie setzen zu sehr auf zivile Mittel. Mit der Einbindung Russlands könnte die Europäische Union sich in dem Bereich profilieren, in dem sie gut ist und der ihrem zivilen Ansatz entspricht. Die USA könnten ihre Anstrengungen auf andere Akteure und Regionen konzentrieren. Zugleich wäre Europa ein Puffer in dem Verhältnis der Vereinigten Staaten mit Russland. Russland müsste sich nicht länger vorwiegend an dem jahrzehntealten geopolitischen Widersacher messen und reiben. Dies kann langfristig zu einer Abschwächung der alten Stereotype auf beiden Seiten führen. Voraussetzung für eine solche Entwicklung ist, dass die USA ihren europäischen Partnern genügend Freiraum zur Gestaltung ihres Verhältnisses mit Russland gewähren und sich nicht von der Angst leiten lassen,

---

1173 So verkündeten die USA im Jahr 2010 den größten Waffendeal ihrer Geschichte, den Verkauf von Militärausrüstung im Wert von geschätzten 60,5 Milliarden Dollar an Saudi Arabien. Vgl. Teitelbaum, Joshua (2010): Arms for the King and His Family: The U.S. Arms Sale to Saudi Arabia, Jerusalem Center for Public Affairs, Jerusalem Issue Briefs, Vol. 10, Nr. 11, 4. November, unter; http://jcpa.org/article/arms-for-the-king-and-his-family-the-u-s-arms-sale-to-saudi-arabia/ (Zugriff 24.05.2014).
1174 Vgl. Freedom House (2014): Freedom in the World 2014, unter: http://freedomhouse.org/sites/default/files/Freedom%20in%20the%20World%202014%20Booklet.pdf (Zugriff 24.05.2014).

Europa könne langfristig als Partner verloren gehen. Bereits als die EU anfing, eine eigenständige Sicherheits- und Verteidigungspolitik zu entwickeln, wuchs in den USA das Misstrauen. Europas Verlässlichkeit als Partner an der Seite der USA sah man gefährdet. Nichts davon hat sich bislang bewahrheitet. Zum Teil sicherlich auch deshalb, weil es den Europäern bislang nicht gelungen ist, im oberen militärischen Aufgabenspektrum hinreichende eigene Fähigkeiten zu entwickeln – sie also bei existenziellen Bedrohungen weiterhin auf die USA angewiesen sind.[1175]

Thomas Friedman konstatierte kurz nach dem Georgienkonflikt, dass der Westen an Russland stets nur die Botschaft gesandt hat: „We expect you to behave like Western democrats, but we're going to treat you like you're still the Soviet Union. The cold war is over for you, but not for us."[1176] In dieser Studie wurde gezeigt, wie sehr die Ereignisse seit dem Zusammenbruch der Sowjetunion tatsächlich in Russland so perzipiert worden sind und die Einstellungen der Eliten als auch der Bevölkerung gegenüber dem politischen Westen und seinen Werten geprägt haben. Nach dem Schockereignis des Zusammenbruchs war die Tür weit geöffnet für eine neue Prägung der strategischen Kultur des Landes. Und sie wurde, wie gezeigt, in einigen Bereichen neu geprägt. Das Verhalten des Westens verhinderte eine stärkere und breitere Wandlung der strategischen Kultur. Inzwischen wird sich die strategische Kultur des Landes nur noch im Rahmen kontinuierlicher kultureller Anpassungsprozesse verändern. Ein Prozess, der vom politischen Westen einen langen Atem bei der Umsetzung einer kooperativen Sicherheitspolitik erfordert. Der Konflikt um die Ukraine stellt dabei eine nicht vorhersehbare Größe dar. Es muss davon ausgegangen werden, dass

---

1175 Vgl. Eitelhuber, Norbert (2005): Europäische Streitkräfte unter dem Zwang der Bescheidung: Partner der USA nur bei friedenssichernden Einsätzen, in: Die Sicherheitsstrategien Europas und der USA – transatlantische Entwürfe für eine Weltordnungspolitik, Hrsg. Thomas Jäger / Alexander Höse / Kai Oppermann. Jüngster Beleg für die fortbestehenden Unzulänglichkeiten europäischer Streitkräftefähigkeiten war der Libyen-Einsatz der NATO im Jahr 2011. Damit europäische Luftstreitkräfte überhaupt im libyschen Luftraum operieren konnten, bedurfte es einer massiven Vorbereitung der Operation durch amerikanische Cruise Missiles. Auch mussten die USA circa 90% der Luft-Luft-Betankung sicherstellen. Aufgrund weiterhin sinkender Verteidigungsetats bei den meisten europäischen Staaten – trotz der Ukrainekrise – sind auch die Zukunftsperspektiven für die Fortentwicklung europäischer Streitkräftefähigkeiten nicht erfreulicher.
1176 Friedman, Thomas L. (2008): What Did We Expect?, in: The New York Times, unter: http://www.nytimes.com/2008/08/20/opinion/20friedman.html?_r=0 (Zugriff 12.03.2014).

durch diese Krise ein aus westlicher Sicht negativ zu bewertender Wandel der strategischen Kultur angestoßen worden ist. Auch in diesem Fall gilt es, mittels einer kooperativen Sicherheitspolitik einer weiteren Entfremdung entgegen zu wirken. Die Krise sollte zur Wende genutzt werden, denn sonst werden wir uns eines Tages fragen, wie sich 1914 wiederholen konnte.

Zeittafel[1177]

Russische Geschichte	Europäische Geschichte	Weltgeschichte
		7./8. Jh. Ausbreitung des Islam in Vorderasien, Nordafrika und Spanien
	800 Kaiserkrönung Karl I. (des Großen), „Herrscher und oberster Priester	
Ca. 8./9. Jh. nach herrschender Meinung Ansiedlung der Waräger (Skandinavier) zunächst als Söldner, dann auch als Adelsschicht unter den Ostslawen (vermutlich zunächst Bezeichnung der Gesellschaftsschicht als Rus, dann des Herrschaftsbereichs und anschließend der Bevölkerung), rasche Slawisierung der warägischen Oberschicht		
860 erster Angriff der Rus auf Konstantinopel		6.-10. Jh. Tang-Dynastie in China, Höhepunkt der Kaiserzeit, Bau der chinesischen Mauer
862 Der Waräger Rurik I. begründet die Dynastie der Rurikiden, die bis 1598 regiert		
882 Vereinigung Novgorods und Kievs durch Oleg zum Großfürstentum Kiev als Keimzelle der Kiever Rus (wird nach herrschender Meinung als Vorläuferstaat für Weißrussland, Ukraine und Russland angesehen), kein einheitlicher Staat, sondern Vielzahl autonomer Teilfürstentümer, Fürst steht an der Spitze, ist aber nicht unumschränkter Herrscher, ihm zur Seite stehen die Ratsversammlung der Bojaren und die Bürgerver-sammlung der Städte, ständiger Kriegszustand durch nomadische Einfälle im südöstlichen Steppengebiet		
	962 Heiliges Römisches Reich	
988 Annahme des byzantinischen Christentums durch Vladimir I. (978-1015), 10. Jh. Höhepunkt der Kiever Macht, dynastische Verbindungen in ganz Europa		
Vladimir und Jaroslav der Weise (1019-54) schaffen den russischen Einheitsstaat (Kiever Reich)		
1054 beginnender Zerfall des Kiever Reichs in Teilfürstentümer unter anderem durch Erbfolgeregelung nach Senioratsprinzip		

1177 Eigene Zusammenstellung aus einer Vielzahl von Quellen.

1054 „Morgenländisches Schisma" (Trennung der lateinischen Kirche des Westens von der orthodoxen Kirche des Ostens), Frage nach dem Zentrum der Christenheit, theologische Differenzen bestanden seit Jahrhunderten		
	1066 Normannische Eroberung Englands	11.-13. Jh. Kreuzzüge
	1075-1122 Investiturstreit zwischen Kaiser und Papst	
12. und 13. Jh. politischer, wirtschaftlicher und kultureller Niedergang Kievs, die meisten Teilfürstentümer gehen zugrunde, trotzdem Kolonialisierung des oberen Wolgabeckens („Reich der Dörfer" mit absolutistischer Regierungsform)		
	1204 Eroberung Konstantinopels im 4. Kreuzzug, vervollständigt das Schisma	
	1215 IV. Laterankonzil, Bischof von Rom hat Gewalt über alle Kirchen inne, Patriarchalstruktur hört im Westen auf	
	13. Jh. Beginn der Inquisition	
	13./14. Jh. Anfänge des Parlaments in England	
	13.-15. Jh. Die Hanse beherrscht den mittel- und nordeuropäischen Handel	
1223 Beginn des Mongolensturms (Tataren) gegen die russischen Fürstentümer, „feudale Zersplitterung" erleichtert es den Mongolen, die ostslawischen Fürstentümer der Reihe nach zu unterwerfen, 1240 Fall Kievs, ab 1245 Herrschaft der Mongolen in ganz Russland, im Norden geringere Durchdringung der mongolischen Herrschaft, zugleich ständige Angriffe der Schweden, Ordensritter und Litauer mit dem Ziel katholischer Missionierung (Frontstellung zwischen Ost- und Westkirche), Novgoroder Fürst Aleksandr (Nevskij) sichert 1240 mit der Schlacht an der Neva die Nordgrenze gegen Schweden, stoppt 1242 mit der Schlacht auf dem Peipussee gegen Ordensritter, Esten und Dänen die deutsche Ostexpansion, Litauen kooperiert in den Folgejahren wiederholt mit einzelnen Khanen		1206 Temudschin (ca. 1160-1227) vereinigt mongolische Stämme und nimmt Titel „Tschingis Khan" an
1251 Batü, ein Untergebener des Groß-Chans Ügedei, begründet in Saraj (Hanat Kipčak) die Herrschaft der Goldenen Horde, die sich 1260 von der Zentralregierung löst, Abschließung Russlands von Europa (Ausnahme Novgorod), die Tataren lassen sich nicht von der russisch-byzantinischen Kultur assimilieren, privilegierte Stellung der russischen Kirche wegen toleranter mongolischer Religionspolitik		

1263 Fürstentum Moskau entsteht als Teilfürstentum des Großfürstentums Vladimir-Suzdal

1299 Metropolit Maksim verlegt seinen Sitz von Kiev nach Vladimir, 1326 übersiedelt sein Nachfolger Pëtr nach Moskau (nennen sich für weitere 150 Jahre „Metropoliten von Kiev und der ganzen Rus")

14. Jh. Weißrussland, Ukraine und Westrussland geraten unter litauische Herrschaft, Großfürsten von Litauen (katholisch) sehen sich als Erben des untergegangenen Reiches der Kiever Rus (orthodox)

1325-40 Ivan I., erster „Sammler der russischen Erde" (erkauft sich Gunst der Tataren durch hohe Tribute, 1328 wird Moskau vom Khan zum Großfürstentum erhoben)

1326 Moskau wird religiöses Zentrum; Aufstieg Moskaus

> 1337-1453 Hundertjähriger Krieg zwischen Frankreich und England

> 1347-1353 Schwarzer Tod rafft ca. 25 Millionen Menschen dahin – ein Drittel der europäischen Bevölkerung

> 1378-1417 „Abendländisches Schisma", Europa spaltest sich in Anhänger der Päpste von Avignon und Päpste von Rom bis zum Konzil in Konstanz

1380 Sieg bei Kulikovo Pole über die Tataren, Moskau gilt als Vorkämpfer gegen Fremdherrschaft und für den rechten Glauben, 1382 Khan Toktamisch plündert Moskau, weitere Einfälle können schließlich aber abgewehrt werden

1438-1552 Moskau-Kazan-Kriege (Reihe militärischer Auseinandersetzungen mit einem Nachfolgestaat der Goldenen Horde, sunnitisch)

> 1453 Türkische Eroberung Konstantinopels (Byzanz'), Ende des oströmischen Reiches

> 15./16. Jh. Kernzeitraum der Renaissance

1448 Russische Kirche wird autokephal

1459 Russischer Synod erklärt, dass Metropolit von Moskau sich nicht mehr durch den Patriarchen von Konstantinopel bestätigen lassen müsse

1462-1505 Ivan III. (der Große, Zar von ganz Russland), Expansionspolitik „Sammlung der russischen Erde", 1472 Heirat byzantinischer Prinzessin, Mythos von Moskau dem „Dritten Rom" und Hort der Rechtgläubigkeit, Abgrenzungspolitik gegenüber dem Westen	
1478 Ivan III. annektiert Novgorod (verliert nach 500 Jahren seine Unabhängigkeit)	1492 Kolumbus entdeckt Amerika
1480 Großes Gegenüberstehen an der Ugra, die mit dem polnischen König verbündete Goldene Horde zieht kampflos ab, Ende der mongolischen Herrschaft, Moskau sieht sich als Erbe des Reiches der Kiever Rus, hieraus entsteht Konkurrenz zu Polen-Litauen	1494 Vertrag von Tordesilla teilt auf päpstlichen Schieds-spruch die Welt in spanische und portugiesische Kolonialsphären
1482 Krimtataren plündern Kiev, bedrohen Russland ständig bis 1783	
1492 Moskauisch-litauischer Krieg löst längere Folge militärischer Konflikte aus	
1514 Schlacht bei Orscha hält Moskauer Westexpansion vorerst auf	
1517 95 Thesen Luthers, Beginn der Reformation, Glaubensspaltung	1519-25 erste Weltumsegelung (Magellan)
1529 Erste Wiener Türkenbelagerung	
1547 Zarenkrönung Ivan IV. (der Schreckliche), Reichserneuerung durch absolute Autokratie, 1565-72 Opričnina (Teilung des Reiches in Gebietes des Zaren und der Bojaren, Terror, Ausrottung ganzer Städte), 1552 Fortsetzung der Expansion nach Süden, Einnahme Kazans öffnet den Weg nach Sibirien, Moskauer Reich wird multiethnisch und multikonfessionell, 1558-1583 Livländischer Krieg (Erster Nordischer Krieg), Waffenstillstand von Jam Zapolski isoliert Russland für ein Jh. von der Ostsee, 1571 Krimtataren brennen Moskau nieder, 1581 beginnt von Europa unbemerkt die Eroberung Sibiriens, 1584 Ivan hinterlässt ein zerrüttetes Reich	16. Jh. Spanier erobern das Azteken- und Inkareich
1589 Russische Landeskirche erklärt sich zum Patriarchat	
1598-1613 Smuta (Zeit der Wirren, Machtkampf um die Zarennachfolge nach Erlöschen der Rurikiden-Dynastie), Phase der allgemeinen Anarchie, Entwicklung eines ständischen Bewusstseins	16. Jh. Aufstieg Osmanisches Reich

1609-18 Polnisch-Russischer Krieg, polnischer Anspruch auf den Zarenthron, 1610-17 Parallelkrieg des Moskowiter Reiches mit Schweden, das ebenfalls den Moskauer Thron anstrebt, 1610 russische Niederlage gegen die Polen bei Klušino, in Folge wird Zar Vasilij IV. gestürzt, eine Interregnumsphase (Höhepunkt der Smuta) folgt, Sieben-Bojaren-Rat wählt den polnischen Königssohn Władysław zum Zaren wird aber noch vor der Krönung vom polnischen König verhaftet, da dieser selbst über das Moskauer Reich herrschen will und auf eine schwedisch-polnische Personalunion sowie die Abhängigkeit Russlands von Polen zielt, Juli 1610 besetzen polnische Truppen Moskau bis Oktober 1612 (heute erinnert der Tag der nationalen Einheit am 4. Nov. an die Befreiung Moskaus), 1613 Michail Romanov wird zum Zar gewählt (Ende des Interregnums) und begründet die Dynastie der Romanovs (bis 1762), 1617 der polnische Kronprinz Władysław, verbündet mit einem ukrainischen Kosakenheer, unternimmt erfolglosen Vorstoß auf Moskau, 1618 Waffenstillstand bei Deulino (Smolensk geht verloren, Souveränität kann gewahrt werden)

1622 ständisches Bewusstsein geht nach dem Abflauen der Notstandssituation unter, Anknüpfung an die vorherige Autokratie, Kirche unterstützt Prozess, da für sie zaristische Macht eine notwendige Ergänzung der eigenen geistlichen Autorität ist

| 1618-48 Dreißigjähriger Krieg, Westfälischer Frieden 1648

1653 Reform des Moskauer Patriarchen Nikon zur Erneuerung des vermeintlich griechischen Ritus spaltet die orthodoxe Kirche (raskol), Verfolgung der Altgläubigen (raskol'niki)

1654 Vertrag von Perejaaslavl', Kosaken schwören dem Zaren „ewige Treue", der Zar verpflichtet sich zum Schutz der Ukraine, dies führt zum Russisch-Polnischen Krieg 1654-67, Waffenstillstand von Andrusovo annulliert polnische Gewinne aus Vertrag von Deulino, Polen wird aus der links des Dnjepr gelegenen Ukraine und Kiev vertrieben, das ukrainische Hetmanat entsteht, die polnisch-litauische Dominanz in Osteuropa wird beendet

| 1683 Zweite Wiener Türkenbelagerung

1686 „Ewiger Friede" beendet völkerrechtlich Russisch-Polnischen Krieg, zugleich tritt das Moskauer Reich der Heiligen Liga gegen das Osmanische Reich bei

1689-1725 Pëtr I. (der Große), Russland wird Großmacht nach westlichem Vorbild (Petrinische Reformen, Europäisierung des Landes von oben mit despotischer Energie, verursacht tiefen Einschnitt innerhalb der Gesellschaft)

17./18. Jh. Sklavenhandel von Afrika nach Nordamerika

	1688/89 Glorious Revolution in England, Bill of Rights	
	18. Jh. Ende der Inquisition	
	18. Jh. England entwickelt sich zum Mutterland der Industrialisierung	
1700-21 Großer Nordischer Krieg, während des Krieges 1703 Gründung Sankt Petersburgs (Durchsetzung Zugang zur Ostsee), 1708 Feldzug der Schweden auf Moskau wird durch Politik der verbrannten Erde aufgehalten, Russland gewinnt nach Schlacht bei Poltawa 1709 zunehmend die Oberhand, Schweden scheidet nach dem Krieg als europäische Großmacht aus, Russland bekommt Zugang zum freien Meer (Fenster nach Europa)		
1721 Russland wird Kaiserreich (der Begriff „imperija" ~ „Imperium" löste den Begriff „zarstwo" ~ „Zartum" ab, „Rossija" ersetzt die Wörter „Rus" und „Moskowien", der Begriff Zar bleibt aber im In- und Ausland innoffiziell bis 1917 üblich), der Patriarch wird ersetzt durch den Heiligen Synod mit Vorsitz des Kaisers (Kirche wird dem Staat untergeordnet)		
1739 Mit dem Frieden von Belgrad wird ein Zugang zum Schwarzen Meer erreicht		
1756-63 Siebenjähriger Krieg, alle europäischen Großmächte kämpfen auf mehreren Kontinenten gegeneinander (1760 Plünderung Berlins durch russische Truppen)		
1762 Ekaterina II. (die Große) lässt sich zur Kaiserin krönen nachdem sie ihren Ehemann Zar Pëtr III. für abgesetzt erklärt hat, Ekaterina versteht sich als aufgeklärte Herrscherin, weitet aber gleichzeitig die Leibeigenschaft auf die noch freien Bauern der Ukraine aus und gibt dem Adel weitere Privilegien		
1773 Toleranzedikt, Duldung aller religiösen Bekenntnisse (ausgenommen Juden)		
1762-96 Fortsetzung der Großmachtpolitik unter Ekaterina II. (der Großen); 1783 Krim wird russisch, 1791 Alaska wird russisch, Teilung Polens (1772, 1793, 1795)		
	1740-86 Friedrich II. (der Große) von Preußen, aufgeklärter Absolutismus	1776 Unabhängigkeitserklärung USA
	1781 der Habsburger Kaiser Joseph II. unterzeichnet Leibeigenschaftsaufhebungspatent, stufenweise Beseitigung bis 1848	

> 1794 das allgemeine preußische Landrecht bezeichnet die Leibeigenschaft als unzulässig, stufenweise Beseitigung bis 1807
>
> 1779 in der Domaine royal (frz. Königreich) wird die Leibeigenschaft aufgehoben
>
> 1789 Französische Revolution
>
> 1804-15 Napoleon beherrscht Europa

1808/09 Verfassungsprojekt mit Gewaltenteilung, Reichsrat und gewählter Reichsduma von Staatssekretär Šperanskij (1812 gestürzt) vorangetrieben

1812 Napoleons Russlandfeldzug endet mit seiner verheerenden Niederlage (Zar Aleksandr I., 1801-25, gilt als Retter Russlands, Befreier Europas, wird zum Vorkämpfer der Reaktion)

1815 Wiener Kongress sowie Heilige Allianz zwischen Russland, Österreich und Preußen, in den Folgejahren treten fast alle europäischen Monarchen bei

1817 russisches Fort Elizabeth auf Hawaii wird geräumt

> 1815-1862 Zeitalter der Restauration und Revolution in Europa

1825 Tod Aleksandr I., Dekabristenaufstand (Offiziere in Sankt Petersburg verweigern den Eid auf Zar Nikolaj I., erste gegen die zaristische Autokratie und Leibeigenschaft gerichtete Revolution) wird brutal niedergeschlagen

1825-55 Nikolaj I. stützt seine autokratische Herrschaft auf die orthodoxe Kirche und großrussischen Nationalismus, Unterdrückung revolutionärer Bewegungen in Europa (Gendarm Europas), Streben, die Meerengen zum Schwarzen Meer zu beherrschen verbindet sich mit religiösem Sendungsbewusstsein, griechisch-orthodoxe „Brudervölker" auf dem Balkan von türkisch-islamischer Herrschaft zu befreien

1841 Fort Ross in Kalifornien wird verkauft

1853 Beginn des Krimkrieges gegen die Türkei, 1854 Eingriff der Westmächte, Russland forderte die ultimative Oberhoheit über die orthodoxen Christen im geschwächten Osmanischen Reich, Briten und Franzosen unterstützen den Sultan, Konflikt eurasischen Ausmaßes, Heilige Allianz bricht endgültig auseinander

1855-81 Zar Aleksandr II.

1856 Frieden von Paris beendet den Krimkrieg, Übergang der europäischen Hegemonie von Russland auf Frankreich, der Zar beschließt die Modernisierung von Oben, die wirtschaftlichen und militärischen Potenziale sollen besser genutzt werden

1858 Vertrag von Aigun (zählt zu „Ungleichen Verträgen"), China verliert Teile der Mandschurei, die 1689 im Vertrag von Nertschinsk zugesprochen worden waren

1860 Intellektuelle (Narodniki) verlassen die Stadt und leben als einfache Arbeiter, um das einfache Volk über soziale Missstände aufzuklären

1861 Bauernbefreiung, in mehreren Schritten werden diese von der Leibeigenschaft befreit, soziale Spannungen bestehen fort, in den Folgejahren rasanter Bevölkerungsanstieg, Bildung eines Proletariats

19. Jh., zweite Hälfte, Diskussion über Aufgabe und Sinn Russlands, es bildet sich ein russisches Sendungsbewusstsein heraus (Westler – Übernahme westlicher Technik, politischer Einrichtungen, liberaler und sozialistischer Ideen; Slawophile – Heil und Erlösung vom abendländischen Egoismus durch Rechtgläubigkeit, Intuition und Leidensfähigkeit der russischen Seele; Panslawisten – verbinden slawophiles mit westlichem Denken zur Idee einer politischen Einigung aller Slawen.

1861-65 Amerikanischer Bürgerkrieg, Sezessionskrieg

1864 Einführung der Zemstva (Selbstverwaltungseinrichtungen), diese kümmern sich um die lokalen Belange der Bevölkerung, eine Justizreform schreibt die Unabhängigkeit der Gerichte fest und schränkt erstmals die Allmacht des Zaren ein

1867 Russland verkauft Alaska an die USA.

| 1871 Gründung des Deutschen Reichs

1881 Erfolgreiches Attentat auf Zar Aleksandr II.

1881-94 Zar Aleksandr III. gründet die Ochrana (politische Polizei), regiert mit Zensur, Massenverhaftungen und harten Strafen, die kürzlich erlassenen Reformen schränkt er ein und begrenzt die Macht der Zemstva, scharfe Russifizierung in den Grenzgebieten

1892-1903 Finanzminister Vitte verwandelt Russland in ein „Treibhaus des Kapitalismus", Schwerindustrie entwickelt sich bes. durch frz. Kapital in amerikanischem Tempo, Staatsschulden zwingen zum Export (zum Beispiel 1891 von Getreide trotz Hungersnot), Gewinne fließen ins Ausland ab, Rüstungsaufträge fangen Krisen auf

1894-1917 Zar Nikolaj II. hält am Bund von Autokratie und Orthodoxie fest

19. Jh. Höhepunkt des Kolonialismus, Koloniale Eroberungen und Ausbeutung insbes. Afrikas und Asiens durch die europäischen Mächte

1904/05 Russisch-Japanischer Krieg (endet mit russischer Niederlage), löst erste russische Revolution aus	
1905, 17. Okt., Zar Nikolaj II. verspricht mit dem „Manifest über die Vervollkommnung der staatlichen Ordnung" (Oktobermanifest) eine gewählte Versammlung mit gesetzgebenden Vollmachten und der Verwirklichung der bürgerlichen Freiheiten (u. a. Versammlungs-, Rede-, Pressefreiheit)	
1906, 23. Apr., die erste russische Verfassung tritt in Kraft, der Zar besitzt weiterhin das Vetorecht gegenüber jeder Gesetzesvorlage der Duma und kann jederzeit die Duma auflösen, Ära des Scheinkonstitutionalismus	
1914 Eintritt Russlands in den Ersten Weltkrieg	1914-18 Erster Weltkrieg
1917 bürgerliche Februarrevolution, Zar Nikolaj II. dankt ab, Untergang des russischen Kaiserreichs, (machtloses) Patriarchat wird wieder eingeführt, Oktoberrevolution, Bolschewiki stürzen unter Führung Lenins die provisorische Regierung Kerenskijs, lösen verfassungsgebende Versammlung auf	
1918, 3. März, Diktatfrieden von Brest-Litovsk	
1918, 17. Juli, Ermordung der gesamten Zarenfamilie, Ende der Romanov-Dynastie, Trennung von Kirche und Staat	
1918-20(22) Russischer Bürgerkrieg, Intervention der Entente-Mächte, umfangreiche Hilfsleistungen für die weißen Truppen, britische Landung bei Murmansk, britische und französische Landung in Archangelsk, verstärkt durch American North Russian Expeditionary Force, Vorstoß mehrere hundert Kilometer ins Kernland, sibirische Intervention der Kaiserlich Japanischen Armee, American Expeditionary Force Siberia in Wladiwostok (dort auch britische und französische Streitkräfte), französisch-griechisches Kontingent in Odessa	
1919-21 Polnisch-Sowjetischer Krieg, Idee einer osteuropäischen Konföderation (Ukraine, Weißrussland, Litauen) unter polnischer Führung, 1920 Eroberung Kievs, Frieden von Riga, Polen gewinnt erhebliche Gebiete	
1920, 30. Dez., Gründung der Sowjetunion	
1922, Dez., Lenin zieht sich wegen Krankheit aus der Regierung zurück, das Triumvirat Stalin, Zinov'ev und Kamenev setzt sich an die Spitze der Macht, 1924 stirbt Lenin	
1927-1953 Stalin, uneingeschränkter Alleinherrscher	

ab 1928 Fünfjahrespläne, die die Sowjetunion in einen modernen Industriestaat verwandeln, Zwangskollektivierung der Bauern, massive Christenverfolgung		
1932-33 Holodomor, Hungersnot insbes. in der Ukrainischen SSR mit Millionen Toten		
1934 Aufnahme der UdSSR in den Völkerbund		
1936-38 „Große Säuberung", Schauprozesse, Errichtung einer Diktatur, mehrere Millionen Tote		
1939 Deutsch-sowjetischer Nichtangriffspakt (geheimes Zusatzprotokoll teilt Osteuropa in Interessensphären)		1939-45 Zweiter Weltkrieg
1941, Juni, Deutscher Überfall auf die Sowjetunion		
Ab 1943 wird die Kirche wieder eingeschränkt geduldet, steht aber unter strenger staatlicher Kontrolle		
ab 1945 Ost-West-Konflikt, „Kalter Krieg" zwischen den USA und der Sowjetunion		1945, Aug., Abwurf der ersten Atombombe auf Hiroshima
ab 1945 Umformung der im Krieg besetzten Staaten zu volksdemokratischen Satelliten, Absicherung des Ostblocks durch den „Eisernen Vorhang", Sowjetimperialismus		1945 Gründung der UNO
1948/49 Berlin-Blockade		1947 Truman-Doktrin, Marshall-Plan
1949, Aug., Sowjetunion wird Nuklearmacht		
1951 Proklamation des Übergangs zum Kommunismus		
	1951 Apr., Europäische Gemeinschaft für Kohle und Stahl	1949 Gründung der NATO (Erhaltung demokratischer Freiheiten durch kollektive Verteidigung, politische und wirtschaftliche Zusammenarbeit)
		1950-53 Koreakrieg

1952 Stalinnote (Angebot zur Wiedervereinigung Deutschlands)	
| 1952 Mai, Deutschlandvertrag	
1953 Niederschlagung des Aufstand des 17. Juni in der DDR	
| 1954 Pariser Verträge (Beitritt der Bundesrepublik Deutschlands zur NATO)	
1955 Gründung Warschauer Pakt als Reaktion auf die Pariser Verträge	
1956 Niederschlagung des Ungarischen Volksaufstands	
1958-62 Zweite Berlin-Krise	
1960-85 offener Bruch mit der VR China	
| 1961 Bau der Berliner Mauer	
1962, Okt., Kubakrise	1965-73 Beteiligung der USA am Zweiten Indochinakrieg
1968 Niederschlagung Prager Frühling, Breschnew-Doktrin	
1969 Zhenbao Dao Krise (Zwischenfall am Ussuri)	
1970-73 Ostverträge	1973 Eröffnung der KSZE
1972 Unterzeichnung des ABM-Vertrages (Begrenzung der Raketenabwehrsysteme)	1975 Schlussakte von Helsinki
1979 Unterzeichnung SALT II (Begrenzung Mittelstreckenraketen), nicht ratifiziert, USA und UdSSR halten sich aber an Vereinbarung	
1979-89 Sowjetische Intervention in Afghanistan	
| 1979 Dez., NATO-Doppelbeschluss	
1985 Gorbatschow wird neuer Generalsekretär, verkündet im Folgejahr die „Umgestaltung" (Perestrojka) der sowjetischen Verhältnisse und „Offenheit" (Glasnost)	
9. Nov. 1989 Fall der Mauer	
1990, 19. Nov., KSZE Gipfeltreffen in Paris (Charta von Paris)	
1990, Sep., 2+4 Vertrag	1990/91 Zweiter Golfkrieg (Befreiung Kuwaits)
1991, 12. Juni, erste demokratische Präsidentschaftswahl, Jelzin gewinnt und wird zum 10. Juli Präsident der Russischen Sozialistischen Föderativen Sowjetrepublik (RSFSR)	
1991, 1. Juli, Auflösung Warschauer Pakt	

1991, Augustputsch der Kommunistischen Partei scheitert	
1991, Nov., Kommunistische Partei wird in der RSFSR verboten	
1991, 8. Dez., Beschluss Gründung Gemeinschaft Unabhängiger Staaten, 25. Dez., Gorbatschow tritt als Präsident der UdSSR zurück, 26. Dez., Oberster Sowjet beschließt Auflösung der Sowjetunion als Völkerrechtssubjekt zum 31. Dez., Russische Föderation, völkerrechtlich identisch mit RSFSR wird „état continuateur"	
Ab 1992 Russisch-Orthodoxe Kirche erfährt deutliche Renaissance, plädiert für Stärkung des Staates und Entwicklung nationaler geistiger Werte	
1992 Gründung der EU	
1993, Sep./Okt., Verfassungskrise, Beschuss des Weißen Hauses	
1994 Partnerschaft für den Frieden, START I tritt in Kraft	
1994-96 Erster Tschetschenienkrieg	
1997, Mai, NATO-Grundakte über gegenseitige Beziehungen, Zusammenarbeit und Sicherheit mit der Russischen Föderation	
1997, Juli, NATO-Gipfel in Madrid bietet Polen, der Tschechischen Republik und Ungarn Beitrittsverhandlungen an	
1997, Okt., Beschluss des Rates und der Kommission der EU über den Abschluss des bereits 1994 unterzeichneten Partnerschafts- und Kooperationsabkommen mit der Russischen Föderation	
1998/99 Rubelkrise	
1999, 12. März, erste NATO-Osterweiterung (Polen, Tschechien, Ungarn)	
1999 Kosovokrieg, Operation Allied Force (24. März – 10. Juni)	
1999, 18. Nov., OSZE-Gipfel in Istanbul (Europäische Sicherheitscharta)	

1999-2009 Zweiter Tschetschenienkrieg, zahlreiche schwere Terroranschläge	2001, 11. Sep., Terroranschläge USA, in Folge: Invasion Afghanistans
2000 Putin wird erstmalig Präsident	
2000 Bildung der Eurasischen Wirtschaftsgemeinschaft	
2001 Mitglied in Shanghaier Organisation für Zusammenarbeit (hervorgegangen aus Shanghai-Five-Gruppe 1996), Sitz Peking	2003 Irakkrieg, Besetzung bis 2011
2002, Mai, NATO-Russland-Rat	
2002, 13. Juni, einseitiger Rücktritt der USA vom ABM-Vertrag	2003 Rosenrevolution Georgien
2002, Okt., Organisation des Vertrags über kollektive Sicherheit (hervorgegangen aus Vertrag über kollektive Sicherheit 1992)	
2004, 29. März, zweite NATO-Osterweiterung (Rumänien, Bulgarien, Estland, Lettland, Litauen, Slowakei, Slowenien)	
2004, Nov./Dez. Orangene Revolution Ukraine	
2007, Feb., Putin-Rede Münchner Sicherheitskonferenz	
2007, 14. Juli, Putin setzt Vertrag über Konventionelle Streitkräfte aus	
2008, Mai, Medvedev wird Präsident	
2008, 5. Juni, Medvedev Rede in Berlin (Sicherheitsarchitektur)	
2008 Georgienkrieg, einseitige Anerkennung Abchasiens und Südossetiens	
2009, Feb., Biden-Rede Münchner Sicherheitskonferenz („reset button")	
2009, 27./28. Juni, informelles OSZE-Außenministertreffen, Korfu	
2009, 29. Nov., Draft European Security Treaty	
2010, 8. Apr., Unterzeichnung New-START-Vertrag (in Folge des 2009 ausgelaufenen START I Vertrages)	2010, Dez., Beginn Arabischer Frühling
2010, Nov., Rückgabe von 1917 enteignetem Kircheneigentum	
2010, Nov., NATO-Gipfel Lissabon (Neues Strategisches Konzept, Russische Föderation strategischer Partner)	

2012, Mai, Putin wird wieder Präsident	2011 Bürgerkrieg Libyen
	2011 Beginn Aufstand Syrien
2014, 22. Feb., Ukrainischer Präsident wird trotz von europäischen Außenministern am Vortag vermittelten Friedensabkommens gestürzt	
2014, 16. März, Krim spaltet sich nach international nicht anerkanntem Referendum von der Ukraine ab, wird am Tag darauf von Russland anerkannt. Am 18. März „akzeptiert der russische Präsident deren Aufnahme in die Russische Föderation" (Annexion der Krim).	
2014, 29. Mai, Vertrag über die Eurasische Wirtschaftsunion	

Literatur und Quellenverzeichnis

112th Congress (2012): Sergei Magnitsky Rule of Law Accountability Act, 2d Session, H. R. 4405, 19. April, unter: http://www.govtrack.us/congress/bills/112/hr4405/text (Zugriff 30.01.2013).

Acting President of Ukraine (2011): Constitution of Ukraine, 8. Dezember 2004, Nr. 2222-IV und 1. Februar 2011, Nr. 2952-VI, unter: http://www.president.gov.ua/en/content/chapter05.html (Zugriff 11.03.2014).

Acton, James M. (2011): Low Numbers, A Practical Path to Deep Nuclear Reductions, Carnegie Endowment for International Peace, Washington, D.C./Moskau/Beirut/u. a. O.

Adomeit, Hannes (2012): Putin's ‚Eurasian Union': Russia's Integration Project and Policies on Post-Soviet Space, Neighbourhood policy paper Nr. 04, Juli, Hrsg. Center for International and European Studies und The Black Sea Trust for Regional Cooperation, Istanbul/Bukarest.

Almond, Gabriel A. / Verba, Sidney (1963): The Civic Culture – Political Attitudes and Democracy in Five Nations, Princeton University Press, Princeton.

Altrichter, Helmut (1981): Staat und Revolution in Sowjetrussland 1917-1922/23, Erträge der Forschung, Band 148, Wissenschaftliche Buchgesellschaft, Darmstadt.

Altrichter, Helmut (2001): Kleine Geschichte der Sowjetunion: 1917-1991, 2., durchgesehene und erweiterte Auflage, München.

Altrichter, Helmut (2009): Russland 1989. Der Untergang des sowjetischen Imperiums, Verlag C.H. Beck, München.

Amnesty International (2006): Israel/Lebanon, Deliberate destruction or "collateral damage"? – Israeli attacks on civilian infrastructure, AI Index: MDE 18/007/2006, unter: http://www.amnesty.org/en/library/asset/MDE18/007/2006/en/4a9b367a-d3ff-11dd-8743-d305bea2b2c7/mde180072006en.pdf (Zugriff 05.05.2012).

Aron, Leon (1998): Russia's New Foreign Policy, American Enterprise Institute for Public Policy Research, Russian Outlook, Frühling, Washington, D.C.

Åslund, Anders / Kuchins. Andrew (2009): The Russia Balance Sheet, Peterson Institute for International Economics, Center for Strategic and International Studies, Washington, D.C.

Astrada, Marvin (2010): Strategic Culture: Concept and Application, Applied Research Center Latin American and Caribbean Center, Florida International University.

Associated Press (2011): A timeline of major terror attacks in Russia, bei FOX-News, 24. Januar, unter: http://www.foxnews.com/world/2011/01/24/timeline-major-terror-attacks-russia/ (Zugriff 10.03.2013).

Atilgan, Canan / Baumann, Gabriele / u. a. (2014): Die Eurasische Union, Ein Integrationsprojekt auf dem Prüfstand, in: Konrad-Adenauer-Stiftung Auslandsinformationen 2/14 (Regionale Kooperationen), 30. Jahrgang, Berlin, S. 8-51.

Augstein, Rudolf (1981): Also sprach Caspar Weinberger, in: Spiegel, Nr. 41, unter: http://magazin.spiegel.de/EpubDelivery/spiegel/pdf/14334886 (Zugriff 18.03.2014), S. 20-21.

Auswärtiges Amt (2014): Agreement on the Settlement of Crisis in Ukraine, unter: http://www.auswaertiges-amt.de/cae/servlet/contentblob/671348/publication File/190025/140221-UKR_Erklaerung.pdf (Zugriff 09.03.2014).

Bahr, Egon (1963): Wandel durch Annäherung, Rede in der Evangelischen Akademie Tutzing, 15. Juli, Redemanuskript, Archiv der sozialen Demokratie der Friedrich-Ebert-Stiftung, Depositum Egon Bahr, nach Deutschlandarchiv 8 (1973), S. 862-863, unter: http://www.1000dokumente.de/pdf/dok_0091_bah_de.pdf (Zugriff: 03.01.2014).

Bahr, Egon (2013): Diskussion im Anschluss an einen Vortrag zum Thema „Braucht Europa eine eigenständige Sicherheitspolitik?", 21. Oktober, Helmut-Schmidt-Universität, Hamburg, Videomitschnitt unter: http://www.youtube.com/watch?v=69t-dBMXvVo (Zugriff 01.01.2014), 1:18:18 bis 1:18:48.

Bahr, Egon (2014): Interview im Rahmen: Krim-Krise – Weg in einen neuen Kalten Krieg?, in Streitkräfte und Strategien, 23. März, unter: http://www.ndr.de/info/programm/sendungen/streitkraefte_und_strategien/streitkraeftesendemanuskript459.pdf (Zugriff 25.03.2014).

Baigarova, Polina / Fischer, Sabine / Halling, Steffen (2012): Bericht, Arbeitskreis Russische Außen- und Sicherheitspolitik der SWP in Zusammenarbeit mit der DGO, 29. November, Berlin.

Baker, Peter (2014): In Cold War Echo, Obama Strategy Writes Off Putin, in: The New York Times, 19. April, unter: http://www.nytimes.com/2014/04/20/world/europe/in-cold-war-echo-obama-strategy-writes-off-putin.html?_r=0 (Zugriff 07.05.2014).

Banerjee, Sanjoy (1997): The Cultural Logic of National Identity Formation: Contending Discourses in Late Colonial India, in: Culture & Foreign Policy, Hrsg. Hudson, Valerie M., Lynne Rienner Publishers, Boulder/London.

Bank of Finland Institute for Economies in Transition – BOFIT (2011): BOFIT Russia Statistics 1990-2007, macroeconomic indicators, 30. April, unter: http://www.suomenpankki.fi/bofit_en/seuranta/venajatilastot/Documents/BOFIT_RussiaStatistics_1990_2007.pdf (Zugriff 14.06.2014).

Bank of Finland Institute for Economies in Transition – BOFIT (2014): BOFIT Russia Statistics 2004-2013, macroeconomic indicators, 17. April unter: http://www.suomenpankki.fi/bofit_en/seuranta/venajatilastot/Pages/default.aspx (Zugriff 14.06.2014).

Barma, Naazneen / Ratner, Ely / Weber, Steven (2007): A World Without the West, The National Interest, Nr. 90, Juli/August, Washington, D.C., S. 23-30.

BBC (2014): Ukraine's Yanukovych asked for troops, Russia tells UN, 4. März, unter: http://www.bbc.com/news/world-europe-26427848 (Zugriff 11.03.2014).

Becker, Miriam D. (1994): Strategic Culture and Ballistic Missile Defense – Russia and the United States, Airpower Journal, Special Edition.

Beljakowa, Jelena W. (2010): Der Begriff „symphonia" in der russischen Geschichte, Übersetzung Friedemann Kluge, in: Ost-West. Europäische Perspektiven 11, Heft 1, S. 16-22.

Bendiek, Annegret (2008): Wie effektiv ist die Europäische Nachbarschaftspolitik? Siebzehn Länder im Vergleich, Stiftung Wissenschaft und Politik, Studie Nr. 24, Berlin.

Berger, Thomas U. (1993): From Sword to Chrysanthemum: Japan's Culture of Anti-militarism, in: International Security, Vol. 17, Nr. 4, S. 119-150.

Berger, Thomas U. (1998): Cultures of Antimilitarism, National Security in Germany and Japan, The John Hopkins University Press, Baltimore/London.

Bertelsmann Stiftung (2014): Transformation Index BTI 2014, Political Management in International Comparison, Gütersloh.

Bakoyanni, Dora (2009): Corfu Informal Meeting of OSCE Foreign Ministers on the Future of European Security - Plenary Session, Minister Bakoyannis Opening Remarks, 28. Juni, unter: http://www.osce.org/cio/37804 (Zugriff 25.03.2012).

Baron, Kevin (2010): Russian defense chief visits Pentagon to seek Gates' advice on reform, in: Stars & Stripes, 15. September, unter: http://www.stripes.com/news/russian-defense-chief-visits-pentagon-to-seek-gates-advice-on-reform-1.118346 (Zugriff 04.03.2012).

Bennett, Marc (2013): Russia's 'Guantanamo list' targets Americans, Special to The Washington Times, 21. Januar, unter: http://www.washingtontimes.com/news/2013/jan/21/guantanamo-list-targets-americans/ (Zugriff 30.01.2013).

Biden, Joseph. R. (2009): Speech at the 45th Munich Security Conference, München, 7. Februar, unter: http://www.securityconference.de/veranstaltungen/munich-security-conference/msc-2009/reden/joseph-r-biden/ (Zugriff 18.02.2013).

Billington, James H. (2004): Russia in Search of Itself, Woodrow Wilson Center Press, Washington, D.C.

Blockmans, Steven / Kostanyan, Hrant / Vorobiov, Ievgen (2012): Towards a Eurasian Economic Union: The challenge of integration and unity, Centre for European Policy Studies, Special Report Nr. 75, Dezember, Brüssel.

Bogatyrev, Sergei (2006): Ivan IV (1533-1584), in: The Cambridge History of Russia, From Early Rus' to 1689, Vol. 1, Hrsg. Perrie, Maureen, Cambridge University Press, Cambridge/New York/Melbourne/u. a. O., S. 240-263.

Bordachev, Timofei (2009): Without Ideology or Order, in: Russia in Global Affairs, Nr. 4, Oktober-Dezember, unter: http://eng.globalaffairs.ru/number/n_14241 (Zugriff 15.07.2012).

Botschaft der Bundesrepublik Deutschland Moskau / Deutsch-Russische Auslandshandelskammer / u. a. (2014): Russland in Zahlen, Aktuelle Wirtschaftsdaten für die Russische Föderation, März, unter: http://russland.ahk.de/fileadmin/ahk_russland/2014/Publikationen/Russland-in-Zahlen/Russland_in_Zahlen_XIII_web.pdf (Zugriff 14.06.2014).

Braun, Aurel (2009): Yea, we need new thinking. But not this version of recent events, Kommentar zu Rogosin, Dmitry (2009): How NATO could improve its relations with Russia, in: Europe's World, Nr. 11, Spring, S. 45-49.

Bremer, Thomas (2007): Kreuz und Kreml. Kleine Geschichte der orthodoxen Kirche in Russland, Verlag Herder, Freiburg im Breisgau/Basel/Wien.

Bremmer, Ian / Charap, Samuel (2006): The Siloviki in Putin's Russia: Who They are and What They Want, in: The Washington Quarterly, Winter, S. 83-92.

BRICS (2012): Fourth BRICS Summit – Delhi Declaration, 29. März, New Delhi, unter: http://www.bricsindia.in/delhi-declaration.html (Zugriff 21.07.2012).

Brunner, Georg (2001): Internationaler Minderheitenschutz, Forschungsprojekt des Instituts für Ostrecht der Universität zu Köln, Leitung: Nußberger, Angelika, erstmals erschienen in: Der Donauraum, Nr. 3, Böhlau Verlag, unter: http://www.uni-koeln.de/jur-fak/ostrecht/minderheitenschutz/startseite.htm (Zugriff 19.04.2014).

Brzezinski, Zbigniew (1989): Oui, la CIA est entrée en Afghanistan avant les Russes ..., Interview in: Le Nouvel Observateur, 15-21 Januar, Original unter: http://www.voltairenet.org/article165889.html, englische Übersetzung Jean Martineau, unter: http://zbigbrzezinski.livejournal.com/ (Zugriff 18.04.2014).

Brzezinski, Zbigniew (2004): Die einzige Weltmacht, Amerikas Strategie der Vorherrschaft, 8. Auflage, Fischer Taschenbuchverlag, aus dem Amerikanischen von Angelika Beck, Frankfurt am Main.

Brzezinski, Zbigniew (2012): Balancing the East, Upgrading the West. U.S. Grand Strategy in an Age of Upheaval, in Foreign Affairs, Vol. 91, Nr. 1, Januar/Februar, S. 97-104.

Brzoska, Michael / Heller, Regina / u. a. (2008): Der Kaukasuskrieg 2008. Ein regionaler Konflikt mit internationalen Folgen. Eine Stellungnahme aus dem IFSH, Hamburger Informationen zur Friedensforschung und Sicherheitspolitik Nr. 45, Dezember, Hamburg.

Bundesministerium der Justiz (2005): Gesetz zur Regelung des Zugangs zu Informationen des Bundes, unter: http://www.gesetze-im-internet.de/ifg (Zugriff 23.03.2012).

Bundesregierung (2012): Globalisierung gestalten – Partnerschaften ausbauen – Verantwortung teilen, Berlin, unter: http://www.auswaertiges-amt.de/cae/servlet/contentblob/608384/publicationFile/190267/Gestaltungsmaechtekonzept.pdf (Zugriff 09.08.2014).

Burns, William J. (2008): Georgia and Russia, Testimony before the Senate Committee on Foreign Relations of the Under Secretary for Political Affairs, 17. September, Washington, D.C., unter: http://2001-2009.state.gov/p/us/rm/2008/109825.htm (Zugriff 13.08.2014).

Burns, William J. (2009): Interview mit Interfax News Agency, Spaso House, Moskau, 12. Februar, unter: http://moscow.usembassy.gov/tr-burns021209.html (Zugriff 18.02.2013).

Bush, George (1991): Remarks to the Supreme Soviet of the Republic of the Ukraine in Kiev, Soviet Union, 1. August, unter: http://bushlibrary.tamu.edu/research/ public_papers.php?id=3267 (Zugriff 12.08.2014).

Čaadaev, Pëtr (1836): Filozofičeckija pis'ma, Erster philosophischer Brief, unter: http://www.runivers.ru/bookreader/book59280/#page/1/mode/1up (Zugriff 04.05.2014).

Cain, Anthony C. (2002): Iran's Strategic Culture and Weapons of Mass Destruction: Implications of US Policy, The Maxwell Papers, Nr. 26, Air War College.

Carpenter, Ted Galen (2008): What Russia Wants, in: The American Conservative, Nr. 22, unter: http://www.amconmag.com/article/2008/sep/22/00006/ (Zugriff 04.03.2012).

Churchill, Winston (1946): Speech – Iron Curtain, 5. März, Fulton, Missouri, unter: http://www.foia.cia.gov/sites/default/files/document_conversions/16/1946-03-05.pdf (Zugriff 05.04.2014).

Clinton, Hillary R. (2010): Remarks on the Future of European Security, L'Ecole Militaire, Paris, 29. Januar, unter: http://www.state.gov/secretary/rm/2010/01/136273.htm (Zugriff 25.03.2012).

CNN.com (2005): Bush: Georgia 'beacon of liberty', Auszüge der Rede vom 10. Mai, veröffentlicht 11. Mai, unter: http://edition.cnn.com/2005/WORLD/europe/ 05/10/bush.tuesday/ (Zugriff 12.08.2014).

Cohen, Ariel (1997): The "Primakov Doctrine": Russia's Zero-Sum Game with the United States, The Heritage Foundation, F.Y.I. Nr. 167, 15. Dezember, Washington, D.C.

Cohen, Ariel (2011): Reset Regret, WebMemos Nr. 3294 vom 15.06.2011, 3296 vom 20.06.2011, 3306 vom 30.06.2011, 3321 vom 21.07.2011, Hrsg. Heritage Foundation, Washington, D.C., unter: http://thf_media.s3.amazonaws.com/2011/pdf/wm3294.pdf (Zugriff 04.03.2012).

Cohen, Richard (2001): Cooperative Security: From Individual Security to International Stability, in: Cooperative Security: New Horizons for International Order, The George C. Marshall European Center for Security Studies, The Marshall Center Papers, Nr. 3, Garmisch-Partenkirchen, S. 1-31.

Committee to Protect Journalists (2013): Second worst year on record for jailed journalists, Sonderbericht von Beiser, Elena, 18. Dezember, unter: http://cpj.org/reports/2013/12/second-worst-year-on-record-for-jailed-journalists.php (Zugriff 31.03.2014).

Cooper, Robert (2002): The Post-Modern State, in: Re-Ordering the World, Hrsg. Leonard, Mark, The Foreign Policy Centre, S. 11-20.

Dannreuther, Roland (1997): Russian Perceptions of the Atlantic Alliance, Politics Department Edinburgh University, Final Report for the NATO Fellowship – 1995-1997, unter: http://www.nato.int/acad/fellow/95 97/dannreut.pdf (Zugriff 31.03.2014).

de Haas, Marcel (2007): Russia's Upcoming Revised Military Doctrine, Power and Interest News Report, 26 Februar, unter: mail.gees.org/documentos/Documen-02181.pdf (Zugriff 10.03.2013).

Delyagin, Mikhail (2006): Assessing Russia's Energy Doctrine, in: Russia in Global Affairs, Vol. 4, Nr. 4, Oktober-Dezember, S. 134-144.

Demmer, Ulrike / Neukirch, Ralf (2010): Fear of Russia: NATO Developed Secret Contingency Plans for Baltic States, Spiegel Online International, 12. Juli, unter: http://www.spiegel.de/international/europe/0,1518,733361,00.html (Zugriff 14.04.2012).

Denison, Andrew D. (2014): Obamas Amerika und die Krise in der Ukraine, transatlantic networks, 3. März, unter: http://www.transatlantic-networks.de/?p=1000 (Zugriff 14.03.2014).

Desch, Michael C. (1998): Culture Clash: Assessing the Importance of Ideas in Security Studies, in: International Security, Vol. 23, Nr. 1, Sommer, S. 141-170.

Deutsche Nationalbibliothek (2007): Regeln für die alphabetische Katalogisierung in wissenschaftlichen Bibliotheken RAK-WB, 2. überarbeitete und erweiterte

Auflage (einschließlich der Aktualisierungen nach der 4. Ergänzungslieferung), Stand des Regelwerkstextes: April 2006, Leipzig, Frankfurt am Main, Berlin.

DG Trade (2013): Russia. EU Bilateral Trade and Trade with the World, 5. Juli, unter: http://trade.ec.europa.eu/doclib/docs/2006/september/tradoc_111720.pdf (Zugriff 04.09.2013).

Dinerstein, Herbert (1959): War and the Soviet Union: Nuclear Weapons and the Revolution in Soviet Military and Political Thinking, Frederic A. Praeger, Inc., New York.

Donaldson, Robert H. / Nogee, Joseph L. (1998): The Foreign Policy of Russia. Changing Systems, Enduring Interest, M. E. Sharpe, Inc., Armonk/London.

Donnert, Erich (1983): Das Kiewer Russland – Kultur und Geistesleben vom 9. bis zum beginnenden 13. Jahrhundert, 1. Auflage, Urania-Verlag, Leipzig/Jena/Berlin.

Donnert, Erich (1999): Peter (I.) der Große, in: Die russischen Zaren 1547-1917, Hrsg. Torke, Hans-Joachim, 2. durchgesehene Auflage, Neuausgabe in der Beck'schen Reihe, Band 1305, München, S. 155-178.

Dostojewski, Fjodor M. (1877): Tagebuch eines Schriftstellers – Notierte Gedanken, aus dem Russischen von E.K. Rahsin, 2. Auflage Februar 2001, Piper, München/Zürich.

Dragneva, Rilka / Wolczuk, Kataryna (2014): Eurasian Economic Integration: Institutions, Promises and Faultlines, in: The Geopolitics of Eurasian Economic Integration, Special Report, Hrsg. The London School of Economics and Political Science, S. 8-15.

Dubin, Boris (2008): Fernsehkrieg und echter Krieg – Russland: Der Kaukasus-Konflikt in den Köpfen, in: Osteuropa, Nr. 11, S. 71-77.

Duffield, John S. (1998): World Power Forsaken: Political Culture, International Institutions, and German Security Policy After Unification, Stanford University Press, Stanford.

Duffield, John S. (1999): Political Culture and State Behavior: Why Germany Confounds Neorealism, in: International Organization, Vol. 53, Nr. 4, S. 765-803.

Dugin, Alexander (2013): Der Westen wird kollabieren, Interview, unter: http://www.4pt.su/de/content/der-westen-wird-kollabieren (Zugriff 07.09.2013).

Duncan, Peter J. S. (2013): Russia, the West and the 2007-2008 Electoral Cycle: Did the Kremlin Really Fear a 'Coloured Revolution'?, in: Europe-Asia Studies, Vol. 65, Nr. 1, Januar, S. 1-25.

Dziak, John J. (1981): Soviet Perceptions of Military Power: The Interaction of Theory and Practice, National Strategy Information Center, Inc., New York.

Ebner-Eschenbach, Marie von (2002): Aphorismen, Reclam, Stuttgart, S. 24.

Eckstein, Harry (1988): A Culturalist Theory of Political Change, in: American Political Science Review 82, September, S. 789-804.

Eitelhuber, Norbert (2005): Europäische Streitkräfte unter dem Zwang der Bescheidung: Partner der USA nur bei friedenssichernden Einsätzen, in: Die Sicherheitsstrategien Europas und der USA – transatlantische Entwürfe für eine Weltordnungspolitik, Hrsg. Thomas Jäger / Alexander Höse / Kai Oppermann.

Eitelhuber, Norbert (2009): The Russian Bear: Russian Strategic Culture and What it Implies for the West, in: Connections, The Quarterly Journal, Vol. 9, Nr. 1, Hrsg. Partnership for Peace Consortium of Defense Academies and Security Studies Institutes, Garmisch-Partenkirchen, S. 1-28.

Elder, Charles D. / Cobb, Roger W. (1983): The political uses of symbols, Indiana University.

Elkins, David J. / Simeon, Richard E.B. (1979): A Cause in Search of Its Effects, or What Does Political Culture Explain?, in: Comparative Politics, Vol. 11, Nr. 2, 127-145.

Ermarth, Fritz W. (2006): Russian Strategic Culture: Past, Present, and... in Transition?, Studie erstellt für: Defense Threat Reduction Agency Advanced Systems and Concepts Office.

Erofeyev, Victor (2011): Putin? Oh, What a Surprise!, in: The New York Times, 26. September, unter: http://www.nytimes.com/2011/09/27/opinion/27iht-ederofeyev27.html?_r=1&pagewa& (Zugriff 02.05.2014)

Erofeyev, Victor (2013): Stalin Is 'Embedded In Our Genes', Interview in Spiegel Online International, 13. September, http://www.spiegel.de/international/europe/novelist-victor-erofeyev-says-stalin-in-genes-of-russia-a-921597.html (Zugriff 02.05.2014).

Eurasian Economic Commission (2014): Eurasian Economic Integration: Facts and Figures, 5. April, unter: http://www.eurasiancommission.org/en/Documents/ broshura26_ENGL_2014.pdf (Zugriff 07.08.2014).

Europäische Kommission (2013): EU-Haushalt 2012, Finanzbericht, Amt für Veröffentlichungen der Europäischen Union, Luxemburg, unter: http://ec.europa.eu/budget/financialreport/pdf/financialreport-2012_de.pdf (Zugriff 14.03.2014).

Europäische Union (2003): A Secure Europe in a Better World, European Security Strategy, 12. Dezember, Brüssel, unter: http://www.consilium.europa.eu/uedocs/cmsUpload/78367.pdf (Zugriff 11.03.2014).

Europäische Union (2010): Konsolidierte Fassung des Vertrages über die Europäische Union, unter: http://bookshop.europa.eu/is-bin/INTERSHOP.enfinity/

WFS/EU-Bookshop-Site/de_DE/-/EUR/ViewPublication-Start?Publication Key=QC3209190 (Zugriff 11.08.2014).

European Court of Human Rights (2013a): Analysis of statistics 2012, Januar, unter: http://www.echr.coe.int/Documents/Stats_analysis_2012_ENG.pdf (Zugriff 25.12.2013).

European Court of Human Rights (2013b): The ECHR in facts and figures 2012, Juni, unter: http://www.echr.coe.int/Documents/Facts_Figures_2012_ENG.pdf (Zugriff 25.12.2013).

European Court of Human Rights (2013c): Russia Country Profile, Juli, unter: http://www.echr.coe.int/Documents/CP_Russia_ENG.pdf (Zugriff 25.12.2013).

Falin, Valentin (1993): Politische Erinnerungen, Übersetzung Heddy Pross-Weerth, München.

Farrell, Theo (1998): Culture and military power, in: Review of International Studies, Nr. 24, British International Studies Association, S. 407-416.

Farrell, Theo (2005): Strategic Culture and American Empire, in: SAIS Review, Vol. 25, Nr. 2, Social Science Module.

Fenster, Aristide (1999): Anna, 1730-1740, in: Die russischen Zaren 1547-1917, Hrsg. Torke, Hans-Joachim, 2. durchgesehene Auflage, Neuausgabe in der Beck'schen Reihe, Band 1305, München, S. 191-201.

Figes, Orlando (2003): Nataschas Tanz, Eine Kulturgeschichte Russlands, Übersetzer: Baumann, Sabine / Rullkötter, Bernd, Berlin Verlag, Berlin.

Figes, Orlando (2008): Die Tragödie eines Volkes. Die Epoche der russischen Revolution 1891 bis 1924, Übersetzung Barbara Conrad, Berlin Verlag, 2. Auflage, Berlin.

Figes, Orlando (2011): Crimea. The Last Crusade, Penguin Books, London.

Fischer, Alexander (1999): Paul I., 1796-1801, in: Die russischen Zaren 1547-1917, Hrsg. Torke, Hans-Joachim, 2. durchgesehene Auflage, Neuausgabe in der Beck'schen Reihe, Band 1305, München, S. 263-273.

Fischer, Sabine (2003): Russlands Westpolitik in der Krise 1992-2000. Eine konstruktivistische Untersuchung, Studien der Hessischen Stiftung Friedens- und Konfliktforschung, Bd. 43, Campus Verlag, Frankfurt/New York.

Fischer, Sabine (2014): Eskalation der Ukraine-Krise. Gegensätzliche Interpretationen erschweren internationale Diplomatie, SWP-Aktuell, Nr. 13, März, Berlin.

FitzGerald, Mary C. (1987): The Soviet Leadership On Nuclear War, Professional Paper 451, Center for Naval Analyses, April, Alexandria, Virginia.

Forschungsstelle Osteuropa, Hrsg. (2014): Russland und das internationale Umfeld in Umfragen, in: Russland-Analysen, Nr. 274, 28. März unter: http://www.

laender-analysen.de/russland/pdf/RusslandAnalysen274.pdf (Zugriff 29.03.2014), S. 10-14.

Fox, Jonathan (2003): State Failure and the Clash of Civilisations: An Examination of the Magnitude and Extent of Domestic Civilizational Conflict, in: Australian Journal of Political Science, Vol. 38, Nr. 2, Juli, S. 195-213.

Freedom House (2014): Freedom in the World 2014, unter: http://freedomhouse.org/sites/default/files/Freedom%20in%20the%20World%202014%20Booklet.pdf (Zugriff 24.05.2014).

Friedman, Thomas L. (2008): What Did We Expect?, in: The New York Times, 20. August, unter: http://www.nytimes.com/2008/08/20/opinion/20friedman.html?_r=0&pagewanted=print (Zugriff 12.03.2014).

Fuller, William C. Jr. (2010): Strategy and Power in Russia 1600-1914, The Free Press, New York/Toronto/Oxford/u. a. O.

Gaddis, John Lewis (2008): Ending Tyranny, in: The American Interest, 1. September, unter: http://www.the-american-interest.com/articles/2008/09/01/ending-tyranny/ (Zugriff 09.08-2014).

Garejew, Machmut Achmetowitsch (2008): Russland muss erneut eine Großmacht werden. Die Einführung einer langfristigen strategischen Planung ist notwendig, Referat zur Tagung der Akademie der Militärwissenschaften, 19. Januar, in: Militär-Industrie-Kurier (VPK), Nr. 2 (218), Ausgabe 16.-22. Januar, Moskau, Übersetzung Lemcke, Egbert / Preiß, Frank, unter: http://www.sicherheitspolitik-dss.de/autoren/preisz/elfp0802.pdf (Zugriff 02.03.2013).

Gathman, Moritz (2014): Die Lage in Kiew gerät völlig außer Kontrolle, in: Badische Zeitung, 21. Februar, unter: http://www.badische-zeitung.de/nachrichten/ausland/ich-bin-bereit-hier-zu-sterben–81028052.html (Zugriff 09.03.2014).

Geertz, Clifford (1973): The Interpretation of Cultures, Selected Essays, Basic Books, New York.

General Assembly (1994): Memorandum on Security Assurances in Connection with Ukraine's Accession to the Treaty on the Non-Proliferation of Nuclear Weapons, A/49/765, 19. Dezember, unter: http://www.un.org/en/ga/search/view_doc.asp?symbol=A/49/765 (Zugriff 09.03.2014).

Generalversammlung der Vereinten Nationen (2014): Resolution 68/262, Territoriale Unversehrtheit der Ukraine, A/RES/68/262, 27. März, unter: http://www.un.org/Depts/german//gv-68/band3/a68262.pdf (Zugriff 11.08.2014).

Gerasimov, Valerij V. (2012): Assessment of BMD Global capabilities, Missile Defence as a Factor in Establishing a New Security Environment, Vortrag bei einer internationalen Konferenz in Moskau, 3./4. Mai, unter: http://www.mil.

ru/files/morf/Eng_Gerasimov_Assessment%20of%20BMD%20Global%20capabilities.ppt, Zugriff (16.02.2013).

Gerson, Michael S. (2010): The Sino-Soviet Border Conflict: Deterrence, Escalation, and the Threat of Nuclear War in 1969, Center for Naval Analyses, Alexandria, Virginia.

Glosserman Brad / Walkenhorst, Peter / Xu, Ting (2011): Concert or Cacophony? In Search of a New International Order, Report on the Trilateral Practitioners Workshop "Creative Destruction: Towards an Effective International System", 7.-8. Juli, Berlin.

Goehrke, Carsten (2010): Russland – Eine Strukturgeschichte, Verlag Ferdinand Schöningh GmbH & Co. KG, Paderborn, München/Wien/Zürich.

Gordon, Philip H. (2011): Statement before the Subcommittee on European Affairs of the Senate Foreign Relations Committee, 14. Dezember, Washington, D.C., unter: http://london.usembassy.gov/europe024.html (Zugriff 30.01.2013).

Gorenburg, Dmitry (2012): Why Russia Supports Repressive Regimes in Syria and the Middle East, PONARS Eurasia Policy Memo Nr. 198, The George Washington University Elliott School of International Affairs, Juni.

Goskomstat, Föderales Statistikamt (2010): Itogi vserossijskoj perepisi naselenija, nacional'ny sostav naselenija Rossjskoj Federacii, Ergebnisse der russländischen Volkszählung, Nationale Zusammensetzung der Bevölkerung in der Russischen Föderation, Anlage 5, unter: http://www.gks.ru/free_doc/new_site/perepis2010/croc/Documents/Materials/tab5.xls (Zugriff 09.09.2013).

Goskomstat, Föderales Statistikamt (2012): Čislennost' naselenija s denežnymi dochodami niže veličiny prožitočnogo minimuma, i deficit denežnogo dochoda, Bevölkerungsanteil mit Geldeinkünften unterhalb des Existenzminimums sowie Defizit der Geldeinkünfte, 28. Dezember, unter: http://www.gks.ru/free_doc/new_site/population/urov/urov_51g.htm (Zugriff 09.03.2013).

Gowan, Richard / Brantner, Franziska (2008): A Global Force for Human Rights? An Audit of European Power at the UN, Hrsg. European Council on Foreign Relations, London.

Graham, Thomas (2010): The Sources of Russia's Insecurity, Survival: Global Politics and Strategy, Vol. 52, Nr. 1, Februar/März, S. 55-74.

Gray, Colin S. (1981): National Style in Strategy: The American Example, in: International Security, Vol. 6, Nr. 2, The MIT Press, S. 21-47.

Gray, Colin S. (1984): Comparative Strategic Culture, in: Parameters, Journal of the US Army War College, Vol. XIV, Nr. 4, S. 26-33.

Gray, Colin S. (1986): Nuclear Strategy and National Style, Hamilton Press, Lanham.

Gray, Colin S. (1988): The Geopolitics of Superpower, University Press of Kentucky, Lexington.

Gray, Colin S. (1996): The continued primacy of geography. (A Debate on Geopolitics), in: Orbis, A Journal of World Affairs, Nr. 40, 22. März, S. 247-259.

Gray, Colin S. (2006): Out of the Wilderness: Prime-time for Strategic Culture, Studie erstellt für: Defense Threat Reduction Agency.

Grinin, Vladimir M. (2004): The role of the Russian Federation in a modern world – Russian point of view, in: Russian Military Policy and Strategy, Contributions to the International Seminar on Russian Military Policy and Strategy, April 1-2, Hrsg. Forsström, Pentti / Mikkola, Erko, Serie 2, Research Report Nr. 27, National Defence College, Department of Strategic and Defence Studies, Helsinki, S. 85-89.

Gudkov, Lev (2013): Fatale Kontinuitäten. Vom sowjetischen Totalitarismus zu Putins Autoritarismus, in: Osteuropa, 63. Jg., Nr. 5-6, S. 283-295.

Guseynov, Vagif (2010): Tsarist and Soviet ambitions are long dead. We all face common threats now, Kommentar zu Onyszkiewicz, Janusz (2010): Europe should be wary of the Russian bear's embrace, in: Europe's World, Nr. 15, Summer, S. 43-47.

Gustafson, Kristian C. (2010): Echo of Empires: Russia's Inheritance of Byzantine Security Culture, in: Journal of Slavic Military Studies, Vol. 23, Taylor & Francis Group, LLC, S. 574-595.

Hagel, Chuck (2013): Missile Defense Announcement, 15. März, unter: http://www.defense.gov/speeches/speech.aspx?speechid=1759 (Zugriff 23.08.2013).

Haglund, David G. (2011): "Let's Call the Whole Thing Off"? Security Culture as Strategic Culture, in: Contemporary Security Policy, Vol. 32, Nr. 3, Routledge Taylor & Francis Group, S. 494-516.

Halbach, Uwe (2014): Russland im Wertekampf gegen »den Westen«. Propagandistische und ideologische Aufrüstung in der Ukraine-Krise, Stiftung Wissenschaft und Politik, Aktuell Nr. 43, Juni, Berlin.

Hall, Peter (1986): Governing the Economy: The Politics of State Intervention in Britain and France, in der Reihe: Europe and the International Order, Hrsg. Krieger, Joel, Oxford University Press, Oxford/New York.

Halperin, Morton / Clapp, Priscilla A. (2006): Bureaucratic Politics and Foreign Policy, 2. Ausgabe, Brookings Institution Press, Washington, D.C.

Harris, Sam (2005): The End of Faith, Religion, Terror and the Future of Reason, New York.

Haumann, Heiko (1996): Geschichte Russlands, Piper Verlag, München.

Heidelberg Institute for International Conflict Research (2014): Conflict Barometer 2013, unter: http://hiik.de/de/downloads/data/downloads_2013/ConflictBarometer2013.pdf (Zugriff 15.03.2014).

Heikka, Henrikki (2002): Strategic Culture and the English School: Conceptualising Strategic Adjustments in the Nordic Region, Finish Institute of International Affairs, Working Papers 33, Oslo.

Heller, Regina (2013): Wenn Status zur fixen Idee wird. Russland – zur Großmacht verdammt?, in: Osteuropa, 63. Jg., Nr. 8, S. 45-58.

Henderson, Errol A. / Tucker, Richard (2001): Clear and Present Strangers: The Clash of Civilizations and International Conflict, in: International Studies Quarterly, Nr. 45, S. 317-338.

Henke, Sergej (2003): Der russische Traum. Vormoderne Traditionen der politischen Kultur Russlands, Schriften zur politischen Theorie, Band 1, Verlag Dr. Kovač, Hamburg.

Herpen, Marcel H. van (2003): France: Champion of a Multipolar World, The National Interest, unter: http://nationalinterest.org/article/france-champion-of-a-multipolar-world-2345?page=show (Zugriff 20.08.2012).

Herz, John H. (1951): Politischer Realismus und politischer Idealismus, Eine Untersuchung von Theorie und Wirklichkeit, in: Schriften zur politischen Wissenschaft, Band 3, Verlag Anton Hain KG, Meisenheim am Glan, Übersetzer Walter Seib, englisches Original 1951, University of Chicago Press, Chicago.

Hiatt, Fred (2014): U.S. ground troops going to Poland, defense minister says, Interview mit Tomasz Siemoniak, The Washington Post, 18. April, unter: http://www.washingtonpost.com/blogs/post-partisan/wp/2014/04/18/u-s-ground-troops-going-to-poland-defense-minister-says/ (Zugriff 09.08.2014).

Hildermeier, Manfred (2004): Russische Revolution, Fischer Taschenbuch Verlag, Frankfurt am Main.

Hildermeier, Manfred (2013): Geschichte Russlands. Vom Mittelalter bis zur Oktoberrevolution, C.H. Beck Verlag, 2. Auflage, München.

Hildermeier, Manfred / Schubin, Alexander (2014): „Roter Oktober". Die Machtübernahme durch die Bolschewiki, in: Deutschland – Russland. Band 3, Das 20. Jahrhundert, Hrsg. Altrichter, Helmut / Ischtschenko, Wiktor / u.a., Oldenburg Verlag, München, S. 23-32.

Hoffmann, Martin / Osburg, Florian / Schützler, Horst (1994): Aufstieg und Zerfall einer Weltmacht, Die Sowjetunion von 1917 bis 1991, Buchners Edition Geschichte, Heft 3, 1. Auflage, Bamberg.

Hosking, Geoffrey (2003): Russland – Nation und Imperium 1552-1917, Übersetzung Kurt Baudisch, Taschenbuchverlag, Berlin.

Hösch, Edgar (1996): Geschichte Rußlands: Vom Kiever Reich bis zum Zerfall des Sowjetimperiums, Verlag W. Kohlhammer, Stuttgart/Berlin/Köln.

Hösch, Edgar (2010): Die Idee der Translatio Imperii im Moskauer Russland, in: Europäische Geschichte (EGO), Hrsg. Institut für Europäische Geschichte, Mainz, unter: http://www.ieg-ego.eu/en/threads/models-and-stereotypes/model-classical-antiquity/edgar-hoesch-die-idee-der-translatio-imperii-im-moskauer-russland (Zugriff 26.01.2013).

Hudson, Valerie M. (2007): Foreign Policy Analysis, Classic and Contemporary Theory, Lanham.

Human Rights Centre (2008): Georgia: A Flickering Beacon of Democracy. Human Rights in Georgia in 2007, Tiflis, unter: http://humanrights.ge/admin/editor/uploads/pdf/Annual%20Report%20HRIDC%202008.pdf (Zugriff 12.08.2014).

Huntington, Samuel P. (1993): The Clash of Civilizations?, in: Foreign Affairs, Vol. 72, Nr. 3, S. 22-49.

Huntington, Samuel P. (1996): The Clash of Civilizations and the Remaking of World Order, New York.

Husar, Jörg / Maihold, Günther / Mair, Stefan / Niedermaier, Pia (2008): Neue Führungsmächte als Partner deutscher Außenpolitik, Ein Bericht aus der Forschung, SWP-Studie S36, Dezember, Berlin.

IFSH, Hrsg. in Kooperation mit Dunay, Pál / Rotfeld, Daniel Adam / Zagorski, Andrej / u. a. (2011): OSZE-Jahrbuch 2010, Jahrbuch zur Organisation für Sicherheit und Zusammenarbeit in Europa (OSZE), Bd. 16, 1. Auflage, Nomos, Baden-Baden.

Ignatow, Assen (2000): Die ideologischen Koordinaten von Wladimir Putin: Ein Mann ohne Ideen oder ein Mann mit allen Ideen, in: Aktuelle Analysen, Nr. 34, Hrsg. Bundesinstitut für ostwissenschaftliche und internationale Studien, Köln, unter: http://nbn-resolving.de/urn:nbn:de:0168-ssoar-45186 (Zugriff 08.06.2014).

Ikenberry, John G. (2008): The Rise of China and the Future of the West. Can the Liberal System Survive?, in: Foreign Affairs, Vol. 87, Nr. 1, Januar/Februar, S. 23-37.

Ikenberry, John G. (2014): The Illusion of Geopolitics. The Enduring Power of the Liberal Order, in: Foreign Affairs, Vol. 93, Nr. 3, Mai/Juni, S. 80-90.

Illner, Michal (1996): Post-Communist Transformation Revisited, Czech Sociological Review, Vol. 4, Nr. 2, S. 157-169.

Ivanov, Igor / Ischinger, Wolfgang / Nunn, Sam (2012): EASI, Euro-Atlantic Security Initiative, Toward a Euro-Atlantic Security Community, Final Report, Carnegie Endowment for International Peace, Washington, D.C.

Ivanov, Sergei (2005): On the New Version of the National Security Conception of the Russian Federation, in: Russian Foreign Policy in Transition, Concepts and Realities, Hrsg. Melville, Andrei / Shakleina, Tatiana (2005), Übersetzung Anna Yastrzhembska, Central European University Press, Budapest/New York, S. 269-278.

Jähne, Armin (1997): Moskau – das "Dritte Rom". Zu Rußlands politischem Selbstverständnis, in: Sitzungsberichte der Leibnitz-Sozietät, Vol. 18, Nr. 3, S. 97-109.

Jockwig, Franz (1988): Die Situation der Russisch Orthodoxen Kirche am Ende des 19. Jahrhunderts, in: Tausend Jahre Christentum in Russland: Zum Millennium der Taufe der Kiever Rus', Hrsg. Felmy, Karl Christian / Kretschmar, Georg / u.a., Übersetzung Georg Kobro und Nadja Simon, Vandenhoeck & Ruprecht Verlag, Göttingen, S. 401-419.

Johnston, Alastair Iain (1995): Thinking about Strategic Culture, in: International Security, Vol. 19, Nr. 4, S. 32-64.

Johnston, Alastair Iain (1998): Cultural Realism, Strategic Culture and Grand Strategy in Chinese History, Princeton University Press, Princeton.

Jones, Rodney W. (2006): India's Strategic Culture, Studie erstellt für: Defense Threat Reduction Agency Advanced Systems and Concepts Office.

Jung, Franz-Josef (2009): Rede des Bundesministers der Verteidigung bei der 45. Münchner Sicherheitskonferenz, 8. Februar, Pkt. 7, unter: http://www.securityconference.de/Dr-Franz-Josef-Jung.222+M52087573ab0.0.html (Zugriff 31.03.2012).

Jurado, Elena (2008): Russia's role in a multi-polar world. Between change and stability, Ergebnis der Konferenz „Foresight—forging common futures in a multi-polar world", organisiert durch Policy Network in Zusammenarbeit mit der Alfred Herrhausen Gesellschaft, dem Internationalen Forum der Deutschen Bank sowie dem Russian Council on Foreign and Defense Policy, 19.-20. Juni, Moskau.

Kagan, Robert (2008): The Return of History and the End of Dreams, New York.

Kagarlitsky, Boris (2008): Empire of the Periphery. Russia and the World System, Übersetzung Renfrey Clarke, Pluto Press, London.

Kappeler, Andreas (2002): Russische Geschichte, 3. Auflage, Verlag C.H. Beck, München.

Kappeler, Andreas (2008): Rußland als Vielvölkerreich, Entstehung, Geschichte, Zerfall, 2. Auflage, Verlag C.H. Beck, München.

Karaganov, Sergei (2009): Hot to draw a line under the Cold War, in: Europe's World, Nr. 12, Summer, S. 28-33.

Kartchner, Kerry M. (2006): Weapons of Mass Destruction and the Crucible of Strategic Culture, Studie erstellt für: Defense Threat Reduction Agency Advanced Systems and Concepts Office.

Katzer, Nikolaus (1999): Nikolaus I., 1825-1855, in: Die russischen Zaren 1547-1917, Hrsg. Torke, Hans-Joachim, 2. durchgesehene Auflage, Neuausgabe in der Beck'schen Reihe, Band 1305, München, S. 289-314.

Katzer, Nikolaus (2011): Russland 1812 und 1825. Patriotismus – Religion – Revolution, in: Schlüsseljahre. Zentrale Konstellationen der mittel- und osteuropäischen Geschichte, Festschrift für Helmut Altrichter, Quellen und Studien zur Geschichte des östlichen Europa, Band 77, Hrsg. Stadelmann, Matthias / Antipow, Lilia, Stuttgart, S. 117-139.

Kelam, Tunne (2009): An EU realpolitik to unravel the riddle of unruly Russia, in: Europe's World, Nr. 11, Spring, S. 23-28.

Kennan George F. (1946): Telegram to George Marshall („Long Telegram"), 22. Februar, Faksimile, unter: https://www.trumanlibrary.org/whistlestop/study_collections/coldwar/documents/pdf/6-6.pdf (Zugriff 05.04.2014).

Kennan, George F. (X) (1947): The Sources of Soviet Conduct, in: Foreign Affairs, Juli, unter: http://www.foreignaffairs.com/articles/23331/x/the-sources-of-soviet-conduct (Zugriff 20.03.2014).

Kennan, George F. (1997): A Fateful Error, in: New York Times, 5. Februar, unter: http://web.archive.org/web/19970501051048/http:/www.mtholyoke.edu/acad/intrel/gknato.htm (Zugriff 06.06.2014).

Kerry, John (2014): Remarks at the Atlantic Council's "Toward a Europe Whole and Free" Conference, 29. April, Washington, D.C., unter: http://www.state.gov/secretary/remarks/2014/04/225380.htm (Zugriff 01.05.2014).

Keohane, Robert O. (2005): After Hegemony. Cooperation and Discord in the World Political Economy, Princeton University Press, Princeton.

Kier, Elizabeth (1995): Culture and Military Doctrine: France between the Wars, in: International Security, Vol. 19, Nr. 4, S. 65-93.

Kier, Elizabeth (1999): Imagining War: French and British Military Doctrine Between the Wars, Princeton University Press, Princeton.

Kishkovsky, Sophia (2011): Russian Chill, Waiting Hours for Touch of the Holy, in: The New York Times, 23. November, unter: http://www.nytimes.com/2011/11/24/world/europe/virgin-mary-belt-relic-draws-crowds-in-moscow.html?_r=0 (Zugriff 18.08.2013).

Kissinger, Henry (2008): United States, An end of hubris, aus: The World In 2009 print edition, The Economist Newspaper, 19. November, unter: http://www.economist.com/node/12574180 (Zugriff 08.09.2012).

Klapper, Bradley (2012): Clinton fears efforts to 're-Sovietize' in Europe, Associated Press, 6. Dezember, unter: http://bigstory.ap.org/article/clinton-fears-efforts-re-sovietize-europe (Zugriff 29.05.2014).

Klein, Bradley S. (1988): Hegemony and Strategic Culture: American Power Projection and Alliance Defence Politics, in: Review of International Studies, Vol. 14, Nr. 2, April, 133-148.

Klein, Margarete (2007): Russland und die KSE, in: Russlandanalysen Nr. 153, Forschungsstelle Osteuropa, Bremen, S. 4-7.

Klein, Margarete (2008): Militärische Implikationen des Georgienkrieges, Zustand und Reformbedarf der russischen Streitkräfte, SWP Aktuell Nr. 74, Oktober, Berlin.

Klein, Yitzak (1991): A Theory of Strategic Culture, in: Comparative Strategy, Vol. 10, Nr. 1, S. 12-13.

Kleinhanß, Silke (2008): Die Außenpolitik Georgiens: Ein 'failing state' zwischen internem Teilversagen und externen Chancen, Berlin.

Klussmann, Uwe / Schepp, Matthias / Wiegrefe, Klaus (2009): NATO's Eastward Expansion. Did the West Break Its Promise to Moscow?, in: Spiegel, International, 26. November, unter: http://www.spiegel.de/international/world/nato-s-eastward-expansion-did-the-west-break-its-promise-to-moscow-a-663315.html (Zugriff: 07.05.2014).

Kobrinskaya, Irina (2014): Hoffnung auf den gesunden Menschenverstand, Interview mit Krumm, Reinhard / Hett, Felix, unter: http://www.ipg-journal.de/schwerpunkt-des-monats/europaeische-ostpolitik/artikel/detail/ hoffnung-auf-den-gesunden-menschenverstand-389/ (Zugriff 14.05.2014).

Kononenko, Vadim (2003): From Yugoslavia to Iraq: Russia's Foreign Policy and the Effects of Multipolarity, The Finnish Institute of International Affairs (FIIA), upi Working Paper Nr. 42, Helsinki.

Korabljow, J. I. / Anfilow, W. A. / Mazulenko, W. A. (1976): Kurzer Abriß der Geschichte der Streitkräfte der UdSSR von 1917 bis 1972, Militärverlag der Deutschen Demokratischen Republik, Übersetzung Fischer, G., Berlin.

Korostowetz, Wladimir (1929): Graf Witte, der Steuermann in der Not, Übersetzung und Bearbeitung von Heinz Stratz, Berlin.

Kozyrev, Andrei (1992): Russia: A Chance for Survival, in: Foreign Affairs, Vol. 71, Nr. 2, S. 1-16.

Kramer, Mark (2009): The Myth of a No-NATO-Enlargement Pledge to Russia, in: The Washington Quarterly, Vol. 32, Nr. 2, Center for Strategic and International Studies, S. 39-61.

Krasner, Stephen D. (2010): Verantwortliche Souveränität. Ein Orientierungsprinzip für das 21. Jahrhundert, in: Internationale Politik, Nr. 5, September/

Oktober, Hrsg. Deutsche Gesellschaft für Auswärtige Politik e.V., Berlin, S. 10-20.

Krastev, Ivan (2006): 'Sovereign democracy', Russian-style, 16. November, unter: http://www.opendemocracy.net/globalization-institutions_government/sovereign_democracy_4104.jsp (Zugriff 23.07.2012).

Krastev, Ivan (2007): Russia vs Europe: the sovereignty wars, 5. September, unter: http://www.opendemocracy.net/globalization-institutions_government/sovereign_democracy_4104.jsp (Zugriff 23.07.2012).

Krastev, Ivan / Pavlovsky, Gleb / u. a. (2013): The politics of no alternatives or How power works in Russia, An interview with Gleb Pavlovsky, in: Eurozine, 11. Februar, Übersetzung Sherwood, Julia, unter: http://www.eurozine.com/pdf/2011-06-09-pavlovsky-en.pdf (Zugriff 03.09.2013).

Kratochvil, Petr (2002): Multipolarity: American Theory and Russian Practice, Conference Paper präsentiert bei der jährlichen Central and East European International Studies Association (CEEISA)-Tagung, Moskau, unter: http://www.isn.ethz.ch/isn/Digital-Library/Publications/Detail/?ots591=0c54e3b3-1e9c-be1e-2c24-a6a8c7060233&lng=en&id=31431 (Zugriff 14.07.2012).

Krautheim, Jans-Jobst (1999): Alexander I., 1801-1825, in: Die russischen Zaren 1547-1917, Hrsg. Torke, Hans-Joachim, 2. durchgesehene Auflage, Neuausgabe in der Beck'schen Reihe, Band 1305, München, S. 275-287.

Krell, Gert (2012): Theorien in den Internationalen Beziehungen, in: Einführung in die Internationale Politik, Studienbuch, Hrsg. Staack, Michael, 5., vollständig überarbeitete Auflage, Oldenbourg Verlag, München.

Kreß, Claus (2014): Interview mit Darnstädt, Thomas, „Putins Worte sind abwegig", in: Spiegel Online, 7. März, unter: http://www.spiegel.de/politik/ausland/ukraine-krise-verstoesst-putin-gegen-voelkerrecht-a-957358.html (Zugriff 07.03.2014).

Kropatcheva, Elena (2012): Russian foreign policy in the realm of European security through the lens of neoclassical realism, in: Journal of Eurasian Studies, Vol. 3, Hrsg. Hanyang University, S. 30-40.

Krumm, Reinhard (2011): Moskau lässt abstimmen. Der „Neue Bürger Russlands vor den Wahlen, Friedrich Ebert Stiftung, Perspektive FES Moskau.

Kuchins, Andrew C. (2011): Reset Expectations, Russian Assessment of U.S. Power, in: Capacity and Resolve: Foreign Assessments of U.S. Power, Center for Strategic International Studies Report, 17. Juni, Hrsg. Cohen, Craig S.

Kundnani, Hans (2013): The Ostpolitik Illusion. Despite what Berlin proclaims, last century's strategies are no longer relevant, in: IP-Journal, Hrsg. Deutsche Gesellschaft für Auswärtige Politik e.V., unter: https://ip-journal.dgap.org/en/ip-journal/topics/ostpolitik-illusion (Zugriff: 03.01.2014).

Kupchan, Charles / Mount, Adam (2009): The Autonomy Rule, The end of Western dominance means a new foreign policy principle is needed to advance international order, in: Democracy, Nr. 12, Spring, S. 8-21.

Kupchan, Charles A. (2010a): Enemies Into Friends, How the United States Can Court Its Adversaries, in: Foreign Affairs, Vol. 89, Nr. 2, März/April, S. 120-134.

Kupchan, Charles A. (2010b): How Enemies Become Friends, The Sources of Stable Peace, Hrsg. Council on Foreign Relations, Princeton University Press, Princeton/Oxford.

Kusber, Jan (2011): Das Jahr 1905 und das Zarenreich: Imperial und global, in: Schlüsseljahre. Zentrale Konstellationen der mittel- und osteuropäischen Geschichte, Festschrift für Helmut Altrichter, Quellen und Studien zur Geschichte des östlichen Europa, Band 77, Hrsg. Stadelmann, Matthias / Antipow, Lilia, Stuttgart, S. 203-217.

Kwaśniewski, Alexander (2014): Kein vereinigtes und stabiles Europa ohne die Ukraine!, auf: Internationale Politik und Gesellschaft, Onlinejournal, 5. Mai, Übersetzung: Pyzowska, Dominika / Sendhardt, Bastian. unter: http://www.ipg-journal.de/schwerpunkt-des-monats/europaeische-ostpolitik/artikel/detail/kein-vereinigtes-und-stabiles-europa-ohne-die-ukraine-379/ (Zugriff 11.08.2014).

Kühn, Ulrich (2013): Conventional Arms Control 2.0, in: Journal of Slavic Military Studies, Nr. 26, Taylor & Francis Group, LLC, S. 189-202.

Laarz, Diana (2012): Putin und Kyrill, Gefährliche Freunde, in: ZEIT Online, 16. August, unter: http://www.zeit.de/2012/34/Putin-Orthodoxe-Kirche (Zugriff 10.02.2013).

LaFeber, Walter (1985): America, Russia, and the cold war, 1945-1984, 5., überarbeitete Auflage, Cornell University, New York.

Landaburu, Eneko (2009): Hard choices on EU-Russia relations, in: Europe's World, Nr. 11, Spring, S. 29-32.

Lantis, Jeffrey S. (2002a): Strategic Culture and National Security Policy, in: The International Studies Review, Vol. 4, Nr. 3, Malden, S. 87-113.

Lantis, Jeffrey S. (2002b): The Moral Imperative of Force: The Evolution of German Strategic Culture in Kosovo, in: Comparative Strategy, Vol. 1, Nr. 1, S. 21-46.

Lantis, Jeffrey S. (2005): Strategic Culture: From Clausewitz to Constructivism, in: Strategic Insights, Vol. IV, Nr. 10.

Lapid, Yosef (1996): Culture's Ship: Returns and Departures in International Relations Theory, in: The Return of Culture and Identity in IR Theory, Hrsg.

Lapid, Yosef / Kratochwil, Friedrich, Lynne Rienner Publishers, Boulder/ London.

Lavrov, Sergej (2006): Russia in Global Politics, Artikel des russischen Außenministers in Moskovkiye Novosti, 3. März, unter: http://www.mid.ru/brp_4.nsf/ sps/95B31F180DF8E060C32571260053D5F9 (Zugriff 06.04.2013).

Lavrov, Sergej (2007a): The Present and the Future of Global Politics, in: Russia in Global Affairs, 13. Mai, Nr. 2, April – June, unter: http://eng.globalaffairs. ru/number/n_8554 (Zugriff 06.04.2013).

Lavrov, Sergej (2007b): Containing Russia: Back to the Future, Artikel des russischen Außenministers, 19. Juli, unter: http://www.mid.ru/brp_4.nsf/0/8F800 5F0C5CA3710C325731D0022E227 (Zugriff 03.03.2013).

Lavrov, Sergej (2008): Transcript of Remarks by Russian Minister of Foreign Affairs at the Myrdal Lecture, 12. Februar, Genf, unter: http://www.mid.ru/ brp_4.nsf/f68cd37b84711611c3256f6d00541094/44d42bb592ce7921c32573e e00274e6a?OpenDocument (Zugriff 18.05.2014).

Lavrov, Sergej (2013): Speech at 49th Munich security conference, Februar, München, unter: http://www.mid.ru/brp_4.nsf/0/A9CB4318DB0A5C8444257B0 A00376FE8 (Zugriff 22.02.2013).

Lavrov, Sergej (2014a): Speech by the Russian Foreign Minister and his answers to questions during the First Forum of Young Diplomats of the CIS Countries, 25. April, Moskau, unter: http://www.mid.ru/bdomp/brp_4.nsf/ e78a48070f 128a7b43256999005bcbb3/77c84f1c027517bd44257cc900210a7c!OpenDocu ment (Zugriff 10.08.2014).

Lavrov, Sergej (2014b): Speech at the III Moscow International Security Conference, 23. Mai, Moskau, unter: http://www.mid.ru/brp_4.nsf/0/D2BB652B-D0232E0344257CE40057B89D (Zugriff 28.05.2014).

Lavrov, Sergej (2014c): Briefing for representatives of foreign and Russian mass media, Moskau, 28. Juli, unter: http://www.mid.ru/brp_4.nsf/0/ E02A-06430588548E44257D250057708D (Zugriff 10.08.2014).

Legro, Jeffrey W. (1995): Cooperation under Fire: Anglo-German Restraint during World War II, Reihe Cornell Studies in Security Affairs, Hrsg. Art, Robert J. / Jervis, Robert / Walt, Stephen M., Cornell University Press, Ithaca/ London.

Legvold, Robert (1999): The Three Russias: Decline, Revolution, and Reconstruction, in: A Century's Journey, How the Great Powers Shape the World, Hrsg. Pastor, Robert A., New York, S. 139-190.

Levada (2011): Est' li u Rossii vragi?, Hat Russland Feinde?, unter: http://www. levada.ru/press/2011020302.html (Zugriff 15.02.2013).

Levada (2012a): Russian Public Opinion 2010-2011, From Opinion toward Understanding, Moskau.

Levada (2012b): Rost cen i bednost' – glavnye trevogi Rossijan, Preisanstieg und Armut – Die größten Sorgen der Russen, 22. August, unter: http://www.levada.ru/22-08-2012/rost-tsen-i-bednost-glavnye-trevogi-rossiyan (Zugriff 09.03.2013).

Levada (2012c): Nakazanie učastnicam gruppy Pussy Riot tret' rossijan sočla adekvatnym, Die Strafe, zu der die Mitglieder der Gruppe Pussy Riot verurteilt wurden, findet ein Drittel der Russen angemessen. 2. Oktober, unter: http://www.levada.ru/print/02-10-2012/nakazanie-uchastnitsam-gruppy-pussy-riot-tret-rossiyan-sochla-adekvatnym (Zugriff 10.03.2013).

Levada (2013): Russian Public Opinion 2012-2013, From Opinion toward Understanding, Moskau.

Levada (2014): Situacija v Ukraine i v Krymu, Situation in der Ukraine und auf der Krim, unter: http://www.levada.ru/13-03-2014/situatsiya-v-ukraine-i-v-krymu (Zugriff 29.03.2014).

Löwe, Hans-Dietrich (1999): Alexander II., 1855-1881, in: Die russischen Zaren 1547-1917, Hrsg. Torke, Hans-Joachim, 2. durchgesehene Auflage, Neuausgabe in der Beck'schen Reihe, Band 1305, München, S. 354-375.

Löwe, Hans-Dietrich (1999): Nikolaus II., 1894-1917, in: Die russischen Zaren 1547-1917, Hrsg. Torke, Hans-Joachim, 2. durchgesehene Auflage, Neuausgabe in der Beck'schen Reihe, Band 1305, München, S. 315-353.

Ludwig, Michael (2012): Putin und Medwedjew: Männerfreunde entfremden sich, in: Frankfurter Allgemeine Online, 9. August, unter: http://www.faz.net/aktuell/politik/ausland/putin-und-medwedjew-maennerfreunde-entfremden-sich-11850103.html (Zugriff 10.08.2012).

Lukin, Alexander (2014a): Eurasian Integration and the Clash of Values, in: Survival, Vol. 56, Nr. 3, Juni-Juli, S. 43-60.

Lukin, Alexander (2014b): What the Kremlin Is Thinking, Putin's Vision for Eurasia, in: Foreign Affairs, Juli-August, S. 85-93.

Lukin, Vladimir P. (1992): Our Security Predicament, in: Foreign Policy, Nr. 88, Herbst, S. 57-75.

Lukjanow, Fjodor (2009): Russische Zwischenbilanz nach zwei Krisen, in: Zeitschrift für Internationale Politik und Gesellschaft (IPG), Nr. 1, S. 144-156.

Lukyanov, Fyodor (2010): Russian Dilemmas in a Multipolar World, in: Journal of International Affairs, Vol. 63, Nr. 2, Frühling/Sommer, New York, S. 19-32.

Lyne, Roderic (2008): Reading Russia, Rewiring the West, in: opendemocracy.net, 12. Oktober, unter: http://www.opendemocracy.net/Russia/article/Reading-Russia-Rewiring-the-West (Zugriff 15.06.2014).

Mackinder, Halford John (1904): The Geographical Pivot of History, in: The Geographical Journal, Vol. 23, Nr. 4, Blackwell Publishing, London, S. 421-437.

Mahnken, Thomas G. (2006): United States Strategic Culture, Studie erstellt für: Defense Threat Reduction Agency Advanced Systems and Concepts Office, Comparative Strategic Cultures Curriculum.

Makarov, Nikolaj E. (2012): Views of the Ministry of Defense of the Russian Federation on Missile Defense Issues, Vortrag bei einer internationalen Konferenz in Moskau, 3./4. Mai, unter: http://www.mil.ru/files/morf/Eng_VIEWS%20OF%20THE%20MINISTRY%20OF%20DEFENSE%20OF%20THE%20RUSSIAN%20FEDERATION%20ON%20MISSILE%20DEFENSE%20ISSUES.ppt (Zugriff 16.02.2013).

Malygina, Katerina (2013): Die Ukraine nach dem EU-Gipfel in Vilnius: Nichtunterzeichnung des Assoziierungsabkommens, Polizeigewalt und Radikalisierung der Massenproteste, in: Ukraine-Analysen, Nr. 125, 10. Dezember, unter: http://www.laender-analysen.de/ukraine/pdf/UkraineAnalysen125.pdf (Zugriff 11.03.2014), S. 2-7.

Mandelbaum, Michael (1998): Russian Foreign Policy in Historical Perspective, in: The New Russian Foreign Policy, ein Buch des Council on Foreign Relations, Hrsg. Mandelbaum, Michael, Brookings Institution Press, New York, S. 1-22.

Mandelson, Peter (2007): The EU and Russia: our joint political challenge, European Commission – SPEECH/07/242, 20. April, Bologna, unter: http://europa.eu/rapid/press-release_SPEECH-07-242_en.pdf (Zugriff 14.12.2013).

Mankoff, Jeffrey (2007): Russia and the West: Taking the Longer View, in: The Washington Quarterly, Spring, S. 123-135.

Mankoff, Jeffrey (2014): Russia's Latest Land Grab. How Putin Won Crimea and Lost Ukraine, in: Foreign Affairs, Vol. 93, Nr. 3, Mai/Juni, S. 60-68.

Mansfield, Edward D. / Snyder, Jack (2007): Electing to Fight, Why Emerging Democracies Go To War, BCSIA Studies in International Security, MIT Press Paperback Edition, Cambridge, Massachusetts / London, England.

Manutscharjan. Aschot (2009): Die innenpolitische Entwicklung Georgiens von 1991 bis 1996 unter besonderer Berücksichtigung der Sezessionskonflikte, in: Die Sezessionskriege in Georgien, Schriftenreihe zur internationalen Politik, Band 1, Hrsg. Reiter, Erich, Wien/Köln/Weimar, S. 71-100.

McCoy, Terry L. (2009): Brazil's Political Economy and Strategic Culture, Studie für den "Brazil Strategic Culture Workshop", Florida International University, Applied Research Center, unter: http://strategicculture.fiu.edu/LinkClick.aspx?fileticket=s0couPYNogw%3D&tabid=76 (Zugriff 14.04.2012).

Mead, Walter Russell (2014): The Return of Geopolitics, The Revenge of the Revisionist Powers, in: Foreign Affairs, May/June, unter: http://www.foreignaffairs.com/articles/141211/walter-russell-mead/the-return-of-geopolitics (Zugriff 04.05.2014).

Mearsheimer, John J. (1990): Back to the Future, Instability in Europe After the Cold War, in: International Security, Vol. 15, Nr. 1, Sommer, S. 5-56.

Mearsheimer, John J. (2006a): Conversations in International Relations: Interview, Teil I, in: International Relations, Vol. 20, Nr. 1, London/Thousand Oaks/New Delhi, S. 105–123.

Mearsheimer, John J. (2006b): Conversations in International Relations: Interview, Teil II, in: International Relations, Vol. 20, Nr. 2, London/Thousand Oaks/ New Delhi, S. 231-243.

Medvedev, Dmitrij (2008a): Interview with Reuters News Agency, 25. Juni, unter: http://archive.kremlin.ru/eng/speeches/2008/06/25/2050_type82916_20 3066.shtml (Zugriff 06.11.2012).

Medvedev, Dmitrij (2008b): The Foreign Policy Concept of the Russian Federation, 28. Juni, United Nations MaximsNews Network, 31. Juli, unter: http://www.maximsnews.com/news20080731russiaforeignpolicyconcept10807311601.htm (Zugriff 06.04.2013).

Medvedev, Dmitrij (2008c): Russia won't accept unipolar world, Interview gegenüber verschiedenen Fernsehsendern, 31. August, unter: http://www.globalsecurity.org/wmd/library/news/russia/2008/russia-080831-medvedev01.htm (Zugriff 25.09.2014).

Medvedev, Dmitrij (2009a): Die Strategie der nationalen Sicherheit der Russischen Föderation bis zum Jahr 2020, Quelle des Originals: http://www.scrf.gov.ru/documents/99.html (Zugriff 02.08.2013), Arbeitsübersetzung: Egbert Lemcke, Frank Preiß vom 29.08.2009, unter: http://www.sicherheitspolitik-dss.de/ap/ap096000.pdf (Zugriff 02.08.2013).

Medvedev, Dmitrij (2009b): Go Russia!, Artikel, 10. September, unter: http://eng.news.kremlin.ru/news/298 (Zugriff 07.04.2013).

Medvedev, Dmitrij / Obama, Barack (2009): Joint Statement, London, 1. April, unter: http://archive.kremlin.ru/eng/text/docs/2009/04/214839.shtml (Zugriff 04.03.2012).

Medvedev, Dmitrij (2010): Militärdoktrin der Russischen Föderation, 5. Februar, Übersetzung Bundessprachenamt Referat S 7, Original: Voennaja doktrina Rossijskoj Federacii, unter: http://news.kremlin.ru/ref_notes/461 (Zugriff 07.04.2013).

Medvedev, Dmitrij (2012): Euro-Atlantic Security Community: Myth or Reality?, Rede beim Russian Council for International Affairs, Moskau, 23. März, unter: http://eng.news.kremlin.ru/news/3582/print (Zugriff 16.02.2013).

Merkel, Wolfgang (2010): Das Ende der Euphorie. Kehren die Diktaturen zurück? Theoretische und empirische Befunde, in: Wissenschaftszentrum Berlin für Sozialforschung, Mitteilungen, Heft 127, S. 36-39.

Mihalka, Michael (2001): Cooperative Security: From Theory to Practice, in: Cooperative Security: New Horizons for International Order, The George C. Marshall European Center for Security Studies, The Marshall Center Papers, Nr. 3, Garmisch-Partenkirchen, S. 29-68.

Miller, James R., Hrsg. (2004): Encyclopedia of Russian History, Vol. 3, M-R, New York.

Ministry of Foreign Affairs of the Russian Federation (1993): Foreign Policy Conception of the Russian Federation, in: Russian Foreign Policy in Transition, Concepts and Realities, Hrsg. Melville, Andrei / Shakleina, Tatiana (2005), Übersetzung Anna Yastrzhembska, Central European University Press, Budapest/New York, S. 27-64, ursprünglich veröffentlicht in: Diplomaticheskiy vestnik (Diplomatic Review), 1993, Nr. 1-2, Spezialausgabe, S. 3-23.

Ministry of Foreign Affairs of the Russian Federation (2000a): National Security Concept of the Russian Federation, gebilligt durch Präsidialdekret Nr. 24 vom 10. Januar, unter: http://www.mid.ru/bdomp/ns-osndoc.nsf/1e5f0de28fe77fdcc32575d900298676/36aba64ac09f737fc32575d9002bbf31!OpenDocument (Zugriff 29.03.2013).

Ministry of Foreign Affairs of the Russian Federation (2000b): Foreign Policy Conception of the Russian Federation, in: Russian Foreign Policy in Transition, Concepts and Realities, Hrsg. Melville, Andrei / Shakleina, Tatiana (2005), Übersetzung Anna Yastrzhembska, Central European University Press, Budapest/New York, S. 89-103, ursprünglich veröffentlicht in: Diplomaticheskiy vestnik (Diplomatic Review), 2000, Nr. 8, S. 3-11.

Ministry of Foreign Affairs of the Russian Federation (2007): A Survey of Russian Federation Foreign Policy, unter: http://www.mid.ru/brp_4.nsf/e78a48070f128a7b43256999005bcbb3/89a30b3a6b65b4f2c32572d700292f74?OpenDocument (Zugriff 06.04.2013).

Ministry of Foreign Affairs of Ukraine (2014): President: Militants will pay hundreds of their lives for each life of our servicemen, 12. Juli, unter: http://mfa.gov.ua/en/news-feeds/foreign-offices-news/25393-za-kozhne-zhittya-nashih-vijsykovih-bojoviki-zaplatyaty-sotnyami-svojihprezident (Zugriff 11.08.2014).

Missile Defense Agency (2008): Multiple Kill Vehicle Program Achieves Key Milestone, News Release, 28. Mai, unter: http://www.mda.mil/global/documents/pdf/08news0011.pdf (Zugriff 06.08.2014).

Mommsen, Margareta (2003): Wer herrscht in Rußland? Der Kreml und die Schatten der Macht, Verlag C.H. Beck, München.

Mommsen, Margareta (2009): Rußlands gelenkte Demokratie: Das Tandem Putin – Medwedew, in: Stimmen der Zeit, Nr. 5, München, S. 307-320.

Montesquieu, Charles-Louis de Secondat, Baron de la Brède et de (1748): Vom Geist der Gesetze, zitiert nach Weigand, Kurt (1993): Auswahl, Übersetzung und Einleitung von Kurt Weigand, Kurt Stuttgart, unter: http://agiw.fak1.tu-berlin.de/Auditorium/ModIdATr/SOKap4/CMontesq.htm (Zugriff 21.01.2012).

Müller, Martin (2007): Zusammen aber doch getrennt? Vorstellungen von Russlands Platz in Europa an einer russischen Elitehochschule, in: Europa Regional, Vol. 15, Leibniz-Institut für Länderkunde, Leipzig, S. 199-208.

Nassauer, Otfried (2007): Das Ende der Abrüstung, in: Blätter für deutsche und internationale Politik, Nr. 6, Berlin, S. 645-648.

NATO (1949): Der Nordatlantikvertrag, 4. April, Washington, D.C., unter: http://www.nato.diplo.de/Vertretung/nato/de/04/Rechtliche__Grundlagen/Nordatlantikvertrag.html (Zugriff 11.08.2014).

NATO (1999): The Alliance's Strategic Concept, Approved by the Heads of State and Government participating in the meeting of the North Atlantic Council, Washington, D.C., unter: http://www.nato.int/cps/en/natolive/official_texts_27433.htm (Zugriff 22.07.2012).

NATO (2008): Bucharest Summit Declaration, Issued by the Heads of State and Government participating in the meeting of the North Atlantic Council, 3. April, Bukarest, unter: http://www.nato.int/cps/en/natolive/official_texts_8443.htm (Zugriff 12.08.2014).

NATO (2010): Lisbon Summit Declaration, Heads of State and Government participating in the meeting of the North Atlantic Council in Lisbon, 20. November, unter: http://www.nato.int/cps/en/natolive/official_texts_68828.htm (Zugriff 16.02.2013).

NATO Public Diplomacy Division, Hrsg. (2010): Active Engagement, Modern Defence. Strategic Concept for the Defence and Security of the Members of the North Atlantic Treaty Organization, adopted by Heads of State and Government at the NATO Summit in Lisbon, 19.-20. November, unter: http://www.nato.int/strategic-concept/pdf/Strat_Concept_web_en.pdf (Zugriff 31.03.2012).

Nazarbayev, Nursultan / Putin, Vladimir / Lukashenko, Alexander (2014): Press statements following the Supreme Eurasian Economic Council meeting, 29. Mai, unter: http://eng.kremlin.ru/transcripts/22404 (Zugriff 07.08.2014).

Neumann, Iver B. (2007): When did Russia become a Great Power? Realist, Constructivist and Post-Structuralist Answers, Paper presented at the annual meeting of the International Studies Association 48th Annual Convention, Chicago, 28. Februar, unter: http://www.allacademic.com/meta/p179679_index.html (Zugriff 15.09.2013).

Neumann, Iver B. (2008): Russia as a great power, 1815–2007, in: Journal of International Relations and Development, Vol. 11, S. 128–151.

Neumann, Iver B. (2011): Entry into international society reconceptualised: the case of Russia, in: Review of International Studies, Vol. 37, British International Studies Association, S. 463-484.

Nikitin, Alexander (2012): Russia as a Permanent Member of the UN Security Council, International Policy Analysis, Friedrich Ebert Stiftung, November, Berlin.

Nikonov, Viacheslav (2008): From Fulton to Malta - How the Cold War Began and Ended, Diskussionsbeitrag beim World Political Forum, Hrsg. The International Foundation for Socio-Economic and Political Studies, The Gorbachev Foundation, Moskau, S. 106-109.

Nitschke, Markus (2002): Nach dem ABM-Vertrag, Berliner Informationszentrum für Transatlantische Sicherheit, überarbeitete Onlineversion, Januar, unter: http://www.bits.de/public/articles/ami/ ami0102.htm (Zugriff 06.08.2014).

Nolte, Hans Heinrich (2008): Kleine Geschichte Rußlands, aktualisierte und bibliographisch ergänzte Ausgabe, Reclams Universal-Bibliothek Nr. 9696, Stuttgart.

Norheim-Martinsen, Per M. (2011): EU Strategic Culture: When the Means Becomes the End, in: Contemporary Security Policy, Vol. 32, Nr. 3, Routledge Taylor & Francis Group, S. 517-534.

Nuland, Victoria (2012): Spokesperson U.S. Department of State Daily Press Briefing, 18. September, Washington, D.C., unter: http://www.state.gov/r/pa/prs/dpb/2012/09/197912.htm#RUSSIA (Zugriff 30.01.2013).

Nuland, Victoria (2014): Interview With Christiane Amanpour on CNNI's Amanpour, 21. April, unter: http://www.state.gov/p/eur/rls/rm/2014/apr/225076.htm (Zugriff 04.05.2014).

Obama, Barack (2009): Remarks by the President at the New Economic School Graduation, Moskau, 7. Juli, unter: http://www.whitehouse.gov/the-press-office/remarks-president-new-economic-school-graduation (Zugriff 18.02.2013).

Obama, Barack (2014a): Press Conference with Prime Minister Rutte of the Netherlands, 25. März, Den Haag, unter: http://www.whitehouse.gov/the-press-office/2014/03/25/press-conference-president-obama-and-prime-minister-rutte-netherlands (Zugriff 29.03.2014).

Obama, Barack (2014b): Remarks by the President at the United States Military Academy Commencement Ceremony, 28. Mai, West Point, New York, unter: http://www.whitehouse.gov/the-press-office/2014/05/28/remarks-president-west-point-academy-commencement-ceremony (Zugriff 28.05.2014).

Ohne Verfasser (2012), Dokumentation: Das Punkgebet, Focus-Online, 18. August, http://www.focus.de/tagesthema/justiz-dokumentation-das-punkgebet_aid_802161.html (Zugriff 18.8.2013).

Ohne Verfasser (2014): Ukraine-Konflikt. Nato erwägt Raketenabwehr gegen Russland, Spiegel-Online, 24. August, unter: http://www.spiegel.de/politik/ausland/nato-debattiert-ueber-raketenabwehr-gegen-russland-a-987739.html (Zugriff 24.08.2014).

Onyszkiewicz, Janusz (2010): Europe should be wary of the Russian bear's embrace, in: Europe's World, Nr. 15, Summer, S. 42-47.

Orlov, Dmitrij (2006): Političeskaja doktrina suverennoj demokratii, Die politische Doktrin der souveränen Demokratie, in: Izvestija, 30. November, unter: http://izvestia.ru/news/319474 (Zugriff 23.08.2014).

Ortag, Peter (2008): Christliche Kultur und Geschichte – Ein Überblick, Brandenburgische Landeszentrale für politische Bildung, Potsdam.

Oschlies, Wolf (2007): Russische Orthodoxie. Patriarch und Putin überwinden die Kirchenspaltung nach über 60 Jahren, in: Eurasisches Magazin, Ausgabe 04-07, 30. April, unter: http://www.eurasischesmagazin.de/artikel/?artikelID=20070409 (Zugriff 20.05.2012).

Ostrowski, Donald (2006): The growth of Muscovy (1462-1533), in: The Cambridge History of Russia, From Early Rus' to 1689, Vol. 1, Hrsg. Perrie, Maureen, Cambridge University Press, Cambridge/New York/Melbourne/u. a. O., S. 213-239.

Ostrowski, Donald (2010): The End of Muscovy: The Case for circa 1800, in: Slavic Review, Vol. 69, Nr. 2, S. 426-438.

Ostrowski, Donald (o.J.): The Integration of Early Modern Russia into World History, Veröffentlichung vorgesehen in: The Russian Empire, Slavery, and Liberation: Integrating Multi-cultural Eurasia 1551-1800, Hrsg. Witzenrath, Christoph, Ashgate Publisher, unter: http://dnl.pdfsb.com/download.php?file=595668 486641463957485638433331 6b55513d3d&q=5547294 (Zugriff 20.01.2013).

OSZE (1999): Europäische Sicherheitscharta, PCOGW389, November, Istanbul, unter: http://www.osce.org/de/mc/39571?download=true (Zugriff 11.08.2014).

OSZE (2010): Gedenkerklärung von Astana, Auf dem Weg zu einer Sicherheitsgemeinschaft, SUM.DOC/1/10/Corr.1*, Astana, 3. Dezember, unter: http://www.osce.org/de/cio/74988?download=true (Zugriff 15.12.2013).

OSZE (2011): OSCE Mechanisms & Procedures, Hrsg. OSCE Secretariat's Conflict Prevention Centre, unter: http://www.osce.org/cpc/34427 (Zugriff 26.12.2013).

Parsons, Talcott / Shils, Edward A. (1951): Toward a General Theory of Action, Harvard University Press, Cambridge, Massachusetts.

Pavlov, A. P. (2006): Fedor Ivanovich and Boris Godunov, in: The Cambridge History of Russia, From Early Rus' to 1689, Vol. 1, Hrsg. Perrie, Maureen, Cambridge University Press, Cambridge/New York/Melbourne/u. a. O., S. 264-285.

Payne, Keith B. (2011): Understanding Deterrence, in: Comparative Strategy, Nr. 30, National Institute for Public Policy, S. 393-427.

Pentagon (1992): Excerpts From Pentagon's Plan: 'Prevent the Re-Emergence of a New Rival, in: The New York Times, 8. März, unter: http://www.nytimes.com/1992/03/08/world/excerpts-from-pentagon-s-plan-prevent-the-re-emergence-of-a-new-rival.html?pagewanted=print&src=pm (Zugriff 02.03.2013).

Peters, Ingo (2011): Strategic Culture and Multilateralism: The Interplay of the EU and the UN in Conflict and Crisis Management, in: Contemporary Security Policy, Vol. 32, Nr. 3, Routledge Taylor & Francis Group, S. 644-666.

Petro, Nicolai N. (2009): The Novgorod Model: Creating a European Past in Russia, in: Cities after the Fall of Communism: Reshaping Cultural Landscapes and European Identity, Johns Hopkins University Press, Hrsg. John J. Czaplicka / u. a., Baltimore/London, S. 53-74.

Phillips, William M.C. (2007): Russian Oil and Natural Gas: Strategic Culture and Security Implications of European Dependence, Thesis, Naval Postgraduate School, Monterey.

Plaggenborg, Stefan (2010): Das Erbe: Von der Sowjetunion zum neuen Russland, in: Länderbericht Russland, Hrsg. Pleines, Heiko / Schröder, Hans-Henning, Bonn, S. 29-51.

Polikanov, Dmitry (2002): Europäische Sicherheitspolitik als Herausforderung für Russland, in: Sicherheit für das größere Europa. Politische Optionen im globalen Spannungsfeld, Hrsg. Arnold, Hans / Krämer, Raimund, EINE Welt, Texte der Stiftung Entwicklung und Frieden, Bd. 14, Übersetzung Marco Overhaus, Bonn, S. 179-197.

Porošenko, Petr (2014a): Petr Porošenko predstavil v Donbasse mirnyj plan po uregolirovaniju situacii na vostoke Ukrainy, Petr Porošenko stellte in Donbass einen Friedensplan zur Regulierung der Lage in der Ostukraine vor, 20. Juni, unter: http://www.president.gov.ua/ru/news/30566.html (Zugriff 21.06.2014).

Porošenko, Petr (2014b): President: Militants will pay hundreds of their lives for each life of our servicemen, Press office of [the] President, 11. Juli, unter: http://www.president.gov.ua/en/news/30733.html (Zugriff 19.07.2014).

Postol, Theodore A. / Lewis, George N. (2007): The Proposed US Missile Defense in Europe: Technological Issues Relevant to Policy, Briefing to Congressional Staff, unter: http://www.blisty.cz/files/2007/10/19/postol_briefing2-congressional-staff_august27-2007_2x1.pdf (Zugriff 06.08.2014).

Póti, László (2008): Evolving Russian Foreign and Security Policy: Interpreting the Putin-doctrine, in: Acta Slavica Iaponica, Vol. 25, Slavic Research Center, Sapporo, S. 29-42.

President of Russia (2012): A law on sanctions for individuals violating fundamental human rights and freedoms of Russian citizens has been signed, 28. Dezember, unter: http://eng.kremlin.ru/acts/4810 (Zugriff 30.01.2013).

Preußische Allgemeine Zeitung (2009): Russisches Manöver beunruhigt Nachbarn, Folge 44-09 vom 31. Oktober, unter: http://www.webarchiv-server.de/pin/archiv09/4420091031paz43.htm (Zugriff 14.02.2013).

Primakov, Yevgeny (2006): Russia and the U.S. in Need of Trust and Cooperation, in: Russia in Global Affairs, Vol. 4, Nr. 1, Januar-März, Moskau.

Putin, Vladimir (1999): Russia at the Turn of the Millennium, ursprünglich veröffentlicht in: Nezavisimaja gazeta, 30. Dezember, unter: http://www.uio.no/studier/emner/hf/ilos/RUS2502/v05/RUSSIA%20AT%20THE%20TURN%20OF%20THE%20MILLENNIUM.doc (Zugriff 21.07.2012).

Putin, Vladimir (2000): The Foreign Policy Concept of the Russian Federation, 28. Juni, unter: http://www.fas.org/nuke/guide/russia/doctrine/econcept.htm (Zugriff 24.08.2012).

Putin, Vladimir (2001): Rede im Deutschen Bundestag, Wortprotokoll, 25. September, Berlin, unter: http://www.bundestag.de/kulturundgeschichte/geschichte/gastredner/putin/putin_wort.html (Zugriff 16.03.2013).

Putin, Vladimir (2002): Annual Address to the Federal Assembly of the Russian Federation, 18. April, Moskau, unter: http://archive.kremlin.ru/eng/speeches/2002/04/18/0000_type70029type82912_70662.shtml (Zugriff 21.07.2012).

Putin, Vladimir (2004a): Putin sožaleet o končine Sovetskogo Sojuza. Predvybornaja reč' v izloženii agenstva AR, Putin bedauert das Ende der Sowjetunion. Eine Rede vor den Wahlen in der Fassung der Agentur AP, 16. Februar, unter: http://www.centrasia.ru/newsA.php?st=1076879220 (Zugriff 04.04.2013).

Putin, Vladimir (2004b): Transcript of first part of President Putin's meeting at Novo Ogarevo with a group of foreign academics and journalists, 6. September, bereitgestellt durch Steele, Jonathan, The Guardian, unter: http://www.russialist.org/8369-putin.php (Zugriff 28.12.2012).

Putin, Vladimir (2005): Annual Address to the Federal Assembly, 25. April, unter: http://archive.kremlin.ru/eng/speeches/2005/04/25/2031_type70029type82912_87086.shtml (Zugriff 04.04.2013).

Putin, Vladimir (2007a): Speech at the 43rd Munich Conference on Security Policy, 10. Februar, http://archive.kremlin.ru/eng/text/speeches/2007/02/10/0138_type82912type82914type82917type84779_118123.shtml (Zugriff 02.04.2013).

Putin, Vladimir (2007b): 50 Years of the European integration and Russia, Artikel, 25. März, in: The Sunday Times, FAZ und Le Monde, dokumentiert in: European Neighbourhood Watch, Ausgabe 25, Centre for European Policy Studies, S. 2-4.

Putin, Vladimir (2007c): Annual Address to the Federal Assembly, 26. April, unter: http://www.kremlin.ru/eng/speeches/2007/04/26/1209_type70029type82912_125670.shtml (Zugriff 04.04.2013).

Putin, Vladimir (2008): Entwicklungsstrategie Russlands bis zum Jahr 2020, Rede vor dem Staatsrat, 8. Februar, deutsche Übersetzung von Ella Rack für russland.RU, unter: http://russland.ru/reden/morenews.php?iditem=23 (Zugriff 16.03.2013).

Putin, Vladimir (2009): Rede des russischen Premierministers zur Eröffnung des Weltwirtschaftsforums, 28. Januar, Davos, Übersetzung von Zeit-Fragen ein Partner von Tlaxcala, Übersetzernetzwerk für sprachliche Vielfalt, unter: http://www.tlaxcala.es/pp.asp?lg=de&reference=7086 (Zugriff 07.04.2013).

Putin, Vladimir (2012a): Russland und die Welt im Wandel, inoffizielle Übersetzung, Nachrichtenagentur RIA Novosti, 27. Februar, unter: http://de.rian.ru/opinion/20120227/262782988.html (Zugriff 05.03.2012), russisch: Rossija i menjajuščijcja mir, in: Moskowskije Nowosti, 27. Februar, unter: http://mn.ru/politics/20120227/312306749.html (Zugriff 05.03.2012).

Putin, Vladimir (2012b): Executive Order on measures to implement foreign policy, 7. Mai, unter: http://eng.news.kremlin.ru/acts/3764 (Zugriff 05.08.2013).

Putin, Vladimir (2012c): Address to the Federal Assembly, 12. Dezember, unter: http://eng.kremlin.ru/news/4739 (Zugriff 28.12.2012).

Putin, Vladimir (2013a): Speech at meeting with delegates to the Russian Orthodox Church's Bishops' Council, 1. Februar, unter: http://eng.special.kremlin.ru/news/4926 (Zugriff 02.02.2013).

Putin, Vladimir (2013b): Rede beim Expanded meeting of the Interior Ministry Board, 8. Februar, Moskau, unter: http://eng.kremlin.ru/news/4968 (Zugriff 10.03.2013).

Putin, Vladimir (2013c): Concept of participation of the Russian Federation in BRICS, 9. Februar, unter: http://www.mid.ru/brp_4.nsf/0/58404FEA180B30AD44257B35002871F3 (Zugriff 13.04.2013).

Putin, Vladimir (2013d): Concept of the Foreign Policy of the Russian Federation, 12. Februar, unter: http://www.mid.ru/bdomp/brp_4.nsf/e78a48070f128a7b43256999005bcbb3/76389fec168189ed44257b2e0039b16d!OpenDocument (Zugriff 13.04.2013).

Putin, Vladimir (2013e): Rede beim Federal Security Service board meeting, 14. Februar, Moskau, unter: http://eng.kremlin.ru/transcripts/5001 (Zugriff 10.03.2013).

Putin, Vladimir (2013f): Meeting of the Valdai International Discussion Club, Rede sowie Frage und Antwort, 19. September, unter: http://eng.kremlin.ru/news/6007 (Zugriff 19.01.2014).

Putin, Vladimir (2013g): Presidential Address to the Federal Assembly, 12. Dezember, unter: http://eng.kremlin.ru/news/6402 (Zugriff 23.12.2013).

Putin, Vladimir (2014a): Appeal to the Council of Federation of the Federal Assembly of the Russian Federation, 1. März, unter: http://eng.kremlin.ru/news/6751 (Zugriff 01.03.2014).

Putin, Vladimir (2014b): Vladimir Putin answered journalists' questions on the situation in Ukraine, Novo-Ogaryovo, 4. März, unter: http://eng.kremlin.ru/news/6763 (Zugriff 08.03.2014).

Putin, Vladimir (2014c): Address by President of the Russian Federation, 18. März, unter: http://eng.kremlin.ru/news/6889 (Zugriff 19.03.2014).

Putin, Vladimir (2014d): Meeting with senior members of the Federation Council, 27. März, unter: http://eng.kremlin.ru/news/6927 (Zugriff 29.03.2014).

Putin, Vladimir (2014e): Direct Line with Vladimir Putin, 17. April, unter: http://eng.kremlin.ru/transcripts/7034 (Zugriff 08.05.2014).

Putin, Vladimir (2014f): Interview im Rahmen der Plenarsitzung des 18. Sankt Petersburg International Economic Forum, 23. Mai, unter: http://eng.kremlin.ru/transcripts/7230 (Zugriff 25.05.2014).

Putin, Vladimir (2014g): Meeting with heads of leading international news agencies, 24. Mai, unter: http://eng.kremlin.ru/news/7237 (Zugriff 26.05.2014).

Putin, Vladimir (2014h): Speech at Supreme Eurasian Economic Council meeting in narrow format, 29. Mai, unter: http://eng.kremlin.ru/transcripts/22403 (Zugriff 07.08.2014).

Putin, Vladimir (2014i): Conference of Russian ambassadors and permanent representatives, Moskau, 1. Juli, unter: http://eng.news.kremlin.ru/news/22586 (Zugriff 04.07.2014).

Putnam, Robert D. (1971): Studying Elite Political Culture: The Case of "Ideology", in: The American Political Science Review, Vol. 65, Nr. 3, September, S. 651-681.

Pye, Lucian W. / Verba, Sidney (1965): Political Culture and Political Development, Princeton University Press, Princeton.

Pye, Lucian W. (1991): Political Culture Revisited, in: Political Psychology, Vol. 12, Nr. 3, S. 487-508.

Raeff, Marc (1999): Katharina II., 1762-1796, in: Die russischen Zaren 1547-1917, Hrsg. Torke, Hans-Joachim, 2. durchgesehene Auflage, Neuausgabe in der Beck'schen Reihe, Band 1305, München, S. 233-261.

Radio Free Europe, Radio Liberty (1996): Primakov on Russian Foreign Policy, Newsline, Scott Parrish, 15. Januar, unter: http://www.rferl.org/content/article/1141087.html (Zugriff 08.03.2013).

Ray, Julie (2011): Russia's Leadership Not Popular Worldwide, Residents in former Soviet states are most likely to approve, Gallup-Umfrage, 5. August, Washington, D.C., unter: http://www.gallup.com/poll/148862/Russia-Leadership-Not-Popular-Worldwide.aspx?version=prin (Zugriff 19.07.2012).

RIA Novosti (2009): Reform of the Russian Armed Forces, Infografik, unter: http://en.rian.ru/infographics/20091204/157098191.html (Zugriff 14.02.2013).

RIA Novosti (2010): NATO plans military exercises near Russian border, 4. März, unter: http://en.rian.ru/world/20100304/158089565.html (Zugriff 14.04.2012).

RIA Novosti (2012a): Russland: NGOs und Kirche droht schärfere Kontrolle, 3. Juni, unter: http://de.rian.ru/politics/20120703/263922182.html (Zugriff 10.03.2013).

RIA Novosti (2012b): Duma nimmt umstrittenes NGO-Gesetz an, 6. Juli, unter: http://de.rian.ru/politics/20120706/263941859.html (Zugriff 10.03.2012).

RIA Novosti (2012c): Archpriest Chaplin: Pussy Riot, Putin and God's Love, 25. Juli, unter: http://en.rian.ru/analysis/20120725/174760458.html (Zugriff 25.07.2012).

RIA Novosti (2012d): Russlands Nato-Botschafter: Allianz über Militärübung Kaukasus-2012 ausreichend informiert, 17. September, unter: http://de.rian.ru/security_and_military/20120917/264446408.html (Zugriff 14.02.2013).

RIA Novosti (2013): Russia Scraps Deal on US Crime-Fighting Aid, unter: http://en.rian.ru/politics/20130130/179117712/Russia-Terminates-Anti-Crime-Cooperation-Deal-With-US----.html (Zugriff 30.01.2013).

Rieber, Alfred J. (2007): How Persistent Are Persistent Factors?, in: Russian Foreign Policy in the Twenty-First Century and the Shadow of the Past, Hrsg. Legvold, Robert, Columbia University Press, New York, S. 205-278.

Reporter ohne Grenzen (2014): Rangliste der Pressefreiheit 2013, unter: https://www.reporter-ohne-grenzen.de/fileadmin/rte/docs/2013/130128_Rangliste_Deutsch.pdf (Zugriff 31.03.2014).

Reppert, John (1991): Emerging Civil-Military Relations: The Role of the Main Political Administration in the New Soviet Union, Strategic Studies Institute, U.S. Army War College, Special Report.

Rey, Marie-Pierre (2004): 'Europe is our Common Home': A Study of Gorbachev's Diplomatic Concept, in: Cold War History, Vol. 4, Nr. 2, Januar, Frank Cass & Company Ltd, London, S. 33-65.

Risse, Thomas (1995): Democratic Peace – Warlike Democracies? A Social Constructivist Interpretation of the Liberal Argument, in: European Journal of International Relations December, S. 491-517.

Rivera, David / Werning Rivera, Sharon (2014); Is Russia a militocracy? Conceptual issues and extant findings regarding elite militarization, in: Post-Soviet-Affairs, Vol. 30, Nr. 1, S. 27-50.

Rogosin, Dmitry (2009): How NATO could improve its relations with Russia, in: Europe's World, Nr. 11, Spring, S. 44-49.

Rolf, Malte (2011): Revolution, Repression, und Reform: 1905 im Königreich Polen, in: Schlüsseljahre. Zentrale Konstellationen der mittel- und osteuropäischen Geschichte, Festschrift für Helmut Altrichter, Quellen und Studien zur Geschichte des östlichen Europa, Band 77, Hrsg. Stadelmann, Matthias / Antipow, Lilia, Stuttgart, S. 219-232.

Rolofs, Oliver (2007): Ein Hauch von Kaltem Krieg. Putins Brandrede verschreckt die Münchner Sicherheitskonferenz 2007 und warnt die USA und NATO, unter: http://www.securityconference.de/172/ (Zugriff 02.04.2013).

Romanova, Tatyana (2012): Neoclassical Realism and Today's Russia, in: Russia in Global Affairs, 7. Oktober, unter: http://eng.globalaffairs.ru/number/ Neoclassical-Realism-and-Todays-Russia-15681 (Zugriff 09.02.2013).

Rotfeld, Adam D. (2009): Does Europe Need a New Security Architecture?, in: OSCE Yearbook 2009, Vol. 15, Hrsg. Institute for Peace Research and Security Policy at the University of Hamburg/IFSH, Nomos, S. 23-42.

Rowland, Daniel B. (1996): Moscow-The Third Rome or the New Israel?, in: The Russian Review, Vol. 55, Oktober, The Ohio State University Press, S. 591-614.

RT News (2014a): Eurocrat fury as Swiss 're-build walls' against EU immigration, 10. Februar, unter: http://rt.com/news/switzerland-eu-immigration%20 vote-350/ (Zugriff 11.03.2014).

RT News (2014b): Kiev allows police to use firearms, demands armed rioters lay down weapons, 20. Februar, unter: http://rt.com/news/ukraine-kiev-firearms-weapons-police-934/ (Zugriff 02.03.2014).

Rühle, Michael (2014): Russland und die Nato. Die Mythen und Legenden wuchern, in: Neue Zürcher Zeitung, 10. April, unter: http://www.nzz.ch/

aktuell/international/auslandnachrichten/die-mythen-und-legenden-wuchern-1.18280961 (Zugriff 07.05.2014).

Russische Föderation (1993): Verfassung, Übersetzung: Lehrstuhl Prof. Dr. Martin Fincke, Passau, unter: http://www.constitution.ru/de/part1.htm (Zugriff 23.11.2012).

Saakashvili, Mikheil (2008): Moscow's plan is to redraw the map of Europe, Financial Times, 27. August, unter: http://www.ft.com/cms/s/0/fa0035f0-7459-11dd-bc91-0000779fd18c.html?nclick_check=1 (Zugriff 04.03.2012).

Salmin, Aleksei (2005): The Backside of Foreign Policy: Internal Factors in the System of International Ties, Obligations and Projects of the Russian Federation, in: Russian Foreign Policy in Transition, Concepts and Realities, Hrsg. Melville, Andrei / Shakleina, Tatiana, Übersetzung Anna Yastrzhembska, Central European University Press, Budapest/New York, ursprünglich veröffentlicht in: Politeia (2002), Nr. 3, S. 403-433.

Sarkozy, Nicolas M. (2008): Speech by the President of the Republic, World Policy Conference, 8. Oktober, Evian, unter: http://www.ambafrance-uk.org/President-Sarkozy-s-World-Policy.html (Zugriff 25.03.2012).

Schaller, Christian (2009): Sezession und Anerkennung. Völkerrechtliche Überlegungen zum Umgang mit territorialen Abspaltungsprozessen, Stiftung Wissenschaft und Politik, Studie Nr. 33, Dezember, Berlin, unter: http://www.swp berlin.org/fileadmin/contents/products/studien/2009_S33_slr_ks.pdf (11.03.2014).

Scherer, Roland (2005): Good Governance – Erfolgsfaktoren und Stolpersteine, Vortrag beim Symposium „Regional Governance", 26. September, Wien, unter: https://www.alexandria.unisg.ch/Publikationen/20715 (Zugriff 09.08.2014).

Schmidt, Christoph (2009): Russische Geschichte 1547-1917, Oldenbourg Grundriss der Geschichte, Bd. 33, 2. Auflage, Hrsg. Gall, Lothar / Hölkeskamp, Karl-Joachim / Jakobs, Hermann, R. Oldenbourg Verlag, München.

Schmidt, Peter / Zyla, Benjamin (2011): European Security Policy: Strategic Culture in Operation?, in: Contemporary Security Policy, Vol. 32, Nr. 3, Routledge Taylor & Francis Group, S. 484-493.

Schmitz, Gregor Peter (2013): Transatlantische Freihandelszone: Letztes Mittel gegen Chinas Aufstieg, in: Spiegel Online, 18. Februar, unter: http://www.spiegel.de/wirtschaft/soziales/freihandelszone-mit-usa-europa-muss-geschlossenheit-zeigen-a-883940.html (Zugriff 14.03.2013).

Schröder, Henning (2011): Vortrag im Rahmen des Arbeitskreises Russische Außen- und Sicherheitspolitik, Stiftung Wissenschaft und Politik, Berlin.

Schröder, Henning (2012): Vorwärts Russland! Die Botschaft des Präsidenten an die Föderalversammlung, in: Russland-Analysen Nr. 249, 14. Dezember, S. 2-6.

Schulze, Hagen (1999): Staat und Nation in der europäischen Geschichte, Beck'sche Reihe, Nr. 4024, Limitierte Sonderauflage, München.

Schulze, Peter (2003): Russland: Juniorpartner Amerikas oder Mitgestalter einer multipolaren Weltordnung?, in: Internationale Politik und Gesellschaft, Nr. 4, S. 57-73.

Schulze, Peter W. (2005): Das Ringen um Zwischeneuropa, Der Raum zwischen den geopolitischen Machtblöcken Russland und Europäische Union, in: Die sicherheitspolitische Lage in Mitteleuropa, Schriftenreihe der Landesverteidigungsakademie – Studien und Berichte zur Sicherheitspolitik 1/2006, Hrsg. Reiter, Erich, Wien, S. 21-35.

Schwalb, Reiner (2013): Interview des Leiters des deutschen Militärattachéstabes in Moskau mit dem Autor, 14. Februar, Hamburg.

Schwarz, Klaus-Dieter (2002): Amerikas »New Strategic Framework«, Stiftung Wissenschaft und Politik, Aktuell Nr. 2, Februar, Berlin.

Sercova, Lilija (2008): Ende einer Epoche – Russlands Bruch mit dem Westen, in: Osteuropa, Nr. 11, S. 66-69.

Shakleyina, Tatyana A. / Bogaturov, Aleksei D. (2004): The Russian Realist school of international relations, in: Communist and Post-Communist Studies, Nr. 37, S. 37-51.

Shevtsova, Lilia (2013): 1993: Russia's "Small" Civil War, in: Carnegie Moscow Center, Eurasia Outlook, 3. Oktober, unter:http://carnegie.ru/eurasia outlook/?fa=53189 (Zugriff 07.10.2013).

Shleifer, Andrei / Treisman, Daniel (2011): Why Moscow Says No, A Question of Russian Interests, Not Psychology, in: Foreign Affairs, Vol. 90, Nr. 1, S. 122-138.

Shultz, George P. (1993): Turmoil and Triumph, My Years as Secretary of State, New York/Toronto.

Sicherheitsrat der Russischen Föderation (1992): Zakon RF ot 5. marta 1992 g. N 2446-I „O bezopasnosti", Gesetz der Russischen Föderation vom 5. März, Nr. 2446-I „Über die Sicherheit", unter: http://www.scrf.gov.ru/documents/20.html (Zugriff 09.09.2013).

Siedschlag, Alexander (2004): Neorealismus in der Theorie internationaler Politik, IFIR Tutorial, Hrsg. Innsbruck Forum on International Relations, unter: http://www.ifir.at/pdf/Tutorial/Siedschlag_Neorealismus.pdf (Zugriff 06.04.2012).

Siegert, Jens (2013): Ein Jahr "NGO-Agentengesetz" – Zustandsbeschreibung, 15. Dezember, unter: http://russland.boellblog.org/2013/12/15/ein-jahr-ngo-agentengesetz-zustandsbeschreibung-und-zwei-erklaerungen-von-memorial/ (Zugriff 29.03.2014).

Simon, Gerhard (2013): Der Kommunismus und die nationale Frage. Die Sowjetunion als Vielvölkerimperium, in: Osteuropa, 63. Jg., Nr. 5-6, S. 107-124.

Sinitsyna, Tatyana / u. a., Hrsg. (2010): 1945: Our Common Victory, Moskau.

SIPRI (2013): Military Expenditure Database, Stockholm International Peace Research Institute, unter: http://milexdata.sipri.org/result.php4 (Zugriff 09.02.2013).

SIPRI (2014): Military Expenditure Database, Military expenditure by country as percentage of gross domestic product, 1988-2013 unter: http://www.sipri.org/research/armaments/milex/milex_database/milexdata1988-2012v2.xsls (Zugriff 12.08.2014).

Smith, Stephen B. (2012): The Geographic Origins of Strategic Culture, in: Khazar Journal of Humanities and Social Sciences, Vol. 14, Ausgabe 4, Khazar University, Baku, S. 41-54.

Snyder, Jack L. (1977): The Soviet Strategic Culture: Implications for Nuclear Options, RAND Corporation, Santa Monica.

Spanger, Hans-Joachim (2014): Unheilige Allianz. Putin und die Werte, in: Osteuropa, 64. Jg., Nr. 1, S. 43-62.

Spiegel Online (2010): Bitte um russische Truppen: Kirgisien macht gegen Aufständische mobil, unter: http://www.spiegel.de/politik/ausland/bitte-um-russische-truppen-kirgisien-macht-gegen-aufstaendische-mobil-a-700373.html (Zugriff 16.02.2013).

Spiegel, Peter (2009): Biden Says Weakened Russia Will Bend to U.S., Interview, The Wall Street Journal, 25. Juli, unter: http://online.wsj.com/article/SB124848246032580581.html (Zugriff 07.09.2013).

Spykman, Nicolas John / Nicholl, Helen R. (1944): The Geography of the Peace, New York.

Staack, Michael (2010): Gesamteuropäische Friedensordnung und deutsche Einheit, in: Gesamteuropäische Friedensordnung 1989-2009, Schriftenreihe des Wissenschaftlichen Forums für Internationale Sicherheit e.V. (WIFIS), Bd. 29, Hrsg. Staack, Michael, Edition Temmen, Bremen, S. 8-29.

Staack, Michael (2013a): Multipolarität und Multilateralismus als Strukturen der neuen Weltordnung, in: Schriftenreihe des Wissenschaftlichen Forums für Internationale Sicherheit e.V. (WIFIS), Bd. 30, Hrsg. Staack, Michael, Opladen/Berlin/Toronto, S. 9-47.

Staack, Michael (2013b): Multilateralism and Multipolarity, Structures of the Emerging World Order, WIFIS-aktuell, Vol. 47, Barbara Budrich Publishers, Opladen/Berlin/Toronto.

Stadelmann, Matthias (2011): „Die Einladung der Gesellschaft" und ihre Ausladung. 1881 als Schicksalsjahr in Russlands politischer Geschichte, in:

Schlüsseljahre. Zentrale Konstellationen der mittel- und osteuropäischen Geschichte, Festschrift für Helmut Altrichter, Quellen und Studien zur Geschichte des östlichen Europa, Band 77, Hrsg. Stadelmann, Matthias / Antipow, Lilia, Stuttgart, S. 185-201.

Stalin, Iosif V. (1946): Speech at a meeting of voters of the Stalin electoral district, („Origin and Character of the Second World War"), 9. Februar, Moskau, Pamphlet Collection, Foreign Languages Publishing House, 1950, unter: http://digitalarchive.wilsoncenter.org/assets/media_files/000/006/629/6629.pdf (Zugriff 05.04.2014), S. 19-44.

Stanley, Willis (2006): The Strategic Culture of the Islamic Republic of Iran, Studie erstellt für: Defense Threat Reduction Agency Advanced Systems and Concepts Office.

Stricker, Gerd (1993): Religion in Rußland, Darstellung und Daten zu Geschichte und Gegenwart, Gütersloher Taschenbücher Nr. 634, Reihe Religion in Europa, Gütersloh.

Stürmer, Michael (2009): Putin and the Rise of Russia, Taschenbuchausgabe, ein Phoenix Abdruck von Orion Books Ltd, London.

Sundhaussen, Holm (1995): Die „Transformation" Osteuropas in historischer Perspektive oder: Wie groß ist der Handlungsspielraum einer Gesellschaft?, in: Transformation sozialistischer Gesellschaft: am Ende des Anfangs, Serientitel Leviathan, Sonderheft Nr. 15, Hrsg. Wollmann, Hellmut / Wiesenthal, Helmut / Bönker, Frank, Westdeutscher Verlag, Wiesbaden, S. 77-92.

Sunzi (ca. 2500 v. Chr., Druck 2001): Die Kunst des Krieges, Hrsg. Cavell, James, München.

Surkov, Vladislav (2006a): Suverenitet – eto političeskij sinonim konkurentosposobnosti, Souveränität ist das politische Synonym für Konkurrenzfähigkeit, Rede beim Zentrum für Parteistudien und auszubildende Kader der allrussischen Partei Einiges Russland, 7. Februar, Stenogramm, unter: http://web.archive.org/web/20060418035317/http://www.edinros.ru/news.html?id=111148 (Zugriff 23.08.2014).

Surkov, Vladislav (2006b): Naša rossijskaja model demokratij nazyvaetcja „suverennoj demokratiej", Unser russisches Modell der Demokratie nennt sich „souveräne Demokratie", Pressebriefing, 28. Juni, Moskau, unter: http://web.archive.org/web/20080430012854/http://www.edinros.ru/news.html?id=114108 (Zugriff 23.08.2014).

Szabo, Stephen (2010): Why the U.S. can't look to NATO or the EU to support its Russia strategy, in: Europe's World, Nr. 15, Summer, S. 49-51.

Tagliavini, Heidi / u. a. (2009): Independent International Fact-Finding Mission on the Conflict in Georgia – Report, erstellt im Auftrag des Rats der

Europäischen Union, unter: http://www.ceiig.ch/Report.html (Zugriff 31.03.2012).

Teitelbaum, Joshua (2010): Arms for the King and His Family: The U.S. Arms Sale to Saudi Arabia, Jerusalem Center for Public Affairs, Jerusalem Issue Briefs, Vol. 10, Nr. 11, 4. November, unter; http://jcpa.org/article/arms-for-the-king-and-his-family-the-u-s-arms-sale-to-saudi-arabia/ (Zugriff 24.05.2014).

The FOREIGN POLICY initiative (2013): Foreign Policy 2013, Washington, D.C., unter: http://www.foreignpolicyi.org/files/uploads/images/20130129-FPI%20Briefing%20Book-Foreign%20Policy%202013.pdf (Zugriff 17.03.2013).

The United States Department of Justice (o.J.): FARA, Foreign Agents Registration Act, unter: http://www.fara.gov/ (Zugriff 10.03.2013).

The White House, Office of the Press Secretary (2007): President Bush Signs the NATO Freedom Consolidation Act of 2007 on Monday, April 9, unter: http://georgewbush-whitehouse.archives.gov/news/releases/2007/04/20070410.html (Zugriff 12.08.2014).

The White House, Office of the Press Secretary (2009): Fact Sheet on U.S. Missile Defense Policy. A "Phased, Adaptive Approach" for Missile Defense in Europe, 17. September unter: http://www.whitehouse.gov/the_press_office/FACT-SHEET-US-Missile-Defense-Policy-A-Phased-Adaptive-Approach-for-Missile-Defense-in-Europe (Zugriff 14.02.2013).

The World Bank (2011): World Development Report – Conflict, Security and Development, Washington, D.C., unter: https://openknowledge.worldbank.org/handle/10986/4389 (Zugriff 07.06.2014).

Thompson, Michael / Ellis, Richard J. / Wildavsky, Aaron (1990): Cultural Theory, Westview Press, Boulder/San Francisco/Oxford.

Torke, Hans-Joachim (1997): Einführung in die Geschichte Rußlands, Beck, München.

Truman, Harry, S. (1947): Special Message to the Congress on Greece and Turkey („The Truman Doctrine"), Public Papers of the Presidents, 1947. Washington, D.C., United States Government Printing Office, 1963, unter: http://voicesofdemocracy.umd.edu/truman-special-message-speech-text/ (Zugriff 04.05.2014), S. 176-180.

Tsygankov, Andrei P. (2012): The Heartland No More: Russia's Weakness and Eurasia's Meltdown, in: Journal of Eurasian Studies, Vol. 3, Nr. 1, Januar, S. 1-9.

Turner, Susan (2009): Russia, China and a Multipolar World Order: The Danger in the Undefined, in: Asian Perspective, Vol. 33, Nr. 1, S. 159-184.

Tusk, Donald (2014): A united Europe can end Russia's energy stranglehold, in: Financial Times, 21. April, unter: http://www.ft.com/cms/s/0/91508464-c661-11e3-ba0e-00144feabdc0.html#axzz313yfS6qF (Zugriff 22.04.2014).

Tutsch Josef (2009): Normatives Projekt mit universalem Anspruch, über Heinrich August Winklers "Geschichte des Westens", Scienzz – Web-Plattform für die Welt der Wissenschaft, unter: http://www.scienzz.de/magazin/content138.html (Zugriff 22.04.2014).

TV Novosti (2011): NATO fears resurgent Germany, Russia, – Rogosin, in: RT Question More, 26. Dezember, unter: http://rt.com/politics/nato-germany-russia-rogozin-693/print/ (Zugriff 04.02.2012).

Twomey, Christopher P. (2006): Chinese Strategic Cultures: Survey and Critique, Studie erstellt für: Defense Threat Reduction Agency Advanced Systems and Concepts Office.

Tyler, Patrick E. (1992): U.S. Strategy Plan Calls for Insuring No Rivals Develop, in: The New York Times, 8. März, unter: http://www.nytimes.com/1992/03/08/world/us-strategy-plan-calls-for-insuring-no-rivals-develop.html?pagewanted=all&src=pm (Zugriff 02.03.2013).

Timošenko, Julija (2014): Time to grab guns and kill damned Russians, 18. März, unter: http://www.youtube.com/watch?v=6RxSzSWbcxo (Zugriff 29.03.2014)

Uljukaev, Aleksej (2014): World too tiny for sanctions, they hurt everyone, Interview mit Sophie Shevardnadze von RT, 19. Mai, veröffentlicht 23. Mai, unter: http://rt.com/shows/sophieco/160952-global-politics-sanctions-hurt/ (Zugriff 28.05.2014).

U.S. Agency for International Development (2012): USAID in Russia Fact Sheet, 18. September, unter: http://www.usaid.gov/where-we-work/europe-and-eurasia/russia (Zugriff 30.01.2013).

U.S. Department of State / U.S. Department of Defense (2007): Proposed U.S. Missile Defense Assets in Europe, 15. Juni, unter: http://fas.org/irp/threat/missile/bmd-europe.pdf (Zugriff 06.08.2014).

U.S. Department of State (2013): Framework for Elimination of Syrian Chemical Weapons, 14. September, unter: http://www.state.gov/r/pa/prs/ps/2013/09/214247.htm (Zugriff 25.03.2014).

UN News Centre (2006): Israel's 'immoral' use of cluster bombs in Lebanon poses major threat – UN aid chief, 30. August, unter: http://www.un.org/apps/news/story.asp?NewsID=19670&Cr=Leban&Cr1 (Zugriff 05.05.2012).

United Nations High Commissioner for Refugees (2014): Ukraine: Humanitarian needs rise as internal displacement tops 117,000 people, 1. August, unter: http://unhcr.org.ua/en/2011-08-26-06-58-56/news-archive/1318-ukraine-humanitarian-needs-rise-as-internal-displacement-tops-117-000-people (Zugriff 11.08.2014).

United States / European Union / Ukraine / Russia (2014): Geneva Statement on Ukraine, 17. April, unter: http://www.state.gov/r/pa/prs/ps/2014/04/224957.htm (Zugriff 18.04.2014).

Valdai Club, Hrsg. (2013): Russian Elite – 2020, ein Valdai Discussion Club Grantees Analytical Report, Moskau, unter: http://vid-1.rian.ru/ig/valdai/Russian_elite_2020_eng.pdf (Zugriff 22.12.2013).

Vallotton, Henry (1996): Peter der Große: Rußlands Aufstieg zur Großmacht, Übersetzung Eleonore Seitz und Hermann Rinn, Eugen Diederichs Verlag, München.

Vaquer i Fanés, Jordi, Hrsg. (2010): Foreign policy of the Russian Federation, in: CIDOB International Yearbook 2010, Russian Federation, Country Profile, S. 223-231.

Vetschera, Heinz (2007): Cooperative Security – the Concept and its Application in South Eastern Europe, in: Approaching or Avoiding Cooperative Security? – The Western Balkans in the Aftermath of the Kosovo Settlement Proposal and the Riga Summit, Hrsg. Felberbauer, Ernst / Jureković, Predrag / Labarre, Frederic, National Defence Academy and Bureau for Security Policy, in Zusammenarbeit mit PfP Consortium of Defence Academies and Security Studies Institutes: Study Group Information, S. 33-56.

Vinocour, John (2010): Sarkozy vs. Obama: A Test for the Dollar, in: The New York Times, 20. Dezember, unter: http://www.nytimes.com/2010/12/21/world/europe/21iht-politicus21.html?_r=1 (Zugriff: 20.08.2012).

Vogelsberger, Hartwig A. (1998): Die letzten Zaren. Rußland auf dem Weg zur Revolution, Bechtle Verlag, Esslingen/München.

Volkov, Vadim (2005): Will the Kremlin Revive the Russian Idea?, PONARS Policy Memo Nr. 370.

Waller, Michael J. (1997): Primakov's Imperial Line, in: Perspective, Vol. 7, Nr. 3, Januar-Februar, Hrsg. Boston University Center for the Study of Conflict, Ideology, and Policy.

Waltz, Kenneth N. (1990): Realist Thought and Neorealist Theory, in: Journal of International Affairs, Vol. 44, S. 21-37.

Waltz, Kenneth N. (1993): The Emerging Structure of International Politics, in: International Security, Vol. 18, Nr. 2, Herbst, Massachusetts Institute of Technology, S. 44-79.

Waltz, Kenneth N. (1997): Evaluating Theories, American Political Science Review, Vol. 91, Nr. 4, Dezember, S. 913-917.

Waltz, Kenneth N. (2000): Structural Realism after the Cold War, in: International Security, Vol. 25, Nr. 1, Sommer, Massachusetts Institute of Technology, S. 5-41.

Wendt, Alexander (1992): Anarchy is what States Make of it: The Social Construction of Power Politics, in: International Organization, Vol. 46, Nr. 2, The MIT Press, S. 391-425.

Wentker, Hermann (1993): Zerstörung der Großmacht Rußland? Die britischen Kriegsziele im Krimkrieg, Veröffentlichung des Deutschen Historischen Instituts London, Band 30, Hrsg. Adolf M. Birke, Göttingen/Zürich.

Werdt, Christophe von (2009): Religionsvielfalt in Osteuropa: ein Überblick, in G2W - Glaube in der 2. Welt, Zeitschrift für Religionsfreiheit und Menschenrecht, Nr. 7/8, S. 24-27.

White, Stephen / Light, Margot / Mc Allister, Ian (2005): Russia and the West: is there a value Gap?, in: International Politics, Nr. 42, Palgrave Macmillan Ltd, S. 314-333.

Wilk, Andrzej (2012a): Towards a professional army. Changes to the structure of the officer cadre and the manning system of the Russian Armed Forces, 28. März, Ośrodek Studiów Wschodnich (Centre for Eastern Studies), Warschau, unter: http://www.osw.waw.pl/en/publikacje/osw-commentary/2012-03-28/towards-a-professional-army-changes-to-structure-officer-cadre- (Zugriff 16.02.2013).

Wilk Andrzej (2012b): The financial prospects for the Russian arms programme, 5. September, Ośrodek Studiów Wschodnich (Centre for Eastern Studies), Warschau, unter: http://www.osw.waw.pl/en/publikacje/eastweek/2012-09-05/financial-prospects-russian-arms-programme (Zugriff 16.02.2013).

Wilson, Peter H. (2008): Defining Military Culture, in: The Journal of Military History, Vol. 72, Nr. 1, Lexington, S. 11-42.

Wilson, Richard W. (2000): The Many Voices of Political Culture: Assessing Different Approaches, in: World Politics 52, Januar, Cambridge University Press, S. 246-273.

Wohlforth William C. (1999): The Stability of a Unipolar World, in: International Security, Vol. 24, Nr. 1, MIT Press, S. 5-41.

Wolfe, Thomas W. (1964): Soviet Strategy at the Crossroads, Harvard University Press, Cambridge, Massachusetts.

Wolfe, Thomas W. (1975): The SALT Experience: Its Impact on U.S. and Soviet Strategic Policy and Decisionmaking, The RAND Corporation, R-1686-PR.

Yeltsin, Boris (1993): The Basic Provisions of the Military Doctrine of the Russian Federation, angenommen mit Erlass Nr. 1833 vom 2. November, unter: http://www.fas.org/nuke/guide/russia/doctrine/russia-mil-doc.html (Zugriff 31.03.2013).

Yeltsin, Boris (1997): Russian National Security Blueprint, Rossiiskaya Gazeta, 26. Dezember, unter: http://www.fas.org/nuke/guide/russia/doctrine/blueprint.html (Zugriff 18.02.2013).

Yeltsin, Boris (1999): Rede beim OSZE-Gipfel in Istanbul, 18. November, in: The New York Times, Summit in Turkey; In Words of Yeltsin and Clinton:

Examining Terrorism and Human Rights, 19. November, unter: http://www.nytimes.com/1999/11/19/world/summit-turkey-words-yeltsin-clinton-examining-terrorism-human-rights.html?pagewanted=all&src=pm (Zugriff 10.03.2013).

Yesdauletova, Ardak / Yesdauletov, Aitmukhanbet (2014): The Eurasian Union, Dynamics and Difficulties of the Post-Soviet Integration, in: TRAMES Nr. 1, Tallinn, S. 3-17.

Zagorski, Andrei (2002): Russland und Europa – Integration, Kooperation oder Ordnungsmacht?, in: Sicherheit für das größere Europa. Politische Optionen im globalen Spannungsfeld, Hrsg. Arnold, Hans / Krämer, Raimund, EINE Welt, Texte der Stiftung Entwicklung und Frieden, Bd. 14, Bonn, S. 76-92.

Zargorski, Andrei, Hrsg. (2013): Russia and East Central Europe: A Fresh Start, International Policy Analysis, Friedrich Ebert Stiftung, Berlin.

Zakaria, Fareed (2008a): The Rise of the Rest, in: Newsweek Magazine, 3. Mai, unter: http://www.thedailybeast.com/newsweek/2008/05/03/the-rise-of-the-rest.html (Zugriff 12.08.2012).

Zakaria, Fareed (2008b): The Future of American Power. How America Can Survive the Rise of the Rest, in: Foreign Affairs, Vol. 82, Nr. 3, S. 18-43.

Zamascikov, Segei (1990): Changes in the Soviet Military Leadership Since 1987, RAND N3188-USDP, Santa Monica.

Zamoyski, Adam (2012): 1812. Napoleons Feldzug in Russland, aus dem Englischen Keen, Ruth / Stölting, Erhard, 7. Auflage, Verlag C. H. Beck oHG, München.

ZEIT online (2014): Lawrow fordert OSZE-Untersuchung zu tödlichen Schüssen in Kiew, 8. März, unter: http://www.zeit.de/news/2014-03/08/russland-lawrow-fordert-osze-untersuchung-zu-toedlichen-schuessen-in-kiew-08121606 (Zugriff 11.03.2014).

Zhengyuan, Xu (2010): In the Shadow of Great Powers: A Comparative Study of Various Approaches to Regionalism in Central Asia, PfP Consortium Quarterly Journal, Vol. 9, Nr. 4, Herbst, Garmisch-Partenkirchen, S. 37-52.

Ziegler, Gudrun (1995): Die Romanows. Geschichte der Zaren, München.

Ziegler, Jonathan G. (2008): Bombs Bursting In Air – Ballistic Missile Defense and American, Russian and European strategic culture, policy and perspectives, in: European Politics, Brno, unter: http://is.muni.cz/th/132362/fss_m/Everything.pdf (Zugriff 15.04.2012).

Zusammenfassung

„Europa hat keine Zukunft ohne Russland." So Helmut Kohl beim ersten Treffen mit Vladimir Putin in Bonn.[1178] Doch der Weg, Russland über die internationalen Organisationen in Europa zu integrieren, ist verstellt. Zu unterschiedlich sind die Sichtweisen ihrer Mitglieder auf Russland, zu unverständlich erscheint manch' tagespolitischer Winkelzug Moskauer Politik. Über all dem liegt der lange dunkle Schatten der gemeinsamen Geschichte.

(Neo-)realistische Analysen können russisches Verhalten nur begrenzt erklären und führen in ihren Schlussfolgerungen zu einem Wiederaufleben der früheren Blockkonfrontation im Herzen Europas. Kulturalistische Erklärungsansätze bieten für die strategische Positionierung gegenüber Russland einen bedeutsamen ergänzenden Analyserahmen. Im Rahmen dieser Studie wird deshalb versucht: (1) die strategische Kultur Russlands zu identifizieren, (2) deren Auswirkung auf Russlands heutige Außen- und Sicherheitspolitik aufzuzeigen und (3) Folgerungen für einen konfliktsensiblen Umgang des Westens mit Russland zu ziehen.

Es zeigt sich, dass Russlands strategische Kultur über Jahrhunderte hinweg ziemlich stabil war. Ein wesentlicher Wandel der strategischen Kultur erfolgte nach dem Zusammenbruch der Sowjetunion. Er ist gekennzeichnet durch eine Abkehr vom extrem ausgeprägten Militarismus früherer Epochen und einem neuen nicht imperialen Verständnis von Großmacht. Die Pflege des Großmachtstatus ist kein Selbstzweck, sondern Rückversicherung für die territoriale Integrität und Souveränität des Staates sowie die Verfolgung der Wohlfahrtsziele. Wohlfahrt wird dabei als Garant für innere Stabilität gesehen.

Auf dieser Grundlage können kooperative Politikansätze aufbauen. Sie müssen das extrem ausgeprägte Sicherheitsbedürfnis Russlands sowie sein Streben nach Anerkennung berücksichtigen. Der politische Westen sollte Mut zu mehr Pluralismus im internationalen System zeigen. Unter diesen Bedingungen kann sich Russland zu einem verantwortungsvollen regionalen Akteur entwickeln. Eine erneute Blockkonfrontation ist vermeidbar. Europa hat eine Zukunft.

1178 Zitiert nach Putin, Vladimir (2013f): Meeting of the Valdai International Discussion Club, Rede sowie Frage und Antwort, 19. September, unter: http://eng.kremlin.ru/news/6007 (Zugriff 19.01.2014).

Summary

"Europe does not have a future without Russia", (the then German Chancellor) Helmut Kohl stated at the first meeting with Vladimir Putin in Bonn.[1179] But the path of integrating Russia into Europe through the international organisations has been blocked. The views of their members with regard to Russia are too different, and quite a few of Moscow's everyday policy tricks appear to be too incomprehensible. All this is overcast by the long dark shadow of common history.

(Neo)realistic analyses are suitable only to a limited extent to explain Russian behaviour, and their conclusions result in reviving the former confrontations of blocs in the heart of Europe. Culturalistic explanation approaches provide a significant complementary analysis framework for the strategic positioning vis-à-vis Russia. Therefore it is attempted in the course of this study: (1) to identify Russia's strategic culture, (2) to point out its implications for Russia's current foreign and security policy, and (3) to draw conclusions for a conflict-sensitive approach of the West in dealing with Russia.

It becomes apparent that Russia's strategic culture has been quite stable for centuries. An essential change in strategic culture occurred after the collapse of the Soviet Union. It is characterised by a rejection of the extreme militarism of former eras and by a new, non-imperial concept of great power. The cultivation of the great power status is not an end in itself but a re-insurance to ensure the territorial integrity and sovereignty of the nation as well as the pursuit of the goals of welfare, with welfare being considered a means to ensure domestic stability.

1179 Quote taken from Putin, Vladimir (2013f): Meeting of the Valdai International Discussion Club, speech and questions and answers, 19 September, at: http://eng.kremlin.ru/news/6007 (accessed on 19 January 2014).

Заключение

«Без России у Европы нет будущего», – заметил Гельмут Коль при первой встрече с Владимиром Путиным в г. Бонне.[1180] Однако путь к интеграции России в Европу посредством имеющихся международных организаций загражден слишком разными взглядами их членов на Россию, слишком непонятными кажутся для них некоторые подходы России к текущей политике. Над всем этим нависла длинная тень совместной истории.

(Нео)реалистические теории можно использовать только в ограниченном объеме для объяснения поведения России, и в итоге они приводят к повторной вспышке блоковой конфронтации в самом сердце Европы. Культуралистические подходы, однако, предоставляют важную дополнительную основу для анализа России и определения стратегического позиционирования по отношению к России. Ввиду этого, в рамках настоящего исследования автор пытается (1) определить стратегическую культуру России, (2) показать ее влияние на текущую политику России в области внешней политики и политики безопасности и (3) сделать выводы в виде рекомендаций для западных стран в деле выстраивания конфликточувствительных отношений с Россией.

В рамках настоящей кандидатской работы автор пришел к выводу, что на протяжении столетий стратегическая культура России была достаточно стабильной. Значительный перелом стратегической культуры произошел после распада Советского Союза. Он характеризовался, в частности, отходом от ярко выраженного милитаризма более ранних эпох и новым, неимперским пониманием России как великой державы. Статус великой державы при этом не представляет собой самоцель, а является перестраховкой для сохранения территориальной целостности и суверенитета государства и повышения благосостояния населения. Благосостояние общества, в свою очередь, рассматривается как гарант внутренней стабильности страны.

На этой основе можно разрабатывать кооперативные политические подходы. Они в обязательном порядке должны учитывать особенно сильную потребность России в обеспечении собственной безопасности

1180 Цитата Владимира Путина (2013ф): Встреча международного дискуссионного клуба «Валдай», Выступление, вопросы и ответы. 19 сентября, источник: http://eng.kremlin.ru/news/6007 (дата просмотра 19.01.2014).

и ее стремление к признанию. Политический запад должен смело демонстрировать свое стремление к большему плюрализму в международных отношениях. В таких условиях Россия сможет стать ответственным региональным игроком. Повторной блоковой конфронтации можно избежать. У Европы есть будущее.

Sicherheit in der multipolaren Welt

Herausgegeben von Michael Staack

Band 1 Henrik Heidenkamp: Der Entwicklungsprozess der Bundeswehr zu Beginn des 21. Jahrhunderts. Wandel im Spannungsfeld globaler, nationaler und bündnispolitischer Bestimmungsfaktoren. 2010.

Band 2 Simon Werner: Deutscher Unilateralismus im 21. Jahrhundert. Ein liberaler Erklärungsansatz. 2014.

Band 3 Norbert Eitelhuber: Russland im 21. Jahrhundert. Reif für eine multipolare Welt? Eine Analyse der strategischen Kultur Russlands und das daraus abgeleitete Erfordernis einer konfliktsensiblen Außen- und Sicherheitspolitik gegenüber Russland. 2015.

www.peterlang.com